杜 群

　　女，1968年4月出生，浙江永康人，武汉大学国际法学士、环境法硕士，北京大学环境法博士。现为武汉大学法学院教授、博士生导师、环境法研究所副所长、教育部人文社会重点研究基地环境法基地副主任，现任湖北省人大常委会立法顾问、中国环境科学学会环境法学分会副会长、中国能源法研究会常务理事、中国环境资源法研究会常务理事、中国自然资源学会理事、国际自然保护同盟（IUCN）能源法专家委员会委员。从事环境与资源法、能源法和国际环境法的教学和研究工作20多年。曾任教于北京师范大学资源与环境科学系、资源学院，曾担任亚洲开发银行中国环境法项目顾问、国际自然保护同盟环境法委员会（IUCN）土壤可持续利用和保护专家小组联席主席。入选"教育部新世纪优秀人才支持计划"（2010），"武汉大学珞珈特聘教授"（2011）和"湖北省十大中青年法学家"（2012）。在《法学研究》、《法学评论》等法学期刊发表重要学术论文近40篇，出版著作、译著多部。担任《中国环境管理》杂志、Journal of Environment and Human Right杂志（英文）编委。代表性成果：独著《环境法融合论》（科学出版社2003年版，获第八届北京市哲学社会科学优秀成果二等奖）、《生态保护法论》（高教出版社2012年版，获湖北省法学会首届优秀成果奖一等奖），合著《Law, Policy and Dryland Ecosystems in The People's Republic of China》（Switzerland: IUCN, 2011）、《Compliance and Enforcement in Environmental Laws: Toward More Effective Implementation》（Edward Elgar Publishers 2010）等。

作者简介

王 利

男，1978年出生，河南郸城县人，武汉大学环境法学博士，河南大学人文地理学博士后，现为河南大学法学院讲师、环境法教研室主任，主要从事环境法学基本理论与能源法学的教学与科研工作，主持省级、厅级科研项目三项，参与省部级以上科研项目六项。在核心期刊发表论文十余篇，主要代表性论文为：《能源法的功能及其保障策略研究》（博士论文，2010）、《后京都议定书时代的前景探析》、《中国新能源法律、政策的缺陷与完善》、《能源领域社会公正的法治化保障策略分析》、《我国环保行政执法约谈制度探析》、《我国PX项目建设困境成因及法律对策分析》等；参编专著《发达国家新能源法律与政策研究》、《环境资源法案例教程》等。

作者简介

湖北省社会公益出版专项资金资助项目
本研究成果归属于国家2011计划司法文明协同创新中心
教育部人文社会科学重点研究基地武汉大学环境法研究所重大招标项目『中外能源法律制度比较研究』

武汉大学学术丛书

Wuhan University

Academic Library

能源政策与法律

——国别和制度比较

杜群　王利　等　著

武汉大学出版社

WUHAN UNIVERSITY PRESS

图书在版编目(CIP)数据

能源政策与法律：国别和制度比较/杜群等著.—武汉：武汉大学出版社,2014.12
武汉大学学术丛书
ISBN 978-7-307-13935-0

Ⅰ.能… Ⅱ.杜… Ⅲ.①能源政策—对比研究—世界 ②能源法—对比研究—世界 Ⅳ.①F416.2 ②D912.604

中国版本图书馆 CIP 数据核字(2014)第 172957 号

责任编辑:白绍华 责任校对:鄢春梅 版式设计:马 佳

出版发行:**武汉大学出版社** (430072 武昌 珞珈山)
(电子邮件:cbs22@ whu. edu. cn 网址:www. wdp. com. cn)
印刷:武汉中远印务有限公司
开本:720×1000 1/16 印张:41.25 字数:589 千字 插页:3
版次:2014 年 12 月第 1 版 2014 年 12 月第 1 次印刷
ISBN 978-7-307-13935-0 定价:89.00 元

序　言

　　作为世界上最大的发展中国家，我国目前能源生产量仅次于美国和俄罗斯，居世界第三位，基本能源消费仅次于美国、居世界第二位。我国已经成为一个能源生产和消费大国。虽然我国主要依靠立足国内来解决经济稳定发展所需要的能源供应问题，但在关系到经济稳定发展所必需的个别能源品种领域，我国能源供应对外的依存度问题形势严峻，突出表现在目前支撑经济社会发展的石油领域对进口的依赖性日益加强，这对我国能源安全带来了不确定因素，也必将对我国经济的稳定发展前景带来阴影。另外，我国在能源开发领域中的一些特殊国情，如优质能源资源相对不足、能源资源分布不均、经济增长方式粗放、能源结构不合理、能源技术装备水平和管理水平相对落后等因素也使得我国未来经济社会的发展日益受到能源供应安全形势的制约。正因为如此，我国开始把"构筑稳定、经济、清洁、安全"的能源供应体系作为未来国家的重要战略任务。

　　现实中，能源安全保障机制的构建要考虑多方面的因素，并涉及经济政策、资金机制、科技与教育、人口与社会保障、环境与自然资源保护等方面的综合战略合作。而在发展、整合和实施综合能源战略上，法律的作用日益重要。1992年《联合国21世纪议程》曾明确指出："为了有效地将环境与发展纳入每个国家的政策和实践中，必须发展和执行综合的、可实施的、有效的并且是建立在周全的社会、生活、经济和科学原理基础上的法律和法规。"显然，考虑到法律特有的规范性与强制性对于社会主体行为的重要影响，法律已经成为现代社会经济、政治、文化发展和社会全面进步所必不可少的因素。因此，试图通过法律和政策进行能源领域的经济、社会和文化变革已经成为当代世界发展的一个基本内容。国家的能源法律政策体系可以有效引导能源领域中社会主体的行为符合国家根本利益和社会公共利益的价值追求，有助于明确国家能源发展的总体战略，有助于确立能源产业发展的方针、目标和措施，有助于明确能源市场的准入、价格、储备、投资等基本行为规范，有助于实现能源分配的公平和正义。

我国也在一直致力于能源法律法规和政策的完善。目前，中国的能源法构成和形式已经有《煤炭法》、《电力法》、《节约能源法》、《可再生能源法》等四部能源法方面的单行法律。另外，国务院及有关部门、地方各省也颁布了一系列的行政法规、部门规章与地方性法规来积极促进各种能源的发展。除了专门性的能源立法之外，相关的环境保护领域的立法也对能源的发展问题予以了积极的关注，例如，《大气污染防治法》第9条规定要鼓励和支持开发、利用太阳能、风能、水能等清洁能源。这些立法为提高能源利用效率、避免或减轻能源开发利用对环境的不良影响提供了有效的法律保障。但从完善的法律体系的要求看还存在诸多问题，主要表现在能源领域的综合性、基础性法律缺失；石油、天然气、原子能等领域的能源单行法律缺位；缺少能源公用事业法；部分能源法律、法规与能源改革方向不相适应，不适应社会主义市场经济体制的客观需要，亟待修订等方面。这些能源法制建设存在的诸多的缺陷与我国目前作为能源生产与消费大国、国内能源供需形势日益严峻的现实国情显然不相适应，对我国能源安全保障策略的制定及实践也会产生消极的影响。为此，建立起一个以能源基本法为统领，以煤炭法、电力法、石油天然气法、原子能法、节约能源法、可再生能源法、能源公用事业法为主干，以国务院和地方制定的行政法规和能源行政规章相配套，结构严谨、内容和谐、形式统一的，能够保障国家能源安全和可持续发展的，有中国特色的能源法律体系应该成为我国未来法制建设中的重要任务，同时这也应是我国能源行业工作者、特别是能源法研究者的重要使命。

针对我国有关能源法制的科学研究相对滞后、专门从事能源法制研究的专门人才相对缺乏，科研成果多数局限于某一具体国家或某些具体制度，或者表现于某些国家能源法律法规汇编的研究现状，同时为了总结、吸收、借鉴国内外有关能源法制的经验，引导相关专家重视和加强能源法制的研究，扩大能源法学的专门研究队伍，2006 年 12 月批准立项的教育部人文社会科学重点研究基地武汉大学环境法研究所重大项目《能源法律制度比较研究》无疑承担着这样的使命。该课题组在杜群教授的统领下经过艰苦努力，于 2011 年 6 月最终形成《能源政策与法律——国别和制度比较》。2012 年杜群教授课题组对原有书稿的数据资料进行细致的更新，对内容进行再提炼，终在 2013 年 12 月入选武汉大学学术丛书并于 2014 年公开出版。我作为从事能源法研究的老一辈学者对此成果的问世感到由衷的欣慰。

在我看来，相比较于目前国内其他有关能源法研究成果及著作，《能源政策与法律——国别和制度比较》一书具有十分突出的系统性与全面性的特点。例如，本书的国别篇，选择了在能源的开发与利用、能源立法与政策概况等方面具有代表性的国家如美国、日本、欧盟、法国、德国、俄罗斯、澳大利亚、巴西等，考察这些国家的能源立法体系与模式、能源基本法概况、具体能源领域立法概况及其主要立法规定，并对该国能源立法特色及对中国的立法启示进行挖掘分析。再如，在比较与借鉴部分对具体的能源法律制度的研究方面，较全面地考察了具体能源法律制度——能源资源权属制度、能源行业监管制度、能源税费制度、能源储备法律制度、能源应急法律制度，并就每一制度的历史沿革、在国外能源立法中的表现形式和比较分析、该制度在国外发展的经验借鉴、该制度在中国的发展现状及不完善之处、该制度在未来中国能源立法中的完善对策等进行系统的比较研究，提出若干加强我国能源立法的建议。本书的一个尤为值得称道的方面是，以法的功能理论为视角，强调了能源法在环保、经济及社会发展方面的综合功能。传统能源法研究常常突出了能源法保障能源供给安全的经济功能，但其环境保护功能、促进社会公正功能常常被弱化，甚至被忽略。这也是现实中能源活动领域生态环境日益恶化、能源分配不公问题日益严重的重要原因所在。因此本书倡导未来我国能源法律政策的制定和战略规划应当综合考虑能源的供给安全、环境安全，并关注能源领域的社会公正的改善。

　　总体上看，本书具有较高的学术水平和突出的实践意义，它对丰富我国能源法的理论体系，形成我国能源开发、利用和管理的可持续发展格局，加强能源管理的能力建设，健全能源法的高等教育也具有现实的、积极的意义；本书也为能源管理行业、教育行业及法学研究人员的人员提供了实用的读本和参考文献。

　　由于本人也全程参与了该课题的开题、中期评审及研究成果出版的评定工作，能够了解课题组成员所付出的艰辛努力。今受杜群教授和课题组之托，为新书出版作序，甚为振奋，欣然以序贺之！

肖乾刚

2014 年 4 月 10 日

目　　录

上　篇　外国能源政策与立法及对中国的启示

下　篇　外国能源法律制度比较及对我国的借鉴

导　　论

一、选题研究意义

能源问题已经成为世界性的重大问题，作为一个经济快速增长的大国，我国的能源形势更是严峻。为了应对日益严重的能源危机，我国已经采取了许多措施，包括加强能源法制建设，如：修订《节约能源法》（2007 年修订，2008 年生效），制定《可再生能源法》（2009 年修订，2010 年生效），还计划制定能源基本法等。与此相对照的是，有关能源法制的科学研究显得比较滞后，科研成果很少，从事能源法制研究的专门人才也相对缺乏。为了总结、吸收、借鉴国内外有关能源法制的经验，引导相关专家重视和加强能源法制的研究，培养能源法学的专门研究队伍，进行"能源法基本制度比较研究"的研究课题具有明显的理论意义和实践价值。

首先，能源法律与政策中外比较研究，将有助于形成具有我国独有特色的能源开发、利用和管理的可持续发展格局，为建设我国环境友好型的和谐社会提供坚实的物质和动力基础。

我国经济社会发展正处于一个举世瞩目的重要的历史机遇期，

工业化进程加快、经济高速增长。但是我国能源发展却存在着严重的问题，能源总量不足，石油紧缺，环境污染严重，人均占有量少，能效低，且已经开始制约我国经济的高速发展。我国 2012 年GDP 已经达到 519322 亿元① （约 8.4 万亿美元），位居世界第二位，占全球 GDP 的 10%，而煤炭、铁矿石和水泥的消耗却为全世界产量的 30% ~ 40%。我国实际上已经成为仅次于美国的第二大能源生产和消费大国。这种高消耗、低产出的能源消费模式所产生的问题，随着我国经济的发展将会越来越严峻。一方面在能源结构中，煤炭占相当大的比重，据统计，2012 年全年能源消费总量达到 36.2 亿吨标准煤，② 另一方面，煤炭产生的污染也是最为严重的，全国二氧化硫的 90%，一氧化氮的 60%，二氧化碳的 85%，烟尘的 70%，覆盖国土面积 40% 的酸雨都是由燃煤引起。我国温室气体排放为每年 30 亿吨，仅次于美国，位列第二。调查显示我国能源供需矛盾主要原因之一是由于一些行业特别是高耗能行业（电石、铁合金、焦炭、钢铁、水泥、烧碱、电解铝）过快发展，造成了能源需求的超常增长。目前中国电石、铁合金及焦炭等三个行业生产能力均为实际需求的二至三倍，其生产能力已远超出市场需求，呈现严重过剩局面，不仅造成社会资源的浪费，企业亦面临巨大的经营风险。自 2004 年起，国家在这三大高耗能行业已采取公布淘汰目录、限制出口、实施节能监督等措施提高行业准入门槛。

要实现 2020 年我国全面小康社会的目标，能源显然成为发展的制约因素，而目前的能源结构和产业的部署将决定着未来 10 年后我国能源的走势和格局。但是，我国能源问题仍然突出，存在着诸如管理体制不顺、能源效率不高、能源结构不合理、能源安全受到威胁等问题。应对目前的能源问题，应当在可持续发展理念的指

---

① 国家统计局：《2012 年国民经济和社会发展统计公报》，2013 年 2 月 22 日发布。

② 国家统计局：《2012 年国民经济和社会发展统计公报》，2013 年 2 月 22 日发布。

引下，坚持科学发展观的方法论，逐步实施优化经济增长方式、改善能源结构、节约能源并提高能源效能等战略。而实现能源战略转变，必须运用政策、经济、法律等多种机制。就法律机制而言，完善我国的能源法律制度体系，必须加强我国能源立法，在借鉴国内、国外先进经验和制度的基础上，形成具有我国独有特色的能源开发、利用和管理的可持续发展格局，为建设我国环境友好型的和谐社会提供坚实的物质和动力基础。

其次，能源法律政策的中外比较研究成果，对形成我国能源法律体系和制度、完善我国能源立法提供外国法借鉴和智力成果的支持。

我国能源法律机制调整一直比较薄弱。长期以来，对能源这一战略资源，我国形成了过分倚重政策调整、忽视法律调整的现状。如《电力法》明确规定了《电力供应与使用办法》、《电价管理办法》等8个法规由国务院制定，但该法生效后十年相关的《电价管理办法》等4个法规仍没有以国务院条例的形式发布，而是以办公厅的名义下发文件，进行过渡性政策调整。政策调整在人们开发、生产、输送、供销、利用能源的过程中，特别在计划经济时代是能起一定作用的，但在初步建立社会主义市场经济的今天，解决能源问题，法律应成为重要的手段之一。我国《能源法》自2005年纳入全国人大立法计划，并在2006年加速立法进程，已经表明我国对能源问题的调控从政策调整转向法律调整的历史时期。

实施能源法律调整的前提，无疑是建立相对完善的能源法律制度体系和立法体系，首先是要加强处于统领地位的能源法的建设。目前我国能源统领性综合法的制定出现分两步走的趋势，先有能源基本法，时机成熟再发展能源法典。能源基本法是我国能源法律体系中具有"龙头"作用、协调作用和核心地位、基础地位的综合性法律，它将长期以来的能源发展战略、综合性、长效性的能源政策，上升为法律规范；能源基本法调整对象、范围应涵盖各种能源资源的勘探、研究、开发、生产、运输、贸易、消费、利用、节约、对外合作、能源安全与监督管理等诸多环节；应该着重调整能源领域中的共通的、原则性的、长远性的关系，解决能源领域中的战略性、全局性、根本性的问题。能源基本法将明确我国能源立法的指导思想、基本原则和基本制度，形成节约和综合利用能源、提高能源利用效率、保障能源安全与应急的法律规范。能源基本法将确定能源发展规划的法律地位，建立能源监督管理的科学体制，突出对各具体能源领域法律制度的协调、能源与环境保护的协调、中央和地方的利益的协调、能源生产企业与消费企业利益的协调。

完善我国能源法律制度体系和立法体系，还要加强对现有的能源法的修订和完善。我国的能源法律体系已经有了一定的基础，先后颁布了《电力法》（1995年）、《节约能源法》（2007年）、《煤炭法》（1996年颁布，2009年、2011年修订）和《可再生能源法》（2009年）4部法律以及20多部能源行政法规，还制定了大量能源规范性文件（包括地方性法规、规章）。上述法律，除新颁布的《可再生能源法》（2009年）外，已经基本不适应社会主义市场经济体制的客观需要，亟待修订。如《节约能源法》（2007年）中虽然规定了许多节约能源的措施，但多属于行政措施，在社会主义市场经济体制的情况下，显然已经不适宜，应该用经济手段加以规定和调整。《煤炭法》（1996年）更多关注的是煤炭安全生产和合法经营的问题，对煤炭生产的可持续发展、生态破坏和环境污染如何处理、补偿则没有规定，亟待补充完善。另外，尚有一些重要的能源法律也亟待制定，如原子能和核电方面，我国还没有一个专门的法律来调整诸如燃料管理、放射性废物管理、运输和损害赔偿等问题；在石油天然气方面，油气贮运、销售、加工提炼、石油储备、油气田的保护和监管等，相关立法也基本是空白。

我国目前的能源法体系是在计划经济的时代形成的，现阶段处于全面修订、制定和完善的重要时期。如何将社会主义市场经济、"十二五"或更长远的国民经济和社会发展目标融入能源法的立法，并使我国的能源法体系与世界贸易一体化、国际政治的新的地缘格局相兼容，是我国能源立法所面临的时代的、全新的挑战。也因此，必须采纳"他山之石可以攻玉"策略，学习国际能源立法的趋势、能源可持续管理的制度和政策等先进经验，分析比较可以"洋为中用"的最佳立法和制度实践，实现完善我国能源法律制度体系和立法体系的目标。本书的意义就在于假"他山之石"攻我国能源基本法、能源法律体系之"玉"。

再次，进一步丰富我国能源法的理论体系，加强能源管理的能力建设、健全能源法的高等教育。

本书以完善我国能源法律制度体系和立法体系为目标，努力形成比较丰富的、系统的外国能源法律制度和立法案例的知识体系。这一知识成果能为能源管理行业、教育行业、法律界的人员提供实用的读本和教材。

二、国内外研究现状

（一）国外研究现状

国外能源法研究相对较成熟。随着 20 世纪 70 年代国际原子能机构在联合国体系中的建立，能源问题成为国家战略和国际安全、外交和世界贸易等重大问题中非常重要的研究课题。20 世纪 80 年代以后，能源研究机构蓬勃发展，研究成果不断涌现，形成了专门进行能源研究的机构（如世界能源研究所）。对能源战略和政策研究的资金支持也比较多（如能源基金会），一些大学开设专门的能源法课程和研究中心（如美国佩斯大学法律系的能源法中心），创办了专门的能源法的杂志（如美国能源律师协会创办的《能源法杂志》），相继出版了一系列能源法专著（如国际律师协会能源和自然资源委员会出版了系列能源法著作《亚太能源法》、《能源法：开发中东石油和天然气的外国投资》、《能源法》等）。从门类上说，形成了能源法和原子能法两大学科分支，研究视角从 20 世纪 70—80 年代的能源供应、国际投资、机构与合作，扩展到 20 世纪 90 年代的能源与安全、能源国际合作，到 21 世纪初的能源与自然资源管理、环境保护、产业革命和技术创新相结合。最近两年，能源更成为国家和国际社会战略研究的重点领域，可持续发展的重要环节。国外的能源法研究由于经济、社会及其语言等原因，相互交流借鉴也比较多，且运用多元学科交叉的研究方法。

各个国家或地区与能源法或政策和管理等相关的研究，侧重有所不同。具体而言，美国的能源法研究重点主要是美国的能源供给，保护环境，维护美国的经济繁荣与国家安全等能源战略，包括：一是保障能源安全和供应，如减少对进口石油的依赖，抵御市场风险，维护美国的石油安全，提高美国国内的石油和天然气开采能力，增加美国战略石油储备限额水平、输电能力和可靠性，研究各种科技、行政和经济激励措施推广地热、风能、太阳能、海浪能、潮汐能、植物能源、水利能源和天然气等清洁能源；二是研究促进能源科学研究的法律措施，特别强调了投资洁净煤技术、氢燃料电池技术和核电技术的开发研究；三是关于节约能源，提高能源利用效率的措施，包括确定强制性能耗标准、为能源效率改进计划提供资金支持、扩大节能项目等。四是改进汽车等消耗燃油的利用状况，等等；这些成果在美国《2005 能源政策法》中得到体现。

经济发达、能源相对短缺的国家，都比较重视保障能源供应安全的法律政策研究。例如：日本的能源战略始终聚焦于对外来石油的严重依赖，如何应对能源危机带来的安全问题，日本的能源法律和政策研究关注如何更大程度地保障能源供应安全，强调寻求能源多样化，积极发展替代能源、新能源和节约型产业的机制，研究强制、鼓励利用或开发新能源的法律与政策措施，主张减少石油在能源结构中的比例以有效地减少对中东石油的依赖。这些主张体现在2002 年日本通过的关于新能源的法案、2004 年 6 月日本新出台的《基本能源政策》等能源法律、政策中。法国在石油危机之后，根据国情提出了完善的能源法律体系和能源政策，主张立足于节约能源和发展替代能源，制定降低能耗的相关行业标准，提高居民生活用能及生产用能的效率，发展核能以减少对进口石油的依赖。2006年欧洲理事会出台新能源政策，应对能源新挑战，进一步将国家能源市场和接近完成的能源市场自由化相结合，推进可再生能源和生物质能行动计划。欧盟制定了 2020 年能源战略，启动战略性能源技术计划，着力发展可再生能源，减少对化石能源的依赖。①

　　而俄罗斯、中东等能源资源相对比较丰富的国家，主要重视通过法律手段加强国家对石油等战略资源开发利用的企业、生产量的掌控的分析研究。例如，俄罗斯的私有化改造、组建国家控股的大型能源企业、政府加强对战略资源的监管、限制外资参与俄战略项目等问题的研究与实践；石油输出国组织关于石油产量-价格机制的研究和实践，研究成果都比较成熟。

　　国际社会主要重视能源与国际安全、能源与环境保护等法律问题研究，例如，关于能源与气候变化的法律控制的研究，受到许多国际组织的重视，开展了广泛的国际合作与交流研究。

　　（二）国内研究现状

　　在能源问题日益突出的局势下，能源法律制度研究日益受到重视。学者们开展了相关研究，目前的能源法研究热点为：能源安全法律问题，中国能源基本法、法典研究，中国能源法律制度，能源与气候变化和环境保护等问题，能源领域的国际法问题，可再生能源问题。主要研究项目有："中国能源安全问题研究——法律与政策分析"（武汉大学国际法所研究基地主任黄进教授担任首席专家完成的 2005 年教育部哲学社会科学研究重大课题攻关项目）；"中国能源法律制度研究"（华东理工大学法学院肖国兴教授完成的 2006 年度国家社会科学基金资助项目）；"能源领域国际法与国内法的关系研究"（华北电力大学能源法研究所周凤翔完成的 2005 年度国家社会科学基金资助项目）；"我国能源安全的现状及法律保障研究"（武汉大学法学院杨泽伟完成的 2005 年度国家社会科学基金资助项目）；"全球气候变化国际立法背景下的我国能源安全问题研究"（武汉大学环境法研究所柯坚教授完成的 2003 教育部哲学社会科学研究博士点基金资助项目）；"能源法体系研究"（国家发改委资助，中国法学会能源法研究会 2004 年完成）。

　　国内的研究已出现了一批著作和译作，比如：肖国兴、肖乾刚

---

　　①　国务院《能源发展"十二五"规划》，发布时间：2013 年 1 月 1 日。

主编的《能源法》（1996），曹明德、邵方、王圣礼翻译的由澳大利亚艾德里安·J. 布拉德布鲁克和美国理查德·L. 奥汀格主编的《能源法与可持续发展》（法律出版社，2005 年版），还有阎政著《美国核法律与国家能源政策》（北京大学出版社，2006 年版），黄进主编《中国能源安全问题研究：法律与政策分析》（武汉大学出版社，2008 年版），曲云鹏著《澳大利亚能源规制：法律、政策及启示》（知识产权出版社，2011 年版），吕江著《英国新能源法律与政策研究》（武汉大学出版社，2012 年版），张剑虹著《中国能源法律体系研究》（知识产权出版社，2012 年版），程荟著《欧盟新能源法律与政策研究》（武汉大学出版社，2012 年版），杨泽伟著《发达国家新能源法律与政策研究》（武汉大学出版社，2011 年版），赵爽著《能源法律制度生态化研究》（法律出版社，2010 年版），何建坤主编《国外可再生能源法律译编》（人民法院出版社，2004 年版），白中红著《〈能源宪章条约〉争端解决机制研究》（武汉大学出版社，2012 年版），马迅著《〈能源宪章条约〉投资规则研究》（武汉大学出版社，2012 年版），王元忠、李雪宇主编《合同能源管理及相关节能服务法律实务》（中国法制出版社，2012 年版），赵爽著《能源变革与法律制度创新研究》（厦门大学出版社，2012 年版），李晓辉著《保障我国能源安全的经济法律制度研究》（厦门大学出版社，2011 年版），李英、曾宇著《合同能源管理法律与实践》（光明日报出版社，2011 年版），肖兴利著《国际能源机构能源安全法律制度研究》（中国政法大学出版社，2009 年版）。

综合而言，从著作看，已经有反映美国、澳大利亚、英国、欧盟等国家和地区能源政策与法律的评介性著作，也有具体分析合同能源管理法律制度的研究著作，还有专门研究我国能源法律制度如何为实现生态保护目标而进行变革的著作。但总体而言，现有的成果主要特点是：在外国能源法研究方面，以新能源和可再生能源为主，或者以个别国家的能源法律政策研究为主，或者以国际能源法研究为主；尚没有出现关于中国与外国就若干主要能源法律制度所进行的较为系统和全面的比较研究的成果。而后者正是本书拟突破的成果创新目标。

三、研究目标和研究方法

（一）研究目标

通过系统介绍外国能源法的法律制度和立法体系，比较分析外国能源法律制度和立法体系的经验，提出我国能源综合立法和能源法制建设的总体思考，并就具体制度提出对策和建议。

（二）研究结构和内容

本书按照基本内容，分为上下篇。上篇为能源法国别概述，按照国别（或区域如欧盟）的外国能源法研究，选取世界重要的能源国家，如中国、美国、日本、欧盟、法国、德国、俄罗斯、澳大利亚、巴西等，对国家的能源基本情况、能源战略和发展趋势、法律和政策体系进行综述，对个性能源制度和政策进行概括、总结和经验介绍。国别研究，是本书的基础研究，是比较分析和借鉴分析的参照和知识体系。下篇是就能源基本法律制度（主要是能源资源权属制度、能源行政管理组织制度、能源行业监管制度、能源储备法律制度、能源应急法律制度、节约能源和提高能效法律制度、促进可再生能源发展、新能源及能源技术创新与推广制度、能源环保碳标识制度、能源法的综合功能等）进行外国法比较研究，进而对照我国的现状与问题，探讨其对中国能源法发展的启示，为我国能源基本法的制定提供比较法的支撑。制度比较及借鉴研究，是在上篇比较系统的国别研究的基础上，分析、提炼各国在能源法专题领域的普遍经验和最佳实践，是对国别研究的升华，是以中国能源法问题为导向的对策和建议研究。

（三）研究方法

本书的研究方法主要是历史考察法、综述法、比较分析法、实证分析法。分析和比较的方法是最主要的方法，在分析中比较，在比较中分析，由此及彼，由表及里。

1. 比较研究的方法，即强调认真分析比较典型国家能源法律制度的理论与实践，在此基础上通过原理分析、规范分析、个案分析、系统分析、比较分析，进行理论概括，提出科学合理的能源法

10 导　　论

律制度，并提出立法建议和研究结论供有关部门参考。

2. 法学理论联系法制实际的方法，即运用具有代表性的能源法理论来剖析典型能源立法中所涉及的重要问题，并通过对这些重要问题的研究丰富和发展现有的能源法理论。注重理论性与应用性的结合，密切联系国家能源法制建设的实践，大胆进行理论探索和理论创新。

3. 法律社会学的方法，即把能源法涉及的重要问题置于现实的社会背景中进行研究，在国别研究的基础上进行比较，从而使本研究成果符合能源立法的基本宗旨和根本利益。

4. 政策分析、法条阐释与实际案例相结合的方法，即通过对相关法律条文的法条解释并结合有关国内外案例，为应对和解决能源立法中的重要法律问题提供坚实的法律基础和丰富的政策依据。

四、研究特点和特色

前文指出，现有的能源法研究成果的主要特点是：在外国能源法研究方面，以新能源和可再生能源为主，或者以个别国家的能源法律政策研究为主，或者以国际能源法研究为主；尚没有出现关于中国与外国就若干主要能源法律制度所进行的较为系统和全面的比较研究的成果。而后者正是本书拟突破的成果创新目标。

作者在本书的创作上力图体现的创新特色有如下方面：

1. 力求规范体系上的理论整合创新。概括而言，本书整合了能源政策体系与能源法律体系，形成广义的能源规范学的研究范畴；进而，构划了较全面的能源立法框架和基本法律制度体系，以中国问题为导向，全面考察主要国家能源基本制度的特征和借鉴意义；最后，从价值层面上探讨了能源法的经济、社会和环境保护的综合的平衡功能和特殊的社会正义价值。

具体到比较研究上，理论整合性的比较研究的任务体现为：

（1）开展政策比较，将政策体系（非正式制度体系）与法律体系（正式制度体系）共同纳入广义的能源规范体系。能动地将能源政策纳入广义能源规范学的研究范畴，完善能源制度的理论视角，这在能源著作中尚不多见，在能源法著作中更是少见。能源是战略资源，能源是国民经济和社会发展的主动力，因此关注能源的法律和制度的形成必须关注国家能源政策的演变和发展。本书较系统、全面地论述了各国的能源问题产生的历史背景、能源战略及政策的历史演变，尤其反映了气候变化下的主要国家能源政策发展的转型和日本福岛核电站事故后核能利用的政策转向。

（2）对主要国家进行能源立法的比较，力求全面清晰展示各国能源立法的框架体系，为我国的立法体系完善提供参考。

（3）在制度比较中，与同类著作不同的是，始终以中国能源制度建设所面临的问题为导向，对落实能源安全战略至关重要、各国普遍实施的关键能源法律制度进行了系统性梳理，比较成功经验并引为借鉴。这样的制度比较研究有的放矢，能够直面中国能源制度建设的问题。这种时时以问题为导向的研究方法的运用在能源法著作中尚不多见。

（4）对能源法的功能与能源立法的理论基础进行了有力的论证。在政策比较、国别比较和制度比较的基础上，在理论上进一步提炼、抽象和升华，对能源法的功能和正义价值进行比较，发展能源法的法理，避免同类能源著作中只见实证研究少见理论论证的短处。

2. 实践意义上的"他山之石可以攻玉"。本书侧重于通过国际层面各国能源立法应对能源问题经验的借鉴、具体能源法律制度的历史沿革及发展现状比较分析，一方面揭示在处理能源问题多样化方案中，立法和法律制度实践对保障能源安全具有特别重要的意义，另一方面有的放矢地积极探讨符合中国实际和实践的能源安全立法、制度和政策。

3. 支持能源安全和环境保护的国际合作。考虑到能源在国家社会经济发展中的突出地位、法律在调整社会关系中的基础性与强制性作用，能源领域立法策略的完善可确保我国经济增长方式、产业结构方式与社会生活方式符合科学发展的内在要求，有利于"两型"社会的建设。同时，我国能源安全立法保障体系的完善也可以减轻我国在环境外交上的压力，积极应对国际贸易领域新的技术标准和贸易壁垒，为我国可持续发展战略的推进创造良好的国际环境。

4. 比较研究方法的综合运用。从国别比较研究、法律制度比较研究、中外比较研究各个层面认真分析比较典型的国家能源法律制度的理论与实践，在此基础上通过原理分析、规范分析、个案分析、系统分析、比较分析进行理论概括，从而使提出的立法和制度建议、研究结论有说服力。

上　篇

外国能源政策与立法及对中国的启示

第 一 章

俄罗斯能源政策与立法概论

第一节 俄罗斯能源情况和能源问题

俄罗斯是世界能源产品生产大国，能源工业对俄经济发展起到举足轻重的作用。俄罗斯一直致力于制定有效的能源战略，以巩固和加强能源工业对俄整体经济发展的拉动作用。至 2011 年底，俄石油、天然气和煤炭的探明储量分别为：511.4 百万吨、44.6 万亿立方米、157010 百万吨，分别占世界总储量的 5.3%、21.4% 和 18.2%；2011 年俄罗斯石油产量为 10280 千桶/日，占世界总量的 12.8%；天然气产量为 6070 亿立方米，占世界总量的 18.5%；煤炭的年产量为 157.3 百万吨油当量，占世界总量的 4%。[①] 俄罗斯

---

① BP 公司：《BP 世界能源统计年鉴 (2012)》，2012 年 6 月发布，http://bp. com/statisticalreview。

在世界出口总量中所占的份额是：石油 7%，天然气 37.6%，煤炭 4.5%。① 2008 年，俄罗斯单位 GDP 能耗为 4.26 万吨油当量/亿美元，而同期美国为 1.62 万吨油当量/亿美元，日本为 1.03 万吨油当量/亿美元，英国为 0.8 万吨油当量/亿美元，德国为 0.85 万吨油当量/亿美元，法国为 0.9 万吨油当量/亿美元，意大利为 0.77 万吨油当量/亿美元，加拿大为 2.36 万吨油当量/亿美元，澳大利亚为 1.17 万吨油当量/亿美元，中国为 4.63 万吨油当量/亿美元，印度为 3.56 万吨油当量/亿美元，巴西为 1.41 万吨油当量/亿美元，南非为 4.78 万吨油当量/亿美元。② 2006 年，俄罗斯的人均能源消费指标为 3.7 吨油当量，2020 年可增至 4.5 吨油当量；2010 年，经济合作与发展组织国家的能耗标准为 0.15 吨油当量/GDP 千美元，俄罗斯的能耗指标为 0.35 吨油当量/GDP 千美元。③ 俄罗斯能源在俄罗斯经济中具有极其重要的地位，是俄罗斯经济中一个最稳定的生产综合系统，对国家经济发展现状和前景有着决定性影响，其份额至少占俄罗斯工业生产总值的 1/4，总收入的 1/3 以及联邦预算、出口和外汇收入的一半左右。可以说，俄罗斯能源部门的稳定是整个国民经济稳定的基础。

一、俄罗斯能源情况

（一）石油状况

至 2011 年底，俄罗斯的石油探明储量为 121 亿吨，占世界总量的 5.3%，其中大部分油田位于西西伯利亚。俄罗斯现有的 89 个联邦主体中有 33 个可进行石油开采。除此之外还有 33 个可进行

---

① ［俄］E. A. 科兹洛夫斯基著：《俄罗斯矿产资源政策与民族安全》，鄂泰宁、王达译，地质出版社 2007 年版，第 53 页。

② BP 公司：《BP 世界能源统计年鉴（2012）》，2012 年 6 月发布，http://bp.com/statisticalreview。

③ 分别参见［俄］C. 3. 日兹宁著：《俄罗斯能源外交》，王海运、石泽译审，人民出版社 2006 年版，第 6 页；和 OECD（2013），"Energy intensity", in *OECD Factbook* 2013: *Economic*, *Environmental and Social Statistics*, OECD Publishing. http://www.oecd-ilibrary.org/economics/oecd-factbook_18147364。

石油开采。俄罗斯石油储藏主要在陆地，92%的可采储量将由油气
公司开采。目前俄罗斯的 82 个油田中，2/3 都在进行开采。近年
俄罗斯石油开采量、消费量和出口量如表 1-1 所列。

表 1-1　　　　　　　俄罗斯石油开采量、消费量和出口量[1]　单位：百万吨/年

年份	2001	2002	2003	2004	2005	2006	2007	2008	2009	2010	2020 预测
开采量	348.1	379.6	421.4	458.8	470.0	480.5	491.3	488.5	494.2	505.1	450—520
消费量	147	190	228	257	270—281						
消费量	120.5	122.6	125.1	124.2	123.2	130.8	123.6	129.8	124.8	128.9	136.0

俄罗斯由于大部分油田已经"很难出油"，一半以上正在开采
的油田出油率不高，许多油田的开采利润正在减少。俄罗斯近二十
年来，石油采油产量和出口量减少的主要原因包括：国家受经济危
机的影响对石油的内需减少，部门拨款不足遏制了采油新工艺的研
发和应用，对地质勘探工作拨款不足导致了地勘技术装备的补充每
况愈下。[2] 因此，俄罗斯要提高石油产量，重要的是解决勘探技术
滞后与开采的问题。

（二）天然气状况

俄罗斯天然气部门有国内丰富的天然气资源作后盾。2011 年
底，俄罗斯天然气探明储量为 44.6 万亿立方米，占世界总储量的
21.4%。天然气的预测储量是 130 万亿立方米，占世界总储量的
40%。俄罗斯天然气的特点在于，已探明储量高度集中在一些主要

---

　　① 表的 2001 至 2005 年的数据，来自〔俄〕C. З. 日兹宁著：《俄罗斯能源
外交》，王海运、石泽译审，人民出版社 2006 年版，第 648 页；2006 年至 2011
年数据来自 BP 公司：《BP 世界能源统计年鉴（2012）》，2012 年 6 月发布，
http：//bp. com/statisticalreview。

　　② 〔俄〕E. A. 科兹洛夫斯基著：《俄罗斯矿产资源政策与民族安全》，鄢
泰宁、王达译，地质出版社 2007 年版，第 64-65 页。

含气区和数量不多的特大气田，所以其未来重要的天然气开采区仍将是亚马尔—涅涅茨自治区，这里蕴藏着俄罗斯72%的天然气储量，另外一些大型天然气开采区位于东西伯利亚和远东，在俄罗斯欧洲部分的国土上，最大的天然气田位于阿斯特拉罕州。2001—2011年俄罗斯天然气开采量、出口量和消费量如表1-2所示。

表1-2　　　　　　俄罗斯天然气开采量、出口量和消费量① 单位：10亿立方米

年份	2001	2002	2003	2004	2005	2006	2007	2008	2009	2010	2011	2020 预测
开采量	526.2	538.8	561.5	573.3	580.1	595.2	592.0	601.7	527.7	588.9	607.0	680—730
出口量	181	185	189	200	203—204						250—265	275—280
消费量	366.2	367.7	384.9	394.1	400.3	408.5	422.1	416.0	389.6	414.1	424.6	

　　天然气是俄罗斯燃料动力系统的基础性能源，保障着国家一般的能源需求。天然气工业股份公司是俄罗斯油气工业领域中最大的企业，也是国内最大的能源企业。它目前生产的天然气产量占国内全部产量的85%以上，拥有30万亿立方米的天然气资源储备，控制着全俄的天然气管道运输系统，垄断了国内天然气的出口。② 它在2003年完成了联邦预算的20%的收入和大约20%对外贸易的外汇收入。③

---

　　①　表中的2001至2005年的数据来自［俄］C. 3. 日兹宁著：《俄罗斯能源外交》，王海运、石泽译审，人民出版社2006年版，第648页；2006年至2011年数据来自BP公司：《BP世界能源统计年鉴（2012）》，2012年6月发布，http：//bp. com/statisticalreview。

　　②　丁佩华著：《俄罗斯石油地位的博弈——基于21世纪初的分析》，上海人民出版社2009年版，第44页。

　　③　［俄］E. A. 科兹洛夫斯基著：《俄罗斯矿产资源政策与民族安全》，鄢泰宁、王达译，地质出版社2007年版，第73页。

俄罗斯天然气储藏分布要好于石油。虽然所探明的天然气储量呈扩大之势，但由于浅层天然气富矿较少，天然气矿藏所处的自然气候条件复杂，使得天然气矿藏的开采变得困难。有前景的天然气开采区（东西伯利亚、远东、亚马尔半岛、巴伦支海和喀拉海）都距离正在形成的天然气需求中心以及出口基础设施相当遥远。除此之外，还存在开采的技术难度问题，例如低压天然气、液体天然气、凝析气和含氦天然气虽然被探明储量丰富，但是其开采需要天然气加工的技术和基础设施的投入与建设。所以，俄罗斯天然气工业的重要任务是大力加强大陆和海洋大陆架的地址勘探工作，但是近年来，由于天然气勘探投资下降导致探明储量并不见涨。

（三）煤炭状况

雄厚的煤炭资源是俄罗斯煤炭工业的原料基础。其能量当量几乎是石油储量的 400 倍，是天然气储量的 200 倍。[①] 至 2011 年底，俄罗斯煤炭探明储量为 157010 百万吨，占世界总量的 18.2%。其中，超过 1/4 的煤炭资源属于高热量的优质煤，其余为褐煤。这样的煤储量，就是按照目前的消费速度也可使用数百年。硬煤的开采量约占全俄煤炭开采总量的 2/3。其中 1/3 达到焦煤标准，大约 2/3 达到动力用煤标准。全国煤炭总量的 20% 蕴藏在俄罗斯西部，西部的煤层薄且埋藏深，开采费用较高。其余的煤炭分布在俄罗斯东部、西伯利亚地区，这里的煤不仅质量好，而且埋藏浅，使用露天法即可进行开采。然而，由于东部的煤距离主要消费区和国外市场相当遥远，煤炭运输是一个现实的问题。

近年俄罗斯煤炭开采量、消费量和进出口量的情况可从表 1-3 察知。

---

① ［俄］E. A. 科兹洛夫斯基著：《俄罗斯矿产资源政策与民族安全》，鄢泰宁、王达译，地质出版社 2007 年版，第 76 页。

表 1-3 　　　　　　　　　　俄罗斯煤炭开采量、消费量和进出口量①

单位：百万吨油当量

年份	2001	2002	2003	2004	2005	2006	2007	2008	2009	2010	2011	2020预测
开采量	122.6	117.3	127.1	131.7	139.2	145.1	148	153.4	142.1	151.1	157.3	
消费量	102.4	103.0	104.0	99.5	94.2	96.7	93.4	100.4	91.9	90.2	90.9	
出口量	41	44	60	72	65—66						65—75	70—80
进口量	27	29	29	28	28—29							

俄罗斯煤炭工业的技术，大部分是 20 世纪 60 年代的，这就出现了选煤设备老化和超期服役的问题。如果采用现代化技术，不仅可以改变煤炭部门的经济和生态指数，而且可以使俄罗斯煤炭工业达到国际标准。但是，更新选煤企业的技术和设备的现代化需要大量的投资，资金是俄罗斯煤炭工业现代化的一大制约因素。

（四）电力状况

俄罗斯是世界上最大的电力生产国和消费国。目前，在电力生产中起主导作用的是天然气发电，占总发电量的 42%，与此同时煤炭发电为 20%，水电为 19%，核电为 14%，石油发电约为 5%。2004 年俄罗斯的发电总量为 200 千兆瓦，其中 69% 为热电，21% 为水电，10% 为核电。现有发电能力中只有 40% 被利用，这一状况已经持续了 25 年有余。东西伯利亚每年有 65 万亿千瓦时的剩余电力出口到亚洲国家。1992 年俄罗斯电力消费下跌了 1/4 以上，从 1999 年起消费恢复增长。按照 2020 年前俄罗斯能源新战略的预测，电力需求将出现引人注目的增长。这样，俄罗斯经济中的闲置

① 表中的数据来源：2005 年前的数据来自［俄］C. 3. 日兹宁著：《俄罗斯能源外交》，王海运、石泽译审，人民出版社 2006 年版，第 649 页；2006 年至 2011 年数据来源于《BP 世界能源统计年鉴（2012）》，2012 年 6 月发布，http：//bp. com/statisticalreview。

电量将逐步减少。从发展前景看，俄罗斯的电力基础仍将是热电站。①

　　但是许多电力工业企业的设备磨损率已达 60%—65%，农村配电网甚至超过 75%。国产设备是电力的基础，目前已经普遍老化，既不符合包括生态标准在内的现代化要求，也达不到世界的水平。未来，俄罗斯应当首先改善欧洲地区热电站的供热条件，并执行更加严格的生态标准，开展技术更新和对现有设备进行改造，修建新的热电站和生态清洁的火电站，提高电力生产水平。2000 年12 月 15 日，俄罗斯政府召开的电力工业改革专门会议，制定了电力系统结构改革的基本方针，推行开放电力市场、引进竞争机制和吸引私人投资的积极政策。②

　　（五）核能情况

　　俄罗斯核能的发展困难很大。俄罗斯目前拥有 32 座核反应堆，分布在 10 座核电站内。俄罗斯 2011 年的核能消费量为 3.98 亿吨油当量。俄罗斯政府计划在 2030 年之前利用核能满足国内 1/4 的电能需求，年度核能发电量为 1549 亿千瓦时。近年由于缺少资金，核反应堆的维护和维修一直被拖延。尽管俄罗斯坚持认为其核反应堆的安全性位列世界第三，仅次于德国和日本，但人们对这些核反应堆，特别是 16 座陈旧的、与切尔诺贝利核电站设计相同的轻水反应堆的安全问题一直持怀疑态度。事实上，新反应堆的建设非常有限。目前俄罗斯的经济危机对建设新的核电站构成了阻碍，这些电站平均造价约为 15 亿美元，其建设需要私营部门提供资金，但俄罗斯的经济危机导致私营部门的投资者不肯投资。

　　（六）可再生能源情况

　　俄罗斯的可再生能源消费量以可再生资源发电总量为基准，包括风能、地热、太阳能、生物质能和垃圾发电。可再生能源的消费

---

　　①　［俄］C. 3. 日兹宁著：《俄罗斯能源外交》，王海运、石泽译审，人民出版社 2006 年版，第 649 页。

　　②　《俄罗斯电力改革决而未断》：http：//business. sohu. com/12/20/article207302012. shtml，2008 年 1 月 1 日访问

量在 2002 年以前均低于 5 万吨油当量，在 2003 年以后至今保持在 10 万吨油当量的水平。俄罗斯可再生能源的具体情况如下：

1. 水电资源开发现状。俄罗斯拥有巨大的水电资源的潜力，其总的水力势能理论上有 28000 亿千瓦时，其中技术上可利用的水力势能达 70%，具有经济价值的水力势能为 8500 亿千瓦时。[①] 俄罗斯水电装机总容量为 43 万兆瓦，约占俄罗斯总电力生产能力的 1/5，70% 以上的水电量是由 11 个发电量在 1 千兆瓦以上的水电站生产的。这其中包括俄罗斯 4 个最大的电站中的 3 个，它们分别是发电量为 6 千兆瓦的克拉斯诺亚尔斯克电站、发电量为 6.4 千兆瓦的萨彦—舒申斯克电站、发电量为 4.5 千兆瓦的布拉茨克伊尔库茨克电站。尽管这些电站占了俄罗斯发电量的一大部分，但它们仅利用了俄罗斯每年 852 万亿千瓦时水电资源的 1/5。改革措施不力也影响了俄罗斯水电资源的利用。虽然俄罗斯政府在电力市场引入竞争机制方面进行了改革尝试，但水电系统仍处于政府控制之下。电价目前仍由地方能源局规定，而不是由市场决定。相对于其他电力生产部门，水电部门电价过低，不利于水电行业的发展。

2. 地热电站的开发。俄罗斯是世界上利用地热发电的 20 个国家之一。2010 年，俄罗斯地热发电的装机容量为 82 兆瓦，发电量为 441 千兆瓦时。[②] 堪察加地区的 Panthetskaga 拥有一座 11 兆瓦的地热发电站（建于 1966 年），另一座 7 兆瓦的地热发电站在 2010 年建成。在堪察加地区的 Mutnovsk，另一座发电量为 80 兆瓦的地热发电站正在建设中。欧洲复兴开发银行已为该电站的一期工程签署了一项价值 1 亿美元的贷款合同。这座电站的总投资预计为 5 亿美元，另有 1.2 亿美元用于管道建设。在堪察加地区，总共有 9 个地热区，估计其总发电能力在 380—550 兆瓦之间。此外，在择捉岛还计划兴建一座 30 兆瓦的电站。

----

① ［俄］E. A. 科兹洛夫斯基著：《俄罗斯矿产资源政策与民族安全》，鄢泰宁、王达译，地质出版社 2007 年版，第 21 页。

② 张焕芬编译：《世界地热发电和直接利用状况》，载《太阳能》2011 年第 22 期，第 42-43 页。

二、俄罗斯能源消费结构和能源问题

俄罗斯能源消费结构极不平衡，天然气和石油在俄罗斯能源生产中占主导地位，能源消费结构失衡，新能源发展滞后，发展速度慢，规模小。俄罗斯一次能源消费结构的比例和近年的总量如表1-4、1-5 所列。

表 1-4　　　　　俄罗斯一次能源消费结构比例（％）①

	天然气	石油	煤	核能	水力和可再生能源
1990 年	40	25	26	5	4
1995 年	49	22	22	5	2
2000 年	52	20	20	5	3
2003 年	51	20	20	5	4
2004 年	54.1	19.2	15.8	4.8	6.0

表 1-5　　　俄罗斯 2010 年及 2011 年一次能源消费比例和总量

单位：百万吨油当量

年份	石油	天然气	煤炭	核能	水电	可再生能源	总计
2010 年消费总量	128.9	372.7	90.2	38.5	38.1	0.1	668.5
占一次能源比例（％）	19.3	55.7	13.5	5.7	5.69	–	
2011 年消费总量	136.0	382.1	90.9	39.2	37.3	0.1	685.6
占一次能源比例（％）	19.8	55.73	13.26	5.7	5.44	–	

根据以上对俄罗斯能源情况的介绍，我们可以发现俄罗斯能源

---

① 表 1-4 的数据来源：1990—2003 年数据参见来源［俄］C. 3. 日兹宁：《俄罗斯能源外交》，王海运、石泽译审，人民出版社 2006 年版，第 647 页；2004 年数据来源 2006 年《中国能源报告》，第 5 页；表 1-5 的数据来源于《BP 世界能源统计年鉴（2012）》，2012 年 6 月发布，http：//bp. com/statisticalreview。

情况存在以下问题：首先，俄罗斯计划经济体制的残余制约了俄罗斯能源开发。由于市场不健全，激励机制不完善，导致能源勘探与开发技术相对落后、资金投入不足、处理能力下降以及利用效率低下等问题；其次，俄罗斯气候和资源状况的恶化制约了俄罗斯能源的勘探与开采。如西西伯利亚许多油气田逐渐枯竭，由此俄罗斯不得不重新开发埋藏深、储量少以及难开采的小油气田，由此造成开发成本的增加；最后，俄罗斯对石油天然气的投资政策的倾斜，虽增加了对石油天然气的投资，却在一定程度上影响了可再生能源的投资，从而未形成合理的能源消费结构。

第二节　俄罗斯能源战略演变和政策发展

一、俄罗斯能源战略演变

（一）前苏联时期（20 世纪初到 20 世纪 90 年代）：单纯的自给自足战略

前苏联是一个能源资源大国和产量大国。1989 年，前苏联能源总产量约为 23 亿吨标准燃料，居世界第一位。1917 年十月革命胜利后，由于一直执行优先发展重工业的经济政策，前苏联能源工业由此迅速地发展起来。作为前苏联盈利最多的部门之一，油气工业不仅为国民经济各部门和军事工业提供了大量的高效能源，而且其出口保证了一定的外汇资金。此外，前苏联是世界上较早利用核能和天然气的国家之一，这种颇具战略眼光的能源政策使国内的各种能源获得了较为全面和合理的综合开发，并为其实行自给自足的能源政策奠定了物质基础。

前苏联的能源出口在其商品的出口结构中占有重要地位。自 20 世纪 60 年代以来，前苏联的石油出口量一般都维持在石油总产量的 1/4 左右。据西方估计，前苏联出口石油的收入约合每年 50 亿美元，占其外汇收入的一半。前苏联能源出口的主要对象是经济互助委员会的国家①，占其出口总量的一半以上，因此，前苏联时期的能源政策带有与美国争霸的明显色彩。

由于经济利益受制于其政治军事目标的做法导致了不计成本的矿产开发和投资，片面强调最大限度的能源自给自足政策最终使前苏联经济背上了沉重的"包袱"。长期的大规模开发使它的资源储量不断减少，开采条件恶化又导致了其成本上升。从 20 世纪 70 年代末开始，前苏联能源增长的速度放慢，其中特别是石油产量的增长速度出现了下降。

前苏联经济走的是一条粗放型的发展道路，其经济结构中原材料等能耗量高的部门过于庞大，而有效的加工部门发展不足。由于片面强调能源工业应首先为重工业和军事工业服务，前苏联的能源开发和利用所需的巨额投资、先进的技术装备和大量的劳动力资源，在前苏联时期长期得不到解决。历史上，衡量前苏联企业效率最重要的指标一直是产量的增长率。过分重视产量而相对忽视利润与节能措施，非但不利于鼓励创新，还使前苏联经济付出了惨痛的代价。

不难看出，俄罗斯国家能源发展的根本问题是如何最有效地利用国家发展能源产业的资金、完善国民经济结构，以及通过政策鼓励积极采取节能措施等。前苏联在 20 世纪 80 年代末期拥有的能源，基本上保证了当时国家经济发展的需要和大量的外汇收入。在

---

① 经济互助委员会，简称"经互会"，是第二次世界大战后以前苏联为首的一些社会主义国家建立的经济合作组织。1949 年 1 月，前苏联、保加利亚、匈牙利、波兰、罗马尼亚、捷克斯洛伐克等 6 国政府代表在莫斯科举行会议，决定建立该组织，同年 4 月举行第一次会议，正式宣布"经互会"成立。阿尔巴尼亚于 1949 年 2 月加入，1961 年 12 月停止参加活动。加入的还有：民主德国（1950）、蒙古（1962）、古巴（1972）和越南（1978），至 1988 年底共有 10 个成员国。南斯拉夫于 1964 年 9 月与经互会签署协定，参加"经互会"的一些工作，拥有咨询投票权。老挝、阿富汗、安哥拉、埃塞俄比亚、莫桑比克、也门和尼加拉瓜等国家，以观察员身份派代表参加一些会议。1973 年后，芬兰、伊拉克、墨西哥和尼加拉瓜同"经互会"签有合作协定。"经互会"与欧洲共同体于 1988 年 6 月 25 日发表公报建立正式关系。

1990年，由于当时苏联的经济政治体制改革所造成的国民经济管理体制的崩溃，能源生产开始出现大幅下降，威胁到国内能源供应的稳定性和能源出口的潜力。前苏联解体之后，原先一体化的能源产业遭到了更沉重的打击。

前苏联能源的生产量大于消费量，有部分出口，但是自中东石油危机以来，出于保护本国能源的考虑和能源生产增长速度下降的现状，前苏联采取了有利于合理开发与利用的如下能源政策：第一，大力开发东部能源——煤、石油和天然气，有效地发挥现有能源基地的作用。前苏联把能源开发的重点转向东部，但能源消费主要在西部。因此，前苏联大力发展了管道运输、加强铁路运煤和建立大型坑口电站向西部输电。第二，采用新技术，提高产量。如对石油开采进行技术改造和设备更新，改进采油技术，提高石油采收率，每年可多出4000万—5000万吨。煤炭开采的先进工艺首先应用于露天采煤和水力采煤。第三，调整能源结构。主要是减少石油利用的比重，以较快速度增加天然气的产量，扩大欧洲核电站的规模，加快水力发电的速度，利用较廉价的东部地区露天开采的煤炭，积极开发和利用太阳能、风能等新能源。第四，注重节能。鉴于能源开采条件的逐渐恶化，特别是石油增长势头的丧失和能源使用上浪费严重的现象（前苏联单位产值能耗比英国高43%，比德国高107%，比法国高120%），前苏联加强了对能源工作的管理，尤其重视节约能源。从1979年第二次颁布企业能耗定额、推进节能劳动竞赛、落实节能奖惩办法后，节能工作取得了明显的效果。

（二）俄罗斯联邦时期（1991年至今）：市场经济下的能源安全战略。

1. 叶利钦时期（1991—1999年）：理性适应环境变化的过渡期战略。

作为前苏联的主要继承者，俄罗斯虽然在国家领土面积上大大缩小，但依然拥有十分富饶的油气资源。勘探数据表明，这些资源主要集中在西西伯利亚、伏尔加—乌拉尔地区和伯朝拉盆地。20世纪90年代，在这些地区的北极圈附近又相继发现了一系列巨型和大型的油气田，其勘探前景相当乐观。此外，东西伯利亚、远东和海上也极具开发潜力。

冷战结束后，俄罗斯联邦面临的是与前苏联截然不同的地缘政治经济形势与国际环境。俄罗斯在改革初期，由于资金严重匮乏、原料基地的开采条件恶化、地质勘探规模急剧减少、技术落后和管理混乱等原因，原本高效和极具竞争力的俄罗斯能源资源的生产已经衰退到了崩溃的边缘，而且根本不能维持市场供需平衡。

由于存在上述问题，为了缓解国内能源供应的紧张形势，俄罗斯政府采取了紧急的反危机措施，制定了过渡时期的能源战略，在向市场经济转轨的条件下努力保证俄罗斯的能源安全。

《俄罗斯在新经济条件下能源政策的基本构想》是体现俄罗斯过渡时期的能源战略和政策的较早的法律文件。随着俄罗斯国内对市场经济运作方式的认识逐步深入，陆续出台了《2010 年前俄罗斯联邦能源战略基本方向》（1995 年 5 月 7 日第 472 号俄总统令）和《俄罗斯能源战略基本纲要》（1995 年 10 月 13 日第 1006 号俄政府令），后者实际上是能源战略的第一个草案。《俄罗斯能源政策基本纲要》明确了国家到 2010 年能源发展的总体目标，确立了国家能源综合体对能源的调控作用，提出加快发展油气综合能源，鼓励重点发展和综合利用清洁燃料天然气。[①] 但是，俄罗斯政府 1995 年制定的能源战略在许多方面尚不完善，只具有"预测和建议的性质"。过渡时期的俄罗斯能源政策要求优先满足俄社会对能源的需求。

建立可调节的能源市场是过渡时期的一个首要任务，并通过对石油天然气工业进行私有化、自由化的体制改革来实现。[②] 为了打破传统的对能源行业的垄断，俄罗斯对国有经济成分实行股份制，建立多种所有制形式的企业，鼓励私营企业活动和外国投资。在国

[①]　袁新华：《俄罗斯的能源战略与外交》，上海人民出版社 2007 年版，第 44 页。

[②]　宋景义：《转轨时期俄罗斯石油天然气工业及其对外经济联系研究》，中国经济出版社 2008 年版，第 61-86 页。

内外确立新型经济关系体系时，俄联邦政府给予能源政策优先考虑的地位。此时的俄能源政策主要包括政府所采取的一系列具有法律规范、财政经济和组织纲领性的措施，其目的是保证本国消费者获得可靠的能源供应，并有效利用俄罗斯的燃料动力资源。为资金极度匮乏的燃料动力部门和能源储备创造投资环境，是能源市场改革的主要内容和目标，以此维护国家对能源领域投资的可持续性和长期性，巩固国家经济动力系统。能源浪费是造成 20 世纪 90 年代过渡时期能源和经济危机的主要原因之一，产品的高能耗则使俄罗斯本国产品在国际市场上缺乏竞争力。针对能源浪费和产品的高能耗问题，俄罗斯将能源保护和提高能源的利用率设为能源发展优先方向，一改以往大规模发展动力资源生产的发展战略。

在实施目标明确的能源政策的同时，俄罗斯通过有效利用自身丰富的自然资源，一方面为本国消费者的能源供应提供可靠保证，另一方面努力做到合理开发各类能源的出口潜力，把对独联体和其他国家的能源出口量维持在必需的水平——至少可用来偿还俄罗斯所欠的外债和国际货币基金组织的贷款，同时使对外经济合作成为稳定国家能源供应的重要补充。俄联邦政府希望依靠这些措施克服能源危机的影响，并为今后俄罗斯经济的复兴创造条件。

综上所述，俄罗斯在 20 世纪 90 年代过渡时期能源政策的基本任务可概括为：在切实提高所有经济部门的能源有效性的前提下，可靠和有效满足俄罗斯全社会对能源的需求；燃料动力综合体对自然环境造成的影响应符合生态可接受原则；在不断完善能源出口结构的同时，将能源出口潜力维持在必需的水平；运用最新的科技进步成果，提高能源部门的技术水平；在能源生产、能源消费和能源保护领域实行市场机制和立法调节等。所有这些措施都将有助于保证俄罗斯消费者获得稳定的燃料和动力供应，保持并进一步提高能源出口的潜力。诚如分析家指出，俄罗斯 20 世纪 90 年代中期推出的能源战略，不是一份计划指令性文件，而是一个有关新能源政策的优先次序和实施机制的系统。它使能源战略的基本原则具体化，并保证其适应快速变化的社会经济形势。能源战略的顺利实施将不仅能保证俄罗斯国民经济的发展有高效、稳定和可靠的能源供应，而且更重要的是，能切实加快国家经济的复兴和提高人民生活的质量，使俄罗斯不仅在原材料领域，而且在集约型生产和高科技方面完全参与国际分工。

2. 普京—梅德韦杰夫时期（1999—　）：宏观调控的、综合性的能源战略。

俄罗斯在进行市场经济改革最初的十年里，国内对市场经济的运作方式还不够成熟，扭曲和失衡的价格、税收与投资政策使能源产业陷入困境。20 世纪 90 年代末期，随着国内经济改革的进一步深入，俄罗斯迫切需要对增加能源生产的可能性进行重新评估。所以，普京上台后对石油和天然气工业进行了一系列的政策调整，摒弃新自由主义经济政策，对私有化法律进行调整，加强对国家战略产业的控制，打击寡头经济，并制定了国家战略规划和相应的政策措施，对油气产业实行新的税收政策，加强油气产业对经济发展的促进作用。普京在限制外资进入国内油气资源市场的同时，进一步强化对周边国家油气资源和市场的控制。①

此时国际能源市场也出现新的形势，有关国家在国际能源领域的利益角逐日趋激烈，在这种情况下，俄罗斯政府有必要重新制定完整的能源战略，尤其要明确本国能源安全所受到的外部威胁因素而制定相应的能源外交基本原则。

俄罗斯能源部于 1998 年通过了关于制定新的能源战略的决议，俄能源部下属的能源战略研究所在 2000 年主持编制了《2020 年前俄罗斯能源战略的基本原则》。2000 年 11 月 23 日，俄联邦政府（第 39 号文件）批准了该战略，并于 2002—2003 年进行了修订。2003 年 5 月 22 日，俄联邦政府通过了《2020 年前俄罗斯能源战略》，同年 8 月 28 日，在对一些条款进行修订和补充之后，俄联邦政府第 1234-p 号令正式批准。

随着俄罗斯日益融入世界经济体系，外部因素对其能源战略的影响程度也日益加深。在这种新的时代背景下，俄罗斯能源行业面

---

① 宋景义：《转轨时期俄罗斯石油天然气工业及其对外经济联系研究》，中国经济出版社 2008 年版，第 4 页。

临的挑战，按照俄学术界的普遍说法可以概括为：传统能源销售市场的激烈竞争；能源产品（首先是油气加工与石化产品）的质量不符合国际标准；油气供应和国家外汇收入的状况受外部能源市场行情的影响。所以，进一步扩大与其他国家在能源资源开发方面的合作、提高能源资源利用的有效性和开发新能源市场等成为新时期国家重要的能源战略目标。对此，俄罗斯采取有针对性的措施：一方面，努力实现进出口结构多样化，扩大电力、煤炭与石化产品的出口，并开始出口液化天然气，同时大幅增加对天然气的进口；另一方面，力争实现销售市场多元化，将出口亚太地区的石油在其石油出口总量中所占的份额从3%提高到30%，天然气的份额达到15%，并开始开拓北美能源市场，同时继续保持在独联体和欧洲市场上的影响力。

俄罗斯的对外能源政策具有全球、地区和国家三个层面的战略目标与任务，且每一个层面的战略，既是完整能源政策体系的组成部分又具有相对的独立性，国家和地区政府、能源管理主体和大型能源企业都有自己相应的目标和任务。

俄罗斯能源战略体系包括它与所有世界主要能源主体之间的相互关系定位，并在与它们的交往中充分考虑俄罗斯的经济和地缘政治利益，以及国家的能源安全。俄罗斯能源战略还把能源外交视为调整国际关系的有效手段，它以保障国家的能源安全为基本出发点，在世界各个地区捍卫俄罗斯能源的战略利益。从20世纪90年代起，俄罗斯形成了自己的能源战略与能源外交的基本原则。这些原则集中反映了外部环境的变化、国内经济条件的制约、对外经济合作的需求、地缘政治形势的特点以及提高技术水平和加强资源保护的要求。同时，俄罗斯能源领域的法律基础和能源战略的实施与监督机制也正在形成之中。

通过以上分析可以看出，前苏联时期乃至俄罗斯叶利钦时期的能源政策是因一时一事的变化而采取的应对办法或反危机措施，不能发挥统率全局的作用，因而它们不算是真正意义上的战略，但对后来新战略的出台具有借鉴意义。俄罗斯时期的普京政府于2003年推出的俄罗斯在21世纪的能源战略，则是一份关系"俄罗斯未

来发展能源产业、维护能源安全和开展对外能源合作的重要指导性
文件"①，并且一些重要指标的时间跨度长达 20—30 年，它还把能
源作为推行其长期外交政策和发挥地缘政治经济影响的强有力工具
加以运用。因此，从这个意义上讲，俄罗斯已经拥有了一个着眼于
未来的、较长期的能源发展战略。21 世纪的俄罗斯能源政策奉行
开放的国际化战略，鼓励本国公司在双边和多边的基础上广泛开展
国际能源合作，努力提高自身在国际能源市场上的地位和作用。

　　俄罗斯能源政策演变中最显著的特征当属俄罗斯对能源控制的
政策性变化。首先是俄罗斯能源的私有化阶段。20 世纪 90 年代，
国家能源经济政策很大程度上是建立在前苏联管理模式的原则、规
则和传统基础之上的，其中包括计划经济成分。1993 年到 1994 年
经济改革之初，俄罗斯开始尝试制定新的私有化能源政策。从
1992 年到 2003 年，俄罗斯在能源工业推行了私有化。从总体上
讲，2004 年以前俄政府将自由化视为能源政策的主要内容。其次
是国家对俄罗斯能源控股的加强阶段。2004 年普京连任俄总统以
后，俄能源政策发生了很大变化，国家对能源工业、特别是石油资
产的控制不断加强。如 2004 年 12 月，国营的俄罗斯石油公司收购
了尤科斯石油公司最大的子公司——尤甘斯克公司 76.79% 的股份
后，其石油开采能力增长了 2 倍多，一跃成为俄罗斯第三大石油公
司。2005 年 6 月末，国有的俄罗斯石油天然气公司以 71 亿美元的
价格收购了俄天然气工业股份公司 10.7% 的股份。由于俄政府此
前已经持股，此次收购使"国有股"比例超过 50%，于是政府将
这个世界最大的天然气生产企业的控股权掌握在了自己手中。俄天
然气工业股份公司还决定以 131 亿美元价格收购俄第五大石油公
司——西伯利亚石油公司 73% 的股份，从而实现了其确立的油气
开发齐头并进的目标，同时也进一步加强了政府对石油资产的控
制。此外，俄政府还采取了其他措施加强对能源行业的控制。其中
包括对外国公司购买俄石油资产实行限制，禁止私人和国外资本参

　　①　陈小沁：《解析〈2030 年前俄罗斯能源战略〉》，载《国际石油经济》
2010 年第 10 期。

与俄干线石油管道建设，让俄罗斯天然气工业股份公司涉足俄电力行业，支持俄统一电力系统公司和俄天然气工业股份公司购买原苏联加盟共和国内的能源资产等。①

　　综合上述分析和比较，可通过表1-6直观地反映出俄罗斯（前苏联）的能源战略在各个时期的突出特点。

表1-6　　　　　俄罗斯（前苏联）能源战略模式的演进②

	前苏联时期	俄罗斯时期	
		叶利钦时期	普京时期
战略选择	单纯性战略	过渡性战略	综合性战略
战略特征	封闭式	开放性	国际化
战略任务	保证资源自给自足	中期发展(5—10年)	长远规划（20—30年）
战略手段	中央计划调节，增加能源产量	克服国内能源危机	有效利用动力资源，保证国家能源安全，恢复大国地位
战略地位	为霸权战略服务（边缘性）	建立可调节的能源市场，提高能源使用效率	加强国家宏观调控措施（生产、投资、价格、税收等政策）
出口定位	不计成本地向盟国提供廉价能源	为国家其他经济部门"输血"（基础性）	维护国家地缘政治经济利益的有效手段（国家安全的核心）
出口对象	选择性出口	原料型出口，结构单一	平衡出口结构：实现出口多渠道多元化，开拓北美、亚太等潜在市场

---

①　岳连国：《聚焦俄罗斯能源：俄罗斯能源政策》，载新华网，http://news. xinhuanet. com/fortune/2006-04/10/content_4403525. htm，2013年4月24日访问。

②　陈小沁：《俄罗斯能源战略演进的历史脉络》，载《教学与研究》，2006年第10期，第32页。

续表

	前苏联时期	俄罗斯时期	
对内功能	维护军事化经济的运转	保障能源供应，稳定国家能源形势	振兴经济，提高人民生活水平
对外功能	与美国抗衡	出口创汇，为向市场经济转型提供资金	最大限度地实现出口潜力，融入世界经济一体化

二、俄罗斯能源政策的发展

俄罗斯有针对性地制定能源政策始于 1992 年。1992 年 10 月 10 日，俄政府会议通过了联邦政府部门委员会制定的《俄罗斯在新经济条件下能源政策的基本构想》，这是俄独立以后第一个比较系统的关于能源政策的文件。为了在综合能源纲要框架内实行能源政策，俄出台了若干具体的纲要。其中主要包括：《国家节能纲要》；扩大煤气供应覆盖面的《提高能源供应质量的国家纲要》；减少能源业废物排放的《环境保护国家纲要》；发展能源业设施和提高业内专家培训的《支持燃料动力综合体保障领域的国家纲要》；发展天然气工业、提高凝析气生产和深化油品加工、改造电能设施和供暖系统的《"亚马尔"天然气纲要》；《开发东西伯利亚油气区纲要》；《加强安全和核能开发纲要》；《可替代能源纲要》；《非传统可再生能源利用纲要》；《环保能源科技纲要》；等等。

1995 年 5 月 7 日第 472 号总统令确认了《2010 年前俄罗斯联邦能源战略基本方向》，同年 10 月 13 日，俄政府通过了第 1006 号政府令，批准了《俄罗斯能源战略基本纲要》；1997 年 4 月 28 日俄总统签署了第 426 号令，批准了《自然垄断领域结构改革基本原则》；1997 年 8 月 7 日俄政府签署了 987 号政府令，批准了《关于自然垄断领域的结构性改革、私有化和加强监控的措施纲要》。这些文件共同确定了俄罗斯能源政策的主要方向及其实施的目标、优先方向和机制。其中，《2010 年前俄罗斯联邦能源战略基本方向》

具有比较重要的意义，它实际上成为此后各个能源战略制定的基础。它的主要内容是燃料能源领域的结构性改革，确定联邦同地方两级执行权力机构以及和企业之间在能源经济部门中的建设性协同关系。

2009 年 11 月 13 日，俄罗斯联邦政府正式批准《2030 年前俄罗斯能源战略》，该战略是俄罗斯未来发展能源产业、维护能源安全和开展对外能源合作的重要指导性文件。战略包括"引言"、"《2020 年前俄罗斯能源战略》的实施效果和新战略的宗旨"、"俄社会经济发展的主要趋势与预测"、"经济与能源的相互关系"、"对俄能源需求的前景"、"能源战略的预期成果与实施体系"。①

综合而言，俄罗斯的能源政策的主要内容概括如下:②

1. 国家能源政策。其内容是：保护公民和经济主体的合法利益，保障国防和国家安全，有效管理国有资产，促进能源产业实现质的提升。国家能源政策的原则是：保证国家能源政策的连续性；促进建立强大的、持续发展并与国家进行建设性对话的能源公司；保证国家调节私营企业在实现国家能源政策包括投资领域活动的政策的合理性与可预见性。国家长期能源政策的重点是：能源安全、能源的有效性、预算的效率及能源生态安全。③

2. 能源安全政策。能源综合体能以可靠的质量和用户可接受的价格满足国内外市场对能源的需求；能源消费者节约利用能源，防止对能源的不合理消费，防止燃料能源结构失衡；能源行业拥有应对内外经济、技术与自然威胁的能力，以及将其引发的损失降至

---

① 陈小沁：《解析〈2030 年前俄罗斯能源战略〉》，载《国际石油经济》2010 年第 10 期，第 41-45 页。

② 冯玉军、丁晓星、李东编译，《2020 年前俄罗斯能源战略》（上），载《国际石油经济》2003 年第 9 期，第 38-41 页；冯玉军、丁晓星、李东编译，《2020 年前俄罗斯能源战略》（下），载《国际石油经济》2003 年第 10 期，第 24-28 页。

③ 陈小沁，《俄罗斯能源战略演进的历史脉络》，载《教学与研究》，2006 年第 10 期，第 42 页。

最小化的能力。

3. 能源生态安全政策。彻底减轻能源综合体对环境的压力，向相应的欧洲生态标准靠拢。为保障能源生态安全，需完成下列主要任务：发展生态清洁能源及资源保护的工艺技术，保障合理生产和利用能源，降低污染物及废气排放；执行自然资源保护专项措施，修建和改建废气处理、污水净化等环保设施；发展燃煤的生态清洁工艺；扩大符合欧洲标准的高品质燃料生产，并完善相应的石油产品质量标准和污染物的排放指标；制订将水电站活动的生态损失降低到最小限度的方案；组织自然资源保护工艺和技术手段的鉴定工作；组织培养和训练自然资源保护活动方面的专业人才。

4. 联邦层次的地区能源政策。通过发展地区间能源市场和交通基础设施，实现能源生产和需求的地区结构最优化，促进各地区一体化，建立能源领域的统一经济空间。对能耗高而保障水平低的远东、后贝加尔、北高加索、加里宁格勒等地区，在能源发展方面给予优先权。北极地区及与其条件相同地区的能源供应体系必须坚持多样化原则。对其中每一个地区都应制订出提高其能源保障水平的单独方案。

5. 对外能源政策。巩固俄在国际能源市场上的地位，最有效地实现俄能源综合体的出口潜力，提高其国际竞争力；实现能源对外经济活动的非歧视制度，包括许可俄能源公司进入国外能源市场和金融市场，获取先进的能源工艺技术；在互利条件下，吸收合理规模的外资进入俄能源领域。

6. 石油发展政策。合理开发石油资源；加强资源和能源储备；深化石油加工；建立和开发新的大型石油开采中心，特别是在俄东部地区、北极和远东沿海的大陆架；发展石油运输设施，提高石油出口效率，使内外市场石油供应的方向、方式和路线多样化；扩大俄石油公司在国外市场的份额，扩大其在国外的生产、运输和销售资产。

7. 天然气发展政策。合理使用已探明的天然气储量，扩大原料基地的再生产；加强资源与能源储备，在开采和运输天然气的所有技术过程中减少损失、降低能耗；在东西伯利亚、远东和亚马尔半岛、北极及远东大陆架形成和发展新的大型天然气开采中心；发展天然气加工业；为充分开发天然气新产区的潜力，要发展运输基础设施，并实现出口渠道多样化。

8. 能源的重点产业政策。发展核能，对石油加工能力进行改造和实施一体化，通过对现有水电站和火电站进行一体化和技术改造，引进蒸汽设备、发展天然气输送基础设施等措施，提高能源保障能力。

第三节 俄罗斯能源立法及对中国的启示

一、俄罗斯联邦能源立法体系

俄罗斯能源立法体系由以下渊源组成：

1. 俄罗斯联邦制定的法律。俄罗斯联邦依据《俄罗斯联邦宪法》，制定了一系列有关燃料动力系统的联邦法，还有一些正在研究之中。其中最重要的是矿产法、大陆架法、产量分成协议法、自然垄断法、石油天然气法、管道运输法、供热和余热供暖法、能源安全法、能源体制法、① 燃料供给法、能源系统法、节能法、矿物原料基地再生产的提成率法、经济特区法和关于国家对开采和使用煤炭的调整和对煤炭工业组织工作人员的社会保护的特别法②等。

与能源立法相关的俄罗斯联邦立法还有：税收法典、天然气出口法等。此外，在与投资者活动相关的新能源法的制定中，还要求现行的税收、民事、行政以及其他法律部门也对相关的法律进行修订或与之相协调。

---

① ［俄］C. З. 日兹宁：《俄罗斯能源外交》，王海运、石泽译审，人民出版社 2006 年版，第 71 页。

② 朱南平：《俄联邦矿产资源法述评》，载《俄罗斯中亚东欧市场》2006 年第 3 期，第 17 页。

2. 俄罗斯联邦成员制定的法律。依据俄罗斯联邦《宪法》的规定，俄罗斯联邦成员可以依据俄联邦制定的法律，制定自己的法律和其他法律文件。例如，俄罗斯联邦规定：俄罗斯联邦矿产资源立法以俄罗斯联邦宪法为基础，由本法律、其他相关的联邦法律、法令以及俄联邦成员的法律法规组成；俄罗斯联邦成员的法律及法令不能违背本法律；在俄罗斯联邦成员法律及其他法令与调整矿产利用关系的联邦法律规定相抵触时，以本法律和其他联邦法律为准；在利用矿产时，所产生的有关土地、水、动植物、大气利用与保护的关系，根据俄罗斯联邦和俄罗斯联邦主体的有关法律进行调整。[1] 再如，1995 年俄罗斯联邦《天然气法》被俄总统否决，一些联邦成员分别通过了自己的石油天然气专门立法，比如：1997 年鞑靼斯坦共和国通过了《石油天然气法》，1998 年汉特—曼西自治区通过了《在自治区境内开采石油天然气矿床法》，亚马尔—涅涅茨自治区通过了《关于稳定、刺激生产和提高石油产量法》，1999 年秋明州通过了《石油天然气法》。[2]

3. 俄罗斯联邦总统发布的关于能源的命令。例如，俄联邦总统就矿产使用问题颁布了大量的专门命令。

4. 俄罗斯联邦政府作出的关于能源方面的决议等。如 1998 年 6 月俄罗斯政府出台《关于在俄罗斯境内鼓励节能的补充措施》；俄罗斯联邦政府于 1998 年 1 月 24 日出台《（1998—2005 年）俄罗斯节能联邦专项计划》等。

5. 俄罗斯联邦参加的国际条约。包括俄罗斯联邦参加的国际条约和俄罗斯联邦与其他国家制定的有关能源的双边或多边条约。

二、俄罗斯主要的能源立法

（一）能源基本法问题

从目前俄罗斯能源的立法来看，俄罗斯没有对能源作出全面规

---

① 参见《俄罗斯联邦矿产法》（1999 年修改），第 1 条。
② 朱南平：《俄联邦矿产资源法述评》，载《俄罗斯中亚东欧市场》2006 年第 3 期，第 17 页。

定的基本法，但是从总体上看《2020 年前俄罗斯能源战略》对俄罗斯能源立法具有重要指导意义。该战略全面规定了 2020 年前俄罗斯能源战略的目标与重点、国家能源政策、能源安全政策、能源生态安全、地区能源政策、对外能源政策、石油企业的发展前景、天然气工业和能源行业发展的地区特点、能源战略的预期成果与实施体系。

俄罗斯能源法律政策的核心理念主要从重要的专门性的能源政策和能源立法中体现出来。如《2020 年前俄罗斯能源战略》指出：有效保障国民与国家经济对能源的需求，降低国家能源保障风险，降低能耗，提高能源行业的财政稳定性，减少能源行业对环境的损害；国家能源政策的目标是：保护公民和经济主体的合法利益，保障国防和国家安全，有效管理国有资产，促进能源产业实现质的提升。《俄罗斯联邦矿产法》规定，为保障国家安全和自然资源保护在个别区域内限制矿产资源利用（第 3 条第 9 款）；为保障国家安全和保护自然资源可对个别矿区进行限制或禁止开发；如果在利用矿产中可能会给人们的健康和生活带来危害，给经济项目或自然环境带来损害，在居民区、城郊地带、工业、交通和通信项目地区可部分或全部禁止矿产的利用（第 8 条）。《俄罗斯联邦节能法》的目的是为有效地利用能源，创造良好环境。

（二）能源专门立法

1.《俄罗斯联邦矿产法》。1992 年通过了《俄罗斯联邦矿产法》，但是随着社会经济的发展，这部法律不完善，既不能使俄罗斯政府满意，也不能让投资者称心。对俄政府而言，在开采矿产资源中国家利益得不到保障，政府缺乏对此进行实际控制的手段；对投资者而言，不愿意承担进行地质勘探的风险，只顾开采，不愿在开发上投入，导致矿产资源的储量日渐枯竭。[①] 为此，俄联邦对《俄罗斯联邦矿产法》进行了 1999 年、2000 年和 2005 年的三次修改和补充，形成了 2005 年新版本，于 2006 年正式实施。俄罗斯新

① 袁新华：《俄罗斯的能源战略与外交》，上海人民出版社 2007 年版，第 65 页。

的矿产法包括 7 章 52 条，第一章总则共 5 条，分析了对矿产资源使用关系进行法律调整的立法问题、矿产资源所有权问题、矿产资源国家矿产的储备问题，界定联邦意义的矿产资源矿区，规定了俄联邦国家权力机关、俄联邦成员机关以及地方自治机关在矿产资源使用中的职权范围。第二章规定了矿产资源的使用，共 17 条。第三章规定了矿产资源的合理使用和保护，共 12 条。第四章规定了国家对矿产资源使用关系的调整，共 4 条。第五章规定了矿产资源的有偿使用，共 10 条。第六章规定了法律责任，共 3 条。第七章规定了国际合作，共 1 条，即确认了国际条约优先的原则。新法在许可证管理、联邦和地方权力的划分、许可证条例和责任领域都作出了一些新的规定。其最大的变化是废除许可证发放过程中的"三钥匙"体制，实行联邦"一把钥匙"管制，授予联邦政府发放战略性资源和战略性资产开发及生产许可证的权力，充分加强了国家对战略性资源的直接控制。

2.《俄罗斯节约能源法》。该法 1996 年颁布，2003 年 4 月进行了修订。该法调整在节能活动过程中所出现的各种关系，包括：能源开采、生产、加工、运输、存贮和使用过程中节能、节能的国家监督、研发和推广节能技术及设备、保障能源领域计量的准确、可靠与统一。立法目的是为有效地利用能源，创造良好环境。该法对适用范围、具体调整关系、国家节能政策所遵循的原则、节能标准化、节能计量及认证、节能检验、节能经济与财政机制、节能监督、节能宣传与培训、节能信息保障作了规定。目前，俄罗斯又在修订节能法，草案包括：加强国家对节能措施的支持、追究经济主体负责人对本单位浪费能源的责任、中央和地方建立节能基金、完善节能激励机制、强化能耗标准、对节能予以税收优惠等内容。

其他节能措施有制订节能计划，能源需求纳入预算。1998 年 6 月俄罗斯政府出台《关于在俄罗斯境内鼓励节能的补充措施》，采用经济机制鼓励节能，要求各部门（包括下属单位）制订节能计划，将燃料能源消费量纳入预算，并责成俄罗斯教育部开展节能教育和宣传计划。严格能耗标准，提高排放费用。改革市政公用服务支付方式。地方出台节能法规和措施。

3. 与能源相关的立法。主要有如下法律：

（1）《俄罗斯联邦产量分成协议法》①。该法是俄罗斯为了吸引外国投资、发展矿产开采，于 1995 年开始颁布实施的，是一部调整俄罗斯本国和外国投资商在俄境内投资寻找、勘探和开采矿物资源活动的联邦法。该法极大简化了俄国家与外国投资商之间的管制关系，特别是在税收方面规定，在协议期内投资商免交除企业所得税、资源开发利用税、俄籍雇员的社会医疗保险费和俄罗斯居民国家就业基金费以外的其他各种税费。但此种免除仅仅适用于俄罗斯联邦议会批准的按产量分成协议条件开采经营的矿产，主要是石油天然气矿产，目的是扩大这些产品的生产。该法的主要内容包括：产量分成协议的主要内容；产量分成协议双方；俄罗斯联邦议会决定使用产量分成协议的矿区；投资者的产量分成；投资者应缴纳的税费；对投资者利益的保护。该法经过 1999 年、2000 年、2001 年和 2003 年四次修订，但是仍远远没有达到立法者所期盼的目的。其根本原因在于向外商提供的油气田开采条件恶劣，外商承担风险过高，对外商限制过于苛刻。②

（2）《俄罗斯联邦税收法典》。其第一部分规定了地下资源使用税，具体包括了地下资源使用税的一般情况、纳税人和课税对象、税率、税收优惠和征税形式与开采的矿物原料价值的计算方法。其中具体规定：对石油公司征收超额利润税；根据油气田的损耗和含水率等不同情况，对不同油气产地实行税费差额征收；征收矿藏开采税；逐步调整矿藏开采税和关税的比例；2—3 年之后取消油品出口关税。

（3）《俄罗斯联邦天然气出口法》，主要规定了本法的目的和使用范围、俄罗斯联邦关于天然气出口的法律规定、天然气出口

----

①　也有学者将该法译为《俄罗斯产品分成协议法》，如参见郑羽、庞昌伟著的《俄罗斯能源外交与中俄油气合作》，世界知识出版社 2003 年版。所谓"产品分成"，也就是参与某个油气项目开发的国内外公司，可以根据事先拟定和签署并获得政府监管部门批准的协议，获得一定数量比例的油气产品。

②　袁新华：《俄罗斯的能源战略与外交》，上海人民出版社 2007 年版，第232-237 页。

特权。

三、俄罗斯能源立法对中国的启示

（一）借鉴俄罗斯联邦通过能源战略确立对能源发展的长期政策

俄罗斯虽然没有对能源作出全面规定的基本法，但是《2020年前俄罗斯能源战略》对俄罗斯能源立法具有重要指导意义。该战略确定了保障能源需求、降低能耗、提高产业财政贡献率、保护环境的能源发展的长期政策。该战略直接影响了俄罗斯的能源立法。中国虽然也制定了《能源发展十二五规划》,① 但是时间跨度不够长、不能充分体现远期目标和政策；另外，规划的约束力、对立法的指导性也不强。中国可以考虑在没有制定能源法基本法时，先通过能源战略确立能源发展长期政策、远期目标，并且通过战略制定程序中的部门协商、地方参与、公众参与等机制提高战略的被认可度与执行力，为战略指导立法、转化为具体法律制度奠定条件。

（二）借鉴俄罗斯联邦成员国能源立法反映因地制宜的特征

俄罗斯采用联邦制政体，联邦成员也具有立法权，即在不违背联邦法律时，联邦成员有权根据联邦成员的实际情况立法，比如在石油天然气方面，一些联邦成员分别通过了自己的专门立法，这有利于挖掘各成员的资源禀赋优势、发挥地方的积极性。中国的《立法法》规定：省、自治区、直辖市的人民代表大会及其常务委员会根据本行政区域的具体情况和实际需要，在不同宪法、法律、行政法规相抵触的前提下，可以制定地方性法规。较大的市的人民代表大会及其常务委员会依据相应程序也可以制定地方性法规；经济特区所在地的省、市的人民代表大会及其常务委员会可以制定适用于特区的法规；民族自治地方的人民代表大会有权依照当地民族的政治、经济和文化的特点，制定自治条例和单行条例。但我国的地方性资源能源立法并不发达，地方应当根据自己的资源禀赋、能

---

① 国务院 2013 年 1 月 1 日发布。

源产业发展与环境保护的综合需要，制定相应的能源地方性法规。

（三）借鉴俄罗斯联邦对能源涉外立法的重视

为了吸引外国投资、发展矿产开采，俄罗斯 1995 年颁布了《俄罗斯联邦产量分成协议法》，对于使用产量分成协议的矿区、协议的主体、内容、税费及优惠措施等根据政策目的进行了干预性规定，虽然实施的效果由于种种现实原因离立法目的有很大距离，但这种对涉外立法的重视是值得中国借鉴的。我国的国务院颁布的 1982 年《中华人民共和国对外合作开采海洋石油资源条例》（2001 年修订）、1993 年《中华人民共和国对外合作开采陆上石油资源条例》（2007 年修订），立法效力层次较低，与石油天然气产业在整个国民经济中所占有的重要地位不相适应。而且对于产量分成协议并没有进行专门立法，对于外国投资的管制措施缺乏详细的、可操作的立法。另外，俄罗斯的天然气储量位居世界前列，因此，俄罗斯重视天然气出口立法，通过《俄罗斯联邦天然气出口法》规定了天然气出口特权及相关法律管制措施。中国也应有能源安全意识，对能源的出口根据国家政策、产业发展、行业需求作出明确规定。

第 二 章

日本能源政策与立法概论

第一节　日本的能源情况和能源问题

经过 1945 年至 1955 年 10 年的艰苦努力，日本经济从"二战"后一片废墟中恢复到战前水平。20 世纪 60 年代，日本经济以 10% 的速度进入高速增长时期。20 世纪 70 至 80 年代，日本经济进入稳定增长期，平均增长速度为 5%，经济取得了飞跃发展，迅速跨入世界先进国家行列，并一跃成为仅次于美国的世界第二大经济强国。1987 年，日本人均 GDP 首度超越美国，造成美国所谓"日本威胁论"的产生。80 年代末至 90 年代初，日本出现"泡沫经济"，经济过热。90 年代初"泡沫经济"崩溃，经济进入持续衰退期。进入 21 世纪后，日本经济出现改善迹象。2012 年日本 GDP 为59639亿美元，居世界第三位。①

日本主要的工业部门有电子、钢铁、汽车、电机、造船、石油

---

① *International Monetary Fund*：*World Economic Outlook Database*，April 2013

化学、纺织等，工业产值占工农业总产值的 90%。造船吨位长期
位居世界首位，有"造船王国"之称。纺织工业和电器电子工业
在工业中占有一定地位。日本的主要贸易对象是美国、中东和亚
洲。出口钢铁、机械、船只、汽车、电视机、纺织品、鱼产品等。
绝大部分工业原料均依靠进口，铁矿石、锰矿石、铜、铅、锌、
铝、镍、煤、原油等九项最重要的工业原料对进口的依赖程度超过
50%，其中原油、铁矿石、铝、镍等几乎全部依靠进口。此外，还
进口废钢铁、羊毛、小麦、糖及其他工业原料。

一、日本能源基本情况

日本国土面积狭小，资源极其匮乏，所需石油的 99.7%、煤
炭的 97.7%、天然气的 96.6% 都依赖进口。[1] 煤炭、石油、天然
气、核能是支持日本经济增长的四大能源支柱。同时，日本的节能
技术先进，能源效率较高。

（一）煤炭

自工业革命之后，煤炭成为主要能源来源之一。日本有一定的
煤炭储量，在 20 世纪 30—40 年代的战争期间以及战后经济恢复期
间，出于军事、政治的需要，日本政府对煤炭工业实行了国家统一
管理，煤炭为日本提供了 3/4 的能源。"二战"后，随着国家能源
发展政策逐渐由以煤炭为主的能源结构向以石油为主的能源结构的
转换，日本煤炭工业在经历了 20 世纪 50—60 年代的产业结构的合
理化调整后，在 1969 年开始的第四次煤炭产业政策中，明确地提
出了"煤炭工业的自立发展已经没有可能，应该勇敢地去选择进
退"这样的煤炭工业夕阳化路线。此后，1991 年开始的第九次煤
炭产业政策中，进一步明确了"90 年代为煤炭工业调整的最后阶
段"的方针，使日本煤炭工业的消亡进入了倒计时阶段。随着
1997 年 3 月三井三池煤矿和 2002 年 1 月太平洋煤矿的关闭，日本
本土的煤炭工业最终画上了休止符。至 2011 年底，日本的煤炭探
明储量仅为 350 百万吨，其中包括 340 百万吨无烟煤和 10 百万吨
亚烟煤和褐煤。从 2002 年开始，日本实行新的煤炭政策，即"煤

---

[1]   王冰：《日本的资源进口战略》，载《中国外资》2005 年第 8 期。

矿技术推广 5 年计划"，和中国、印度、印度尼西亚等国家合作，开展煤矿技术培训和技术合作以及进行煤炭的海外开发工作。①

　　日本煤炭工业虽然走向了消亡，但日本煤炭消费量却呈逐年上升趋势。石油危机后，日本重新认识到煤炭的重要性。现在日本的煤炭需求全部依靠进口，其中一半左右来自澳大利亚。目前，日本 18% 左右的能源供应来自煤炭。日本往年煤炭生产量、消费量及其变化趋势参见表 2-1 和表 2-2。

表 2-1　　　　　　　　日本的煤炭生产量和消费量数据统计②

单位：百万吨油当量

年份	2001	2002	2003	2004	2005	2006	2007	2008	2009	2010	2011
产量	1.8	0.8	0.7	0.7	0.6	0.7	0.8	0.7	0.7	0.5	0.7
消费量	103.0	106.6	112.2	120.8	121.3	119.1	125.3	128.7	108.8	123.7	117.7

表 2-2　　　　　日本煤炭生产量与消费量变化趋势（**2001 年至 2011 年**）③

单位：百万吨油当量

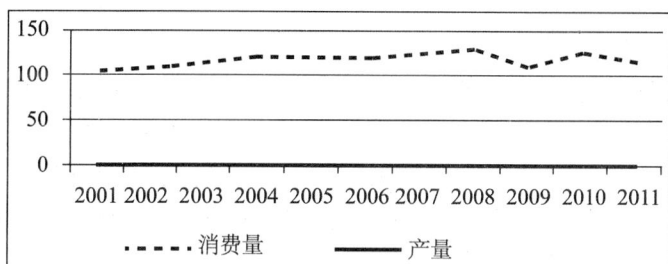

（二）石油

日本是世界仅次于美国和中国的第三大石油消费国，其石油供

———————————

①　刘宏兵：《对日本煤炭工业消亡的思考》，载《经济问题》2004 年第 12 期。

②　数据米源：《BP 世界能源统计年鉴（2012）》，BP 公司 2012 年 6 月发布，http://bp.com/statisticalreview.

③　说明：根据《BP 世界能源统计年鉴（2012）》自制。

应大部分依赖进口（参见表 2-3）。为确保石油的稳定供应，日本十分注重与石油生产国的合作和石油储备。同时，两次石油危机后，日本最迫切的是制定节能和石油替代措施。其结果是日本对中东石油的依赖度暂时有所下降。但是，由于一部分当时向日本出口石油的东亚国家本国国内能源消费增长，由石油出口国转变成石油净进口国，日本自 20 世纪 90 年代初对中东石油的依赖程度再次攀升。日本能源供应中对石油的依赖仍达到约 50%。

表 2-3　　**日本石油消费量与进口量的变化趋势①**（2001 至 2011 年）

单位：千桶/日

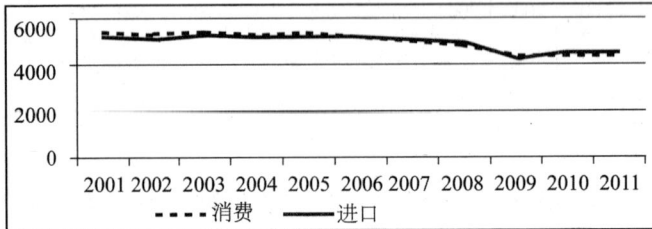

（三）天然气

石油危机之后，天然气日益成为日本替代石油的一种新选择。日本天然气资源十分贫乏，但日本政府却十分重视天然气的消费，采取各种政策措施促进天然气消费，使天然气消费量以年均 5%—10% 的速度增长。2000 年天然气的消费量达到 746.48 亿立方米，其中进口液化天然气 724.6 亿立方米。在一次能源消费结构中，天然气所占比例为 11%。② 2006 年天然气的消费量达到 83.7 亿立方米，2011 年达到 105.5 亿立方米。③

日本政府现在正在考虑一系列今后扩大利用天然气的计划。这

---

① 说明：根据《BP 世界能源统计年鉴（2012）》自制。

② 李宏勋、赵玺玉：《日本政府促进天然气消费的政策措施及其启示》，载《天然气工业》2002 年第 6 期。

③ 数据来源：《BP 世界能源统计年鉴（2012）》，BP 公司 2012 年 6 月发布，http：//bp. com/statisticalreview。

些计划包括将燃烧石油和煤炭的热力发电厂改为燃烧天然气、用天然气代替石油作为向城市提供的原材料和提倡使用燃气汽车。另一项新计划就是变更天然气的利用形式，把它作为液化燃料来利用，以扩大天然气的利用范围。①

（四）核能及电力

"二战"后，日本在原子能领域的研究曾被全面禁止，1953 年美国提出了所谓和平利用原子能的口号，在全面垄断核武器开发这一核战略前提下，美国与原子能产业相关的各大企业开始以提供原子能技术援助的名义，向日本兜售原子能反应堆和核燃料。日本政府立即作出积极响应，并顺应本国财界要求于 1954 年提出了 2.35 亿日元的原子能利用特别追加预算，日本的核能逐渐发展起来。截至 2011 年日本福岛核事故发生之前，日本已建立有 52 座核反应堆，仅次于美国（104 座）和法国（58 座），是世界第三大核能利用大国。2010 年，核发电已达到日本电力供应总量的 29.2%。② 2012 年 5 月 5 日，日本 54 座核反应堆全部停止运营。

（五）可再生能源

为了保障能源战略安全，实现 2010 年《京都议定书》规定的温室气体减排标准，日本高度重视可再生能源的发展，加大对可再生能源的开发力度，并取得了可喜的成果。日本的可再生能源主要包括风能、太阳能、生物质能、小中型水电和地热能等。从总体上看，日本自身的能源生产，在煤炭工业消亡后，现在主要是核能和可再生能源，其他能源基本依赖进口。日本的可再生能源消费量从 2001 年的 4.4 百万吨油当量增长到 2011 年的 7.4 百万吨油当量。③

二、日本能源效率与各产业能耗

日本在节能和能源效率上和其他国家相比，居于先进地位。参

---

① 王正立、曹庭语：《日本的能源与能源政策》，载《国际动态与参考》2004 年第 20 期。

② *Nuclear energy：Key tables from OECD*，http：//www.oecd-ilibrary.org/nuclear-energy/nuclear-energy-key-tables-from-oecd_20758413.

③ 数据来源：《BP 世界能源统计年鉴（2012）》，BP 公司 2012 年 6 月发布，http：//bp.com/statisticalreview.

见下面的表 2-4。

表 2-4　　　　　　　单位 GDP 产值能耗和油耗的国别比较①

单位：（吨油当量/1000 美元，按 2005 年购买力评价）

	1971	1990	2001	2002	2003	2004	2005	2006	2007	2008	2009	2010	2011
澳大利亚	0.21	0.20	0.17	0.17	0.16	0.16	0.16	0.16	0.15	0.16	0.16	0.15	0.14
法国	0.19	0.16	0.15	0.15	0.15	0.15	0.15	0.14	0.14	0.14	0.13	0.14	0.13
德国	0.24	0.17	0.14	0.13	0.14	0.13	0.13	0.13	0.12	0.12	0.12	0.12	0.11
日本	0.19	0.14	0.14	0.14	0.14	0.14	0.14	0.13	0.13	0.12	0.13	0.13	0.12
美国	0.36	0.24	0.20	0.20	0.19	0.19	0.18	0.18	0.18	0.17	0.17	0.17	0.17
OECD	0.26	0.19	0.16	0.16	0.16	0.16	0.16	0.15	0.15	0.15	0.15	0.15	0.14
巴西	0.15	0.13	0.14	0.14	0.14	0.14	0.14	0.13	0.14	0.13	0.14	..	
中国	1.30	0.70	0.33	0.32	0.33	0.34	0.33	0.32	0.29	0.28	0.27	0.26	..
俄罗斯	..	0.47	0.47	0.45	0.43	0.41	0.38	0.37	0.34	0.33	0.33	0.35	..

　　从各专门部门能源消费比例看，商业和居民用能在日本的能源消耗中居首位，工业其次，运输耗能最少。在工业各部门中，化工业和钢铁业是耗能大户，其在 2011 年分别占工业消耗能源的33.4% 和 25.8%。

三、日本能源结构的变化

　　长期以来，日本一直在实施能源多样化政策，力求核能、天然气、煤炭和石油的均衡使用，并积极开发新能源，减少对石油类能源的依赖程度，优化能源结构。② 其变化可以分为两个阶段。

　　（一）从以煤为主向以油为主转变

　　日本能源结构随着能源市场的变化出现过多次调整。"二战"

---

　　① OECD（2013），"*Energy intensity*"，*in OECD Factbook 2013*：*Economic, Environmental and Social Statistics*，*OECD Publishing*. http：//www.oecd-ilibrary.org/economics/oecd-factbook_18147364.

　　② 刘丽君：《油价高企背景下美日德法能源政策概况》，载《中国能源》2006 年第 5 期。

前，日本能源消费结构以煤炭为主。"二战"后，1945 年到 1955 年是日本战后恢复经济的建设时期，由于"二战"刚刚结束，国际环境还处在战后动荡时期，国际贸易在范围和领域上都受到很大限制，日本在解决能源问题上也只能依靠自己现有条件。当时日本一次能源主要依靠国产煤和水力。在 1955 年日本一次能源供给中，国产煤占 44%，水力占 27%，一次能源的自给率达 80%。

1955 年到 1975 年日本经济实现高速增长，同期对能源的需求也成倍扩大，能源供给结构发生重大变化，最突出的一点就是石油取代煤在日本一次能源中占了重要的地位。[①] 由于人类开采石油的技术和能力提高，国际石油能源供给力增强，石油比煤清洁又便于运输，当时石油价格又很便宜，日本由大量使用煤转向大量使用石油。1962 年石油首次超过煤炭成为日本能源消费的第 1 位。1955 年到 1975 年的 20 年之间，日本对能源的总需求增长了 5.7 倍，对各类一次能源的需求增长分别为石油增长 23.8 倍，天然气增长 46 倍，煤增长 2 倍，水力增长 1.1 倍。到 1975 年，日本一次能源结构中石油的比重超过 70%，煤的比重降到 16.4%，日本国产煤的比重降到 3%，水力的比重降到 5%，一次能源的国内供给率也降到 12%。

（二）降低石油依赖度，实现能源构成的多样化

20 世纪 70 年代，中东地区发生了两次大的动荡（1973 年第四次中东战争和 1979 年伊朗政变），中东石油的生产和运输因此受阻，导致世界石油价格的飞涨，先后引发了两次石油危机。石油价格暴涨造成了日本的通货膨胀，严重打击了过度依赖石油的日本经济。石油危机后，日本开始了新一轮的能源结构调整，重点开发核电，积极进口煤和天然气，以降低对石油的依赖程度。与此同时，日本政府鼓励新能源的技术开发和利用，在耗能大的产业领域开展节能运动。

---

① 丁敏：《日本的能源战略及其调整》，载《中国社会科学院院报》2004 年 5 月 12 日。

经过长期的努力，日本所设计的能源构成多样化战略已取得成效（参见表2-5）。1975—1997年，日本对能源的总需求增长了1.5倍。其中，对核能的需求增长了12.6倍，天然气的需求增长了7倍，对煤和石油的需求增长开始缩小，分别为1.6倍和1.1倍。20世纪90年代末，石油在日本一次能源供给中的比重降到了52%左右，比20多年前降低了19个百分点；新能源的比重上升幅度虽然不明显，但技术开发取得了很大进展。①

表2-5   日本能源结构的走势②

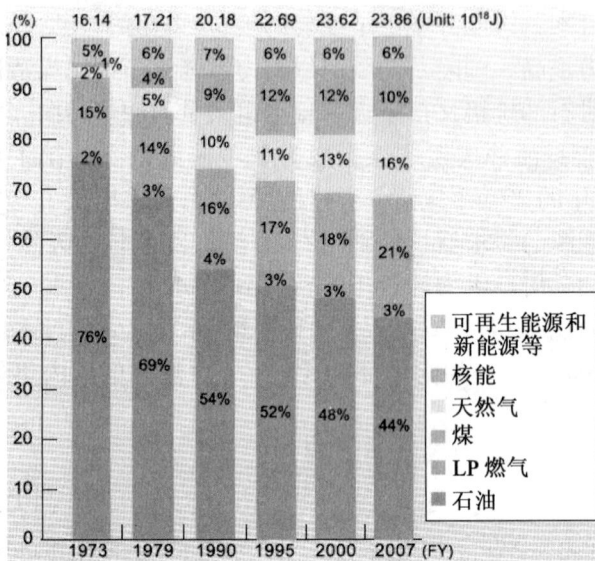

2008年，全国的电力生产中各类能源使用的比例是核能26%，

① 丁敏：《日本的能源战略及其调整》，载《中国社会科学院院报》2004年5月12日。

② 数据来源：*Energy in Japan 2010*，日本能源资源厅网 http://www.enecho.meti.go.jp/english/toprunnner/index.html.，2013年6月5日浏览。

煤 25%，天然气 28%。① 2011 年日本的能源结构为，石油占
42.17%，天然气占 19.89%，煤炭占 24.64%，核能下降到 7.72%
（受福岛核事故的影响），水电占 4.02%，可再生能源为 1.55%。

四、日本面临的能源问题

日本目前所面临的能源问题概括起来，有以下四个方面。

（一）国民经济依然高度依赖进口资源，能源自给率低

《日本能源报告》（2010 年）显示：日本的石油、天然气、煤
炭等主要依靠进口的矿物性资源合计占到 84%。② 据统计，日本能
源 83% 依赖进口，所需石油的 99.7%、煤炭的 97.7%、天然气的
96.6% 均依赖进口。其中最为典型的是石油。日本进口的原油绝大
多数依赖中东地区。与其他工业国家相比，日本的石油供给体制依
然脆弱。可以说，对于日本而言，其能源消费已基本形成"能源
需求高度依赖石油，石油需求高度依赖进口，进口需求高度依赖中
东"的畸形结构。

（二）发展核电面临压力

政府积极推进发展核电，但国民对核电安全的质疑增加，核电
发展面临国内外的反对压力。20 世纪 70 年代石油危机以来，日本
通过各种途径发展多样能源，特别是核能发电站的建立，到目前为
止，日本已建立有 54 座核反应堆，仅次于美国（104 座）和法国
（55 座），是世界第三大核能利用大国，核发电已达到日本电力供
应总量的 1/3。

核电虽然给日本能源带来巨大利益，但由于美国、前苏联核电
站泄漏事故在世界上造成不良影响，日本本土的一些核电站也出现
了事故，日本国民反对建核电站的呼声比较强烈。日本发展核电不
仅要面对国内民众压力，也要顾及来自国际社会的反对声音。美国
及亚洲许多国家担心日本借发展核电之名走向核武力强国之实，毕

① 数据来源：*Energy in Japan 2010*，日本能源资源厅网 http://
www.enecho.meti.go.jp/english/toprunner/index.html.，2013 年 6 月 5 日浏览。
② 同上。

竟20世纪90年代以来日本极右势力的抬头令周围国家不安。

（三）生产、生活领域耗能问题突出

石油危机以后，日本在节省能源、提高能源效率上作了巨大努力，大量消耗能源的产业都推行了各种节能措施并开发出许多节能技术和产品。日本的节能努力在80年代收到丰硕的成果。但是一些新的调查研究显示，进入90年代以来日本产业的能源效率出现滑坡。2000年度日本最终能源消费比1990年度增长了16.2%，工业生产在这10年间仅增长0.4%，而同期工业对能源的消费却增长9.1%，其中制造业对能源的消费增长13.6%。工业生产平均能源消费增长了13%。上述这些指标显示整个90年代日本产业能源效率出现前所未有的大滑坡。

同时，从80年代后期开始，随着各种民用电器普及率提高和制造业生产的萎缩，民用能源消费和运输用能源消费增加，即非生产性能源消耗超过了生产性能源消耗。1995年日本民用能源和运输用能源消费之和在整个能源消费中首次超过50%。日本家庭、办公、运输等领域的高能耗导致日本社会能效下滑，这是日本能源在20世纪90年代暴露出的新问题。如由于90年代日本经济不景气，许多家庭推迟更新旧家电和家用小汽车，现在日本小汽车中能效低的廉价车使用数量是1990年的7倍，能耗大的小汽车仍然在大量使用。如何改善建筑体系、改善家用电器、推行更科学的电器资源配置和交通资源配置体系是日本在能源消费中必须解决的新问题。

（四）新能源发展从进展缓慢变为加速发展

经过70年代和80年代前期的努力，日本在节能技术和产品方面的成绩卓越，在新能源开发上也取得一些进展，特别是太阳能利用居世界领先地位。但是与对核能技术的利用比较，日本对新能源技术的开发投入力度远远不够。长期以来日本能源开发预算的90%以上都倾注在充分利用石油和核能资源上，因此，多年来真正意义上的新能源开发及应用并没有什么进展。新能源在日本能源结构中的比重多年来没有明显提高。70年代初新能源在日本一次能源中约占0.9%，核能约占0.6%，两者比重不相上下。1990年核能比重上升至 9.4%，而新能源的比重仅增加到 1.3%。1998 年核能占一次能源中的比重已经超过 13%，而新能源仅占 1% 左右。2010 年核能占发电总量的比例为 20%，而新能源占电力中的比例不到 10%。

2011 年福岛核事故发生后，日本加快调整既有能源战略，向减少核电依存度方向发展，此前一度受到压制的可再生能源产业发展势头开始加速。根据日本政府的最新规划，到 2030 年，可再生能源发电量在发电总量中的比例将从目前的约 10% 增加到 30% 左右。为加快可再生能源普及，日本政府从政策层面加大引导和刺激力度，特别是 2012 年 7 月开始实施的"电力全量购入制度"，将为企业投资可再生能源产业注入一剂强心针。

第二节　日本能源政策的演变和发展

一、日本能源政策的演变

日本能源政策的演变可以分为三个历史阶段：1973 年石油危机之前，1973—1992 年石油危机之后，1992 年里约热内卢环境与发展大会之后。

（一）1973 年石油危机之前的能源政策

在 1973 年第一次石油危机以前，日本并未形成整体性的能源战略，只是简单的能源政策组合。这一时期大致可以分成两个发展阶段，即战后复兴时期和高速成长期。在战后复兴时期（1946—1961），煤炭作为主要能源发挥了极大的作用，确立了"官民一体"的煤炭增产体制，从而使日本经济在战后恢复了过来。之后，为了应对朝鲜战争结束后的煤炭不景气而推行煤炭产业合理化，维持了以煤炭为主要能源供给的"煤主油从政策"。这个时期日本的能源政策可以概括为：采用倾斜生产方式；实施"煤主油从"政策。

在之后的高速成长时期（1962—1972），石油成为日本首要的能源资源，日本政府也实施了与石油供给配套的一系列政策，确立了以石油为主、煤炭为辅的能源政策方向。这一时期的能源政策目标是在"价廉、安全、自主"的原则下,力求保证经济高速发展情况下的能源供应。

(二)石油危机后的能源政策

在经历了经济高速增长后,70年代的两次石油危机给日本带来了巨大的冲击。伴随能源安全战略概念在世界上的兴起,日本也越来越重视采取综合性的能源政策,自此,日本的能源政策体系逐渐开始形成。石油危机后的能源政策,可以细分为三个阶段。

1.石油危机后的能源政策(1973—1979)。1973年10月,第四次中东战争爆发,并引发了第一次石油危机。这一时期日本的政策目标是确立能源供应的安全保障,它的特点在于由原来高速增长期的"廉价、安全、自主"的方针退到强调"即使牺牲经济利益也必须保证日本经济发展所需的石油供应"。具体措施包括:制定了能源紧急对策;推进石油储备的发展,并制定了《石油储备法》;更加重视石油的稳定供给;能源供给结构的改善,主要包括对石油依存度的降低及能源多样化、推进节能、开发新能源,实施了"阳光计划",颁布了《煤与石油及石油代替能源对策特别会计法》;完善了电源开发与电源三法。

在能源规划上,1974年,日本政府开始实施"阳光计划",主要开发煤炭液化、气化及太阳能电池等大型新能源技术。同年2月,日本政府于综合能源调查会下设各项基本问题恳谈会,于1975年8月完成名为《(昭和)50年代能源稳定政策——稳定供给的选择》报告。主要理念是要兼顾能源的充足、廉价、稳定供应,主要内容是:减少石油进口依赖度;致力于非石油之其他能源多元化;确保石油之稳定供应;推行能源节约政策;促进新能源的研究发展。

2.第二次石油危机后的能源政策(1980—1985)。第二次石油危机以后,日本能源政策仍以政府与民间合作达成稳定供应为目标,同时为减低对石油的高度依赖,日本政府将能源政策重点由稳定能源供应转移至兼顾"石油替代能源之引进政策"之上。

为减低对石油的依赖度,日本第91届国会于1980年5月30

日提出了旨在使日本经济"减轻对石油的依存度，促进国民经济稳步发展和安定国民生活"的《替代石油能源法》，指出了石油替代能源的供给目标，以及一些保障石油替代能源政策顺利实施的措施（包括设施利用、财政保证、科学技术等），并提议设立新能源综合开发机构，在以前政策的基础上，增添了促进太阳能利用技术、新燃料油开发利用等。

3. 广岛协议①后的能源政策（1986—1991）。80 年代的日本，伴随高技术化、城市化、信息化的高速发展，进入了复合能源结构时代，建立了覆盖范围广、政策层面多的能源政策体系，能源战略日益成熟。1985 年广场协议后，日元升值，要加强日本产业的国际竞争力就要降低能源成本。这一时期的政策目标可以用"实现能源供应的安全保障与经济效益的最佳平衡"来概括。1987 年，作为追加政策目标，又补充了从质量角度出发的"形成适应用户需求的能源组合"。作为政策手段，日本此时特别重视对石油产业结构的改善、缩减炼油设备、改组石油产业、实现集团化及减弱对石油产业的控制。

（三）里约热内卢会议后的能源政策

1992 年 6 月在里约热内卢召开的地球环境最高级会议上，155 个国家在《气候变化国际框架公约》上签了字，1993 年 5 月日本国会最终批准了《框架公约》。1993 年 10 月日本制定了《环境基本法》并开始实施。在这种情况下，日本正式确定了"经济增长、环境保护与能源安全保障"的国家能源战略目标，实现经济增长、环境、能源稳定供应三者的持续、协调发展。

---

① 20 世纪 80 年代中后期，日本经济对美有巨大的贸易顺差，出口实力强大，经济增长迅速。美国政府以解决美日贸易逆差为名与日本政府协商日元升值，1985 年 9 月日本政府公布了"广岛协议"，主要内容是增加了汇率的灵活性。日元对美元和欧洲货币开始走强。在不到两年的时间里，日元兑美元汇率从 240∶1 升至 120∶1。随后，日本房地产和股票市场也在银行的推波助澜下产生了巨大的泡沫，日本经济呈现出了虚假的繁荣，股市直冲至四万点；华尔街认为时机已到，动用巨额资金，卖空日本股市，日本股市狂跌至一万点，经济陷入了长达十年的泥潭。参见百度百科，http://baike.baidu.com/view/1323723.htm。

在能源规划上，日本通产省于 1993 年开始实施"新阳光计划"，这是一项由原来的"阳光计划"与之前的"月光计划"（主要开发大型节能技术）及"地球环境技术开发计划"三位一体综合开发与能源有关的革新技术和环境技术的国家级重要项目。在此基础上，日本最终确立了综合性能源政策体系。

二、日本能源战略的最新发展

（一）《日本新国家能源战略》确立的目标与措施计划

随着"9.11"① 等一系列事件的发生，世界能源格局和市场发生了新的巨大变化。针对新的能源形势，2006 年 5 月 29 日，日本颁布了《日本新国家能源战略》，这是日本首次制定的国家能源战略。

《日本新国家能源战略》由两部分组成，即对现状的认识及今后的战略和战略措施。新战略在分析总结世界能源供需状况的基础上，从建立世界上最先进的能源供求结构、综合强化资源外交及能源、环境国际合作、充实能源紧急应对措施等方面，提出了后 25 年日本能源战略三大目标，八大战略措施计划及相关配套政策。②

日本新能源战略的三大目标是：确立国民可以信赖的能源安全保障；为经济的可持续发展奠定基础，一体化解决能源问题和环境问题；为解决亚洲和世界能源问题作出积极贡献。为了实现上述能源战略目标，日本政府设定了五项数值指标：（1）到 2030 年，将能源利用效率至少再提高 30%；（2）到 2030 年，将石油在一次能源供应总量中的比例从目前的约占 50% 进一步降到 40% 以下；（3）到 2030 年，努力将运输部门的石油依存程度从目前的几乎 100%

---

① 美国东部时间 2001 年 9 月 11 日上午（北京时间 9 月 11 日晚上）恐怖分子劫持的 4 架民航客机撞击美国纽约世界贸易中心和华盛顿五角大楼的历史事件。参见百度百科 http：//baike.baidu.com/view/1029400.htm？fromId = 10314，2013 年 4 月 24 日访问。

② 《新国家能源战略》，http：//www.enecho.meti.go.jp，2010 年 12 月 28 日访问。

降低至 80% 左右；（4）2030 年以后，核电在总发电量中所占比例达 30%-40% 或以上；（5）将日本企业权益下的原油交易量占海外原油总进口量的比例（自主开发比例）从 8% 逐步扩大到 2030 年的 40% 左右。

日本新能源战略的八大战略措施计划是：（1）最先进的节能计划；（2）新一代的运输能源计划；（3）新能源创新计划；（4）核能立国计划；（5）综合资源保障战略；（6）亚洲能源环境合作战略；（7）强化国家能源应急战略；（8）能源技术战略。

（二）福岛核事故后日本能源政策转变及影响

2011 年 3 月福岛核事故发生后，当年 5 月 10 日，菅直人首相宣布日本将中止核电计划，重点转移至研究太阳能和风能等新能源的发展上，将日本电力的根本建立在大自然身上。但是，日本政界很多反对意见认为，日本至少到 2030 年前都应利用现有的核电站并发展核技术，同时致力于降低对核电的依赖。民主党政府在 2012 年 9 月制定的《革新性能源环境战略》中，明确提出到 21 世纪 30 年代实现零核电。然而实现这一目标远非易事。2012 年 5 月 5 日，日本 54 座商用核电站全部停运。仅仅 57 天后，由于缺电严重，关西电力公司所属的大阪核电站 3 号机组在抗议声浪中重启。① 因此，政界对核电的政策考量实际上是从"终止核电"转变为"降低对核电的依赖"。但从长远看，日本能源政策的重心可能从核能转向可再生能源，日本将会加强海外能源市场的开拓，加大新能源的开发力度。

首先，在可再生能源发展方面，2011 年 8 月 26 日，日本参议院通过《可再生能源特别措施法》，该法案规定电力公司有义务购买个人和企业利用太阳能、风力和地热等方式生产的电力，以鼓励并普及可再生能源发电。而实际上，由于发电价格、成本、产业负担等实际原因，可再生能源规模化的过程也面临着如何弥补核电站退役后的电力缺口，以及如何克服国土面积狭小、电网网架薄弱以

---

① 田弘：《日本打造"国产能源"》，载《人民日报》2013 年 4 月 22 日第 23 版。

及因电价过高导致的巨额补贴费用等诸多困难。①

其次，在新能源方面，日本作为海洋国家，周围海域的甲烷水合物（俗称可燃冰）储量丰富。据推算，包括北海道周边海域和新潟县近海在内，日本近海共埋藏着 7.4 万亿立方米的甲烷水合物，能够满足日本国内约 100 年的天然气消费量。日本曾有专家表示，只要能够实现可燃冰的商业开发，日本便可一跃成为能源大国。早在 2001 年，日本就发表了《甲烷水合物开发计划》，正式启动了为时 18 年的甲烷水合物开发研究。2012 年 3 月 12 日，日本政府宣布，已成功从近海地层蕴藏的甲烷水合物中分离出甲烷气体，日本经济产业大臣茂木敏充称，希望能在克服技术难题后实现甲烷水合物的大规模开采，从而让甲烷水合物成为日本的"国产能源"。② 这一行动表明，日本政府将会加大新型能源的开发力度，并在短期内出台相关政策，鼓励新型能源的技术研究及勘探活动。③

再次，对于核电发展的预测是：日本在短期内将不再开发新的核能项目，原有核电站将停止工作。原有的日本《新国家能源战略》提出的"核能所占比例上升至 30%－40% 或者更多"的目标已不可能完成。虽然日本民众对核电泄漏造成的生命健康威胁深感恐惧，但日本国内因核电缺失导致电力短缺、电价上涨，进而影响到日本的经济与生活的状况也同样令人担忧。从国家宏观角度而言，核能在日本政治经济生活中的重要地位在短期内是无法改变的。据报道，日本自民党在其施政草案中就重启核电站一事明确表示"将推进重启已确认安全的核电站"的能源政策。④

---

① 樊柳言、曲德林、汪海波、王衍行：《福岛核危机后日本新能源格局的转变及其影响与启示》，载《中外能源》2011 年第 8 期。
② 田弘：《日本打造"国产能源"》，载《人民日报》2013 年 4 月 22 日第 23 版。
③ 樊柳言、曲德林：《福岛核事故后的日本能源政策转变及影响》，载《东北亚学刊》2012 年第 2 期。
④ 《日本自民党公约草案称将推进核电安全重启》，载中国新闻网 http://www.chinanews.com/gj/2013/04-27/4772310.shtml，2013 年 4 月 27 日发布。

三、日本能源政策的主要内容

日本能源政策的基本目标是：能源安全（Energy Security）、经济增长（Economic Growth）、环境保护（Environment Protect），简称为"3E"目标。在这一目标指导下逐步形成的日本能源政策体系主要包括：能源储备政策、能源进口政策、能源开发政策、能源节约政策、能源国际合作政策。

（一）能源储备政策

第一次石油危机暴发后，日本一方面加入世界能源机构（IEA）的能源储备体系，同时也开始着手建立本国的石油战略储备。1975年，日本制定了《石油储备法》，以法律形式明确了从事石油进口、精炼和销售业务的公司的责任义务关系，以全面推进民间的石油储备。1978年，日本石油公团开始负责建立国家石油储备，确立了日本现行的国家和民间两级储备体制的雏形。

在管理上，日本政府石油储备的管理、维护费用基本上能够实现自我平衡。其方法是按照市场规律，低进高出，以差价回收资金和支付管理费用。从总体上看，日本的能源储备在应付能源危机方面起到了"缓冲库存"的作用，对保障能源稳定供应、平抑能源价格、应对紧急状态、减少意外损失等方面起到了无法替代的作用。

（二）能源进口政策

日本对中东石油的依赖度达87%，远远高于其他发达国家。一旦中东因战乱或政治格局的改变而断油，日本的经济将会受到极大影响。所以，确保中东石油供给渠道的畅通和寻求能源进口渠道的多元化，一直是日本外交政策的一个重要方面。在1973年第一次石油危机时，面对"断油"的严峻形势，日本被迫对长期追随美国的亲以色列路线作出重大调整，支持巴基斯坦人民的自决权。于是，阿拉伯产油国才决定把日本列为友好国家，不削减对日本的石油供应。

20世纪70年代末期，日本增加了从印度尼西亚、中国和墨西哥等非中东产油国的石油进口，实现了石油供给渠道的多元化，曾使日本对中东石油的依赖程度在 80 年代一度下降到 67% 左右。但好景不长，90 年代后期该比例再次攀升到 87% 左右。为此，日本进一步加强了与中东国家的关系，并将重点放在与伊朗改善关系上。同时，日本积极加强和俄罗斯的能源外交与能源合作，争夺远东石油、天然气管道的建设路线，在全球展开能源争夺战。

经过多年的努力，日本的能源进口渠道多元化格局基本形成，在一定程度上缓解了对中东石油的过度依赖，能源安全进一步提高。

（三）能源开发政策

大力开发替代能源，走能源多元化之路，一直都是日本能源战略的重点。以石油危机为契机，日本于 1974 年制订并实施了"新能源开发计划"即"阳光计划"，主要包括太阳能、地热能、氢能的利用，以及煤的气化和液化。技术开发重点是针对上述能源的采集、输送、利用和储存。与此同时，也包括风能、海洋能和生物质能的转换和利用。为了开发省能技术，提高能源的利用率，1978 年日本又启动了节能技术开发计划，即"月光计划"。按照该计划，不但要进行以能源有效利用为目的的新技术开发，还要推进以燃料电池发电技术、热泵技术、超导电力技术等"大型节能技术"为中心的技术开发。80 年代末期，温室气体排放引起全球变暖问题引发世界关注。为了实现经济与环境的协调发展，日本于 1989 年推出了《环境保护技术开发计划》，开展地球环境技术研究，研究的重点领域包括使用人工光合作用固定二氧化碳、二氧化碳的分离和化学物质的生物分解等技术。

1993 年，日本政府把"阳光计划"、"月光计划"和"环境保护技术开发计划"有机地融为一体，推出了"能源与环境领域综合技术开发推进计划"，又称"新阳光计划"。该计划的思想是：在政府领导下，采取政府、企业和大学三者联合的方式，共同攻关，以革新性的技术开发为重点，在实现经济可持续增长的同时，同步解决能源环境问题。为了保证"新阳光计划"的顺利实施，日本政府每年为该计划拨款 570 多亿日元，其中 362 亿日元用于新能源技术开发。预计这项计划将延续到 2020 年。

日本新能源开发政策大致可以分为三个层面：（1）研究提出长期能源需求供给预测。即以确立能源总需求及供给政策为目的，提供能源未来需求的预测，以修改能源供给的政策。（2）确定能源政策取向及相关责任。明确国家、地方公共团体、事业单位的责任和国民应尽的职责；要求政府每年定期向国会报告能源政策的实施情况等；（3）制定专门法律及扶持政策。为此，日本出台了新能源法及电气事业利用新能源的特别措施法，制定了一系列新能源推广的奖励及补贴制度，对新能源开发利用提供补助金或融资。例如，对大规模引进风力发电、太阳能发电、太阳热利用及废弃物发电等，或宣导新能源的公共团体，补助 50% 以内的事业费及推广费；对于符合新能源法认可目标的新能源推广项目，则补助 1/3 以内的事业费；另对非营利组织给予支持，以协助和推广新能源事业的发展。目前，日本的能源多元化开发战略已经取得显著成效，能源结构逐步趋向合理。

（四）能源节约政策

日本政府一贯重视能源节约，在 2006 年《日本新国家能源战略》中的八大战略措施计划中，第一项就是"最先进的节能计划"。其节能政策主要包括：（1）提升节能管理机构。日本节能管理工作由经济产业省代管的资源能源厅负责。2001 年小泉政府机构改革后，在精简机构的条件下，节能管理机构由原来资源能源厅煤炭部的节能课升格为节能新能源部，编制 65 人。（2）节能激励措施。包括：对节能设备推广、示范项目实行补贴；经济产业省每年财政拨款 380 亿日元（约 3 亿美元），用于补贴家庭和楼房能源管理系统与高效热水器；对使用列入目录的 111 种节能设备实行特别折旧和税收减免优惠，减免的税收约占设备购置成本的 7%；政策性银行给予低息贷款，以鼓励节能设备的推广应用。（3）节能奖励。经济产业省定期发布节能产品目录，开展节能产品和技术评优活动，分别授予经济产业大臣奖、资源能源厅长官奖和节能中心会长奖。（4）节能宣传。为在全国范围内推广节能，政府建立节能日和节能月（每年 2 月），面向普通消费者和公共机构，举办能源效率展览和各种大型活动。概括而言，日本的节能政策是政府主导、企业实施、机构推进、行业监督、公众参与。

（五）能源国际合作政策

随着经济全球化的发展，日本政府在继续开展石油外交的基础上，把能源领域的国际合作提高到全球战略的高度，积极推进与相关各国在石油储备、节能技术和新能源开发利用等领域的合作，并力图建立一种国际能源安全机制。在2003年4月召开的巴黎国际能源机构大会上，日本提出建立亚洲共同储备基地和东亚能源安全保障机制。另外，日本也在积极地谋求建立东亚地区石油安全网络，将石油战略纳入综合安全保障战略，以此来减低国际石油价格波动的风险，确保日元汇率稳定和东亚各国金融政策的有效性。在2006年12月中国倡议召开的中、美、日、印、韩5国能源部长会议上，日本代表有关将这一会议变成常设性能源论坛的建议得到与会者的赞同，体现了国际间加强能源合作的趋势。

第三节   日本能源立法及对中国的借鉴意义

一、日本能源立法体系

针对本国匮乏的能源储藏和较高的能源需求现状，日本较早就在注重调控国家能源政策的同时，运用法律手段对相关能源产业、能源供需制度进行调节和监管。综观日本能源立法，他们早期采取的是对石油、煤炭、电力、天然气、水资源、矿产资源等开发和利用分别予以规制的方法。与此同时，为贯彻施行能源专门法，日本还制定了一系列相关配套法规。此后，随着国家能源政策的变动，作为国家能源政策的基础，日本制定了《能源政策基本法》。目前，日本已构建了由能源政策基本法立法为指导，由煤炭立法、石油立法、天然气立法、电力立法、可再生能源立法、能源利用合理化立法、新能源利用立法、原子能立法等为中心内容，相关部门法实施令等为补充的能源法律制度体系，形成了具有显著的特点的金字塔式的能源法律体系。①

二、日本能源基本法

日本于 2002 年制定并施行了《能源政策基本法》。该法共 14 条，是从宏观上统领日本能源法律体系的基本法，对诸多能源立法的基本问题进行了规定。

1. 立法目的。该法第 1 条就对立法目的进行了规定："鉴于能源是国民生活之安定向上及国民经济的保持和发展所不可缺少的，并且能源的利用将给地区和地球的环境造成较大影响，本法旨在通过确定与能源供需政策有关的基本方针，明确国家及地方公共团体的责任和义务的同时，规定能源供需政策的基本事项，以长期地、综合地和有计划地推进与能源供需有关的政策，并以此在对地区和地球的环境保护做出贡献的同时，对我国和世界经济的持续发展做出贡献。"

2. 指导思想。根据该法第 2 条的规定，日本能源立法的指导思想为："在降低对特定地区进口石油等不可再生能源的过度依赖的同时，推进对我国而言重要的能源资源开发、能源输送体制的完善、能源储备及能源利用的效率化，并对能源进行适当的危机管理，以实现能源供给源多样化、提高能源自给率和谋求能源领域中的安全保障作为政策基础，并不断改善政策措施。"

3. 环境保护。该法第 3 条规定："应当通过谋求能源消费的效率化和推进太阳能、风能等非化石燃料能源的转换利用以及化石燃料的高效利用，实现在防止地球温室化和保护地球环境的前提下的能源供需，并推进有助于形成循环型社会的各项政策措施。"

4. 利用市场机制。该法第 4 条规定："在能源市场自由化等有关能源供需的经济结构改革方面，应当充分考虑本法第 1 条、第 2 条的政策目的，并以充分发挥事业者的自主性和创造性，充分保障能源需要者的利益为主旨，推进规制和缓和等政策措施。"

---

① 罗丽：《日本能源政策动向及能源法研究》，载《法学论坛》2007 年第 1 期。

5. 相关主体的义务。该法明确规定了国家、地方公共团体、事业者和国民的相关义务，并对相关主体的相互协作提出了要求：

（1）国家的义务。该法第 5 条规定："国家负有遵从本法第 1、2 条至第 4 条所定的关于有关能源供需政策措施的基本方针，综合确定和履行能源供需政策措施的义务。在能源利用方面，国家应当通过使用可以降低因能源消耗而造成的环境负荷的物品，努力降低环境的负荷。"第 11 条规定："政府应当每年就其在能源供需方面所采取的政策措施概况，向国会提交报告。"

（2）地方公共团体的义务。该法第 6 条规定："地方公共团体负有遵循方针，供需能源时，在根据国家的政策措施并改善政策措施的同时，确立和履行与本地区实情相应的政策措施的义务。在能源利用方面，地方公共团体应当通过使用可以降低因能源消耗而造成的环境负荷的物品，努力降低环境的负荷。"

（3）事业者的义务。该法第 7 条规定："事业者于其事业活动之际，负有在发挥自主性及创造性，致力于能源的有效利用、能源的稳定供给和地区与地球的环境保护的同时，配合国家和地方公共团体实施能源供需方面的政策措施的义务。"

（4）国民的义务。该法第 8 条规定："国民应当在努力做到能源利用合理化的同时，尽量利用新能源。"

（5）协作义务。该法第 9 条规定："国家、地方公共团体及事业者、国民及事业者、国民组织的民间团体，应对能源的供需相互理解，相互协助，努力发挥各自的职能。"

6. 具体措施。该法第 10 条规定："政府应当完善为实施能源供需政策所必须采取的法制措施和财政措施、金融措施及其他措施。"

7. 能源基本计划与能源管理。该法第 12 条规定："政府应当谋求长期地、综合地和有计划地推进供需政策措施，而制定关于能源供需的基本计划。能源基本计划，应当规定下列事项：（一）关于能源供需之政策措施的基本方针。（二）长期、综合并有计划地改善能源供需的政策措施。（三）为长期、综合并有计划地推进能源供需的政策措施，应当完善以重点研究和开发为目的的有关能源技术的政策措施。（四）除前三项规定之外的，为长期、综合并有计划地推进能源供需的政策所必要的其他事项。"同时，该条还规定："经济产业大臣应当在听取相关政府机关长官意见的同时，在听取综合资源能源调查会意见的基础上，编制能源基本计划的草案，并谋求内阁会议的决定。""政府应当及时了解和应对有关能源形势的变化，并且在对有关能源政策措施实施效果进行评估的基础上，至少每三年对能源基本计划进行一次检讨。认为有必要时，应变更能源基本计划。"

8. 能源国际合作。该法第 13 条规定："为有助于稳定世界能源供需，防止伴随能源利用而产生的地球温室化等，国家应努力改善为推进与国际能源机构及环境保护机构的合作而进行的研究人员之间的国际交流，参加国际研究开发活动、国际共同行动的提案、两国间和多国间能源开发合作及其他国际合作所采取的必要措施。"

9. 信息公开与宣传。该法第 14 条规定："国家应在致力于对能源相关信息积极公开的同时，考虑到不以营利为目的的团体的活动和作用，努力完善能源合理利用观念的形成和能源相关知识的普及所必要的各项措施，以促使广大国民可以通过一切机会深化对能源的理解和关心。"

三、日本能源专门立法

（一）煤炭立法

煤炭在"二战"后日本经济中占有重要的地位，相关立法包括：（1）为了有计划地对矿害予以修复，1952 年 8 月 1 日，日本制定了《临时煤矿矿害修复法》。为适应日本煤炭矿业政策，该法分别于 1993 年、1996 年、1999 年、2000 年被多次修改，并于 2000 年 3 月 31 日在实现其立法目的之际被废止。该法包括总则、矿害修复长期计划、修复工程、指定法人、补则和罚则共 106 条。（2）为促进煤炭业发展，日本在 1955 年 8 月 10 日制定了《煤矿业构造调整临时措施法》。该法由 8 章 87 条构成，于 1993 年、1996 年、1997 年、1998 年、1999 年进行了多次修改。2000 年 3 月 31

日被废止，2002 年 12 月 13 日再度被修改。（3）为妥善处理因煤矿开采而引起的损害赔偿纠纷，日本于 1963 年 6 月 7 日制定了《煤矿矿害赔偿等临时措施法》，该法由 5 章 30 条构成，于 1993 年、1996 年、1999 年、2000 年进行了多次修改，于 2000 年 3 月 31 日被废止，后又于 2000 年 5 月 31 日进行修改。

日本煤炭立法对煤炭矿业结构调整、矿害治理和矿害赔偿纠纷等均进行了规制，对日本煤炭矿业的健康发展起着十分重要的作用。

（二）石油立法

日本的石油立法较多。1962 年 5 月 11 日，日本制定了《石油业法》，并于 1976 年、1978 年、1995 年、1999 年、2000 年等分别进行了多次修改。随着日本石油政策的调整，该法于 2001 年 6 月 20 日被废止。日本《石油业法》由五章和附则组成。其宗旨是"通过调整石油精制业等的事业活动，以确保石油安定且低价供给，最终实现国民经济发展和国民生活的提高之目的"。此外，结合不同时期的石油政策，日本还制定了《石油业法施行规则》、《石油供给适当化法》、《挥发油销售业法》、《石油以及可燃性天然气资源开发法》、《石油公团法》（2002 年 7 月 26 日被废止）、《石油及能源供需构造高度化对策特别会计法》、《确保液化石油气体的保安及交易适当化法律》、《石油气体税法》、《确保石油储备法》、《石油代替能源的开发及导入促进法》等一系列法律法规。

日本石油立法的特点是紧密结合国家石油政策，在不断修改、废止和新的立法之中进行完善。通过石油立法，日本顺利完成了战略石油储备，调整了石油在能源中的结构，发展了石油业，保证了在世界范围内寻找和开发石油活动的展开，实现了石油进口渠道多元化的目标。

（三）天然气立法

日本于 1954 年 3 月 31 日制定了《天然气事业法》，并于 1954 年 4 月 1 日施行。此后进行了多次修改。在体系结构上，该法由七章和附则构成，共 62 条。此外，为贯彻实施《天然气事业法》，日本又制定了《天然气事业法施行令》、《天然气事业会计规则》、

《天然气事业法施行规则》、《确定天然气工作物的技术上的标准的通产省令》、《天然气事业法相关费用令》、《天然气用品的审定等省令》等相关配套法律。

通过天然气法律制度的完善，日本成功地实现了自 70 年代的两次能源危机之后的能源政策的调整，促进了天然气业的发展。

（四）可再生能源立法

日本于 1991 年制定了《再生资源利用促进法》，并于 1991 年 10 月 18 日制定了《再生资源利用促进法施行令》。由于该法实施的效果不佳，1995 年以后，日本在容器包装、家电机器、汽车等部门，制定了回收推进法，分别包括：容器包装回收法、家电回收法、汽车回收法等。此后，《再生资源利用促进法》分别在 1993 年、1999 年、2000 年得以修改。其中，2000 年 6 月 7 日的修改将《再生资源利用促进法》更名为《资源有效利用促进法》，新增加了"3R"政策，即提出企业再利用其回收产品（recycle）、抑制废弃物发生（reduce）、再利用其产品及部件（reuse）三个方面的要求。2002 年 2 月 8 日，该法再次被修改。

在体系结构上，日本现行《资源有效利用促进法》包括总则、基本方针、特定省资源业种、特定再利用业种、指定省资源化制品、指定再利用促进制品、指定表示制品、指定副产品、杂则、罚则等 11 章 44 条。

（五）节能立法

《能源利用合理化法》（又称《节约能源法》）是日本重要的能源法律。《能源利用合理化法》于 1979 年 6 月 22 日制定，并分别于 1993 年、1997 年、1998 年、1999 年、2002 年、2005 年和 2006 年进行了多次修改。2006 年修改的主要内容包括：对工厂、作业现场能源管理的各种条例的整合统一；在运输领域引进节能方案；强化对建筑物的节能管理等。2006 年 4 月该修改案实施以后，节能标准的对象已经由起初的电冰箱、空调、汽车三种发展到 20 种以上。在体系结构上，《能源利用合理化法》包括总则、基本方针、工厂的相关措施、运输相关的措施、建筑物相关的措施、机械器具相关的措施、杂则、罚则和附则等 8 章，共 99 个条文，对合理使用能源的各种具体措施进行了详细规定。

相关的法律还有：（1）日本在 1993 年制定了《合理用能及再生资源利用法》，提出政府将积极推进：日本国内的节能工作；国外二氧化碳排放的控制工作；再生资源的"3R"有效利用；氟等特定物质的合理利用等活动。该法于 2003 年进行了修订。（2）1993 年 3 月，日本国会通过了与节能有关的两项法律《能源供需高级化法》和《节能、再生利用支援法》。前者以修改和强化 1979 年公布的《能源利用合理化法》为中心，加入了《石油替代能源法与石油特别会计法》，并把新的地球环境问题的因素也考虑在内，制定了各种活动的预算。后者规定对主动采取节能及资源再生循环利用的业主执行超级利率融资，给予债权保证以及课税的优惠等支援制度。（3）为了落实 1997 年《京都议定书》中有关减少温室气体的承诺，日本政府在 1998 年 10 月批准了《关于推进地球温暖化对策的法律》，并于 1999 年 4 月起实施。该法律明确了国家、地方、企业与国民的责任和义务，确定了防止地球变暖的基本方针，要求国家和地方政府制定具体的目标，要求各企业根据新节能法进行能源的高效管理。

（六）新能源利用立法

1980 年，日本制定了《替代石油能源法》，设立了"新能源综合开发机构"（NEDO），开始大规模推进石油替代能源的综合技术开发。此后，日本于 1997 年 4 月 18 日制定了《促进新能源利用特别措施法》，大力发展风力、太阳能、地热、垃圾发电和燃料电池发电等新能源与可再生能源。此后，该法于 1999 年、2001 年、2002 年先后进行了修改。在体系结构上，该法分为总则、基本原则、促进企业对新能源的利用、分则和附则等 4 章，共 16 条。

为贯彻实施《促进新能源利用特别措施法》，日本在 1997 年 6 月 20 日又制定了《促进新能源利用特别措施法施行令》，具体规定了新能源利用的内容、中小企业者的范围。该法于 1999 年、2000 年、2001 年、2002 年经过多次修改。

相关的法律还有：（1）为促进新能源的利用，日本制定了《关于推进采购环保产品法》，从 2001 年 4 月开始执行。国家机关、公共设施必须依法带头采购太阳光发电系统和利用太阳能的热水器系统，采购低能耗、低公害汽车等。（2）为完善电力事业者利用新能源的必要措施，增加新能源的利用，促进环境保护和国民经济健康发展，日本于2002年6月7日颁布了《电力事业者新能源利用特别措施法》，以促进"新能源国家标准"的实施，该法于2003年4月生效。为配套该法的实施，日本政府还相继颁布了《电力事业者新能源利用特别措施法施行令》和《电力事业者新能源利用特别措施法施行规则》等法规。（3）为确立新能源、产业技术综合开发机构的相关事项，日本2002年制定了《独立行政法人新能源、产业技术综合开发机构法》。

（七）原子能立法

日本于1955年12月19日制定了《原子能基本法》，于1978年、1998年、1999年、2004年进行了修改。1961年日本制定《原子能损害赔偿法》，1965年制定《原子能委员会及原子能安全委员会设置法》。在2006年《日本新国家能源战略》中，日本政府再次强调了对核能的重视。

（八）电力立法

如何满足快速增长的电力需求一直是日本政府亟待解决的重要课题。1964年，日本政府颁布了《电力事业法》，该法于1995年、1999年进行了修订，逐步放松了对电力市场的管制，促进了电价的降低和服务的提升。另外，为了使发电站的建立能顺利实施，日本政府在1974年出台了旨在提高发电站建立地区福利的"电力能源三法"，即《发电设施周围地区整备法》、《电力能源开发促进税法》和《电力能源开发促进对策财政法》。通过种种措施的实施，最终使得日本核能发电站得到大幅度发展，在一定程度上降低了日本对石油的依赖。

四、日本能源立法对中国的借鉴

中国目前正面临着十分严峻的能源形势。日本在能源法律政策上的经验和措施，对我国能源法律体系的建构具有借鉴意义：

（一）应建立金字塔型能源法律体系

根据前文，日本已构建了以《能源政策基本法》为指导，以《电力事业法》、《天然气事业法》、《原子能基本法》、《能源利用合理化法》等能源专门法为主体，以《电力事业法施行令》、《天然气事业法施行令》、《促进新能源利用特别措施法施行令》等相关法规为配套的金字塔式能源立法体系。该法律体系保证了在宏观上对能源立法进行指导，各专门领域立法也取得了较好的效果。

我国目前已制定了《煤炭法》（1996 年）、《电力法》（1996 年）、《节约能源法》（1997 年制定，2007 年修改）、《可再生能源法》（2006 年）等能源专门法，也制定了一系列相关配套法律规范。同时，我国正在加紧研究制定《能源法》。我国应借鉴日本金字塔型的能源法律体系，系统完善我国能源法律制度体系。即在重点展开制定具有能源基本法性质的《能源法》的同时，完成我国能源专门法相关立法和修改工作，如尽快制定《石油天然气法》、《原子能法》等特别法，尽快修改《煤炭法》、《电力法》等，以完善我国能源专门法的体系和内容。

（二）能源立法应具有与时俱进的灵活性

日本的能源立法强调灵活性。《能源政策基本法》第 12 条就明确规定："政府应当及时了解和应对有关能源形势的变化，并且在对有关能源政策措施实施效果进行评估的基础上，至少每三年对能源基本计划进行一次检讨。认为有必要时，应变更能源基本计划。"

在能源专门法上，其变动较为频繁，如《节约能源法》实施 28 年来，日本根据不同时期技术进步程度、市场需求的变化，及时进行必要的修订，前后共计修订了 8 次。每一次的修改都具有很强的针对性。如 2002 年的修改提高了汽车、空调、冰箱等产品的节能标准；2003 年的修改对企、事业单位的能耗标准作了更为严格的规定，节约达标者可减免税收，未达标者则重罚；2006 年修改则将液晶、等离子电视机、DVD 录像机、保温电饭锅、微波炉、卡车、巴士等产品追加为"领跑者"对象，并重新评估了空调器和电冰箱标准。2007 年，日本经济产业省日前决定扩大现行《节约能源法》的适用范围，将连锁便利店的店铺等也列为限制对象，以期提高温室气体减排效率。该部门计划向 2008 年的国会例会提交《节约能源法》的修正案。[①] 其他的能源立法，也都经常进行修改。可见，我国应在能源立法中注重灵活性，在必要时对能源专门法和相关配套法规进行修改。

（三）能源立法应注重可操作性

日本在保障能源法律可操作性方面，主要采取了三种措施：一是明确管理主体。能源管理部门过多，或者各部门之间职能相互交叉，不利于能源的管理。根据能源基本法和专门法的规定，日本经济产业大臣负责能源管理工作，保证了能源法律法规的执行；二是在法律中规定量化指标。日本注重在能源立法中提出具体的量化指标，以此保证法律目标的具体化。实践证明，在法律中规定量化指标与保障法律稳定性并无矛盾。三是及时制定配套法规。在制定某一能源专门法后，日本政府会及时地制定《施行令》、《施行规则》等相关配套法规，更加具体、细致地对相关问题进行规范。

我国现有的能源立法偏重原则化，可操作性不强，使其在实践中难以有效地发挥效果。因此，应借鉴日本的相关经验，强化能源立法的可操作性。

（四）能源立法应注重培育相关专业机构

日本在能源立法中，较为注重对能源专业机构的建设，并专门制定法律进行规范。如日本在 1967 年制定《石油公团法》，设立了专门负责石油和液化石油气开发和技术开发的国家石油公司（石油公团）。1978 年，日本修改了《石油公团法》，调整了石油公团的职能，使其承担起国家石油和液化石油气储备的责任。2002 年 7 月 19 日，日本国会正式通过"独立行政法人石油天然气、金属矿产资源机构法"，决定废除原隶属于资源能源厅的"石油公团"，将其归并到原隶属于资源能源厅的"金属矿业事业团"，新

① 钱铮：《日本决定扩大节能法适用范围，连锁便利店成限制对象》，载新华网 http：//news.xinhuanet.com/newscenter/2007-08/29/content _ 6627369.htm，2013 年 4 月 10 日访问。

组建了独立行政法人"石油天然气、金属矿产资源机构",并对该
机构的职责等进行了明确的规定。又如:1980 年,日本制定了
《替代石油能源法》,设立了"新能源综合开发机构"(NEDO),
负责新能源利用技术的研究和推广。2002 年,日本制定了《独立
行政法人新能源、产业技术综合开发机构法》,专门对该机构目
的、职责、业务等问题进行规定。

可见,制定专门立法对相关机构进行法律规范是日本能源立法
的一个特点。如此有助于规范能源专门机构的运作,也取得了较好
的成效。我国能源立法应借鉴此经验,制定专门法律来规范相关机
构的成立和运作。

(五) 国际合作是能源立法的重要内容

如今,能源问题已超出局部和经济范畴,日益全球化和政治
化,对国家安全、大国关系以及国际战略正在产生深远影响,对外
能源合作要由政府统筹规划调控。对此,能源立法应进行相应的规
范。日本《能源政策基本法》第 13 条就专门规定:"为有助于稳
定世界能源供需,防止伴随能源利用而产生的地球温室化等,国家
应努力改善为推进与国际能源机构及环境保护机构的合作而进行的
研究人员之间的国际交流,参加国际研究开发活动、国际共同行动
的提案、两国间和多国间能源开发合作及其他国际合作所采取的必
要措施。"我国能源基本法中,也应规定相应内容。

第 三 章

澳大利亚能源政策与立法概论

第一节　澳大利亚的能源状况和能源问题

一、澳大利亚能源基本情况

澳大利亚自然资源丰富，石油、天然气和煤储量很大。2011年，澳大利亚是经济与合作发展组织（OECD）仅有的三家能源净出口国之一，是世界上最大的煤炭出口国和第五大液化天然气出口国。2010—2011年，能源出口占澳大利亚所有能源生产的80%。澳大利亚能源产业是国民经济的重要贡献者，它提供超过680亿美元的总附加值和超过10万的就业岗位。

澳大利亚的能源消费中煤占主导地位，大部分的电厂使用煤炭。石油在能源消费中占有很大份额，但因为石油产量的减少，澳大利亚面临着越来越依赖石油进口的趋势。在过去20年中，澳大利亚的天然气消费量稳步上升，并且将持续增长。2010—2011年，化石能源占澳大利亚主要能源消费量的96%，占电力生产消耗量

的90％。① 2012 年发布的澳大利亚能源白皮书中称：热煤②和铀的
储量可以支持现在的生产水平直至 2100 年以后。已证实的天然气
储备估计能支持现在的生产水平超过 54 年，新的气体资源尤其是
煤蒸气和页岩气也极具开发潜力。

　　澳大利亚能源消费中，一次能源的消费以煤炭、石油为主导，
天然气辅之，水电和可再生能源逐渐兴起。澳大利亚 2010 年及
2011 年能源结构参见表 3-1。

表 3-1　　　　　　　澳大利亚 2010 年及 2011 年能源结构③

单位：百万吨油当量

年　份	石油	天然气	煤炭	核能	水电	可再生能源	总计
2010 年消费总量	43.4	23.1	43.8		2.8	1.8	115.0
占一次能源比例（％）	37.74	20.08	38.08		2.43	1.56	
2011 年消费总量	45.9	23.0	49.8		2.4	2.2	123.3
占一次能源比例（％）	37.22	18.65	40.39		1.94	1.78	

　　澳大利亚各类能源的利用情况如下：

　　（一）石油

　　随着石油消费的增长和石油产量的降低，澳大利亚石油进口量
将保持增长，澳大利亚石油产量和消费量情况参见表 3-2。根据 BP
公司统计，到 2011 年底，澳大利亚已探明石油储量为 39 亿桶。④
澳大利亚最大的石油生产基地是位于澳大利亚西北部的卡那封盆地

---

　　①　*Energy White Paper* 2012：*Australia's Energy Transformation*，available from
http：//www. ret. gov. au/energy/facts/white_paper/Pages/energy_white_paper. aspx.

　　②　"热煤"为所有不归纳为冶金用煤或炼焦煤的其他煤种。这种类型的煤
一般等级较低，通常用在发电厂焚烧发电。

　　③　数据来源：《BP 世界能源统计年鉴（2012）》，BP 公司 2012 年 6 月发
布，http：//bp. com/statisticalreview.

　　④　BP 公司：《BP 世界能源统计年鉴（2012）》，2012 年 6 月发布。

和位于南部巴斯海峡的吉普斯兰盆地。[①] 从 1980 年开始，澳大利亚的石油生产逐渐增长，到 2000 年达到峰值 828.1 千桶/天，当年澳大利亚石油进口量为 44.2 千桶/天，只占石油消费量的约 5%。2006 年，澳大利亚石油消费量大约为 918 千桶/天，进口量达到 368.4 千桶/天，占消费量的约 40%。到 2011 年澳大利亚的石油产量锐减到 484 千桶/天，但消费量增加到 1003 千桶/天。澳大利亚石油产量的减少，一方面是由于 Cooper-Eromanga 和 Gippsland 油田自然产量下降；另一方面是由于缺乏可开采的新油田。澳大利亚的原油主要从阿联酋、马来西亚、越南和巴布亚新几内亚进口，其主要石油生产商 Santos 和 Woodside 有意加大国内石油的勘探和开采力度，以增加国内石油的供应并减少石油的进口。

表 3-2　　　　　　　**澳大利亚石油产量及消费量**　　　单位：千桶/天

年份	2001	2002	2003	2004	2005	2006	2007	2008	2009	2010	2011
产量	757	759	664	582	580	542	559	547	518	561	484
消费量	839	839	844	855	886	918	925	936	931	956	1003

（二）天然气

澳大利亚的近海盆地储备有可观的天然气，澳大利亚是世界上第五大液化天然气出口国。据 BP 公司统计，到 2011 年底澳大利亚已探明天然气储量为 3.8 万亿立方米，占世界总量的 1.8%。澳大利亚工业、旅游与资源部认为澳大利亚的近海盆地可能有 130 万亿立方英尺未开发的天然气储量。除新南威尔士洲和塔斯马尼亚洲之外，澳大利亚所有的洲都有天然气矿藏。卡那封盆地的西北有最为丰富的天然气储量。另外一些重要的盆地，包括 Cooper-Eromanga 盆地和 Bass-Gippsland 盆地都位于南部的近海。

澳大利亚的天然气产量在过去十年稳定增长，从 2001 年的

---

325 亿立方米增加到 2011 年的 450 亿立方米。与此同时，消费量也从 2001 年的 220 亿立方米增长到 2011 年的 256 亿立方米。澳大利亚天然气生产和消费情况参见表 3-3。

表 3-3　　　澳大利亚天然气生产量和消费量　　　单位：10 亿立方米

年份	2001	2002	2003	2004	2005	2006	2007	2008	2009	2010	2011
产量	32.5	32.6	33.2	35.3	37.1	38.9	40.0	38.3	42.3	45.6	45.0
消费量	22.0	22.4	22.4	22.8	22.2	24.4	26.6	25.5	25.2	25.7	25.6

2005 年，澳大利亚出口 1380 万吨液化天然气，使其成为世界上第五大的天然气出口国。日本是澳大利亚液化天然气的主要出口国（2005 年为 1230 万吨），另外还有一小部分出口到韩国、中国台湾地区、印度以及中国大陆。

2012 年 11 月，澳大利亚发布能源白皮书，白皮书制定者曾表示，有鉴于当前澳大利亚保持着 19% 的液化天然气出口年增长率，澳大利亚可与卡塔尔抗衡，成为世界上最大的液化天然气出口国。有数据显示，自 2004 年以来，澳大利亚的液化天然气出口量已经增长了 4 倍，年出口销售额超过了 120 亿美元。[1] 澳大利亚石油生产与出口协会（APPEA）预测到 2017 年澳大利亚将成为第二大液化天然气出口国。随着亚洲对煤炭和液化天然气需求的增长，可以预见未来澳大利亚的能源出口将进一步扩大。当然，澳大利亚的能源出口将面临中国煤炭和印度尼西亚液化天然气出口的竞争。

（三）煤炭

澳大利亚是世界上第四大的煤炭生产国和最大的净出口国。澳大利亚煤炭生产和消费情况参见表 3-4。到 2011 年底，澳大利亚已探明煤炭储量总量为 764 亿万吨，占世界总量的 8.9%，其中包括无烟煤和烟煤 371 亿万吨以及亚烟煤和褐煤 393 亿万吨。其主要集

---

[1]　周晓梦：《澳大利亚发布〈能源白皮书〉》，载《中国能源报》2012 年 11 月 12 日第 8 版。

中在澳大利亚东部沿海，如昆士兰洲的波文盆地、Sydney-Gunnedah 盆地和新南威尔士洲的北部地区。其他储量零星分布在南澳洲和西澳洲以及塔斯马尼亚洲。

表 3-4　　　　　　　　澳大利亚的煤炭生产与消费数据统计

单位：百万吨油当量

年份	2001	2002	2003	2004	2005	2006	2007	2008	2009	2010	2011
产量	180.2	184.3	189.4	196.8	205.7	210.8	217.1	224.1	232.1	236.0	230.8
消费量	48.2	51.1	49.4	50.8	53.5	56.0	54.1	54.6	54.5	43.8	49.8

澳大利亚每年煤产量的大约 60% 用于出口，这使其成为世界上最大的煤炭净出口国（占全球煤炭出口量的 29%）。澳大利亚在炼焦煤市场居于主导地位，占据全球出口量一半以上的份额。澳大利亚在动力煤市场同样具有领导地位，占据全球出口量 21% 的份额。澳大利亚 60% 的煤炭出口到日本。澳大利亚的供应商直接与日本的公用事业公司（utilities）确定其煤炭出口价格。每年这些合同的价格谈判对澳大利亚煤炭出口创汇有很大影响。

（四）电力

到 2011 年，澳大利亚的燃料发电总量已经达到 227.053 万千瓦时。澳大利亚非常依赖煤炭发电。2010　2011 年，澳大利亚燃料发电中大约有 68% 的电力由煤炭生产，其中 46% 的电力由黑煤生产；天然气发电占电力生产的 20%。[1] 2010—2011 年，可再生能源在澳大利亚能源供应量中占了 4%。其中约有一半用于电力生产。另外一半用于工业和家用的加热和水暖。天然气和可再生能源用于电力生产的比例在增加，煤的市场份额已经在减少（2004 年煤电占总燃料电力生产的 75%）并将继续减少。[2]

---

[1]　2012c，*Australian energy statistics*：*energy update 2012*，BREE（Bureau of Resources and Energy Economics），Canberra.

[2]　*Energy White Paper* 2012：*Australia's Energy Transformation*，from http：// www.ret.gov.au/energy/facts/white_paper/Pages/energy_white_paper.aspx.

（五）铀与核能

据2006年的统计，澳大利亚铀探明储量居世界首位，占全世界总储量的41%。在澳大利亚的六个州和两个领区内，目前有三个铀矿正在进行开采，它们是北领地的兰杰铀矿、南澳州的奥林匹克坝铀矿和贝弗利铀矿。昆士兰州、西澳州和新南威尔士州州政府在70年代和80年代已分别宣布不对本州的铀矿进行开采。澳大利亚2004年铀产量8982吨，占世界年总产量的23%，仅次于加拿大，居第二位。①

澳大利亚目前没有核电，但是随着清洁煤和燃气价格上升，及加入《京都议定书》后应对气候变化、减少温室气体排放的义务，澳大利亚有可能促使核能成为最具竞争力的新能源。

二、澳大利亚面临的能源问题

（一）温室气体排放

煤炭是澳大利亚最大的电力能源来源，而煤炭的温室气体排放量最少是天然气的两倍。澳大利亚人均温室气体排放量在工业化国家中居于首位。到2020年澳大利亚的能源消费量将增长50%。在满足不断增长的能源需求的同时，如何减少温室气体的排放，是澳大利亚未来发展和人民生活水平提高不得不面对的问题。

（二）能源投资

澳大利亚能源资源丰富，能源市场和投资领域的全球竞争非常激烈。据澳大利亚农业与资源经济局估计，为满足澳大利亚不断增长的能源需求，到2020年最少需要370亿美元的投资。一方面投资是满足未来能源需求、提供稳定廉价能源服务和发展能源技术的关键；另一方面能源产业是一个资本密集型产业，且能源投资回报周期长。因此，如何提高能源市场的功能，吸引更多的投资，以促

---

① 《澳铀矿业现状》，载中国驻墨尔本总领事馆经济商务室网站，http://melbourne. mofcom. gov. cn/aarticle/ztdy/200608/20060802766359. html，2013年4月10日访问。

进能源的发展、满足能源的需求是澳大利亚政府需要解决的问题。①

（三）市场改革

澳大利亚的能源市场改革虽然取得了很大的进步，但是国家电力市场仍然只是一系列地区市场的有限连接，天然气市场还很不成熟，市场改革应带来的经济惠益有待提高。而一个真正竞争的国家能源市场是吸引更多的投资、确保能源长期安全、提高能源效率、减少温室气体排放的关键。因此，如何进一步推进能源市场改革，以实现能源发展战略是澳大利亚政府正面临的问题。②

第二节　澳大利亚能源政策及发展

一、澳大利亚能源政策的演变

（一）20世纪90年代之前的能源政策

以1983年为界，澳大利亚能源政策的指导思想可以分为"国家主义"和"自由主义"两个时期。在"国家主义"时期，历届政府强调政府干预，追求国家利益；在"自由主义"时期，伴随着政府对经济管制的放松，能源产业走向自由化。③

第二次世界大战后，新南威尔士州和维多利亚州开始整合之前小型和自足的地方和区域电网，使之成为由公共权力机构集中管理的国有系统。其他州也采取类似的举措。1949年到1974年，澳大利亚进行了其最大的工程项目：大雪山计划（Snowy

---

① *Australia Government*：*Securing Australia's Energy Future*（*the energy white paper*）P69，from www. ap6. gov. au/assets/documents/ap6internet/Securing_Australias _Energy_Future20061121204111. pdf.

② *Australia Government*：*Securing Australia's Energy Future*（*the energy white paper*）P80，from www. ap6. gov. au/assets/documents/ap6internet/Securing_Australias _Energy_Future20061121204111. pdf.

③ 杨泽伟：《发达国家新能源法律与政策研究》，武汉大学出版社2011年版，第158页。

Mountains Scheme），它有 16 个主要水坝、7 个电站和抽水站，以及 225 公里长的隧道、管道和沟渠。该项目完成后，澳大利亚政府组成了背景多元化的员工队伍，并建立了国际工程咨询公司雪山工程公司（Snowy Mountains Engineering Corporation）（SMEC）。该计划是澳洲大陆上最大的可再生能源制造者，占当时所有可再生能源的 67%，在国家电力市场的运作中起着重要的作用。随着经济的快速增长，澳大利亚兴建了大量燃煤发电站和扩建项目，由此到 20 世纪 80 年代制定了大量关于投资、土地和水源等的复杂政策。1981 年至 1983 年，新南威尔士州和维多利亚州出现了一系列的停电和断电问题，并导致了新南威尔士州的发电设计的失败、维多利亚州的工业纠纷以及雪山计划所遭遇的干旱气候的困难。这些问题以及随后提出的提请新南威尔士州电力委员会紧急批准在马蒂和奥尔尼建立大型新站的动议，引发了大量的政治争议。①

此后，新南威尔士电力发电规划调查委员会（The Commission of Enquiry into Electricity Generation Planning in New South Wales）展开了一次独立的调查，并在 1985 年发表了调查报告。报告认为现有的发电站效率非常低，建立新站的计划也应取消。该委员会还建议加强毗邻的州系统和在澳大利亚东部地区的区域电力市场联网业务的协调。该委员会的调查标志着电力公司垄断的结束，也预示着澳大利亚能源政策的新方向：权力下放，国家联网以及市场协调。②

（二）澳大利亚 20 世纪 90 年代的能源政策

澳大利亚 20 世纪 90 年代的能源政策体现为：推进能源工业市场化、提高能源利用效率和发展能源技术，重视环境保护。

1. 推进能源工业市场化。1994 年，维多利亚州和新南威尔士州在联邦政府倡导及其州议会的支持下，首先在电力部门引进了竞

---

① 参见：Australian Bureau of Statistics，澳大利亚统计局，2012-5-25 访问。

② *Reports of the Commission of Enquiry into Electricity Generation Planning in NEW*，4 vols，Sydney 1985.

争机制，打破了垄断，形成了多元化竞争的电力市场。此后其他各州也相继采取了相应措施。在各州电力工业实行市场化经营之后，联邦政府制定电力法律法规，取代了州制定的电力法。统一的电力法规为形成全国统一的竞争规则，监督电力市场，以及电力市场的运行提供了法律依据。1995 年，澳大利亚通过竞争政策改革决议并成立竞争和消费者委员会。该委员会旨在促进澳大利亚市场竞争，提高市场效率，促进公平交易，维护竞争价格。能源部门的竞争规则也由这个委员会负责建立。为了推动和鼓励各州、区政府支持联邦政府进行市场化改造，联邦政府建立了竞争机制补偿基金，对已进行改革的州和区给予"竞争补偿"。继电力部门改革之后，1996 年联邦政府建议放弃对煤炭及其他矿产品的出口控制，以降低煤炭工业的政府干预水平。

2. 提高能源利用效率。澳大利亚属于能源消费密集型国家，改善能源效率是联邦政府和各州、区政府的共同责任。1992 年开始实施的"国家温室效应对策"是澳大利亚能源效率政策的核心。1995 年 3 月的"国家温室对策 21 项法律说明"对该对策进行了完善。澳大利亚通过财政补贴、能源计划、机动车燃料效率标准和民用消费品强制性最高能源消耗标准等措施，提高了工业、建筑、运输和民用消费品领域的能源利用效率。

3. 发展能源技术，重视环境保护。澳大利亚联邦政府通过澳大利亚能源研究与发展公司对能源技术和发展研究进行直接投资，能源研究与发展公司研究的课题涉及全部传统的能源供应和使用部门。1993 年澳大利亚的能源研究和发展费用为 2.812 亿澳元，比 1991 年增长 29%。1993 年，联邦政府对油气开发研究的公共投资占其总费用的 43%，对煤和可再生能源的投资分别是 18.2% 和 9.9%，能源储备占 7.4%，其他占 15.4%。为鼓励私人对改进能源利用效率研究进行投资，联邦政府对私人投资减免 150% 的税。1996 年税额达到 8.1 亿澳元，1997 年为 5.47 亿澳元。[1]

---

① 史丹：《澳大利亚能源工业及其市场化》，载《经济管理》1998 年第 8 期。

（三）2001 年澳大利亚政府委员会（COAG）的能源政策①

2001 年澳大利亚政府委员会（COAG）召开了第十次会议，并发布了公报及有关能源政策的几个附件。通过会议，澳大利亚各州和地区政府同意建立国家能源政策框架以指导未来的能源决策。能源政策框架的内容包括国家能源政策的目标、原则及其实现的优先措施。

1. 一致目标。考虑各地区能源需求，有效提供可靠、有价格竞争力的能源服务，以创造财富和工作机会，提高人民生活水平；发展能源相关技术，并有效利用到工业和生活使用及能源开发出口中；减轻能源生产、运输、供给和使用对地区和全球环境的影响，特别注意温室气体排放问题。

2. 一致原则。认识到竞争和可持续的能源市场对实现上述目标的重要作用，继续改善国家能源市场，尤其是地区间能源市场；加强能源供给的安全与稳定；认识到政府政策和规则对私人投资和经营的影响；通过能源生产、转换、运输、分配和使用领域的技术、体制和管理的改善，不断提高能源的效率；鼓励低碳能源（包括可再生能源）的使用；提高澳大利亚能源市场的国际竞争力；提高政府决策的透明和清晰程度，以增强投资者的信心；促进国内各地区间及国际能源领域的合作。

3. 优先措施。为使政府能够进行有效的政策领导，以应对能源领域的机遇与挑战，澳大利亚政府委员会同意建立能源部长理事会，并规定其优先考虑和解决的工作；关注国家电力市场（National Electricity Market，NEM）问题，举办国家电力市场部长论坛，讨论国家电力市场中有关投资、价格、需求、市场行为和管理重叠等重要问题；对中长期的能源市场趋势进行高水平的独立政策评估。②

① 澳大利亚政府委员会（COAG）由澳大利亚的总理、澳大利亚6个州的总理以及澳大利亚首都和澳北区的首席部长组成。

② See Council of Australian Governments' Meeting Communique and COAG Energy Policy details：8 June 2001.

（四）2004 年能源政策白皮书

2004 年 6 月 15 日，澳大利亚政府公布了题为"保障澳大利亚能源之未来"的能源政策白皮书。该白皮书建立了澳大利亚未来能源发展的政策框架，"繁荣、安全和永续"成为澳大利亚能源政策的三大目标。该白皮书从能源的发展、能源市场、燃料税改革、能源效率、能源安全、气候变化、环境与能源，以及技术革新等几个方面阐述了澳大利亚的能源政策，具体内容包括：改善能源生产和使用的可持续性；吸引投资以有效地勘探开发能源资源；通过经济刺激鼓励海洋石油开发；建立高效的能源市场，以确保未来任何时间和地点都能获得有价格竞争力的能源；进行燃料税制度的综合改革；鼓励发展清洁高效的能源技术，以支持澳大利亚未来能源的发展；尽量减少能源供应的中断，当能源供应中断发生时，能及时有效地应对；在确保经济繁荣的同时保护环境，积极应对气候变化的挑战。①此外，为实现上述能源政策，能源政策白皮书还设计了一系列的措施或方案。

2006 年 7 月，澳大利亚政府对能源政策白皮书进行了修订，但能源政策没有太大的变化。修订的主要内容有：提供多样化能源的供给，以确保澳大利亚国民能获得有价格竞争力的能源；在发展有助于实现澳大利亚经济、能源与环境目标的实用技术的同时，加大前沿技术、清洁能源技术的投资；大力发展可再生能源，尤其是光电和风电的发展。②

2007 年 11 月工党领袖陆克文出任澳大利亚总理，他非常重视温室气体问题。2007 年 12 月 3 日，陆克文签署《京都议定书》。澳大利亚是煤炭的主要生产、使用和出口国，加入《京都议定书》将促使澳大利亚进一步发展清洁能源，减少温室气体的排放。可以

①　*Australia Government：Securing Australia's Energy Future*（the energy white paper），Preface，P2，from www. ap6. gov. au/assets/documents/ap6internet/Securing_Australias_Energy_Future20061121204111. pdf.

②　See Australia Petroleum Products & Exploration Association：Policy & Industry Issues：Energy Policy，from http：//www. appea. com. au/index. php？ option = com _ content&task = blogcategory&id = 144&Itemid = 176.

预见"繁荣、安全和永续"仍将是澳大利亚未来能源政策的主旋律。吸引能源投资以开发本国能源资源并惠及全体国民、大力发展清洁能源以减缓气候变化，以及确保国民获得稳定优价的能源，是澳大利亚政府落实"繁荣、安全和永续"能源政策的策略。

（五）2012 年能源白皮书——澳大利亚能源转型

2012 年 11 月，澳大利亚资源和能源部长 Martin Ferguson 签署发布《能源白皮书 2012——澳大利亚能源转型》，规划了澳大利亚政府向更清洁、高效的能源经济模式转变的政策框架。资源和能源部长 Martin Ferguson 认为，澳大利亚是一个能源经济国家。作为世界经合组织中仅有的三个能源输出国之一，澳大利亚是不断增长的亚洲市场的主要能源供应国家。能源支撑了澳大利亚经济的繁荣。白皮书的核心议题是为消费者提供长期安全可靠、清洁价廉的能源供应，减少碳排放，同时通过利用安全和可持续发展的能源资源保持澳大利亚经济的长期繁荣。同时，白皮书还倡导使用"智能电表"等新技术，帮助消费者随时监控用电情况，并据此调整使用时段，错开价格高峰期，从而控制电费支出。①

白皮书指出：自从 2004 年发布上一个能源白皮书以来，澳大利亚及其所在的地区和全球都发生了很多变化，比如：能源需求增加了，尤其是电力高峰时，推动了澳大利亚能源基础设施的重大的新投资以及能源价格的上涨；两党承诺到 2020 年无条件减少温室气体排放到比 2000 年低 5% 的水平。澳大利亚政府的未来清洁能源立法也设置了一个长期目标：到 2050 年减少澳大利亚的碳污染到低于 2000 年 80% 的水平。2012 年 7 月 1 日，碳价格被引入为《清洁能源未来计划》的一部分，并将保证澳大利亚能够履行减少排放的承诺。

澳大利亚能源出口在 2010—2011 年度达到了 70 亿美元，是过去的 3 倍，这很大程度上是由于亚洲进行的可持续工业化和城市化所推动的。澳大利亚的能源基础也正经历着变革，主要的新的气体

---

① 《澳大利亚发布能源白皮书 2012》，载科技部网站 http://www.most.gov.cn/gnwkjdt/201212/t20121213_98504.htm，2012 年 12 月 14 日发布。

能源的发展尤其是东海岸煤蒸气及液化天然气的规模增大，大规模的可再生能源的项目启动对进一步的扩张具有重大的潜力。能源政策与其他很多政策领域形成了交叉，比如气候变化、技术创新、产业和社会政策、国家安全、交通及城市规划。①

二、澳大利亚能源战略的发展趋势

"当今世界，经济即国力，能源是基础。"② 因此，能源战略关系到国家的未来，是国家经济社会发展战略的重中之重。近些年来，面对化石能源资源的枯竭以及气候变化的威胁，澳大利亚调整了能源战略，制定了强调"能源转型"发展趋势的新能源发展战略——《可再生能源目标》。以此为依据，相继制定了《能源效率法》、《能源市场法》、《能源许可（清洁燃料）计划法》等综合性能源法和《可再生能源（电力法）》、《可再生能源（电力）（收费）法》、《可再生能源（电力）规章》等能源单行法。

在完善能源法律体系的同时，澳大利亚继续加大财政税收的扶持力度，培育新能源市场。澳大利亚综合利用可再生能源证书（Renewable Energy Certificate，REC），财税激励及可再生商业计划等法律与政策，积极培育和发展可再生能源电力市场。"能源市场的开放，不仅是大势所趋，更是一个重大的战略转折。"③ 成熟的能源市场不仅有利于能源资源的合理配置，而且有利于促进能源技术和制度的创新。澳大利亚一直注重能源技术创新，而且硕果累累，如能源供应技术中的先进的褐煤利用技术、热干岩和光伏发电、能源需求技术中的固体氧化物燃料电池等都居世界领先；风能、生物质能、波浪能等紧跟世界领先水平。④ 因此，澳大利亚的

---

① 《澳大利亚能源白皮书（2012 年）》，载澳大利亚联邦政府网 http：//www. ret. gov. au/energy/facts/white_paper/Pages/energy_white_paper. aspx.

② 石元春：《生物质能源主导论》，载《科学时报》2010 年 12 月 9 日第 1 版。

③ 杨泽伟：《发达国家新能源法律与政策研究》，武汉大学出版社 2011 年版，第 167 页。

④ See Commonwealth of Australia, Securing Australia's Energy Future, Canberra 2004，p. 32.

"低碳经济"之路将继续发展。

能源安全是澳大利亚持续关注的一个重要方面。2008 年陆克文总理向国会发表"国家安全声明"（*National Security Statement*, NSS），将能源安全提高到国家安全的战略高度。2009 年 3 月，澳大利亚发布了《2009 年国家能源安全评估》（*National Energy Security Assessment* 2009），以评估未来 5 年、10 年和 15 年能源安全面临的风险。《2009 年国家能源安全评估》报告指出，转换能源资源的投资框架、能源多样化、价格透明和灵活以及有效地分配资源的能源市场等因素将在未来增强能源安全。① 与此同时，澳大利亚将通过能源市场化改革、能源创新及国家能源合作等法律与政策来促进能源多样化，保障能源安全。②

第三节　澳大利亚的能源立法及对我国的启示

一、澳大利亚能源立法体系

澳大利亚法律由法（Act）、法规（Regulation）、规章制度（Codes of Practice）、标准（Standard）和行业标准或指南（Industry Specific Standards/Guidance Notes）组成，形成了金字塔型的法律法规体系。法和法规是必须遵守的，规章制度、标准和指南是自愿执行的。各州的立法体系也是这种框架结构。③

澳大利亚是一个联邦制国家，根据宪法的规定，各州享有管理自然资源的权利，而联邦政府享有管理跨州公司、贸易、商业和环境保护方面的权利。能源属于自然资源，因此有关能源的立法主要是各州的立法，但澳大利亚联邦政府通过扩展其在公司、贸易、商

---

① See Commonwealth of Australia, Securing Australia's Energy Future, Canberra 2009, p. 6.

② 李化：《澳大利亚能源安全的法律政策保障及其借鉴》，载《中国地质大学学报》（社会科学版）2010 年第 6 期。

③ 叶荣泗、吴钟瑚：《中国能源法律体系研究》，中国电力出版社 2006 年版，第 111 页。

业和环境保护方面的立法权，在能源贸易、能源与环境、能源税费
等方面制定了不少适用于整个联邦的法律规范。①

澳大利亚是普通法系国家，不追求法律的法典化和体系化，目
前没有统一的能源基本法，即使是就某一类能源也是由为数众多的
法、法规来规范。

二、澳大利亚主要的能源立法

澳大利亚的能源立法分散在各领域。②

（一）石油立法

澳大利亚联邦的石油法律规范非常庞杂，涉及石油生产、销
售、安全、税费、价格和管理机构等方方面面的内容。澳大利亚现
行有关石油的立法包括：《石油与矿业管理机构法》（1973）、《石
油产品价格法》（1981）、《石油收入法》（1985）、《石油公司（股
票损失赔偿）法》（1986）、《石油消费税法》（1987）、《石油资源
租赁税法》（1987）、《石油（水底陆地）（职业健康与安全）法
规》（1993）、《产品管理（石油）法》（2000）、《海洋石油安全税
法》（2003）、《石油（帝汶海洋条约）法》（2003）、《海洋石油
（特许费）法》（2006）、《海洋石油（年费）法》（2006）、《海洋
石油（注册费）法》（2006）和《海洋石油法》（2006）等。

2006 年通过的《海洋石油法》是澳大利亚石油领域的基本大
法。该法内容非常多，共有六章450 节。第一章总则，涉及立法模
式和背景、相关概念的释义、权利分享和适用范围等内容。第二章
对石油相关活动的规制，涉及勘探许可、留成租赁、生产许可、基
础设施许可、管道许可、特别勘探权、接入许可等内容。第三章注
册与交易，涉及权利注册与特别勘探权限、权利的让渡、公司名称
的变更、已有和未来权益的交易、登记册的更正等内容。第四章管

---

① See Rosemary Lyster and Adrian Bradbrook: Energy Law and the
Environment, Cambridge University Press 2006, P32, P81, P198.

② 本部分的介绍以在澳大利亚联邦司法部官方网站上收集到的资料为限，
同时，限于篇幅本部分不涉及澳大利亚各州或地区的法律规范。

理，涉及对公司生产经营的管理、违法和制裁、安全地带、税费的征收、职业健康与安全等内容。第五章信息，涉及数据管理与信息收集、管理信息和技术信息的发布等内容。第六章其他规定，涉及决定的审议、作为与不作为的法律责任、法院管辖、公报出版和过渡安排等。①

（二）天然气立法

目前澳大利亚联邦还没有天然气方面的基本法，但有一些法律规范涉及天然气，如《（联邦）天然气管道接入法》（1998）、《澳大利亚能源市场法修正案（天然气立法）》（2007）。《（联邦）天然气管道接入法》（1998）分为四大部分：第一部分总则，第二部分本法的适用范围及特殊情况的适用，第三部分国家管理与执行，第四部分其他规定。《澳大利亚能源市场法修正案（天然气立法）》（2007）旨在修订和废除与天然气有关的法律，被修订的法律有：《澳大利亚能源市场法》（2004）、《海洋石油法》（2006）；被废除的法是1998年的《（联邦）天然气管道接入法》。

2006年11月3日澳大利亚公布了《天然气法》（草案）。该草案共有八章：第一章总则，涉及立法目的、相关概念的解释、司法管辖、国家天然气目标与原则等内容；第二章天然气市场管理机构的功能与权力，规定了澳大利亚能源管理局（Australian Energy Regulator）、澳大利亚能源市场委员会（Australia Energy Market Commission）的功能与权力；第三章天然气管道的保险与分类，规定了保险决定及撤销、管道接入、管道服务商的责任、结构分离与运行分离的要求等内容；第四章管道服务的获得，规定了管道服务申请的许可和撤销、澳大利亚能源市场委员会对相关信息的收集、接入安排、接入争议的解决等内容；第五章绿地管道激励措施，规定了绿地管道价格规制的豁免、经济补贴申请的延长、修订与终止等内容；第六章本法的诉讼程序，规定了诉讼的时效、违法行为、惩罚措施和司法审查等内容；第七章国家天然气法规的制定；第八

---

①　*Australia Offshore Petroleum Act* 2006.

章一般规定，包括秘密信息的处理、管道分类的变化等内容。①

（三）煤炭立法

澳大利亚是世界上最大的煤炭净出口国，涉及煤炭的法律规范很多，但由于煤炭属于自然资源的范畴，各州享有自然资源的管理权，因此澳大利亚有关煤炭的法律规范多出自各州，澳大利亚联邦有关煤炭的立法很少。澳大利亚联邦的煤炭立法有 1946 年的《煤炭工业法》（已于 2001 年撤销）、1977 年的《煤炭研究资助法》和 1992 年的《煤炭矿业（长假基金）法》、《煤炭矿业（长假）工资征收法》等。

（四）电力立法

澳大利亚以《国家电力法》为核心，以《国家电力法规》、《可再生能源电力法》等法律规范为辅构建其法律体系。2004 年 12 月 1 日公布的澳大利亚《国家电力法》（草案）的主要内容有：第一部分总则，涉及定义、管辖、电力市场的目标等内容；第二部分国家电力市场的参与，规定了特定电力市场活动的注册，个人参与电力市场的注册或豁免，传输系统或分配系统所有者、控制者和运营者的豁免等内容；第三部分，澳大利亚能源管理局的功能与权力；第四部分澳大利亚能源市场委员会的功能与权力；第五部分国家电力法中国家电力市场管理有限公司（National Electricity Market Management Company Limited）的地位；第六部分诉讼程序；第七部分国家电力市场法规的制定；第八部分国家电力系统的安全。②

（五）核能立法

澳大利亚铀矿资源丰富，但自身并不生产核电。澳大利亚联邦有关核能的立法主要有：《原子能法》（1953）、《澳大利亚核科学与技术组织法》（1987）、《核安全费法（铀生产者)》（1993）、《澳大利亚放射性保护与核安全法》（1998）。此外，还有一些履行国际核条约的法案。

《原子能法》由五大部分组成：第一部分总则，涉及生效时

① *National Gas Law（NGL）Exposure Draft*，3/11/ 2006.

② *National Electricity Law Exposure Draft 1/12/2004.*

间、释义、适用范围等内容；第二部分关于规定物质的信息与权利，规定了王室的权利、发现规定物质的通知以及获得信息的权力等内容；第三部分管理计划，规定了管理开采规定物质的权力、授权的变更和撤销、利益的分配、违法行为和赔偿等内容；第四部分其他规定。[1]

（六）可再生能源立法

澳大利亚联邦关于可再生能源的立法主要集中在电力领域，有：《可再生能源（电力）法》（2000）、《可再生能源（电力）（收费）法》（2000）和《可再生能源（电力）法规》（2001）。

《可再生能源（电力）法》的内容很多，共有十七大部分：第一部分总则，涉及立法的目的、适用范围和释义等内容；第二部分可再生能源证书制度，规定了申请可再生能源证书的主体条件、申请程序和证书的颁发、注册、转让、吊销、退出等内容；第四部分到第十部分规定了可再生能源短缺费制度，涉及缴费的主体，可再生能源电力的比例，可再生能源情况的报告与评估，对报告的否决、复审和上诉，可再生能源短缺费的征收、弥补和退回，惩罚性收费，费用管理和审计等内容；第十一部分信息的收集权；第十二部分信息的保密；第十三部分合格电厂和可再生能源证书的注册管理；第十四部分可再生能源管理局及其办公室；第十五部分文档提交中的违法行为；第十六部分其他规定；第十七部分实施时间的特别规定。[2]

（七）其他相关立法

澳大利亚联邦制定的与能源相关的其他立法涉及能源安全、能源市场及能源利用中的环境保护等方面。相关立法有《液体燃料突发事件法》（1984）、《臭氧层保护与温室气体管理法》（1989）、《澳大利亚能源市场法》（2004）、《能效机会法》（2006）和《国家温室气体与能源报告法》（2007）。

---

[1] *Atomic Energy Act 1953.*

[2] *Renewable Energy（Electricity）Act 2000.*

三、澳大利亚能源立法对我国的启示

澳大利亚是具有丰富能源资源的发达国家，而我国是能源资源相对紧缺的发展中国家。两国国情的不同决定了两国之间的能源法律制度存在很大的差异，但这种差异并不排斥我国在能源立法中对澳大利亚能源法律制度的借鉴。澳大利亚法律制度中有关能源管理体制、能源使用安全、能源市场改革等方面的规定，都是值得我国能源立法参考和借鉴的。

（一）建立完善的能源管理体制

澳大利亚工业、旅游和资源部负责国家的能源资源管理，能源部长理事会负责能源市场政策的制定，能源监管机构负责能源市场政策执行的监管，能源市场委员会负责能源市场发展。这一制度有效地协调了能源管理部门、能源监管部门、能源市场之间的关系，对我国的能源市场发展和监管体系建设具有重要的借鉴意义。在未来的能源立法中，我国应设立全国统一的能源管理部门，以加强能源市场的监管，协调能源监督管理部门与各能源行业协会之间的关系。[1]

（二）重视能源使用的安全

澳大利亚非常重视能源利用过程中的环境保护，有关能源使用安全的法律规范非常多，如有《臭氧层保护与温室气体管理法》、《能效机会法》和《国家温室气体与能源报告法》等。我国是温室气体排放的大国，如何通过立法提高能源的使用效率，减少温室气体的排放，不仅关系到我国能源使用的安全，也是我国履行国际环境保护义务的重要内容。因此，我国未来的能源立法，在重视能源供给安全的同时，还应加强能源使用安全方面的规定。

（三）推进能源市场的改革

建立澳大利亚公众能获得有价格竞争力能源的市场是澳大利亚政府的能源政策目标之一。为实现该政策目标澳大利亚制定了专门

---

[1]　黄庆业、马卫华：《澳大利亚能源监管新机制及其借鉴意义》，载《华北电力大学学报》（社会科学版）2007 年第 2 期，第 34-35 页。

的《澳大利亚能源市场法》，在《可再生能源（电力）法》、《国家电力法》、《国家天然气法》和《澳大利亚能源市场法修正案（天然气立法）》等法律规范中都有不少有关通过吸引能源市场投资、加大能源市场竞争和给予税收优惠等措施促进能源市场改革和发展的规定。如何运用法律的手段吸引能源投资，加强能源市场竞争，推进能源市场的改革和发展，是我国未来能源立法应当重视和解决的问题。

第 四 章

美国能源政策和立法概论

第一节　美国能源情况、主要的能源问题

一、美国能源总体状况

美国自然资源丰富，煤、石油、天然气、铁矿石、钾盐、磷酸盐、硫磺等矿物储量均居世界前列。美国能源的总体状况主要表现在以下几个方面。

（一）石油

美国是世界最大的石油消费国和进口国，石油在美国社会经济中占有重要的战略地位。美国的石油生产历史悠久，从 1859 年钻探成功第一口井，其石油勘探开发历史已近 150 年的历史。在 20 世纪 50 年代，美国为世界最大的石油生产国，产量占全世界总产量的 60% 以上，之后随着中东 OPEC 和非 OPEC 国家石油产量增长，美国石油产量占世界的比例逐年下降，20 世纪 80 年代末占

25%，2006 年仅占 7.1%。20 世纪 90 年代以来美国石油消费量逐年增长，而同期国内石油产量则逐年下降，相应美国的石油进口量也逐年上升。随着石油消费和石油产量之间矛盾的加剧，美国对进口石油的依赖程度呈现不断增加的趋势。居高不下的石油进口对美国的国家能源安全构成威胁，至 2011 年底，美国的石油探明储量为 30.9 亿桶，占世界总量比例的 1.9%；产量为 7841 千桶/日，占世界总量比例的 8.8%；而 2011 年的石油消费量则为 18835 千桶/日，占世界总量比例的 20.5%。2011 年美国从加拿大、墨西哥、中南美洲、欧洲、前苏联、中东、北非、西非、东南非、中国、印度、日本、新加坡及其他亚太地区国家进口石油量为 11337 千桶/日，总量为 559.8 百万吨，占世界总量的 20.8%。① 为了减少对进口石油的依赖，美国计划通过提高国内油气产量、扩大核能和煤炭发电以及实现进口来源多样化来保障石油的安全供应，加强石油安全成为美国政府重点考虑的问题。

（二）天然气

美国为世界上最大的天然气消费国，世界第二大生产国，天然气的进口和消费差距不大。至 2011 年底，美国的天然气探明储量为 8.5 万亿立方米，占世界总储量的 4.1%。2011 年天然气产量为 6513 亿立方米，占世界总产量的 20%；天然气消费量为 6901 亿立方米，占世界总量的 21.5%。

美国天然气的供应能力较强，对外的依存度不大。对外依存度在 1985 年之前基本维持在 5% 以下。2010 年天然气净进口占消费的比例有所增长，占 10.9%，2011 年有所回落，为 8%。2011 年美国管道天然气总进口量为 881 亿立方米，其中从加拿大进口 880 亿立方米，从墨西哥进口 1 亿立方米。②

---

① BP 公司：《BP 世界能源统计年鉴（2012）》，2012 年 6 月发布。

② U. S. Energy Information Administration：Annual Energy Review（2011），2012 年 9 月发布，第 182 页。从美国能源信息管理局网站 http：//www.eia.gov 下载获得。

（三）煤炭

美国为世界上最大的煤炭资源国和消费国之一，美国煤炭资源的特点主要体现在以下几个方面①：首先，在煤炭生产与消费方面。据美国能源信息署资料，2008 年美国煤炭产量增长为 11.72 亿吨，比 2007 年增加 0.25 亿吨。其次，在煤炭进口与出口方面。2008 年随着世界煤炭需求增加，以及欧洲和亚太地区等国家煤炭产量下降，出口减少，2008 年美国煤炭出口量和出口价格均有不同程度增长，出口量比 2007 年增加 2235.6 万吨，为 8151.91 万吨，比 2007 年增长 37.8%；2007 年美国的煤炭进口量达 3420.77 万吨，比 2007 年下降 5.9%。至 2011 年底，美国的煤炭探明储量总计为 2372 亿吨，占世界总量的 27.6%；2011 年产量为 5.568 亿吨油当量，占世界总量的 14.1%；消费量为 5.019 亿吨油当量，占世界总量的 13.5%。由于世界石油和天然气价格持续攀升，预计今后煤在美国能源结构中的地位还将有所上升。为此，美国政府还在采取一些措施鼓励煤炭发电的更快发展，其中包括推迟一些污染排放标准实施期限等。

（四）核能

1957 年美国开始建造首座核电厂，是世界上第一个将核能用于民用电力生产的国家，到了 20 世纪 60、70 年代，美国进入核电的快速发展期。1999 年，美国的核电生产高达 7280 亿千瓦时，这相当于开始建造核电厂的 1957 年全美国的发电总量。② 2007 年核电生产总量 8000 多亿千瓦时，占全国电力生产的 20%。③ 2011

① 刘增洁：《2008 年美国煤炭供需形势》，资源网：http：//www.lrn.cn/zjtg/academicPaper/200907/t20090703_386033.htm2010-01-11 访问。
② 马成辉：《美国核能政策的分析与借鉴》，载《核安全》2007 年第 3 期，第 47 页。
③ 王安建、王高尚等：《能源与国家经济发展》，地质出版社 2008 年版，第 180 页。

年，美国共有 104 座运营的核电机组,[①] 占全美国电力供应的 20.3%。[②]

核能一直在美国能源结构中占有重要比重。1973 年核电在美国总发电量中占 4.5%，1977 年迅速上升为近 12%，1990 年达到 19%，进入 20 世纪末以来，核电在美国能源结构中的比例一直保持在 20% 左右。[③] 美国的核电发展在多年中基本停滞不前，其中最重要的原因就是 1979 年宾夕法尼亚州三里岛核电站发生了严重事故。[④] 这次事故虽然没有造成人员伤亡，但震惊了全美国，使政府遭受巨大压力，也使美国的核电事业遭受了沉重打击，多年来美国没有新建一座核电站。

不过，在世界原油价格不断飙升和天然气价格持续上涨之际，美国核电建设又显露出复苏迹象。2011 年美国核能消费量为 188.2 百万吨油当量，占世界总量的 31.4%。核电是一种重要而清洁的能源，尤其是美国在核电安全方面给予了充分重视，核电站的安全标准大大提高，多年没有发生任何事故，因此发展核电重新得到人们的认可。在 2005 年美国新能源法案中正式启动了搁置 20 多年之久的核电项目。按照新的能源法案，美国政府确定重新启动核电建设，这是美国能源领域近年来的一项政策转变。但是，2011 年日本福岛核电站泄漏事故引发全球对核电站建设安全问题的重新审视

----

① 参见 U. S. Energy Information Administration：Annual Energy Review (2011)，2012 年 9 月发布，第 271 页。从美国能源信息管理局网站 http：// www. eia. gov 下载获得。

② Nuclear energy：Key tables from OECD ，http：//www. oecd-ilibrary. org/ nuclear-energy/nuclear-energy-key-tables-from-oecd_20758413.

③ 《解决电荒，国外怎么做》，新浪网，2010 年 5 月 10 日访问。

④ 1979 年 3 月 28 日美国宾夕法尼亚州的三里岛核电站第 2 组反应堆的操作室里由于操作人员操作失误，涡轮机停转，堆心压力和温度骤然升高，导致大量放射性物质溢出。100 吨铀燃料虽然没有熔化，但有 60% 的铀棒受到损坏，反应堆最终陷于瘫痪。事故发生后，全美震惊，核电站附近的居民惊恐不安，约 20 万人撤出这一地区。美国各大城市的群众和正在修建核电站的地区的居民纷纷举行集会示威，要求停建或关闭核电站。美国和西欧一些国家政府不得不重新审视核动力发展计划。

和巨大担忧，今后美国建设核电站的步伐不可能迈得太快。

（五）可再生能源

美国地域广阔，富有大量可以用于发电、取暖的可再生能源。美国非常重视可再生能源的开发利用，近年风力发电、垃圾发电、太阳能发电等都得到了很大发展。美国的可再生能源技术已经相当成熟，并且应用广泛。在 1973 年，美国可再生能源总消费量仅为 4433 万亿 Btu①，这一数字在 1990 年、2000 年和 2005 年分别是 6206 万亿，6260 万亿和 6406 万亿 Btu。② 2006 年，美国可再生能源消费占一次能源消费总量的 6.8%，占一次能源生产量的 9.6%，大约相当于 1.7 亿吨油当量，其中生物质能占 49%、水电占 41%、地热能占 5%、风能占 4%、太阳能占 1%，可再生能源发电占可再生能源总量的 61%。③ 2009 年的年终数据显示，该年美国全国共消耗 7815 万亿 Btu 可再生能源，其可再生能源消耗量占全国一次性能源消费量的 8.2%，其中包括 3980 万亿 Btu 的生物质能源（包括木材，废料，生物燃料）、2682 万亿 Btu 的水电能源，风能消耗量约为 697 万亿 Btu，366 万亿 Btu 的地热能源和 91 万亿 Btu 的太阳能光伏电能。④ 2011 年，美国可再生能源的消费量达到 45.3 百万吨油当量，比 2010 年增长了 16.4%，占世界总量的比例为 23.2%。

美国政府采取了不少政策措施来推动可再生能源技术的开发，以刺激这个行业的发展。按照 2007 年的《能源独立与安全法》，美国计划把乙醇燃料产量从 2008 年的 90 亿加仑（约 3000 万吨）增加到 2022 年的 360 亿加仑（超过 1 亿吨）；计划 2009 年生物柴

---

① 即 British Thermal Unit，英国热量单位。1BTU 约等于 251.9958 卡路里（calorie）/0.293 瓦特时（watt-hour）/1.055 千焦（killojoule）。

② 参见《2009 年美国可再生能源消费量同比上升 5.5%》，中国电力企业联合会网站：http://www.cec.org.cn/，2010 年 4 月 19 日访问。

③ 王安建、王高尚等：《能源与国家经济发展》，地质出版社 2008 年版，第 181 页。

④ 参见《2009 年美国可再生能源消费量同比上升 5.5%》，中国电力企业联合会网站：http://www.cec.org.cn/，2010 年 4 月 19 日访问。

油消费量达到 5 亿加仑（约 170 万吨），2012 年达到 10 亿加仑（约 350 万吨）；到 2015 年，所有的新车必须使用生物油料比例达到 85％的混合汽油。① 由于美国政府的重视与支持，美国可再生能源的开发与利用都出现了很大进步，工业、居民、商业，甚至交通运输业都开始寻找各种替代能源，突出的如太阳能、风能、地热能以及乙醇、生物柴油等。

二、美国能源利用和消费结构

美国社会的高速发展是建立在高度耗费能源的基础上的，2011年一次能源消费总量达 2269.3 百万吨油当量，占世界一次能源消费总量的 18.5％。能源结构中，石油占 40％、煤炭占 22.7％、天然气占 22.6％、核能占 8.2％、水电与可再生能源占 6.8％。人均一次能源消费量为 8.4 吨，为世界人均水平的 4.8 倍。② 1860—2007 年，美国一次能源消费累计约为 1330 亿吨油当量，其中约80％是近 50 年来消费的。③

1860 年以来，美国能源消费轨迹大致可以分为相等的四个阶段：低缓增长期阶段：1860—1890 年。这是美国工业化早期阶段，能源消费呈现出低起点平缓增长，消费量从 1860 年的 7900万吨油当量增长到 1890 年的 1.76 亿万吨油当量，30 年间平均增长率 2.7％。加速增长期阶段：1890—1930 年。这是美国工业化兴旺期，能源消费呈现加速增长趋势，40 年间平均增长率为3.1％，1930 年能源消费总量达到 5.95 亿吨油当量。高速增长期：1930—1973 年。从 20 世纪 30 年代经济大萧条后期到 1973年，能源消费呈现出最强劲的增长，38 年间平均增速达 3.6％，1973 年能源消费量达到 19.1 亿吨油当量。平稳增长期：1974 年

---

① 参见《2009 年美国可再生能源消费量同比上升 5.5％》，中国电力企业联合会网站：http：//www.cec.org.cn/，2010 年 4 月 19 日访问。

② 参见《2009 年美国可再生能源消费量同比上升 5.5％》，中国电力企业联合会网站：http：//www.cec.org.cn/，2010 年 4 月 19 日访问。

③ 参见《2009 年美国可再生能源消费量同比上升 5.5％》，中国电力企业联合会网站：http：//www.cec.org.cn/，2010 年 4 月 19 日访问。

至今。1974—2007 年，能源平均增速为 0.96%，2007 年能源消费总量达到 25.6 亿吨油当量。总体上看，美国的能源消费结构经历了薪柴时代—煤炭时代—石油天然气时代—多元能源时代。从 1984 年到 2007 年间，美国能源结构基本保持在石油占 38%—40%，天然气占 22%—24%，煤炭占 22%—23%、核能占 8%、水电等可再生能源占 6% 左右的比例。① 2011 年，美国的能源结构为石油 36.7%，天然气 27.6%，煤炭 22.1%，核能 8.3%，水电 3.3% 和可再生能源 1.99%。②

三、美国主要的能源问题

（一）石油对外依存度较高

石油安全是美国能源安全的核心。美国是世界最大的石油消费国，近半个世纪以来，石油在美国的能源消费中一直占据第一位。但是从 20 世纪 60 年代后期开始，尤其是经历 70 年代初近 5 亿吨的产量高峰后，国内原油产量不断下降，石油的对外依存度呈现不断增加的态势，按照净进口值在消费量中的比例，20 世纪 40 年代末为 5.5%、1955 年为 10.4%、1965 年为 19.8%、70 年代末为 43.1%、80 年代末为 41.4%、90 年代末为 50.8%，2010 年为 49.2%。③ 随着经济的快速发展，美国石油对外依存度有快速增加的势头，受资源条件的限制，在 2003 至 2008 年间，美国的石油对外依存度长期保持在 55%—60% 之间。2011 年，美国国内原油产量加其他供应（液化石油气等）量为 9884 千桶/日，占总量的 52.4%，而石油净进口 8432 千桶/日，对外依存度为 44.7%，低于

① 参见《2009 年美国可再生能源消费量同比上升 5.5%》，中国电力企业联合会网站：http://www.cec.org.cn/，2010 年 4 月 19 日访问，第 162 页。另外，美国能源结构的历史发展（1950—2010 年）可参见 U. S. Energy Information Administration：Annual Energy Review（2011），2012 年 9 月发布，第 278 页，发表于美国能源信息管理局网站 http://www.eia.gov。

② 根据 BP 公司：《BP 世界能源统计》（2012 年 4 月发布）整理。

③ 参见何金祥：《美国石油对外依存度的变化》，维普资讯网：网页不能打开，2008 年 1 月 20 日访问。

2009 年的 51.4% 及 2010 年的 49.2%。① 美国长期以来对外国石油的过于依赖，使得美国在敌对政权和恐怖分子面前显得更加脆弱，因为他们能导致石油运输中断、原油价格上涨，给美国经济带来巨大伤害。

（二）天然气国内生产供应不足问题日益突出

随着环保压力的不断加大，天然气作为对环境污染不大的能源在美国的地位日益上升。20 世纪 90 年代之前，美国的天然气基本自给，多年来，产量缓慢上升，2007 年为 5700 亿立方米，比峰值降低了 11%；对外依存度在 1985 年之前基本维持在 5% 以下，大约为 300 亿立方米，之后快速攀升，近年来基本保持在 15% 左右，2007 年达到 16%，约为 1000 亿立方米。② 从美国天然气储量的保有程度和需求趋势分析，美国天然气对外依存度还会不断上升。在国际油价持续攀升之时，天然气短缺成为困扰美国能源的又一"软肋"。

（三）能源基础设施的改造和扩建问题突出

目前已经陈旧的电厂、电线、输油管线和把原油转化成可用燃料的炼油厂一直得不到维修保养。输油管线和炼油设备需要维修和扩建。在将近一代人的时间里，美国没有修建一座大型的炼油厂。这使得炼油成为能源供应的瓶颈，导致了汽油价格的猛烈上涨。天然气的供应同样也是因输气管线陈旧和不恰当而难以满足需求。老化的和不充分的电力输送网束缚了远距离输电能力，致使某些地区，比如加利福尼亚州，需要实行限时供电。

（四）在能源环境保护问题特别是全球气候变暖问题上遭到多方批评

作为世界煤炭第一消费大国，美国虽然一直呼吁要减少对煤

---

① U. S. Energy Information Administration：Annual Energy Review（2011），2012 年 9 月发布，第 120 页，来自：美国能源信息管理局网站 http：// www. eia. gov。

② 王安建、王高尚等：《能源与国家经济发展》，地质出版社 2008 年版，180 页。

炭的开采，以保护整个地球的生态环境，但同时又不惜以牺牲环境为代价，不断增加煤炭的产量，满足国内需求，以减少对石油的依赖。这些年来，美国的煤炭产量一直占整个能源结构 20% 以上。而煤炭燃烧产生的四种主要污染物：氧化硫、氧化氮、氧化碳和颗粒物被认为是导致全球气候变暖的主要原因。美国一直十分重视煤炭资源的开发和利用，生产和消费量均约占世界的五分之一。虽然美国批准了《联合国气候变化框架公约》，但是美国目前是主要工业化国家中唯一没有签署《京都议定书》的国家。在 2007 年参加联合国气候变化大会的美国代表团提出一个新建议，呼吁各国采取各自认为"适当的"措施应对气候变化。这一被普遍看做美国要推翻《京都议定书》的举动，遭到多方批评。作为世界上最发达的国家，在全球环境保护问题上的态度显然没有体现出它的道义和法律责任。

奥巴马政府的能源部长朱棣文履新之时曾联合一些科学家，向美国能源科学咨询小组委员会提交了题为《在新的科学时代应对我们面临的能源挑战》的报告。报告指出美国面临三重能源挑战：一是目前的能源结构过度依赖石油进口和天然气，自主供应的缺额为美国 20 世纪 70 年代的 3 倍；二是必须减少由于使用化石燃料而导致的温室气体排放，这种燃料目前在美国能源结构中占到 85% 的比例；三是经济发展的需要，即美国如何创造引领世界的新兴产业以及满足国内数百万人就业的机会。[1] 2008 年 11 月，奥巴马政府宣布了一项 7870 亿美元的一揽子经济刺激计划，计划之一就是实施总量控制和碳排放交易，预期到 2050 年将温室气体排放较 1990 年降低 80%。显然，为使美国获得经济、政治双重收益，目前美国政府对于改善全球气候变暖问题上的积极性正在增加。

---

[1]　胡家源：《中美关系：奥巴马的最好财富》，载《中国经营报》2009-01-23。

第二节　美国能源政策的演变和发展趋势

一、美国国家能源政策的演变

（一）放任能源自由发展阶段

此期间是指 1973 年第一次石油危机爆发之前。美国在近代一百多年的经济发展中，得益于本国和世界充足、廉价的能源供应。直到 1973 年发生石油危机之前，美国一直处于"能源天堂"之中，从未被能源短缺困扰过。据《美国统计摘要 1993》的资料显示，1960 年、1965 年、1970 年和 1973 年美国能源消费量（单位 10 亿大卡）分别是 43.8、52.7、66.4 和 74.3，而其国内能源生产量（单位 10 亿大卡）分别为 41.5、49.3、62.1 和 62.1，显然其能源短缺的缺口并不大，只是石油的对外依存度较高。美国政府直至 1973 年石油危机以后才成立能源部，在此以前并没有权威性的政府机构从长远的经济发展决定各种能源的使用政策，从而对能源结构进行调节。

（二）保障能源自主供给阶段

此期间指从第一次石油危机爆发到《1992 年能源政策法》颁布之前。1973 年石油危机的爆发，给美国的经济造成了严重的打击，也使美国认识到了保障能源供给自主性的重要。1973 年石油危机以后，历届美国政府曾提出种种能源计划、方案，其内容主要涉及大力开发国内能源生产潜力、开发新的能源领域和推行节能措施，其目的主要是保障国内能源供给的自主性，避免类似第一次石油危机所带来的经济损失。这时期美国统一的能源政策雏形开始显现，尤其是把能源安全、能源节约和石油替代列入了议程。

1973 年，尼克松政府（执政时间 1968 年—1974 年）专门向国会提出过一份"能源咨文"，并在 1973 年发布了《能源独立计划》，主要内容包括：消减航空取暖用油；限制车速以节能；减少石油发电，降低环保标准、鼓励煤电；加快核能建设；建立 100 亿美元基金，开展节能和替代能源研究，促进国家能源开发；到

1980 年实现美国能源独立等。1975 年福特政府（执政时间 1974年—1977 年）又提出过《能源政策与节能法案》，主要内容涉及建立战略石油储备制度、对汽车实行强制性节能政策、把燃油发电转变为燃煤发电等。由于国内利益集团的斗争和政府行政能力有限等原因，上述两项立法均没有取得明显进展，尤其是实现 1980 年能源独立的计划无法达到。

卡特执政（执政时间 1977 年—1981 年）后，把能源问题提高到仅次于战争对美国挑战的地位，1977 年提出并通过了《能源法案》，主要内容包括：解除天然气价格管制；对开发老油田实行优惠，鼓励石油生产；新电厂必须以煤炭为原料，限期停止使用天然气发电；制定家电能耗新标准，强化汽车能耗标准，对公共设施制定节能标准；对未达标汽车制造商征收能源税等。卡特政府 1979年提出新能源计划，其主要内容仍是开源与节流两条，重点是开源，即发展新能源生产和大力发展合成燃料和其他能源；在节流方面，卡特提出的计划主要是广泛缩减石油消耗。卡特政府在加强军事力量，保证石油供应的同时，还实行了一个旨在通过取消对国内石油价格控制、促进能源节约、支持替代燃料的开发（包括合成燃料和可再生燃料，如太阳能）来减少石油进口的非军事能源计划。卡特的政策取得了巨大的成效。1973—1986 年，美国国民生产总值以 2.5% 的速度增长，而能源消费却没有增长，每年节约能源费用 150 亿美元。

里根政府（执政时间 1981 年—1989 年）期间，美国经济向后工业化发生重大转变，同时经历石油危机的考验、能源结构的调整与节能政策的采用，能源供需矛盾极大缓和，国际油价暴跌。此时期的能源政策被弱化。1981 年里根政府解除了对石油价格管制，同时政府大幅度消减对低收入家庭和替代燃料开发补贴，对石油公司减税，鼓励石油公司的合并。1982 年废止 1975 年的《能源政策与节能法案》，代之以《能源紧急状态下准备法案》，对能源管制放松，并于 1988 年废除了《原油暴利税法》。

老布什政府（执政时间 1989 年—1993 年）在 1989 年 7 月为能源战略确定的目标是：要在合理的价格基础上来满足对能源的日

益增长的需求，保证更加安全、更加健康的环境，确保美国经济世界第一的地位，以及使美国及其盟国减少对潜在的不稳定的能源供应者的依赖性等几项目标上达到综合平衡；为此，其能源战略的要点共有五个部分：提高能源供应的可靠性；提高能源利用率和经济效益；确保未来的能源供应；改善环境质量；加强基础研究。1991年美国政府制定了《国家能源战略》，并于 1998 年对其进行了局部修改。根据该战略，其对外能源政策方面的主要方针是：加强和完善全球能源安全体系，拓展世界能源市场以及解决能源生态问题，但是其核心是提高美国能源安全保障度。为此，其基本战略目标是：确保美国能源安全供应，以满足其不断增长的能源需求；保持美国经济在世界上最强的地位；减少美国及其友邦和盟国对潜在的不可靠能源供应地的依赖；履行环境保护方面的义务。

（三）持续发展能源的阶段

这期间在美国《1992 年能源政策法》颁布到 2005 年国家能源政策法颁布之前。老布什总统 1992 年颁布《1992 年能源政策法》，其目的是制定一套全面的国家能源政策，以期"渐进和持续地以低成本和高效益和对环境有益的方式提高美国的能源安全"。该法由 30 章和几个重要的附件构成，包括对《公用设施控股公司法》的修改。该法为先进的清洁煤技术的研发和相关技术出口提供支持；要求政府使用替代能源燃料车；允许对清洁燃料汽车的投资降低税收和对风能及生物能项目提供税收补贴。

1992 年 10 月的里约热内卢世界环境与发展大会，有四个国家通过了一项有关缓解全球气候变暖的协议，此协议涉及今后几十年和煤炭消费有关的众多问题，美国是这四个成员国之一。大会之后，经济、社会和环境的持续发展问题引起整个国际社会的关注，在能源利用和发展领域也受到广泛的影响。1992 年后，美国能源政策和战略有所变化，表现在美国能源研究与发展重点转到可再生能源和提高能源效率方面。

克林顿执政时期（执政时间 1993 年—2001 年），能源部首先于 1995 年 7 月颁布了《国家能源政策计划》，随后于 1997 年颁布《战略规划》和 1998 年颁布《国家全面能源策略》。这些文件制定的主要目标包括：提高能源生产和效率；保障国家安全；关注环境。2001 年 5 月，上任仅四天的布什总统及时组建一个以副总统切尼为首的 14 人"国家能源政策发展小组"，用 3 个月时间为政府拟定了长达 163 页题为《为美国的将来提供可靠的、价格合理的、与环境相兼容的能源政策》报告。2003 年，美国能源部又发表了《2025 年前能源战略计划》，将能源安全目标锁定在国防、能源、科学和环境四大问题上，强调美国将提高"国家安全、经济安全和能源安全"的综合保障能力。显然，美国这时期能源战略或政策的语言和目标更倾向于可持续发展。

（四）能源综合或多元化发展阶段

《2005 年国家能源政策法》的颁布标志着美国能源战略向多元化转变。该法首先注重建立以国内为主的能源供应体系。美国积极采用新技术勘探、开发国内油田和天然气，加强基础设施改造与建设；在依靠化石能源的同时，积极研究开发可再生能源，如氢能、太阳能、地热能以及风能等，重新考虑对开发资源方面的土地使用限制和优惠税收政策，以促进可再生能源的应用。该法案计划未来 5 年内为可再生能源项目提供超过 30 亿美元的资金；重新批准可再生能源生产激励计划；拨款 1000 万美元发展水电等措施。其次，使能源品种多元化，以减少对单一能源品种特别是石油的过度依赖。最后，使油气来源多元化，美国石油触角已经遍及世界各个角落，美国政府不仅要保持在中东地区的战略石油利益，而且更关心如何在世界其他地区攫取新的石油。

2006 年，小布什总统（执政时间 2001 年—2009 年）在国情咨文中推出《先进能源计划》，明确"能源自立"目标，加大科技开发和政策协调，扩大未来能源的选择范围，减少对动荡地区的石油进口，保障国家能源供应安全。同时，美国政府宣布其能源战略主旨在于：为避免未来受到能源威胁，减少对外国石油的依赖，2025 年前，美国从中东进口的石油将减少 75%；并通过能源技术创新，实现能源格局的多样化。美国 2007 年 12 月颁布了《能源独立与安全法》，该法更加注重对能源消费领域进行规范和约束，以保障能源安全和独立，其主要内容涉及：加强能源需求管理，提高车辆燃料经济性；增加生物燃料产量保证能源安全；加强能源需求管理，提高电器和照明用灯标准以节约能源，强化建筑物和工业领域的能源节约，促进政府、院校和公共机构的节能；加速进行可再生能源研究和开发；重视能源运输和基础设施；支持现代化电网建设，提高效率，增强安全性等措施。总体来看，为了使美国能源更加独立和更加安全，2007 年《能源独立与安全法》注重提高清洁的可再生燃料产量，保护消费者利益，提高产品、建筑物和车辆的能源效率，促进研究和部署温室气体捕获和封存的方案，提高联邦政府的能源绩效以及其他目的。美国能源消费构成中，交通、民用和商业用能源约占美国能源消费总量的 70%，因此减少在这些领域中的能源消费量也成为保证美国能源独立和安全的重要部分。

　　奥巴马（执政时间 2009 年至今）总统上任后，对美国的经济、国家安全以及道义立场均要求摆脱外国石油的依赖，并要求一丝不苟地以可持续的方式来解决气候变化问题。奥巴马政府有关抵御全球变暖、实现能源安全的综合性计划将包括以下内容：积极推动清洁能源经济或产业的发展。奥巴马政府认识到，这将是个巨大的挑战，同时也是一个极好的机遇，可使美国成为未来绿色能源产业中的世界领先者；奥巴马政府希望这一产业能在美国兴旺繁荣，能推动美国能源独立的计划。奥巴马政府将在未来 10 年投资 1500 亿美元用于清洁能源，提高下一代生物燃料和燃料基础设施，加速可外充电式电油混合动力车商业化，扩大可再生能源项目的商业规模，投资低排放煤场，并开始向新数字电网过渡。这将改变美国经济，在诸如研究、制造和建筑等领域创造 500 万个新的绿色工作岗位，同时还鼓励新兴商业的诞生；提高燃油经济性标准，在保护国内汽车制造商业利润的同时，在 18 年内将燃油经济标准提高一倍，这项措施将促进美国制造业的发展，帮助确保美国工人组装未来的先进汽车，并帮助美国在 10 年内无须从中东和委内瑞拉进口石油；为购买节能汽车的车主减税，奥巴马政府将为购买节能汽车的车主提供 7000 美元直接的或可转换的税收抵免；优先考虑阿拉斯加天然气管道建设，奥巴马政府将与加拿大政府、阿拉斯加州、石油和天然气生产商以及其他利益相关方一道推进管道建设。虽然早在

1976 年便已提出修建此管道的建议，国会于 2004 年已为此项工程授权高达 180 亿美元的贷款担保，但在小布什政府任期内，这项至关重要的能源基础设施并未取得任何进展。计划中的管道将输送日产量 40 亿立方英尺的天然气，约占美国目前消费量的 7%。此管道不仅对美国能源安全至关重要，还将创造数以千计的新工作岗位；继续提高能源效能，奥巴马政府支持国家努力减少温室气体的排放。就任总统后，他建立一个以市场为基础的总量管制和排放交易体系，努力使碳排放量到 2050 年降低至 1990 年水平的 20%。在其任职期内，他将通过建立强有力的年度减排目标立即减少碳排放量，到 2020 年把碳排放量减少到 1990 年的水平。总量管制和排放交易方案鼓励市场力量的参与，能够既省钱又灵活地减少碳排放。在此方案下，建立碳排放整体管制，将其转化并分为个人津贴，与允许排放的总量相对应。为确保对大众完全公开，防止不公正的公司福利政策，所有津贴将以拍卖的方式进行。公司可自由买卖津贴，这样，美国便可以最低成本地减少污染，传统生产商将有能力进行调整，美国的革新者和企业家将有直接的激励措施找到新途径减少污染。奥巴马政府计划动用一小部分拍卖款项，每年提供 150 亿美元用于提高能源效率的关键投资，用于投资代用燃料，并采取其他措施帮助经济自身调整。剩余款项将用于退税和其他过渡期救济，帮助消费者和社区适应新能源经济；设立国家低碳燃料标准，奥巴马政府将设立国家低碳燃料标准，加快引进低碳非石油燃料。该标准要求燃料供应商至 2020 年减少 10% 的碳燃料排放；确保至 2012 年，10% 的电气来自可再生资源，奥巴马政府要求美国 10% 的电力消耗至 2012 年来自于清洁可持续的能源资源，如太阳能、风能和地热能。该要求将刺激私营经济在可再生能源资源方面的重要投资，为美国尤其是农村地区创造数以千计的新岗位。奥巴马认为联邦政府是国家最大的能源消费体，应起到带头作用。就任总统后，他将确保至 2020 年至少 30% 的联邦政府电力来自于可再生能源；确保联邦政府在节电方面的带头作用，确保所有的新联邦建筑物至 2025 年达到零排放。为实现此目标，他将确保所有的新联邦建筑物在未来 5 年内效能增长 40%；采用创新方法极大提高建筑物效能等。①

二、美国主要的能源政策及其内容

美国能源政策主要现状是：源于许多单行法律和专门法律的合成；即使在综合的能源法律中也不存在统一的能源"宏观设计"或计划；能源政策处于不断增补、不断演变中。美国转变国家能源政策的理论依据是："未来的燃料"发展状况和当时燃料市场状况。从历史及现状看，美国主要的能源政策主要表现在如下几个方面：

（一）奉行石油政治政策

美国是当今世界上仅有的在石油产地有军事存在的石油消费国，也是唯一有能力依靠军事手段实现石油安全目标的石油消费国。美国是世界第一大石油消费国，其占世界总数5%的人口却消耗着全球42%的能源，对海外石油依赖严重，因而美国力求建立以其为主导的国际能源新秩序。美国使用军事力量控制全球石油战略枢纽，保证石油输出地、输油管线和海上运输线的安全。美国在中东地区一直拥有数十个军事基地，重点是控制波斯湾地区。"9·11"之后，美国以进行反恐战争的名义，在哈萨克斯坦、乌兹别克斯坦等中亚国家建立军事基地和驻扎军事力量，加强在东南亚和非洲的军事存在。这些军事基地和军事存在的主要任务之一，是保障美国从这些地区的石油进口。②

美国的石油政治政策，首先是对纯商业运作的石油消费国可能产生不利的导向作用，迫使这些国家不得不做出选择：或加入美国主导下的"石油消费国利益集团"，实现自身石油安全；或者不受石油政治影响，运用商业运作法则和市场供求法则，求得石油稳定安全供给。另外，也对世界石油市场产生重要影响：一方面，其他

---

① ［美］巴拉克·奥巴马著、孟宪波译：《我们相信变革——巴拉克·奥巴马重塑美国未来希望之路》，中信出版社2009年版，第69-76节。

② 陈支农：《美国能源战略演进及影响》，载《中国石油报》2005年3月14日。

消费国的石油安全政策，受到美国政治经济关系的制约，甚至不得不受制于美国石油安全利益的需要；另一方面，美国的石油政治政策，使得其他石油消费国得以在美国石油影响薄弱处，找到石油安全供应机遇。①

（二）能源可持续发展政策

实现可持续发展，既是近 15 年来美国政府的基本国策，也是美国资源管理部门、环境管理部门和产业经济部门的基本工作方针。美国的可持续发展战略核心包括以下 3 个要点：经济繁荣；保护环境；社会均等。其可持续发展战略核心可归纳反映在资源和环境两个重点要素上。在资源上，包括矿产资源，大力利用国外资源，保护本国资源，有效和可持续地发展经济；在保护环境上，严格执行相关标准，大力倡导和发展新技术和创新技术，唤起全民、全社会保护环境的意识和自觉性。

为贯彻美国政府的可持续发展倡议，美国与矿产资源和矿业管理有关的各联邦机构和政府部门都制定了相应的持续发展行动计划。例如，美国矿产管理局是美国联邦政府管理海上矿产资源的主要机构，其在 20 世纪 90 年代以来就一直致力于可持续发展目标与实践。针对可持续发展课题，矿产管理局在其政府网站发表其政策观点认为，能源生产和消费是经济发展和社会福利的基本组成要素之一，然而化石能源的开发和使用将耗尽不可再生的自然资源，并且对环境和社会而言不是没有成本的，其都产生了对空气和水质量的影响和地方社区的影响，因而认为，能源部门必须可持续地发展能源生产和使用，其相关的计划、倡议和措施对可持续发展是十分重要的。另外，美国土地管理局是管理联邦土地上矿产资源包括油气资源的主要管理部门，其明确表示就公共土地上自然资源的开发利用的基本政策是可持续开发利用自然资源，保护生态和自然环境。

---

① 崔民选：《2006 中国能源发展报告》，社科文献出版社 2006 年版，第 234 页。

（三）促进能源市场发展的政策

美国对于能源的发展主要是依靠市场来推动，突出表现在放松天然气和电力管制等方面。如促进电力市场发展方面，美国的电力体制改革始于1978年，在制定法律鼓励修建分散的热电联产装置的同时，美国颁布了新的《能源政策法》，促进发电市场的自由化。同时，《公用事业管制政策法案》则允许非公用事业公司进入发电和电力批发市场。1992年修订的《能源政策法》规定各类电力企业都享有平等、开放地进入输电网的权利。自美国开始，以市场化打破垄断，成为世界电力体制改革的主要内容。

（四）加强替代能源和可再生能源的开发政策

美国的替代能源战略主要是大力发展核能。美国早在20世纪60年代中期就开始发展核电站，进入20世纪70年代，美国的核能发展进入了高峰，总共建造商业核电站132座，仍在运行的有104座，其中20世纪70年代兴建的占一半。近几十年来，美国的核能一直在国内能源结构中占有重要比例，核电在全国电力生产中的比例高达21.7%，发挥了十分重要的作用。

美国还非常重视再生能源的技术开发和运用。现实中，美国广泛应用财政及税收手段鼓励可再生能源的开发和利用。政府不仅拨款资助可再生能源的科研项目，还为可再生能源的发电项目提供低税优惠。美国1978年《能源税收法》规定，对购买太阳能和风能能源设备所付金额中头2000美元的30%和其后8000美元的20%，从当年须交纳的所得税中抵扣；开发利用太阳能、风能、地热能和潮汐发电技术投资总额的25%，可从当年的联邦所得税中抵扣。美国联邦政府对再生能源企业提供抵税和可再生能源生产补助这两大优惠政策规定，风能和生物能发电企业自投产之日起10年内，每年生产1千瓦时电可享受从当年所得税中免交1.5美分的优惠待遇；通过国会年度拨款为免税公共事业单位、地方政府和农村经营的可再生能源发电企业，生产1千瓦时电能补助1.5美分。2003年，美国将抵税优惠额度提高到每千瓦时1.8美分，享受税收优惠的可再生能源范围也从原来的两种扩大到风能、生物能、地热、太阳能、小型水利灌溉发电工程等。同样，美国有关法律规定，企业用太阳能和地热能发电的投资永久享受 10% 的低税优惠。近年来，美国的风能、太阳能及垃圾沼气发展很快，地热利用也开始显露头角。随着技术的进步，美国的风力发电成本已大大降低，每千瓦时风电成本仅为 5 美分，已低于天然气发电成本。太阳能的发电成本每年以 5% 的幅度下降。2009 年 2 月 15 日，总额达到 7870 亿美元的《美国复苏与再投资法案》由美国总统奥巴马签署生效，其中新能源为主攻领域之一，重点包括发展高效电池、智能电网、碳储存和碳捕获技术、可再生能源如风能、太阳能等。这些可再生能源的开发和利用，有效缓解了传统能源的供给压力，确保了美国能源供给安全。

（五）提高能效、节约能源的政策

美国成立专门的节能机构来宣传和推广节能，美国于 1977 年成立了美国节能联盟，倡导在全世界推广有效地和清洁地使用能源的技术。它的日常工作集中在发展节能产业、制定节能政策、促进国际合作等方面。它的全部活动都突出强调提高能源使用效率是当今世界上最重要的一项能源政策。在华盛顿市联盟总部，示范性地使用了最新的节能照明和其他先进的节能技术，能源使用效率比一般办公室要高 50%。该总部对外开放，供公众参观。许多企业和协会通过节能联盟对经济效益好的能效项目进行投资活动。在节能领域，美国十分重视建筑节能及门窗节能。美国由研发机构、制造商及消费者团体共同发起成立的全美门窗节能标准评估协会，专门建立了一个公正的门窗指标评估标准体系。同时，美国联邦政府十分重视自身节能，2005 年《国家能源政策法》要求联邦政府使用可再生能源，到 2013 年可再生能源要占全部能源的 7.5% 以上。在联邦政府部门工作的负责能源使用的员工要进行严格培训，严格遵守办公设备节能技术和照明节能的一系列法规法令。对政府每一个部门实行合同能源管理，对信守合同节约了能源的有关人员给予政府补偿。另外，联邦政府和各州政府还制定了针对企业与消费者节能的奖励政策。美国 2005 年《能源政策法》的重点是鼓励企业使用再生能源和无污染能源，并以减税等鼓励性立法措施，刺激企业及家庭、个人更多地使用节能、清洁能源产品。在鼓励企业节能方面，能源政策法案规定，在未来 10 年内，美国政府将向全美能源企业提供 146 亿美元的减税额度，以鼓励石油、天然气、煤气和电力企业等采取节能、清洁能措施。为提高能效和开发可再生能源，法案还决定给予相关企业总额不超过 50 亿美元的补助；在鼓励个人节能方面，能源法案计划拿出 13 亿美元的优惠，鼓励人们使用零污染的清洁能源。对私人住宅取暖、空调等家庭大型耗能设施更新，政府将提供税收减免优惠，甚至更换室内温度调控器、换窗户，维修室内制冷制热设施的泄漏等，也可获得全部开销 10% 的税收减免。在私人使用太阳能设备方面，能源法的优惠幅度最大，规定购买太阳能设施 30% 的费用可以用来抵税。

第三节　美国能源立法

一、美国能源立法体系和特点

在美国，能源法包括一个综合性的法律体系。在法律体系上，各州自主立法权比较大，联邦制定的法律，只调整和规范跨州的事项以及整个国家层次的内外部社会与经济关系。在能源领域横向关系上，既有综合性的国家能源法或能源政策法，也有调整煤炭、电力、石油、天然气和原子能的单行法，同时也有与环境、资源等法律相协调的法律规范。① 美国能源法的构成和形式主要是普通法判例、美国宪法的若干条款，如影响美国能源监管权的宪法原则；贸易条款、最高条款和征用条款；联邦和各州相关的成文法、美国各能源监管部门经国会授权所颁布的行政法令以及基于这些行政法令所进行的诉讼而发展起来的美国法院判例。

美国能源立法始于 20 世纪 20 年代，在 20 世纪 70 年代建立了比较完备的能源法律框架。就美国的能源领域具体立法而言，在能源管理程序法方面，美国 1946 年《行政程序法》是所有联邦机构

---

① 叶荣泗：《美国适用能源的主要法律概述》，载《中国电力报》2006 年 1 月 24 日第 8 版。

须遵守的基本联邦成文法，但是并不总是处于主导地位，因为一些机构的组织法，如规范能源部的《能源组织法》，所包含的程序性规定可能与该法相冲突并优先于该法；在与能源管理有关的判例法方面，大量存在的法院判例构成了能源开发、利用和管理的重要法律渊源，如1876年美国最高法院对"芒恩诉伊利诺伊州"的判决开创了授予政府定价权、建立政府能源决策和政策制定权威的先例，1947年"跨州天然气公司诉联邦电力管理署案"则开始了联邦对天然气生产商的监管；在涉及能源的环境保护领域，联邦在《1969年国家环境保护法》、《1972年海洋研究、保护和保护区法》、《1972年沿海综合管理法》、《1977年洁净空气和洁净水法》、1990年修订的《清洁空气法》等法律中对能源的开发和利用以及环境保护都有所涉及。

　　纵观美国能源立法体系，有三个特点：一是能源法制高度统一。在能源政策这个涉及国家根本利益和长远利益的重大事项上，美国的法制表现出高度统一。各州虽拥有自主立法权，但不能违背国家统一的法规。联邦制定的法律，具有调整和规范跨州的事项以及整个国家层次的内外部社会与经济关系的效力。在能源领域横向关系的协调上，既有综合性的国家能源法或能源政策法，也有调整煤炭、电力、石油、天然气和原子能的单行法，同时也有与环境、资源等法律相协调的法律规范，构成纵横呼应的法规体系。二是立法先行依法行事。美国的各项能源政策和这些政策的每一具体方面，都有一连串的法律及其条款相呼应，并明确了主管部门、财政措施、相关目标和法律责任，以便于执行和监督。联邦和州政府皆讲求立法在先，依法办事。比如，1977年联邦政府成立能源部，依据的是《能源部组织法1977》。联邦政府战略储备的建立和动用，依据的是1975年美国国会通过的《能源政策和储备法》。按照法律规定，联邦政府向市场投放战略储备，全面动用和有限动用必须由总统决定，只有上述之外的测试性动用才授权能源部部长决策。三是顺势应时突出重点。美国的能源立法虽早从20世纪20年代就已开始，但一直比较零碎；完整框架的建立，是在20世纪70年代发生能源危机之后。每次重大能源法规和政策出台，都是当时形势逼迫，以解决重大问题。比如20世纪70年代初，发生能源危机，1977年决定成立能源部，首次制订国家能源规划，1978年制定了《国家节能政策法》、《公用事业管制政策法》、《能源税法》等一系列法律。再比如，被称为美国能源政策"未来之法"的《2005年能源政策法》，适应了美国进入21世纪后面临的能源新形势，启动了美国在21世纪的国家能源战略，这个法案全文长达1724页，可谓面面俱到，每一项条款都力求精细具体，力求做到需要解决的重点问题都能在法案中有明确规定。

二、美国能源基本法问题

从现在看，美国《2005年能源政策法》应该是美国的能源基本法。这是近40年来包含内容最广泛的能源法。这部法律明确规定，将鼓励提高能源效率和能源节约，促进发展替代能源和可再生能源，减少对国外能源的依赖，加强和提升电网水平，鼓励扩大核电站建设等。这部能源政策法长达1724页，共有18章、420多条。其主要内容包括：提供消费税优惠，促进提高家庭用能效率；设定新的最低能效标准，提高商用和家用电器效率；通过税收优惠，废止过时的不利于基础设施投资的规定，加强和提升国内电网等能源基础设施；通过减税等措施促进可再生能源的开发利用；支持高能效汽车生产，减少对国外能源的依赖等。

这部能源政策法有以下几个特点：第一，适应新形势，立足实际需要。能源立法是为了调整经济、社会法律关系，保障能源安全和能源发展的。可以说，这部法案较好地适应了美国能源面临的新形势：需要提升的标准得到了明确提升；需要修正的内容得到了及时修正；需要解决的新问题也明确规定了解决办法。比如针对2003年美加大停电事故暴露出的问题，这部新的能源法增加了提升输电网设施和加强可靠性的规定，提出了"可靠性标准"（该法有近40处提到"可靠性标准"）。该法也对现行《联邦电力法》、1992年《能源法案》、1978年《公用事业管制政策法》等多项法律中不适应的有关规定作了修订，废止了1935年的《公用事业控股公司法》。该法授权美国未来兴建一批核能发电厂。针对2005年中国海洋石油总公司意欲收购美国优尼科公司，2005年6月24日中国海洋石油总公司报价后第一天，美国国会能源商业委员会主席就致信布什，表示对收购的担忧，先后64个国会议员参与到这场并购游说行列中，7月30日，国会通过了能源法案新增条款，[1] 该附加条款规定：美国能源部必须与国土安全部和国防部协调，针对中国不断增长的能源需求对美国经济和国家安全的影响进行4个月的调查，之后再过3个星期才能批准。第二，立法速度快。小布什自2001年上台以来，极力推进制定能源法案。尽管至今仍有不少争议，但短短四年，即告完成，分别获得众院、参院的顺利通过。它吸纳了不同方面的多样主张，而且并不企求一举解决美国能源过度依赖海外的所有问题。第三，可操作性强。该法规定的事项，对要做什么，谁来做，做的期限，做的程序，违反了怎么处置等都有明确的规定。比如，该法规定向能源公司提供120亿美元的减税、贷款保障、清洁煤技术和勘探补助，规定向开发太阳能和风能等新型能源的公司提供补贴、批准更多核电项目、鼓励使用醇类燃料等。该法还规定从2007年起，美国将原有"夏令时"时间再增加4周达7个月，以节约能源。第四，执法有保障。这部能源政策法除需要联邦和州政府行政与司法系统执行以外，明确要求联邦能源监管委员会制定强制性的各项实施计划。

三、美国主要的能源立法及其内容

（一）石油立法

美国石油法的一大任务是实现联邦政府对石油行业的监管，保证石油的供需平衡，并关注行业的集约化程度。1906年出台的《赫伯恩法案》，限制铁路公司在跨州贸易中运输其直接或间接拥有的石油公司的石油，以减少自我交易的可能性。30年代初期，由于在德克萨斯州东部和俄克拉荷马州相继发现了若干个富集油田，各州既有的石油节约法不能有效遏制石油生产，石油价格跌至

---

① 刘宁：《论美国国会在中国国有企业并购美国企业过程中的影响——以中海油收购优尼科为案例》，载《长白学刊》2006年第6期，第85-87页。

谷底。联邦政府试图通过立法来限制销往其他州的石油，以补充州立法在这方面的作用，在 1935 年颁布了《石油和天然气节约的跨州协议》。这个由七个主要石油生产州州长的代表组成的委员会起草的协议，制定了非强制的和自愿的石油生产限额，并鼓励通过合作节约石油和天然气。目前大约有 29 个石油生产州加入了此协议，并接受石油协议委员会的管理。尽管石油生产州之间存在限产协议，但各州常常超限额生产。超出州石油节约法限额生产并被跨州销售的石油被称为"热油"。为此，联邦政府于 1935 年通过了后来成为法律的《康奈里热油法案》，从而有效地协助了各州实施比例限产。

美国在 20 世纪 70 年代的石油监管主要通过以下三个法律实现：《1973 年紧急石油分配法》、《1975 年能源政策和节约法》和《1976 年能源节约和生产法》。依据《1973 年紧急石油分配法》联邦制定了石油生产、加工、批发和零售环节的多重限价。《1975 年能源政策和节约法》的立法目的是通过提高价格刺激石油生产并最终解除价格控制、建立战略石油储备和提高汽车燃油效率，以最终取消新旧油的价格差异。另外，为了以公平和平等的方式分配汽油，美国国会通过了《1979 年紧急能源节约法案》，该法案要求总统制定"备用"的汽油和柴油配给计划。为了配合卡特总统于 1979 年提出的逐步解除对石油和石油产品价格控制的倡议，国会通过了《1980 年原油暴利税法》，以期通过税收，从石油生产商和使用费收入者中分得因解除价格监管而引起的额外收益的公平份额。

（二）天然气立法

天然气在美国能源消费中占有重要地位，因此政府十分重视天然气工业的发展。美国天然气工业历经了百余年的历史，政府在天然气的不同发展时期制定了不同的法律与政策。

美国对天然气行业的监管常被认为是监管失败的典型例子①。

---

① ［美］约瑟夫·P. 托梅因、理查德·D. 卡达希：《美国能源法》，万少廷译，法律出版社 2008 年版，第 163-182 页。

在 20 世纪 20—30 年代，由于大萧条造成的价格下跌和新的油气田被相继发现和开发，出现了天然气和石油供过于求的情况。随着天然气和石油价格跌入谷底，各能源生产州开始颁布天然气和石油保护法以支持这些工业。联邦对天然气监管的依据是宪法中的贸易条款，联邦制要求在州和联邦之间进行分权，通过 1924 年堪萨斯案和 1927 年阿特尔伯勒案的判决①，州政府有权监管州内的天然气业务，而联邦则监管跨州的天然气业务。但是由于缺乏对跨州管道的州或联邦监管，跨州管道公司市场垄断力量日益强大，导致了国会 1938 年《天然气法》的出台。1938 年的《天然气法》是美国关于天然气行业监管的第一部联邦法案，1938 年《天然气法》主要对天然气的管辖权、许可和定价等作了规定。其第 1 条（b）款规定，联邦的管辖权仅限于：（1）涉及跨州贸易的天然气运输；（2）采购的天然气的跨州转售；（3）从事此类运输或销售的天然气公司。此条规定的目的是联邦对跨州运输和销售具有管辖权，而不涉及当地的生产商，州监管机构则对零售有管辖权；其第 4 条和第 5 条规定，天然气的定价政策是价格不能"不公平、不合理、具有歧视性或是优惠的"；其第 7 条的规定是："除非从联邦贸易署获取了为公众提供便利和必须之有效授权许可，拟通过完成任何提议的建设或扩建项目以从事天然气业务的公司和个人，不能从事隶属该署管辖的天然气运输和销售业务，也不能进行相关设施的建设和扩建、兼并或运营从事此类业务的公司"；另外，其第 7 条（b）款规定，在获取联邦贸易署的批准之前，天然气公司不得放弃由联邦贸易署管辖的设施的全部或一部分，也不得放弃任何由这些设施所提供的服务。

从 1938 年到 1954 年，联邦电力署的监管范围仅针对跨州天然气管道，而不涉及天然气生产商。美国最高法院通过 1954 年的

———

① 该两案结果相似：当时美国法院认为，鉴于美国宪法对跨州贸易活动的监管没有明确规定，联邦无权进行干涉。因此，州政府不能监管天然气的跨州运输和电力的跨州销售。

"菲利普斯石油公司诉威斯康星州案"① 将联邦电力署的管辖权扩
展到包括生产商的定价行为。菲利普斯案的直接结果是给联邦电
力署带来了巨大的行政负担。为了降低由单独听证造成的监管负
担，联邦电力署开始对不同的天然气生产区域制定价格，接着又
对全国不同地区分别制定了天然气价格。联邦电力署对跨州天然
气进行监管的另一个严重后果是形成了两个天然气市场——跨州
市场和州内市场。由于联邦监管的价格是基于历史成本的价格，
而不是随市场价格变化而浮动的价格，而基本上不受监管的州内
市场价格则接近于世界市场价格，且高于受监管市场的价格。最
终这两个市场出现的价格差异导致了天然气短缺，且这种短缺是
由联邦和州天然气监管政策形成的双重市场而人为造成。1978 年
《天然气政策法》就是在这种国内背景下出台的，1978 年的《天
然气政策法》系统规定了价格、运输和销售等政策。该法的明确
意图是，通过对几乎所有在跨州和州内市场"首次销售"的天然
气的定价达到消除双重市场的目的，其整体要点是开始解除价格
控制、刺激生产和统一天然气市场价格；其第一部分的解除价格
控制降低了井口价的下调压力。做法的核心是以 1977 年 4 月 20
日为分界点，将天然气分为新气和旧气。旧气的价格仍受到监
管，而新气的价格则可上浮，以刺激生产；其第二部分规定了
"递增定价法"。递增定价要求只是在发生高成本时，用户才支付
此成本。递增定价规定的成本转移机制允许将天然气生产的部分
"递增"成本转移到工业用户。但是由于成本转移涉及公平性和
难以确定适当的价格上限，递增定价从 1987 年 5 月被废止。
1978 年《公用设施监管政策法》的第三部分对天然气的定价也
作了相关规定。为了节约能源，提高能源效率和促进对用户的公

---

① 根据该案裁定，联邦电力委员会〔FPC，即联邦能源监管委员会
（FERC）的前身〕，有权对天然气州际贸易的批发价格作出规定，无论该项交易
是否由州际管道公司实施，也无论是发生在管输之前、中间或是之后。据此规
定，FPC 拥有对天然气生产商向州际管道公司出售天然气的定价权。此前，FPC
只是对州际管道公司出售的天然气作出定价，而对天然气生产商的销售价格没有
规定。

平定价，1978 年《公用设施监管政策法》要求各州监管机构和不受监管的公用设施公司参与为该法提议的定价标准举行听证，要求能源部部长和联邦能源监管委员会一起进行天然气定价办法的调查。依据 1989 年《天然气井口解控法》，国会在 1993 年 1 月 1 日解除了对天然气生产商销售市场的所有管制。

80 年代以来美国对天然气工业实行了一系列的鼓励开发政策。联邦政府 1980 年出台了"原油高税收法案"，从税率的制定上鼓励工商业节约能源和发展其他能源的应用，对非常规气田气实行税收豁免；法案的第二部分规定，在特殊地质条件下，页岩、煤层中的非常规气田生产和销售的天然气可享受税收豁免。1987 年里根政府取消了规定新建发电厂不得使用天然气作燃料的《燃料使用法》，解除对天然气的价格管制，包括对进口气价的管制，天然气价格由市场供需情况决定。1989 年美国政府还通过了《气井自由生产法》，对天然气生产价格完全放开，实行自由竞争，但对各地分公司的价格仍实行控制。此外美国政府对天然气管网建设十分重视，法律赋予管道公司在私人土地上铺设管线的权利，管道用地可由国家征用，并给予土地所有者相应的补偿，目前美国拥有发达的天然气管网，天然气主干管网分布广泛，错综复杂。北美是世界上天然气管道分布密度最大的地区，约有 210 个管道系统，长度约50 万千米，管道密度达 0.05 千米/平方千米国土。其中，州际管道系统 109 个，约 34.9 万千米，州内管道系统 101 个，约 14.1 万千米。管道天然气流向大概有三个方向：一是由德克萨斯东部、路易斯安那、墨西哥湾流向美国东北部、东南部；二是由加拿大流向美国西部、中西部及东北部市场；三是源于落基山脉地区，流向美国西部和中西部。[①] 2005 年美国政府《国家能源政策法案》中除了期望继续通过促进国内石油、天然气、煤炭和核能源等的生产，减少美国对国外能源的依赖，确保美国未来的能源安全之外，还计

---

① 徐贝妮、张舒婷、王征、曲海潮：《美国天然气行业发展与中国企业的投资机遇》，载《国际石油经济》2012 年第 11 期，第 42-46 页。

划将进口液化天然气作为能源安全措施的重要补充。①

（三）煤炭立法

在有关美国联邦土地上的煤炭资源方面，主要的成文法有
1920年《矿藏土地租赁法》、1976年《联邦煤炭租赁修正案》和
1976年《联邦土地政策和管理法》。依据1920年《矿藏土地租赁
法》，起初，通过"优先权"租约来鼓励在联邦土地上进行煤炭开
发，这些租约可以通过竞标或者非竞标的形式颁发；1976年《联
邦煤炭租赁修正案》对1920年《矿藏土地租赁法》进行了重大修
改，要求只能通过竞标的方式以公平市场价出租联邦土地，同时也
解除了优先权租约和探矿许可。另外，修正案要求使用费不低于
12.5%，以用于环境保护和保证财政收入；1976年《联邦煤炭租
赁修正案》和1976年《联邦土地政策和管理法》的共同目的是建
立统一的联邦土地使用政策，这些法律适用于所有联邦土地的租
赁，以达到在国家利益允许的范围内保护联邦土地的目的。

为了达到通过增加煤的利用来降低对国外石油和天然气依赖的
目的，国会于1974年通过了《能源供应和环境协调法》，授权当
时的联邦能源署对发电厂和"主要的燃烧设备"实行以煤代油或
天然气的计划。1978年的《发电厂和工业燃油利用法》进一步修
改了与煤炭代替相关的立法。但是这些煤炭代替立法基本上是不成
功的，最终也被废止。

涉及采矿安全和健康的联邦立法有：1969年《联邦煤矿健康
和安全法》、1977年《联邦煤矿安全和健康修正案》、1972年《矽
肺病福利法》以及1992年《退休矿工健康福利法》。联邦希望通
过1969年《联邦煤矿健康和安全法》和1972年《矽肺病福利法》
为长期受疾病困扰的矿工提供福利。它们为长期呼吸煤尘而造成矽
肺的矿工建立了补偿体系。鉴于矿工的健康福利缺乏资金支持，国
会通过《1992年退休矿工健康福利法》规定了煤矿公司为这些福
利提供资金的责任。违反《联邦煤矿健康和安全法》的将面临民

---

① 杨翠柏：《国际能源法与国别能源法》（下），四川出版集团巴蜀书社
2009年版，第128-129页。

事和刑事处罚。

在促进土地恢复，消除对环境影响方面，国会颁布了两项法案：一是 1976 年《资源保护和恢复法》，其制定了对弃矿和危险垃圾进行处理的一般标准；二是 1977 年《露天采矿控制和恢复法》，它是联邦关于土地使用最全面的法规，该法要求用于煤矿开采的土地恢复原状。其目的是保证作为对国家能源至为重要的煤炭供应，在实现其经济和社会价值的同时，能够在保护环境和农业生产与满足国家对煤炭需求之间达到平衡。同时，该法的主要立法目的也是力图保证与土地有关的生态系统恢复到开采前的自然状态，从而不对社会公共利益造成损害。该法共 13 章 188 条、703 页，法律规定非常具有操作性。为了贯彻立法目的，该法规定，经批准的采矿区，在开采前必须有一系列详尽的调查记载，包括地质、地形、土壤状况、植被种类密度、野生动物种类密度、地下地上水等。① 以矿业开采前的调查记载为依据，矿业主的开采行为结束以后，必须把采矿后的生态环境恢复到开采前调查记载时的自然状态，以 5 年为一个检验周期，如果不能达到既定的目标，如野生动物种类密度少于原来密度，则需要重新恢复 5 年的治理检验周期，在此期间仍需要交纳相关费用，这一制度还规定了开矿前先交纳履行保证金形式的保障制度。

另外，在清洁空气方面，美国辛辛那提州 1881 年颁布了《烟尘控制法》，美国 1955 年颁布《大气污染控制援助法》，1970 年修订为《清洁空气法》，1990 年出台了《清洁空气法修正案》等法律。其中美国《清洁空气法修正案》是控制燃煤发电厂污染的基本联邦法律，其目的是建立污染排放的标准，授权美国环境保护署建立空气污染源头的质量标准。该法由州和联邦政府共同监管，包括要求发电厂开发和利用新技术以提高环境质量的规定，也要求发电厂进一步降低包括氧化硫在内的污染物的排放量。该法要求将所有人为造成的二氧化硫年度排放量和氮氧化物的年度排放量在

① 李宪文、刘仁芙：《赴美国土地复垦考察报告》，http：//www. zgtdxh. org. cn/pub/clss/exch ange/t20050419_67185. htm，2010 年 3 月 20 日访问。

1980 年的水平上分别减少 1000 万吨和 200 万吨；该法案共列出了
189 种有害大气污染物，美国国家环保局负责对规定的有害大气污
染物制定全国统一的排放标准；除了有害大气污染物之外，该法案
还对主要污染源和小污染源的排放限制原则及具体排放标准制定程
序作出了规定。从 1990 年到 1996 年，美国国家环保局共制定了 47
个类别的污染源有害大气污染物排放标准。① 依据该法案，美国制
订了完整、系统的污染物减排计划。

（四）核能立法

从一开始，联邦政府就对核电的开发、推广和监管发挥了关键
的作用。在 1946 年美国通过了 1946 年《原子能法》，依据该法成
立了原子能署，其目的是监管和控制原子能的军事用途和促进原子
能的商业开发。但是 1946 年《原子能法》不允许私人拥有原子能
设施，仅允许政府拥有核设施和核燃料。1954 年《原子能法》鼓
励原子能商业化开发，并终止了政府对原子能技术应用的垄断，私
人可以通过原子能署的许可而拥有反应堆。该法的目的是，"在国
防和国家安全，以及公众健康和安全允许的范围内鼓励广泛地参与
核能的和平开发和利用"。为了鼓励私有的公用设施公司来开发民
用核技术，1955 年《发电用核反应堆示范计划》颁布，力图通过
竞争的方式由私人企业和政府一起实验五种不同的核反应堆技术。
1957 年，国会又通过了《普莱斯—安德森法案》，其目的是在限定
行业内公司责任的同时，保证在出现核事故时，公众能获得一定的
补偿。《普莱斯—安德森法案》限定了出现核事故时公用设施公司
承担的赔偿责任的上限，并且该法案每 10 年修订一次，以应对现
实情况的变化。2005 年美国《能源政策法》对《普莱斯—安德森
法案》在核事故赔偿机关的扩展、最大援助、部门责任限额、发
生在美国境外的事故、民事处罚等事项上进行了最新修订。

在保证核电安全控制和使用的领域，1978 年出台了《铀矿矿
尾核辐射控制法》，其目的是以安全和环保的方法处置矿尾，解决

---

① 周军英等：《美国大气污染物排放标准体系综述》，载《农村生态环境》
1999 年第 1 期（15 卷），第 55 页。

长期稳定和控制问题，以降低或消除对公众的放射性威胁。1982年出台了《核废料政策法》，它是第一个针对核废料处理的全面计划，它要求能源部对拟处理的核废料采用环保和安全的处理办法。按照该法的要求，能源部部长应提出供选择的核废料处理场地。但是《核废料政策法》选择地点的计划受到了多方面的挑战，于是1987年国会修订了《核废料政策法》，责令仅对尤卡山一处场地进行研究。

2005年美国《能源政策法》除了对《普莱斯—安德森法案》进行修订之外，还规定了"下一代核电厂计划"，明确了核能发展目标，包括开发核能的投资和技术开发，给出了清晰的满足美国未来在能源领域符合多元、可靠、安全、经济、环境的发展目标。该法案对新型反应堆的建设具有广泛的激励作用，它们主要包括[①]：政府对各种新型的没有碳释放的发电厂提供贷款担保；核能生产税的信用对于前6000兆瓦来自于新的先进反应堆将保持在1.8美分/千瓦时电水平，该税的信用与风能是一致的；在美国能源部内部，为核能增加一名新的部长助理职务；批准30亿美元用于核能研发，包括支持试验新的许可证申请与审批程序和利用核能生产氢气（无污染能源）技术的示范项目。

（五）可再生能源立法

美国领土面积广阔、能源储备丰富，但中东石油危机迫使美国政府不得不对美国国家能源安全给予高度重视，主要是采取措施改变能源结构，促使能源供应多元化。联邦政府把发展可再生能源直接纳入国家发展计划，建立了综合的联邦能源计划，来应对当时和今后的能源供应问题，包括研究开发、鼓励私人投资、信息传播和市场激励等措施。

1. 总体上看，美国在开发与利用新能源和可再生能源方面处于世界领先水平。

这与美国国内众多的新能源和可再生能源立法活动有着紧密联

---

① 马成辉：《美国核能政策的分析与借鉴》，载《核安全》2007年第3期，第49页。

系，并且在其新能源和可再生能源立法过程中，美国综合运用了综合性法案、单一法案、专门法案等手段。用于推动单一种类的新能源和可再生能源的专门法案主要包括以下几类①：为开发地热能，美国陆续通过了 1970 年《地热蒸汽法案》、1974 年《地热能研究、开发和示范法案》和 1980 年《地热能法案》；为开发风能，美国 1980 年通过了《风能系统法案》；为开发太阳能，美国陆续通过了 1974 年《太阳能供热和制冷示范法案》、1974 年《太阳能研究、开发和示范法案》、1978 年《太阳能光伏研究、开发和示范法案》、1980 年《太阳能和节能法案》、1980 年《太阳能和节能银行法案》，另外 1990 年《太阳能、风能和地热能发电生产激励法案》对太阳能、风能和地热能发电给予生产激励；为开发海洋能，美国 1980 年通过了《海洋热能转换法案》；为开发生物质能，美国陆续通过了 1976 年《资源节约和回收法案》、1978 年《可再生资源推广法案》、1980 年《林业剩余物利用法案》和 1980 年《生物质能和酒精燃料法案》。单一法案中促进可再生能源发展的手段当属税收，如 2003 年《能源税收激励法案》共分为 8 章，其中第一章为"可再生能源电力生产税收抵免"，第二章为"代用汽车和燃料税收激励"，第三章为"节能和能效税收条款"，第四章为"洁净煤税收激励"。

2. 综合性的能源立法对可再生能源发展也有重要的促进作用。

1978 年《国家能源法案》虽然仅由 5 个法案组成，但内容却涉及节能和能效、新能源和可再生能源、能源税收、石油和天然气等能源的主要领域。1980 年《能源安全法案》则由 7 个重要法案组成：《美国合成燃料公司法案》、《生物质能和酒精燃料法案》、《可再生能源法案》、《太阳能和节能法案》、《太阳能和节能银行法案》、《地热能法案》和《海洋热能转换法案》，其内容与促进可再生能源发展密切有关。1992 年《能源政策法案》中第三、四、五章与替代燃料有关，第六章为"电动汽车"，第十二章为"可再生

---

① ［美］约瑟夫·P. 托梅因、理查德·D. 卡达希：《美国能源法》，万少廷译，法律出版社 2008 年版，第 300-306 页。

能源"。2005 年《能源政策法案》中可再生能源不仅被放在第二章这一突出的位置，篇幅也明显增加，由 4 节共 36 个条款组成，其第七、八、十二、十三、十五、十六等章与新能源和可再生能源也有着紧密的联系。另外，2005 年《能源政策法案》中也规定了一些特殊的条款可以有效促进可再生能源法的发展，依照其第二章第一节第三条"联邦购买要求"规定，总统和能源部长需采取措施，保证可再生能源电力在联邦政府每年的购电量中占有相当的比重，这一比重 2007 财年至 2009 财年不低于 3%，2010 财年至 2012 财年不低于 5%，2013 财年之后不低于 7.5%；其第二章第一节第四条第二款"可再生燃料计划"要求能源部长制定规章，落实不同阶段可再生燃料应在汽车燃料中所占的比重。同时，美国 2005 年《能源政策法案》的一个目标是提高风能、太阳能、地热能和生物质能等各种可再生能源供应技术的竞争力。美国能源部除直接对新能源技术投资研发外，还将与私营企业合作投资，并在基础科学研究和生产方面给予企业税收优惠和贷款担保。2005 年《美国能源法案》还明确提出对可再生能源的支持，即减税 27 亿美元鼓励可再生能源生产，包括风能、生物质能、地热、小水电站、垃圾填埋气利用、垃圾燃烧发电（供热）等；批准发行 8 亿美元减税公债；支持市政能源部门、农村社区等对可再生能源的投资。在未来 10 年内，美国政府将向全国能源企业提供 146 亿美元的减税额度，以鼓励石油、天然气、煤气和电力企业等采取挖潜节能措施大力发展石油替代品。

3. 在具体的可再生能源领域，美国依据不同的情形广泛采取了各种促进发展的手段。

在风力发电领域：美国风电资源十分丰富，陆上风电资源约为 10459 吉瓦，相当于 200 亿桶石油所包含的能量，海上风电资源约为 4150 吉瓦。截至 2012 年，美国风电新增装机容量达到 13124 兆瓦，风电累计装机容量达到 60000 兆瓦，每年的发电量占美国电力消费的 3.5%，可以满足 1500 万美国家庭的正常使用。随着技术进步和规模扩大，美国风电价格已经下降到 5—8 美分/千瓦时，与

火电价格基本齐平。① 美国是现代联网型风电的起源地，同时也是
最早制定鼓励发展风电（包括其他可再生能源发电）法规的国家。
1978 年通过的《公共电力管制政策法》，为风电的市场需求提供了
法律保障。该法鼓励独立、小型发电公司建设和经营热电厂、可再
生能源发电厂，这些发电设施被称为合格发电设施，风电是其中之
一。该法案要求公用电力公司必须以"可避免成本"购买合格发
电设施所发电力。美国联邦政府把确定"可避免成本"的权力下
放给各州政府。包括加州在内的几个州都制定了"可避免成本"
为基础的购电合同。合同期限可以至少 20 年，前 10 年按照固定价
格收购（每千瓦时 11-13 美分），10 年后购电价格转为电力公司的
短期可避免成本。这段时间加州风力发电迅猛发展，该州风力发电
占全国风力发电的 80%，1986 年取消了此优惠政策，发展速度立
即下降；1996 年美国能源部发布"888 号指令"，发电、输电和供
电分离，鼓励竞争。20 世纪 80 年代早期，美国对风电项目实行投
资补贴政策，当时联邦与州政府的投资补贴加起来大约可以达到总
投资的 50%—55%。② 在公共电力管制政策法规定的"可避免成
本"购电合同联合作用下，启动了一批风电项目。而投资补贴政
策促使投资者偏重于获得补贴和安装设备，造成一些项目性能很
差。目前在美国只有少数州还在采用直接投资补贴的政策，以鼓励
投资者提高项目的性能。1992 年，美国通过能源政策法取消了联
邦政府对风电的投资补贴，转而对风电进行生产补贴。法案规定对
风电等可再生能源发电给予 1.5 美分/千瓦时的价格补贴。从项目
投产起补贴 10 年，并随通货膨胀率调整补贴价格。从风电项目的
全经营期核算，相当于降低了 25% 的风电成本。同时，税收优惠
是一个重要的鼓励发展可再生能源的手段，美国实行的可再生能源
（包括风电）生产税收优惠表现为价格补贴的形式，其本意是对可
再生能源税收的返还。

---

① 张芳：《美国风电现状观察》，载《国家电网》2013 年第 3 期。
② 参见《各国政府风电扶持政策和措施》，中国电气传动网：http：//
www.tried.com.cn/xczx_neirong.asp？id=2521，2010 年 5 月 12 日访问。

尽管如此，美国风电面临着入网难的问题，因为"地方割据"是入网难主因。美国的电网系统十分分散，其中 2/3 的输电系统由地区输电组织或独立系统运营商管理，另外 1/3 的电网系统则由更小、更分散的电网组成，这些电网系统之间的联接非常薄弱；风力资源的空间错位对电力资源的长途输送能力提出了很高要求。针对这一困境，美国联邦政府能源部 2005 年出台新的能源法案，提出了"国家利益输电走廊计划"，以解决跨州的区域电力传送，2007 年，划定的"走廊"包括中大西洋地区输电走廊和西南地区输电走廊。同时，在 2008 年之后，美国总统奥巴马力推智能电网工程，以促进电网的统一和智能化，增强电网对于可再生能源电力的调配和吸纳能力。①

太阳能技术开发领域：美国 2005 年《能源政策法案》中对购买和使用太阳能设备给予相关激励措施：到 2007 年将允许为购买商业化太阳能设备提供 30% 的银行贷款，且总额没有限制；对专门用于游泳池设备和淋浴的太阳能热水器提供 30% 的免税政策；私人购买太阳能设备将允许贷款 2000 美元，同时安装太阳能发电系统和热水系统的，可享受贷款额度为 4000 美元。②

为进一步推动生物质能的利用，美国能源部成立了生物质能研发技术咨询委员会和生物质能项目管理办公室，并与美国农业部一起研究制定了《生物质技术路线图—2002》。技术路线图旨在加速美国未来开发生物能和生物产品的能力。该技术路线图的战略目标是：（1）生物质电源。2030 年前，工业部门的生物质消费将以每年 2% 的速度增长。与此同时，用于公共电力的生物质能每十年翻番。生物质能将满足 2010 年全部工业和发电需求的 4%，2020 年达到 5%。（2）来自生物质能运输燃料（包括生物柴油及生物质乙醇）从 2001 年的 0.5% 增加到 2010 年的 4%，2020 年达到 10%，

---

① 张芳：《美国风电现状观察》，载《国家电网》2013 年第 3 期。

② 参见周勇刚：《布什提出美国"阳光计划"，旨在降低太阳能系统成本》，中国经济网：http://intl. ce. cn/sjjj/gat/200609/05/t20060905＿8419951. shtml，2010 年 5 月 12 日访问。

2030 年达到 20%。（3）生物基产品。生物质生产的化学材料 2001 年为 125 亿英镑，占整个化工品产量的 5%，增长到 2010 年的 12%，2020 年的 18%，2030 年达到 25%，整个技术路线图涉及生物燃料、能源和工业产品中一个或更多方面的应用。①

美国一些州也已着手开展可再生能源立法。宾夕法尼亚州已于最近立法，2018 年，该州将有 18% 的能源来自可再生能源；蒙大拿州立法，2010 年该州发电的 10% 来自可再生能源，2015 年时将达到 15%；北达科他州立法要点是：增加风力、乙醇和生物柴油的应用；美国中西部将重点发展基于农业的可再生能源，包括风能、生物质能、生物气体（由粪肥和植物废物发生甲烷）、氢气（由乙醇制氢）和生物柴油，这些立法对促进可再生能源减少温室气体排放积极有效。②

2007 年《能源独立和安全法案》以节能和能效、促进可再生能源利用作为立法重点。该法案共分为 16 章，其中第一章为"通过提高汽车燃料经济性标准实现能源安全"，第二章为"通过增加生物燃料生产实现能源安全"，第三章为"通过提高电器和照明标准实现节能"，第四章为"建筑和工业节能"，第五章为"政府和公共机构节能"，第六章为"加快研究和开发"，第七章为"碳捕获和碳截存"。2007 年《能源独立和安全法案》通过对 1992 年能源政策法、2005 年能源政策法和其他能源法案的修正，将美国节能和能效、可再生能源开发和利用又推向了一个新的高度。为了促进美国的经济复苏和应对气候变化的挑战，2009 年 6 月美国众议院通过了《2009 年美国清洁能源与安全法》。2009 年《美国清洁能源与安全法》清洁能源部分主要涉及综合能效和可再生电力标准、碳捕获与碳封存、清洁交通、州能源和环境发展基金、发展智能电网、输电方案、能源法的技术性修改、清洁能源创新中心、海

---

① 董治堂：《中美能源政策对比研究》，载《经济经纬》2007 年第 1 期，第 63 页。

② 王春阳：《试论我国生物柴油产业发展的法律完善和对策》，中国环境法网：http：//www.riel.whu.edu.cn/，2009 年 10 月 11 日访问。

洋空间方案等内容。《2009 年美国清洁能源与安全法》规定，从 2012 年开始，年发电量在 100 万千瓦时以上的电力供应商每年 6% 的电力供应来自可再生能源，之后逐年增加，到 2020 年达到 20%；2020 年，各州电力供应中 15% 以上必须来自可再生能源，5% 以上来自节能；各州能源办公室应建立能源和环境发展基金，以储存和管理用于可再生能源和能效项目的联邦财政拨款；各州应确立智能电网峰值需求减少目标；设立清洁能源创新中心，通过促进清洁的、可再生能源的商业利用，减少温室气体的排放，来提高本国的经济、环境和能源安全，并确保美国在能源技术方面的领先地位。新能源法的不断颁布及对支持措施的不断出台有力地促进了可再生能源的发展。

第四节　美国能源政策和立法对中国的启示

一、美国能源政策发展对我国的启示

美国是世界上最发达的经济大国，也是世界上最大的能源消费国，美国在能源供应安全保障的过程中采取的应对策略能为我们提供比较好的借鉴经验。

首先，能源安全政策需要能源结构的多元化发展。美国的能源安全保障主要涉及氢、清洁煤、安全的核电、核聚变能、能源效率和可再生能源，其目的是既追求经济的稳定增长，又尽量减少温室气体的排放，有效地缓解了能源供应与环境保护的压力。长期以来，我国能源安全的保障主要采取依靠国内资源的战略，而且煤炭占一次能源的比例长期达到 70% 左右。但是，从现实看煤炭开采的难度越来越大，目前全国尚未利用的精查储量的九成，分布在开发、运输难度很大的中、西部地区；开采和利用煤炭，会带来土地、水资源、大气环境的污染；随着经济结构的改变和人民生活水平的提高，客观上更需要高效、清洁、便利的能源。这些都使得我们在新增一次能源的供应上，要力求多元化。我国《能源中长期发展规划》提出的"加快发展核电、可再生能源和大力发展水电"

能源供应多元化战略内容显然是符合我国目前现实需要的，不仅符合保障能源供应的需要，也是减轻环境污染、实现可持续发展的需要。

　　其次，注重国际能源合作，极力推行能源国际化战略。世界各国在一起构成了一个为了共同利益而结合的团体，这些共同利益的存在使它们之间发生广泛的交往和合作。① 国家彼此之间的这种互相依赖、不可分割性使得国家之间进行合作以谋取自身更好的生存与发展成为了国家战略中的重要手段。现实中，能源部门为国际化和全球化所作的努力，以及各国的相互依存，证明了这样一个道理：单独某一国家，哪怕是大国和经济强国，都不可能独立地保障自己国家的能源安全。② 通过国际能源领域的积极参与和竞争，从而获得在国际能源市场上的规则制定权和主导权是各国在能源国际市场中的重要目标。美国在 1973 年第一次石油危机后积极参与筹建国际能源机构，最终在美国主导下的国际能源署的建立不仅保障了美国的石油安全，同时制定的石油最低保护价政策也促进了美国国内石油产业的持续发展。另外，国际能源协议保障了石油公司在生产、分配、信息中的地位，从而保障了美国石油公司对国际能源机构的影响；国际能源协议中还规定了成员国石油公司在成员国之间相互投资的优惠政策和国民待遇，这一政策对美国石油公司被从欧佩克国家挤出后向西半球产油国的转移和石油供应的多元化也意义重大。③ 另外，由于认识到能源与石油制品在贸易领域中的角色日益重要，进行国家合作寻求能源供给安全对于维护各国国家利益的重要性，美国、加拿大和墨西哥在《北美自由贸易协定》中专门设定了第六章来对国家之间能源与石油制品贸易行为进行了专门规范，规定了基本原则、相关税制、进出口的具体行为限制措施及

　　① ［英］詹宁斯瓦茨：《奥本海国际法》，王铁崖等译，中国大百科全书出版社 1995 年版，第 6 页。
　　② ［俄］C·З. 日兹宁著：《俄罗斯能源外交》，王海运、石泽译，人民出版社 2006 年版，第 14 页。
　　③ 王安建、王高尚等著：《能源与国家经济发展》，地质出版社 2008 年版，第 192 页。

国家可以采取的安全措施等内容。① 随着全球一体化趋势的进一步发展，每个国家在能源发展方面与世界联系都日益紧密。国内的能源发展在满足了本国经济社会发展需求的同时，对于世界能源供应市场的稳定及促进世界经济的稳定发展也起着积极的作用。任何国家的能源供给问题已经不仅仅是单纯的国内问题，也是全球性问题，而且绝大多数国家都不可能离开国际合作而获得能源供给的安全保障。在今后相当长一段时间内，大力开展能源外交，进行能源供应国际合作以谋求能源供应国和供应渠道多元化，确保本国的经济稳定发展仍将是我国能源安全供应立法着重考虑的一个基本策略。

二、美国能源立法对我国的启示

美国能源立法的一项经验是，其较为完备的能源立法体系是实现国家能源安全目标的重要保障。能源安全的保障机制的构建需要多方面的因素，它涉及经济政策、资金机制、科技与教育、人口与社会保障、环境保护与自然资源保护等诸多方面的综合战略。同时，也是人类发展模式的一次历史性转变，它涉及人类生产方式、消费方式乃至思维方式和处世方式的重大突破。② 但是，如果"没有明确的思想观念和价值观念为这场运动指明方向，这一运动将不能持久统一地开展；没有可靠的行为规范和行动准则为这场运动提供保证，这一运动将不能有效地开展；而法律因其自身具有的规范性和强制性的特点，很自然地为这场运动提供了导向和支撑"。③ 企图通过法律进行社会变革是现代世界的一个基本特点④，1992 年《联合国 21 世纪议程》明确指出："为了有效地将环境与发展纳入

---

① Richard L. Ottinger, Nicholas Robinson, Victor Tafur, *Compendium of Sustainable Energy Laws*, Cambridge University Press, 2005, pp. 219-221.

② 王利：《谈我国可持续发展意识完善的必要性及策略》，载《公民与法》2009 年第 5 期，第 47 页。

③ 尹继左：《可持续发展战略》，上海人民出版社 1998 年版，第 186 页。

④ ［美］劳伦斯·M. 弗里德曼著：《法律制度：从社会科学角度观察》，李琼英、林欣译，中国政法大学出版社 1994 年版，第 323 页。

每个国家的政策和实践中，必须发展和执行综合的、可实施的、有效的并且是建立在周全的社会、生活、经济和科学原理基础上的法律和法规。"① 显然，考虑到法律特有的规范性与强制性对于社会主体行为的重要影响，法律已经成为现代社会经济、政治、文化发展和社会全面进步所必不可少的因素。因此，作为规范能源经济关系和社会关系的基础性行为准则，能源安全立法保障制度的构建有助于明确国家能源发展的总体战略，有助于确立能源产业发展的方针、目标和措施，有助于明确能源市场的准入、价格、储备、投资等基本行为规范，在各国能源安全保障策略实践中能源立法的基础保障作用一直都被强调，并已经得到国际层面上的公认。在美国，能源法是一个综合性、完备性的法律体系，其构成和形式主要是普通法判例、美国宪法的若干条款（如影响美国能源监管权的宪法原则中的贸易条款、最高条款和征用条款）、联邦和各州相关的成文法（既有综合性的国家能源法或能源政策法，也有调整煤炭、电力、石油、天然气和原子能的单行法，同时也有与环境、资源等法律相协调的法律规范）、美国各能源监管部门经国会授权所颁布的行政法令以及基于这些行政法令所进行的诉讼而发展起来的美国法院判例。相比美国的能源立法，我国能源立法历史较短，大致开始于 20 世纪 80 年代初期。

目前，我国现行的能源法体系中还没有能源基本法，我国能源法体系也很不完整。中国目前能源法构成和形式主要是《煤炭法》、《电力法》、《节约能源法》、《可再生能源法》四部能源单行法律，石油、天然气、原子能等主要领域的能源单行法律缺位，同时也缺少能源公用事业法。另外，中国目前的能源具体领域立法的内容相对简单，涉及领域不全面。总体上看，我国目前的能源法体系是在计划经济的时代形成的，现阶段正处于全面修订、制定和完善的重要时期。如何将社会主义市场经济或更长远的国民经济和社会发展目标融入能源法的立法，并使我国的能源法体系与世界贸易

①　联合国环境与发展大会：《21 世纪议程》，中国环境科学出版社 1993 年版，第 61 页。

一体化、国际政治的新的地缘格局相兼容，是我国能源立法所面临的时代的、全新的挑战。学习外国和国际能源立法的趋势、能源可持续管理的制度和政策、能源立法等先进经验，分析比较可以"洋为中用"的最佳立法和制度实践，实现与完善我国能源法律制度体系和立法体系的目标是我们刻不容缓的任务。

第 五 章

德国能源政策与立法概论

第一节　德国的能源情况与能源问题

德国是高度发达的工业化国家，经济实力位居欧洲首位，在国际上是仅次于美国和日本的第三经济强国、位于美国之后的第二大贸易国。德国经济具有明显的外向型特征，多年来，对外贸易一直起着德国经济发动机的作用，其增长速度明显高于国民经济的总体增速。德国劳动力成本较高，自然资源也较贫乏，其出口竞争优势主要在于品质精良、技术先进、服务周到和讲求诚信等方面。德国一半以上的对外贸易是与欧盟国家进行的。除欧盟外，美国、瑞士、中国和日本是德国最重要的贸易伙伴。

一、德国能源基本情况

德国属于自然资源相对贫乏的国家。在矿藏资源上，除硬煤、褐煤、钾盐的储量比较丰富外，仅有少量的铁、石油、天然气等。硬煤的探明储量为 2300 亿吨，可开采储量为 250 亿吨；褐煤的探明储量为 760 亿吨，可开采储量约 400 亿吨；其他矿藏的探明储量为：钾盐约 130 亿吨，铁矿石 16 亿吨，石油 9000 万吨，天然气 3000 亿立方米—4000 亿立方米。东南部有少量铀矿，矿产主要靠进口。褐煤是德国采矿工业中最大的一个工业部门，褐煤矿主要分布在莱茵兰勃兰登堡州南部和萨克森州。德国是世界上继美国、中国、俄罗斯和日本之后的第五大能源消费国。其自然资源相对贫乏，除拥有较为丰富的煤炭储量外，其石油、天然气资源相对贫乏，大部分依赖进口。[①]

（一）煤炭

德国拥有较为丰富的煤炭资源，集中分布在鲁尔区、莱茵区和西南部的萨尔区。煤炭是德国唯一不依赖进口的能源，其在能源消费结构中的比重超过一般发达国家。至 2011 年底德国的煤炭探明储量总计为 406.99 亿吨，占世界总量的 4.7%，其中包括无烟煤和烟煤 0.99 亿吨。德国煤炭工业有着悠久的历史，煤炭的大力开发和综合利用，是产业革命时期德国迅速成为世界工业强国和"二战"后德国经济恢复的重要原因之一。20 世纪 60 年代后期，世界能源结构发生变化，石油、核能、风能、水力等能源比重的增加导致煤矿大量关闭，在不到 10 年的时间内，德国的煤矿从 7 个煤业集团的 52 个煤矿减少到 3 个煤业集团的 31 个煤矿。尽管在此期间出现过社会不稳定、中东战争带来的能源危机和石油危机等情况，联邦政府重新对煤矿开采进行考虑，但由于负面效应的时间短暂，煤矿矿业的这种衰退趋势并未减弱。至 20 世纪 90 年代，德国只剩下 2 个煤业集团 17 个煤矿。进入 21 世纪后，德国仅剩 1 家煤业集团 10 个煤矿。出现这种现象最根本的原因是由于德国煤炭的开采成本太高。联邦政府对职业健康和环保方面有着极其严格的法律规定，矿井降温和塌陷区治理必须达到应有的标准，加上人力资源的紧张，导致德国煤炭价格高出国际价格 3 倍以上。尽管联邦政府对差额部分给予补贴，但这种补贴正在逐年减少。因此，从市场角度去

[①] http://euro.icxo.com/htmlnews/2006/04/10/833951.htm，世界经济人主页，2012-5-22 访问。

分析，德国煤炭开采业逐步衰退是不可避免的。①

尽管如此，德国仍不放弃煤炭开采业，其根本原因与国家安全战略有关。德国属于能源紧张的国家，能源主要依赖进口。德国石油短缺、风力有限、太阳能贫乏，核能的发展也受到诸多限制。如果没有煤炭的开采，德国几乎会成为一个完全依赖能源进口的国家，这对一个高度发达的工业国家显然是不利的。因此，德国政府仍然支持煤炭工业，目前仅存的鲁尔烟煤集团，其触角已伸向全球各个角落，成为全球第五大煤业集团。该集团通过对世界其他国家采矿业的参股控股，清楚全球煤炭的供求关系和价格走势，保证本国的能源需求和足够的能源储备。2011 年德国煤炭生产量和消费量分别为 77.6 百万吨油当量和 44.6 百万吨油当量，德国还从国外进口煤炭以满足国内煤炭需求，进口煤炭的主要地区是波兰、南非、俄罗斯等国。

（二）石油

德国是世界第七大石油消费国和世界最大的石油进口国之一，其超过 90% 的石油消费依赖进口，进口石油主要来自俄罗斯、挪威、英国等国家。2011 年，德国的石油消费量为 2362 千桶/日，占世界总量的 2.7%。德国国内储量有限，大部分位于德国北部和东北部。

（三）天然气

德国天然气行业的发展始于 20 世纪 60 年代初，当时西德天然气生产的数量极为有限，难以满足日益增长的需求。于是，西德从 1963 年开始从荷兰进口天然气。但是由于进口气源单一，到 1965 年，西德天然气消费仅为 20 亿立方米，仅占全国一次能源消费总量的 1%。20 世纪 70 年代初期，俄罗斯和挪威的天然气先后开始进入西德市场，可供天然气数量随之迅速上升。东德的天然气行业起步于 20 世纪 60 年代末，当时，其天然气生产和消费数量微乎其微，城市居民和公用设施都以使用煤气为主。这一阶段，德国的天

---

① 邓江波：《德国的能源战略及煤炭产业的基本走势》，载《江苏煤炭》2004 年第 1 期。

然气工业分别处于成长期和起步期。

从 1990 年东西德统一到目前为止，德国天然气管网设施建设蓬勃发展，天然气置换煤制气的过程迅速推进，整个行业在经历了高速成长期和成型期后成功迈入了气源多元化、行业参与者众多、基础设施完善、市场消费需求稳定、天然气供应充足的成熟期。[①]

德国是世界最大的天然气消费国之一。2011 年德国生产天然气 100 亿立方米，消费天然气 725 亿立方米，可见大部分的天然气依赖进口。随着天然气消费量的增加和国内气田可采储量的减少，为保障供应安全，德国多家大型生产和进口公司与国外主要天然气生产公司分别签订长期"照付不议"合同，为未来稳定供气提供有力保障。

（四）核电

从 20 世纪 60 年代起，经过几十年的发展，德国的核电能力逐步形成并且占据了举足轻重的地位，其在德国的总发电量中所占比重为 30% 左右，仅次于煤炭。其核电技术也比较先进。2004 年，德国核能发电 1670.65 亿度，发电量居世界第四，仅次于美国、法国和日本。至 2010 年，德国核电生产占电力供应的 24.5%，规模为 133 太瓦/小时。1998 年随着绿色政党加入执政联盟以后，大力主张废弃核电，德国的核电厂将逐渐被淘汰。[②] 至 2012 年 6 月 1 日，德国仅有 9 家连接电网的核电站。

在电力生产上，德国总的发电量在逐渐增加，目前仍是以常规热能发电为主，其次是核能发电，水电和其他可再生能源发电量较少。根据发展趋势，太阳能、风能等其他可再生能源发电量增速较快。

（五）可再生能源

德国十分重视可再生能源的开发和利用，在风力发电总装机能

① 李晓东：《德国天然气行业发展现状及对我国的启示》，载《国际石油经济》2005 年第 3 期。

② 参见：http://biz.163.com/06/0128/23/28JCT9R700020QFA_2.html，网易商业频道，2012-5-22 访问。

力、光伏发电能力以及累计总装机能力方面处于全球领先，德国的
太阳能利用设施在欧洲规模最大、增长最快，生物柴油生产居欧洲
领先地位。

在过去十年中，德国的可再生能源消费量，从 2001 年的 3.6
百万吨油当量增长到 2011 年的 23.2 百万吨油当量；德国的生物燃
料产量，从 2001 年的 237 千吨油当量增长到 2011 年的 2839 千吨
油当量。德国可再生能源在能源供应中的比例也呈现上升趋势，总
供应比例从 1990 年的 1.9% 增长为 2000 年的 3.9%、2011 年的
12.5%；其在电力生产中的供应比例从 1990 年的 3.1% 增长为
2000 年的 6.8%、2011 年的 20.3%，在供热上的供应比例从 1990
年的 2.1% 增长为 2000 年的 3.9%、2011 年的 11.3%，在燃油上的
供应比例从 1990 年的空白增长为 2000 年的 0.4%、2011 年的
12.5%。① 根据《可再生能源优先法》和一系列相关政策，德国计
划到 2020 年，可再生能源发电量能占到总发电量的 20%。

二、德国能源结构的演变

德国能源结构的变化可分为两个阶段：（1）从"以煤为主"
到"以油为主"。由于煤炭储量的丰富，德国早期的能源供给以燃
煤为主。煤炭的大力开发和综合利用，是产业革命时期德国迅速成
为世界工业强国的重要原因之一。1955 年，硬煤占当时德国全部
能源消耗的 75%。随着煤炭开采成本的逐渐提高和环境保护标准
的日益严格，燃煤在德国能源消费结构比例上已经明显降低。在西
德"经济腾飞"的过程中，其能源总消耗量大大增长，石油的比
例大幅提高，曾达到 50% 以上。② （2）实行能源结构多样化。
1973 年"石油危机"所导致的原油价格的飙升，无异于给依赖进

---

① Federal Ministry for the Environment, Nature Conservation and Nuclear Safety
德国环境自然保护与核能安全部 2012 年 7 月发布，*Nature Conservation and Nuclear
Safety*：*Renewable Energy Sources in Figures*：*National and International Development*，
第 15 页，下载网址 https://secure.bmu.de/en/service/publications/#c8386.

② 徐纪贵：《德国能源政策浅析》，载《德国研究》2003 年第 3 期。

口石油的西德经济敲响了警钟。西德政府努力进行结构调整，尽量降低能耗，鼓励开发和使用水能、风能、太阳能及生物能等可再生能源，减轻对进口石油的依赖程度，同时扩大进口渠道，实行多来源进口。

目前，德国的能源消费结构以石油、天然气为主，占消费结构的 1/2 以上。煤炭仍占据一定的比例，超过发达国家的平均比重。从近年的趋势上看，煤炭和核能在德国能源结构中的比重逐步下降，天然气和可再生能源的使用比例逐年提高。

三、德国能源效率与各产业能耗

德国政府一直比较重视能源效率的提高，并取得了较大的成果。自 20 世纪 90 年代以来德国经济年均增长 1.7%，但能源消耗保持基本稳定并略有下降。德国在 20 世纪 70、80 年代能源消费逐年增加，在 1988 年达到顶点，为 366.3 吨油当量，之后开始下降，2005 年为 346.8 吨油当量，降幅为 5.3%。

目前，德国的能源效率在世界上居领先地位，单位 GDP 能耗大幅低于世界平均水平，和节能技术最先进的日本尚有差距，见表5-1。

表5-1   德国与其他主要国家能耗变化（1973—2010）

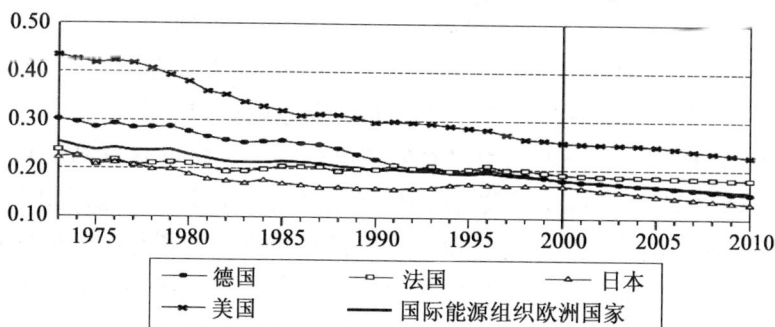

在德国各行业的能源消费中，居民用能所占比例最大，约为 1/3，其次是交通运输部门和工业部门。其中，煤炭主要用于工业生产，石油产品主要用于交通部门，天然气主要用于居民用气和工

业用气。

四、德国面临的能源问题

（一）大部分能源依赖进口

德国是世界上继美国、中国、俄罗斯和日本之后的第五大能源消费国，2/3 左右的能源依赖进口。德国进口的一次能源产品主要是石油、天然气和烟煤。有关统计资料显示，德国所需原油 95%以上，天然气将近 80%，烟煤将近 60% 来自国外。只有褐煤和可再生能源几乎 100% 在本国境内，不过这几类能源加上核能，在总消耗量中不足 27%。过度依赖进口、能源自给率不足无疑对德国能源消费和国民经济构成了潜在的威胁。[①]

（二）陷入政治争斗中的核能

在 1960 年西德第一座原子能发电装置投入使用以前，德国的火力发电主要是以煤炭为燃料。经过二三十年的发展，德国的核电能力逐步形成并且占据了举足轻重的地位，其在德国的总发电量中所占比重仅次于煤炭。德国的核电技术也比较先进。

近年来，核能一直是德国国内政治的一个中心议题。1998 年，德国绿党与社民党签署了联合执政协议，组成了德国历史上第一个全国性"红绿联盟"政府，绿党因此成为德国的执政党。绿党上台后，提出了一系列环保政策，其中重要的一点即为关闭核电站。分阶段取消核能之运用甚至明确地写进了联合执政协议中。[②] 2000年 6 月 14 日，政府和核电企业双方达成原则协议，要"有秩序地结束利用核能"，限期利用仅有的核电站，不再批准建立新的核电站；到 2021 年基本关闭仅有的 19 座核电站。2002 年，德国制定了《有序结束利用核能进行行业性生产的电能法》，将上述目标通过立法的形式确定。到 2012 年德国已关闭了 10 家核电站，剩下 9 家核电站仍在运行，核能发电量占 24%。

---

① 徐纪贵：《德国能源政策浅析》，载《德国研究》2003 年第 3 期。

② 沈素红，邢来顺：《20 世纪 80 年代以来德国绿党对德国政治的影响析论》，载《长江论坛》2006 年第 4 期。

取消核能的政策一直受到其他政治团体的反对和一部分民众的质疑，他们认为在新能源尚未成熟之前，不应放弃核能。在联合执政期间，德国经济发展情况的不利更加重了反对的声音。在 2005 年德国大选中，社民党和绿党的执政联盟由于经济政策不得人心，丧失了多数议席。施罗德政府也随之下台。新执政的默克尔政府对关闭核电站持保留态度。近年来，由于石油天然气价格猛涨以及传统燃料造成的环境污染问题，德国政界和工业界之间爆发了新一轮的关于核能政策的争论，甚至主张反思现行的能源政策。①

在 2007 年最新出版的《IEA 国家能源政策——德国评论》中，国际能源署（IEA）也指出，放弃发展核电将会影响德国的能源安全、经济效率和环境可持续发展：（1）能源供应投资中取消核能将会减弱供应多样性、增加能源进口依赖（尤其是天然气）；（2）在核能有效使用期内关闭核反应堆将会影响经济效率，而且不可避免地要增加新发电类型的短期投资；（3）在环境方面，核电不排放温室气体，有助于温室气体的减排。虽然通过增加可再生能源份额和提高能源效率等途径在一定程度上弥补了一些差距，但是对碳排放燃料的依赖程度会更大。毋庸置疑，核电淘汰政策将限制德国减少温室气体排放的整体发展潜力。因此，IEA 呼吁德国政府重新考虑逐步淘汰核电的决议。② 这表明，核能在德国的命运仍难下定论。

（三）发电厂老化亟待改造

德国的多数发电厂已投入运行 25 年以上，个别设备已逾 50 年。今后 15 年间，必须陆续进行电厂改造和电网更新，需要大量的投资。③

（四）可再生能源的利用有待提高

尽管德国十分重视开发使用可再生能源，也取得了显著的成

---

① Stefan Nicola：*Germany Now Has Two Energy Plans*，Berlin（UPI）Jun 30，2006.

② Energy Policies of IEA Countries：Germany 2007 Review，IEA／OECD Pairs，2007.

③ 《德国能源消耗现状、长期目标及前景》，http：//www. tpbjc. gov. cn/Article_Show. asp？ArticleID=21448，2008 年 1 月 21 日访问。

效，如可再生能源发电量的逐年增加；政府也制订了相应的目标，计划至 2020 年，可再生能源在整个初级能源供应中的比例至少达到 10%，在电力供应中的比重至少达到 20%。但从总体上看，可再生能源的发展现状距德国政府的目标还有一段距离。

究其原因，主要在于：（1）虽然意见调查表明一般公众对可再生能源的态度非常积极和支持，但这种态度似乎含有一种"别在我家后院"即"Not-In-My-Back-Yard"的成分在内，特别是地方上对风能项目的抵抗活动，反对的理由包括对景观视觉上的破坏、土地价值贬低、辐射引起的健康问题、对当地旅游业的负面影响等。除此之外，由于绿色电力的价格相对较高，在自由化市场上消费者不太愿意接受绿色电力供应商。（2）德国传统煤炭产业的强大影响。煤炭业曾经在 2003 年修改《德国可再生能源法》时与风能行业展开了激烈斗争，时任总理施罗德最后保证给硬煤采煤行业在 2006—2012 年再补助共计 170 亿欧元，如此才通过法案；（3）德国进一步发展可再生能源的另一个问题是其天然气采购政策。德国与最大天然气供应商的供应合同直到 2011 年才中止，有些合同甚至签至 2030 年。大多数合同都有所谓的"照付不议（take or pay）"的条件。尽管天然气行业和可再生能源行业（尤其在供热市场上）有一定的共同利益，但超量的天然气还是会造成一些优先领域的冲突，减缓可再生能源在电力市场的进军步伐。① 以上情况表明，德国发展可再生能源还面临着一些阻碍，其力度还有待进一步加强。

第二节　德国能源政策的演变和发展

一、德国能源政策的演变

（一）石油危机前的能源政策

在 20 世纪 70 年代石油危机前，德国并未形成整体性的能源

---

① Mischa Bechberger, Danyel Reich：《德国推进可再生能源良治研究》，载《环境科学研究》2006 年专刊。

战略，也没有明确提出能源目标。"二战"后，德国依赖其传统的煤炭资源作为主要能源来源，实现经济复兴。1955年，硬煤占当时德国全部能源消耗的75%。随着煤炭开采成本的逐渐提高和环境保护标准的日益严格，燃煤在德国能源消费结构比例上已经明显降低，石油的比重逐步上升。在德国"经济腾飞"的过程中，其能源总消耗量大大增长，石油的比例大幅提高，曾达到50%以上。

（二）石油危机后的能源政策

20世纪70年代的两次石油危机给德国带来了很大的冲击。德国政府从第一次石油危机以来，逐步调整能源政策，包括：（1）确保能源来源的多样性。德国政府在正确评价与合理利用本国能源资源的基础上，一方面通过提高燃油税鼓励居民和企业节约使用能源，另一方面加速研究开发石油替代能源，降低石油在能源结构中的比重，实施可持续发展能源战略。（2）大力发展可再生能源。通过提供国家补贴和低息贷款的方式，德政府鼓励开发和使用风能、太阳能及生物能等可再生能源，注重利用风能调整能源产业；（3）建立多元化的能源进口渠道，以减少和分散风险，逐步降低对中东地区和欧佩克成员国的石油进口依赖。自第一次石油危机爆发以来，德国就开始减少从中东地区和欧佩克成员国的石油进口。目前，德国从俄罗斯、挪威、利比亚、英国、哈萨克斯坦等26个国家进口石油。（4）建立并完善石油战略储备和应急机制。巨大的石油消费和进口需求，以及20世纪发生的几次国际石油危机，使德国长期以来高度重视石油战略储备。经过近40年的发展，德国建立了一套既经济又高效的石油战略储备和应急机制，维持战略石油储备成为德国最基本的能源政策之一。

从历史的角度看，德国的能源政策与以国有化为特征的集中化能源政策有所不同。[1] 德国政府在20世纪80年代出售了其在VEBA（费巴）和VZAG（维尔格）两大企业的股份之后，政府在

---

[1]　Hardach. D, *The Political Economy of Germany in the Twentieth Century*, University of California Press，1980.

能源工业中的所有权被彻底剥离。因此，德国的能源政策明显倾向
于对市场机制的依赖，政府与能源生产者（包括技术装备厂商）
间长期建立的一致意见对德国能源政策起到实际上的指导作用。这
就为迈入21世纪后德国"能源峰会"的召开提供了条件。

（三）"能源峰会"后的能源战略

2000年，德国举行了"能源对话"，以论坛的形式，将政府、
企业、工会、环保组织的代表聚在一起，共同对德国能源供应和能
源政策的相关问题进行探讨，主要议题包括：缓解气候变化；提高
能源效率；国内煤炭的继续使用；在能源自由市场中创造更多竞
争；促进可再生能源；逐步淘汰核能；等等。会议结论以《能源
政策指南——2000年能源峰会结论》的名称出版。

该次能源对话提出，"能源安全"、"经济效率"和"环境可兼
容"是德国能源政策的三大目标，在该共识的基础上，德国联邦
经济与技术部于2001年11月发布了《满足未来需求的可持续能源
政策》报告。该报告详细阐述了德国的能源政策，明确提出了德
国能源政策的"3E"目标："供应安全"（energy security）、"经济
效率"（economic efficiency）和"环境可持续"（environmental
sustainability）。这表示德国正式确立其国家能源战略，其核心思想
是"可持续性"，并在2002年德国公布的《可持续发展的国家战
略》中重申和强调。①

随着近年来世界能源形势的巨大变化，德国政府非常注重保持
能源政策的更新。2006年4月3日和10月9日，德国总理默克尔
在总理府两次召开所谓"能源峰会"，政府首脑、工业界代表、交
通联盟、研究机构、环境组织等聚集一堂，讨论德国未来的能源政
策。峰会的核心内容是分析和预测德国2020年前的能源使用走向。
2007年5月，第三次能源峰会在柏林举行。

第一次能源峰会旨在就制定新的到2020年的国家能源政策征
求各方意见。其主要成果是：（1）德国能源工业界承诺，至2012

---

① Energy Policies of IEA Countries：Germany 2007 Review，IEA /OECD Pairs，
2007.

年，将300亿欧元投入修建发电站及扩建输电网，同时，将330亿至400亿欧元投入发展可再生能源发电；（2）政府将大幅增加能源研究经费。至2009年，将20亿欧元投入发展新能源技术。这项投入比以前增加了30%。同时，这次峰会决定组成3个工作组，分别就减少能源的进口依赖性、能源安全与电价、能源效率与技术创新等重点问题进行研究，为以后的峰会做准备。

第二次能源峰会的中心议题是：着眼于2007年德国出任欧盟轮值主席国讨论国际能源政策和制订提高能效的行动计划。与会者就国际能源政策达成三点共识：（1）稳定可靠、经济和环境友好的能源供应，必将成为国际合作中日益重要的内容。要继续加强重要能源消费国、能源输送过境国和能源生产国之间的对话，构建适应市场机制的能源进口的稳定框架。此外，还要致力于实现能源品种、供应来源和供应路径的多样化；（2）完善欧盟内部市场，扩建跨越国界的能源供应管线；（3）对全球气候变化问题必须找到一个全球性的解决方案。所有对全球气候变化有着重大影响的国家，包括美国和那些正在向发达国家迈进的国家，都必须承担相应的义务。目标就是将全球气温升高限制在气候可以承受的水平以内。德国总理宣布，在欧盟轮值主席国任期和8国峰会框架内，德国将致力于在全球范围内进一步提高能源使用效率，谋求达成一项包括所有温室气体排放大国在内的2012年以后的国际气候保护协议。

在能源峰会上，德国总理默克尔公布了一项旨在提高能源使用效率的能源行动计划。根据这一计划，到2020年，德国在保持经济增长的同时，将其初级能源需求减少20%。同时，2020年德国能源生产将比1990年提高一倍，另外，与2005年相比，德国2020年的电力消耗要减少近10%，建筑供暖需求将减少近20%；单位能耗创造的国内生产总值比1990年提高一倍，即单位能耗降低一半。这些目标同"3E"战略的结合，无疑为德国未来的能源政策指明了方向。

二、德国主要的能源政策

在"供应安全"、"经济效率"和"环境可持续"即"3E"目标的指导下，德国采取了一系列的能源政策，以保障能源战略的实现。具体包括：能源进口政策、能源储备政策、能源开发政策、能源节约政策等。

（一）能源进口多元化政策

石油危机之后，德国开始谋求建立多元化的能源进口渠道，以减少和分散风险，实现能源安全。首先，逐步降低对中东地区和欧佩克成员国的石油进口依赖。自第一次石油危机爆发以来，德国就开始减少从中东地区和欧佩克成员国的石油进口。1980年，德国进口石油的62%来自中东地区。目前，德国从俄罗斯、挪威、利比亚、英国、哈萨克斯坦等26个国家进口石油。其次，推行海上运输与管道输送并重，减少供应风险的政策。德国十分重视石油运输的安全。早在20世纪50年代，德国就开始建设连接地中海及北海港口至德国南部和莱茵——鲁尔区的输油管道，迄今已建成了7条长度达3250公里的输油管道。目前，德国正在与俄罗斯商谈合建一条跨波罗的海的输油管道，该管道拟从俄罗斯西北部的维堡港口经波罗的海直通德国。

经过长期努力，德国已基本实现了能源进口的多样化，德国石油进口政策调整的轨迹可以概括为：来自非洲和近东的原油大大减少而来自前苏联国家和挪威的则大大增加。[①]

（二）能源储备义务政策

维持战略石油储备是德国基本的能源政策之一。1965年，德国颁布《矿物油产品最低储备法案》，要求各石油公司（主要指炼油公司和石油进口公司）建立必要的储备，自己负责采购所需储备油和修建储备设施。法律颁布后，石油公司开始逐渐建立储备，德国的战略石油储备开始建立起来。

但不久石油公司就提出了意见，认为这一储备义务扭曲了公司

---

① 徐纪贵：《德国能源政策浅析》，载《德国研究》2003年第3期。

间的竞争关系，尤其是大公司和小公司之间的关系。小公司没有资金投资于储备，只能靠借贷，这样，储备的义务实际上对大公司和小公司是不平等的。对此，石油公司多次向法院提出诉讼。在法院判决前，大石油公司与小石油公司通过谈判，创造了一种大家均能接受并且不扭曲竞争关系的一种关系。这就是德国现行的做法：建立石油储备联盟（EBV）。从性质上来看，EBV 是一个公共法实体，由它来负责建立和管理应急储备。1978 年，德国颁布《石油及石油制品储备法》，对这一制度予以了确认。①

从总体上看，德国的石油储备是一种政府/石油业界联合储备的做法。各石油公司不管是否愿意，均必须自动成为石油储备联盟的成员，必须按其规模缴纳会费，具体由征税机关监督公司是否履行了向石油储备联盟缴纳会费的义务。利用这种机制，把所有的石油公司聚集在一起，按比例共同承担储备义务。在储备方式上，石油储备联盟储备石油中的 90% 为自有储备，10% 为委托储备，即通过公开招标选择伙伴代为储存。原油储备方式以地下岩洞为主，成品油则以地面油罐储存居多。此外，德国与比利时、法国、意大利、卢森堡和荷兰等国签订了石油储备互助协议，石油储备联盟也可租用这些国家的储备设施。

在储备分布上，德国石油储备分布遵循地区平衡和经济与安全两项原则。为此，石油储备联盟将全德国分成东部、北部、西北部、西南部和南部 5 大供应区，按区设立相应的储油库，每个供应区的储量必须保证该区 15 天以上的供给。在此基础上，石油储备联盟将大部分储备尤其是原油储备存放在北德地区的岩洞里，因为利用地下岩洞储备石油成本低，保存时间长，且大部分岩洞与输油管道连接，便于运输。

（三）积极开发可再生能源和新能源政策

为保护环境、遏制全球变暖并保证能源供应安全，德国政府制订了到 2010 年使可再生能源在能源供应总量中翻一番的目标。

---

① 张迎新：《德国石油储备制度及其建立石油储备的经验》，载《国土资源情报》2003 年第 1 期。

这一目标是与德国在《联合国气候变化框架公约京都议定书》"减少温室气体排放的承诺以及德国政府到 2005 年将二氧化碳排放较 1990 年减少 25%"的目标紧密联系在一起的①。为实现这一目标，必须充分大力发展可再生能源。在德国，传统大型水力发电占可再生能源利用的很大比例，但由于地理原因，水力发电的潜力已基本被挖净。为此，德国以政府推动与市场引导相结合的原则，十分重视发展风能、太阳能、生物质能、小水电等新能源。

德国在可再生能源开发上采取了两方面的政策措施。

1. 立法支持。德国一贯重视从宏观规划和立法上对可再生能源发展给予大力支持，德国对可再生能源行业的政策支持始于 1974 年，最初主要集中在小型风机上。1991 年的《电力输送法》即对可再生能源发电提供严格立法支持。2000 年 3 月 29 日颁布的《可再生能源优先法》，以及 2004 年 8 月 1 日颁布的《可再生能源法修订案》，是德国快速发展可再生能源最有力的保证，搭建了发展可再生能源所必需的法律框架及政策平台。

2. 经济激励。建立在市场行为修正基础上的激励机制是商业化发展可再生能源的必要条件。为此，德国政府运用财政支出、融资支持、税收优惠、价格补贴、消费鼓励等经济杠杆，引导和扶持民间企业对国家可再生能源基础设施的投资、可再生能源技术的应用和开发，极大地促进了国家可再生能源技术的普及推广。

具体而言，为开发利用太阳能，1998 年德国政府提出用 6 年时间投资 9 亿马克，启动了《10 万太阳能屋顶计划》，在一些住宅区安装 10 万套光电设备，通过优惠的贷款措施支持光电转换装置的安装和扩建，发展太阳能。《10 万太阳能屋顶计划》进展顺利，到 2003 年底，德国太阳能电池板的安装总功率已达 350 兆瓦，较好地促进了德国太阳能产业的发展。另外，德国政府为促进可再生

---

① 删著：《国外部分国家可再生能源政策及对我们的启示》，载《中国能源》2000 年第 6 期。

能源的应用，实施了"市场激励计划"，仅 2005 年联邦预算就拨款 1.9 亿欧元推行该计划。从 1999 年 9 月至 2005 年 12 月共有 5.88 亿欧元用于补贴，并由此带动了总计 42 亿欧元的投资规模，使得相关的工业、手工业和贸易都有很大的发展。德国政府从长远出发，还制订了促进可再生能源开发的"未来投资计划"，每年投入 6000 多万欧元，用于开发可再生能源。此外，德国政府、各联邦州都推行了各种新的激励措施，通过资助、税收刺激或软性贷款等方式对可再生能源发电的投资予以鼓励，推进可再生能源的应用和发展。除了已经顺利实施的"10 万户太阳能电力计划"外，还有"2004—2008 光伏发电研究计划"；以及用于学校的"学校可再生热能应用计划"；用于私人、企业、协会贷款（最高 5 万欧元）的"太阳能发电计划"；用于科研单位、高校、企业资助（科研单位、高校 100% 资助科研费用，企业 50% 资助科研费用）的"风能发电研发计划"，等等。全面的激励措施。[1]

（四）能源节约政策

德国政府非常重视能源节约，提出了高于《京都议定书》和欧盟要求的节能减排目标，到 2020 年能源利用率比 2006 年提高 20%。为实现这个目标，德国政府采取了一系列政策措施。[2]

1. 建立节能咨询机构。德国政府非常重视节能咨询机构建设，2002 年成立的德国能源局，其主要工作之一就是为企业和公众提供节能咨询。为满足企业和公众节能咨询量不断增加的需求，德国政府鼓励小型节能咨询机构的发展，凡新组建的节能咨询机构都可得到政府资助。为提高咨询人员的素质，政府每年要对咨询人员进行专业培训，不合格的取消其咨询资格。目前，全德国节能咨询机构有近 400 家，很好地满足了企业和公众的需求。

同时，为了调动企业和个人投资节能领域的积极性，德国政府

---

① 王海燕：《德国可再生能源的新发展及对我国的启示》，载《科学对社会的影响》2007 年第 2 期。

② 参见国家发改委资源节约和环境保护司：《德国推动节能的主要做法与经验》，载《资源与环境》2008 年第 1 期。

开展了许多资助项目。例如，在"现场顾问"资助项目中，房屋所有者可以享受工程师的咨询服务，以选择如何更经济实用的房屋节能措施，其中大部分咨询费由政府承担。

2. 注重发挥行业协会在能源节约中的作用。由于德国政府对企业的政策扶持和经济补贴是由行业协会执行的，因此政府、行业协会和企业有着非常紧密的联系。在节能减排工作中，政府非常重视发挥行业协会的作用，他们把目标任务下达到各行业，由各行业协会负责执行。行业协会不仅投入资金（政府的资金由行业协会执行）帮助企业对老设备进行改造，还通过加强节能减排技术研发和行业监管等措施，促进本行业完成政府的节能减排目标任务。同时，政府非常重视行业协会建设，不仅给予政策倾斜，而且给予资金扶持，使得行业协会得以健康发展，协会的职能也得到很好的履行，如德国钢铁协会就设有管理中心、研究中心和运营中心。研究中心还设有专门的研究所，并设技术、信息、政策和市场四个部门，担负着技术研发、市场营销监管、就业、法律研究、调研、贸易和统计等职能。

3. 高度重视建筑节能。建筑供暖和热水所消耗的能源占德国能源消耗总量的1/3左右，因此德国十分重视建筑设施的节能，采取的措施包括：a. 通过立法提高标准并加强国家监控；b. 加强宣传，提高公众的建筑节能意识。向业主、投资者、银行和房屋使用者宣传、解释建筑节能经济效益及其为地产营销带来的促进作用，进一步提高全社会建筑节能意识，自觉进行节能建筑的建设和改造，不断增加对低能耗建筑的需求；c. 加强对专业人员培训。在高等院校开设城市规划、建筑设计和建筑工程等专业课程，培养建筑节能的专业人才。保持建筑设计和施工的一致性，如设计者设计的房屋没有达到节能标准，设计师将承担赔偿责任，严重的将被取消设计资格。同时，加强对建筑工程及专业工种的培训，以提高使用现代化的新型建筑材料和建筑构件的能力，确保工艺质量；d. 组织并实施示范项目。利用示范项目来展示节能建筑和改造工作所取得的巨大成果，这些成果极大地促进了建筑标准的推广和认知工作。从2004年起，共选择分布在全国各地的143座老房屋进行改造，成为节能样板房，起到了很好的示范作用；e. 通过资金补助和低息贷款，促进既有建筑的节能改造。德国政府拿出 30 亿欧元，用于补贴老式建筑节能改造。同时，为建筑节能改造项目提供低息贷款，而且能耗降得越低，贷款利息也越低。同时，德国信贷机构还推出了"二氧化碳减排项目"和新的"二氧化碳建筑改建项目"等优惠项目，对节能项目提供低息贷款。

4. 加强节能宣传教育。德国非常重视通过各种宣传手段来提高民众的节能意识。如政府高级官员不定期与民众举行研讨会，就政府的相关政策进行研讨，听取意见，并鼓励民众对政府、企业在节能与环保领域的工作进行监督；负责组织全国节能工作的德国能源局不仅开设了免费电话服务中心，解答人们在节能方面遇到的问题，还设有专门的节能知识网站，以便更好地向民众介绍各种节能专业知识，并制作展板在全国各地进行节能宣传，活动中政界名人都积极出席；每年在全国开展节能知识和技能竞赛，对优胜者给予奖励等。

第三节 德国能源立法及对我国的启示

一、德国能源立法体系

德国一直注重通过法律手段对能源产业、能源供需制度进行调节和监管，如 1935 年首次制定的《能源经济法》，规范电力和天然气市场，明确能源市场的基本制度。之后，德国分别在石油储备、可再生能源、节约能源、核能等领域制定专门法。目前，德国已形成了以《能源经济法》为基本法，由煤炭立法、石油立法、可再生能源立法、节约能源立法、核能立法、生态税收立法等专门法为中心内容的能源法律体系。

二、德国能源基本法

德国最主要的能源立法是《能源经济法》，该法是德国的联邦法律，可以说是德国能源法体系中的基本法，主要对电力和天然气市场的相关问题进行规范。该法首次制定于 1935 年，在当时的纳粹德国，电力、天然气市场中几乎没有竞争，大型联网公司同时负责发电、管理和运营供电电网。该法的主要目的在于通过划定区域界线，由国家监督价格并控制竞争，建立和保证可靠的、城乡价格统一的电力供应经济体系。长期以来，在这一能源经济法的框架内，德国逐渐形成和巩固了强大的能源单边垄断体制。1957 年德国制定的《反对限制竞争法》虽然取消了电力经济中的区域保护协议，但是并未起到多大作用。

随着世界范围内放松管制潮流的兴起，德国能源工业的高度垄断状况越来越不适应能源市场发展的要求。1996 年，欧盟第一次发布了关于电子（包括电力）和天然气在欧盟内部市场自由化的指令（96/92/EG 号指令），强调欧盟内部能源供应市场的公平竞争，废除垄断，根据类型分类定价，其基本目标是建立"高度透明和没有歧视"的能源市场；能源从业者也强烈要求政府开放能源市场。在国内外各种因素的压力和要求下，德国联邦内阁决定对能源经济法进行修改。1997 年 11 月，联邦议会通过了新能源经济法草案。1998 年 3 月 28 日，新《能源经济法》公布，并于次日生效。

1998 年制定的新《能源经济法》基本取代了 1935 年的老法，涵盖了能源利用的更多方面，明确将"保障提供最安全的、价格最优惠的和与环境相和谐的能源"作为立法目的，而且这三者之间具有同等重要性，在相互冲突时没有任何一方优先。该法的基本原则是非歧视原则，即保障每个用户不受歧视地进行能源网络使用。该法打破了传统的能源工业垄断结构，引入了竞争机制，根本性的改变包括：（1）打破原有的地域供电界限，允许任何满足条件并获得政府有关部门经营许可的公司经营发供电业务。这些公司可以自由使用现有电网将自己生产的电能供给任意地区的客户，而原有的电力公司通过加收一定的电网使用费来补偿以往在电网建设方面的投资；只有在不符合必要的技术、经济条件的情况下，供电的许可才会被拒绝；（2）立即对所有的用户开放能源市场。即所有用户都可以立即取消原有的——对应的供求关系，重新选择自己的供电商；（3）电力公司必须将发电、电力传输和配电业务分开，而电力传输在经营管理上也必须与公司的其他业务分离开来。

同时，该法的另一个特点在于保障能源供应的安全。根据规定，公用事业有义务保证在电力和燃气需求高峰时安全可靠的供应，包括负有维持和扩展生产、分配能力的义务，以及在最终故障与维护时期的储备能力和投资义务。除了要求保证消费者（包括工业和家庭用户）可获得充分数量的能源，还须避免因能源设施技术失败导致供应的中断。

2003 年，《能源经济法》进行了第一次修改。2003 年，欧盟发布了关于加快欧盟能源市场开放的指令（2003/54/EG 和 2003/55/EG 号指令）。该指令要求欧盟各成员国最迟在 2004 年对所有供应非民用电力和天然气的能源供应市场开放，从 2007 年 7 月 1 日起，对供应所有顾客的能源供应市场全面开放。根据该指令，德国对《能源经济法》进行了第二次修改，修改后的《能源经济法》于 2005 年 7 月 1 日生效。

根据新修订的《能源经济法》，德国在联邦范围内加强了对能源市场的监管，将原负责管理邮政与电信市场的监管机构更名为"联邦网络局"（Bundesnetzagentur，简称 BNetzA）。该机构负责对电力、天然气、电信、邮政和铁路网络的监管。该监管机构负责为能源企业制定最高限价，同时放宽了对企业利润幅度的限制，允许企业通过降低成本来提高利润，以促进市场竞争。修改后的《能源经济法》主要包括六个基本要素：（1）网络进入的方式和对价；（2）政府激励性管制；（3）垂直一体化能源供应企业的拆分；（4）私人终端用户的基本供给保护；（5）管制机关的组织结构；（6）管制机构和反垄断执法机构之间的权限和相互关系。

一个值得特别说明的问题是该"联邦网络局"和德国反垄断执法机构"卡特尔办公室"的关系。管制机构与卡特尔办公室的关系一直是这次能源经济法修改时争论的焦点。根据 2005 年《能源经济法》第 111 条第 1 款第 1 句，在《能源经济法》第 11 条至 35 条及以此而颁布的法规规定的范围内，《反对限制竞争法》第 19、20 条的规定不再适用。这意味着，在《能源经济法》和其相关法规规定的管制机构的职权范围内，卡特尔办公室不再负有执法职权。

自 1998 年 3 月德国新能源经济法实施以来，德国电力和天然气等基础能源领域从原来的垄断结构转向自由的市场经济结构，取得了较好的成效。在市场竞争的压力下，所有的电力公司不仅都在降低成本、提高效率上下功夫，而且进一步改善了对用户的服务质量，从而使电价明显下降，服务质量显著改善。但从总体上看，德国能源市场还存在改革不彻底、监管缺乏力度的问题。国际能源署（IEA）指出，2005 年"联邦网络局"的建立意味着德国政府承认之前对能源市场的监管是有问题的。IEA 同时呼吁德国政府进一步推动电力和天然气市场的改革，为公平竞争创造环境，特别是在网络准入上。①

三、德国能源专门立法

（一）煤炭立法

德国的煤炭工业历史悠久，较早地制定了相关法律进行规范。1919 年，德国制定了《煤炭经济法》，这是世界上第一部以"经济法"命名的法律。当时德国刚刚在一战中战败，经济面临崩溃。为挽救战后危机，德国立宪会议首先通过了《魏玛宪法》，在奉行"经济自由"的同时，确立了"社会化"原则，根据这个原则，颁布了一系列经济法规。这些法律主旨在于扶持垄断，对私有制实行限制，并授权政府对全国经济生活进行直接干预和管制，"试图通过这些法律，凭借国家权力直接干预和控制经济，力图把贯彻社会化政策同保护私有财产、维护契约自由结合起来"。② 《煤炭经济法》则为其中的代表性法律，其主旨在于确立煤炭产业的国家统制。

（二）石油和天然气立法

在石油危机后，德国开始重视石油等矿物资源的立法。1974

---

① Energy Policies of IEA Countries：*Germany* 2007 *Review*，IEA／OECD Pairs，2007.

② 何勤华：《外国法制史》，法律出版社 1997 年版，第 387 页。

年 10 月 20 日，德国颁布了《在原油、矿物石油产品或天然气进口受到危害或阻碍时保障能源供应安全的联邦法案》，即《能源供应安全保障法》。该法案授权联邦政府发布法令和规章来保证基本的能源供应。据此，德国政府先后颁布了多项矿物、石油、燃气和电力部门的详细法令，包括《电力供应保障法令》（1982 年 4 月 26 日）和《燃气供应保障法令》（1982 年 4 月 26 日），以应对和管理能源危机。1979 年，《能源供应安全保障法》进行了修改。

必须指出，《能源供应安全保障法》主要针对民用性质的能源中断。而在国防紧急状态或军事危机情况下，1968 年 10 月 3 日颁布的《经济安全保障法》授权政府通过法令来确保能源安全。这方面的法令主要包括《电力负荷分配法令》（1976 年 7 月 21 日）和《燃气负荷分配法令》（1976 年 7 月 21 日）。这些法律法规共同组成了德国应对石油、天然气危机的能源保障机制。

此外，在 1965 年《矿物油产品最低储备法案》的基础上，1978 年 7 月 25 日，德国联邦议院通过了《石油及石油制品储备法》，建立了比较完善的石油储备制度。1987 年和 1998 年，《石油及石油制品储备法》进行了两次修改。

（三）可再生能源立法

大力发展可再生能源是德国能源政策的一个重要组成部分。1991 年，德国制定了《可再生能源发电向电网供电法》（又称《电力输送法》），强制要求公用电力公司购买可再生能源电力，这为德国可再生能源的发展打下了良好的基础。2000 年 3 月 29 日，德国颁布了《可再生能源优先法》。该法建立在 1991 年《电力输送法》的基础之上，被视为世界上关于可再生能源最先进的立法。2004 年，该法进行了修改，主要改进了生物质、沼气、地热和光电等能源的支付条件，更加体现效率的要求。

修改后的《可再生能源优先法》共有 12 条，第一条明确阐述了立法目的，第二条明确了适用范围；第三条规定了电网购买可再生能源所发之电的义务和购电补偿的一般原则；第四到第八条分别规定了购买不同可再生能源所发电的补偿价格，包括水力和填埋场、矿山、垃圾处理场气体发电（第四条）、生物质能发电（第五条)、地热发电(第六条)、风能发电(第七条)和太阳辐射能发电(第八条);第九条规定了对各种可再生能源发电设备的补偿期和发电量的计算规则;第十条规定可再生能源并网成本的负担原则;第十一条规定了全国平均化的方案;第十二条规定了进展报告要求。从总体上看,该法通过对电网运营商设置购电义务,建立固定电价制度,促进了德国可再生能源的发展。

2001年,德国颁布了《生物质能条例》。该法规在2000年《可再生能源优先法》的基础上,对促进生物质能发展进行了具体的规范。为提高供热领域可再生能源的使用比例,2008年德国制定了《可再生能源供热促进法》(2008),该法于2009年1月1日正式生效。① 德国促进生物质燃料发展的相关立法主要有《引入生态税改革法》(1999)、《进一步发展生态税改革法》(2003)和《生物燃料配额法》(2006)。

(四)节约能源立法

德国一直重视能源节约和能源效率的提高,并制定了较为完备的相关法律:(1)1976年,制定了《建筑物节能法》;(2)1977年,制定《建筑物热保护条例》,提出了详细的建筑节能指标。该条例在1982、1995和2002年进行了三次修改;(3)1978年,制定了《供暖设备条例》,并在1982、1989、1994和1998年进行了修改;(4)1981年,制定了《供暖成本条例》,并在1984年和1989年进行了修改。

2002年2月1日,德国颁布了《节约能源条例》(Energy Conservation Ordinance),取代了之前的《建筑物热保护条例》和《供暖设备条例》,对新建建筑、现有建筑和供暖、热水设备的节能进行了规定,制定了新建建筑的能耗新标准,规范了锅炉等供暖设备的节能技术指标和建筑材料的保暖性能等。按照该法,建筑的允许能耗要比2002年前的能耗水平下降30%左右。2004年和2006

---

① 根据《可再生能源供热促进法(2008)》第1条第2项,"Renewable Energies Heat Act"中"Heat"的含义不仅限于供热,它实际上包括取暖、降温、加热和热水。

年，根据新的情况，该法进行了两次修改。

另外，热电联产是提高能效、节约能源和保护环境的重要技术。1998 年德国《能源经济法》第一条中，就指出"环境适应性是指，能源供应符合合理无浪费地利用能源的要求，保证资源节约和长期利用，对环境的负担尽可能小。热电联产与可再生能源在这方面具有特别的重要性"，明确鼓励热电联产的发展。2002 年，德国颁布了《热电联产法》，专门就企业和政府在促进热电联产上的责任和规则进行了规定。

（五）核能立法

德国很早就有专门的核能立法。西德政府在 1958 年就颁布了《原子能法》，该法是德国核能立法的核心法律，与后来的《放射性物资保护条例》、《核能许可程序条例》等共同构成德国的核能安全与核利用法律体系。根据《原子能法》，德国环境、自然保护和核安全部（BMU）是监管核能设施和许可核能利用的主要政府部门。

由于切尔诺贝利核泄漏事件给德国留下的阴影，在 1998 年绿党上台后，提出了逐步关闭核电站的政策。通过谈判，德国政府和核能企业签署了废除核能的协议。2002 年，德国制定了《有序结束利用核能进行行业性生产的电能法》，规定德国在 20 年后要彻底关闭现有核电站。

（六）生态税收立法

为了防止自然资源的过度利用和减少温室气体排放，德国还注重通过税收手段来提高能源价格、促进自然保护。1999 年，德国颁布了《引入生态税改革法》，并以此为基础，进行了一系列的生态税收改革，对矿物能源、天然气、电等征收生态税。同时，对使用风能、太阳能、地热、水力、垃圾、生物能源等再生能源发电则免征生态税，鼓励开发和利用清洁能源。2003 年，德国颁布了《进一步发展生态税改革法案》，强调税收从依劳动力因素负担逐渐转换到依环境消费因素而定。生态税开征，对德国能源结构的改善和温室气体减排都起到了很大的推动作用。

四、德国能源立法对我国的启示

中国目前正面临着十分严峻的能源形势。德国在能源法律政策上的经验和措施，对我国能源法律体系的建构具有借鉴意义：

（一）应建立完善的能源法律体系

如前所述，德国已形成了以《能源经济法》为基本法，由煤炭立法、石油立法、可再生能源立法、节约能源立法、核能立法、生态税收立法等专门法为中心内容的能源法律体系。德国《能源经济法》明确将"保障提供最安全的、价格最优惠的和与环境相和谐的能源"作为立法目的，在能源市场引入竞争机制，宏观上指导了具体的能源立法。2005年修订的《能源经济法》又加强了对电力、天然气市场的监管。同时，各专门领域也能有具体细致的规范，取得了较好的效果。

我国目前已制定了《煤炭法》（1996年）、《电力法》（1996年）、《节约能源法》（1997年制定，2007年修改）、《可再生能源法》（2006年）等能源专门法，也制定了一系列相关配套法律规范。我国应借鉴德国能源法律体系，完善我国能源法律制度体系。即在制定具有能源基本法性质的《能源法》时应注重能源市场的适度竞争和有效监管。同时，要及时完成我国能源专门法的立法和修改工作，如尽快制定《石油天然气法》、《原子能法》等特别法，尽快修改《煤炭法》、《电力法》等，以完善我国能源专门法的体系和内容。

（二）能源立法应具有灵活性和可操作性

德国的能源立法具有较强的灵活性，根据情况的变化及时进行修改。如新《能源经济法》1998年颁布以来，已经进行了两次修改，每次修改的幅度也较大。1976年《建筑物节能法》颁布以来，相关立法已经经过多次修改，平均三四年就要修改一次，每次修改都将节能指标进行提高。同时，德国的能源立法注重可操作性，在法律中提出具体的量化指标，以此保证法律目标的具体化。如《可再生能源优先法》中，就详细地对水力和填埋场、矿山、垃圾处理场气体发电（第四条）、生物质能发电（第五条）、地热发电

（第六条）、风能发电（第七条）和太阳辐射能发电（第八条）的补偿价格进行了规定。

反观我国现有的能源立法，比较偏重原则化，可操作性不强，使其在实践中难以有效地发挥效果。因此，应借鉴德国的相关经验，强化能源立法的灵活性和可操作性。

（三）节能立法要体现先进思想

从德国不同时期的节能规范可以看出，德国的节能思想有一个清晰的脉络，即：第一阶段控制建筑外围护结构；第二阶段控制建筑的单位面积能耗指标；第三阶段控制建筑的整体实际原始能耗（控制建筑的外部输入能源，控制不同种类能源），从而控制整体能耗。德国节能思想紧抓能耗的关键，不是单纯从材料、单项技术出发，而是通过一系列技术手段，控制建筑实际需求使用能源量，从而有效节能。这显示节能思想的不断进步，体现了先进的策略。①

目前，中国许多城市的节能意识尚停留在第一阶段，即控制外墙、外窗的隔热保温，某些材料商也利用这种误区单纯强调建材的性能。这种单项孤立的指标控制，整体节能效果并不理想。现有《节约能源法》也没有对此作出明确规定。我国应借鉴德国先进经验，在制定或修改相关法律法规时，以先进的节能思想为指导，循序渐进，逐步推进节能目标的实现。

----

① 卢求：《德国 2006 建筑节能规范及能源证书体系》，载《建筑学报》2006 年第 11 期。

第 六 章

法国能源政策与立法概论

第一节　法国的能源情况和能源问题

一、法国的能源状况

法国经济发达，国内生产总值居世界前列。主要工业部门有矿业、冶金、钢铁、汽车制造、造船、机械制造、纺织、化学、电器、动力、日常消费品、食品加工和建筑业等。核能、石油化工、海洋开发、航空和宇航等新兴工业部门近年来发展较快，在工业产值中所占比重不断提高。核电设备能力、石油和石油加工技术居世界第二位，仅次于美国；航空和宇航工业仅次于美国和独联体，居世界第三位。钢铁工业、纺织业居世界第六位。但工业中占主导地位的仍是传统的工业部门，其中钢铁、汽车、建筑为三大支柱。工业在国民经济中的比重有逐步下降的趋势。第三产业在法国经济中所占比重逐年上升。其中电信、信息、旅游服务和交通运输部门业务量增幅较大，服务业从业人员约占总劳动力的70%。法国商业较为发达，创收最多的是食品销售，在种类繁多的商店中，超级市场和连锁店最具活力，几乎占全部商业活动的一半。

法国也是世界贸易大国，其对外贸易有两个特点：一是进口大于出口，造成贸易逆差，进口商品主要有能源和工业原料等，出口商品主要有机械、汽车、化工产品、钢铁、农产品、食品、服装、化妆品和军火等，法国葡萄酒享誉全球，酒类出口占世界出口的一半。法国时装、法国大餐、法国香水都在世界上闻名遐迩；二是非产品化的技术出口增长较快，纯技术出口在整个出口贸易中的地位日益显要。法国政府财政收入的主要来源是税收，税收高于美、日等国，其中主要来自增值税，其他还有所得税、公司税、社会福利税等。

法国煤炭产量和消费量都不多。燃煤电力已经大部分由核电替代。煤炭进口来自澳大利亚、美国、波兰、德国和荷兰。

法国石油消费高度依赖进口。2002 年法国进口石油量约为 185 万桶/日，接近 196 万桶/日的消费量。截至 2003 年 1 月，法国的石油储量仅 1.48 亿桶。法国国内原油产量来自众多的小油井，总产量为 2.69 万桶/日。自 20 世纪 70 年代以来，石油在法国能源部门的作用已经明显减少。法国石油对一次性能源消费的贡献从 1973 年的 68%，降到 2011 年的 34%，2011 年法国的石油消费量有所减少，达到 172.4 万桶/日。

虽然法国国内石油储量和产量有限，但法国的石油工业是世界能源市场的重要角色。法国石油公司的主要石油资产分布在北海、南非和拉丁美洲。法国石油进口主要来自沙特阿拉伯和挪威，其次为英国、伊拉克、尼日利亚和俄罗斯。

法国的天然气在能源消费构成中的份额已经从 1973 年的 7.2% 增加到 2010 年 16.75%、2011 年 14.94%。2012 年法国天然气消费量 403 亿立方米，比 2001 年 419 亿立方米有所减少。法国天然气资源有限，法国是欧洲最大的液化气进口国。挪威是法国最大的天然气进口源地，其次是俄罗斯和阿尔及利亚。1998 年 10 月 NorFra 管道连接挪威的北海 Troll 气田到法国的天然气管道网，管道长 521 英里，是世界上最长的海底天然气管道，通过该管道供给法国的天然气是总消费量的 1/3。从阿尔及利亚进口的液化气约占液化气进口量的 90%。近年来从俄罗斯进口的天然气在减少，而从阿尔及利亚的进口量在增加。法国天然气公司正在将法国建设成西欧的天然气管网中心。

由于化石燃料资源十分有限，为了解决能源供应安全和减轻对进口的依赖，法国大力发展核电。按单位电量计，法国是世界最大的核电生产国，按照核电总装机容量，法国位于世界第二（在美国之后）。目前，2010 年法国核电在一次能源中的比例达到 38.48%，2011 年达到 41.17%，远远超出石油 33.5%、34.13% 的比例。1973 年法国发电中化石燃料（主要是石油）占据了 80%，但是十年之后核电成为法国电力 77% 的来源，这是 1973 年石油危机给法国带来的最巨大的变化。[1]

在过去十年，法国积极发展可再生能源。法国的可再生能源消费量由 2001 年的 0.7 百万吨油当量增加到 2011 年的 4.3 百万吨油当量，十年间增长五倍，可再生能源在一次能源消费中所占比例保持持续增长，2010 年为 1.35%、2011 年为 1.77%。生物燃料产量也呈历史增长趋势，由 2001 年的 315 千吨油当量增加到 2011 年的 1720 千吨油当量。

法国 2010、2011 年各类能源在一次能源中的比例参见表 6-1。

表 6-1　　　　　　　　　　**法国 2010 年及 2011 年能源结构**

单位：百万吨油当量

年份	石油	天然气	煤炭	核能	水电	可再生能源	总计
2010 年消费量	84.4	42.2	10.7	96.9	14.2	3.4	251.8
占一次能源比例（%）	33.5	16.75	4.25	38.48	5.63	1.35	
2011 年消费量	82.9	36.3	9.0	100.0	10.3	4.3	242.9
占一次能源比例（%）	34.13	14.94	3.7	41.17	4.24	1.77	

---

[1]　付庆云、张迎新：《欧盟地区能源现状和未来》，载《国土资源情报》，2003 年第 7 期。

二、法国主要的能源问题

(一) 能源资源相对贫乏

法国的主要能源资源品种虽然较为齐全，但就总体而言，其化石能源的储藏量仅占世界的 0.01%，且近年来开采量也急剧下滑。尤其是煤炭资源，曾是法国能源资源的一大支柱，但经长期开采，已从 20 世纪 70 年代末的 4000 万吨年产量下降到 2003 年的不足 300 万吨。2004 年 4 月，法国全境最后一座煤矿关闭，标志着法国煤炭开采业的彻底结束；① 石油是法国能源资源中最为薄弱的一环。20 世纪 70 年代末探明的石油储量只有 0.06 亿吨，仅高于日本，属西欧国家最低之列。而且，有的地区油源已经枯竭，产量也在不断下降；在 1978 年，79.1% 的石油是从中东进口，为此，法国正努力实现进口来源多样化战略。法国的水力资源丰富，可开发的水力资源约有 1500 万千瓦。但是由于目前水利资源的利用率高达 95%，仅次于瑞士 (98%)，因此进一步开发的潜力也很有限。天然气储量也不多，已探明的约 1400 亿立方米，一些气田生产开始衰减。只有铀矿十分丰富，据 20 世纪 70 年代的探明储量，本土估计 13.7 万吨，加上在非洲取得的特许开采权的共计 14.5 万吨，居西欧国家之首，占西方世界全部铀储量的 7%。因此，法国利用铀发展核能的潜力是很大的。② 同时，大力发展可再生能源也将成为法国能源政策的趋势。目前，法国在能源资源方面可利用的可再生能源是以木材和水力为主。因此，如何利用自身能源优势，避免劣势，是法国解决能源资源相对贫乏的关键。

(二) 能源供应自给率低、对外依赖性较强

从宏观经济的角度来看，能源供应自给率越高，国家经济受世界能源价格波动的影响就越低。法国共有 6200 万总人口，约占全

---

① 资料来源：http://news.xinhuanet.com/world/2007-06/24/content_6283536.htm，新华网，2012-6-6 访问。

② 黄杰：《法国的能源问题与政府的能源政策》，载《世界经济》1988 年第 8 期。

球人口的 1% ，年能源消耗量占世界能源年供应量的 2.5% 。"二战"后，随着经济迅速扩展，法国主要能源的消费量急剧增加，石油的消费量也上升了 4.3 倍，且就在同一时期，法国的能源生产下降了 20% ，最后导致能源净进口量增加了四倍，成了排在日本和美国之后的世界第三大石油进口国、仅次于美国和德国的第三大天然气进口国、位于日本之后的第二大煤炭进口国。① 法国意识到能源资源高度依赖进口的危害性，因此，在此后的数十年一直大力开辟更为有效的使用能源的道路，以及研究和发展新能源技术。目前，法国仅核电发电量就占全国电力的 75% 以上，核能源供应实现了自给自足。但是，过度依赖核电也为法国带来巨大风险，因此，法国已开始着手制定并实施新的能源战略，如发展可再生能源；开展石油和天然气能源领域的国际合作，从而实现能源供应品种和来源的多元化。②

第二节　法国能源政策的演变及发展趋势

"法国的能源政策主要有三个重点：能源安全、环境保护和与法国经济的配套性。"③ 而这三个重点一直贯穿着法国各个时期的能源政策。

（一）"二战"后初期的能源发展政策

第二次世界大战后，为了寻找石油，法国在其海外领土上积极展开调查研究，建立了战后的第一个国营石油公司。同时，在 1946 年，煤炭、天然气和电力部门也实行了国有化。由此，国家成为法国煤矿公司、法国天然气公司和电力公司的唯一所有者。这些公司在各自的领域拥有程度不等的垄断权，同时，电力公司和天

① ［法］古·戴卡尔梦，徐建国译：《法国的能源政策》，载《世界石油问题》1984-04-30。

② 参见罗黛琛：《利比亚局势和日本核泄漏危机对法国能源政策的影响》，载《观察与思考》，2011 年第 5 期。

③ 乌森（法国经济金融工业部）：《法国的能源安全政策》，载《国际石油经济》，1999 年第 4 期。

然气公司在输送和分配方面也拥有垄断权。在此同一时期，法国政府成立了原子能总署，作为主管研究和发展民用与军用原子能的国家机构。总之，为了保障战后脆弱经济下的能源安全与经济发展，这一时期的能源政策主要是国家干预。

（二）20世纪60年代初到70年代能源政策

从1960年起到第一次石油危机爆发，政府的能源政策发生了重大的变化，主要表现：以增加产量为重点的能源发展政策转向缩减煤炭生产；谋求"石油替代"，继续注重核电；大力开展节能，谋求能源结构的"多元化"，力争能源进口"多样化"。

在这个时期里，政府选择缩减煤炭生产是由多种因素决定的。其中主要有：（1）煤炭受到燃料油和进口煤的竞争；（2）煤炭生产亏损严重，政府财政负担增加；（3）经济上具备开采价值的煤储量越来越少，濒于枯竭。

与此同时，法国积极开展"石油替代"能源政策。所谓"石油替代"政策，即在能源消费结构中以石油来替代煤炭的政策。为实现这一政策转变，政府采取的措施主要是建立和加强发展能代表"法国利益"的石油公司和集团，力求使由法国资本控制的企业掌握发展石油的勘探权和开采权，确保石油供应来源的多样化。另外，提高石油提炼和销售方面的自给程度，具体表现：在石油提炼方面，政府同样规定提高法国的石油公司集团的石油提炼比重，1960年在法国生产的石油占40%，1975年上升到46%，同期，外国石油集团的比重由60%下降为53%；在石油销售方面，政府于1963年将进口许可证的期限由13年减少为10年；接着又规定国内石油公司的市场销售份额从53.7%提高到61.3%，外国石油集团的销售比例相应地从46.3%降低为38.7%。[1]"替代"能源政策实施的结果，使法国的能源结构发生了重大的变化，能源消费由长期以煤炭为主转换为以石油为主。

1973年第一次世界能源危机发生后，法国制定了一系列确保

---

[1]　黄杰：《法国的能源问题与政府的能源政策》，载《世界经济》，1988年第8期。

能源安全的长远发展战略，其中包括依靠核电计划发展民用能源、推广节能技术、能源进口品种和产地多样化，实现了既开源又节流双管齐下的能源多样化政策。具体措施有：（1）制订降低能源消耗计划，大力开展全面节能。（2）确定和修改节能目标。1975年，政府根据新能源政策的要求制订长期（1975年—1985年）节能目标，把到1985年的能源消费总量由1973年预计的2.85亿吨油当量减为2.40亿吨油当量，节能4500万吨油当量。（3）调整和建立节能管理机构。1974年9月建立直属工业和研究部领导的国家行政管理机构节能局，1977年7月将它改为工商业性质的国家机构，负责宣传和实施节能政策，推广节能技术，提供节能资金，从事节能研究。1976年11月建立部际节能委员会，由政府总理担任主席，主要任务是检查和监督各部门节能政策的执行，对严重违反节能规定者予以制裁。1979年9月又建立了跨行业节能委员会，由工业和研究部长任主席，其职能是向工业和研究部提供有关节能方法、规定、政策等方面的意见，并对政府有关节能文件进行咨询；（4）规定具体节能措施。住房与第三产业、工业、运输是消费能源最多的部门，后三者分别占一次能源消费的35.2%、20.6%、19.3%（1985）。政府以这些部门为重点，规定了具体的节能规定和措施；（5）提供节能资金，为发展节能新技术，政府不断提高用于节能的预算开支，为发明新节能工具提供财政资金，对企业节能投资给予优惠贷款。[①]

此后几十年，法国大致延续着这些能源政策。

（三）2003年《白皮书》规定的今后30年的新能源政策

法国实施"3E能源政策"，所谓3E，是指能源安全、经济效率和环境保护。在能源安全方面，核电工业使法国大大降低了对石油的依赖，国家电力、天然气公用设施十分完善，为用户提供了不间断的能源服务。在环境方面，由于法国的核电厂发挥了决定性作用，在经合组织国家中，法国的碳排放强度是最低的。当然从长期

---

① 黄杰：《法国的能源问题与政府的能源政策》，载《世界经济》，1988年第8期。

看，退役后的核电厂和核废料的处理，仍是环保所关心的问题。在经济效率方面，法国的能源消费者有幸成为工业化国家中享受最低电力、天然气和成品油价格的公民。

2003年11月，法国政府出版了一本白皮书，制定了后30年的能源政策。白皮书中以加强自主能源和环保为目标，强调要推进节能工作，发展可再生能源，早期建设欧洲压水型核反应堆，还要根据白皮书的精神制定有关能源的法案。① 白皮书的主要内容包括：扩大可再生能源的份额，提高能源效率，筹备发展新一代核电设施，如欧洲压力反应堆。法国的能源政策是既要求加强技术开发，提高能源使用效率，又强调节省能源消费。法国在这段时间的能源政策的重点是减少化石能源的使用，减少二氧化碳排放，防止污染风险，处理核废料；提高运用风能、太阳能的电能生产，并把可再生能源的生产交给企业；通过房屋绝缘、燃料电池汽车，减少传统能源使用。法国在氢能方面制订了一些重大计划，目标是开发富有竞争力的氢能发电技术。②

（四）2012年法国新政府重视发展可再生能源政策

2012年是法国总统大选年，社会党奥朗德成为法国新总统，组建了新政府。2012年12月，法国环境部长德尔菲娜·巴托宣布启动能源大讨论。国家和地方代表及社会团体等将就法国如何实现"能源过渡"、减少核能发电比例、支持可再生能源发展以及能源投资等问题展开讨论，确定未来几年能源发展目标，由此形成新时期的能源发展计划③：

第一，法国拟调整核电政策。法国目前75%的电力供应来自核能，核工业提供了数十万直接和间接就业岗位。但是过度依赖核电也存在高度的能源风险，社会党的目标是将核能发电占总电量的

---

① 参见：《法国新的能源政策》，载《国际电力》第9卷2005年第2期。

② 参见：http：//www. atominfo. com. cn/emagazine/emag _ detail. aspx？ id = 71，中国核信息网，2012-5-23访问。

③ 马与雄：《法国欲调整能源政策，国家和地方代表及社会团体等将如何实现"能源过渡"等问题展开讨论》，载《中国工商时报》2012年12月4日第4版。

比例由 75% 降至 50%，即到 2025 年法国核能发电占发电总量的比例将降至 50%，2016 年将关闭费斯内姆核电站的两个核反应堆，未来在诺曼底地区费拉芒维尔市建造的欧洲压水核反应堆将是 5 年内法国唯一投产的核反应堆。

第二，通过"能源过渡"推动可再生能源发展。新任总统奥朗德的目标是使法国能源结构更趋合理，通过减少核电，推动可再生能源发展，加快住宅的地热供暖建设，研究页岩气的开发与利用，以降低法国对核能和石油能源的依赖度。法国电力联合会发布报告预测，到 2030 年，法国"能源过渡"大约需要 5900 亿欧元的投资。电力联合会估计，到 2030 年法国的发电量将比今天增加 2000 万千瓦，电力生产所需的投资将可能达到 2620 亿欧元，其中风能、太阳能和生物发电等可再生能源方面的投资将高达 1800 亿欧元，占电力生产投资的一大半。另外，法国已经设定了 600 万千瓦的海上风电发展目标以作为其长远目标的一部分，该目标确定，到 2020 年可再生能源将覆盖该国 23% 的能源消费。①

第三节　法国能源立法及对中国的启示

一、法国能源基本法和立法的核心理念

法国国会于 2005 年 7 月 13 日通过的 2005-781 号法律《确定能源政策定位的能源政策法》②，对法国的能源政策项目和焦点问题进行了规定，是与制定法国能源政策有关的最重要的一个法律文件。③ 从某种程度上可以说，该法是法国的能源基本法。首先，该法的制订目标是确保能源供应的安全，同时适当考虑环境因素。该

---

① 《法国 2020 年海上风电装机容量目标为 600 万千瓦》，载《风能》2013 年第 2 期。

② *Loi de programme fixant les orientations de la politique énergétique*（Loi POPE）英文为 *The energy policy law that fixes the energy policy's orientations*。

③ 来源于 www. ambafrance-us. org/atoz/energy_policy. pdf。

法首先规定了四项长期目标：加强国家能源自主；保证能源竞争性定价；保护人类健康和环境，尤其是遏制温室效应的进一步加剧；通过确保全民的能源供应，加强社会和地区间的团结。其次，该法规定了能源政策的四项主要关注焦点：控制能源需求——通过一系列激励和计划，包括能源节约证书计划、标准和规定，以及税收激励措施；促进能源供应渠道的多元化——增加可再生能源消费的比重，坚持核能选项，以及发展高绩效的能源生产基础设施；能源产业的研究和创新发展——包括生物质能源、燃料电池、清洁汽车、节能建筑、太阳能、二氧化碳的捕获和地下储存、第四代核能等；提供能源运输和储备手段——根据需要，尤其是在保证电力供应质量、增加天然气和电力管网的安全，以及在总体上加强法国的能源供应的需要，进行调整。再次，该法规定了若干量化指标，具体包括：到 2050 年将二氧化碳排放量削减 75%；从法律颁布之年起到 2015 年，能源强度平均每年降低 2%；从 2016 年到 2030 年，能源强度平均每年降低 2.5%；可再生能源产量达到能源需求量的 10%。

通常而言，法国能源立法有着清晰的核心理念。

首先，保证能源供应安全。法国人口有 6200 万，年能源消耗占世界能源年供应量的 2.5%，居世界第七位，但与德国、西班牙、英国等其他欧洲国家不同，法国的自然资源比较贫乏。2004 年煤炭开采业彻底结束。与此同时，天然气和石油的开采量也仅仅能满足国内 3% 左右的需求。为确保能源供应的长期安全，法国大力开发核能和可再生能源，在能源供应方面尽量独立自主。从 20 世纪 70 年代开始，法国制订了开发核能计划。目前，已经拥有 59 个核电站，到 2009 年，核能提供了法国所有电力的 76%，让法国成了欧洲电力最便宜的国家。法国是世界上最大的电力净出口国，每年由此获得的收入超过 30 亿欧元。① 除核电出口外，2011 年其核电的国内供应量已占全国能源需求总量的 41%。从宏观经济角

---

① ［美］斯科特·L. 蒙哥马利：《法国为什么对核电站情有独钟?》，载《中国机电工业》2012 年第 10 期。

度看，能源供应自给，可以减少国家经济受世界能源价格波动的影响；从能源供应的角度看，开发核能可以增强国内应对世界能源市场供应紧张的威胁，保证能源供应，与此同时，还可以保护国家有限的能源资源。

其次，保证能源价格具有竞争力。能源价格、质量和保证供应是确保国家经济稳定发展的必要条件。法国制定保证能源价格具有竞争力政策的目的是保护国内企业，特别是能源消耗大的企业在国际市场上的竞争力，从而保证国内的就业和经济发展。为此，法国政府与国内能源生产企业签订了许多协议。如在国家与电力公司签订的协议中明文规定，电力公司必须保证电力供应的绝对安全，保证尽可能为家庭和企业提供最低价的电力。此外，电力公司无权自行提高价格，当出现成本价格高于销售价格时，电力公司应向政府有关部门提出调整价格申请，政府部门核定后，确定涨价幅度和范围，但电力价格上涨幅度不能超过全国物价上涨幅度。此外，法国还制定了鼓励能源生产企业改进技术、降低能源生产和运输成本的政策，大力扶持能源技术的革新。

再次，保障可持续发展。在法国能源政策中有一系列与可持续发展相关的政策措施。包括：（1）坚持核能选项。2005 年 7 月 13 日通过的 2005-781 号法律规定坚持核能选项（核能发电在法国比例达到 78%），因为核能有助于削减温室气体排放，也帮助法国成为经济合作与发展组织（OECD）国家中二氧化碳排放量最低的国家。该法同时规定要帮助法国电力公司在 2012 年之前建立采用 EPR（欧洲压水反应堆）这一新式核反应堆的核电站的要求。（2）削减能源消费。历次石油大危机使法国政府着手大力促进能源节约，提升公众的意识（通过广告宣传、纳入学校教育课程等方式），采取激励性和财政措施。法律还设立了能源效率证书制度，促进居民和服务产业中实施能源节约。（3）投资清洁能源。法国是欧洲继瑞典和意大利之后的第三大可再生能源生产国。由法国财政、经济和工业部的能源和原材料司长负责利用可再生资源（水、树木、城市垃圾、风力、生物燃料）生产能源，从而使可再生能源的发展成为法国能源政策的关键部分。该法规定了若干雄心勃勃的指标：到 2010 年可再生能源发电量提高 50%，到 2005 年底之前可再生资源生产的生物燃料和其他燃料达到 2%，到 2010 年达到 5.75%（此目标现已提前到 2008 年）。（4）激励和财政措施。对私人购买太阳能电池板的费用补贴 50%，从 2006 年 6 月起将生物汽油采购价提高 50% 以及对于购买清洁能源（电动、混合燃料或燃气）汽车规定了一些财政激励政策。政府鼓励研究和开发，尤其是通过国家研究署和工业创新署这两家机构进行的研究和开发，扶持诸如燃料电池或清洁汽车的开发项目。（5）能效标志政策。从 2006 年 5 月 10 日起开始实施强制性能效标志制度，目的是鼓励公民购买二氧化碳排放量较小的汽车。

二、法国能源立法体系

法国能源相关法律、政策性法规体系包括：国际协定、国际公约、国际条约；具有立法性质或临时性措施：电力能源方面和相关的法律法规、相关组织机构设置的结合。[①]

（一）通过及公布国际协定、国际公约以及国际条约的法律

1. 核能方面

核能方面的法律法令见表 6-2。

表6-2 法国核能法律法令

第57—870 号法律	1957 年 8 月 1 日	授权总统通过国际原子能机构相关协议
第59—17 号条例	1959 年 1 月 3 日	通过建立核能领域安全控制的公约
第60—762 号指令	1960 年 7 月 6 日	公布建立核能领域安全控制的公约
第75—954 号法律	1965 年 12 月 12 日	通过核能领域民事责任公约及其议定书、核能领域民事责任公约补充公约及其议定书

---

① 资料来源：http：//www.legifrance.gouv.fr。

续表

第 69—154 号指令	1969 年 2 月 6 日	公布核能领域民事责任公约及其议定书、核能领域民事责任公约补充公约及其议定书
第 73—509 号指令	1973 年 6 月 28 日	通过与日本签订的太平洋地区使用核能的合作协议
第 76—1162 号指令	1976 年 12 月 10 日	通过与德国、英国签订的协定
第 81—473 号法律	1981 年 8 月 5 日	通过与德国、欧共体和国际原子能机构组织签订的关于法国执行情况的协定
第 88—1252 号法律	1988 年 12 月 30 日	通过突发性核辐射事故援助公约
第 89—361 号指令	1989 年 7 月 2 日	通过有关发生核事故及时通知义务的公约
第 95—865 号法律	1995 年 8 月 2 日	通过核安全公约
第 2000—174 号法律	2000 年 3 月 2 日	通过核废物处理公约
第 2005—18 号指令	2005 年 1 月 5 日	通过关于核领域多方环境条约的协定
第 92—576 号法律	1992 年 7 月 1 日	通过加入国际能源计划的协定
第 92—951 号指令	1992 年 9 月 2 日	公布加入国际能源计划的协定
第 99—425 号法律	1999 年 5 月 27 日	通过国际能源宪章
第 2000—30 号指令	2000 年 1 月 11 日	公布国际能源宪章

2. 欧盟能源政策

实施欧盟能源政策是法国法规体系的重要任务。欧盟能源政策包括化石燃料可持续发电、战略能源技术计划、天然气和电力内部市场及天然气和电力基础设施等问题的文件，欧盟能源低碳政策（包括大份额的可再生能源，可持续煤炭和天然气，可持续氢，第四代裂变动力和熔融能源，能源技术计划促进碳捕获及储存），促进公平、竞争性能源价格和节约能源、高投入的有效的内部能源市场政策和利用化石燃料进行可持续发电政策。

与其他欧盟国家一样，法国建筑节能法规体系，首先依据欧盟的相关规定。以《2002 年欧洲能源指令》和《2004 年气候计划》为依据，2004 年出台了《简化法》，2005 年出台了《能源法》。以《简化法》和《能源法》为基础，2006 年—2007 年实施了能效证书制度，2007 年对既有建筑改造提出了要求。同时，依据《2002 年欧洲能源指令》、《2004 年气候计划》和对新建筑提出要求的《RT2000》，颁布了《RT2005》。2004 年 12 月 9 日颁布的法令规定自 2006 年 7 月 1 日起销售的住房，或者 2007 年 7 月 1 日起出租的住房必须具备"能效证书"。这使住房消费有了节能的参照系数，并使消费者了解怎样以最好的价格降低能源消耗。

（二）其他法律法规、政策及相关组织、机构

这方面的内容包括：

1.《税法》第 1519B 条，向建在水域或海域的风能发电厂征收年税。

2.《环境法典》第 L131—3 条第二款第二项明确规定了能源管理环境机构在能源方面的职责。即：实现能源的节约利用以及可更新能源，尤其是生物能源的发展。通过 2008 年 7 月 9 日行政决议专门设立了生态、能源、可持续发展与土地整治部长一职。

3.《环境法典》第 L541—39 条、《税法》第 39—C 条，规定了为节约利用能源的目的而进行财政管理的相关机构、组织的设置：（1）第 2008—735 号法律第 44 条：为节约利用能源进行财政管理的相关机构、组织和签订或执行财务合作合同。（2）电力和大坝工程的技术服务。（3）大区气候、空气与能源规划。大区的区长和区议会的主席在征询各省意见之后制定《大区气候、空气与能源规划》，该规划空间范围覆盖整个大区，时间范围从 2020 年到 2050 年。该规划中与能源有关的主要内容包括：指明能源领域的发展方向，使得能源政策符合 1990 年到 2050 年减少温室气体 25% 的目标，并符合欧盟制定的义务；依地理区域，制定能实现矿产资源、可再生能源等潜在资源的勘定，在质量上和数量上实现其价值的目标的规划。执行提高能源利用效率的技术。该规划还特别强调了风能的利用。（4）能源公共服务规划。

3. 其他行政决定

2005年7月，法国政府颁布第2005—781号政令，确立了风能开发作为法国能源开发策略的组成部分，明确了国家对发展风能发电的扶持措施，同时，宣布将成立风能开发区。随即2006年初，法国政府正式批准建立风能开发区。

为了确保风能电力市场有序发展，2006年7月，法国政府制定了风电进入国家供电网的条例。根据该条例，从2007年7月14日起，凡属法国ZDE生产的风电，法国电力公司有购买义务，并负责将ZDE风电纳入EDF的供电网络。法国政府的这一措施，不仅有利于风能发电大型项目的开发，也能促进小型风能发电站的发展。2010年12月15日行政决议确定了节能的相关操作标准。

2010年12月29日第2010—1663号行政决议规定了节能认证标准名册以及获得许可的节能行动计划的要求。2010年12月16日第2010—1563号行政决定要求科西嘉岛地区、各省、海外领地、地域联盟以及人口超过5万的行政区必须制订地方气候及能源计划。计划着力于提高能源效率、增加可再生能源以及减少温室气体排放。该计划必须与大区气候、空气与能源规划一致。2003年颁布《有关能源运输与消费的经济行为的名册》。法国政府还设立了海上风能国家级补助基金，税法典的第1519C条对该基金的来源和运作进行了规定。

在生物燃料方面，2006年1月5日颁布的农业指导性法令确定加快实施生物燃料的计划，并确定了新的量化目标。

法国非常重视高放长寿废物的管理问题。1991年，法国议会就放射性废物管理问题通过了一项法律（Bataille议员是这项法律草案的发起人，因此也叫《Bataille法》），对应开展的各项工作作出了详尽的程序规定。根据这一法律，政府2006年向议会提交一份报告，介绍15年来科研工作与民主协调的结果。

鉴于石油产品的特殊性和重要性，以及石油产品在公共安全和国家独立方面的特殊影响，1992年法国对原有的石油体制进行了改革，法国的立法机构纳入了有关战略石油储备的两项原则，颁布1992年法。

（三）具有立法性质的决议或临时性措施

1. 电力领域，例如：（1）2010 年 8 月 12 日颁布的有关出售电力价格调整的行政决议。该行政决议依照 2000 年 2 月 11 日颁布的第 2000—108 号法律之第 33、34 及 43 条，赋予下属于能源部长的行政机构及公务人员法律资格，促进公共电力的发展和现代化。（2）2007 年 7 月 19 日颁布的有关使用公共电网实行补贴的决定。

2. 其他领域，例如：（1）2009 年 4 月 9 日颁布的有关市场过渡性水力及核能供应价格调整限额的行政决议。（2）2010 年 1 月 14 日颁布的关于为平衡电力分配和公共电网管理垄断而实施价格补贴的决定。

三、法国能源立法对中国的借鉴

中国目前正处于工业化中期，经济发展遭遇能源瓶颈，法国在能源法方面的一些宝贵经验值得我们借鉴。

（一）法律先行，完善政策措施

法国能源结构主要以核能和水电为主，法国有一整套关于核电和水电的法律。法国在环境上的压力上要轻于我国（法国碳交易远不如其他发达国家积极）。但同时，法国也非常重视节能问题，从资源消耗、经济承受力以及全球气候变化出发，考虑建筑能效的提高。相对来讲，法国的建筑节能工作要落后于德国、荷兰等国家。但是，法国在建筑节能上也取得了一定成效，其根源在于法国在欧盟的大背景下，根据欧盟能源指令，逐步完善了本国的节能法规体系。

（二）制定实施鼓励性、扶持性能源措施

比如为了鼓励发展风电，法国中央和地方政府制定了一系列扶持性鼓励措施，包括设备采购的税收优惠，风电并网的强制性收购，以及保护性价格，等等。这些措施有力地推动了法国风电行业的有序发展。无论是法国还是其他欧洲国家，政府推动建筑节能与环境保护，必然有一定的政策支持，特别是税收、贷款优惠等经济政策的支持。而我国的建筑节能工作量大、任务繁重，但看得见的政策支持微乎其微，政策支撑力度不大，主要靠政府的强制措施。

（三）注重对核安全的管理和核废料的管理

法国是少数几个将整个核燃料循环设施集中在本国领土上的国家之一，包括核转换、铀浓缩、生产、核燃料的后处理和再循环。法国在核燃料循环的安全监督方面堪称世界典范。

法国核能立法先进，核安全管理制度完备。法国建立了核安全监管制度。根据法国 2006 年 6 月 13 日颁布的关于核透明与核安全的第 2006—686 号法令，法国成立了法国核安全局（Autorité de Sûreté nucléaire），核安全局是一个独立的管理机构，负责监督法国民用核生产，保护核从业人员和求助于放射疗法的病人，保护公众与环境避免遭到核生产风险的威胁。法国核安全与辐射防护研究院（ISRN）则是核风险与核辐射方面进行科研和鉴定公认的专家机构。法国非常重视高放长寿废物的管理问题，就放射性废物管理问题通过了专项法律《Bataille 法》。此外，法国行政法规体系为核安全和辐射防护的高水平提供了保障。根据国际和国内形势的发展，法国重新确定了核安全部门的地位和职能。

法国对核放射物按核放射的密度和周期进行分级管理。核安全局甄别放射性废物的级别，将其分为极短寿命（半衰期 150 天以下）、短寿命（半衰期 30 年以下）和长寿命（半衰期 30 年以上）。法国现役的 58 台核反应堆每年产生人均 1 公斤的放射性废物，其中约 900 克为短寿中放射废物和弱放射废物，90 克为长寿中放射废物，10 克为高放射废物，不到 1% 的废物集中了 96% 的放射性物质。依据能源法和政府要求，这些核废物在安全和辐射保护的条件下被分类处理。

法国国家放射性废物管理局（ANDRA）自 1991 年起清查法国国内核废物的存放点，并自 2004 年起公布存放核废物的地理位置清单。管理局还负有预测未来 10 年、20 年以及 20 年之后需要处置的核废物总量的使命。

（四）示范工程建设引导与广泛主动的参与机制

包括法国在内的欧洲国家，都非常重视示范工程的示范作用，并通过能效证书、可持续建筑、高环境质量住宅等各种形式的示范工程、证书的发放来引导和鼓励节能环保型建筑的建设。而且，各

种示范、证书制度，大多是在政府的倡导下完全的市场行为和自愿
的行为，都由一种广泛、主动、积极参与机制吸引各方参与到节能
中来。

第 七 章

巴西能源政策和立法概论

第一节　巴西的能源情况与能源问题

一、巴西与能源有关的资源经济条件

巴西是全球第六大经济体，综合实力居拉美首位。农业发达，是世界蔗糖、咖啡、柑橘、玉米、鸡肉、牛肉、烟草、大豆等农产品主要生产国；工业基础雄厚，门类齐全；服务业产值占国内生产总值的 50% 以上，经济结构接近发达国家水平。巴西的经济实力和工艺均居拉美首位。20 世纪 70 年代即建成比较完整的工业体系，主要工业部门有：钢铁、汽车、造船、石油、水泥、化工、冶金、电力、建筑、纺织、制鞋、造纸、食品等。核电、通信、电子、飞机制造、信息、军工、燃料乙醇等已跨入世界先进行列。20 世纪 90 年代中期以来，药品、食品、塑料、电器、通信设备及交通器材等生产增长较快；制鞋、服装、皮革、纺织和机械工业等萎缩。

巴西已探明铁矿砂储量 250 亿吨，储量、产量和出口量均居世界第一位。铁矿砂品位多在 60% 以上，且为露天矿；铀矿、铝矾土和锰矿储量均居世界第三位。铌矿储量已探明 455.9 万吨，够全球使用 800 年；此外还有较丰富的铬矿、镍矿、金矿和石棉矿；煤矿探明储量 101 亿吨，但品质很低；石油储量已探明 118 亿桶，天然气 3100 亿立方米；森林覆盖率为 57%；木材储量 658 亿立方米；水力资源丰富，拥有世界 18% 的淡水，人均淡水拥有量 29000 立方米，水力资源蕴藏量达 1.43 亿千瓦/年。①

二、巴西的能源消费和能源结构情况

巴西是世界上第七大能源消费国，是仅次于美国的西半球第二大能源消费国。巴西的主要能源消费是石油，其次是水电，再次是天然气，可再生能源和核能在目前的能源总消费中所占的比例较小但是近年来发展迅速。巴西的能源结构比较合理，清洁能源所占比重较大。② 巴西各类能源一次能源消费结构参见表7-1。

表 7-1　　　　巴西 2010 年及 2011 年一次能源消费结构

单位：百万吨油当量

年份	石油	天然气	煤炭	核能	水电	可再生能源	总计
2010 年消费总量	118.0	24.1	13.9	3.3	91.2	7.3	258.0
占一次能源比例（%）	45.73	9.34	5.38	1.28	35.34	2.83	
2011 年消费总量	120.7	24.0	13.9	3.5	97.2	7.5	266.9
占一次能源比例（%）	45.22	8.99	5.2	1.31	36.42	2.81	

① 中华人民共和国外交部网站："巴西国家概况"，引自 http://www.fmprc.gov.cn/chn/wjb/zzjg/ldmzs/gjlb/2013/2013x0/default.htm。

② Energy Information Administration USA（EIA）: Brazil Energy Data, Statistics and Analysis, from http://www.eia.doe.gov/emeu/cabs/Brazil/Background.html.

（一）石油

2007 年巴西已探明石油储量 118 亿桶，是南美仅次于委内瑞拉的第二大石油国。过去十年中，巴西的能源生产，尤其是石油生产和消费都迅速增长，且生产和消费相差不大（参见表 7-2）。

表 7-2   **巴西石油生产与消费量**   单位：千桶/日

年份	2001	2002	2003	2004	2005	2006	2007	2008	2009	2010	2011
产量	1337	1499	1555	1542	1716	1809	1833	1899	2029	2137	2193
消费量	2030	2005	1953	2024	2070	2090	2235	2395	2415	2629	2653

（二）可再生能源和生物燃料

巴西的可再生能源产量发展迅速。可再生能源的产量，从 2006 年的 4.3 百万吨油当量发展到 2011 年的 7.5 百万吨油当量，生物燃料产量从 2006 年的 5600 千吨油当量增长到 2011 年的 13196 千吨油当量。巴西可再生能源在一次能源消费中的比例从 2001 年的 37% 上升到 2010 年的 43.9%。[①]

巴西是世界上最大的乙醇生产和出口国之一。2006 年巴西乙醇的生产量为 308000 桶/天。在巴西，超过一半的汽车是灵活燃料汽车，这些汽车可以百分之百使用乙醇或者是乙醇和汽油的混合物；十辆新出售的汽车中有八辆是灵活燃料汽车。

巴西的乙醇主要来源于对甘蔗的加工，甘蔗在巴西的热带气候中易于生长。巴西的新能源开发领先世界各国。20 世纪 20 年代初，巴西就在汽油机上使用过 100% 的乙醇。巴西 1931 年就通过立法强制推广乙醇汽油，是世界上最早立法支持生物能源的国家，并颁行乙醇燃料生产技术标准，要求民众在汽车上使用乙醇含量为 5% 的汽油，而政府用车则要求使用乙醇含量为 10% 的乙醇汽油。

---

① OECD（2013），"Renewable Energy"，in *OECD Factbook* 2013：*Economic, Environmental and Social Statistics*，OECD Publishing. http：//www. oecd-ilibrary. org/economics/oecd-factbook_18147364.

此后，又不断通过立法，引导和推进乙醇汽油的消费和生产。

　　20世纪70年代石油危机期间，巴西因过分依赖进口石油付出了沉重的代价，当时巴西石油所需90%靠进口，导致物价飞涨，经济发展倒退。为了减少石油对外过分依赖，政府作出了不失正确的决策——投入重金开发乙醇作为替代燃料并取得了明显的成效。在1975年开始大力推行于1975年颁布的"乙醇计划"新能源政策，增加政府投资，鼓励研发乙醇利用技术，因地制宜推动以甘蔗为主要原料的乙醇燃料的发展，改进乙醇发动机以提高乙醇在混合汽油中的比例，目标是减少石油进口，实现能源多元化。1993年这个混合比例提高到22%，2005年将上限提高到25%。2003年颁布法令，宣布2007年开始必须在矿物柴油中掺混2%的生物柴油，2012年增加到10%，以作为柴油汽车动力或发电动力。经过30多年的努力，巴西已经成为世界上首屈一指的乙醇生产和消费大国。

　　至20世纪80年代末，巴西以乙醇为燃料的新型车辆销售额已占到市场的90%。如今乙醇年产量已超过150亿升，纯乙醇及乙醇和汽油混合（混合的比例从20%到25%）已占到巴西能源的1/3，既可使用汽油又可使用乙醇或混合燃料的新型车辆占市场销售量70%。巴西有着得天独厚的水资源和广阔的土地以及适宜甘蔗生长的气候，已成为世界上利用甘蔗提取乙醇生产规模最大、成本最低的国家，因而最具国际竞争力。

　　近几年，巴西力图增加乙醇的出口，尤其是对美国的出口。2006年巴西对美国的乙醇出口量为29600桶/天，比2005年增长了四分之一。巴西国家石油公司2006年宣布建设一条从Goias（巴西中部的一个甘蔗产区）到圣保罗的乙醇管道。然而，巴西国内对糖的需求以及高糖价限制了生物乙醇的增长。此外巴西的乙醇出口还面临着美国一些方面的高关税，比如美国对每加仑乙醇征收54美分的关税。

　　（三）天然气

　　据油气杂志报道，2007年巴西已探明的天然气储量较为可观，约为10.8兆亿立方英尺。但限于国内的运输能力和较低的价格，巴西天然气产量增长缓慢；另外，由于高油价刺激了天然气的消费，天然气成为工业和电力生产中用得最多的石油替代品，因此天然气的消费量增长较快。此外，天然气的进口也加速了国内天然气的消费量。巴西希望通过改善国内天然气运输网络提高天然气的产量。巴西天然气的生产和消费情况参见表7-3。

表7-3   **巴西天然气生产量和消费量**   单位：10亿立方米

年份	2001	2002	2003	2004	2005	2006	2007	2008	2009	2010	2011
产量	7.7	9.2	10.0	11.0	11.0	11.3	11.2	13.7	11.7	14.4	16.7
消费量	11.9	14.1	15.8	18.8	19.7	20.8	21.1	24.6	19.8	26.8	26.7

（四）电力

2005年巴西电力的装机容量为90.7千兆瓦（90.7Gigawatts），其中主要的是水电装机容量，传统热电只占巴西电力供应量的一小部分。

巴西水力资源居世界第四位。独特的地形使得巴西的大多数河流成为高原河流，这为水力发电带来极便利的条件。尤其值得一提的是，巴西亚马逊河流域的发电潜力可达1.05亿千瓦。目前巴西水电发电量为3809亿千瓦时（380.9Bkwh），占全年发电量的83%，尚不及发电潜力的1%。巴西和巴拉圭联合开发的伊泰普（Itaipu）水电站更是世界上除中国三峡水电站以外规模最大的水电站。2005年伊泰普水电站发电879.7亿千瓦时（87.97Bkwh）。不过，巴西许多发电设施远离电力的需求中心，导致电力在传送过程中损耗很高。巴西过于依赖水电，在过去曾引起不少问题，尤其是在降雨量低的年份问题更加突出。

（五）核能

目前巴西铀矿储量约为40万吨，位居世界第六位。20世纪50年代末，巴西着手建造了一座原子能反应堆。1972年12月成立巴西核电公司，负责核工业的生产并协调全国核工业和促进核技术的发展。早在1975年巴西制订了一个庞大的发展核能计划，规划到20世纪末，总的核发电量为8100万千瓦。但因为在财政和技术上遇到不少困难而未能实现。

2006 年 5 月巴西浓缩铀中心建成，正式成为拥有核技术的国家。在巴西核能委员会向国会提交的《2004—2008 年巴西核能发展规划》中称，在 3—5 年内，巴西本国核工业所需的核燃料要做到完全自给，并有能力向国外出口部分浓缩铀产品。

截至 2011 年巴西拥有两座核发电站，即装机容量为 6.3 亿瓦（630MW）的 Angra-1 和装机容量为 13.5 亿瓦（1350-MW）的 Angra-2。巴西电力公司的子公司国有核电公司运营这两座核电站。第三座装机容量 13.5 亿瓦（1350-MW）的 Angra-3 正在建设中。八月核电公司宣布它正在为巴西的第四座核电站选址。[①]

巴西每年的核能消费自 2001 年到 2009 年基本上在 2.2 百万吨—3.2 百万吨油当量间波动，2010 年以后有所增长，突破 3.3 百万吨油当量，并在 2011 年达到 3.5 百万吨油当量的高值。目前，巴西重启国家核能源发展计划，将在 2022 年前预计投资 130 亿美元建造 7 座核反应堆。7 座反应堆包括被长期推迟建造的 Angra-3 以及其他 2 座大型反应堆和 4 座小一点的反应堆。巴西正逐渐步入"核大国"行列。[②]

（六）煤炭

至 2011 年底，巴西已探明的煤炭储量为 4559 百万吨，占世界总量的 0.5%。巴西辽阔的北部地区煤炭储量还没有进行很好的勘探。巴西许多地区发现了质量不同、数量可观的煤炭层，但是最大、开采成本最低的煤层在巴西的南部。巴西最大的煤矿位于南里奥格兰德州（Rio Grande do Sul）的 Candiota，约占煤炭总储量的四分之一。

巴西煤炭热量低、灰尘大和含硫高的特征使国内煤产量低；巴西的冶金煤主要从美国和澳大利亚进口，国内生产的煤主要用于发

---

① Energy Information Administration USA: Brazil Energy Data, Statistics and Analysis, http://www.eia.doe.gov/emeu/cabs/Brazil/Background.html.

② 周志伟："能源结构合理化　巴西成为'绿色能源国'"，引自 http://ilas.cass.cn/u/zhouzhiwei/｛3B0D68B2-B75A-446B-A970-8199B702A08D｝.pdf。

电。巴西只有一座坑口发电综合体，该地的煤在价格上可以与进口
的煤竞争，有很小的一部分煤出口到阿根廷。巴西国家发展银行
（BNDES）正计划发展本国的煤炭工业，两座新的燃煤发电厂
（Candiota III 和 Jacuí）正在建设中。随着煤炭需求的持续增长，巴
西的煤炭产量从 2004 年的 2.0 百万吨油当量增加到 2011 年的 2.4
百万吨油当量，煤炭的消费则从 2004 年的 12.8 百万吨油当量增加
到 2011 年的 13.9 百万吨油当量。

三、巴西面临的能源问题

（一）能源发展区域不平衡

巴西东南部和南部经济比较发达，能源基础设施比较完善，能
源供应比较充足；但巴西的东北部和北部经济比较落后，同时能源
基础设施也落后，能源供应比较紧张。如何加快能源基础设施建
设，改变东部和北部地区能源基础设施落后的状况，改变能源供给
的地区差异，是巴西政府需要解决的问题。

（二）过度依赖水电

巴西水电发电量为 3809 亿千瓦时，占全年发电量的 83%。水
电虽然是一种对环境和生态影响小得多的清洁能源，但是受天气的
限制较大。2001 年上半年，巴西中北部、东北部地区出现严重干
旱天气，主要水库蓄水量达到近 30 年来最低水位，电力供应危机
随后而至。巴西过于依赖水电，在过去也曾引起不少问题，尤其是
在降雨量小的年份问题更加突出。因此，如何加快实施能源多元化
战略，减少水电在能源结构中的比例，是巴西政府保障能源供给安
全所面临的重大问题。

（三）市场化改革有待进一步推进

1997 年巴西的《石油法》虽然打破了巴西石油公司在石油天
然气领域的垄断地位，但由于巴西石油公司占有巴西绝大部分陆地
和海上石油与天然气油田，再加上多年经营，巴西石油公司实际上
仍然控制着巴西石油和天然气的生产和供给。巴西国家电力公司的
情况与巴西国家石油公司类似，虽然市场化改革打破了它在电力领
域的垄断，但它仍然控制着巴西电力市场。因此，如何进一步推进

能源生产与供给领域的市场改革，引入竞争机制，使更多的企业参与能源市场经济活动，是巴西提高能源效率、增加能源供给所要解决的问题。

第二节　巴西的国家能源政策的演变和发展趋势

巴西自然资源非常丰富、能源资源比较充裕，但受本国能源分布情况、经济政治状况、科技发展水平和国际能源形势变化等因素的影响，不同时期能源战略有不同的侧重点。

一、巴西国家能源政策的演变

（一）石油危机前的能源政策

20 世纪 30 年代，巴西政府在实施工业化计划中就非常重视能源及基础设施的建设，能源和基础设施被认为是国家发展的两个关键因素。20 世纪 50 年代，前总统瓦贾斯（Vargas）建立了巴西国家石油公司（Petrobras），以加强本国石油资源的勘探与开采。为了使不断增长的人口和更广阔的地区有能源供应，巴西能源政策集中于石油和电力的基础设施建设。

（二）石油危机后的能源政策

石油危机后的能源政策主要是推行能源多元化政策和加强地区间的能源合作。20 世纪 70 年代以前巴西的石油几乎全部依赖进口，20 世纪 70 年代的两次石油危机，促使巴西政府推行能源多元化战略，力求能源的自给自足，以确保本国能源的供应安全。为此，巴西政府加大了石油，尤其是海底石油的勘探和开发力度；充分利用本国丰富的水能资源，大力发展水电；开发本国的农业能源资源，推行"乙醇汽油计划"和"国家生物柴油生产和使用计划"。[1]

20 世纪 70 年代石油危机后，巴西将加强地区能源合作作为本

---

[1] See Baker Institute Study：*Critical Issues in Brazil's Energy Sector*，from www. rice. edu/energy/publications/studies/study_24. pdf.

国能源安全的重要战略。为提高能源安全，巴西政府十分重视同邻国的能源合作，尤其是水电、天然气和石油方面的合作。例如，1973 年 4 月，巴西与巴拉圭签订了在巴拉那河上修建伊泰普电站的协议。①

（三）里约热内卢会议后的能源政策

首先，推进能源领域市场化改革。20 世纪 90 年代初期巴西在进行经济改革的同时，加快了贸易自由化和确立了主要国有工业私有化的框架。1993 年，当时的财政部长卡多佐开始推行"雷亚尔计划"以减少和抑制通货膨胀。当这些改革措施在经济的其他领域展开时，能源工业的体制改革和私有化也在进行中：政府借用市场发展能源基础设施，鼓励在电力公用事业中开展竞争；国有公司在能源政策制定和实施中的空间迅速减少；能源部门的财政和准财政的支持被取消，能源公司成为财政部门的重要税源，这促使能源部门寻找新的资金支持。与此同时，化石燃料和电力领域都正经历深刻的结构变化，这些领域的垄断被打破。②

其次，完善能源管理体制。1997 年 8 月巴西通过了《巴西石油工业法》，这部法律限制巴西财政部在巴西国家石油公司的控股比例，并确立了新的能源政策。1997 年 1 月，巴西前总统卡多佐批准了第 9433 号法令，该法确立了国家水资源政策，创建了国家水资源管理体系。2000 年 7 月，巴西根据第 9984 号法令建立了水资源政府监管机构——国家水利署。国家水利署按照一个特别的行政制度以独立机构的形式运作，其使命为发展和完善国家水资源管理体制。③

---

① See Marianne L. Wiesebron：*Brazilian Energy Security Brazil's strategies in the regional context.*

② See Marianne L. Wiesebron：*Brazilian Energy Security Brazil's strategies in the regional context*，and João Lizardo Rodrigues：*Brazilian Energy Policy：Changing Course?*

③ 程雪源：《巴西水电开发状况》，载《中国三峡建设》2007 年第 2 期，第 73 页。

二、巴西国家能源战略的最新发展

（一）大力发展清洁能源

随着国际油价的持续高涨及《京都议定书》开始生效，巴西大力发展清洁能源，把清洁能源列为国家发展战略。巴西政府提出了 2030 年的能源发展计划，提出以清洁能源替代石油作为工业和民用的主要能源，并实行清洁能源多样化，水电、核电、风能、太阳能和生物能源齐头并进，其中生物能源将成为巴西的主要能源。2008 年，巴西开始实施农业能源计划，将农作物转化为可再生的生物能源——乙醇和生物柴油。①

（二）发展科技推动能源发展

发展科技推动能源发展已成为巴西重要的能源战略。目前，巴西的深海石油勘探开采技术和生物乙醇的生产加工技术处于世界领先位置，核电技术也迅速发展，据《2004—2008 年巴西核能发展规划》，在 3—5 年内，巴西本国核工业所需的核燃料将做到完全自给，并有能力向国外出口部分浓缩铀产品。巴西能源多元化战略的实施，能源自给自足目标的实现，无不与其重视能源科技，以科技推动能源发展的战略有关。

2006 年底，巴西能源矿产部制定了《至 2030 年国家能源发展规划》。该规划的主要指导方针是：通过探讨巴西能源部门的开发方案和相关公共政策，为国家能源结构中的下一步计划提供支持；研究世界经济增长趋势与同期巴西的经济增长趋势，以及与可持续发展相关的主要问题；利用不同战略的效果推动巴西与拉美之间的能源融合发展；提高巴西国产商品、服务和技术的使用率；尽快消除输电网络中的现有限制，扩大尚处于起步阶段的石油和天然气管道网络；尽快在全国范围内实现能源供应；重点开发大中型水电站，优化水资源的多种用途；使国家能源结构多样化；制定旨在提

---

① 张川杜：《巴西：清洁能源成为国家发展战略》，引自 http：//www.china5e. com/www/dev/newsinfo/newsview/viewnews-200711200029. html。

高能源效率和环境效益的新政策。①

第三节　巴西能源立法及对中国的启示

一、巴西能源基本法问题

巴西 1967 年颁布的《宪法》规定，"联邦对矿床、矿山和其他矿产资源，以及冶金、森林、狩猎和捕鱼等自然资源活动开展立法"；"联邦对石油、天然气生产、进口、流通或消费活动征税"；"根据法律，在国家领土内对石油的勘查和开采由联邦垄断"。②

巴西还没有一部综合性的能源基本法，但在石油、天然气、电力、核能和可再生能源等领域，已有专门的立法。此外，在有关矿产资源开发、水力资源利用和环境保护等法律规范中有一些规定涉及能源的开发利用。值得注意的是，1997 年 8 月通过的《巴西石油工业法》不仅确立了巴西国家能源政策的目标，还规定了巴西国家能源政策委员会和国家石油、天然气和生物能源局（NAP）的设立及其职能，在一定程度上起到了能源基本法的作用。

二、巴西专门的能源立法

巴西专门的能源立法主要分布在石油、天然气、水电、核能和可再生能源等专门领域。

（一）石油天然气

1997 年 8 月 6 日根据 9478 号法令通过的《巴西石油工业法》（以下简称《石油法》），是巴西石油天然气领域的基本法。这个基本法律涵盖了石油、天然气的权属、勘探开发、炼油、运输、进出口和销售，以及管理机构及其职能等该领域的所有方面。该法的主

---

① 程雪源：《巴西水电开发状况》，载《中国三峡建设》2007 年第 2 期，第 77 页。

② 付庆云：《国外能源矿产资源法律体系》，载 http：//www.lrn.cn/zjtg/academicpaper/200909/t20090923_415274.htm.

要内容如下：

1. 国家能源政策的原则与目标

《石油法》的第一章，从十二个方面规定了国家能源政策的原则与目标。《石油法》规定的巴西国家能源政策的原则与目标是：维护国家利益；促进和扩大劳动就业市场，创造能源价值；在价格、质量和产品供给方面保护消费者利益；保护环境和促进能源储备；按联邦宪法第 177 条第 2 款规定确保巴西国土内石油产品的供应；在经济可行的基础上促进天然气的使用；确立最有效的办法解决不同地区电力的供应；利用新技术，经济可行地使用替代性能源；促进自由竞争；吸引能源生产方面的投资；增强国家在国际市场上的竞争力；在经济、社会和环境允许的条件下，提供生物燃料在国家能源结构中的比例。①

2. 管理体制

《石油法》第二章、第四章和第九章分别对国家能源政策委员会、国家石油管理局和国家石油公司的地位及其职能进行了规定。巴西国家能源政策委员会负责制定包括石油天然气在内的能源政策，其对共和国总统负责，由矿业能源部部长主持工作。巴西国家石油管理局是巴西石油行业的具体监督管理部门，负责石油天然气领域的规则制定、经济活动监管、油气田的规划和招标等事务，隶属巴西矿业能源部。《石油法》规定石油管理实行政企分开，打破了巴西石油公司对石油天然气领域长达 40 多年的垄断。

3. 权属规定

《石油法》第三章及第五章第一节的规定，巴西领土内包括陆地、领海、大陆架和专属经济区的石油、天然气和流体碳氢化合物燃料等储备资源均归联邦政府所有；巴西领土内的石油、天然气勘探、开采和生产的全部权利归巴西联邦政府，具体业务委托巴西全国石油管理局管理。

4. 生产经营活动管理

---

① The Regulation Of The Petroleum Industry In Brazil, Chapter I: On The Principles And Objectives Of The National Energy Policy.

《石油法》第五、六、七、八章分别对石油天然气的勘探生产、提炼加工、运输、进出口等生产经营活动进行了规定。这几章的主要内容包括：石油天然气勘探、开发生产活动应按本法通过准予特许合同和招标进行，国家石油管理局划定地区进行招标和签订准予特许合同；任何在巴西从事石油天然气提炼加工、运输、进出口等生产经营活动的企业必须具备相应的资质条件，并经国家石油管理局批准。

5. 过渡安排

鉴于对国家石油、天然气行业的管理进行了较大的调整，《石油法》第十章专门规定了"过渡和最终安排"，以减缓行业管理的巨变对整个行业带来的不利冲击。其主要内容有：石油、基础石油产品及天然气的价格在 3 年内仍由国家控制，国家石油管理局在 5 年内向国内私有炼油厂提供经营和经济方面的条件，同时炼油厂也必须向国家石油管理局提交技术改造和扩能计划等。[1]

涉及石油天然气的法律规范还有：《矿业和页岩管理法规》（1965 年）；《石油化工工业管理总统令》（1965 年）；《烃类矿物资源法》（1997 年）；《勘探开发和生产石油和/或天然气标准租让合同》（1998 年）；《国家石油局关于特别分享报酬的行政规定》（1999 年）；《国家石油局和受让人勘探开发石油和天然气标准租让协议》（2000 年）。[2]

（二）电力

为推动电力领域的重组和私有化，巴西从 1995 年至 2000 年先后颁布了 10 多项法令，逐步建立起新的电力工业管理体制。

1. 管理体制

电力管理的最高部门是国家能源政策委员会，下设矿产能源部

---

[1] The Regulation Of The Petroleum Industry In Brazil, Chapter I: On The Principles And Objectives Of The National Energy Policy.

[2] 参见资源网：　"巴西矿产和能源部"，引自 http://big5.lrn.cn/ organization/international/internationalminingmanagementorg/200611/t20061116 2244.htm。

和能源秘书。能源秘书领导一个规划机构，负责提出电力发展规划，指导电力工业发展。根据 9427 号法令国家电力局（ANNEL）于 1996 年 12 月成立，是巴西的国家电力监管机构，负责电力市场技术和经济方面的监管工作，颁发电力企业经营许可证，规范电力市场价格。1998 年 10 月巴西国家电力系统运行局（ONS）成立，其主要职责是运行国家联网系统，管理国家输电网络。主要目的是保持由于协调运行可以得到的综合效益和保证电能供应质量，为电力行业各机构之间的公平和公正竞争创造条件。

2. 电力市场管理

20 世纪 90 年代，巴西政府鼓励在电力公用事业中开展竞争。州与联邦电力公用事业公司私有化，发电、输电和配电部门分离。1995 年，政府制定了新的电力公用事业服务特许权规则（9074 号法令）承认独立的电力厂商，让主要消费者摆脱了公用事业公司的垄断。1998 年，电力批发市场建立，负责电力市场参与者之间的电力交易和结算，开展自由的电力议价。所有的发电公司、电力批发商、小型用户、配电公司，以及伊泰普水电站的代理商等，可以通过电力批发市场实现售电，也可以相互之间直接售电。① 2004 年，巴西通过能源立法改变电力生产和输送的结构。

3. 有关环境保护的规定

涉及电力部门项目环境许可制度的主要法律文件为 1981 年 8 月 31 日颁布的《6938 法令》，该法确立了国家环境政策；此外，这方面的主要法律文件还有国家环境委员会颁布的决议。

1986 年巴西国家电力工程公司内设立了环境咨询理事会；1987 年成立了电力部门协调委员会，其主要任务是制定并执行电力部门环境政策；成立了技术、社会与环境委员会以及电力系统扩张规划协调委员会；2001 年 9 月成立了国家能源政策理事会环境委员会。

根据上述法令和决议的规定，任何一座新的发电站开工之前都

---

① 张勇：《浅析巴西的电力体制改革》，载《拉丁美洲研究》2004 年第 6 期。

必须进行环境影响评价。电力项目的环境许可证申领程序要求业主进行环境影响评价，并举行听证会。电力项目必须获取以下许可证：初始许可证——在活动或项目的规划初期颁发，对工程选址和设计给予批准，并证明项目在环保上是可行的；安装许可证——准许开工；运营许可证——准许活动或项目的运营，运营许可证可以续签，取决于颁证机关的审批。[①]

（三）核能

1962 年制定的《国家核能政策法》是巴西主要的核能立法，该法于 1989 年与 1999 年分别进行了修订。1974 年巴西成立了国家核能委员会（CNEN），它负责放射性废物的管理与处置。2001 年 11 月 20 日生效的《10308 号法令》，规定了放射性废物处置场的选址、建设与运营、许可证的颁发以及赔偿、民事责任和担保。[②]

巴西的核能监督管理机构是国家核能委员会下属的放射性物品保护与安全理事会（DRS）。它负责所有核设施许可证的颁发和监管。巴西的环境保护部门也参与核设施许可证的颁发。CNEN 最初向总统战略事务秘书（the Presidential Secretary for Strategic Affairs）报告工作，后改为向科技部报告。核能计划合作与保护委员会（Nuclear Program Co-ordination and Protection Commission）是与核能有关的所有组织的代表，并向地方政府和其他利益相关者开放。[③]

（四）可再生能源

1. 有关乙醇燃料的规定

1975 年，巴西颁布法令并授权石油公司在汽油中按一定比例添加乙醇，1991 年再次颁布法令，规定在全国加油站的汽油中添加 20%—24% 的乙醇。巴西联邦法律明确规定，联邦一级的单位

---

① 程雪源：《巴西水电开发状况》，载《中国三峡建设》2007 年第 2 期，第 77 页。

② IAEA：Country Nuclear Power Profiles，from http：//www-pub. iaea. org/MTCD/publications/PDF/cnpp2003/CNPP _ Webpage/countryprofiles/Brazil/Brazil2003. htm.

③ See Nuclear Power in Brazil，from http：//www. uic. com. au/nip95. htm.

购、换轻型公用车时，必须使用包括乙醇燃料在内的可再生燃料车。[1]

2. 有关生物柴油的规定

2004 年 12 月，巴西政府提出"国家生物柴油生产和使用计划"，并成立部际执行委员会，由总统府民事办公室牵头协调。2005 年 1 月 13 日，巴西公布了第 11097 号法令，即在巴西能源框架中引入生物柴油作出了强制性规定，规定巴西燃料油须强制性添加一定比例的生物柴油，从法律颁布 3 年后开始实行 2% 的过渡性添加比例；8 年后燃料油中生物柴油添加比例达到 5%。2005 年 5 月 18 日，巴西颁布了第 11116 号法令，规定了对以各种油料作物为原料的生物柴油的免税和减税比例，以促进生物柴油的生产。鉴于家庭小农业生产的弱势地位，规定家庭农业生产者种植生物柴油原料作物，可享受特殊的免税待遇。[2]

三、巴西能源政策与立法对中国的启示

（一）制定富有资源特色的能源政策

利用本国的农业优势，大力发展生物能源是巴西最富特色的能源政策。经过 30 多年的努力，巴西已成为以甘蔗为基础的乙醇生产和利用的全球领导者，是世界上最大的乙醇生产和出口国之一，是世界上唯一不供应纯汽油的国家。世界可再生能源消费仅占总能源消费的 14%，而巴西占 45%。[3] 2004 年，巴西出口燃料乙醇 19 亿升，2005 年增加到 21 亿升，2006 年达到 28 亿升，呈逐年增加之势。[4] 据估计到 2013 年，巴西乙醇燃料的年产量将扩大到 350

---

[1]　王威：《再生能源战略的成功典范之巴西乙醇发展战略》，载《国土资源情报》2007 年第 7 期。

[2]　资源网：《巴西三位一体的生物柴油战略》，引自 http：//www.lrn.cn/bookscollection/reports/200710/t20071023_160334.htm，2012 年 4 月 5 日浏览。

[3]　刘学敏：《巴西使用生物质能源的启示》，http：//www.118power.com/news/detail/7755854.html。

[4]　王威：《再生能源战略的成功典范之巴西乙醇发展战略》，载《国土资源情报》2007 年第 7 期。

亿升，其中约 100 亿升将用于出口。① 巴西在可再生能源，尤其是生物能源上取得的成就，与其特有的生物能源发展战略和政策密不可分。

巴西的能源安全战略、能源多元化战略、清洁能源发展战略和科技推动能源发展战略，都把开发利用生物能源作为重点。1975年，为了减少对石油的依赖，巴西政府推出了"乙醇汽油计划"，大力发展生物乙醇以替代石油。2004 年 12 月，巴西政府提出"国家生物柴油生产和使用计划"，大力发展生物柴油。在政府的能源政策中，生物柴油上升到了与乙醇能源同等重要的地位。2008 年实施的巴西农业能源计划，进一步促进了农作物转化为乙醇和生物柴油。②

（二）综合运用强制性和诱导性法律措施落实能源目标

巴西《石油法》第一章明确规定了国家能源政策的目标与原则，为能源领域的管理活动和生产经营活动提出了要求和指明了方向。由于能源发展战略与政策是一国能源开发利用的指导方针和长远目标，在能源基本法中明确能源发展战略与政策，对于确定能源发展的重点、指导能源专门法的立法和能源管理体制构建都具有重要的意义。因此，我国未来的能源基本法中应当明确能源发展的战略与政策。

为了落实发展生物能源的战略与政策，巴西颁布了很多法令。这些法令中既有强制性的推动手段，又有经济上的利导措施。强制性的规定有：1991 年颁布的法令规定全国加油站的汽油中必须添加 20%—24% 的乙醇；2005 年颁布的第 11097 号法令规定 3 年后燃料油中生物柴油的添加比例应达到 2%，8 年后达到 5%，等等。利导性的规定有：从 1982 年开始，巴西对乙醇燃料汽车减征 5%的工业产品税；使用乙醇燃料的残疾人交通工具和出租车免征工业

---

① 欧阳晓光：《巴西生物质能源发展情况概览及启示》，引自 http://www.china5e. com/www/dev/newsinfo/newsview/viewnews-200801070115. html。

② 张川杜：《巴西：清洁能源成为国家发展战略》，引自 http://www.china5e. com/www/dev/newsinfo/newsview/viewnews-200711200029. html。

产品税;① 2005 年颁布的 11116 号法令规定,给予种植生物柴油原料作物的家庭农业生产者以特殊的免税待遇。②

此外,农民种植甘蔗可享受法定农业专项低息贷款。同时巴西政府还注重利用外资,吸引外国大型金融机构在当地设立分支机构,让农民从国际金融机构得到贷款。在生产乙醇方面,巴西政府通过补贴、设置配额、统购乙醇,以及运用价格和行政干预手段,鼓励使用乙醇燃料,并协助企业从世界银行等国际金融机构获取贷款。③ 为鼓励生产生物柴油和原料种植,国家经济社会开发银行设立专项信贷,为生物柴油企业提供 90% 的融资信贷。联邦政府设立新的信贷资金,鼓励家庭农场种植向日葵和油棕榈等生物柴油原料作物。④

（三）通过立法建立完善的能源管理体制

依据《石油法》和其他法律,巴西已建立比较完善的能源管理体制:国家能源政策委员会是巴西能源领域的最高决策机构;矿产能源部是巴西能源领域的统一管理部门;国家矿业生产局、国家石油管理能源局、国家电力局和国家核能委员会或内设或挂靠在矿产能源部下,在各自的领域履行自己的职责。完善的能源管理体制是实现国家能源战略与政策、执行能源法律的制度保证。因此,有必要通过立法完善我国的能源管理体制。我国的能源法律应当推动建立一个统一管理与专门管理相结合的能源管理体制,即有一个类似于巴西矿产能源部的能源统一管理部门,在其下再设石油天然气管理局、煤炭管理局、电力管理局和可再生能源管理局等专门的能源管理部门。

---

① 王威:《再生能源战略的成功典范之巴西乙醇发展战略》,载《国土资源情报》2007 年第 7 期。

② 资源网:《巴西三位一体的生物柴油战略》,引自 http://www.lrn.cn/bookscollection/reports/200710/t20071023_160334.htm。

③ 王威:《再生能源战略的成功典范之巴西乙醇发展战略》,载《国土资源情报》2007 年第 7 期。

④ 张川杜:《巴西:清洁能源成为国家发展战略》,引自 http://www.china5e.com/www/dev/newsinfo/newsview/viewnews-200711200029.html。

（四）推动能源领域的市场化改革

20 世纪 90 年代以后，巴西注重运用法律的手段推行能源领域的市场化改革。例如，《石油法》规定石油管理实行政企分开，国家石油管理局的设立打破了巴西石油公司对石油天然气领域长达 40 多年的垄断；第 9074 号法令承认独立的电力厂商，让主要消费者摆脱了公用事业公司的垄断；根据第 9427 号法令设立的国家电力局，改变了巴西国家电力公司在电力领域政企不分的状况。能源领域的市场化改革，可以打破行业垄断，吸引更多资本和企业参与能源的开发利用；有利于促进能源技术的发展和提高能源的使用效率。因此，"鼓励竞争，破除垄断"的理念和相应规定，应当体现和出现在我国未来的能源法律规范中。

（五）运用财税措施推动新能源和新技术的发展

巴西的能源法律规范有不少涉及用财税上的优惠措施推动新能源和新技术的发展。如种植甘蔗的农民可享受法定农业专项低息贷款，对乙醇燃料汽车减征 5% 的工业产品税，对以各种油料作物为原料的生物柴油予以免税和减税等。我国能源结构中，新能源所占比重很小，而新能源和新技术的开发和推广需要大量的资金投入。如何通过法律上的财税安排，推动我国新能源与新技术的开发和利用，是我国未来能源立法必须解决的问题。当然，技术手段的提高和应用，也是巴西生物能源取得成功的必要保障。巴西 30 年来已经投入了数十亿美元来开发和推广使用乙醇燃料。长期以来，巴西重视培育和推广甘蔗优良品种，加强对蔗农进行技术指导。目前，国际上每公顷产甘蔗约 70 吨，而巴西的产量要多出 10 吨以上。巴西甘蔗含糖率为 14%—15.5%，高于国际平均水平的 12.5%。此外，经过近 30 年对乙醇燃料的研发和应用，巴西已培养出一批专业科技人才队伍，掌握了成熟的乙醇生产和提炼技术及乙醇汽车制造技术，建立了完善的乙醇动力机械体系和运输、分销网络。①

---

① 王威：《再生能源战略的成功典范之巴西乙醇发展战略》，载《国土资源情报》2007 年第 7 期。

（六）法律具有较强的可操作性

巴西的能源法律规范中，既有宏观方面的有关国家能源战略和政策的规定，又有大量具体可操作的微观性规定。例如，《石油法》第五章第六节对石油天然气特许合同收入在国家和地方之间以及各部门之间的分配比例进行了详细的规定；2005 年颁布的第11097 号法令对燃料油中生物柴油的添加比例及其实现年限作了具体规定。我国的能源立法也应当注重法律规范的可操作性和可执行性，避免因大而空而使法律丧失应有的规范和约束功能。

第八章

中国能源政策和立法概论

第一节　中国能源情况和主要的能源问题

一、中国能源发展现状

改革开放以来，中国能源工业快速增长，实现了煤炭、电力、石油天然气、可再生能源和新能源的全面发展，为保障国民经济长期平稳较快发展和人民生活水平持续提高作出重要贡献。我国能源发展现状的特点可以概括如下。①

第一，供应保障能力显著增强。2011 年，中国一次能源生产总量达到 31.8 亿吨标准煤，居世界第一。其中，原煤产量 35.2 亿吨，原油产量稳定在 2 亿吨，成品油产量 2.7 亿吨。天然气产量快速增长，达到 1031 亿立方米。电力装机容量 10.6 亿千瓦，年发电

---

① 摘引自 2012 年 10 月国务院新闻办公室发布的《中国的能源政策（2012）》白皮书。

量 4.7 万亿千瓦时。能源综合运输体系发展较快。石油管线长度超过 7 万公里，天然气主干管线长度达到 4 万公里。电网基本实现全国互联，330 千伏及以上输电线路长度 17.9 万公里。国家石油储备一期项目建成，能源应急保障能力不断增强。作为世界第一大能源生产国，中国主要依靠自身力量发展能源，能源自给率始终保持在 90% 左右。

第二，能源节约取得成效。1981—2011 年，中国能源消费以年均 5.82% 的速度增长，支撑了国民经济年均 10% 的增长。2006—2011 年，万元国内生产总值能耗累计下降 20.7%，实现节能 7.1 亿吨标准煤。实施锅炉改造、电机节能、建筑节能、绿色照明等一系列节能改造工程，主要高耗能产品的综合能耗与国际先进水平差距不断缩小，新建的有色、建材、石化等重化工业项目能源利用效率基本达到世界先进水平。淘汰落后小火电机组 8000 万千瓦，每年可由此节约原煤 6000 多万吨。2011 年，全国火电供电煤耗较 2006 年降低 37 克标准煤/千瓦时，降幅达 10%。

第三，新能源和可再生能源快速发展。2011 年，全国水电装机容量达到 2.3 亿千瓦，居世界第一。已投运核电机组 15 台、装机容量 1254 万千瓦，在建机组 26 台、装机容量 2924 万千瓦，在建规模居世界首位。风电并网装机容量达到 4700 万千瓦，居世界第一。光伏发电增长强劲，装机容量达到 300 万千瓦。太阳能热水器集热面积超过 2 亿平方米。积极开展沼气、地热能、潮汐能等其他可再生能源推广应用。非化石能源占一次能源消费的比重达到 8%，每年减排二氧化碳 6 亿吨以上。

第四，能源科技水平迅速提高。建成了比较完善的石油天然气勘探开发技术体系，复杂区块勘探开发、提高油气田采收率等技术在国际上处于领先地位。3000 米深水钻井平台建造成功。千万吨炼油和百万吨乙烯装置实现自主设计和制造。具有世界先进水平和自主知识产权的煤炭直接液化和煤制烯烃技术取得突破。全国采煤机械化程度达到 60% 以上，井下 600 万吨综采成套装备全面推广。百万千瓦超临界、大型空冷等大容量高参数机组得到广泛应用，70 万千瓦水轮机组设计制造技术达到世界先进水平。基本具备百万千瓦级压水堆核电站自主设计、建造和运营能力，高温气冷堆、快堆技术研发取得重大突破。3 兆瓦风电机组批量应用，6 兆瓦风电机组成功下线。形成了比较完备的太阳能光伏发电制造产业链，光伏电池年产量占全球产量的 40% 以上。特高压交直流输电技术和装备制造水平处于世界领先地位。

第五，能源普遍服务水平提高，民生用能条件大为改善。与 2006 年相比，2011 年中国人均一次能源消费量达到 2.6 吨标准煤，提高了 31%；人均天然气消费量 89.6 立方米，提高了 110%；人均用电量 3493 千瓦时，提高了 60%。建成西气东输一线、二线工程，全国使用天然气人口超过 1.8 亿。实施农村电网改造升级工程，使农村用电状况发生了根本性变化。青藏联网工程建设成功，结束了西藏电网孤网运行的历史。推进无电地区电力建设，解决了 3000 多万无电人口的用电问题。在北方高寒地区建设了 7000 万千瓦热电联产项目，解决了 4000 多万城市人口的供暖问题。然而目前人均能源消费水平还比较低，仅为发达国家平均水平的三分之一，未来中国能源消费将持续增长。

未来 50 年，中国面临全面建设小康社会并逐步向富裕社会过渡，基本实现现代化的长期任务。从目前环境与发展的长期趋势来看，威胁中国经济社会持续稳定发展和国家环境安全的一些问题仍然很突出，环境质量与公众的要求和全面建设小康社会的要求还有很大的差距。

二、中国主要能源问题

第一，消费需求不断增长，能源安全形势严峻。我国拥有常规能源资源的总储量较为丰富，但是我国人口众多，人均能源相对不足。按可采储量测算，人均常规能源资源占有量相当于世界平均水平的二分之一；人均能耗及人均用电量都大大低于世界平均水平。随着国民经济平稳较快发展，城乡居民消费结构升级，石油、天然气等能源可靠和合理供应的安全保障面临严重挑战。近年来能源对外依存度上升较快，特别是石油对外依存度从 20 世纪初的 32% 上升至目前的 57%。石油海上运输安全风险加大，跨境油气管道安全运行问题不容忽视。国际能源市场价格波动增加了保障国内能源供应难度。中国能源储备规模较小，应急能力相对较弱，能源安全形势严峻。

第二，能源环境问题日趋严重，制约了经济社会发展。我国以煤为主的能源消费结构和比较粗放的经济增长方式，带来了许多环境和社会问题，经济社会可持续发展受到严峻挑战。因为煤炭属于非清洁能源，是形成环境污染的一个极为不利因素，所以煤炭消费在一次能源消费结构中所占的比例高势必对环境造成越来越大的压力。在我国目前主要的大气环境污染中，一半以上的总悬浮颗粒物、二氧化硫、氮氧化物以及燃烧产生的二氧化碳均来自煤炭。城市的环境污染进一步加剧，并开始向农村蔓延，大量耕地被占用和破坏，水资源污染严重，有害重金属排放量大，臭氧及细颗粒物（PM2.5）等污染加剧。未来相当长时期内，化石能源在中国能源结构中仍占主体地位，保护生态环境、应对气候变化的压力日益增大，迫切需要能源绿色转型。

第三，能源资源分布不均。我国能源分布很不均衡，能源资源，能源生产与经济布局不够协调。能源资源丰富的西部地区远离人口集中，经济发达的东南沿海地区，这就大大增加了能源运输的压力。因此，按照资源优化配置的客观需求，北煤南运，西电东送，西气东输将是长期的格局。寻求开发新能源和可再生能源，实施能源多元化战略对于我国的能源生产领域具有特别重要的意义。

第四，能源效率亟待提高，节能降耗任务艰巨。与国际先进水平比较，中国能源效率还有很大差距。中国单位国内生产总值能耗不仅远高于发达国家，也高于一些新兴工业化国家。能源密集型产业技术落后，第二产业特别是高耗能工业能源消耗比重过高，钢铁、有色、化工、建材四大高耗能行业用能占到全社会用能的40%左右。能源效率相对较低，单位增加值能耗较高。我国尚处在工业化、城镇化加快发展的历史阶段，高耗能产业在经济增长中仍将占有较大比重，转变能源生产和消费模式，提高能源效率，减少能源消耗，是一项长期而艰巨的任务。

第五，农村能源问题日趋突出。农村能源存在的主要问题，一是生活用能商品化程度偏低。二是地区发展不平衡，西部农村普遍存在能源不足问题，东中部山区和贫困地区用能状况也需要进一步改善，全国尚有1000多万无电人口。加快农村能源建设，改善农村居民生产生活用能条件，是建设社会主义新农村的必然要求。目前，全国农村生活用能的三分之二要依靠薪柴和秸秆。生活用能严重短缺，农村缺乏煤炭、石油和天然气等化石能源，主要依靠生物质能。过度地燃烧薪柴会造成大面积植被破坏，引起水土流失和土壤质量降低等生态环境问题。①

第六，市场体系不完善，应急能力有待加强。中国能源市场体系有待完善，能源价格机制未能完全反映资源稀缺程度、供求关系和环境成本。能源资源勘探开发秩序有待进一步规范，能源监管体制尚待健全。煤矿生产安全欠账比较多，电网结构不够合理，石油储备能力不足，有效应对能源供应中断和重大突发事件的预警应急体系有待进一步完善和加强。

第二节　中国能源战略演变

一、改革开放前的能源战略

自新中国成立后到改革开放前，中国没有明确提出过能源战略，但是此时期在能源发展方面体现了开源战略思想，即能源是国民经济发展的重要物质条件，经济要发展，能源也要发展，经济发展多，能源生产也必须多。一个突出的事例就是在资源税费方面，改革开放前，我国采用资源产品低价政策来补贴重工业发展，政府免费将开矿权给予国有矿山企业。②

---

① 鄂勇、伞成立：《能源与环境效益》，化学工业出版社2006年版，第13页。

② 肖乾刚、肖国兴：《能源法》，法律出版社1996年版，第40页。

二、改革开放后能源战略

（一）开发与节约并举，提高效率，节能优先

此时期是改革开放后到 1994 年《中国 21 世纪议程》的颁布之前。在 20 世纪 80 年代初，中国制定了"开发与节约并重，近期把节约放在首要位置"的能源发展方针；在 20 世纪 80 年代中期提出以效益为核心的能源开发利用战略和以电力为中心的能源消费结构调整战略；在 20 世纪 90 年代，进一步将各项方针具体化，进一步强调了能源发展的总方针，即开发与节约并举，把节约放在首位：在能源开发方针方面，以电力为中心，以煤炭为基础，积极开发油气，重视开发新能源和可再生能源；在煤炭工业发展方针方面，在不断提高煤炭经济效益的前提下，增加产量，提高质量，多种经营，积极出口；在石油工业发展方针方面，以经济效益为中心，快增储量，稳步增长，充分利用国际资源，满足国内需求；在电力工业发展方针方面，以火电为主，水火电并举，适当发展核电，同步发展电网，提高电力经济效益；在新能源可再生能源发展方针方面，因地制宜，多能互补，综合利用，讲究效益；在能源节约方针方面，以广义节能为基础，以工业节能为重点；在能源进出口方针方面，以市场为导向，以经济效益为中心，有进有出，多出口煤炭，多进口石油，进出口多元化；在能源运输方针方面，以煤炭运输为重点，输煤、输电、输油气并进，充分发挥铁、水运、管道等多种运输方式的优势，发展综合运输系统。①

（二）能源可持续战略

这个时期是从 1994 年《中国 21 世纪议程》的发布到 21 世纪初。《中国 21 世纪议程》在序言中指出：制定和实施《中国 21 世纪议程》，走可持续发展之路，是中国在未来和 21 世纪 发展的自身需要和必然选择。其第十三章标题是"可持续的能源生产与消费"，总体目标是通过加强能源综合规划与管理，制定和实施与市

---

① 参见《改革开放后能源政策变化历程》，http://finance.ce.cn/dissertation/macro/nengyuan/index.shtml，2008 年 3 月 12 日访问。

场经济体制相适应的政策法规体系，开发和推广先进的、于环境无害的能源生产和利用技术，提高能源效率，合理利用能源资源，减少环境污染，实现能源工业的可持续发展，满足社会和经济发展的需要。①

2004 年通过的《中国能源中长期发展规划》、《节能中长期专项规划》、2007 年发布的《能源发展"十一五"规划》，总的指导方针是贯彻落实节约优先、立足国内、多元发展、保护环境、加强国际互利合作的能源战略，努力构筑稳定、经济、清洁的能源体系，以能源的可持续发展支持我国经济社会可持续发展。

2007 年 12 月中国政府对外发布了《中国的能源状况与政策》白皮书，从国家层面宣传了我国目前既定的能源战略、方针、政策。之前，中国政府曾在 1995、1997 年发布过《中国能源》（白皮书），但均类似于年度发展报告，而且是以部门名义发布的。2007 年白皮书指出，中国能源发展坚持节约发展、清洁发展和安全发展。坚持发展是硬道理，用发展和改革的办法解决前进中的问题。落实科学发展观，坚持以人为本，转变发展观念，创新发展模式，提高发展质量。坚持走科技含量高、资源消耗低、环境污染少、经济效益好、安全有保障的能源发展道路，最大限度地实现能源的全面、协调和可持续发展。同时，白皮书还指出，顺应历史发展趋势，借鉴国际经验，中国的发展不能以浪费资源和污染环境为代价，只能走科学发展道路，即走经济效益好、科技含量高、资源消耗低、环境污染少的能源发展道路。重申未来中国能源发展战略的基本内容是：坚持节约优先、立足国内、多元发展、依靠科技、保护环境、加强国际互利合作，努力构筑稳定、经济、清洁、安全的能源供应体系，以能源的可持续发展支持经济社会的可持续发展。这些能源发展战略是中国建设现代能源体系的必由之路，是中国能源实现科学发展的必然要求。

2012 年国家相继发布了《煤炭工业发展"十二五"规划》、

---

① 参见《中国 21 世纪议程》，http://www.acca21.org.cn/cchnwp1.html，2008 年 3 月 12 日访问。

《可再生能源发展"十二五"规划》、《太阳能发电"十二五"规划》、《页岩气发展规划》（2011—2015年）、《煤层气（煤矿瓦斯）开发利用"十二五"规划》、《能源发展"十二五"规划》、《核电安全规划》（2011—2020年）和《核电中长期发展规划》（2011—2020年），以及《中国的能源政策》（2012）白皮书。

　　2012年《能源发展"十二五"规划》提出，"十二五"时期，要加快能源生产和利用方式变革，强化节能优先战略，全面提高能源开发转化和利用效率，合理控制能源消费总量，构建安全、稳定、经济、清洁的现代能源产业体系。重点任务是：（1）加强国内资源勘探开发。安全高效地开发煤炭和常规油气资源，加强页岩气和煤层气勘探开发，积极有序地发展水电和风能、太阳能等可再生能源。（2）推动能源的高效清洁转化。高效清洁地发展煤电，推进煤炭洗选和深加工，集约化发展炼油加工产业，有序发展天然气发电。（3）推动能源供应方式变革。大力发展分布式能源，推进智能电网建设，加强新能源汽车供能设施建设。（4）加快能源储运设施建设，提升储备应急保障能力。（5）实施能源民生工程，推进城乡能源基本公共服务均等化。（6）合理控制能源消费总量。全面推进节能提效，加强用能管理。（7）推进电力、煤炭、石油、天然气等重点领域改革，理顺能源价格形成机制，鼓励民间资本进入能源领域。推动技术进步，提高科技装备水平。深化国际合作，维护能源安全。

　　《中国的能源政策》（2012）白皮书全面介绍了中国能源发展现状、面临的诸多挑战以及努力构建现代能源产业体系和加强能源国际合作的总体部署。白皮书提出，依据《国民经济和社会发展第十二个五年规划纲要》，到"十二五"末，中国非化石能源消费占一次能源消费比重将达到11.4%，非化石能源发电装机比重达到30%；单位国内生产总值能源消耗比2010年降低16%，单位国内生产总值二氧化碳排放比2010年降低17%；"十二五"时期，中国坚持集中开发与分布式利用相结合，推进太阳能多元化利用，到2015年，中国将建成太阳能发电装机容量2100万千瓦以上，太阳能集热面积达到4亿平方米。白皮书指出，到2020年中国非化石能源占一次能源消费比重将达到 15% 左右，单位国内生产总值二氧化碳排放比 2005 年下降 40%—45%。

第三节　中国能源立法

一、国家能源立法体系和模式

新中国成立以来，特别是从 20 世纪 80 年代初期到目前，我国能源立法已经粗具规模。1994 年《中国 21 世纪议程》更是提出了可持续的能源生产和消费的目标及行动方案，成为推动中国可持续能源战略实施的指导性文件。中国能源立法已经取得较大成绩，《煤炭法》、《电力法》、《节约能源法》、《可再生能源法》等法律以及一大批关于能源的行政法规和政策性文件已经颁布实施，为提高能源利用效率、避免或减轻能源开发利用对环境的不良影响提供了有效的法律保障，中国能源法律法规的框架初步形成。

虽然我国能源法律体系的雏形已经初步构建起来，但从完善的法律体系的要求看还存在诸多问题。通过对现行能源法律体系的梳理分析，总体上看它主要存在四大缺陷，即：结构性缺陷、内容性缺陷、配套性缺陷和协调性缺陷。所谓结构性缺陷，主要表现在能源领域的综合性、基础性法律缺失；能源法子体系不完整，石油、天然气、原子能等领域的能源单行法律缺位，也缺少能源公用事业法。所谓内容性缺陷，主要体现在部分能源法律、法规与能源改革方向不相适应。另外，现行法律、法规存在诸多立法空白，除新颁行的《可再生能源法》以及新近修订重新颁布的《节约能源法》之外，其他法律已经不适应社会主义市场经济体制的客观需要，亟待修订。所谓配套性缺陷，主要表现在现行能源单行法律普遍存在操作性差的问题，需要大量法规和规章配套才能实施，一些法律明确规定要制定的行政法规，或是因为无人组织起草，或是因为跨部门协调比较困难，或是因为主要负责的部门机构被撤并等原因，长期不能出台。所谓协调性缺陷，表现在我国现有的能源立法，特别是规章一级的立法，应急性强，缺乏对整个能源法体系架构的总体设计、规划与安排，导致能源法律体系内部系统性、条理性差，能源法律法规之间衔接性差，甚至存在抵触和冲突。而且，我国的能源法律与其他相关法律之间也缺乏配合与协调。①

一般认为，我国应当建立起一个以能源基本法为统领，以煤炭法、电力法、石油天然气法、原子能法、节约能源法、可再生能源法、能源公用事业法为主干，以国务院和地方制定的行政法规和能源行政规章相配套，结构严谨、内容和谐、形式统一的，能够保障国家能源安全和可持续发展的，有中国特色的能源法律体系。

2007年我国《能源发展"十一五"规划》提出，"十一五"期间要加快修订《煤炭法》、《电力法》、《节约能源法》（已修订），制定《能源法》、《石油天然气法》和《国家石油储备管理条例》等法律法规。

2012年《中国的能源政策》白皮书提出，应当完善我国能源法律制度，为规范能源市场、保护生态环境、维护能源安全提供法律保障。目前应当加快研究论证制定《能源法》国家法律，制定石油储备、海洋石油天然气管道保护、核电管理等方面的行政法规，修改完善《煤炭法》、《电力法》等现行法律法规，推进石油天然气、原子能等领域的立法工作。

二、能源基本法

我国现行的能源立法从法律体系的要求看还存在诸多问题，其中突出的问题就是能源基本法的缺位，制度的协调性不够。一些事关促进能源结构合理化、保障能源供需平衡、提高能源综合利用效率、扩大能源的清洁开发利用等能源宏观大局的制度，如果不用基本法律的形式规定下来，能源法治将仍然只是一个美好目标。这是因为，这些能源制度是在各种能源形式、能源环节都发挥作用的能源基本法律制度。通过能源基本法律的形式规定下来，既可以突显能源基本政策及其法律制度的地位、作用，也可以改变目前仅靠能

---

① 叶荣泗、吴钟瑚：《中国能源法律体系研究》，中国电力出版社2006年版，第14-20页。

源单行法律创设制度所导致的制度重复、不协调以至冲突的现状，还可以提高能源立法的效率。从这个意义上讲，尽管目前有若干单行的能源法律，但制定作为能源基本法的《中华人民共和国能源法》的必要性是显而易见的。①

我国综合性能源法的起草工作自 2006 年初正式启动以来，经过将近两年的研究和起草，数易其稿，反复修改，已经于 2007 年 10 月中旬形成征求意见稿。《能源法》（2007 年征求意见稿）共分 15 章 140 条，包括总则、能源综合管理、能源战略与规划、能源开发与加工转换、能源供应与服务、能源节约、能源储备、能源应急、农村能源、能源价格与财税、能源科技、能源国际合作等。制定中的《能源法》在我国能源立法体系中具有重要的地位和作用。

（一）《能源法》是我国能源基本法

目前我国已经有了煤炭法、电力法、节约能源法和可再生能源法，以及与之配套的行政法规、规章和地方法规，能源法规体系的框架雏形已基本构建。但目前我国的能源立法特别是四部单行能源法，主要调整能源某一领域关系，还缺少全面体现能源战略和政策导向、总体调整能源关系和活动的能源基本法，我国《能源法》在能源法体系中就将扮演这样的角色。我国《能源法》应该成为在我国能源法律体系中具有"龙头"作用、协调作用、核心地位和基础地位的综合性法律。相对于现行的电力法、节约能源法等能源法律、法规，能源法既不是它们的简单重复、组合或汇编，也不是与它们完全脱节的一个全新的法律，而是与它们平行独立、结合而不重叠的一部新的法律。作为基础性、综合性法律，能源法的调整对象、范围应涵盖各种能源资源的勘探、研究、开发、生产、运输、贸易、消费、利用、节约、对外合作、能源安全与监督管理等诸多环节；应该着重调整能源领域中的共通的、原则性的、长远性的关系，解决能源领域中的战略性、全局性、根本性的问题；应明确我国能源立法的指导思想、基本原则和基本制度，形成节约和综

①　肖江平、张希良：《建立务实、公正、健全的中国能源法律体系》，http://finance.jrj.com.cn/news/2006.

合利用能源、提高能源利用效率、保障能源安全与应急的法律规范；应确定能源发展规划的法律地位，建立能源监督管理的科学体制，突出对各具体能源领域法律制度的协调、能源与环境保护的协调、中央和地方的利益的协调。

（二）《能源法》具有多重法律功能

法的功能与法的作用、价值一样，都是法的不同层面的要素，也是实现法的价值的活动中不可缺少的环节。关于法的功能的概念，应该涵盖两层含义：一是反映其与法的本体的关系，以说明其客观属性；二是反映其所能满足主体需要的能力，以展示其潜在的价值属性。[1] 有学者将法的功能定义为"法内在所具有的、有益的功用与效能"。[2] 通常而言，安全是法的价值的重要追求，能源安全是安全的重要内容，因而保障能源安全也就顺理成章地成为了法律的重要功能表现。结合着法律所特有的调节、控制、管理、惩罚、引导等功能及能源安全问题的表现来看，与能源有关的法律法规对于能源安全的保障起着积极的作用。现实中，法的功能状况的发展或完善对于能源法的价值目标的实现起着重要的保障作用，能够为人们的行为提供一个既定的行为模式，有利于能源法的主体作出符合社会发展目标的正确选择，有利于避免或减少能源法的负面作用。作为未来我国能源基本法的雏形——《能源法》（2007 年征求意见稿）中对于能源法的功能的确定、选择及相应的保障策略规定，显然对于我国能源法价值的实现起着至关重要的作用。

总体上看，相比较于我国目前的有关能源立法，我国能源法意见稿中能源法的经济功能、社会功能及环境保护功能得到了重要的体现，而且围绕着各自的功能还规定了比较完善的保障策略，对于我国能源法价值的实现具有重要的保障意义。虽然在能源法意见稿中某些能源法功能并没有得到全面的体现，有些功能的保障策略还不完善，比如在目前矿产资源领域矿难不断涌现的情况下，能源法

---

① 李军：《法的功能、作用和价值比较研究》，载《山东医科大学学报》（社会科学版）1998 年第 1 期，第 29 页。

② 卓泽渊：《法理学》，法律出版社 2004 年版，第 47 页。

社会功能领域的职业安全与健康维护问题并没有得到突出的关注；能源法经济功能领域中还有些规定并没有完全适应市场经济体制的需要，如要求企业在转让能源资源探矿权、采矿权时应当经原项目审批部门批准，开发水能、海洋能的企业转让能源开发权或者变更实际控制人时须经原项目审批部门批准等相关规定。但是，还要看到，能源法意见稿中的相关规定已经在很大程度上借鉴了国内外能源立法的经验，体现了能源立法的趋势。随着我国能源立法的日趋完善，必将有利于促进我国能源、环境与社会领域的协调，最终有利于我国可持续发展战略目标的实现。

三、主要能源立法及其主要规定

（一）关于石油天然气的主要法律法规及主要规定

我国在调整石油天然气相关法律关系的立法上，还没有形成完善的体系，仅仅制定了一些条例和规章，主要包括国务院颁布的1982年《对外合作开采海洋石油资源条例》（2001年修订）、1993年《对外合作开采陆上石油资源条例》（2007年修订）、1983年《海洋石油勘探开发环境保护管理条例》、2001年《石油天然气管道保护条例》等，这些立法效力层次较低，与石油天然气产业在整个国民经济中所占有的重要地位不相适应。目前，我国的石油天然气法律制度主要体现在以下几个方面：

1. 石油资源所有权。1986年我国《矿产资源法》（1996年修订）规定我国矿产资源包括石油天然气属于国家所有。地表或者地下的矿产资源的国家所有权，不因其所依附的土地的所有权或者使用权的不同而改变。

2. 石油矿业权。主要由1998年《矿产资源勘查区块登记管理办法》、1998年《矿产资源开采登记管理办法》、1998年《探矿权采矿权转让管理办法》等进行调整，其中《探矿权采矿权转让管理办法》规定了探矿权、采矿权不得转让的限制条件，转让探矿权和采矿权应当具备的条件以及未经审批管理机关批准，擅自转让探矿权、采矿权的责任等。

3. 石油环境保护。主要涉及1982年《海洋环境保护法》

（1999 年修订）、1983 年《海洋石油勘探开发环境保护管理条例》、2002 年《海洋石油开发工程环境影响及评价管理程序》、《防止船舶污染海域管理条例》、《油轮油污责任暂行补充规定》等法律法规，其中《海洋环境保护法》规定海洋石油钻井船、钻井平台和采油平台及其有关海上设施建设的活动，必须遵循保护和改善海洋环境，保护海洋资源，防治污染损害，维护生态平衡，保障人体健康，促进经济和社会的可持续发展的原则，不得向海域处置含油的工业垃圾，不得造成海洋环境污染等。《海洋石油勘探开发环境保护管理条例》规定，为了防止海洋石油勘探开发对海洋环境的污染损害，在中华人民共和国管辖海域从事石油勘探开发的企事业单位、作业者和个人，以及他们所使用的固定式和移动式平台及其他有关设施都适用本条例。企业或作业者在编制油（气）田总体开发方案的同时，必须编制海洋环境影响报告书，报中华人民共和国城乡建设环境保护部。城乡建设环境保护部会同国家海洋局和石油工业部，按照国家基本建设项目环境保护管理的规定组织审批。同时规定了海洋环境影响报告书应包括的内容、发生污染损害事故的企业、事业单位、作业者的相关责任等。《海洋石油开发工程环境影响及评价管理程序》规定，凡在中华人民共和国内水、领海、毗邻区、专属经济区、大陆架以及中华人民共和国管辖的其他海域从事海洋石油开发的企业或作业者，必须遵守本程序进行相关的环境评价要求。

4. 石油天然气管道保护。主要由 2001 年《石油天然气管道保护条例》、1989 年《铺设海底电缆管道管理条例》、2000 年《石油天然气管道安全监督与管理暂行规定》等予以调整，其中《石油天然气管道保护条例》规定，其相关规定适用于中华人民共和国境内输送石油、天然气的管道及其附属设施的保护。输送石油、天然气的城市管网和石油化工企业厂区内部管网的保护不适用本条例。另外，还对管道设施的范围、管道设施的保护、管道设施与其他建设工程相遇关系的处理及相关法律责任进行了规定。

5. 油气价格管理。主要有 2001 年《关于完善石油价格接轨办法及调整成品油价格的通知》、2002 年《关于规范天然气价格管理等有关问题的通知》等规范性文件。《关于完善石油价格接轨办法及调整成品油价格的通知》针对现行石油价格接轨办法存在的调价滞后期长、方法过于直接透明、与国内市场供求不一致，以及价格变动频繁等问题，规定了完善石油价格接轨办法的原则和完善石油价格接轨办法的具体措施，其中的原则主要包括：一是在坚持与国际市场接轨的前提下，国内石油价格的确定既要反映国内市场消费结构和供求情况变化，又要能够促使炼化企业不断加强管理、提高效率、降低成本，并保证其正常的生产经营和市场供应。二是要体现国家宏观调控，企业微观放活的要求。三是要减少价格波动，为国民经济的稳定运行创造条件。四是有利于充分发挥市场配置资源的基础性作用，特别是要适应加入 WTO 后市场逐步开放的要求。《关于规范天然气价格管理等有关问题的通知》中主要规定是将现行天然气井口价外加收的净化费并入价内，合并为统一的天然气出厂价，不再单独收费。

6. 油气安全生产。主要包括 2004 年《非煤矿山企业安全生产许可证实施办法》、2006 年《海洋石油安全生产条例》、2003 年《陆上石油和天然气开采业安全评价导则》、1996 年《压力管道安全管理与监察规定》、1991 年《城市燃气安全管理规定》等法规和规范性文件。其中，《非煤矿山企业安全生产许可证实施办法》规定：非煤矿矿山企业安全生产许可证的颁发管理工作实行企业申请、两级发证、属地监管的原则。国务院安全生产监督管理部门指导、监督全国非煤矿矿山企业安全生产许可证的颁发管理工作，负责中央管理的非煤矿矿山企业（集团公司、总公司、上市公司）和海洋石油天然气企业安全生产许可证的颁发和管理。《海洋石油安全生产条例》的目的是为了加强海洋石油安全生产工作，防止和减少海洋石油生产安全事故和职业危害，保障从业人员生命和财产安全，适用范围是在中华人民共和国的内水、领海、毗连区、专属经济区、大陆架以及中华人民共和国管辖的其他海域内的海洋石油开采活动的安全生产，还对具体的安全生产保障措施要求，安全生产的监督管理，应急预案与事故处理及相关法律责任作出了规定。

除上述方面之外，我国的石油天然气法律制度还包括对外开采陆上和海洋石油资源、油气行业生产经营管理、石油财金税费、石油行业劳动保障等方面。

（二）电力立法及其主要规定

目前，我国现有的电力立法主要由调整电力领域的法律、行政法规、部门规章、地方性法规和规章、技术经济规程和规则共同构成。法律方面，主要就是 1995 年全国人大常委会通过的《中华人民共和国电力法》。行政法规方面，主要包括 1987 年《电力设施保护条例》、1991 年《水库大坝安全管理条例》、1993 年《电网调度管理条例》、1993 年《核电核事故应急管理条例》、1996 年《电力供应与使用条例》、2005 年《电力监管条例》等。部门规章方面，内容涉及电力改革、电价与电费、电力监管等，其中涉及电力市场的主要有 2005 年的《电力业务许可证管理规定》、《电力市场运营基本规则》、《电力市场监管办法》等；涉及电价调整的主要有 2005 年《国家发展改革委关于印发电价改革实施办法》、1996 年《供用电监督管理办法》、1996 年《供电营业区划分及管理办法》等；涉及电力设施保护的主要是 1999 年《电力设施保护条例实施细则》；涉及配售电及用电的主要有 1996 年《用电检查管理办法》、《供电营业规则》等。另外，调整电力领域的地方性法规和规章有 2000 年《云南省查处窃电行为条例》、2004 年《汕头市电力设施建设与保护条例》等。技术经济规章和规则有 2004 年《电力生产事故调查暂行规定》、1991 年《电业安全工作规程》、1994 年《火力发电厂设计技术规程》等。

目前，我国的电力基本法是《中华人民共和国电力法》（以下简称《电力法》），它是在总结改革开放以来电力建设、电力生产、电力供应、电力使用、电力保护和电力管理等方面经验的基础上，根据社会主义市场经济的客观要求，适当吸收外国电力立法的有益经验制定的。其主要内容体现在以下几个方面：

首先，基本原则方面。《电力法》第一章总则共设九个条文，其基本内容是规定了《电力法》各分则共同适用的基本行为准则和原则。该总则开宗明义地规定了《电力法》的立法宗旨和目的，也可以说是《电力法》的立法原则，即保障和促进电力事业发展的原则，维护电力投资者、经营者和使用者合法权益原则和保障电力安全运行的原则。此三大原则是《电力法》立法的出发点和归宿，贯穿于《电力法》全部内容之中。还规定了《电力法》适用原则即电力事业应当适应国民经济和社会发展的需要并适当超前发展原则和国家鼓励与引导国内外经济组织和个人投资开发电源的原则、谁投资谁收益的原则、国家保护电力设施的原则、环境保护原则、国家对电力事业实行监督管理原则、国家扶持原则以及科技进步原则等。

其次，具体内容方面，它包括大量的行政法规范和民法规范，还有比照刑法有关条款，依法追究刑事责任的规定。其中行政法规范主要规定国务院电力管理部门负责全国电力事业的监督管理，国务院有关部门在各自的职责范围内负责电力事业的监督管理；县级以上地方人民政府经济综合主管部门是本行政区域内的电力管理部门，负责电力事业的监督管理，县级以上地方人民政府有关部门在各自的职责范围内负责电力事业的监督管理；国家有关行政机关负责对电价的管理和核准，以及对违反《电力法》行为的行政处罚等。这些行政法规范对电力事业作为公用事业进行宏观调控、监督管理和扶持、保护。《电力法》还规定了调整平等主体之间财产法律关系的民事法律规范。如《电力法》第二章、第三章、第四章以及第九章中都原则规定了合同关系和违反电力法的民事责任。《电力法》虽未直接规定刑法的内容，但它规定违反《电力法》，构成犯罪的，得依照刑法的有关条文的规定追究刑事责任。由此可见，《电力法》涵盖的法律问题多，涉及的范围广，是一部综合性电力法律。

再次，《电力法》还具体涉及电力投资、电力建设、电力开发、电力供应等，它对电力投资者、经营者、使用者的关系按市场经济的要求进行了规范。这部法律的公布、实施将调动电力投资者、经营者的积极性，维护他们以及电力使用者的合法权益，为我国电力事业的发展提供了法律保障。

（三）煤炭立法及其主要规定

自新中国成立以来，我国已经颁布了百余部与煤炭相关的法律、规章以及其他规范性文件，法律方面：主要包括 1986 年《中华人民共和国矿产资源法》（1996 年修订）和 1996 年《中华人民共和国煤炭法》（以下简称《煤炭法》），另外还有一系列与之相关或者配套的法律，如 1992 年《矿山安全法》、《安全生产法》、《职业病防治法》、《固体废物污染环境防治法》等；行政法规方面主要有：1994 年《乡镇煤矿管理条例》、1994 年《煤炭生产许可证管理办法》、2000 年《中华人民共和国煤炭安全监察条例》等。此外，国务院各部门还制定了一系列部门规章，各地方也相应制定了地方性法规。可以说，到目前，我国已经初步形成了比较系统的煤炭资源法律体系。

《煤炭法》是我国第一部有关合理开发利用和保护煤炭资源，促进和保障煤炭行业发展的重要法律。《煤炭法》的出台，结束了我国没有煤炭专门法律的历史，为煤炭生产经营活动确定了严格的法律规范，对开发利用和保护煤炭资源，维护煤炭企业和矿工的合法权益提供了法律保障，也为煤炭工业实现两个根本性转变提供了有利的条件，对促进和保障煤炭工业的健康发展有着重要的现实意义和深远的历史意义。《煤炭法》根据我国的国情和煤炭工业的实际，确立了以下九项法律制度：

1. 开发规划制度。这一制度是国家对煤炭资源开发和保护实行统一规划、合理布局的重要法律制度，对于解决开发无序的状况，从源头上就采取了措施，具有很强的针对性。《煤炭法》确立了煤炭资源勘查规划、煤炭生产开发规划，形成了较健全的煤炭行业宏观规划管理体制。这一制度对规划的编制机关、原则、要求和效力等都作了规定，是赋予煤炭管理部门的重要的行业管理手段，为职能转变创造了条件。

2. 办矿审批制度。这是新确立的法律制度。第一次专门规定了统一的开办煤矿的条件，并规定了煤炭管理部门依法进行办矿审批的程序，使煤矿开办审批与采矿许可两种法律制度有机地衔接起来。这对改变办矿管理失控，任意布点，胡乱开矿，多头审批的局面提供了保证。

3. 生产许可制度。这是一项意义重大的法律制度。将国务院行政法规规定的行之有效的生产许可制度予以法律化，同时，对《煤炭生产许可证管理办法》作了相应的修改和完善，对煤炭生产许可证的颁发机关和程序、吊销、注销、公告以及使用等作了严格规定，为煤矿生产和安全管理提供了最直接的行业监督管理手段。特别应该指出的是，仅取得采矿许可证是不能从事煤炭生产的，只有取得生产许可证的煤矿才有从事煤炭生产的资格与权利。

4. 安全管理制度。作为伤亡人数最多的行业，建立健全煤矿安全管理制度，把安全生产纳入法制轨道，非常重要。这一制度与《矿山安全法》原则性规定相衔接，而且更加具体明确，体现了行业特色。主要明确了煤矿安全生产方针、管理体制，以及煤矿安全生产局矿长负责制、各级安全生产责任制、不安全不生产制度、企业工会参与安全监督制和群防群治制度以及矿工意外伤害保险制度等，为煤炭行业的安全管理与监督提供了手段。

5. 加工利用制度。针对煤炭开发利用中损失浪费严重，资源利用率低、环境污染等问题，《煤炭法》确立了加工利用制度，将国家关于煤炭产品的开发、加工转化和综合利用的方针、政策法律化，鼓励、引导煤矿大力发展煤炭的精加工和深加工以及综合利用，这不仅对于提高社会效益和经济效益有重大作用，而且也是下一步具有战略意义的发展重点。

6. 经营管理制度。针对煤炭经营领域混乱局面，必须通过法律理顺煤炭流通体制，减少中间环节，明确经营主渠道，加强煤炭运销行业管理。《煤炭法》专门设立"煤炭经营"一章，确立了煤炭经营管理这一新的法律制度，其关键是对煤炭经营所应具备的基本条件作了明确规定，第一次建立了煤炭经营资格审批制度，并对煤矿企业直销，对中间环节的设立作了限制性或禁止性规定，这对改革煤炭流通体制，规范煤炭流通秩序，将起到积极作用。

7. 矿区保护制度。《煤炭法》首次确立了煤矿矿区保护法律制度。对矿区的生产设施的保护、生产秩序和工作秩序的维护、相邻煤矿安全的保护、矿区内其他作业的限制、煤矿专用设施的保护等作了明确的法律规定。这对维护煤矿的合法权益，创造良好的外部环境将起到积极的作用。

8. 矿工特殊保护制度。煤矿职工是我国产业工人的重要组成部分，煤矿工人常年在井下艰苦的环境中劳动，缩短了工作年限，有职业病，因此，对煤矿职工给予特殊保护，是合情合理的，是保证煤炭工业发展的需要，也是党和国家的一贯政策。为此，《煤炭法》规定，对煤矿井下作业的职工采取特殊保护措施，煤矿企业必须为煤矿井下职工办理意外伤害保险，为职工提供保障安全生产所需的劳保用品等。当然，这仅是一些原则性规定，但确立起这项法律制度，具有特别重要的意义。

9. 监督管理制度。监督管理制度是煤炭管理部门对各类煤炭企业实行行业管理的法律制度。这一制度体现了"规划、协调、监督、服务"职能，规定了监督检查的职责权利和义务。这一制度的相关内容渗透在其他八项法律制度中。《煤炭法》还规定，各有关部门要在各自的职责范围内履行义务。这就明确了煤炭部门与有关部门的关系，为煤炭管理部门实行行业管理提供了法律依据。

（四）可再生能源的主要法律法规及其主要规定

在《中华人民共和国可再生能源法》颁布之前，我国与可再生能源有关的主要法律规定散见于单行环境保护立法中，如《中华人民共和国大气污染防治法》第9条规定：国家鼓励和支持大气污染防治的科学技术研究，推广先进适用的大气污染防治技术；鼓励和支持开发、利用太阳能、风能、水能等清洁能源；国家鼓励和支持环境保护产业的发展。《中华人民共和国电力法》第5条规定：国家鼓励和支持利用可再生能源和清洁能源发电。《中华人民共和国节约能源法》第7条规定：国家鼓励、支持开发和利用新能源、可再生能源；第59条规定，国家鼓励、支持在农村大力发展沼气，推广生物质能、太阳能和风能等可再生能源利用技术。

为了全面促进可再生能源的开发利用，增加能源供应，改善能源结构，保障能源安全，保护环境，实现经济社会的可持续发展，《中华人民共和国可再生能源法》于2005年2月颁布，并于2009

年8月进行了修订。该法的主要目标是国家将可再生能源的开发利用列为能源发展的优先领域，通过制定可再生能源开发利用总量目标和采取相应措施，推动可再生能源市场的建立和发展；同时国家鼓励各种所有制经济主体参与可再生能源的开发利用，依法保护可再生能源开发利用者的合法权益，对再生能源资源调查与发展规划、产业指导与技术支持、推广与应用、价格管理与费用补偿、经济激励与监督措施等进行了详细具体的规定，从而对我国再生能源资源的开发与利用具有重要的规范与指导作用。总体来看，本法确立了以下一些重要的法律制度：

1. 可再生能源总量目标制度。法律第7条规定："国务院能源主管部门根据全国能源需求与可再生能源资源实际状况，制定全国可再生能源开发利用中长期总量目标，报国务院批准后执行，并予公布。""国务院能源主管部门根据前款规定的总量目标和各省、自治区、直辖市经济发展与可再生能源资源实际状况，会同省、自治区、直辖市人民政府确定各行政区域可再生能源开发利用中长期目标，并予公布。"规定能源生产和消费中可再生能源的总量目标，包括强制性的和指导性的，是促进可再生能源开发利用，引导可再生能源市场发展的有效措施。世界上有许多国家已经在相关法律中明确规定了可再生能源有效市场需求，提供了重要的法律保障。借鉴国际经验和我国实际情况，本法授权政府制定和公布可再生能源中长期发展目标，并要求按照这一目标，编制可再生能源开发利用规划。

2. 可再生能源并网发电审批和全额收购制度。法律第13条规定："国家鼓励和支持可再生能源并网发电。""建设可再生能源并网发电项目，应当依照法律和国务院的规定取得行政许可或者报送备案。"第14条规定："电网企业应当与依法取得行政许可或者报送备案的可再生能源发电企业签订并网协议，全额收购其电网覆盖范围内可再生能源并网发电项目的上网电量，并为可再生能源发电提供上网服务。"可再生能源并网发电是可再生能源大规模商业化应用的主要领域，明确规定电网企业要全额收购依法取得行政许可或者报送备案的可再生能源并网发电项目的上网电量，并提供上网服务，是世界各国的一个通行规定，是使可再生能源电力企业得以生存，并逐步提高能源市场竞争力的重要措施。对具有垄断地位的电网企业所规定的这一法律义务，将有效解决我国现行可再生能源发电上网难的问题，为可再生能源电力更大规模的发展创造必要的前提条件。

3. 可再生能源上网电价与费用分摊制度。法律第 19 条规定："可再生能源发电项目的上网电价，由国务院价格主管部门根据不同类型可再生能源发电的特点和不同地区的情况，按照有利于促进可再生能源开发利用和经济合理的原则确定，并根据可再生能源开发利用技术的发展适时调整。上网电价应当公布。"根据我国电价改革的实际和某些发达国家的成功经验，法律规定按照风力发电、太阳能发电、小水电、生物质能发电等不同的技术类型和各地不同的条件，分别规定不同的上网电价。按照定价原则，上网电价水平实际上应当根据各地区平均发电成本加上合理的利润来确定。这一价格机制将使可再生能源发电投资者获得相对稳定和合理的回报，引导他们向可再生能源发电领域投资，从而加快可再生能源开发利用的规模化和商业化。随着可再生能源发电领域科技进步、规模扩大和管理水平的提高，可再生能源发电成本会逐步下降，需要适时调整上网电价，以降低价格优惠，这也是有关国家的通行做法。

总的来说，可再生能源上网电价要高出常规能源上网平均电价，其中的差额部分要在销售电价中分摊。为此，法律第 20 条规定："电网企业依照本法第十九条确定的上网电价收购可再生能源电量所发生的费用，高于按照常规能源发电平均上网电价计算所发生费用之间的差额，附加在销售电价中分摊。具体办法由国务院价格主管部门制定。"由全体电力消费者分担可再生能源发电的额外费用是国际上通行的做法。据有关部门专家测算，按照我国可再生能源规划目标，单位销售电价附加的费用是很低的，社会完全可以承受。同时，随着科技进步和生产规模扩大，可再生能源发电成本会不断降低，在单位销售电价中附加的费用将逐步缩小。

4. 财政鼓励措施。考虑到现阶段可再生能源开发利用的投资成本比较高，为加快技术开发和市场形成，尚需要国家给予必要的扶持。为此，2009 年修订后的可再生能源法第 24 条规定，国家财政设立可再生能源发展基金，资金来源包括国家财政年度安排的专项资金和依法征收的可再生能源电价附加收入等；可再生能源发展基金用于补偿本法第 20 条、第 22 条规定的差额费用，并用于支持以下事项：（1）可再生能源开发利用的科学技术研究、标准制定和示范工程；（2）农村、牧区的可再生能源利用项目；（3）偏远地区和海岛可再生能源独立电力系统建设；（4）可再生能源的资源勘查、评价和相关信息系统建设；（5）促进可再生能源开发利用设备的本地化生产。同时，法律还就设立为可再生能源开发利用项目提供财政贴息贷款，对列入可再生能源产业发展指导目录的项目提供税收优惠等财政扶持措施作了规定。

（五）有关原子能的主要法律法规及其主要规定

我国原子能立法已经得到了初步的发展。目前，我国已经初步形成了一个内容涉及核设施监管、核事故应急、核进出口、放射性物质运输、核材料实物保护、放射性废物管理和放射性污染防治等环节的原子能法律体系。法律方面，我国专门调整原子能领域的法律只有一项，即 2003 年全国人大常委会通过的《中华人民共和国放射性污染防治法》；此外，1986 年《中华人民共和国矿产资源法》（1996 年修订）有两个条款对放射性矿产的勘察和开采作出了规定，2000 年《中华人民共和国产品质量法》对因核设施、核产品造成损害的赔偿责任进行了特殊规定。行政法规方面，主要有1986 年《中华人民共和国民用核设施安全监督管理条例》、1987年《中华人民共和国核材料管制条例》、1989 年《放射性药品管理办法》、1993 年《核电厂核事故应急管理条例》、1997 年《中华人民共和国核出口管制条例》、1998 年《中华人民共和国核用品及其相关技术出口管制条例》、2005 年《放射性同位素与射线装置安全和防护条例》等。部门规章方面，主要有调整核事故应急的2002 年《核事故辐射影响越境应急管理规定》、2003 年《核电厂核事故应急演习管理规定》、1992 年《核事故医学应急准备和响应安全导则》等，调整核设施和核材料的 1999 年《国防科技工业军用设施安全监督管理规定》、1990 年《核材料管制条例实施细则》等，调整核运输的 2003 年《核反应堆乏燃料道路运输管理暂行规定》、2000 年《核产品转运及过境运输审批管理办法》（试行）等。此外，调整原子能领域的其他法律渊源还有一些地方性法规与规章，我国参加的原子能领域的相关国际条约，如1986 年《及早通报核事故公约》、1986 年《核事故或辐射紧急情况援助公约》等。

《中华人民共和国放射性污染防治法》也于 2003 年 10 月 1 日正式实施，这部重要的环境保护法律的发布实施，标志着我国防治放射性污染工作有了法律保障。该法是在总结我国几十年核能和核技术开发利用的经验和教训，借鉴国际上的通用做法的基础上制定的。其内容主要体现为以下几个方面：

1. 规定了立法宗旨。其是为了防治放射性污染，保护环境，保障人体健康，促进核能、核技术的开发与和平利用。国家对放射性污染的防治，实行预防为主、防治结合、严格管理、安全第一的方针。国家鼓励、支持放射性污染防治的科学研究和技术开发利用，推广先进的放射性污染防治技术。国家支持开展放射性污染防治的国际交流与合作。国务院环境保护行政主管部门对全国放射性污染防治工作依法实施统一监督管理。国务院卫生行政部门和其他有关部门依据国务院规定的职责，对有关的放射性污染防治工作依法实施监督管理。

2. 核设施安全许可制度。核设施营运单位在进行核设施建造、装料、运行、退役等活动前，必须按照国务院有关核设施安全监督管理的规定，申请领取核设施建造、运行许可证和办理装料、退役等审批手续。核设施营运单位领取有关许可证或者批准文件后，方可进行相应的建造、装料、运行、退役等活动。同时规定，生产、销售、使用放射性同位素和射线装置的单位，应当按照国务院有关放射性同位素与射线装置放射防护的规定申请领取许可证，办理登记手续。转让、进口放射性同位素和射线装置的单位以及装备有放射性同位素的仪表的单位，应当按照国务院有关放射性同位素与射线装置放射防护的规定办理有关手续。

3. 分阶段环境影响评价制度。核设施选址，应当进行科学论证，并按照国家有关规定办理审批手续。在办理核设施选址审批手续前，应当编制环境影响报告书，报国务院环境保护行政主管部门审查批准；未经批准，有关部门不得办理核设施选址批准文件。生产、销售、使用放射性同位素和加速器、中子发生器以及含放射源的射线装置的单位，应当在申请领取许可证前编制环境影响评价文件，报省、自治区、直辖市人民政府环境保护行政主管部门审查批准；未经批准，有关部门不得颁发许可证。开发利用或者关闭铀（钍）矿的单位，应当在申请领取采矿许可证或者办理退役审批手续前编制环境影响报告书，报国务院环境保护行政主管部门审查批准。开发利用伴生放射性矿的单位，应当在申请领取采矿许可证前编制环境影响报告书，报省级以上人民政府环境保护行政主管部门审查批准。

4. 有关人员与机构的资质管理制度。国家对从事放射性污染防治的专业人员实行资格管理制度；对从事放射性污染监测工作的机构实行资质管理制度。核设施营运单位、核技术利用单位、铀（钍）矿和伴生放射性矿开发利用单位，应当对其工作人员进行放射性安全教育、培训，采取有效的防护安全措施。

5. 核设施放射性污染防治双轨监测制度。国家放射性污染防治标准由国务院环境保护行政主管部门根据环境安全要求、国家经济技术条件制定。国家放射性污染防治标准由国务院环境保护行政主管部门和国务院标准化行政主管部门联合发布。同时规定，国务院环境保护行政主管部门会同国务院其他有关部门组织环境监测网络，对放射性污染实施监测管理。国务院环境保护行政主管部门和国务院其他有关部门，按照职责分工，各负其责，互通信息，密切配合，对核设施、铀（钍）矿开发利用中的放射性污染防治进行监督检查。

6. 放射性废物处置许可制度。设立专门从事放射性固体废物贮存、处置的单位，必须经国务院环境保护行政主管部门审查批准，取得许可证。具体办法由国务院规定。禁止未经许可或者不按照许可的有关规定从事贮存和处置放射性固体废物的活动。禁止将放射性固体废物提供或者委托给无许可证的单位贮存和处置。

7. 行政代执行制度。产生放射性固体废物的单位，不按照本法第四十五条的规定对其产生的放射性固体废物进行处置的，由审批该单位立项环境影响评价文件的环境保护行政主管部门责令停止违法行为，限期改正；逾期不改正的，指定由有处置能力的单位代为处置，所需费用由产生放射性固体废物的单位承担，可以并处20万元以下罚款；构成犯罪的，依法追究刑事责任。

（六）节约能源的主要法律法规及其主要规定

我国自1997年《中华人民共和国节约能源法》（2007年修订）颁布以来，按照节能法的有关规定和制度安排，目前已经初步形成了由行政性法规、地方法规，以及部门规章、制度和一系列标准构成的节约能源法规体系的基本框架。其中，主要的行政法规有《重点用能单位节能管理办法》、《节约用电管理办法》、《中国节能产品认证管理办法》、《能源效率标识管理办法》、《民用建筑节能管理规定》、《关于加强热电联产管理的规定》等。此外还有《节能产品政府采购实施意见》、《新型墙体材料专项基金征收与使用管理办法》、《关于进一步推进城镇供热改革的意见》、《关于鼓励发展节能环保型小排量汽车意见的通知》、《加强能源计量工作的意见》、《"中国绿色照明工程"实施方案》等行政规范和政策性文件。另外国内几乎各省市也都出台了相配套的实施细则和节能管理办法。

2007年修订后的《中华人民共和国节约能源法》（以下简称《能源法》）是我国节约能源方面的基本法，其主要内容体现在以下几个方面：

1. 规定节能法的宗旨。其是为了推动全社会节约能源，提高能源利用效率，保护和改善环境，促进经济社会全面协调可持续发展；节约资源成为国策，修订后的本法第4条明确规定："国家实行节约资源的基本国策，实施节约与开发并举、把节约放在首位的能源发展战略。"

2. 明确执法主体和监督主体。即由国务院管理节能工作的部门主管全国的节能监督管理工作。国务院有关部门在各自的职责范围内负责节能监督管理工作，并接受国务院管理节能工作的部门的指导。县级以上地方各级人民政府管理节能工作的部门负责本行政区域内的节能监督管理工作。县级以上地方各级人民政府有关部门在各自的职责范围内负责节能监督管理工作，并接受同级管理节能工作的部门的指导。

3. 规定一系列节能管理的基本制度。如：节能目标责任制和节能评价考核制度，国务院和县级以上地方各级人民政府每年向同级人民代表大会报告节能工作；省级人民政府每年向国务院报告节能目标责任制的履行情况。固定资产投资项目节能评估和审查制度，对不符合强制性节能标准的项目，依法负责项目审批或者核准的机关不得批准或者核准建设；建设单位不得开工建设；已经建成的，不得投入生产、使用。能源统计制度，县级以上各级人民政府统计部门应当会同同级有关部门，建立健全能源统计制度，完善能源统计指标体系，改进和规范能源统计方法，确保能源统计数据真实、完整；国务院统计部门会同国务院管理节能工作的部门，定期向社会公布各省、自治区、直辖市以及主要耗能行业的能源消费和节能情况等信息。能源效率标识管理制度，国家对家用电器等使用面广、耗能量大的用能产品，实行能源效率标识管理；生产者和进口商应当对列入国家能源效率标识管理产品目录的用能产品标注能源效率标识，在产品包装物上或者说明书中予以说明，并按照规定报国务院产品质量监督部门和国务院管理节能工作的部门共同授权的机构备案等。此外，还对落后的耗能过高的用能产品、设备和生产工艺实行淘汰制度、重点用能单位报告能源利用状况制度、鼓励节能服务机构的发展等作出了规定。

4. 合理使用与节约能源。本法的调整范围，扩大到建筑、交通、政府机构、公用事业等领域。能源法规定，用能单位应当按照合理用能的原则，加强节能管理，制定并实施节能计划和节能技术措施，降低能源消耗；用能单位应当建立能源消费统计和能源利用状况分析制度，对各类能源的消费实行分类计量和统计，并确保能源消费统计数据真实、完整。工业节能方面，规定国务院和省、自治区、直辖市人民政府应推进能源资源优化开发利用和合理配置，推进有利于节能的行业结构调整，优化用能结构和企业布局。建筑节能方面，规定商品房销售应明示能耗指标，能源法明确要求，房地产开发企业在销售房屋时，应当向购买人明示所售房屋的节能措施、保温工程保修期等信息，在房屋买卖合同、质量保证书和使用说明书中载明，并对其真实性、准确性负责。公共机构节能方面，明确了政府机构在节能方面的义务，如实行节能目标责任制、实施政府机构能源消耗定额管理，加强单位用能系统管理，优先采购列入节能政府采购清单中的产品等。此外，还强调了国家加强对重点用能单位的节能管理，能源法明确有关部门要组织制定强制性的用能产品和设备能源效率标准、高耗能产品单位能耗限制标准，健全建筑节能标准、交通运输营运车船的燃料消耗限值标准等。

5. 节能激励政策。增设一章规定了节能激励政策，明确国家实行促进节能的财政、税收、价格、信贷和政府采购政策。主要包括：对列入推广目录的节能技术和产品，实行税收优惠，并通过财政补贴或者税收扶持政策，支持节能空调、节能照明器具、节能环保型汽车等的推广和使用；实行有利于节约资源的税收政策，健全能源矿产资源有偿使用制度，提高能源开采利用水平；运用关税等有关政策，鼓励进口先进的节能技术和设备，控制耗能高、污染重的产品出口；中央和省级财政设立节能专项资金，并鼓励多渠道筹集节能资金，支持节能技术研究开发、示范与推广以及重点节能工程的实施等。

6. 注重强化法律责任。进一步完善了法律责任的规定，修订后的本法规定了 18 项法律责任，比修订前增加了 10 项。设立了一些行政强制措施，加大了对包括政府部门、企业以及其他单位和个人在内的各类主体违法行为的处罚力度等。

我国节能策略推行以及节能立法体系的不断完善，在一定程度上缓解了我国经济社会发展中的能源供应短缺压力。比如 1997—2002 年，我国单位 GDP 能耗下降了 25.7%，年均节能率达到 5.77%。[①] 但是，自"十五"中后期以来，由于产业结构的重化工倾向、能源消耗过快增长及粗放的经济增长方式回归等诸多因素的

---

① 卓泽渊：《法理学》，法律出版社 2004 年版，第 257 页。

影响，自能源法实施到 2006 年的 8 年间，我国能源利用的综合利用率仅仅提高了 2 个百分点，① 这也显示出我国立法体系效力不高，不能达到可持续发展的需求，同时也显示出了我国节能立法完善的必要性。

第四节　中国主要能源法律制度

一、战略与规划制度

国家能源战略是筹划和指导国家能源可持续发展、保障能源安全的总体方略，是制定能源规划和能源政策的基本依据。能源规划是指根据国家或地区的能量资源状况和社会经济发展的需要，对一定时期和一定范围能量资源的开发、利用、节约、保护和管理工作所作的总体安排。国家能源规划是实施国家能源战略的阶段性行动方案。国家能源规划应当规定规划期内能源发展的指导思想、基本原则、发展目标和指标、阶段性任务、产业布局、重点项目、政策措施及其他重要事项。《能源法》意见稿设专章将能源战略和能源规划上升为法律制度，确立了其法律地位和权威性，有利于从战略上保障能源安全。

中国曾经发布了多部能源规划和产业政策，如《能源发展"十二五"规划》、《煤炭工业发展"十一五"规划》、《可再生能源中长期发展规划》（2007 年）、《核电中长期发展规划》（2005—2020 年）、《中国的能源状况与政策》（2007 年）等。国家能源发展"十一五"规划（包括煤炭、电力、可再生能源规划）依据国民经济和社会发展规划制订，主要提出"十一五"我国能源发展的指导思想、总体目标、重点布局、重大项目等，是能源工业发展的重要依据。2007 年《中国的能源状况与政策》白皮书规定中国能源战略的基本内容是：坚持节约优先、立足国内、多元发展、依靠科技、保护环境、加强国际互利合作，努力构筑稳定、经济、清

---

① 卓泽渊：《法理学》，法律出版社 2004 年版，第 257 页。

洁、安全的能源供应体系，以能源的可持续发展支持经济社会的可持续发展。

二、市场开放与监管制度

从世界范围来看，能源领域的市场化改革已经成为全球性趋势。无论是市场经济国家还是向市场经济体制转轨的国家，放松政府管制，打破垄断，让竞争性的市场机制充分发挥作用，让竞争性企业真正独立地走向市场，这是世界能源行业选择的共同发展道路。与我国大多数加工制造业和原材料工业相比，我国能源工业发展速度显得比较迟缓，其中一个非常重要的原因是市场取向的改革不彻底、不完善，已经成为阻碍能源部门健康发展的制度障碍。这种改革滞后性包括：市场准入的滞后性（如石油的开采、进口、批发与零售）、企业改革的滞后性（如多数电力企业和煤炭仍然是国有独资企业）、价格改革的滞后性（如能源企业并不完全掌握能源产品价格的最终决定权）、竞争性结构改革的滞后性（如市场垄断的问题仍然没有解决）、政府管理体制改革的滞后性、市场监管体系建设的滞后性以及对外资和民营资本开放的滞后性。[①]

我国能源市场的形成及其监管将是能源实现可持续发展的重要内容。此项制度安排将为我国形成有序和有效率能源市场机构提供规则。《能源法》安排能源市场监管范围包括市场准入、价格、竞争、反垄断、产品和公共服务、用户和消费者、现场与设施保护、公共安全与进出口贸易等制度；安排的国际市场规则包括能源国际合作、投资、资源、贸易、运输、安全供应体系等制度。我国《能源法》征求意见稿将"市场配置资源"作为一项总法律原则在总则中加以突出规定。同时，规定"关系国家安全和国民经济命脉的能源领域，实行国有资本控股为主体的投资产权制度。具体办法由国务院能源主管部门会同有关部门制定"，这样的制度性规定

---

① 参见冯飞等：《中国能源产业市场改革研究》（上），http：//www. lrn. cn/economic/Industry Economy/200607/t20060705-81791. htm，最近访问：2008年4月13日。

有利于打破垄断，维护公平竞争。在能源价格方面，既规定了适应市场的价格形成机制，又明确规定了"具备市场竞争条件的能源产品和服务价格，实行市场调节价"，"自然垄断经营的能源输送管网的输送价格及关系公共利益的重要能源产品和服务价格，实行政府定价或者政府指导价，并逐步推行有利于降低成本、提高效率、节约资源和减少环境损害的价格管制制度"。这些规定有利于发挥市场配置资源和政府宏观调控两只手协同保障能源安全的重要作用。同时规定了"国家按照统一管理、分级负责、责权一致的原则加强和规范能源管理"，明确"国务院能源主管部门统一管理全国能源工作，国务院其他有关部门在各自职责范围内负责相关能源管理工作"，将有利于国家从战略高度统筹能源内外政策，为保障国家能源安全提供组织保障。

三、能源资源开发与建设制度

1. 能源投资产权制度。《能源法》征求意见稿第 16 条规定："能源领域实行多元化投资产权制度。"不过同时规定："关系国家安全和国民经济命脉的能源领域，实行国有资本控股为主体的投资产权制度。"这一规定让外资、民资等多元资本能够进入能源领域，从而实现产权制度的多元化，体现市场对能源领域配置资源的基础性作用，也为多元主体进入参与公平竞争提供了条件，有利于打破能源行业的垄断局面，进而促进整个行业的健康发展。另外，我国《能源法》征求意见稿还特别强调，在关系国家安全和国民经济命脉的能源领域，从事能源开发利用活动的企业实施重组或者资产并购的，应当报国务院能源主管部门审核。

2. 能源开发与加工转换。《能源法》征求意见稿规定了下列主要内容：基本原则方面，能源开发与加工转换应当遵循合理布局、优化结构、节约高效和保护环境的原则。国家鼓励单位和个人依法投资能源开发与加工转换项目，平等保护投资者的合法权益；能源资源所有权方面，能源矿藏、水能资源和海洋能资源属于国家所有，由国务院代表国家行使所有权，国务院可以授权有关部门或者省级人民政府具体负责所有权行使的管理工作。单位和个人按照有偿取得的原则，可以依法享有占有、使用和收益的权利，但不得损害国家的权益；能源开发与加工转换项目准入方面，对能源矿产资源开发项目准入、可再生能源资源开发项目准入、能源加工转换项目准入的条件及管理办法等作出了原则性的规定；具体的能源开发方面，对能源资源合理开采、能源综合高效开发利用以及清洁能源开发、替代能源开发、民用核能开发利用及厂址保护作出了原则性的规定；能源基地建设方面，规定国家在能源资源富集、符合大规模开发条件、对国家能源布局具有战略作用的地区建设能源基地。能源基地建设纳入国家能源规划。各级人民政府应当采取措施支持能源基地建设。

四、能源供应与服务制度

1. 能源供应与服务方面。能源供应的原则是各级人民政府应当采取措施促进能源基础设施和运输体系建设，建立多元供应渠道，加强能源供应的组织协调，保障能源持续、稳定、安全、有序供应；从事民用燃气、热力和电力等供应业务的企业应当依法履行普遍服务义务，保障公民获得无歧视、价格合理的基本能源供应服务，接受能源主管部门和有关部门及社会公众监督。同时，国家建立能源普遍服务补偿机制，对因承担普遍服务义务造成亏损的企业给予合理补偿或者政策优惠。具体办法由国务院制定；能源供应市场主体方面，国家鼓励各种所有制主体依法从事能源供应业务，促进能源供应市场的公平有序竞争，提高能源供应服务质量和效率；能源供应业务准入方面，关系公共利益和国家安全的能源批发、零售、进出口等供应业务实行准入制度。能源供应业务准入条件和管理办法由国务院能源主管部门会同有关部门制定。

2. 能源设施方面。对于跨区能源基础设施的建设，国务院能源主管部门会同有关部门统筹规划和组织建设跨省、自治区、直辖市的电力、石油和天然气输送管网等能源骨干基础设施。所在地人民政府应当按照规划预留能源基础设施建设用地，并纳入土地利用规划；对于能源输送管网设施的开放，规定能源输送管网设施应当向合格的能源用户和交易主体开放，经营能源输送管网设施的企业应当依法提供公平、无歧视的接入和输送服务。接入能源输送管网的设施，应当符合国家或者行业的相关技术标准；对于能源基础设施保护，规定国家保护能源基础设施，维护社会公共安全，禁止任何盗窃、抢劫、破坏和非法占用的行为。各级人民政府应当保护所辖区域内能源基础设施的安全。

3. 公共保护利益方面。对于能源企业的停业歇业审批，规定承担能源普遍服务义务的能源企业停业、歇业或者无法履行义务的，应当报原业务准入审批机构审批或者备案，具体管理办法由国务院能源主管部门制定；能源用户承担相应义务，能源用户应当安全、节约和有效使用能源。能源用户应当依法配合能源供应企业的供应服务，遵守相关技术管理规范，按照国家有关规定和当事人的约定支付相应的费用，维护正常的能源供应秩序；对于能源自然垄断环节监管，规定国务院能源主管部门会同有关部门依法对具有自然垄断特征的电力、石油、燃气等能源输送管网的公平开放、普遍服务、消费者权益保护等实行专业性监管。具体办法由国务院制定。

五、能源利用与节约制度

1. 确立节约优先战略。《能源法》征求意见稿规定，各级人民政府应当将能源节约作为经济和社会发展的优先目标，制定并实施节能政策措施，培育节能市场，推动全社会节能。各级人民政府和用能单位应当建立节能的激励和约束机制，实施节能奖惩制度。

2. 能源的合理利用与节约涉及社会经济生活中的各个方面。我国《能源法》征求意见稿对优化产业结构节能、优化消费结构节能、技术节能、管理节能、重点领域节能等作出了原则性的要求，2007 年修订的《能源法》则对用能单位节能义务、工业节能、建筑节能、公共机构节能、重点用能单位的节能管理等作出了具体的规定。

3. 节能保障措施方面。我国《能源法》征求意见稿规定国务院和省级人民政府能源主管部门及有关部门应当创新节能管理制度，制定节能标准，完善固定资产投资项目节能评估和审查制度、合理用能及监督检查制度、节能产品认证及推广制度、高耗能产品生产准入和退出制度。国务院和省级人民政府能源主管部门应当会同有关部门综合运用各种经济手段，促进能源节约和有效利用。《能源法》增设节能激励政策一章，明确国家实行促进节能的财政、税收、价格、信贷和政府采购政策。

4. 节能市场机制的建立方面，我国《能源法》征求意见稿规定各级人民政府应当建立和完善节能市场机制，培育节能咨询和服务体系，推行能源效率标识、合同能源管理、自愿节能协议和能源需求侧管理等措施。

六、能源储备与应急制度

一个国家或地区的能源安全程度取决于其经济发展和社会进步对能源的需求以及能源资源的储备与应急状况。因此，能源储备与应急是国家能源安全的重要保障，也是国家能源安全制度体系的重要组成部分。新中国成立以来，我国在能源立法方面也卓有成效。目前已制定了《节约能源法》、《电力法》、《煤炭法》、《可再生能源法》，但是有关专门的能源储备法律制度方面却仍然是一片空白。我国《能源法》意见稿中专设了能源储备和能源应急两章，这是保障国家能源安全的最直接的制度安排。到目前为止，我国能源单行立法中在战略能源储备上对储备规模、地域分布、资金保障收投规则、日常管理等方面在法规方面都没有任何规定。因此，建立能源储备与应急制度迫在眉睫、势在必行。我国《能源法》意见稿中涉及的能源储备与应急的规定主要包括以下内容：

1. 能源储备方面。在能源储备的管理，规定国家建立能源储备制度，规范能源储备建设和管理，提高能源应急处置能力，保障能源供应安全。国务院能源主管部门会同有关部门负责能源储备管理工作；在能源储备分类及管理办法上，规定能源储备包括能源产品储备和能源资源储备。能源产品储备包括石油、天然气、天然铀产品等。能源资源储备包括石油、天然气、天然铀、特殊和稀有煤种等资源。具体管理办法由国务院制定。其中，国家能源产品储备分为政府储备与企业义务储备。承担储备义务的企业有义务达到国家规定的储备量，按规定报告储备数据，接受能源主管部门的监督检查。企业义务储备不包括企业生产运营的正常周转库存。政府储备由国家出资建立，企业义务储备由能源企业出资建立。对于重点的石油储备建设及管理，规定石油的政府储备由国务院能源主管部门负责组织建设和管理。石油的企业义务储备由从事原油进口、加工和销售经营以及成品油进口和批发经营的企业建立。国务院能源主管部门建立石油储备监督检查制度，对政府储备和企业义务储备的建设、收储、轮换等情况进行监督管理。另外，国家能源资源储备则由国务院能源主管部门会同国土资源主管部门根据国家能源战略的需要，在能源矿产规划矿区、大型整装矿区和能源基地内的资源储量中划定。已经设定探矿权和采矿权的能源资源划定为能源资源储备的，国家对探矿权和采矿权人给予合理补偿；国家能源储备的动用方面，规定国家能源产品储备需要动用时，由国务院能源主管部门会同财政主管部门提出动用建议，经国务院批准后动用。动用国家能源资源储备，由国务院能源主管部门会同国土资源主管部门提出动用方案，经国务院批准后实施；还规定了地方能源产品储备，我国省级人民政府可以根据需要建立本地区的能源产品政府储备。

2. 能源应急方面。在应急范围与阶段方面，规定我国建立能源应急制度，应对能源供应严重短缺、供应中断、价格剧烈波动以及其他能源应急事件，维护基本能源供应和消费秩序，保障经济平稳运行；在应急预案方面，规定国务院能源主管部门应当组织编制国家能源应急总体预案和主要能源品种的专项应急预案，报国务院批准。县级以上地方人民政府应当根据国家能源应急预案编制本行政区的能源应急预案，报省级人民政府批准。能源企业和重点用能单位应当编制相应的能源应急预案。能源应急能力建设，应当纳入能源应急预案；应急事件方面，规定我国能源应急事件实行分级管理，按照实际或者合理预计的可控性、严重程度、影响范围和持续时间，分为特别重大、重大、较大和一般四级。具体分级标准和相应预警级别由国务院或者国务院确定的部门制定。应急事件认定上，规定特别重大级别的能源应急事件以及相应的预警由国务院认定。重大级别的由国务院能源主管部门会同有关部门认定，报国务院批准。较大级别的由省级人民政府认定，并报国务院能源主管部门备案。一般级别的由县级以上地方人民政府认定，并报省级地方人民政府批准。能源应急事件的处置原则是实行统一领导、分级负责、分类实施、协同配合的原则。能源应急事件认定批准后，有关人民政府应当及时启动能源应急预案，实施应急处置措施。应急措施授权条件和约束规定是，在能源应急期间，各级人民政府应当根据维护能源供给秩序和保护公共利益的需要，按照必要、合理、适度的原则，采取能源生产、运输、供应紧急调度，储备动用，价格干预和法律规定的其他应急措施。实施能源应急措施应当向社会公告。在应急事件的威胁和危害得到控制或者消除后，能源应急措施应当及时中止或者取消，并向社会公告。另外，还对应急保障重点的部门和领域、应急相关主体责任和义务、应急善后作出了原则性的规定。

七、农村能源制度

中国有 7.5 亿人口生活在农村，受经济和技术水平的限制，仍有多数农村地区依靠传统方式利用生物质能源。解决农村能源问题是全面建设社会主义新农村的必然要求，也是中国的一个特殊问题。我国《能源法》意见稿对农村能源的问题作出了全面的规定：

1. 农村能源发展原则。《能源法》意见稿规定，国家按照统筹规划、因地制宜、多能互补、节约资源、综合利用、保护环境的原则，鼓励和扶持农村能源发展，促进社会主义新农村建设，推动城乡和谐发展。

2. 农村能源规划制定与实施。《能源法》意见稿规定，国务院能源主管部门会同有关部门负责管理农村能源工作，统一组织实施国家农村能源规划。县级以上地方人民政府应当将农村能源纳入本级国民经济和社会发展规划，统筹处理农村能源发展与土地利用及交通、水利、通信等基础设施建设的关系。另外，《可再生能源法》规定，县级以上地方人民政府管理能源工作的部门会同有关部门，根据当地经济社会发展、生态保护和卫生综合治理需要等实际情况，制定农村地区可再生能源发展规划，因地制宜地推广应用沼气等生物质资源转化、户用太阳能、小型风能、小型水能等技术。

3. 农村能源发展优惠政策与保障。《能源法》意见稿规定，我国各级人民政府应当制定财政税收、金融与价格等优惠政策，扶植、引导和鼓励单位与个人加大对农村能源的投入。保障方面，规定国家要统筹城乡能源基础设施建设，推动城市能源基础设施和公共服务向农村延伸，鼓励开发多种形式的能源，提高农村的商品能源供应能力，保障农村能源的正常供应。农村地区能源供应发生短缺时，各级人民政府应当采取措施优先保障农民生活和农业生产基本用能。《可再生能源法》规定，国家鼓励和支持农村地区的可再生能源开发利用。县级以上人民政府应当对农村地区的可再生能源利用项目提供财政支持。

4. 农村能源发展的具体措施。《能源法》意见稿规定，内容涉及农村能源消费结构优化，各级人民政府及有关部门应当发挥农村资源优势，因地制宜推广利用小水电、生物质能、风能、太阳能等新能源和可再生能源，逐步提高农村电气化水平，增加农村使用优质、清洁能源的比重；边远农村电力扶持，国家对少数民族地区、边远地区和贫困地区农村电力建设予以重点扶持。电力供应企业应当采取措施提高农村电网覆盖率。对电网延伸供电不经济的地区，国家鼓励和扶持建设离网发电等分布式能源站及配套供电系统；农村生物质能源发展方面，国家鼓励在保护生态环境的前提下，合理利用荒山荒丘、滩涂、盐碱地等不宜种植粮食作物的土地种植能源作物，禁止占用基本农田发展生物质能源产业；农村节能方面，各级人民政府应当提供资金、技术和服务，提高农村能源生产和生活用能效率，节约使用能源；农村能源技术推广与服务方面，各级人民政府应当将农村能源技术推广纳入农业技术推广体系，建立农村能源技术服务网络，加强农村能源技术指导和培训等公益性服务。

八、能源环境保护制度

我国正在积极调整经济结构和能源结构，全面推进能源节约，重点预防和治理环境污染的突出问题，有效控制污染物排放，促进能源与环境协调发展。

1. 确立了能源与环境相协调的原则。《能源法》意见稿规定了能源与生态环境协调发展的总原则，规定国家积极优化能源结构，鼓励发展新能源和可再生能源，支持清洁、低碳能源开发利用，推进能源替代，促进能源清洁利用，有效应对气候变化，促进能源开发利用与生态环境保护协调发展。《能源法》意见稿中除了规定能源与生态环境协调发展的总原则外，同时规定了能源企业的安全环保义务，国家建立能源生态环境补偿机制，国家实行核燃料闭合循环政策等与环境保护相衔接的相关制度具体措施。其他相关能源立法也都体现了这一原则的要求，如《可再生能源法》规定立法的目的是为了促进可再生能源的开发利用，增加能源供应，改善能源结构，保障能源安全，保护环境，实现经济社会的可持续发展。

2. 鼓励发展清洁能源与可再生能源，优化能源结构。依据《可再生能源法》，可再生能源的范围是指风能、太阳能、水能、生物质能、地热能、海洋能等非化石能源。国家将可再生能源的开发利用列为能源发展的优先领域，通过制定可再生能源开发利用总量目标和采取相应措施，推动可再生能源市场的建立和发展。

3. 鼓励能源节约，提高利用效率。依据《节约能源法》，节约资源是我国的基本国策。国家实施节约与开发并举、把节约放在首位的能源发展战略。在节能管理章节中，规定了节能管理的具体管理主体和相关职责，规定了固定资产投资项目节能评估和审查制度、落后的耗能过高的用能产品设备和生产工艺淘汰制度、能源效率标识管理制度、建立健全能源统计制度、用能单位节能目标责任制等制度。在合理使用与节约能源章节中，在工业节能、建筑节能、交通运输节能、公共机构节能、重点用能单位节能等领域作出了具体规定。

九、能源技术进步与科技创新制度

技术开发与科技创新是能源开发利用的基本手段。此项制度安排着重于拓展我国能源技术开发与技术创新的源发动力与资金源，内容包括能源技术开发与创新规划、研发基金、国家实验室、技术推广与示范、能源知识普及与教育、能源知识产权的特殊保护等制度，这些制度将为形成我国能源技术开发与科技创新体制提供规则依据。

作为我国未来能源立法中的基本法，《能源法》意见稿对于如何促进我国能源技术进步与科技创新作出了全面的规定，尤其是有关财税政策和能源科技章节的规定，对于我国未来的能源技术进步与科技创新意义重大。在我国能源法单行立法中，能源技术进步与科技创新制度的内容也得到了体现。比如，我国《可再生能源法》规定了产业指导与技术支持专章，规定国家将可再生能源开发利用的科学技术研究和产业化发展列为科技发展与高技术产业发展的优先领域，纳入国家科技发展规划和高技术产业发展规划，并安排资金支持可再生能源开发利用的科学技术研究、应用示范和产业化发展，促进可再生能源开发利用的技术进步，降低可再生能源产品的生产成本，提高产品质量；另外，规定国家财政设立可再生能源发展专项资金，用于支持可再生能源开发利用的科学技术研究、标准制定和示范工程等活动。

十、对外能源合作制度

我国目前在能源单行立法中，对外能源合作制度的规定还没有得到很好体现，但是我国《能源法》意见稿对能源国际合作专章进行了规定，这将为未来我国相关的能源立法和修订中对外能源合作制度的建立与完善奠定很好的基础。依据我国《能源法》意见稿的规定，我国国际合作方针与方式是国家通过缔结国际条约、参加国际组织、协调能源政策、交流能源信息等方式，开展能源资源互利合作，国家建立和完善内外联动、互利共赢、安全高效的开放型能源体系；境外能源合作方面，国家鼓励对外能源投资和合作方式的创新，建立境外能源合作管理与协调机制，由国务院能源主管部门会同有关部门统一协调境外能源合作事务。另外，我国《能源法》意见稿还对能源贸易合作、能源运输合作、能源科技与教育合作、能源安全合作作出了全面的规定。除了能源相关立法之外，我国颁布了《中外合资经营企业法》、《中外合作经营企业法》和《外资企业法》，已经努力营造了公平、开放的外商能源投资环境。

十一、法律责任制度

我国的能源法律责任制度可以从不同的角度来了解，从法律责任的类型上看，它涵盖了民事、行政和刑事责任三种形式；从责任主体上看，它涵盖了所有的主体即包括了政府、政府工作人员、能源企业、能源用户及所有社会主体。

1. 能源民事法律责任。我国民事责任的承担方式为停止损害，排除妨碍，消除危险；返还财产；恢复原状；修理、重做、更换；赔偿损失；支付违约金；消除影响、恢复名誉；赔礼道歉。但是，我国的能源民事法律责任承担的主要方式是赔偿损失。

依据我国《能源法》意见稿规定，单位和个人违反本法规定，给他人合法权益造成损害的，依法承担赔偿责任；突出的是，作为我国的能源基本法，它规定了民事赔偿优先的原则，单位和个人违反本法规定，应当承担民事赔偿责任和缴纳行政处罚罚款、刑事处罚罚金，其财产不足以同时支付时，首先承担民事赔偿责任。另外，在我国的能源其他相关立法中也大多规定了相关的民事责任，如依据我国《电力法》，电力企业或者用户违反供用电合同，给对方造成损失的，应当依法承担赔偿责任；因电力运行事故给用户或者第三人造成损害的，电力企业应当依法承担赔偿责任；未经批准或者未采取安全措施在电力设施周围或者在依法划定的电力设施保护区内进行作业，危及电力设施安全的，由电力管理部门责令停止作业、恢复原状并赔偿损失。

2. 能源行政法律责任。就能源行政法律责任而言，行政处分和行政处罚都有所涉及，但是行政处罚居多，方式上主要涉及罚款、责令停产停业、暂扣或者吊销许可证等方式。《能源法》意见稿对我国的能源行政法律责任作出了全面的规定，对政府责任即能源管理有关行政机关及其工作人员违法承担行政责任的情形作了具体的规定；对特殊能源企业违反法律规定不履行公平开放管网义务和普遍服务义务、违法重组并购的情形规定了相应的罚款处罚；对一般能源企业违法不履行报告义务和执法配合程序义务以及相关实体义务的情形，对违反重点用能单位义务和不履行强制公开义务的能源用户规定了罚款、责令停业整顿或者吊销其生产、经营许可证的行政处罚措施；另外还针对社会主体的诸多非法行为规定了制止、取缔，没收违法所得、罚款、治安管理处罚等行政处罚措施。另外，在我国《电力法》和《煤炭法》等的法律责任章节中，也都依照不同的违法情形规定了行政处分和处罚措施。

3. 能源刑事法律责任。目前，我国的能源立法和修订中已经注意了与我国《刑法》的衔接，完善了能源刑事法律责任的规定，有利于能源法律责任制度的完善。作为我国未来的能源基本法，《能源法》意见稿在法律责任章节中对能源法律责任制度作出了全面的规定，不仅规定了能源民事和行政法律责任，还充分考虑了与《刑法》的衔接，规定了相关主体的刑事责任，从而对政府责任、特殊能源企业责任、一般能源企业责任和能源用户责任、社会主体责任等作了详细规定。政府责任方面，除了规定国家赔偿与补偿责任、行政责任外，还规定了政府工作人员的刑事责任，如果行政机关工作人员在履行能源管理职责过程中，滥用职权、玩忽职守、徇私舞弊，构成犯罪的，要依法追究刑事责任；对特殊能源企业严重违反管网开放义务和不履行普遍服务义务的行为、一般能源企业严重违反执法配合程序义务和相关实体义务的行为、社会主体严重的非法行为等，性质严重构成犯罪的，要依法追究刑事责任。另外，我国能源单行立法中，针对不同能源开发利用领域中的违法行为，性质严重构成犯罪的，都有依法追究相应刑事责任的规定。如我国《节能法》规定，国家工作人员在节能管理工作中滥用职权、玩忽职守、徇私舞弊，构成犯罪的，依法追究刑事责任；尚不构成犯罪的，依法给予处分。

下 篇

外国能源法律制度比较及对我国的借鉴

第九章
能源资源权属制度比较

第一节 概 述

能源资源权属制度是关于能源资源归谁所有、使用以及由此产生的法律后果由谁承担的一系列规定构成的规范系统，是能源资源保护管理中最基础、最有影响力和不可缺少的基本法律制度。其主要包括两方面的内容：一是能源资源所有权，二是能源资源使用权。

虽然在日常用语中，很多人将能源和能源资源这两个术语不加区别地使用，但是这两个术语实际上具有很大的差异。因此，在分析能源资源权属制度之前，需要对"能源"和"能源资源"进行区分。广义的能源包括能源资源、能源产品，能源资源是能源利用的基础。从法律属性上讲，能源产品属于动产，能源资源属于不动产或者为不动产的一部分。民事主体可以通过生产等方式取得能源资源，也可以通过转让等方式继受取得能源资源。相比而言，关于能源产品权属的法律规则比较简单，而关于能源资源权属的法律制度较为复杂。

考虑到不可再生能源与可再生能源的权属制度之间存在很大的差别，同时考虑到我们有专章讨论可再生能源资源，本节主要讨论煤炭、石油、天然气等不可再生能源资源的权属制度。由于不可再生能源资源多属于矿产资源，因此关于矿产资源权属的法律制度适用于不可再生能源资源。

关于能源资源的权属制度，需要就多种权属在国际和国内两个层面进行研究。根据国际法，各国拥有其领土及大陆架中的石油、天然气等能源资源。此外，在国际海底区域中也存在大量石油、天然气等能源资源。对于这些能源资源的权属，现代国际法有特别的规则。根据《联合国海洋法公约》，国际海底区域又称为"区域"，是指国家管辖范围以外的海床、洋底及其底土。按照公约的规定，"区域"及其资源是人类的共同继承财产。任何国家不应对"区域"的任何部分及其资源主张或行使主权或主权权利，任何国家或自然人或法人，也不应将"区域"或其资源的任何部分据为己有。根据《联合国海洋法公约》第140条和第141条，"区域"向所有国家开放，不论是沿海国或内陆国，专为和平目的利用，不加歧视。"区域"内的活动，应为全人类的利益而进行。"区域"内资源的一切权利属于全人类，由国际海底管理局代表全人类行使。"区域"内的资源不能让渡给任何国家、自然人或法人。根据《联合国海洋法公约》的这些规定，处于"区域"内的石油、天然气等能源资源属于全人类的共同继承财产，由国际海底管理局代表全人类行使。对于这些资源的勘探和开发，由国际海底管理局予以安排和控制。所有有关活动必须遵守公约和国际海底管理局的规则、章程和程序。

对于处于各国管辖权之下的能源资源，各国通过国内法建立了相关权属制度。以下的论述主要是关于国内法中的规则。

第二节　外国能源资源权属制度及比较

一、能源资源的所有权

能源资源的所有权是指依法对能源资源享有占有、使用、收益、处分和排除他人妨害的权利。能源资源的所有权与物权法中的所有权的内容是一致的，具有所有权的一般特性。

从自然特性上讲，矿产性质的能源资源一般都埋藏在土地之中，因此在探讨能源资源权属时必须探讨其与土地权属之间的关系。对于矿产资源权属（特别是所有权）与土地权属之间的关系，各国立法大致可以分为两种，即能源资源依循土地所有权制度和能源资源独立的所有权制度。这两个制度的核心区别就在于是否承认矿产资源在法律上是否具有独立的地位，是否为土地的组成部分。

（一）能源资源所有权的形态

1. 能源资源依循土地所有权制度

土地所有权制度坚持矿产资源为土地之构成部分，因此土地所有权人即为矿产资源所有权人。在土地所有权发生转移时，除非出让人与受让人就矿产资源的权属另有约定，矿产资源的所有权也同时发生转移。

美国东部比较典型地实行着这一制度。由于土地分别为联邦、州或个人所有，因此矿产资源也就分别为联邦、各州和个人所有。在美国东部，大部分的自然资源都属于私人所有，仅有少量矿产资源位于州政府所有的土地之下，属各州政府所有。美国矿产资源所有权的格局是在其历史发展中逐渐形成的。在美国早期，矿产资源的土地所有权制度的形成除了受到英国法传统的影响外，至少还有以下两个原因。第一，美国早期移民最先到达北美洲东部，当时人们强调个人的权利，反对建立对私权进行大量干预的政府，其民众的法律心理是要求建立矿产资源私人所有的法律制度，故而对矿产资源私有权的确认以土地所有权为标准符合这一立法目的。第二，在美国建国之前和建国之初，人们主要以先占的方式取得矿产资源。在当时，矿产资源被认为是无主财产，任何人皆得以先占方式取得矿产资源的所有权。美国政府也鼓励人们积极探矿、采矿，以促进经济的发展。而矿产资源的先占在客观上只能以对矿产资源所在之土地进行先占而实现。因此美国实行了矿产的私人所有权制度，使先占人同时取得矿产资源所有权和土地所有权，通过确认私人对矿产资源的所有权来鼓励人们努力探矿和采矿。后来美国联邦政府颁布了一些处分公共土地的法律，在 1916 年之前的这类法律要么仅仅规定联邦政府保留某些种类的矿产资源的所有权，要么完全未对矿产资源的所有权作出保留。与铁路建设用地有关的法律也规定部分矿产资源归私人所有。

与美国相比，英国的情况较为不同。在英国，一般来说，土地的所有权人拥有其土地之下的所有矿产资源，但是成文法和普通法对此作出了一些限制。英国法在近现代的发展表现出矿产资源国有化的趋势，逐渐具有了矿产资源国家所有权制的色彩。这一趋势最早是与金矿和银矿有关。根据普通法和成文法，所有金矿和银矿中的黄金和白银都属于国家所有。后来煤矿资源也被国有化。英国1938 年《煤炭法》（Coal Act 1938）规定国家对土地所有权人给予补偿，所有对煤炭的利益（产生于煤矿租约的利益除外）都被授予煤炭委员会（Coal Commission）。这些利益（包括产生于煤矿租约的利益）后来先后被授予国家煤炭委员会（National Coal Board）和英国煤炭公司（British Coal Corporation）。在煤炭工业私有化之后，现在由煤炭局（Coal Authority）享有。英国矿产资源国有化的最新发展与石油有关。英国 1998 年《石油法》规定，碳氢能源的所有权属于国家，所有在英国领域内的地层中处于自然状态的石油的所有权都归属于国家所有，国家享有勘测、钻探和获得石油的排他的权利。

总的来说，能源资源的土地所有权制度的优点是法律关系简明。由于法律规定拥有土地即拥有能源（矿产）资源，能源（矿产）资源开发者仅需与土地所有权人交易即可就资源的开发和开发资源过程中的土地使用达成协议。这一制度也有诸多缺点：（1）不利于国家对自然资源开发进行总体规划和调控。能源（矿产）

资源的开发利用不仅是经济问题，也是政治问题和社会问题。采矿业事关国计民生、政治稳定和国家安全，因此矿产资源也是国家利益和社会利益的客体。如果实行能源（矿产）资源的土地所有权制度，国家权力就可能会受到能源（矿产）资源所有权人权利的制约，难以对矿产资源的开发利用进行规划和管理。（2）增加交易成本。能源（矿产）土地所有权制度的一个优点是法律关系简明，从而有利于减少交易费用，但这仅仅是问题的一方面。由于矿床往往位于多个土地所有权人的土地之下，能源（矿产）资源的开发者需要与多个土地所有权人达成协议，交易费用就会增加。（3）易于引发土地所有权人之间的纠纷。由于某些矿产，如石油、天然气等具有流动性，在一幅土地上开采能源（矿产）资源时有可能影响另一幅土地之下的能源（矿产）资源，对此类案件，难以取证和确定赔偿数额。在有关的土地所有权人都将其自然资源让与同一开发商时，由于对价往往是根据出产能源产品（矿产品）的数量和品质确定，因此也难以确定每一土地所有权人各自应得的对价。

2. 独立于土地的能源资源的所有权制度

化石能源资源是矿产资源的组成部分，因此石油、天然气、煤炭等能源被认为不属于土地的构成部分，而具有矿产资源的独立性，土地和矿产资源各自有其独立的所有权制度，土地所有权人并不当然成为矿产资源所有权人。以法国、德国为代表的大陆法系国家采用这一制度。

能源资源的独立所有权制度的弊病是权利制度复杂，但它也有很多优点：（1）有利于国家对国民经济进行宏观调控，实现可持续发展。国家可对作为基础产业的采矿业进行调控，从而带动对其他产业的调控。国家也可以对各种自然资源的开发作出规划，合理地有步骤地开发利用矿产资源，实现矿业的可持续发展，从而实现国民经济的可持续发展。（2）有利于进行战略物资储备和维护国家安全。（3）有利于组织大规模的矿产资源开发。（4）有利于平均社会财富。矿产资源不是人类劳动的产物，因此应当由社会公众共同享有，由国家代表社会公众行使其所有权。

　　较早体现矿产资源的独立于土地所有权制度的立法是 1804 年《拿破仑法典》。该法第 552 条规定：土地所有权包含该地上空和地下的所有权。……所有权人得在地下从事其认为适当的建筑或发掘，并采取掘获的产物，但矿山法规及警察法规所规定的限制，不在此限。以后的 1865 年普鲁士《普通采矿法规》和《德国矿业法》都坚持矿产资源与土地所有权相分离的制度，但并未宣布所有矿产资源都归国家所有。《德国联邦矿业法》将矿产资源分类，对属于国家所有的矿藏，即使埋藏在他人土地下，也不需取得土地所有人的同意，土地所有人也无权自行开采，除非他获得开采许可；而属于土地所有者的土地上的财产，不属于联邦矿业法调整范围，而归属其他法律（如民法、地区挖掘法等）调整。后来很多国家都规定矿产资源的国家所有制，能源资源独立于土地的所有权制度成为发展的趋势。

　　并不是所有英美法系的国家都实行能源资源的土地所有权制度。在澳大利亚，所有矿产资源归人民所有，政府代表人民进行管理，但直到 2005 年 1 月 1 日之前，澳大利亚实行的都是联邦和州（或地区）两级管理体制，特别是石油天然气储量丰富的西澳大利亚、维多利亚州及北部地区政府对油气资源开发拥有实际的管理权。就海洋石油天然气事务来说，各州或地区有权在三海里范围内制定监管法律，联邦政府则对三海里范围之外的所有海洋石油事务拥有监管权，这是载入澳《海洋宪法解决协议》的基本原则。但由于规模以上油气储量大部分在三海里之外，因此澳大利亚海上油气资源主要还是由联邦政府监管，同时联邦政府在一些具体的监管环节上还须与地方政府合作，各州或地区政府受联邦政府委托履行包括安全事务在内的所有日常监管权力。澳大利亚矿业开放度很高，政府一般不拥有和参与矿产资源的商业勘探和开发，私人公司则需为开采和销售能源等矿产资源缴纳特许开发使用费。但政府在能源资源开发中发挥着重要的宏观政策制定和微观管理作用。

　　俄罗斯《矿产法》规定，在俄罗斯联邦领土边境内的矿产，包括地下矿产资源、能源和其他原料属于国家所有。资源的开发、利用和支配问题由俄罗斯联邦和俄罗斯联邦主体共同管理。矿区不能进行买卖、赠送、继承、捐献、抵押或划归为其他财产形式。国家矿产资源是指在俄罗斯联邦及其大陆架内已在利用的和未利用的定形成矿地段。联邦意义上的矿产地段，是指那些能够保证俄罗斯联邦战略性要求的或者能够影响俄罗斯联邦国家安全的紧缺矿产资源的矿种。那些能够保障联邦主体执行俄罗斯联邦国际公约的义务的个别的矿产区段——包括含有矿产资源的矿床，在联邦国家权力机关和俄罗斯联邦成员国家权力机关共同决议的基础上，可以取得联邦意义上的矿产资源项目地位。联邦意义上的矿床，包括开发的和准备开采的矿产资源，列入属于后备矿床的联邦资源储备中。将矿产资源区段列入联邦重要资源项目及列入矿产资源后备矿床的联邦资源储备中的程序、利用条件以及列入归联邦所有的程序，由联邦法律确定。

在美国西部，石油资源的所有权与土地所有权是分离的。石油资源在美国法中被定性为矿藏资源，《1897年石油矿藏法》即采用了此定性办法。《1872年矿业法》也将石油资源作为发现者的权利。由于石油在20世纪初期成为了重要的战略物资，美国国会于1920年通过了《矿藏土地租赁法》，该法将石油资源定性为可租赁的矿藏，联邦对在其土地上生产的石油和天然气收取使用费。1987年美国国会通过了《联邦陆地石油和天然气租赁改革法》，该法改革了租赁办法，规定联邦所有的陆上土地应通过竞标的方式出租。目前，《矿藏土地租赁法》和《联邦陆地石油和天然气租赁改革法》均有效。在与石油有关的联邦土地领域，在陆上石油方面，内务部下属的土地管理局被授权管理与公共土地相关的天然气和石油资源。

美国在近海土地即在外部大陆架上进行的石油开采活动的规制方面，主要涉及1943年《水淹地法》和《1978年外部大陆架土地法修正案》。《水淹地法》规定各州对浅海土地的管辖权始于海岸低水位线，终于海洋内三英里处。《1978年外部大陆架土地法修正案》的核心是其租赁体系，以其相关规定，内务部部长可以采用包括定额现金和按比例开采使用费的办法招租，租赁的权益也包括勘探和开发。其招投标办法拟达到的目的是平衡开发离岸土地所涉及的经济、社会和环境利益，并保证政府按照市场价格获取公平的财政收入。

我国也采取了能源资源与土地资源独立的所有权权属制度。依据我国现行《宪法》第9条和《矿产资源法》第10条，矿产资源属于国家所有。《物权法》第41条规定，法律规定专属于国家所有的不动产和动产，任何单位和个人不能取得所有权。依据《宪法》第10条，我国土地分别为国家所有或集体所有。这就是说，集体土地中的矿产资源不是集体所有，而是国家所有。基于所有权的一物一权原则，我们可以认为，我国采用了与矿产资源所有权一致的权属制度。

（二）能源资源权属的取得

通常根据所有权的取得是否以原所有权人的权利为根据，分为原始取得和继受取得。原始取得是指所有权的第一次产生，是直接依照法律规定，不以原所有权人的所有权和意志为依据而取得所有权的一种方式。继受取得也称为传来取得，是指从原所有权人手里取得所有权的一种方式。买卖、继承、赠予等均是继受取得的常见方式。

在全部或部分实行矿产资源国有制的法域，通例是国家通过法律宣告的方式规定矿产资源所有权，而且国家成为矿产资源的所有权人，其他法律主体不能取得矿产资源所有权。因此，在这些法域，国家是以原始取得的方式取得能源资源所有权的唯一主体，其他主体不能以任何方式取得能源资源的所有权。我国也是这样。根据我国《宪法》第9条、《物权法》第41条的规定，仅仅国家可以通过原始取得的方式取得能源资源的所有权。

在实行土地私有制并且实行矿产资源私有制的法域，原始取得和继受取得都是取得矿产资源所有权的方式。比如，在美国有些法域就可以通过转让土地或者仅仅转让采矿权的方式，继受取得能源资源的所有权。

二、能源资源的使用权

能源资源的使用权是能源资源所有权的权能之一，是实现能源资源所有权利益的具体形式。对化石能源来说，主要有探矿权和采矿权两种权利形态。

（一）探矿权

探矿权是指在特定的区块（矿区）勘探矿产资源以获得地质资料的权利，是使用矿产资源的一种方式，是所有权的一项权能。矿产资源的所有权人可以自己行使探矿权，也可以许可他人行使探矿权。当矿产资源所有权人之外的法律主体经矿产资源所有权人许可取得并行使探矿权时，该探矿权即具有用益物权的属性。此种探矿权构成独立的权属，可以依法转让；市场条件下所说的探矿权，即此意义上的权利。

不论是在英美法系还是大陆法系，除非是能源资源的所有权人自己进行探矿，其他人都需要经过能源资源的所有权人同意才能获得探矿权。

在矿产资源依循土地所有制的法域，民事主体需要首先通过行政许可程序被国家赋予探矿资格，然后再从另一民事主体处取得对某一具体矿区的探矿权。在矿产资源所有制度下，由于国家既是社会生活管理者，又是资源所有人，因此国家既可以先授予民事主体以探矿资格，然后再根据该民事主体的申请授予探矿权，也可以在授予民事主体探矿资格的同时授予探矿权，而不要求探矿人就某一区块提出个别申请，或仅要求探矿人对其勘探区块进行登记。国家既行使了社会生活管理者的权力，也行使了资源所有人的权利。虽然国家可以同时行使这两种职能，但在理论上，我们仍应对它们作出区分。

在矿产资源依循土地所有制度下，矿产资源所有人有权决定是否授予另一民事主体以探矿权，以及决定是否要求有偿。在矿产资源独立于土地的所有制度下，国家一般要求民事主体有偿取得探矿权，但国家为鼓励探矿，则可无偿。

（二）采矿权

采矿权指在特定区块将矿物及其他伴生矿从矿床中分离并取出的权利，是矿产资源所有权的一项权能。与探矿权一样，矿产资源的所有权人可以自己行使采矿权，也可以许可他人行使采矿权。当矿产资源所有权人之外的法律主体经矿产资源所有权人许可行使采矿权时，该采矿权即具有独立性，构成独立的权属，可以依法转让；市场条件下说的采矿权，即为此意义上的权利。

采矿权的重要的法律问题主要有二，一是如何从所有权主体获得采矿权，二是所开采到的矿产资源产品如何分配。对于前者，如果能源资源所有权主体是国家，一般通过公共管理的许可程序获得，这属于国家对能源资源的行政监督管理的范围，对此本书有专门的章节进行讨论；而对于后者，各国的做法不一。

采矿权的取得和实现分为无偿和有偿两种方式。由于矿产资源开发具有高风险、高投入的特征，在早期，由于科学技术水平不发达和人类对矿产资源有限性的认识不足，为了鼓励采矿业的发展，很多国家都规定了无偿取得制度。在现代，由于科学技术水平的提高，以及人们对矿产资源有限性的认识的提高，很多国家都放弃了对采矿权的无偿取得制度，而改行有偿取得制度。现在有些国家的法律明文规定对某些矿产资源不适用无偿取得制度，比如英国1998年《石油法》第3条规定在取得石油资源开采权时必须支付对价。

在俄罗斯，在具有许可证的条件下，开采的矿产资源和其他资源可以归联邦政府所有、俄罗斯联邦成员所有、市政府所有、私人或其他形式所有。在联邦法律允许转让的情况下，矿产的使用权可以从一方转让划归到另一方。矿产资源使用者可以是经营活动的主体，不受制于所有制形式，可以是法人和其他国家公民——只要俄罗斯联邦法律和俄罗斯联邦主体法律赋予他们从事矿产资源利用活动的权利。在产品分享协议条件下，矿产使用者可以是俄罗斯联邦公民、外国公民、法人以及在协议基础上创建合作经营的没有法人资格的法人联合体（合伙），分享利益的条件是，这个联合体的参加者根据产品分享协议负连带责任义务。在俄罗斯联邦，获得矿产资源使用权的依据有：（1）根据竞争和拍卖的结果，由国家矿产管理联邦机关或其地方部门和俄罗斯联邦成员权力执行机关共同决定；（2）为了深层填埋并且隔绝放射性废料和有毒物质，依据俄罗斯联邦政府同意由俄罗斯联邦主体权力执行机关决定；（3）根据利用俄罗斯联邦大陆架矿产资源的竞标和拍卖结果，由俄罗斯联邦政府所作的决定；（4）依据《矿产法》规定办理的有效许可证；（5）利用含有普通矿产或有地方意义上的矿产矿床的矿区，用于非开采矿产目的的，依据俄罗斯联邦主体代表权力机关所确定的程序办理的许可；（6）由国家资源管理联邦机关或其地方部门所作的决定，且决定是经俄罗斯联邦成员权力执行机关同意，并以地质矿产研究为目的；（7）按照"关于产品分享协议"的联邦法律所签订的产品分享协议。

《矿产法》规定，俄罗斯矿产使用是有偿的，法律规定的除外。矿产使用时要支付下列种类的费用：（1）参加竞争（拍卖）和发放许可证费用；（2）矿产使用费；（3）矿物原料基地再生产费用；（4）消费税。除此之外，矿产使用者要支付税、费和其他法律规定的费用，包括土地或水域费和海洋底部区域费以及矿产地质信息费。不过，根据法律矿产使用者可获得支付费用的折扣。不允许向矿产使用者征收法律没有规定的其他费用。

根据俄罗斯联邦法律"产品分享协议"，在产品分享协议签订的情况下，俄罗斯联邦和矿产使用者之间要进行所开采的矿物原料的分配。矿产使用者是产品分享协议的一方，享受按照"产品分享协议"联邦法律和俄罗斯联邦法律规定免征一部分矿产税和费用；联邦政府则作为产品分享协议的另一方，通过征收指定的税和费进行产品分享。在"产品分享协议"下分配产品分享的结果——所开采的矿产产品或其等价物，必须在使用者与俄罗斯联邦权力执行机关和俄罗斯联邦成员权力执行机关所签署的合同的基础上进行。

依据《矿产法》，俄罗斯联邦矿产使用者免缴下列种类的费用：（1）土地的私有者、所有者在属于他们或他们租赁的地块内为自己的直接需要而开采普通矿产和地下水。（2）进行下列活动的矿产使用者：区域地质研究，地质物探，地质测量，其他矿产普通地质研究的地质工作，地震预测和火山活动的地质工作，工程地质普查，古生物地质生态研究，地下水位监测，其他不破坏矿产完整的工作。（3）获得矿段是为保护本法第6条第1部分第4款所指出的地质对象的矿产使用者，即为了鼓励开发处在复杂矿山地质条件下或低质量矿产矿床，其中包括品位难以回收的、非合乎标准的、以前被冲销矿产储量的、利用剥离的和混入岩石的矿山开采的废料和利用它们再加工生产的矿产，以及为运用生态安全技术和技术工艺提高基本和伴生矿产的回收率，矿产使用者可部分或全部免交矿产使用费和获得延期支付这些费用。关于提供延期或免除支付费用的决定，由矿产使用许可证发放机关作出。俄罗斯联邦成员权力代表机关可明确补充条件，对个别种类矿产的使用者支付到俄罗斯联邦成员财政的费用进行免收。

从矿产使用者支付矿产矿床普查、勘探、开采及其他目的的矿产利用的费用来看，普查勘探工作的征收数额取决于经济地质地理条件、矿区规模、矿产种类、工作的可持续性、区域地质研究程度和风险程度。这些费用的征收形式以单位矿段或面积计算，一次性和（或）分阶段调整交纳。调整交纳的数额通常根据工作进度而增加。矿产开采的费用数额由矿产的种类、储量的数量和质量、矿床开发和开采的自然地质地理条件、矿山技术和经济条件、风险程度计算确定。

矿产使用费列入联邦预算、俄罗斯联邦成员预算和相应的地方预算。列入地方预算的有：所有矿产矿床的普查和勘探费、在相应地区和城市的普通矿产的开采费；非开采矿产为目的的矿产使用费；除普通矿产以外的矿产开采费；等等。碳氢化合物原料的开采费按下列方式分配：地方预算30%，俄罗斯联邦成员预算30%，联邦预算40%；其他矿产开采费按下列方式分配：地方预算50%，俄罗斯联邦主体预算25%，联邦预算25%。特有矿床和联邦意义上的矿床组的矿产开采费在各主体预算之间的分配可按其他比例。比例根据所有各方的协议确定。在有争议的情况下由俄罗斯联邦会议通过处理这个问题的决议。海洋区域的矿产使用费按下列方式分配：俄罗斯联邦成员预算60%，联邦预算40%。俄罗斯联邦大陆架矿产使用费列入联邦预算。在人少的居住区和少数民族居住区使用矿产时，列入俄罗斯联邦成员预算的部分费用用于这些人民和民族的社会经济发展。矿产使用费以下列形式征收：现金支付；矿产使用者开采的部分矿物原料或其他产品；完成工程或提供服务；冲销要支付给联邦预算、联邦成员预算、地方预算的费用作为创建矿山企业的注册资金投入。费用支付形式在矿产使用许可证中确定。在执行产品分享协议时矿产使用费的征收形式根据此协议确定。

能源资源开采的有偿制度还体现在能源资源的利用者在能源开采、利用中如果发生损害国家能源资源的行为，对国家所负的补偿义务上。俄罗斯《矿产法》规定，因企业、机关、组织、国家权力机关、负责人员和公民的过失而使矿产的天然性质或创立条件受到破坏，使其部分或全部失去矿产继续使用的可能性，由此给矿产使用者带来的损害，应由企业、组织、公民自有资金和相应的预算资金进行补偿。由于矿产使用者的活动，错误地挑选开采矿产矿床富矿段以及其他行为，给矿床或创立条件带来损害，部分或全部不能继续使用矿产，给国家造成损害的，则由矿产使用者通过私有资金进行补偿。如果矿段没有被转交使用，给国家造成的损害也应补偿。补偿数额由国家矿产管理联邦机关确定。给国家造成损害的补偿列入联邦预算、俄罗斯联邦成员预算和地方预算。根据矿产利用者与官方的协议，损害的现金补偿形式可以由恢复被损坏矿产自然性的投入代替。

三、许可证的监督

许可证是根据指定的目的、在确定期限内、遵守事先约定的条件，在确定的范围内证明矿区使用所有者权力的文件，获得许可证是从事矿产开采、利用、加工等的前提条件。矿产资源利用许可证是在国家权力授权机关和持证者之间签订确定矿产使用具体条件的合同。开发矿产需要办理专门的国家批准的许可证，包含带有俄罗斯联邦国徽固定形式的表格，以及文本、图件和其他附件，是许可证不可分割的一部分和矿产使用确定的基本条件。许可证证明的权利有：进行矿产地质研究工作、矿床开采、矿山开采废料的利用和再生产加工、以非开采矿产为目的的矿产利用、建立特别地质保护区、收集矿物、古生物和其他地质标本材料。许可证可享有几种形式的矿产资料利用。

　　许可证及其不可分割部分的内容应包括：（1）许可证使用者、发证机关的资料以及发证的依据；（2）有关矿产资源利用工作目的的资料；（3）供利用的矿区空间范围的指定；（4）被分离出来进行有关矿产资源利用工作的土地分配和水域边境的指定；（5）许可证有效期限和开始工作期限（技术设计方案准备、设计方案的生产能力、向国家鉴定机关提供地质信息）；（6）利用资源、土地、水域的有关征收支付费用条件；（7）达成协议的开采矿物原料的水平、开采矿物原料的所有权以及矿物原料的分配协议；（8）关于在矿产利用过程中所得的地质信息所有权的协议；（9）法律、资源及环境保护要求标准（定额、原则）、工作安全确定的执行条件；（10）准备设计方案结束或矿山开采停工和土地重新耕作调整的期限和程序。矿产利用许可证保证矿产资源利用合约关系所列举的条件和形式，其中包括提供服务（带风险或无风险）合同以及可能不违背本法律补充的其他条件。矿产资源利用许可证在产品分配协议条件下，应该包含指定协议规定的相应的资料和条件。

　　发放许可证的国家系统的组织保障由国家资源管理的联邦机关及其地方部门承担。国家资源管理联邦机关及其地方部门实施有关竞标（拍卖）和许可证发放的准备工作，同国家工业、土地、水、林业资源管理机关，自然资源保护国家机关，国家矿山监督机关，国家经济管理机关共同协商许可证条件。在发放没有竞标基础上的许可证时，所有协同一致的形式要同矿产潜在使用者共同进行。许可证由俄罗斯联邦主体执行机关和国家资源管理联邦机关或其地方部门共同颁发。许可证的办理、登记和发放由国家矿产资源管理机关或其地方部门实施。发放矿产资源利用的许可证程序条件由俄罗斯联邦会议确定。

第三节　对我国的启示和借鉴

　　从上述外国能源资源权属制度及比较可以对我国能源资源所有

权制度的完善提出以下启示。

一、完善我国能源资源国家所有权制度

从以上分析可以看出，能源资源权属的立法模式主要有两种：（1）将水资源权、油气矿业权、固体矿的矿业权作为土地所有权的一部分进行规定，例如美国；（2）将土地所有权、水资源所有权、矿产资源所有权分立，例如，英国、法国。① 一些大陆法系的国家较普遍地实行能源资源国有制，许多英美法系国家也表现出逐步实行能源资源国有制的趋势。这表明，我国实行能源资源国有制，符合法律发展的内在要求。但是，我们也认为我国的能源资源国有制有进一步完善的必要，以实现"归属清晰、权责明确、保护严格、流转顺畅"的目标。

在这里应当提及，探矿权和采矿权虽然都是能源资源的权属形式，但是两者的性质有所区别。探矿权是能源资源所有权的用益物权，因为：第一，从主体上看，探矿权的主体是非矿产资源所有权人。由于矿产资源的战略属性，矿产资源的所有权一般属于国家所有，而所有权的使用权则通过行政许可的方式授予其他市场主体。国家作为矿产资源所有权人也有权进行矿产资源的调查、研究和勘察，但这种行为属于国家公共管理职能，而不是经营和利用意义上的探矿权。第二，从客体上看，探矿权的客体是一定区块的地壳之中的矿产资源。探矿权的客体不包括特定矿区内的地下土壤。即使在探矿中利用了该矿区的土壤，也只是对其土地使用权的运用。第三，从权利行使的目的和内容上看，探矿权是以勘探的方式对矿产资源之有无、种类、多少、优劣进行考察，目的是取得地矿物产的资料和信息，为进一步的开采和利用提供先行服务；虽然在探矿中，可能消耗一定数量的矿产资源（如提取标本），但不以获取矿产客体为主要方式或目的。因此，探矿权是用益物权。

关于采矿权的性质，学界颇多争议，而且往往将采矿权作为矿

---

① 清华大学环境资源与能源法研究中心课题组：《中国能源法（草案）专家建议稿与说明》，清华大学出版社 2008 年版，第 14 页。

业权的一部分进行论述。有学者认为它具有债权性。有学者认为它是准物权。也有学者将它定性为用益物权和特殊物权。我们认为，采矿权是物权而不是债权。采矿权属于直接支配特定矿区内的矿产资源及相关地下部分并排除他人干涉之权利，具有排他效力、优先效力和追及效力，因此它是物权。另外，将采矿权定性为准物权也有含混不清之处，没有很好地解决采矿权与矿产资源所有权之间的关系。由于采矿的环节是能源从自然资源状态转化为资源产品的开端，采矿本身也发生了对矿产资源的消耗，开始了对客体物的处分，因此采矿权不是用益物权，而是资源所有权的使用权。

当前我国的立法将采矿权定性为用益物权，这从《物权法》的相关规定可以看出。该部分的第 118 条规定，国家所有或者国家所有由集体使用以及法律规定属于集体所有的自然资源，单位、个人依法可以占有、使用和收益。同时，该部分第 123 条规定，依法取得的探矿权、采矿权、取水权和使用水域、滩涂从事养殖、捕捞的权利受法律保护。以上两个条文都规定在《物权法》第三编"用益物权"部分的第十章"一般规定"之中。显然《物权法》将探矿权和采矿权都作为用益物权。这种规定有待完善。

二、完善能源资源有偿开采的法律制度

我国《矿产资源法》第 5 条也规定"对矿产资源实行有偿开采"。《物权法》第 119 条也规定，国家实行自然资源有偿使用制度，但法律另有规定的除外。我国应该实行和完善有偿取得制度。有偿取得有利于实现资源的最佳配置，促使人们寻找替代性的可再生资源，进而促进可持续发展的实现。在我国，国家代表全体公民对矿产资源享有和行使所有权。在社会主义市场经济条件下，允许无偿取得或变相地无偿取得采矿权实际上是对矿产资源所有权的放弃，而国家作为特殊的民事主体无权放弃自己的所有权。为了更好地实行有偿取得制度，优化资源配置，可以实行申请公示和招投标制度。法律可以规定在一个人提出采矿申请后，该申请应经过一定的公示期。在该公示期内如果有他人对同一区块提出同样的申请，国家应根据一定的标准将权利授予最优申请者。在确定采矿权的费

用时，国家也应考虑环境保护因素和可持续发展的要求，使矿产资源的价格反映开发该种矿产资源和利用其矿产产品时的环境代价。

三、监管国家作为资源所有权人的利益与作为社会管理者的职责

在我国，能源资源属于国家所有。国家既是所有权人，也是管理者。在开发利用能源资源时，国家既应履行作为管理者的职责，也应实现作为资源所有人的利益。根据诺斯的理论，国家具有双重目标的特殊属性，即一方面通过向不同的势力集团提供不同的产权，获取租金的最大化；另一方面，国家还试图降低交易费用以推动社会产出的最大化，从而获取国家税收的增加。国家的这两个目标经常是冲突的，从而导致"国家悖论"，即国家一方面要自上而下地主导能源资源产权制度的安排、实施，但另一方面，国家的行政强制实施能力往往又不同程度地阻碍着能源资源产权制度经济功能的正常发挥。为了克服国家悖论，能源资源权属制度的设计和实施应当最大程度兼顾国家作为所有权人利益的最大化以及作为社会利益的最大化。

第十章
能源行政管理组织制度

当今世界，能源是国民经济的命脉，是国家之间力量等级体系的决定因素，是国家对外战略布阵的重要筹码。能源安全是国家经济安全的重要方面，它直接影响到一国经济的可持续发展和社会稳定。20 世纪 70 年代石油危机爆发以后，西方发达国家更加重视能源发展战略和管理工作。各国都非常重视建立完善的能源管理体制与制度，以更加有效地保证该国安全和可靠的能源供应。

第一节　比较研究的目标

我国是世界上仅次于美国的能源生产和消费大国，人均能源资源不足世界平均水平的二分之一，保持能源、经济和环境的协调发展，保证能源的可靠供应和高效、清洁的利用比任何国家更为重要。因而，能源管理组织体制对中国能源管理工作至关重要。而学习其他国家先进的管理经验可以为我国能源管理体制改革带来新的活力和生机。

一、我国能源管理行政组织体制的发展和现状

所谓体制是指有关组织机构设置、领导隶属关系和管理权限划分等方面的体系和制度的总称。① 能源管理行政组织体制主要指国家能源管理机构的设置，管理权限的分配、职责范围的划分及运行和协调的机制；其内容主要包括：各种能源管理机构的设置及其相互关系，这些机构的职责、权限划分，各种职责、权限的相互关系及运行方式。其中，能源管理的行政机构是能源管理的组织形式和组织保证，职责权限是能源管理的职能形式和功能保证，运行方式则是能源管理组织形式和职能形式的动态反映和动态组合。

改革开放以来，我国能源管理行政组织体制经历了四次大的改革。第一次是 1980 年成立国家能源委员会，分管煤炭工业部和石油工业部。由于煤炭部和石油部与当时的国家能源委员会职能分工不明确，致使国家能源委员会难以全面行使综合管理职能，因此成立不到三年就宣布撤销。第二次改革是 1988 年国家成立能源部，同时撤销了煤炭工业部、石油工业部、水利电力部、核工业部，分别成立全国统配煤矿总公司、石油天然气总公司、石油化工总公司、海洋石油总公司、核工业总公司等，并将上述这几大总公司和水利电力部的电力部分移交国家能源部管理。当时国务院所属的各国家能源公司都具有政府职能，且能源部与当时的国家计划委员会职能重复，很难充分发挥其应有的作用，因此成立不到五年也宣布撤销了。能源部的撤销是一种历史的必然，而正是这次能源部的撤销，直接影响到此后政府对能源管理机构的设置。1998 年，我国能源管理体制迎来第三次重大改革，国家撤销了煤炭工业部，将其管理职能移交给当时国家经济与贸易委员会下属的煤炭工业局，并组建中国石油天然气集团公司、中国石油化工集团公司和中国海洋石油总公司，由新成立的国家石油和化学工业局行使其政府管理职能；同时组建国家电力公司，将电力部管理职能移交给国家经济与

---

① 王树义：《俄罗斯生态法》，武汉大学出版社 2001 年版，第 223 页。

贸易委员会。这次机构改革保留了铁道部、交通部、建设部、农业部、水利部，体现了国家对关系到国民经济大局的粮食、水和交通设施等基础产业的集中统一管理的指导思想。但同样是基础产业的能源生产，却没有设立专业主管部门。

2001年，在国务院机构改革方案运行三年之后，政府撤销了国家石油化工总局。尽管当时社会各界呼声很高，但能源部并未应运而生。2003年国务院决定在国家发展和改革委员会下设国家能源局。2005年又成立了国家能源领导小组，下设国家能源领导小组办公室，目的是进一步加强能源综合管理和协调工作。①

2008年3月11日，《国务院机构改革方案》正式公开，迎来我国能源管理体制的第四次改革。据此，我国组建国家能源委员会和隶属国家发改委的国务院能源主管部门——国家能源局，此前呼声颇高的"大能源部"的改革则并未实现。

这次国务院机构改革方案专门指出，能源问题涉及多领域、多部门，为加强能源战略决策和统筹协调，设立了高层次的议事协调机构国家能源委员会。同时，为加强能源行业管理，将组建国家能源局，并把国家发展和改革委员会的能源行业管理有关职责及机构，与国家能源领导小组办公室的职责、国防科学技术工业委员会的核电管理职责进行整合划入该局，国家能源委员会办公室的工作由国家能源局承担。改革方案同时还提出，为促进能源管理与经济社会发展规划、宏观调控的紧密结合，统筹兼顾，国家能源局由国家发展和改革委员会管理，不再保留国家能源领导小组及其办事机构。从改革方案看，国家能源委员会的主要职责就是研究拟定国家能源发展战略，审议能源安全和能源发展中的重大问题，而国家能源局主要负责拟定并组织实施能源行业规划、产业政策和标准，发展新能源，促进能源节约等。

而根据国家能源局"三定"规定，国家能源局是在原国家发改委能源局的基础上，将发改委涉及能源管理和原国防科工委涉及

---

① 《我国能源管理体制的三次改革》，载资源网 http://www.lrn.cn/invest/energyView/200801/t20080130_194387.htm，2010年9月3日访问。

核电的一部分职能并入，并承担国家能源委员会的具体工作。国家能源局实施对石油、天然气、煤、电力能源的管理，负责拟定能源发展战略、规划、政策，并提出相应体制改革建议。国家能源局为副部级机构，由国家发改委管理。

这次设立国家能源局的能源管理体制改革的核心是实施能源战略的管理，通过实施能源"多元化"、"清洁化"战略，有效保障能源供给，达到国家能源产业的持续稳定健康发展。针对我国一直以来存在的能源管理机构设置薄弱与分散的情况，国家能源局的工作重点被设定为集中统一的管理国家能源行业，加强能源的前瞻性、综合性、战略性研究，拟定国家能源行业的发展规划和重大改革方案并负责落实，同时提高能源安全保障能力。

在行政设置上，能源局下设综合司、政策法规司、发展规划司、能源节约和科技装备司、电力司、煤炭司、石油天然气司、新能源和可再生能源司与国际合作司9大司局，借此国家各大能源行业的管理都集中到能源局的管理体系之中。

2013年3月发布的《国务院机构改革和职能转变方案》拟重新组建国家能源局。为统筹推进能源发展和改革，加强能源监督管理，将现国家能源局、国家电力监管委员会的职责整合，重新组建国家能源局，由国家发展和改革委员会管理。主要职责是，拟定并组织实施能源发展战略、规划和政策，研究提出能源体制改革建议，负责能源监督管理等。

二、我国的现实问题：比较研究的目标

我国能源管理行政组织体制的问题是紧迫的。长期以来，我国能源产业的各行业企业间缺乏相互协调；能源管理职能分散在多个部门，造成政出多门、相互推诿；同时，因为没有统一的中央政府能源管理机构，中国在国际能源界声音弱化，甚至屡屡丧失合作机遇。中国经济发展面临的能源瓶颈越来越明显，有必要从综合的统一角度对能源发展作出总体规划，形成更强势的能源主管机构。

能源领域的行政管理涉及的部门众多，在煤炭等资源上与国土资源部发生关系，在生物质能源方面与农业部、国家林业总局发生

关系，在节能减排上与环保部发生关系，涉及能源工业方面与新的工业和信息化部发生交叉，在水电能源方面和水利部交叉，在能源贸易及国际交流方面和商务部有交叉，在天然气、煤炭、石油等方面分别与中石油、中石化、中海油、煤炭总公司等大型国企交叉。这一状况造成国家发改委所属的国家能源局在对外行使职能时受到多方掣肘，毕竟要让一个司局级单位来管理一群部级部门是十分困难的。因此在此现实情况下，我国的能源管理行政组织是否向大部制方向前进？如何构建能源综合管理和行业管理的行政组织体制？这些问题成为当前能源法和能源体制改革的重要议题，同时也构成本章比较考察和分析外国经验的研究目标。

第二节　外国能源管理行政组织体制比较

一、美国能源管理行政组织体制

（一）相关立法

在美国，能源管理即指能源监管，其相关立法是美国能源法中重要组成部分，美国能源法的渊源主要包括普通法判例、美国宪法的若干条款、联邦和各州相关的成文法、美国各能源监管部门经国会授权所颁布的行政法令以及就这些行政法令所进行的诉讼而发展起来的美国法院判例。

在能源管理的相关立法中，必然涉及程序法和实体法两方面的内容。

在程序法中，有关能源问题的行政程序受制于借以建立监管机构并对其授权的组织法与普遍适用于联邦各行政机关的《行政程序法》。所有联邦机构均须遵守的基本联邦成文法是《行政程序法》。但是，《行政程序法》并不总是处于主导地位。那是因为，在能源法方面，借以成立能源部的《能源组织法》所包含的程序性规定可能与该法相冲突并优先于该法。① 但即使如此，《行政程序法》在能源管理的程序方面占了主要地位。

《行政程序法》赋予行政机关裁决和制定规则两种主要的决策方式。裁决基本上是一种有追溯力的争议解决机制，其试图处理涉及个体或群体的争议。《行政程序法》下的裁决采用审判性的听证，该法第 554 条规定了裁决的一般程序。除个别情况外，对法定要求的"依据听证记录"裁决的每个案例，均需按照第 554 条举行听证。与裁决不同的是，《行政程序法》也对规则制定做出规定，其涉及立法性程序。其规则制定最常见的形式是"非正式"或"通知和评论"的制定形式。"非正式"的规则制定涉及在联邦登记处对程序主题和相关信息进行登记，邀请参与者提供书面答复。这些包括监管办法、政策声明及其他类似的规则。当然，《行政程序法》也规定了"正式"的规则制定程序，该程序使用于法定需要"依据听证记录"而制定的规则。正式规则制定采用了口头陈述、交叉询问及与裁决程序相近的其他程序。但时间证明正式规则制定程序不方便，且过于浪费时间，目前已很少使用。见"全国营养食品协会诉联邦食品和药物管理署"案。

《行政程序法》也提供了司法审查程序，并规定了法院可以推翻行政机关所做决定的标准。这些标准包括"专断、奇想和滥用权利和其他不合法情况"标准、"不被实质性证据支持"标准、"违背宪法权利"标准以及《行政程序法》第 706 条规定的若干其他标准。

在能源管理实体法方面，内容较为广泛，既包括综合性法，还包括煤炭、石油、天然气、电力等方面的专项法，同时还有与能源有关的定价、税收、环境、资源管理等法律规范和判例。同时，还存在联邦和州两套法律体系。

首先，美国宪法的若干条款对联邦和州政府之间能源监管权的分配，以及对联邦和州监管权的限制方面有重要意义。这些规定包

① 约瑟夫 . P. 托梅因，理查德 . D. 卡达西著：《美国能源法》，万少廷译，法律出版社 2008 年版，第 64 页。

括贸易条款（commerce clause）、最高条款（supremacy clause）、宪法第五修正案规定的征用条款（taking clause）以及通过宪法第十四条修正案对州政府适用的征用条款。具体来说，贸易条款授权国会监管美国与外国及各州之间及与印第安部落之间的贸易；最高条款则是指，依据宪法制定的美国法律是最高位的法律，任何州的宪法或法律与之相抵触的部分应无效；征用条款规定，在没有公平补偿的情况下，不得为公用之目的征用私有物。联邦政府须为其实际的征用补偿财产的所有权人。与能源法有关的征用主要是监管征用，即监管行为永久性地剥夺了对私有财产的所有权和使用权，或对与公共目的无关的土地赋予只能用于公用目的的条件。

（二）美国能源管理机构及职能

在美国，能源监管分为联邦和州两级。因此，其机构设置也分为联邦能源管理机关和各州能源管理机关。其职责权限的划分，在美国宪法以及相关的司法判例中有比较详尽的论述。

自"二战"后，美国就十分重视国内的能源问题。1973年当时的美国总统尼克松针对美国日益紧缺的能源问题，成立了能源政策办公室，专门研究美国国内的能源问题，并负责制定和协调总统（国家）层次上的能源政策。同年12月联邦能源办公室取代能源政策办公室，专责管理美国国内的石油供应和价格问题。1977年8月，根据1977年《能源部组织法》，美国成立了能源部。

1. 能源部。能源部是一个内阁级的监管机构，它由原来的50个政府有关机构合并而成，目的是解决至关重要的能源问题。职责是统一管理各类能源的勘探、研究、开发和利用。下设管理石油、煤炭和核能的机构数十个，以解决该国日益增长的能源问题，主要负责研究、开发和示范能源技术，调控能源生产和使用，定价和分配，中央能源数据的收集和分析计划。

为了保证国家能源政策的有力实施，能源部于2002年特别成立了国家能源政策办公室，负责国家能源政策各项计划、方针和措施的制定和实施；主要职责是：国家能源政策的规划和实施，气候变化政策制定、管理和协调，国际能源市场开发政策战略等。其基本目标是，通过制定有效的促进政府机构间和政府间和谐化的政策以及提高国际间和公私间的合作水平，达到实现国家能源政策的目标。

国家能源政策办公室下分 3 个办公室，它们是：国家能源政策协调办公室、国际能源市场开发办公室和气候变化政策办公室。其职能任务是：国家能源政策协调办公室负责制定和协调促进国家能源政策（NEP）多样性供应目标，改善能源效率和保护，改善环境；与副总统办公室协作，协调各机构的努力，实施综合的长期战略，以开发和部署顶尖技术，确保安全和可持续的能源技术。国际能源市场开发办公室负责协调政策战略，通过建立更强的联盟关系和全球能源市场范围内的能源体系整合，促进 NEP 关于提高能源安全的目标的实现。包括：实现全球能源行业的自由化，多样化燃料供应，分散电力生产，使基础设施现代化，推进能源市场改革，倡导最佳实践，减少能源利用的环境污染等。其职能作用也包括：协调能源部的实施能源效率可持续发展合作和洁净能源技术出口计划的活动，其目的是促进国际能源市场贸易和投资的开放。气候变化政策办公室负责主导能源部有关部门关于政府的气候变化倡议政策战略的制定、协调和管理。包括：技术研究、开发和利用、废气排放物减少报道和风险管理战略以及国际合作等。

2. 联邦能源监管委员会。美国最主要的监管主体是美国能源部所属联邦能源监管委员会（以下简称 FERC），它是一个独立的能源监管机构。能源领域的主要规则都是由联邦能源监管委员会制定的，而不由能源部制定。如：《联邦电力法》、《联邦水电法》、《天然气法》、《天然气政策法》。联邦能源监管委员会承担了先前的联邦电力署的权利和义务。联邦能源监管委员会的职员由能源开发的各个领域的专家构成，并分属若干办公室，如"能源项目办公室"，"市场、价目和费率办公室"等。FERC 主要负责州际电力、天然气和石油的运输的管制机构。FERC 还负责审查液化天然气终端和州际天然气管道的建设方案以及水电工程的许可。美国2005 年《能源政策法》赋予了 FERC 额外的职责，这些职责涉及：对在州际贸易中转售而进行的天然气运输和销售进行监管；对州际贸易中通过管道进行的石油运输进行监管；对州际贸易中的电力传输和批发进行监管；对私人、市镇或州建设的水电工程发放许可证和进行调查；对州际天然气设施，包括管道、储气设施，以及液化天然气的选址和关闭进行审批；保证高电压州际输电网的可靠性；对能源市场进行监测与调查；针对违反 FERC 有关能源市场规则的能源组织和个人采取民事罚款或其他措施；对与天然气和水电工程以及重大电力政策项目有关的环境问题进行监督；对受监管企业的财务会计、财务报告制度与行为进行管辖等。FERC 的职能主要由其所属的各子部门来完成，FERC 的组织结构主要体现如表 10-1。[1]

表 10-1　　联邦能源监管委员会的组织结构和主要职权

部门/机构	缩写	主要职权
行政法官办公室 Office of Administrative Law Judges	ALJ	有效、迅速、便捷地解决有关 FERC 的案件争端，或者是通过公平听证和裁决，或者是通过协商和解，保证各方当事人利益不受损害。
行政诉讼办公室 Office of Administrative Litigation	OAL	通过诉讼或其他方式解决案件争端；代表公共利益，寻求以及时、高效和公平的方式进行诉讼，保证结果符合 FERC 的政策。
对外事务办公室 Office of External Affairs	OEA	负责所有与公众和媒体的对外交流
行政主管办公室 Office of the Executive Director	OED	为 FERC 提供包括人力资源、采购、技术、信息技术、组织管理、财务、后勤等各种行政支持。
能源项目办公室 Office of Energy Projects	OEP	通过审批和监督水电和天然气能源项目是否符合公众利益来促进经济和环境效益。
总法律顾问办公室 Office of the General Counsel	OGC	为 FERC 提供法律服务。OGC 代表 FERC 出席法庭和国会回答有关委员会各项活动的法律问题

---

[1]　苏苗罕：《美国联邦能源监管委员会简介》，载中国能源法律网：http://www.energylaw.org.cn/html/news/2008/6/20/20086202331169116.html，2013 年 4 月 13 日访问。

续表

部门／机构	缩写	主要职权
执法办公室 Office of Enforcement	OE	通过指导能源市场的发展和运行确保有效的能源监管和通过理解市场及其监管对消费者实施保护，及时发现和弥补市场缺陷，保证规则和法规得到遵守，监督市场操纵行为并对其实施处罚。
能源市场可靠性办公室 Office of Energy Markets and Reliability	OEMR	处理有关市场的事务、有关电力、天然气和市场管道设施和服务的价格与费率。

3. 与能源相关的其他监管机构。虽然《能源部组织法》试图统一政府的主要能源计划，鉴于不同的原因，政府的一些能源监管部门仍不属于能源部管辖。①

（1）核能监管署。核能监管署是从前原子能署分离出来的机构。为了解决原子能署自身存在着的同时负责原子能的管理和推广之间的利益冲突，原子能署只能被分配到核能监管署和能源研究与开发署，且没有将核能监管署并入能源部的原因主要是强调了核电站安全的重要性。

（2）环境保护署。鉴于能源的开发和利用对环境产生的巨大影响，环境保护署的很多规定和法规直接影响能源活动。因此，环境保护署的监管措施是影响能源的生产、开发、运输和分配的一个主要因素。美国政府在过去的 25 年内，通过几部重要的联邦法规的颁布，制定了关于陆上与海洋石油天然气开发的环境标准，建立了联邦关于排放物、水域排泄物、固体废弃物堆放的管理制度。这些制度影响到石油天然气生产经营的各个方面：勘探和开发中废弃物的地下填埋；炼油厂化学物质的排放；钻孔淤泥和流质体的排放和处理；陆上、海岸、近海地区勘探、开发中废弃物的地面堆放；

---

① ［美］约瑟夫·P. 托梅因、理查德·D. 卡达希著：《美国能源法》，万少廷译，法律出版社 2008 年版，第 83-85 页。

石油和石油储藏箱的地下保存；湿地地区石油天然气生产的管理。美国环境保护局对这些标准的执行进行监督管理。

（3）美国内政部

美国内政部是美国联邦政府中具体负责油气资源勘查开发和矿业权管理的政府机构，其职能是：① 恢复和保护国有土地、水利、矿产等资源；② 保护国家自然和文化遗产；③ 合理使用和发展联邦管辖的各种资源；④ 保护各种动植物；⑤ 负责联邦有关印第安人部落和阿拉斯加土著人事务；⑥ 促进国外国土资源管理体制比较研究，提高对自然的认识；⑦ 提供各种科学信息；⑧ 公平有效地执行有关法律。美国内政部下属机构开垦局运营着 58 座水电站；土地管理局管理大约 7 亿英亩的埋藏在联邦土地下的矿藏资源；另一个下属机构是为实施 1977 年的《露天采矿控制和地面会复法》而成立的露天开采办公室。因此，内政部在美国的能源领域起着重要的管理作用，而内政部的很多职能没有并入能源部的重要原因在于内政部的历史与规模。

美国内政部下设 8 个局：土地管理局、矿产管理服务局、露天采矿复垦和执行局、复垦局、美国地质调查局、美国渔业及野生动物服务局、国家园林服务局、印第安人事物管理局。

依据美国 1976 年 4 月 5 日通过的《海军油储生产法》，内政部下属的土地管理局负责陆上联邦公共土地内油气资源勘查开发管理，具体职责是：负责联邦公共土地的管理，主要负责对联邦土地（主要位于美国西部和阿拉斯加州）和其上的矿产资源等进行管理，并对州和私人土地进行协调。主要职责和任务是：地籍调查，土地利用规划，建立土地调查档案和土地管理信息系统，牧场管理，为经济发展提供有关服务，制订国家矿产开发、利用计划等。

内政部下属的矿产管理局负责近海和外大陆架油气资源勘查开发管理，主要职责和任务是：分析外大陆架矿产资源的性质、范围和价值；监督外大陆架矿产资源有序的开采；及时收取、核实和归类来源于联邦和印第安土地上的各类矿产的租金、红利等。

内政部内设的地质调查局负责对全国能源资源的分布、数量、质量和储量予以评价，为制定公平有效的自然资源开发和环保公共政策提供重要依据。

（4）其他部门

美国劳动部：美国劳动部在确保油气产业工人健康和安全方面发挥重要的作用。劳动部职业安全和健康管理局通过与州政府的合作，负责实施并加强有关工作场所健康和安全标准的管理。

美国贸易开发署：美国贸易开发署通过资助可行性研究、专业培训补贴、商业研讨会和其他技术援助，帮助国内油气公司在发展中国家和中等收入国家参与能源项目的竞争。

美国进出口银行：作为政府机构的补充，美国进出口银行对美国石油公司的海外销售活动提供融资支持，并为美国石油出口商提供流动资金贷款担保，并向外国进口商提供贷款。进出口银行也提供信用担保，以保护美国石油出口商免受因国外政治或商业原因导致的拒付风险。

美国商务部：美国商务部国家海洋和大气管理局与各州合作，对美国近海地区的环境保护、资源保护与开发进行监督管理。湿地地区，由国防部美国军队工程局进行管理。

运输部管道：运输部管道安全办公室负责管理管道工作，以保证天然气、液化气、石油输送过程中的安全和环境无害化。这项管理工作主要包括以下四个方面的职能：保证管道、液化气设施定位、设计、建设、检查、试验、经营、维修等方面的安全；规定管道安全项目的各种参数；要求管道经营者针对履行安全检查职责的雇员制定预防吸毒、酗酒的工作计划；规定陆上石油管道事故处理方案的基本要求。

在州一级，目前，在所有的 50 个州和华盛顿特区均有被称为公用设施或公共服务管理局、公司管理局或贸易管理局的监管机构。绝大部分监管机构对行业准入、设施的建设和启用以及相关事宜具有发放许可、特许经营或批准的权力，他们还对费率和服务的质量和数量有一定的控制权。

目前，联邦和州对包括能源公司在内的公用设施公司的管辖权多有清晰的界定。《联邦电力法》尽其所能为各州保留管辖权，相关的联邦监管机构在很大程度上也避免超越其管辖权。就天然气而言，联邦法规涵盖天然气的输送，州管辖权仅限于天然气的分配，联邦法规的管辖范围更宽。而对于电力，主要由州进行监管。但随着电力市场的放松监管，联邦监管对电力越来越予以关注。①

二、日本能源管理行政组织体制

日本实行中央统一管理的能源管理制度，根据能源基本法和专门法的规定，日本经济产业大臣负责能源管理工作。如《能源政策基本法》第 12 条规定："经济产业大臣应当在听取相关政府机关长官意见的同时，在听取综合资源能源调查会意见的基础上，编制能源基本计划的草案，并谋求内阁会议的决定"；《电力事业者新能源利用特别措施法》第 3 条规定，经济产业大臣"每四年内听取综合能源调查委员会意见，根据经济产业省令的规定，制定该年度以八年间电力事业者新能源电力的利用目标"；《促进新能源利用特别措施法》第 3 条规定，经济产业大臣"制定关于促进新能源利用的基本原则并予以公布"等。

经济产业省是日本政府的能源主管部门。日本经济产业大臣负责能源管理工作，具体职责主要有：编制能源基本计划草案，谋求内阁会议的决定；制定关于促进新能源利用的基本原则并予以公布，制定或修改新能源利用方针；听取综合能源调查委员会的意见，制订新能源利用目标；统一管理电力、天然气、石油等的市场运作，如许可、取消许可、编制相关能源计划等。经济产业省下设若干职能部门，如资源和能源厅、核能和工业安全厅等，分别管理与能源相关的某一和某些方面的事务。厅下再设若干部、处负责管理相关的具体事务。

除了专门的管理机构之外，日本政府还设立了能源管理协调机构，如能源咨询委员会、新能源和工业发展组织、日本核能安全委员会等。

---

① 约瑟夫·P. 托梅因、理查德·D. 卡达西著：《美国能源法》，万少廷译，法律出版社 2008 年版，第 86 页。

三、欧盟和欧洲主要国家的能源管理行政组织体制

（一）欧盟

对于欧盟能源的统一管理，欧盟内部一直不能达成共识。欧盟委员会曾经号召成立一个欧洲能源管理机构以便进一步开放欧盟能源市场，进一步引进竞争机制以便降低能源价格，使消费者能够在欧盟自由的能源市场中减少在电和煤气上的开支，但德国和法国对此持否定意见。德国经济部长明确表示，不需要一个新的机构。法国工业部长则表示，目前建立统一的欧洲能源管理机构的时机尚不成熟，应首先加强现存的各国能源管理机构间的沟通与合作。因而，欧盟内部统一的监管机构一直难以建立。

虽无统一管理机构，但是一些相关机构却承担了一部分能源管理的职能。欧盟委员会制定能源战略和能源政策规则，欧盟能源委员会负责监督执行。各成员国政府根据欧盟能源政策法规和方针政策的总体框架，确定本国的基本能源政策和法规。

（二）德国

德国的能源管理机构：经济和劳动部（The Federal Ministry of Economics and Labour）。

德国的石油和天然气归属于德国经济和劳动部负责管理，该部的活动领域宽广，能源的管理是其中一部分。经济和劳动部可分为2个综合总局和10个专业总局，由部级主任公务员领导。

联邦经济和劳动部（BMWI）及其所制定经济政策的主要目标是：在个人和企业自由平等的基础上，在竞争和稳定的前提下，通过国民的积极参与，在德国建立经济持续发展的良好基础。基于这一总目标，其经济政策又可细化为以下几个方面：①增加就业；②促进经济的持续增长和竞争力的不断提高；③完善和发展社会保障体系；④促进技术创新；⑤实现经济发展与环境保护的有机结合；⑥深化国际分工和自由贸易；⑦促进国家信息化建设。

当前，德国经济正面临结构性调整和高失业率等一系列问题，联邦经济与劳动部就是要在这样一个艰难的时期，根据社会市场经济的原则，制定面向未来的可持续发展的经济政策，促进就业，提

高德国经济在全球的竞争力和创造力。

联邦经济和劳动部领导层由 8 人组成，包括 1 名部长、3 名议会国务秘书和 4 名行政国务秘书。其中，议会国务秘书主要在政治领域，如联邦议院、联邦参议院及议会党团中代表部长，但也可兼管一专门领域；行政国务秘书负责主管具体业务，并直接领导各总局的工作。部内设 12 个总局，总局下又设若干分管局，分管局内设处。联邦经济与劳动部内 2 个综合总局的具体工作是负责部内管理与协调。具体包括：人事、财政、组织、通信、后勤等。此外，联邦经济与劳动部下辖各机构的人事、组织与协调等事务也由该总局负责。领导与计划总局（L 总局）主要负责部长办公室及其与联邦议院和内阁的联络、新闻宣传与公关工作以及综合计划与战略研究。

制定政策依据的基本原则是：为德国工业的创新、投资、生产和就业营造良好的总体政策环境。该局未来工作的重点将集中在信息、航空、航天等工业和生物、基因、光学等技术的发展上。此外，环境与生态保护和资源保护政策的制定等也是该局的一项重要任务。

改组后的联邦经济与劳动部下辖 10 个局和事业单位。其中有 7 个具有行政管理职能的局，它们分别是：① 联邦外贸信息局；② 联邦经济和出口管制局；③ 联邦劳动局；④ 联邦劳动保护与医药局；⑤ 联邦劳动法院；⑥ 联邦卡特尔局（即“反垄断”局）；⑦ 联邦通信与邮政管理局。另外 3 个局属于具有事业单位性质的技术和科研机构，它们是：① 联邦地质与原料局；② 联邦材料研究与检测局；③ 联邦物理技术局（即“计量局”）。

除此之外，联邦经济与科技部，联邦环境、自然保护与核能安全部，联邦交通部，以及联邦能源署也有相关的能源管理职能。

联邦经济与科技部（Federal Ministry of Economy and Technology，BMWi）负责制定德国国家能源政策并监督能源业者，提供预算支援能源研究机构进行能源技术研究与开发。① 各联邦政

---

① Energy Policies of IEA Countries：*Germany 2007 Review*，IEA／OECD Pairs，2007.

府与中央政府之间的能源政策协谈，则经由经济部长会议取得共识。联邦环境、自然保护与核能安全部（Federal Ministry of Environment，Preservation of Nature and Nuclear Safety，BMU）主要负责核能安全以及开发绿色能源；而联邦交通部（Federal Ministry of Transport and Housing）则督导运输工具的能源管理。另外必须提到的是联邦能源署，该署于 2000 年 9 月成立，与民间企业互动良好，是倡导能源效率与鼓励再生能源的专责机构。

2001 年德国政府为了加强节能的推广和管理工作，建立了能源事务公司（德文缩写为：dena）。该公司由政府控股 50%（主要涉及环境、交通、建设部），德国复兴银行控股 50%。能源事务公司主要的工作领域在能源的生产和能源的利用两个方面。包括：电网、交通、商业、工业、新型燃料的开发和普通消费者，最终涉及对大气的保护。在可再生能源方面不但在本国开展工作，而且在其他国家承揽大量业务。能源事务公司还负责推广节能示范项目和建筑节能证书认定工作。

（三）法国

法国油气资源管理机构是法国经济、财政和工业部下属的能源和原材料总局，该总局对法国矿产和能源工业（煤炭、石油、天然气、电力、核电站）进行全面管理。法国的矿产和能源资源原来属于法国原工业部负责，2001 年法国政府进行改组，将工业部合并到原法国经济和财政部，新组建了法国经济、财政和工业部。

法国能源和原材料总局的任务主要是：（1）制定和实施能源和原材料供应政策；（2）确保电力和天然气市场开放；（3）追踪能源和原材料主要部门；（4）监视能源方面的企业和公共研究机构；（5）确保管理能源方面的法律法规得到遵守；（6）参与欧洲和国际能源项目和工作组工作；（7）提供能源方面的经济、环境和财政咨询。

（四）英国

英国主要能源管理机构是贸易和工业部，英国管理石油和天然气的机构主要是英国贸易和工业部下设的能源局。英国 1974 年成立能源部，后则被合并到贸易和工业部。贸易和工业部设有国务大臣，国务大臣任命负责各专业的局长，局长再任命行业集团董事长。贸易和工业部下分多个行业集团，能源部合并到贸易工业部后就成为该部的一个局。

能源局的职责是：发展和促进英国自然能源资源的开发，参与国际能源事务。能源局下设石油工程局、近海供应署和能源技术局三个分属机构。能源局及其所属近海能源技术局共同组建海洋技术委员会，该委员会着重于有关海洋开发技术的研究工作。早在1979年，能源部提出了目前仍起协调作用的"水下工作提案"，其主要内容与近海石油天然气资源的管理和开发密切相关。还负责如风能、波浪能等其他形式能源开发的协调工作，该部下设的波能开发管理委员会负责制定并管理海洋波能资源的开发研究计划。通过这项研究计划，能源部牵头将政府其他有关部门、各大专院校、有关研究所及私人企业或公司的技术力量和科研人员组织起来，确保必要的设备和经费投入，有效地开展海洋能源的开发和利用的研究工作。

贸易和工业部能源局局长负责领导能源行业集团，负责发展和促进英国自然能源资源的开发，参与国际能源事务，以及石油、天然气、煤炭等能源矿产的勘探开发管理工作，包括石油和天然气的勘探、评价及生产许可证的发放。

四、俄罗斯的能源管理行政组织体制

自苏联解体后，俄罗斯联邦的石油工业管理组织结构在形式上发生了若干次变化，原来那种一统天下的管理模式已不复存在。由于不稳定的经济环境，俄罗斯联邦石油管理体制在不断地进行改革和前进。目前，管理俄罗斯石油工业的重要任务已授予2004年成立的工业能源部。该部直接向俄罗斯政府报告，并负责协调与俄罗斯其他部委之间的关系，如自然资源部、财政部、经济发展和贸易部等。

俄罗斯联邦1991年2月18日成立能源部，1993年初根据1403号总统令，能源部改组为燃料动力部。燃料动力部主要负责协调石油行业的管理工作，包括管理石油天然气矿藏使用许可证；

代表国家与各石油公司签订生产合同；为满足国家需求和执行政府
间协议，协调各石油公司的供货合同；负责协调俄罗斯所有形式燃
料能源的供应和出口；批准石油股份公司出售股票的投资竞争程序
等。2000 年燃料和动力部又被改组成动力部，负责俄罗斯联邦石
油和天然气的管理重任。2004 年以前俄政府将自由化视为能源政
策的主要内容，但是 2004 年普京连任俄总统以后，俄能源政策发
生了很大变化，国家对能源工业、特别是石油资产的控制不断加
强。为了最大限度地有效利用资源和能源潜力，2003 年俄罗斯政
府制定了《俄罗斯联邦 2020 年前能源发展战略》。俄罗斯能源政
策的发展目标是：最大限度地有效利用资源和能源潜力，促进经济
增长和提高国民的生活水平。国家能源长期优先发展战略方向是能
源和生态安全问题以及能源和预算的有效性。

　　2004 年 2 月，普京解散政府，3 月将原有的 30 个部委缩减至
16 个。当年普京连任总统后，新政府正式成立，设工业能源部，
原副总理维克托·鲍里索维奇·赫里斯坚科出任重组后的工业能源
部部长，负责主管国家能源、建设、工业、军事产品和核力量。俄
罗斯联邦没有石油法，石油的开采与开发主要遵守俄罗斯地下矿产
资源开发法。俄罗斯联邦工业能源部具体负责该法的实施和监督。

　　俄罗斯联邦自然资源部负责俄罗斯自然资源保护、开发和管理
以及环境评估和经济运行与自然环境是否冲突的监测等。

　　自然资源部代表国家颁发油气资源开采许可证，也有权收回资
源开采许可证。俄罗斯联邦自然资源部于 1996 年 8 月成立，其初
始班底是俄罗斯联邦环境保护和自然资源部、俄罗斯联邦地质和地
下资源利用委员会和俄罗斯联邦水利委员会，而且基本上是沿袭一
部两委的职能，依法管理地下资源、水资源的利用和保护，并对森
林、海洋等资源的开发利用负有协调和监督职能。那时候的自然资
源部，其机关的组织结构分地质、水利和组织协调三大块，下设
20 个职能司局。施政着重于矿产、水资源事务的政策、法规、规
划的制定，勘查和开发许可证的颁发与勘查和开发活动的监督管
理，信息服务等。

　　决策层由部长和 11 位副部长（其中有 4 位第一副部长），以及

部务委员会和科学技术委员会组成。机关职能司局均由副部长分工领导。其中国家水利局、国家自然环境保护局、国家林业局，以及科学和信息系统司、许可证发放司与干部局这三大块，分别由 4 位第一副部长领导。2001 年联邦政府决议规定自然资源部设 13 位副部长，其中 4 位为第一副部长，分管国家局，2004 年，俄罗斯总统普京再次当选俄罗斯联邦总统，2004 年 4 月 15 日发布第 345 号关于调整自然资源部机关机构的自然资源部命令，成立新的自然资源部。

2004 年新组建的自然资源部的主要任务是：（1）对自然资源（矿产、水、森林、野生生物）进行调查、开发、利用和保护，对林业经营、自然环境保护和生态安全保障制定和执行国家政策，进行国家管理；（2）制定和采取各种措施，满足俄罗斯联邦经济对矿物原料、水、森林和其他自然资源的需求；保护和改善自然环境，提高自然环境质量，合理利用自然资源；保护森林具有的生态屏障、农田保护、水源涵养、旅游休闲和其他有益的天然性能；保护生物多样性，保护具有特殊天然保存意义、学术意义、文化和休闲意义的自然景观和遗迹；（3）协调其他联邦执行权力机关在自然资源调查、开发、利用和保护，林业经营，自然环境保护和生态安全保障，自然保护区保护和开放，废料（不包括核废料）循环利用等方面的活动；（4）综合评估和预测自然环境状况和自然资源利用状况，保证为国家权力机关、地方自治机关、社会和公众提供有关的信息；（5）组织和协调作为俄罗斯联邦在国际组织中的成员和就部门职权范围内问题参加国际谈判的一方需要履行的各种义务，促进吸收合理开发利用自然资源，发展林业、水力事业和保护自然环境所需要的资金。

新的自然资源部还设有 7 个委员会，即科技委员会、部长直属社会生态委员会、水利问题咨询鉴定委员会、林业问题咨询鉴定委员会、地质咨询鉴定委员会、社会工作部门间委员会、生态教育咨询委员会。4 个国家局，即联邦地下资源局；联邦水资源局；联邦林业局和联邦生态和自然资源利用监察局。部机关设 6 个司。

俄罗斯联邦自然资源部地下资源利用局的主要职能是：（1）

组织矿物原料基地再生产和合理利用工作；（2）在俄罗斯联邦及大陆架进行地下资源地质研究；（3）管理联邦和地方的地下资源地质信息资料及关于地下资源利用问题的数据库；（4）在权限范围内管理地下资源利用方面的联邦财产，其中包括管理国家地下资源储备；（5）按照法律、俄罗斯联邦总统令和政府令规定的范围和程序，在为保障执行联邦国家权力机关职能必需的方面，履行联邦财产所有者的权力，其中包括交给联邦统一企业、国有企业、国家机关、部门下属局的财产；（6）管理国家矿床和矿化籍册，管理地下资源、提交开采和使用的地下资源地段及用于同采矿无关目的的地下资源地段的地质研究工作的国家登记，将其纳入国家注册，管理国家矿产储量平衡表，实行地下资源状况的监测；（7）按规定程序提交地下资源利用权；（8）提供同进行相关工作有关的国家劳务；（9）按规定程序进行矿产和地下资源地段的地质经济评估和价值评估；（10）负责进行矿产储量、提交利用的地下资源地段的地质信息和经济信息的国家鉴定，进行地下资源地质研究工作的设计预算书的国家鉴定。

五、澳大利亚的管理行政组织体制

（一）政府的职责

根据澳大利亚法律，油气资源由政府拥有，分配给私人资本从事开发。澳大利亚矿业开放度很高，政府一般不拥有和参与矿产资源的商业勘探和开发，私人公司则需为开采和销售矿产资源缴纳特许开发使用费。但政府在能源资源开发中发挥着重要的宏观政策制定和微观管理作用。澳大利亚政府体系分为联邦政府、州或领地政府、地方（市、镇和郡）政府三个层次。与此相对应，澳大利亚能源资源的政府管理体制也分为三层，联邦政府、州或领地政府、地方政府在其中分别拥有不同的职责和分工。

联邦和州/领地政府的共同职责：（1）培育、规划和建立宏观经济环境；（2）取消或减少影响工业竞争力的障碍；（3）通过制定发布地质科学信息，减少勘探商业风险；（4）建立土地准入、勘探、开发、项目审批、安全和环境评估的管制框架。

联邦政府的职责：（1）制定全国性的经济政策，包括税收、货币、外资和贸易政策，制定或收取包括所得税和消费税在内的个人和公司税，审批金额超过5000万澳元的外资购并项目；（2）制定、管理公司法和竞争政策；（3）制定外交政策，签订国际协议；（4）制定与土著地区土地准入及其环境有关的政策；（5）拥有离岸三海里以外的海上矿产和石油资源，负责日常管理，制定并收取海上石油特许开发使用费。

州/领地政府职责：（1）拥有陆上资源以及离岸三海里以内海上矿产资源；（2）管理和分配矿产和石油资源的产权、使用年限；（3）促进矿业资源的勘探、开发和生产；（4）采矿运作管理（包括环境、职业健康和安全等）；（5）就生产的资源收取特许开发使用费。地方政府则负责审批与采矿项目有关的建筑计划以及地方基础设施建设等。需要注意的是，如在土著地区从事矿产资源勘探和开发活动，有关矿业公司必须事先与土地所有人协商并签订土地准入协定。

在澳大利亚从事能源资源的勘探和开发，需要根据资源的产权归属，向联邦或州、领地政府部门申请勘探或开发许可。最基本的许可有三种。

一是勘探许可，联邦和州资源部门根据申请授予勘探商一定的年限并划定一定的地理区域，供其勘探。联邦和各州、领地政府对此的规定有所不同。勘探许可的期限可以延长。勘探商应在规定地域内勘探并将发现的可供商业开发的资源的情况通知有关部门。

二是关于已证明存在资源的保留租约或是矿产开发许可。在租约或许可期限内，持有人可进一步进行勘探。如资源勘探、开发商业不可行，持有人可在租约或许可期限内保有资源勘探开发权，待日后商业可行后再进行。申请人须提前指明矿藏发现的地理区域。勘探商在宣布发现矿藏区域后有两年的时间进行申请，并提供对该项目商业开发前景评估的情况。如资源勘探开发被认为最终不可行，持有人可申请变更甚至取消勘探区域。此租约或许可一般只授予有关项目勘探商。期限一般为5年并可延长，每次延长时都必须证明项目开发目前仍是商业不可行。根据联邦政府对于油气资源保留租约延长申请的要求，申请人还需有关于资源开发在今后的 15 年内商业可行的证明。

三是生产许可或采矿租约。如资源商业开发可行，开发商可申请生产许可或采矿租约，进行采矿及相关活动。勘探商在宣布发现矿藏区域后有两年的时间进行申请，并提供该地区的详细开发计划。期限根据矿藏储量以及项目寿命而定。申请人须提前向有关资源部门申请环境许可。此外，如勘探或开发区域为土著所有，根据 1993 年联邦土著所有权法案，勘探和开发商在申请勘探或开发许可前还须与土著土地所有者商谈土地准入问题。

（二）联邦能源部门

澳大利亚联邦政府管理油气资源的部门主要是澳大利亚工业、旅游和资源部，但各州一般都有自己的油气资源管理部门，负责本州油气资源的开发与管理。该部是 2001 年在原澳大利亚工业、科学和旅游部的基础上更名组建的。澳大利亚联邦最早负责矿产和能源的部门是 1950 年 3 月成立的澳大利亚国家发展部。1973 年澳大利亚成立了矿产和能源部，负责澳大利亚全国的矿产和能源的开发与管理，该部于 1979 年与国家发展部合并组成澳大利亚国家发展和能源部。1983 年澳大利亚又单独成立了联邦资源和能源部，1987 年该部与联邦初级产业部合并组建成初级产业能源部。1998 年初级产业能源部与澳大利亚工业、科学和旅游部合并组成工业、科学和资源部，2001 年又更名为澳大利亚工业、旅游和资源部。

该部工作范围包括：（1）制造业和贸易，包括工业和市场开发；（2）科学、技术和创新，包括工业研究和开发；（3）矿产和能源业，包括天然气和石油及电力；（4）出口服务；（5）能源资源科学和研究，包括地球科学；（6）产品销售和服务，包括促进出口；（7）促进投资和简化投资手续；（8）企业改善；（9）旅游业；（10）建筑业；（11）为发展整个服务业提供方便；（12）商品生产补贴；（13）提供国防部力所不及的补偿；（14）创新、设计和商标专利；（15）原产地认定；（16）度量衡标准；（17）民用航天问题；（18）实验室服务；（19）大地测量、填图、遥感和土地信息协调；（20）电离层预测；（21）体育和娱乐，包括工业发展；

（22）放射性废料管理；（23）能源产品出口控制管理。

在澳大利亚各州，由州矿山能源部（或矿业能源部、能源矿业部等）管理油气资源，联邦政府部门主要负责制定石油法律法规和监督这些法律法规的实施情况，不负责具体的石油勘探和开发事宜。另外，澳大利亚还有很多与油气资源开发和利用有关的政府间、民间机构和科研服务单位，如澳大利亚工业、旅游和资源部的地质科学局、澳大利亚农业和资源经济局、澳大利亚能源部长委员会，等等。

石油工作的管理主要是按法律和制度规定进行的，其中最根本的是石油法。一般地讲，矿权属国家所有（即土地所有权中不包括地上的矿产资源权在内），但也有些州的部分土地所有权却包括地上的矿产资源权在内（澳大利亚各州和北部地区均有各自的矿业法和管理条例，它们原则上相似，但具体规定有不同）。因此，进行石油勘查，开采就势必影响有关规定，特别是涉及私人产权问题。为此，石油勘探许可证，采矿租地权和特殊采矿租地权的管理，就成为石油勘探或石油开发管理中的重要环节。而按石油法规定，这些审批权限在州政府（具体由州邮政部门管理）。

澳大利亚石油法是由国家与各州共同协商制定，于1970年颁布的。主要内容包括对天然气不征收销售税，但征收井口价值10%的矿区使用费。国家与各州对矿区使用费四六分成。在三英里领海以外海上区域的矿区使用费归属国家，领海及沿海地区的矿区使用费由州政府控制。20世纪80年代以来，澳大利亚政府对石油法进行了多方面的修改，涉的范围包括地面设施许可证、管线许可证、勘探权授予和交接、勘探许可证更新、管道规范、钻井范围界定、数据资料公开和地震资料。

六、巴西的能源管理行政组织体制

根据1997年8月《石油法》设立的国家能源政策委员会是巴西能源领域的最高决策机构，它直接对共和国总统负责，向总统提出能源领域的国家政策、规划和特别措施。

1960年7月成立的矿产能源部是巴西能源领域的统一管理部

门。它负责全国的矿产资源、油气资源、水资源、电力工业及核能工业的开发管理工作;制定和执行国家的矿业政策,执行国家的矿业法律和法规;对矿山开采活动进行监督管理。该部设有国家矿业生产局、国家石油管理局和国家电力局,该部部长主持国家能源政策委员会的工作。此外,国家核能委员会也挂靠在该部。①

巴西国家石油管理局是巴西石油行业的具体监督管理部门,负责制定石油天然气政策,隶属巴西矿产能源部。其总部设在巴西利亚,中心办公室设在里约热内卢,在有关州设立地区管理机构。按法律规定巴西石油、天然气勘探、开采和生产全部权利归巴西联邦政府,具体业务委托国家石油管理局管理。

矿产能源部是巴西核能的统一管理部门。1974 年巴西成立的国家核能委员会,负责放射性废物的管理与处置。其下属机构放射性物品保护与安全理事会负责所有核设施许可证的颁发和监管。巴西的环境保护部门也参与核设施许可证的颁发。②

第三节　外国能源管理体制比较和对我国的启示

一、能源管理行政管理组织体系外国经验分析

根据《石油法》的规定,巴西国家石油管理局（ANP）是巴西乙醇燃料和生物柴油等生物能源的监督管理部门。各国的能源管理体制大致表现为四种模式:（1）部级能源机构集中管理模式,即由国家设立专门的能源部、能源委员会等,集中管理全国能源产业,主要有美国、俄罗斯、澳大利亚、南非、印度尼西亚、土耳其、哥伦比亚、西班牙、韩国等国家。（2）部级能源部门分类管理模式,即由国家分别设立石油部、煤炭部、电力部等,分别归口

---

① 贾琇明、王翠芝:《巴西矿产资源和矿业管理概况》,载《国土资源情报》2005 年第 8 期。

② *Nuclear Power in Brazil*, from http://www.uic.com.au/nip95.htm, visited on Sep. 10, 2010.

管理石油、天然气、煤炭、电力、原子能等能源产业，如印度设有煤炭部、石油和天然气部，分别管理印度的煤炭、石油和天然气产业。（3）部属能源机构集中管理模式，即在国家综合经济管理部门下设能源局或自然资源局，统一管理石油、天然气、煤炭、电力、原子能等能源产业，如日本在其经济产业省（原通商产业省）设有资源能源厅管理全国能源。（4）部属能源机构分类管理模式，即在国家综合或经济管理部门下设有能源局负责管理一般能源事务。但是，一次能源如煤炭、石油、天然气等和新能源的管理则分散在有关部、委、司、局的处室。一些拉美国家如巴西、智利等国曾采用过这种管理模式。

二、外国能源管理行政管理体制对我国的启示

长期以来，我国能源管理立法一直不健全，只有一些分散的法律法规，如《电力法》、《节约能源法》、《煤炭法》和《可再生能源法》4部法律，20多部能源行政法规以及一些地方法律法规和规章。这些能源管理立法远远不能满足当前我国日益严峻的能源形势。除了没有一部统领全能源领域的基本法外，我国还没有专门的法律来调整诸如燃料管理、放射性废物管理、运输和损害赔偿等问题；在石油天然气方面，油气贮运、销售、加工提炼、石油储备、油气田的保护和监管方面，相关立法也基本上是空白。

除了立法方面的不足之外，我国在能源管理机构的设置上也存在着严重不足。一直以来，我国没有一个统一的能源管理机关。在能源管理领域，要么政出多门，要么相互推诿。庆幸的是，在2008年的国务院机构改革中，我国已经组建国家能源委员会和隶属国家发改委的国务院能源主管部门——国家能源局。虽然这次改革还有很多不尽如人意的地方，但毕竟在能源管理方面向前迈出了很大的一步。

结合上述内容，我们可以在能源管理立法、能源管理机构设置以及机构权限方面参照外国的成功经验，使我国的能源事业得到更为有效的管理。突出的是目前需要强化国家能源局的统一管理国家能源的职能：根据国务院的改革方案，新成立的国家能源局将其工

作重点定为集中统一的管理国家能源行业，加强前瞻性、综合性、战略性研究，拟定国家能源行业的发展规划和重大改革方案并负责落实，同时提高能源安全保障能力。在行政设置上，通过能源局下设的综合司、政策法规司、发展规划司、能源节约和科技装备司、电力司、煤炭司、石油天然气司、新能源和可再生能源司与国际合作司9大司局，国家各大能源行业的管理都集中到能源局的管理体系之中。但是，国家能源局毕竟只是一个副部级机构，目前与其他部级的单位还存在着职能交叉的情况，由于行政地位上的差距，必将会使国家能源局在具体行政过程中受到掣肘。我们可以学习俄罗斯、日本等国，使国家能源局成为一个统一管理国家能源的部级单位，集中管理国家能源义务。

　　另外，还需要注重发挥能源行业协会的作用，促使能源管理更具有效率。目前，在我国民间，已经有比较多的能源协会，如中国农村能源行业协会，广东省电力行业协会、北京市石油成品油流通行业协会等。这些行业协会虽然目前还没有纳入我国的行政体系，但是在对相应领域的能源管理协调方面发挥着不可忽视的作用，而就目前中国的能源管理现状来看，并未注意到行业协会的重要作用。我国应学习日本的经验，让相关的能源行业协会发挥一部分监管职能。日本政府通过一些行业监管机构行使能源方面的监管职能。如日本电力系统利用协会就是一个电力业务监管机构，主要承担电力系统各种规则的制定和监管任务。

第十一章
能源行业监管制度比较

第一节 概 述

一、能源行业监管的历史沿革

政府的监管是交易合同中第三方强制性实施的一种机制，它同法庭、自律组织等其他第三方合约执行机制具有目标一致的相同的作用但不同的成本，是市场经济制度体系的有机组成。因此，监管问题的本质是政府与市场的关系。一般来说，行业监管就是公开、公平、公正原则下，通过督查、检查、抽查、巡查和审核审计等方法，从实体和程序两方面对进入行业的事业体和事件进行监督管理，以保证行业管理目标得以实现。加强能源监管，是近代世界各国普遍采用的一种形式，尽管各国监管体制不同，监管机构的设置及监管职责不同，监管内容与范围也不尽相同，但是能源监管的主要目的是一样的，即基于某种政治经济利益基础上的公共利益平衡，体现了能源领域成本和效益的不同分配方式的调整。

　　行业监管制度起源于 1887 年的美国，当年美国对铁路首先实行了管制，因为在 19 世纪 80 年代，美国新兴工业即铁路将整个国家连接在一起，消除了各州的边界，为了实行公正、合理的价格，确保公众利益，限制铁路行业对市场的操纵，美国政府成立了"铁路州际商务委员会"，意在建立自由经济体制下的对垄断行业中的私人经济实行监管的制度。① 随着现代经济、科学技术的发展，监管的思想普遍被人们所接受，并且通过立法形式逐渐延伸到电力、石油、天然气、电信、民航等重要经济领域。

　　从对能源领域实行行业监管的具体实践来看，电力行业的监管具有早期性和代表性。20 世纪初的美国电力产业，占统治地位的是垂直一体化程度越来越强的公共电力公司（私有），不仅控制了发电市场，而且控制了输电和配电市场，这些公司在一个"独占的特许区"形成了垄断。于是 1916 年，美国 33 个州建立了政府管制机构，监管辖区内的公共电力企业，发放经营特许权，监管电力企业的价格、融资、服务、财务等。该管制机构的职责，一是避免消费者利益因公共电力企业垄断而受侵害；二是保证供电的可靠性。同时该规制机构还允许电力企业得到合理的投资回报率。尽管州政府对电力企业的监管并没有在保护公众利益和维护公共电力企业利益之间做出优先性选择，但却明白无误地表明了政府关注的，一是电力产品的价格；二是关注投资者进行必要的投资以保证供电的可靠性。1935 年美国国会通过了"公共机构持股公司法"（PUHCA）。该法案将电力服务权授予地方性电力公司，同时州政府对电力零售交易进行监管。PUHCA 限制其他电力公司的发电业务进入那些已经授权给某个公共电力公司提供电力服务的特许区。这样，公共电力公司就没有竞争。随后，美国国会又通过了联邦电力法（FEA）。该法授权联邦政府进行州际电力交易的监管。联邦电力委员会负责州际电力批发价格的制定，而州内的零售业务由州一级机构监管。这样，到了 1935 年底，美国绝大多数电力交易在所谓的"回报率"或"基于服务成本定价"的框架下受到监管。

———————

① 吕振勇：《能源法简论》，中国电力出版社 2008 年版，第 95 页。

这一管制思想一直统治到 20 世纪的 70 年代，并由美国逐渐传播到世界上主要的市场经济国家。[1] 美国对经济管制的新思路，被英国的撒切尔首相采用和发扬，电力工业私有化、打破垂直一体化垄断、重组电力工业的市场化结构、改革和重构电力监管体制，成为了英国电力改革不可分割的组成部分。1989 年，英国《电力法》确立了电力所有权从国家向私人投资者的转变，引入了竞争性电力市场，建立了独立的管制制度。特别是 20 世纪 80 年代以来，全球电力工业市场化改革浪潮风起云涌，目前世界上大多数国家都已经或正在进行电力工业的市场化改革。虽然这些电力私有化改革与市场化改革的利与弊存在着争议，但是这些国家均按照"监管制度"的思想在实践。

从目前能源行业监管的内容来看，主要涉及从土地征用、矿区管理、运输、市场、财税、技术、职业安全、环境、进出口贸易等一系列具体事物的监管。各个国家在确定具体的监管范围时主要依据本国市场的管理体制和开放程度，确定具体监管内容，其中市场准入、价格管理和环境监管是目前各国共同关注的监管内容。

从能源行业监管方式的发展历程来看，主要经历了从强制性监管到激励性监管的演变。强制性监管，即国家对油气产业进行强制性的管理，表现为通过建立国家经济制度对利用国家资源而获取利润的经济主体进行管理的思想。在世界油气产业发展过程中，国家政府对油气产业垄断管理表现为三种形式：（1）中央政府监管，由国家统一设立政府主管机构对油气产业进行管理，如 20 世纪 70 年代前的英国、科威特等；90 年代前的日本等；（2）由中央和地方共同监管，如 20 世纪 50 年代前的美国、加拿大等；（3）油气产业完全国有化管理，如 20 世纪 70 年代前的挪威、70 年代后的科威特、委内瑞拉、利比亚、马拉西亚等。由于强制监管所采取的措施是单向性的，监管的功能是部分替代市场机制配置资源，监管的

---

[1] 参见中国农村电气化信息网：《现代电力监管制度的基本特征》，http：//www. chinarein. com/library/detail. asp？id＝999&ArticlePage＝3，2012 年 3 月 25 访问。

主体与企业间的法律地位存在着不平等，监管对象只能被动地接受监管，形成了纯粹命令与服从的政企关系。强制性监管在实践中也存在较大的弊端，如企业与政府间的利益合谋、监管成本过大、监管中的不规范和低效率、腐败问题以及缺乏监管绩效标准问题等。激励性监管则主要是考虑到在自然垄断行业也存在着可竞争性的市场条件，这完全取决于新企业进入时所受到的障碍程度。因而主张当新企业进入遇到不可逾越的障碍时，就需要政府进行干预；当企业进入没有障碍时，政府应该依据企业的公共性的程度差别，采取激励性的监管手段纠正市场失灵，提高经济效益，通过激励的政策手段，引导企业自愿按政府意图进行经济活动。在激励监管理论的引导下，世界上一些国家对传统的能源行业监管模式进行修正，主要方式是采取放松和取消某类监管条款，引入竞争机制，避免政府监管失灵。[①] 总体上看，各国能源行业监管的方式随着时代的发展也在不断进行演变及创新。

二、我国能源行业监管现状

中国能源领域监管制度首先是在电力行业进行的，电力行业具有自然垄断的基本特点和行政垄断的体制特征。长期以来，我国的电力企业在计划经济体制下运作，形成了政企不分的状态，承担了政府的部分监管职能。中国电力监管机制的建立与发展历程是伴随着经济体制和电力体制改革而不断变化的。总体上看，从改革开放至今，我国在电源投资、电力准入、电企运营模式等一系列方面进行了不断改革，主要表现为以下几个阶段：

第一阶段：1978 年至 1985 年主要解决电力供应严重短缺问题，推行"集资办电"。电力行业和其他垄断行业一样，在计划经济体制下形成了"高度集中、政企不分、垂直管理、垄断经营"行业管理模式，电力供给的短缺是行业发展的显著问题。由于电力

① 廖玫：《界石油天然生产业监管体制的演变和发展》，中国经济网：http://www.ce.cn/cysc/ny/hgny/200803/18/t20080318_14876627_1.shtml，2012年3月25日访问。

建设资金长期不足，发电装机增长缓慢，引发了电力工业与国民经济的发展严重失调，全国经历了长期的缺电局面。从 1980 年起，为了解决建设资金瓶颈，电力行业率先使用银行贷款，走出拓宽建设资金渠道的第一步，改变了过去因电力建设资金全部依靠国家财政拨款而制约电力发展的问题。也是在这一年，电力部在"电力工业十年计划汇报提纲"中提出了利用部门与地方、部门与部门联合办电，集资办电，利用外资办电等办法来解决电力建设资金不足的思想。1985 年 5 月，国务院批转国家经委等部门"关于鼓励集资办电和实行多种电价的暂时规定"的通知，对集资新建的电力项目按还本付息的原则核定电价水平，打破了单一的电价模式，培育了按照市场规律定价的机制。

第二阶段：1987 年至 2002 年，主要解决政企合一问题。1987 年 7 月，国务院领导在"全国电力体制改革座谈会"上提出"政企分开，省为实体，联合电网，统一调度，集资办电"的"二十字方针"和"因地因网制宜"的电力改革与发展方针。1993 年 1 月，经国务院同意，能源部将电力联合公司改组为电力集团公司，组建了华北、东北、华东、华中、西北五大电力集团。1996 年底，国务院决定组建国家电力公司，规定"国家电力公司是国家授权的投资主体及资产经营主体，是经营跨区送电的经济实体和统一管理国家电网的企业法人"。国家电力公司不是一个行政性公司，而是一个以资产为纽带，按现代企业制度组建的一家大型国有公司。到 1997 年前后，终于实现了大部分电网电力供求的基本平衡，终结了全国主要电网经常性缺电的困难局面，解决了电力供给短缺的难题。但是，电力企业经营管理模式陈旧、效率较低、行业作风粗暴、缺乏激励与约束机制的体制弊端充分暴露了出来。1998 年 3 月，九届全国人大会议批准国务院机构改革方案，决定撤销电力工业部，实行政企分开，将电力工业部的电力行政管理职能移交国家经贸委，行业管理职能移交中电联。至此，电力工业比较彻底地实现了在中央层面的政企分开。

第三阶段：2002 年至今，是深化电力体制改革阶段。2002 年 2 月，国务院下发《国务院关于印发电力体制改革方案的通知》

（国发〔2002〕5 号文件），决定对电力工业实施以"厂网分开、竞价上网、打破垄断、引入竞争"为主要内容的新一轮电力体制改革，其总体目标是："打破垄断，引入竞争，提高效率，降低成本，健全电价机制，优化资源配置，促进电力发展，推进全国联网，构建政府监督下的政企分开、公平竞争、开放有序、健康发展的电力市场体系"，标志着我国电力工业全面进入了市场化改革的新时期。根据改革方案，对原国家电力公司进行拆分和重组，组建了国家电网公司、南方电网公司、五大发电集团公司和四大电力辅业集团公司。2003 年 3 月，国家电力监管委员会正式成立，使得电力企业在体制上完全实现了政企分开。2004 年底，国家发改委《关于建立煤电价格联动机制的意见》出台，标志着电煤问题朝着市场化方向迈出一大步。2005 年 3 月，国家发改委同国家电监会等有关部门下发了《上网电价管理暂行办法》《输配电价管理暂行办法》《销售电价管理暂行办法》等配套实施办法，对电价改革措施进行了细化。2007 年 4 月，国务院办公厅转发了电力体制改革工作小组《关于"十一五"深化电力体制改革的实施意见》的通知（国办发〔2007〕19 号），明确提出了继续推进电网企业主辅分离改革、加快电力市场改革、深化电力企业改革、深化电价改革、研究制定输配分开方案并稳步试点、推进农村电力体制改革、加快电力法制建设、转变政府职能完善核准制度健全监管体制等八个方面的改革措施。2011 年 9 月 29 日，由两大电网公司剥离的辅业与 4 家中央电力设计施工企业重组形成中国电力建设集团有限公司、中国能源建设集团有限公司，这标志着中国历时多年的电力体制改革终于迈出电网主辅分离改革的重要步骤。2011 年 11 月 2 日，国家电监会发布《输配电成本监管暂行办法》，加强输配电成本监管，规范输配电成本和输配电价形成。这个时期的改革，对完成我国电力企业破除垄断，实现电力市场化改革，特别是对确立具有中国特色的电力运营模式无疑具有决定性意义。

建立有效的能源监管机制，实施对能源领域垄断业务进行监管也是目前国际社会各国的普遍实践经验。石油、天然气、电力涉及公众利益，核能涉及社会安全，确立现代监管制度符合国家总体利益和社会公众共同利益，也是转变政府职能、确立新型的政企关系和政监关系的需要。目前，能源监管制度在我国还不完善，在我国能源领域主要是对电力实行了比较完善的监管制度改革，电力监管体制与相关机制基本确立，但其他重要能源领域的机制改革与监管机构建设还处于探索之中。我国未来能源立法应加强能源的管理内容规范，通过立法确立能源监管机构，对其性质、职权与责任做出规定，为其履行职责提供法律依据十分必要。并通过立法对其能源监管的权力进行必要的限制、制约，防止政出多门，也防止不必要地干涉企业自主权。

第二节 外国能源行业监管机构比较

一、澳大利亚

澳大利亚能源资源的勘探和开发，必须进行申请并获得许可。从事能源资源的勘探和开发，需要根据资源的产权归属，向联邦或州、领地政府部门申请勘探或开发许可。最基本的许可有三种：勘探许可、关于已证明存在资源的保留租约或是矿产开发许可、生产许可或采矿租约。澳大利亚矿产市场准入比较开放，国家对矿业活动进行有序的监管。

为了促进澳大利亚形成真正有效的国家能源市场，2001 年澳大利亚政府委员会（COAG）在其能源市场评价委员会（The Energy Market Review Panel）充分论证的基础上召开会议，成立澳大利亚新的国家专门能源政策机构：能源部长理事会（The Ministerial Council on Energy（MCE））。理事会是为了澳大利亚的经济和环境利益而成立的，贯彻澳大利亚政府委员会的国家能源政策的组织。该理事会是澳大利亚能源市场的监管主体。它的职责是制定有效的能源政策来应对能源领域的机遇和挑战，并确保国家能源政策的可持续发展。理事会的主要目标是制定确保能源可靠服务最大化提供的政策和培育一个开放和竞争性的能源市场，在可持续发展的框架内保证对消费者的回应性和社会责任的实现。

为了提高监管水平，澳大利亚能源部长理事会下设了一个专业的能源监管机构：澳大利亚能源监管机构（the Australian Energy Regulator）。这个监管机构承担下列职责：电力和气体传输和配送准入的监管；电力和气体许可监管；电力系统安全标准设立的职责；对国家电力法规的实施和执行监管；电力传输和趸售市场、气体传输和趸售市场的监管，国家气体获取法下的管道铺设的监管职责；电力和气体传输价格监管等。这个监管机构是独立的，它的一部分成员同时也是澳大利亚竞争和消费者委员会的成员，其他的成员都由能源部长理事会来任命。它的运营经费来自于澳大利亚工业税收。为了促进能源市场的独立发展，防止监管权力的滥用，澳大利亚成立了专门的能源市场委员会（the Australian Energy Market Commission），专司能源市场发展职责。

澳大利亚能源部长理事会和能源监管机构的成立，形成了澳大利亚新的能源监管机制，能源部长理事会主要负责能源政策制定和管理，能源监管机构主要负责市场监管和市场发展，这个监管新机制综合了联邦政府、不同的州和领地监管机构、澳大利亚竞争和消费者委员会、国家电力市场安全委员会、国家电力法执行有限公司、国家竞争委员会的能源监管职能，形成了监管分离的政策制定和执行模式，建成了覆盖全国的能源监管体系，在地方政府和领地政府大部分都有单独的能源监管机构和能源部长理事会的成员。①

二、巴西

1995 年巴西宪法第九修正案的颁布，结束了巴西国家石油公司对石油天然气的独占性勘探和生产权。巴西国家石油公司成立于 1953 年 10 月，不仅参与石油政策的制定、执行，还统管巴西石油的勘探、开发、生产、运输及企业的经营管理，是巴西政府政企合一的国有企业。1997 年的《石油法》和巴西政府颁布第 9478 号法

---

① 黄庆业、马卫华：《澳大利亚能源监管新机制及其借鉴意义》，载《华北电力大学学报》（社会科学版）2007 年第 2 期。

令，规定自 1997 年 8 月 6 日起，石油管理实行政企分开，新设巴西国家石油管理局，负责巴西石油政策的制定和行业监督管理，具体包括巴西油气田的规划、招标和签订特许合同；设定从事石油天然气提炼加工、运输、进出口等生产经营活动的企业的资质条件、批准条件和转让条件；制定估算管道运输的费率，确定有关价格；制定公共单位申报征用原计划勘探、开发和生产石油天然气或计划建提炼厂、运输管道或码头的用地的审批程序等事务。巴西石油公司则按照市场经济规律实行企业自主经营。由此结束了巴西国家石油公司（Petrobras）长达 40 年的垄断经营地位。之后巴西政府不断改善投资环境，积极吸引国外资本和国内私有资本投资石油工业，外国石油公司陆续进入巴西。

从 2000 年 12 月开始，石油和天然气的上游已经被完全市场化并向私人投资者开放。1999 年到 2005 年，在巴西国家石油管理局的主持下，巴西举行了七次油气勘探开发区块许可证招标，许多国外的大油气公司，如 Shell、BP 等积极参与投标，并获得了不少区块的勘探开发权。作为石油和天然气领域放松管制的一部分，最终用户的油气使用价格在 2001 年 5 月被市场化，并且主要的财政补贴被取消。优惠液化石油气（LPG）计划被设立，以资助最贫困的家庭。

在电力领域，1964 年设立的巴西电力公司，是一个类似于巴西石油公司的政企合一的企业，它负责对电力行业发展进行规划、协调和质量监督，但随着巴西电力体制的改组和电力行业的私有化，巴西电力公司逐渐丧失了管理的职能。1996 年 12 月，巴西成立了独立的电力监管机构——国家电力局，它负责电力市场技术和经济方面的监管工作，颁发电力企业经营许可证，规范电力市场价格。国家能源政策委员会是巴西电力管理的最高部门，它下属的能源秘书领导一个规划机构，负责提出电力发展规划，指导电力工业发展。1998 年 10 月巴西国家电力系统运行局成立，其主要职责是运行国家联网系统，管理国家输电网络。主要目的是保持由于协调运行可以得到的综合效益和保证电能供应质量，为电力行业各机构之间的公平和公正竞争创造条件。①

2004 年巴西政府在电力领域引入了一个旨在吸引投资的新的管理框架，以打破垂直垄断的电力体制，按照发电、供（输、配）电、售电业务功能进行分拆和重组，分别组建独立经营发电、供电和售电业务的企业。目前，超过 10，000 公里的传输线路和网络被授权建设，电力的生产和输送也已经向私人资本开放。如今在巴西的电力领域，66％的输送能力和28％的生产能力由私人资本所有。

三、俄罗斯

俄罗斯的能源行业监管体制的现状是政企职责交错，一些大型国有能源企业继续私有化，行业监管走向政企分开的改革方向。

前俄罗斯石油工业部门由一些大型的垂直一体化石油公司和俄罗斯"天然气工业公司"组成，他们拥有国家大约80％的石油开采和72％的石油产品生产能力。尽管俄罗斯的大部分石油由国家控股且进行垂直一体化管理，但石油企业基本上是股份制的，除此之外还有许多小型的、不属于垂直一体化管理的企业，其中的一些公司是外国投资的合资企业。在石油部门，拥有重要地位的是输油管道系统，他们大多数属于国家控制，并按照为采油公司提供有偿运输服务的原则工作。俄罗斯联邦是"石油管道运输公司"的所有者，经营着干线石油管道网。另一家国家公司"石油产品运输公司"则经营着石油产品管道运输网。

天然气部门存在着自然矿产资源开发不合理的问题。因此，能源战略中关于强化资源管理措施的规定对天然气部门是非常现实的。对国家"天然气"能源政策走向进行总协调的是俄罗斯工业和能源部，其中发挥主要作用的是俄罗斯"天然气工业公司"，处于重要位置的还有一些石油（伴生气）公司以及一些独立的天然气公司，还有一些外资公司，其中最突出的是"跨国海上平台石油钻井公司"。

---

① 谢永胜：《南非、巴西、阿根廷电力市场运行考察报告》，引自 www.cqep. com. cn/uploadpic/20055191015261. pdf。

在分析俄罗斯煤炭领域的机构改革时，值得一提的是在前苏联时期实际存在的煤炭部，负责监控俄罗斯、乌克兰、哈萨克斯坦以及其他煤炭共和国的煤炭生产。1991年苏联解体后，1998年俄罗斯煤炭工业委员会正式解散。1999年成立了隶属于俄罗斯燃料能源部的煤炭委员会，主要职能是实施国家对煤炭部门的管理。此后，其职能转交给俄罗斯燃料和能源部（从2004年改为工业和能源部）和"俄罗斯煤炭工业股份公司"，在煤炭工业机构重组过程中，又成立了各地区煤炭开采公司和工业联合体，他们在实行股份制后被改制为股份公司。此外在一些地区实行私有化过程中出现了一些私营矿井。"俄罗斯煤炭工业股份公司"将继续实行私有化，并在私有化过程中将这些企业卖给私营投资者和劳动集体。

除核电外，俄罗斯全部电力生产能力均属于"俄罗斯统一电力公司"控股的各类分公司。大部分输电设施则属"联邦电网公司"管辖，该公司也由"俄罗斯电力公司"控股。俄罗斯联邦政府拥有"俄罗斯统一电力公司"的52.55%的股份。

四、美国

1. 监管机构

美国能源部所属联邦能源监管委员会（以下简称FERC）是一个独立的能源监管机构。主要负责具体监管政策的制定和执行。美国的能源监管机构实行联邦及省（州）两级管理。根据不同的能源资源所有权，采取不同管理办法。联邦政府的自然资源部及国家能源委员会与省级能源主管部门及监管机构不具有上下级关系，他们都各自行使法律赋予的权力，其权限的大小和范围则是在相关法律中明文规定了的。但为了更好地行使监管权力，既避免漏管也避免重复监管，以减少浪费和出现政出多门及权力交叉等问题，联邦政府与省政府也建立了沟通、协作关系。

监管的主要内容和手段方面：在能源监管领域，FERC和各州公用事业监管委员会机构通过市场准入监管和价格监管；受理业务申请和处理举报投诉；行使行政执法和行政处罚权力等主要监管手段，实施对资源、产业、市场的有效监管。市场准入方面：市场准入监管是最主要的监管权力和手段之一。美国联邦监管机构对石油市场的准入实行监管，包括从业资格的认证审定，组织油气资源勘探、开发的招标和许可证发放，同时对矿权使用和油气资源的合理开发和利用实施监督管理，对作为矿区使用费征收依据的油气产量水平进行评估等；价格监管方面：价格监管是最主要的监管权力和手段之一。

美国能源监管机构主要监管管道输油公司的运营和费率、管道服务和开放；还包括监控天然气管道输送价格，制定费率或价格公式，提出最高限制或最低限价等；受理业务申请：联邦能源监管委员会和各州公用事业监管委员会对能源市场的监管主要是通过受理业务申请和处理举报投诉这两种形式实现的。企业要办理业务许可事项，要更改电力价格、天然气价格或者服务条款，要求监管机构对纠纷进行裁决，或者消费者要求相关的公司进行赔偿等事项，都需要向监管机构提交文字申请材料。对重要公共设施和重大项目实行监管，包括审批长距离油气管道、液化天然气接收站的建设和运行，决定海上石油设施的建设与停用，监管长距离油气管道的运营等，对生产者之间、生产者与消费者之间发生的纠纷进行调解和仲裁；受理举报投诉方面：投诉举报的方式主要有两种：一种是热线电话；一种是书面举报投诉。FERC 的热线电话设在执行局，加州PUC 的热线电话设在消费者保护处。对电网接入、互联纠纷、供电服务质量、电费账单等的投诉举报案件，90% 以上通过非正式的程序进行解决。如果非正式协调不能解决，则进入监管机构的正式程序，通常由监管机构的行政法官进行听证和裁决，直至最终上诉到法院判决；行政执法与处罚方面：联邦能源监管委员会和各州公用事业监管委员会，除了拥有市场准入的审批权和定价权以外，还拥有强大的执法队伍和行政处罚权力。根据 2005 年新颁布的《能源政策法》，联邦能源监管委员会可以对每件市场违规案件处以每天 100 万美元的罚款，对恶意操纵市场的企业负责人处以 5 年的监禁；监管法规与政策方面：无论是联邦能源监管委员会，还是各州公用事业监管委员会，其对能源行业的监管都是通过一系列的规章制度实现的。任何团体和个人均可以依据这些规则举报、投诉油气市场和电力市场违法违规行为，维护自身的合法权益。

联邦能源监管委员会的规则全部收录在公开发行的《联邦电力监管规定》中，各州公用事业监管委员会的规则全部收录在各州《公用事业法典》中。这些规则详细规定了电力市场的准入、许可证的申请、价格制定、企业兼并重组、互联谈判、普遍服务、电网开放、服务质量、市场行为、会计和可靠性标准等各个方面。监督被监管企业符合这些规定的要求，构成了电力监管的主要内容。

2. 对能源市场公平竞争的监管

能源市场领域的公平竞争是公正的具体体现，也是实现本国能源资源优化配置的重要途径。美国能源立法重视规范能源企业的市场正常竞争行为，从而保障能源市场主体地位的平等。1977 年美国《备用天然气法》第 717c 条对天然气公司的价格与费用支出行为进行了规范，其第 1 款规定了天然气公司公正合理的价格与费用行为：所有影响或有关这些价格或费用的规定和规则应当公正合理，任何不公正不合理的价格或费用均视为非法。其第 2 款禁止天然气公司不适当的优惠条件和不合理的价格与费用支出：在委员会管理范围之内的任何天然气运输或销售方面，天然气公司不得制定或给予任何人不适当的优先权或优惠条件，或以不适当的偏见或不利条件限制他人或者在不同的地区与服务层次上保持在税收、费用、设施和任何其他方面的不合理的差别。[1]

另外，美国能源立法还积极通过对垄断性行为的规制维护公平竞争。虽然规定了对于促进可再生能源和能源的有效技术竞争的各种促进措施，但是 1989 年美国《可再生能源和能源的有效技术竞争法》第 1207 条规定，本章中任何一点都不可以被解读成为任何个人、合作伙伴、公司或其他实体，在任何反垄断法案下提供免于民事或刑事责任追究的保护，或在任何反垄断法案下提供任何防范

---

[1]　毛如柏：《世界环境法汇编——美国卷》（卷三），中国档案出版社 2007年版，第 2104 页。

措施。① 1980 年美国《海洋热能转换法》第 9114 条专门规定了海洋热能转换措施或工厂所有权、建造、操作的许可证的反垄断审查条款，其第 1 款规定，当接到任何请求得到、转让或更新许可证的申请时，署长需立即递交给司法部长一份此申请的复件。在接到此申请的 90 日内，司法部长须对申请进行合适的反垄断审查，然后提供给署长认为是明智的建议或劝告以供参考，以免署长对此申请的受理与反垄断法产生冲突。若司法部长在 90 日内没能提出此类建议，则署长将视为已接到此类意见而继续进行工作。但是，第 2 款规定，该法中的任何条款都不能被解释为阻碍司法部长或美国贸易委员会对海洋热能转换措施或工厂所有权、建造和运营中的反竞争情况提出异议。② 1980 年美国《风能系统法》第 9211 条第 3 款规定，部长应该采取必要的步骤以确保在本法中直接或间接辅助进行的风能系统的生产和销售活动能够遵守反托拉斯法。③ 同时，美国能源立法还区分了不同情况，允许特殊情况下的能源市场垄断行为。1978 年美国《天然气政策法》在第 3364 条第 5 款规定了反托拉斯保护条款，重点是规定了一定情况下企业存在垄断行为时的辩护权，该条规定，符合一定情形下，对于采取合法或非法行动违反联邦反托拉斯法（或联邦其他类似法律）的单位，以及其采取的行动或举行的会议，可获得相应的辩护权，情形包括：反对者采取的行动或举行的会议目的是响应总统要求或服从其指令；反对者采取的行动并不以妨碍竞争为目的。④

---

① 毛如柏：《世界环境法汇编——美国卷》（卷三），中国档案出版社 2007 年版，第 1997 页。

② 毛如柏：《世界环境法汇编——美国卷》（卷三），中国档案出版社 2007 年版，第 2004 页。

③ 毛如柏：《世界环境法汇编——美国卷》（卷三），中国档案出版社 2007 年版，第 2064 页。

④ 毛如柏：《世界环境法汇编——美国卷》（卷三），中国档案出版社 2007 年版，第 2091 页。

五、日本

日本的能源行业监管职能主要由一些能源行业协会行使。以日本电力系统利用协会为例，它是一个电力业务监管机构，主要承担电力系统各种规则的制定和监管任务。日本政府能源监管部门主要通过以下手段对能源进行监管：（1）制定法律法规。日本政府主要依靠法律手段对全国能源产业进行指导和调控；（2）价格监管。日本能源价格主要依靠市场进行调整，政府只进行必要的监管；（3）环境保护监管。能源监管部门有责任根据环境厅的要求和标准，对污染行业进行相应的管制；（4）争议处理。作为裁判和仲裁者，能源监管部门负责就电力、石油、天然气等能源产品的价格、项目建设和环境等问题，在能源生产者、销售者、消费者之间进行调解或协调。

第三节　外国能源外商投资限制比较

经过多年的改革开放和国际合作，我国能源的发展已经与全球能源的发展逐渐融合，形成了我中有你，你中有我的局面。一方面，我国通过加强外商投资立法，扩大允许外商投资的领域，鼓励外商投资能源及相关的采掘、生产、供应及运输领域，鼓励投资设备制造产业，鼓励外商投资中西部地区能源产业，从而使外商在我国的能源投资大幅增加，并成为我国能源投资的重要组成部分。另一方面，随着我国资本的增长以及能源需求的增加，我国也积极在其他国家投资、开发能源产业，使我国的投资成为世界能源投资的一个组成部分，也提高了我国对世界能源市场的依存度。我国政府也对在海外投资能源产业给予鼓励和指导。2007年2月，国家发展和改革委员会公布的《对外投资国别产业导向目录》就将科威特、卡塔尔、阿曼、摩洛哥、利比亚、尼日尔、挪威、厄瓜多尔、玻利维亚等9个国家的石油和天然气海外投资列入其中。

为了完善我国的能源开发市场准入制度，为我国的对外能源投资提供法律知识，有必要研究世界主要的能源开发市场准入制度，特别是外商投资的准入问题。从法律渊源上看，关于能源开发市场准入的法律规范以国内法为主，同时也包括相当数量的国际法规则。其中，国际法规则主要体现为双边投资协定，多边条约主要是《能源宪章条约》（Energy Charter Treaty）。

　　该条约对于与能源开发和能源输送（输油管、输气管）等相关的投资、投资保护、投资争端解决机制等问题作出了较为详细的规定，对于全球性能源开发公约的发展提供了一个样本，其影响范围逐渐扩大到欧洲之外的国家和地区。目前批准该条约的石油出口国不多，主要包括丹麦、荷兰、哈萨克斯坦、土库曼斯坦等国，我国为该条约的观察员。该条约规定的市场准入制度与其谈判背景具有密切的关系。该条约的谈判肇始于苏联的瓦解，西欧发达国家希望与新独立的东欧和亚洲国家就能源的开发和贸易作出安排。最初的谈判是在欧盟和东欧国家间进行。美国唯恐欧盟独霸东欧诸国的广大能源资源的开发从而控制能源市场，主动加入谈判。后加拿大、澳大利亚、日本等亦相继加入谈判。在此背景下，该条约对于东道国保护外商投资的规定走得最快、最远。该条约对与能源相关的国际投资、贸易等均有相当重要的规定。例如，签字国承诺提高本国法律的透明度并承担义务在谈判能源投资方面给予外商非歧视性待遇和最惠国待遇。外国资本进入投资东道国以后则应享有最惠国和国民待遇，受到公平和公正的对待。同时，投资东道国征收外商的资产应给予充分的赔偿。事实上，该条约最值得注意的是其关于争端解决的强制性规定。根据该条约第26条，任何个人投资者都可以将其与投资东道国关于投资的争端提交国际仲裁裁决，不需投资东道国的同意。易言之，该条约的所有签字国均不得对强制性国际仲裁条款作出保留。此种规定，在国际条约和经济交易的实践中，都是史无前例的。①

　　而在国内法层面，对于能源投资的市场准入，各国形成了不同

---

　　① 王贵国：《经济全球化中的主权原则》，载《法律与全球化学术论讨会论文集》，http：//www.jus.cn/ShowArticle.asp？ArticleID＝127，2010年10月10日访问。

的制度体系。

一、美国

美国对于有可能影响国家安全的外商投资建立了投资审查制度，并为此制定了法律，建立了相关执法机构。由于能源对于国家安全具有重要意义，外商投资审查在一定意义上构成了投资壁垒，对能源开发市场的外资准入构成一定障碍。

从传统上看，美国联邦政府对外国直接投资实行的是一种中立的政策，即美国联邦政府既不反对、歧视外国资本流入美国，也不以任何方式对外资进入美国实行倾斜和优惠政策。美国的中立政策包含两个基本原则：其一是创设的权利，即外国企业在美国创设新的公司，或扩大其在美国的经营活动等方面，与美国企业享有同等权利，不因为"外国企业身份"而面临国内企业所不会遇到的特殊障碍；其二是国民待遇，即外国投资者的待遇等同于美国国内的投资者，那些已经在美国投资开展经营活动的外国企业，既不会因为政府行动或政策而面临比美国国内企业更大的负担，也不会获得美国国内企业所没有的特殊优惠。

处于国家安全等考虑，美国联邦政府对外商投资实施一定的限制，主要包括四类：（1）明确禁止外国投资介入的部门，包括国内航空运输，核能生产与利用，内河、内湖和近海航运等。（2）严格限制外国直接投资介入的部门，如广播和电讯部门除非由联邦通讯委员会给予特许，外国控制的企业不能拥有获取了广播或普通投递许可证的公司的20%以上的股份。（3）有选择地限制外国投资介入的部门。如根据美国《公共土地法》和《采矿许可法》，准许外国投资者在美国公共土地上铺设石油和煤气管道，修筑铁路和开采矿藏，条件是投资者母国政府对美国投资者提供对等的权利。而对那些没有与美国政府签署类似条约的国家，其投资者不享有这些权利。（4）特殊限制部门。根据联邦政府的法律，只有某些合法形式的外国企业才可获得许可，介入美国水力发电和某些区域的水产业。例如，按美国法律建立的外国子公司可获得许可，而外国分支机构则被禁止进入这两个产业。在这些部门从事经营活动的所有外国企业必须遵循美国的法律，如船只航行要悬挂美国国旗等。相比而言，在西方主要发达国家中，美国联邦政府的外资政策仍是相对较为开放的。

美国联邦政府建立了外商投资国家安全审查制度。与外商投资的国家安全审查制度相关的一般性法律包括《1950 年国防生产法》（Defense Production Act of 1950，DPA）、《1988 年埃克森—佛罗里奥修正案》、《2007 年外商投资和国家安全法》（Foreign Investment and National Security Act of 2007（FINSA））等。此外，美国对能源、矿产等方面的外国投资设有限制，比如《1954 年原子能法》、《1920 年矿产租赁法》等。美国外商投资委员会（Committee on Foreign Investment in the United States（CFIUS））负责实施外商投资国家安全审查。该委员会隶属于美国财政部，设有投资安全办公室（Office of Investment Security），作为其办事机构。以下对这些法律的发展以及基本规则作一个简要介绍。

从发展历史上看，美国的国家安全审查制度始于《1950 年国防产品法》。1988 年美国为应对日本对美国企业大规模收购潮，在国防产品法的基础上制定了《1988 年埃克森—佛罗里奥修正案》，成为美国规制外资并购、保护国家安全的基本法。"9·11"事件使美国进一步提高对国家安全的敏感度，外资审查表现为泛政治化倾向，对外资审查范围的扩大和审查尺度越来越严格。过去国家安全审查的重点是国防工业，而"9·11"之后对来自外国"国有企业"的收购和对美国"重要基础设施"的收购也被要求接受更严格的国家安全审查。《2007 年外国投资与国家安全法案》对《1950 年国防生产法》第 721 条以及《埃克森—佛罗里奥修正案》作了进一步修订，规定了更为严格的审查制度，进一步加强了对外国企业在美投资的审查，其主要内容包括：

（1）加强外国投资委员会的作用和审查力度。FINSA 规定，由财政部长担任外国投资委员会主席。此外，委员会还增加了能源部、劳工部和国家情报局 3 个成员。能源部和劳工部的加入意味着涉及美国能源等战略资产的外资并购案将受到特别关注，并购导致的美国国内就业问题也会纳入审查范围。FINSA 专门规定了中央情报局在审查中的调查职能，要求其必须对涉及的国家安全问题进行"彻底的"分析。FINSA 扩大了政府对涉及国家安全和基础设施等领域投资的外国企业的审查范围和管理权限，提高了外国投资委员会的权力和地位，大大改变了美国政府对外国企业并购美国企业的态度。外国投资委员会审查作用的扩大导致美国对外资进入实施更多的行政干预。

（2）加强国会对审查的监督。FINSA 增加了高层签署的条款及向国会报告和接受国会监督的条款。FINSA 规定，高层官员应亲自签署提交给国会的审查和调查确认书，应签署对涉及外国"国有企业"和"重要基础设施"的收购免予调查的决定书。应签署根据"常青条款"启动再调查的决定书。同时，外国投资委员会应在所有审查和调查程序结束后向国会以书面形式报告所审查和调查的详细内容，并保证该交易将不会对国家安全构成威胁，或保证缓和协议以解决所有疑点。外国投资委员会还应向国会提交详尽的年度报告，而国会高级成员可对有关情况进行质询。

（3）审查范围扩大。《埃克森—弗罗里奥修正案》对外国投资的审查主要集中于对美国国防安全的直接影响，而 FINSA 则侧重于美国的国家安全。显然，FINSA 扩大了审查范围。第一，FINSA加强了对重要技术和基础设施交易的审查，明确要求外资收购的"重要基础设施"及与美国国家安全有关的核心基础设施、核心技术及能源等核心资产成为审查的主要内容。第二，FINSA 加强了对外国"国有企业"投资的安全审查，外国国有企业在美国的并购受到严格限制。第三，FINSA 明确了审查要考虑该外国政府与美国之间的外交一致性，在多边反恐、防止核扩散及出口限制方面的政策一致性，以及是否在地区范围内对美国具有潜在军事威胁等。这预示着对来自我国等与美国外交一致性不强的国家将面临不利局面。第四，FINSA 规定，总统和外国投资委员会有权将其认为需要予以考虑的其他任何因素纳入审查范围，这增强了总统和委员会对外资审查的权限。

（4）审查程序更复杂和严密。FINSA 在保持以往对外来投资审查的框架下，赋予外国投资委员会更多的权力，同时加强了国会对其审查过程和透明度的监督。首先，FINSA 要求外国投资委员会对审查过的交易类型发布指南，以增加外国投资委员会审查的透明度和提高外国投资的可预期性。其次，FINSA 对外国投资委员会使用"常青条款"作出严格限制，规定只有当交易方向外国投资委员会提交的信息存在实质性虚假或错误，或在故意严重违反减缓协议且无其他救济措施的情况下，外国投资委员会才有权重新调查以前审查过的交易，这在很大程度上限制了外国投资委员会的权力滥用。再次，审查程序更复杂，外资并购的政治压力加大。一般并购案的审查期限是 30 天，如无异议即可获得批准。若有异议但并购交易方未与外国投资委员会达成协议或涉及外国政府控制的并购案，则必须再进行 45 天的深度审查。深度审查结束后，总统还有权在 15 天内进行进一步审查。审查期限的延长使外国企业将长期处于美国的政治压力之下，增加了并购的不确定性。同时，FINSA 将外国投资委员会的很多现行做法以法律形式固定下来，明确了审查标准、程序和监督，有利于减缓泛政治化倾向。

美国的外商投资国家安全审查对于我国在美国开发能源构成了一定的障碍。最典型的案例就是中海油（CNOOC）收购 UNOCAL 失败案。在该案中，尽管中海油已经与 UNOCAL 就商业条款达成了一致，但是美国政府以该交易对美国的国家安全具有不利影响为由，拒绝批准该交易。

二、加拿大

《投资加拿大法》（Investment Canada Act）规定了外商投资的基本规则，所有外国投资者在加拿大的投资都要接受该法的管辖。该法的立法宗旨是鼓励外国投资者在加拿大投资，同时确保外国投资促进加拿大经济增长，创造就业机会。此外，2009 年 3 月通过的该法的修正案增加了对可能危害国家安全的外国投资进行审查的规定，以便保护加拿大国家安全。联邦工业部部长负责该法的实施，[1] 该部的投资审查局（IRS）具体负责实施该法。

---

[1]　但是对于"文化企业"的投资则由加拿大联邦遗产部长负责。

　　就适用范围而言，该法适用于所有非"加拿大人"，包括所有非加拿大的个人、实体、政府或政府机构。根据该法对"加拿大人"的认定有时比较复杂。简而言之，如果某人是加拿大公民，或永久居民且首次具有加拿大公民申请资格后在加拿大居住的时间超过一年，则都被视为"加拿大人"。

　　就实体而言，若其控股股东是"加拿大人"，则该实体构成加拿大人。对于股东人数众多的公司，实际上很难确定所有股东都是加拿大人。此时，公司身份则取决于董事会成员的加拿大人身份或永久居民身份。如果三分之二以上的董事会成员具有"加拿大人"身份，而且该公司实际上并非通过持股控制，则该公司也被认为是"加拿大人"的公司。

　　外商在加拿大投资能源开发可以通过新设公司的方式，也可以通过并购原有公司的方式。该法对于"收购控制权"作出了明确的规定。简而言之，这些条款规定，获得控制权必须通过收购（ⅰ）公司的表决权股份；（ⅱ）非法人实体的表决权股权（就合伙和信托机构而言，是指对该机构资产享有的、分配利润和企业解散时分配剩余资产的所有者权益）；或者（ⅲ）收购一个加拿大企业的全部或大部分资产。

　　虽然加拿大对于外商投资总体上持欢迎态度，但是为了防止外商投资的消极影响，加拿大对外商投资建立了审查制度。该审查制度主要包括净利益审查和国家安全审查两个方面。

　　净利益审查的目的是为了确保拟议的交易会"为加拿大带来净利益"。事实上，由于加拿大对外商投资持欢迎态度，收购交易很少因为不符合"净利益"标准而被拒绝批准。

　　除了一般性的"净利益"审查之外，2009 年 3 月通过的修正案赋予主管部长并最终赋予联邦内阁广泛的权力，可以投资可能危害加拿大国家安全为由对外国投资进行审查。若某项已经完成的或拟议进行的投资被发现危及加拿大国家安全，联邦内阁有权部分或全部阻止该投资或者对该投资设置限制条件；交易已经完成的，可被命令剥离资产。在进行国家安全审查时，不考虑该投资是否为加拿大带来净利益。

在进行国家安全审查时，主管部长拥有宽泛的权力。主管部长有权在一定期间内告知拟收购加拿大企业的非加拿大人其投资可能需要接受国家安全审查。由于"国家安全"一词没有确切的定义，而且也不存在豁免国家安全审查的最低金额标准，主管部长的该项权力非常宽泛。该通知一经发出，尚未实施的投资即应立即停止实施，除非审查机关告知该非加拿大人不需要接受国家安全审查或者经审查表明该投资不会危害加拿大国家安全。总体而言，由于该权力具有自由裁量的性质，审查过程可能持续很长时间，可能会增加外商投资的不确定性。

对于我国而言，还需要注意加拿大联邦工业部长于 2007 年 12 月 7 日颁布的适用于外国国有企业收购加拿大企业的《投资加拿大法》实施纲要。该实施纲要的目的在于要求收购后的企业按照公司治理和商业导向的合理原则进行运作，审查的内容包括国家控制外国国有企业的程度和性质，外国国有企业是否符合加拿大公司治理的标准等。

就能源开发产业而言，加拿大并不禁止其他国家的公司在加拿大投资能源开发产业，尤其是对投资开发新能源持欢迎态度。近年来，我国的加拿大的能源投资大幅增长。外国人已经在加拿大能源产业中拥有大量投资，比如李嘉诚即持有加拿大第三大石油公司赫斯基能源（Husky Energy）公司 52% 的股份。①

三、英国

作为一个发达的实行市场经济的工业化国家，英国的能源开发市场准入制度一方面表现出市场经济的特征，同时也表现出国家对能源开发的干预和控制。

从市场经济的角度看，英国对外资的市场准入整体上给予国民待遇，并不歧视外资，因此外资能够在英国投资能源开发，特别是

---

① 在原加拿大第四大石油公司 Suncor 能源（Suncor Energy）与原第三大石油公司加拿大石油公司（Petro-Canada）合并之前，赫斯基能源公司为加拿大第二大石油公司。

开发新能源。比如，法国电力就于 2008 年末、2009 年初完成了对英国能源公司的收购，其控股公司已掌握了英国能源公司超过 95% 的股份。①

然而，英国对于石油、天然气等能源具有很大的依赖性，这也深刻地影响着英国的能源开发市场准入制度。在 20 世纪 70 年代的石油危机中，英国政府深刻地认识到国家对于能源资源的直接控制对于保障能源安全具有重大意义，② 并对能源开发市场准入产生重大影响。根据相关法律规定，对于外商投资，英国政府享有保留权利（reserve powers），可以在一定的条件下拒绝外商投资。法律规定国家对于能源资源的开采、投资和生产水平具有最终的控制权。

英国的能源开发市场准入制度与 20 世纪 70 年代的石油危机有密切关系。在石油危机发生之后，该国于 1975 年 5 月通过《石油税法》，并在同年 11 月通过《石油和地下管道法》。这两项法令大大加深了对石油勘探、开发、生产、石油管道和炼油厂建设的控制。为了保障能源安全，英国根据这两个法令建立一个股权全部由国家拥有的巨型国营石油公司——英国国家石油公司。法律规定，英国国家石油公司拥有一些一般企业之上的行政特权。为了保证英国的石油供应，英国国家石油公司有权以市场价格购买北海各油田生产的 51% 的原油，并向各油田的经营委员会（operating committee）派出了代表。在此之后的几年中，英国国家石油公司的权力不断扩大，不仅直接进入北海石油资源的勘探和开采领域，而且在北海的竞标中获得在各招标公司矿区 51% 的股权。此外，英国政府在 1978 年还单独授予了英国国家石油公司 11 块区块，在北海各矿区进行股权转让时，它与英国煤气公司享有优先的特权。

---

① 《电气技术》2009 年第 1 期资讯报道，第 55 页。
② 在发生石油危机之后，英国政府曾经要求英国石油公司和壳牌运输贸易公司优先向英国供应石油，但是遭到拒绝，即使是政府拿出其拥有英国石油公司 51% 的股份的股东身份来，也不能得到些许的优惠。大型能源公司在危机期间与政府之间的对抗现象促使英国政府加强国家对能源资源的直接控制。参见孟凡伟：《1973 年石油危机和英国的能源安全政策》，载《枣庄学院学报》2008 年第 6 期，第 127 页。

到1979年，英国国家石油公司成为英国北海油田中最大的公司之一。英国国家石油公司成为英国政府推行石油安全政策的工具。

四、俄罗斯

由于俄罗斯国力在苏联解体之后逐渐得到恢复，该国越来越强调自主开发能源资源。同时，随着石油价格的上涨，俄罗斯也因此调整了以往向私人投资，主要是外商投资，开放石油投资的政策。俄罗斯收紧对能源及其他自然资源的控制，首批公布的外资禁入战略资产名单，油气资产列入其中；出台新的法律限制外国石油公司持股比例，只允许俄方控股至少51%的企业参加大型油田项目招标。[①] 在限制外资的同时，俄罗斯也积极发展国有石油公司，主要是 Rosneft 公司。

比如，在20世纪90年代，俄罗斯通过签订产品分享协议（Production Sharing Agreement）允许外商在 Sakhalin 地区开采石油。但是，俄罗斯现在采取了一些策略限制外商投资或者改变以往同意的投资条件。典型案例就是俄罗斯对于荷兰壳牌石油公司的做法。[②] 总体上讲，这些限制措施尚不构成国有化，但是仍然对外资在俄罗斯投资能源开发造成了一定的打击。

五、澳大利亚

外国资本在澳大利亚能源资源开发中起到至关重要的作用。澳

---

① 刘红：《2005年国内外能源政策综述》，载《国际石油经济》2006年2月底专稿。

② 萨哈林二号油气项目是俄罗斯最大的外商投资项目之一，英荷壳牌石油集团持有55%股份。根据20世纪90年代签署的产量分享协议，只有在石油公司收回全部成本后，俄罗斯政府才能与其分享项目产生的利润。壳牌公司和俄罗斯天然气工业股份公司达成协议后不久，壳牌宣布，萨哈林二号项目第二期工程成本翻倍，接近220亿美元，这就意味着俄方还要许多年才能分得属于自己的利润。2006年9月，俄方以当地生态环境遭到破坏为由，收回了对该项目的环境许可证。参见搜狐报道：《俄罗斯要告壳牌》，载 http://news.sohu.com/20061027/n246031237.shtml，2006年10月27日发布。

大利亚绝大部分大型矿业公司均为跨国资本控制。澳大利亚政府认识到了外国资本对其矿业发展的重要性，制定了一系列投资促进政策，鼓励国际矿业资本投资其资源勘探和开发。澳大利亚投资政策的决策机构是澳大利亚国库部，具体负责审批的是外商投资审查委员会（FIRB）。涉及投资的主要立法有《1975 年外资并购与接管法》（FATA）和《1989 年外资并购与接管条例》。这两部法律规定了外商投资的门槛。外国政府及其机构在澳投资不论规模大小，均须申报。在外商投资审查中有一项是国家利益的审查，此项软规定，没有具体的标准，是澳洲政府为保护国家利益而制定的。

按澳大利亚的外国投资审查委员会（Foreign Investment Review Board）规定，投资额超过 5000 万澳元的项目需经 FIRB 审查。但对于新的石油和天然气勘探、开发项目，如外国公司投资总额在 1000 万澳元以上，需将项目建议通知 FIRB，除非 FIRB 认为项目有损国家利益，否则新项目将获准进行；如投资额在 1000 万到 1 亿澳元之间的油气项目，FIRB 通常不进行详细审查；若投资额超过 1 亿澳元，FIRB 将对项目建议进行详细审查，一般也将予以批准。如欲购买总资产在 5000 万澳元以上的油气勘探或生产公司资产或 15% 以上股份，受 1975 年外国并购法案管辖。如目标公司的资产在 5000 万至 1 亿澳元之间，通常不用进行详细审查就能获准；如投资在 1 亿澳元以上，则需进行更详细的审查，除非有损国家利益，一般都能获准。但如外国政府或其机构欲以直接投资的形式参与澳油气行业，则需提前报 FIRB 审批。

六、中东

中东和北非蕴藏着丰富的石油、天然气资源，尤其是包括沙特阿拉伯、阿拉伯联合酋长国、科威特、卡塔尔、阿曼、巴林在内的海湾合作理事会（Gulf Cooperation Council）成员国。中东和北非地区的石油产量占全球产量的 36%，天然气产量占全球产量的 17%。其石油、天然气的已探明储量分别占全球的 56% 和 27%。因此，研究中东的能源开发市场准入制度对于保护我国对外投资和保障能源安全具有重要意义。

　　由于中东地区对于全球能源安全的重要意义，其能源市场开发准入制度历来受到国际社会的关注，并在很大程度上受到西方大国的影响。其能源市场开发准入制度一方面反映了这些国家保护本国资源，维护本国经济利益的渴求，另一方面也反映出国际社会，尤其是西方大国，为了保障石油、天然气供给而对这些国家的压力。因此，中东地区的能源开发市场准入制度也一波三折，总体上可以分为早期的完全对外开放、70 年代后的国有化两个阶段。

　　早期，中东地区的油气资源和油气产业受到西方大公司的控制，东道国仅仅能够从石油产业中收取石油产出量特许权使用费，以及对石油公司所获利润征税。

　　但是，中东国家也有强烈的自主开发能源的利益诉求。在 20世纪 70 年代的国有化运动中，很多国家都通过购买股权、征收等方式实现了油气资源和油气产业的国有化。比如虽然科威特于1961 年独立，但是截至 1973 年，该国的油气资源仍然是英国石油公司（BP）和美国海湾石油公司的控股子公司——外资性质的科威特油业公司（KOC）的资产。1974 年初，科威特政府购买了科威特油业公司 60% 的股份，迈出了决定性的一步。1974 年 8 月，科威特政府成立了最高石油理事会，作为对于建立本土化石油产业进行决策的最高权力组织。同年 3 月，科威特宣布将接管所有的石油产业。1980 年 1 月，科威特石油公司成立并整合了石油开采、冶炼、石化等相关产业，建立了一体化的石油产业，并承担在国外拓展石油市场的任务。伊朗也是一个典型例子。该国的石油、天然气开发市场基本被本国垄断。伊朗政府成立了国有的伊朗国家石油公司（National Iranian Oil Company（NIOC））、伊朗国有天然气公司（National Iranian Gas Company（NIGC））以及从事发电行业的Tavanir 公司。这些公司都受到伊朗能源部的控制。总体来说，欧佩克组织国家几乎在 20 世纪 70 年代都对油气资源开发实现了国有化。

　　然而，中东对于世界能源安全的重要意义决定了其他国家不可能不希望这些国家开放石油开发市场以便保障能源安全。伊拉克战争以及随后萨达姆政权的倒台为其他国家提供了契机。伊拉克新石油法的制定过程不仅是伊拉克国内各种利益之间的博弈过程，而且也是伊拉克本国主权和经济利益与其他国家的能源安全利益之间的博弈过程。据悉，新石油法草案将会向国际石油公司提供多种投资方式，包括产品分享协议等。这为美国石油公司等国际石油公司提供了经济刺激，使他们能够投资伊拉克能源开发市场。然而由于重新对外开发能源开发市场事关伊拉克的主权和经济利益，① 据路透社2011年8月28日巴格达报道，伊拉克政府内阁批准了一项期待已久的石油法草案，并已把这项已获批准的石油法草案提交给了议会以求获得最后通过。② 根据对伊拉克国内外局势的分析，伊拉克很有可能开放能源开发市场。伊拉克的情况是一个特例，还是中东国家的发展趋势，现在仍然难以判定。

七、委内瑞拉

委内瑞拉是世界第五大石油出口国，是重要的南美产油国，其能源开发市场准入制度的发展历史具有一定的典型意义。

该国20世纪90年代实行"石油开放"开放政策，将能源产业私有化，放宽了对外商投资能源开发的市场准入限制。但是，自查韦斯总统1998年执政以来，该国对于外商投资能源开发的市场准入呈现出逐渐收紧的趋势，不断调整对外石油政策，逐步实现国家对石油资源的全面控制，以便获取更多的经济利益。对于此前已经签订并正在履行的所有的石油开采和生产合同，该国都要求重新谈判，以降低外国的参与程度，并且取消拒绝重新谈判的公司所受到的保护。比如，该国于2005年颁布新《石油法》，针对外国石油公司提高了征税额度；修改了32个作业合同，将服务合同转变为产品分成合同；要求与委内瑞拉国家石油公司签订新的合资合同，

---

① 钟岩：《伊拉克内阁通过石油法草案，提交议会》，载搜狐财经网，http://business.sohu.com/20070227/n248387294.shtml，2007年2月27日发布。

② 《伊拉克新石油法草案获内阁批准》，载广州油气商会网站，http://www.oilgas.cc/Article/Detail/135616，2011年8月30日发布。

委方持股份 60%—70%。①该国也对一些能源企业实施国有化。2007 年 2 月，该国政府与美国艾伊斯电力公司（AES）签署备忘录，收购委内瑞拉国内最大的私营电力公司 EDC（Electricidad Corporation）公司 82.1% 的股份，实现了该公司的国有化。2007 年 5 月 1 日，该国对于委内瑞拉国家石油公司 PDVSA 与 6 家外国公司合作开发在奥里诺科重油带的重油升级项目实行国有化。②

　　该国更是于 2009 年 5 月 7 日颁布了《国家掌管石油行业基础活动相关资产和服务法》。根据该法，60 家私人油田服务公司的资产被国有化，8000 多名员工自动转为委内瑞拉国家石油公司员工，取消了私人服务公司在市场上的垄断地位。但是，该的这场国有化运动是否旨在完全排除外资，则需要持谨慎态度。从目前的情况看，在适当条件下，该国仍然会接受外国投资。比如，据有关媒体报道，该国正在与中国就能源开发商谈合作开发事宜。③

　　委内瑞拉能源开发市场准入制度的变化在拉美地区具有典型意义。虽然拉丁美洲蕴藏着丰富的石油资源，该地区因此成为我国石

　　①　刘红：《2005 年国内外能源政策综述》，载《国际石油经济》2006 年 2 月底专稿。

　　②　我国出口信用保险公司：《委内瑞拉国有化状况跟踪与简析》，http：//wms. mofcom. gov. cn/aarticle/subject/fxff/subjectzn/200907/20090706422232. html，2010 年 9 月 3 日访问。为了实施新《石油法》，从 2006 年 1 月 1 日至 2006 年 3 月 31 日，包括英荷壳牌、雪佛龙和我国在内的 16 家外国石油公司与 PDVSA 签订了合资协议（这些协议于 2006 年 5 月获得委国民议会通过），合资期限为 20 年，涉及 25 个油田，PDVSA 持股比例在 60%—80%；另有 5 个油田全部转让给政府，PDVSA 持股 100%。新的合资公司须缴纳 30% 的矿区使用费、50% 的公司所得税和 3.33% 的附加税，并提取 1% 的税前利润用于支援油田周边社会发展项目。经营 Jusepin 油田的法国道达尔公司和经营 Dacion 油田的意大利埃尼公司，在 4 月 1 日的最后期限仍拒绝与委签署合资协议，PDVSA 最后强行接管了这两个油田。后来，道达尔公司同意与 PDVSA 协商解决，而埃尼公司则坚持诉诸法律。《拉美石油投资的政治风险分析》，载中商情报网，http：//www. askci. com. cn/freereports/2008-04/200841585528. html，2013 年 4 月 10 日访问。

　　③　《我国正与委内瑞拉商讨 160 亿美元石油项目投资》，载财经网 http：//www. caijing. com. cn/2009-09-17/110252945. html，2013 年 4 月 10 日访问。

油公司海外投资的战略选区之一，而且中国的石油公司目前已在主要的拉美石油生产国设立了分公司，但是有些国家政局不稳，投资协议履行难以保证；有些国家法律环境不健全，随意更改合同条款。在国际油价大幅度上涨时，某些国家有可能单方面要求大幅度提高投资价格或分成比例。因此，在拉美国家进行石油投资的时候，除了强调资源条件外，对资源国的政治风险要给予足够的重视。

八、中亚

中亚蕴藏着丰富的石油、天然气资源。即使不把里海石油计算在内，中亚也是仅次于中东和西伯利亚的世界第三大石油储积区。由于地缘关系，中亚的石油、天然气资源对于保障我国的能源安全具有重要意义。哈萨克斯坦、乌兹别克斯坦、土库曼斯坦、吉尔吉斯斯坦都是我国石油进口的重要来源地，特别是哈萨克斯坦。

我国与中亚的能源开发市场准入问题主要通过政府之间的双边协议、贷款换石油等方式解决。总体上讲，中亚的能源开发市场准入问题主要不是市场问题，而是政治问题，市场准入问题受政府干预较多。

近年来，我国高度重视中亚的战略地位，通过上海合作组织等交流平台，加强与中亚国家的政治、经济和文化交流，在国家层面形成了比较紧密的合作，对于保障能源安全具有重要作用。同时，我国企业也积极参与中亚能源开发，利用相对充足的资本和技术优势，以多种形式进入中亚能源开发市场。特别是中石油与哈萨克斯坦早就有多项能源合作项目。比如2005年中石油集团就收购了哈萨克斯坦石油公司的67%的资产。2009年4月，中石油集团又通过"贷款换石油"的方式与哈萨克斯坦国家油气股份公司签署了关于扩大石油天然气领域合作及50亿美元融资支持的框架协议。

九、非洲

非洲共有20个产油国，其中尼日利亚、阿尔及利亚、安哥拉、埃及和利比亚5国的产量约占非洲石油总产量的85%，到2010年，非洲国家的石油产量将近占世界石油总产量20%，其石油储量占世界石油探明储量的 11%。非洲石油含硫量低，油质好，开采成本较低，投资回报率较高。

　　为加速石油开发领域的对外合作进程，非洲各国对于外资进入能源开发的市场准入限制较少，并且纷纷制定鼓励外资政策。例如，根据摩洛哥 2000 年颁布的《油气法》规定，凡是同摩洛哥签订勘探和开采石油或天然气合同的企业，均可享受一系列特殊优惠，其中包括：摩洛哥在这些企业持有的股份不会超过 25%；企业在找到油矿和气矿，并正式投入开采之后，前 10 年内可免交企业税。[①] 摩洛哥的《新石油法》、埃及的《新投资法》均在减免矿区使用费、油田服务费等方面作了详细规定。埃及石油部门正在执行包括增加石油勘探和开发协议数量、扩大石油项目生产能力、提高埃及石油资源的储量和产量等措施的一项发展战略。莫桑比克政府最近批准了《石油生产税法规》和《矿业经营活动特别税法规》，通过税收来调控石油生产和出口。马里议会通过的《石油法》涉及石油上、下游各环节的鼓励投资政策。阿尔及利亚矿业和能源部正在起草新的油气对外合作标准合同。马达加斯加最近通过一项法案，允许本国人和外国人自由从事石油产品的经营活动。喀麦隆重新修订的与外资公司联合开采石油的有关条文规定，允许外国投资者获得 40% 的产油量。赤道几内亚为加快石油开发，规定新油田首先开采的 5000 万桶石油，投资者可按 90% 分成，在此阶段以后，投资者的分成随产量的递增而递减。尼日利亚为吸引外资开发深海石油，规定在深度超过 1000 米的海域开发石油，免收矿区使用费。[②]

　　另外，作为区域合作的一个组成部分，非洲国家之间石油领域的合作正在深化。利比亚、突尼斯两邻国为开采边境地区石油建立

---

　　① 《摩洛哥石油地质勘探概况》，http：//www.oilchina.com/cnodc/syxx/cnodc_xl.jsp?bsm=0448EB4DB.00006CBC.9D09&db=cnodcsykj，2013 年 4 月 10 日访问。

　　② 新华社：《国际石油市场的竞争与合作态势分析》，载新华网 http：//www.gx.xinhuanet.com/zxqy/2007-10/17/content_11419277.htm，2013 年 4 月 10 日访问。

了联合石油公司，并吸引了沙特阿拉伯和马来西亚的石油公司前来开发。

由于非洲各国采取了鼓励外资的政策，同时推出地质条件较好的区块对外招标，非洲能源开发非常迅猛。最近，在非洲大陆和沿海地区，石油勘探开发投入大幅增加，促进了非洲石油业的稳步发展。

第四节　完善我国能源行业监管机制的思考

中国能源可持续发展离不开政府能源管理体制改革和现代监管制度的建立与完善。在这方面，中国不仅需要借鉴国外的成功经验，更需要从现实出发，以提高政府能源管理效能和监管能力为目标，通过不断的体制和机制创新，逐步建立起符合能源可持续发展要求的现代管理体制和监管制度。

就中国能源行业管理与监管制度现状来看，影响未来能源可持续发展需要的问题主要表现在以下几个方面：一是综合协调能力不强。主要是不同层次政府之间，以及政府财政、税收、投资、价格、金融、贸易、城市建设、交通、国有资产管理等诸多职能部门之间，存在目标和步调不一致、国家利益和地方利益不一致、眼前利益和长远利益不一致的问题；二是政策执行能力不够。目前政府管理的重点更多地放在前置性审批环节，项目的事中、事后监督与管理则相对较弱，存在"重审批、轻监督"的现象；三是社会性监管不够。现行的政府能源管理侧重于投资、价格、生产规模等经济性管理，对于环境、安全、质量、资源保护等外部性问题的监管相对较弱，客观上造成了重生产轻消费、重供应轻节约的现象；四是中央与地方的政策目标不一致。能源关乎一个国家和地区经济增长、财政、就业、收入分配、社会稳定等各个方面，由于中央政府与地方政府存在短期目标与长期目标的不一致，导致中央政府与地方政府的能源管理目标、手段、程度等都难以保证上下一致。一个典型的例子是中央与地方政府在经济型汽车的政策上存在明显的不一致；五是监管职能不到位，存在一定的监管真空。从国外经验来看，监管职能的相对集中有利于监管政策的统一性和执行力，而目前中国能源监管处于较分散状态，监管机构面临职能缺失和监管真空问题，如电监会始终缺乏价格、准入等核心监管手段；六是监管力量不足，人员严重短缺。中国有13亿多人口，能源从业人员多达1200多万（仅煤炭从业人员就高达500多万），但中央政府仅有几十人专司能源管理之责，相比之下，美国能源部有1.5万名联邦雇员从事能源管理。①

　　为有效解决目前中国能源行业监管制度的缺陷，可以考虑以下几个方面的完善：

　　首先，完善我国能源行业监管形式，实现"政监分离"。就世界各国能源行业的实践模式而言，能源领域的监管形式可分为政监合一、行政联监、政企合监、政府与非政府机构联监等类型。这些不同监管形式的存在实际上反映了建立监管机构国家在选择监管模式上受到的政治形态的影响。但就发展趋势看，在能源行业监管领域实现"政监分离"应该是符合社会发展需要的主要模式。行业监管实践中将行政管理职能与监管职能适当分离，将政策制定与执行职能相分离，是保证监管机构的独立性和监管政策连贯性的前提条件。就中国目前的能源管理机构而言，可以考虑将综合性的能源管理机构（如能源部）和专业性的能源监管机构分设，分工明确，权责清晰。前者专司国家能源战略、能源规划和能源政策的制定，协调各能源部门之间的关系；后者专司市场监管，保证能源行业的健康发展和有序竞争。显然，"政监分离"的能源行业监管模式可以兼顾政府的直接干预与市场经济规律，符合我国能源行业可持续发展需要。

　　其次，在实现我国能源行业监管"政监分离"的基础上，还应该注意保持能源行业监管机构的相对独立性，使得监管机制机构的设立在隶属关系上不受政府能源部门的直接管辖，它的相对独立主要表现在可以依据法律所赋予的权力制定相关能源监管政策并实

---

　　①　冯飞：《加快能源管理体制改革，建立现代监管制度》，载国家电力监管委员会网 http：//www.serc.gov.cn/jgyj/zcyj/200802/t20080220_5857.htm，2012年3月26日访问。

施监管。无论是在政府序列当中还是在政府序列之外来设立监管机构，保持监管机构的相对独立性是建立现代监管体制的基础。众多发达国家在能源行业监管制度设计中，保持监管机构的相对独立性也都是重要内容。目前，能源产业的市场化改革趋势已经涉及世界各国，以往的政府直接管理模式已经无法适应市场经济的要求，各国能源监管的职能存在明显的专业化趋势，保持能源行业监管机构的相对独立性是其重要表现。但能源监管机构是在自然垄断型的能源产业实行市场化改革之后产生的一种新的组织机构形式。就我国目前来说，受困于经济体制改革与能源管理体制改革仍没有全面完成，如何保持我国目前的能源监管机构，如电监会在理论上本应拥有的监管权力的专属性与独立性仍存在一定困难，现实中这些电监会本应拥有的投资审批、价格制定等监管职能却由发改委来执行。因而，在未来如何清晰界定我国能源监管机构与其他能源产业相关的政府部门之间权力边界，必将是我国建立合理能源监管体制的重要内容。

再次，完善我国能源行业监管方式。在放松经济性监管（投资、价格和市场准入等）的同时，要加强社会性监管，以及对垄断环节的监管，实现监管重点的转移。加强激励性监管手段的完善，政府监管与市场机制要在资源配置上形成互补、互动的关系。从现实来看，引入激励性监管也会对降低监管成本起着重要的作用，同时对社会效益的改善也会有积极的意义。根据美国经济学者的分析，1991 年美国联邦监管的成本总计为 5420 亿美元，约占国民生产总值的 9.5%；1986 年澳大利亚的监管成本占国民生产总值 9%—19%；加拿大为 12%。由于监管成本过大，从 1973 年至 1987 年间美国国民生产总值为此而损失 1.5%—2%。在经合发展组织的一份报告中指出，改造传统监管模式，引入激励性监管会使英国的国民生产总值提高 3.5%，而法国、德国和日本则将提高 6%。也就是说，引入激励性监管将意味着社会总收益的增加。①

---

①　廖玫：《世界石油天然生产业监管体制的演变和发展》，载中国经济网 http：//www.ce.cn/cysc/ny/hgny/200803/18/t20080318_14876627_1.shtml，2012 年 3 月 25 日访问。

最后，加强我国能源行业的依法监管。健全能源领域的法律法规，加强依法监管，实现有效监督，建立有效的制衡机制。作为一种行政行为，监管受行政法的约束。对于任何可能损害监管对象合法权益的监管行为都要予以监督并提供相关的行政救济与司法救济。对于监管主体滥用监管权利以及监管对象滥用企业权利的行为，要由强制性行政法律机制进行制裁。作为监管主体，其监管工作构成了责任行政，应对其决策、实施的监管行为负肯定的或否定的行政性法律责任，对未及时向监管对象兑现监管优惠，或者违法给付监管对象非监管优惠的，应负否定性法律责任。作为监管对象，若违反法定或约定监管权利的行为，也要负否定性的法律责任。

总体目标来看，我国应在借鉴国外成功建立现代监管体制的国际经验基础上，逐步建立起一个独立运作、政监分离、职能完善和有效监督与制衡的现代监管体制。

第十二章

能源储备法律制度比较

第一节　能源储备法律制度概述

一、能源安全与能源储备的概念

（一）能源安全

能源是现代国家经济发展和社会进步的重要动力源泉和物质基础。近些年来，能源市场的波动、能源供应的中断以及能源消费和使用带来的环境问题，使能源安全逐渐引起全球的广泛关注。但关于什么是"能源安全"则众说纷纭。

《能源词典》对"能源安全"的解释是：实现一个国家或地区国民经济持续发展和社会进步所必需的可靠而合理的能源供应。有些学者认为"能源安全"是指国家及企事业以合理价格在可预见的将来获得充足能源而免遭供应中断的严重风险的一种状态。[1] 世

---

[1]　Willian Martin, Ryukichi Imai, Helga Steeg: *Maintaining Energy Security in a Global Context*, 1996 Report to the Trilateral Commission, p. 4.

界能源委员会欧洲成员委员会在《欧洲面对能源危机的脆弱性》中认为：能源安全是指以能支付的价格满足需求的能源持续供应。能源安全意味着减少对进口能源短期或长期中断的脆弱性，意味着在一段时间内通过本地和进口的资源以能支付的价格满足能源增长需求的可能性。① 在 2000 年俄罗斯能源安全战略中能源安全被定义为："能源安全是一种使国家、地区、公民、社会、经济免受可持续燃油和能源供应威胁的状态。"② 还有的学者认为：能源安全的内涵不但包括防止石油禁运带来的供应中断和防止国家政治、经济危机引起的能源供应中断，也包括整个能源市场和能源供应链条（如资源、运输及其网络、供应分配等）的安全，甚至应当将能源生态环境安全、全球气候变暖影响人类生存发展的安全包含在内。③

　　实际上"能源安全"是一个内涵广泛且不断演化的概念，它带有时代、国别和区域的特征。1973 年的石油危机促使发达国家认识到能源安全的重要性。1974 年，国际能源机构（IEA）宣告成立，并第一次正式提出了以稳定原油供应和价格为核心的"国家能源安全"概念。20 世纪 80 年代以后，随着全球气候变暖和大气环境质量的急剧下降，能源安全已不再是单纯的能源供应问题，它还与环境保护和可持续发展紧密联系。至此，能源安全的概念就包括两个方面：一是能源的经济安全（供应安全），是指满足国家生存与发展正常需求的能源供应保障的稳定程度；二是能源的生态环境安全（使用安全），是指能源消费及使用不应对人类自身的生存与发展环境构成任何大的威胁。④ 其中，能源供给保障是国家能源安全的基本目标，是"量"的概念，是相对于一定的时间并受一定

---

① World Energy Council 2008, *Europe's Vulnerability to Energy Crises*, p. 4.

② Barry Barton, Catherine Redgwell, Anita Ronne, and Donald N. Zillman, *Energy Security*. London: Oxford University Press, 2004, p. 56.

③ 叶荣泗：《我国能源安全的法律保障》，载《中国发展观察》2008 年第 1 期，第 4 页。

④ Hanns. W. Maull, *Raw Material*, *Energy and Western Security*, London, The Macmillan Press Ltd, 1984, p. 4.

的技术经济水平限制的；而能源的使用安全则是国家能源安全更高目标，是"质"的概念，它实质上涉及可持续发展问题。①

可见，目前能源安全与可持续发展紧密联系，能源安全是一种既能满足国家生存与发展所需能源的稳定供应，又不使能源消费和使用对生态环境带来重大危害的良性状态。

（二）能源储备

能源安全包括能源供应安全和能源使用安全两个方面，能源储备与应急是能源供应安全的重要保障。那么什么是能源储备与应急呢？

有人认为：所谓能源储备，即由政府和企业拿出一部分专项资金，用于购买国内外石油、油品和煤炭，储存备用。能源储备分为商业储备和战略储备。商业储备是指大企业拥有的必须储备的库存资源；战略储备是指政府为国家和城市安全必须储备的库存资源，平时一般不动用，可以用来调控市场价格。②

也有人认为：能源储备是一项造血工程，也是一项保险政策，是从当前使用中转移出来某些资源以在将来发生紧急事件的时候使用。根据应急的类型，能源储备可分为国防储备和经济储备。国防储备是一种由政府控制的资源，库存只对于在延长的军事冲突直接涉及国家占有的储备资源，以及在战争或自然灾难时才投放，用以保障国家能源的不间断供给为目的。经济储备是一种准备应付经济紧急情况的储备，经济储备强调的是物资的民用性，以平抑价格波动为目的。③

我们认为，能源储备是国家为应对能源供应严重短缺、供应中断或者价格剧烈波动等能源供应领域的紧急事态，而事先通过各种途径储备能源产品和能源资源的一种制度。能源储备包括能源产品储备和能源资源储备。能源产品储备包括石油、天然气、天然铀产

---

① David Deese and Joseph Nye, *Energy and Security.* Cambridge： Ballinger Publishing Co. , 1988, p. 5.

② 吴光伟、程俐骢、王松华：《能源储备：解决城市发展瓶颈的一项对策》，载《城市规划汇刊》2004 年第 4 期，第 32 页。

③ 秦静、何英：《我国能源储备法律制度体系研究》，载《时代经贸》2007年第 1 期。

品等的储备，能源产品储备分为政府储备与企业义务储备。能源资源的储备主要是政府根据国家能源战略的需要，在特定的能源矿区和能源基地内划定。能源资源储备包括石油、天然气、天然铀、特殊和稀有煤种等资源的储备。

二、我国能源安全、能源储备现状与问题

（一）我国能源安全现状与问题

目前，我国正处于经济社会高速发展时期，经济社会的发展对能源的需求不断增长，而我国能源供应紧张、能源结构不合理、能源利用效率不高的现状，已经开始制约我国经济社会的发展，能源安全问题日益突出。具体来说我国能源安全问题反映在以下几个方面：

1. 能源需求不断增长，能源供求关系继续紧张

我国能源资源总量比较丰富，但人均占有量较低，特别是石油、天然气人均资源量仅为世界平均水平的7.7%和7.1%。随着国民经济平稳较快发展，城乡居民消费结构升级，能源消费将继续保持增长趋势，资源约束矛盾更加突出。① 从2002年到2005年我国的能源生产量分别为42.2、49.0、56.4、63.2兆兆英热单位（Quadrillion Btu），② 而能源消费量分别为43.3、50.7、59.9、67.1兆兆英热单位（Quadrillion Btu）。③ 可见，近年来我国能源缺口不断扩大，能源供求关系继续紧张。

2. 能源对外依存度不断上升，能源进口供应链欠安全

一方面，我国石油对外依存度从1995年的7.6%增加到2000年的31%。2003年我国石油消耗量为2.1亿吨，其中进口9112万吨，石油对外依存度为35%。2004年石油消耗量为2.85亿吨，其

---

① 参见中华人民共和国国家发展与改革委员会：《能源发展"十一五"规划》，2007年4月。

② 1兆兆英热单位（Quadrillion Btu）约等于2.93兆亿千瓦/时。

③ U. S. A Energy Information Administration（EIA），*China Energy Data, Statistics and Analysis*, available at http：//tonto. eia. doe. gov/country/country _ time _ series. cfm? fips = CH.

中进口1.2亿吨，对外依存度上升到42%。2013年1月中国石油经济技术研究院发布的《2012年国内外油气行业发展报告》预计2013年中国的石油需求弹性系数约为0.58，全年石油需求增速约为4.8%，石油需求量将突破5亿吨，达到5.14亿吨。到2020年，中国石油需求量预计将为5亿吨。其中60%需要进口。中国能源对外依存度不断增高和国际能源市场的不可预测性，将给我国的国家安全和经济安全带来巨大威胁。[①] 另一方面，我国能源进口来源地比较单一，供应链存在威胁。中国进口石油的70%来自中东地区，90%以海运方式进行，其中的60%要经过马六甲海峡这条咽喉要道。中东地区政治形势复杂多变，马六甲海峡地缘政治复杂，海盗猖獗，过分依赖这条通道对我国的能源安全无疑是潜在的重大威胁。[②]

3. 能源结构不合理，能源环境问题日趋严重

煤炭消费占我国一次能源消费的69%，比世界平均水平高42个百分点。以煤为主的能源消费结构和比较粗放的经济增长方式，带来了许多环境和社会问题，经济社会可持续发展受到严峻挑战。我国二氧化硫和二氧化碳排放量已居世界第一位，而以燃煤为主的能源结构是造成大气质量严重污染的主要原因。据统计，烟尘和二氧化碳排放量的70%、二氧化硫的90%、氮氧化物的67%来自于燃煤。20世纪90年代中期酸雨区面积比80年代扩大了100多万平方公里，年均降水PH值低于5.6的区域面积已占全国总面积的30%左右。由于较严重的环境污染，造成高昂的经济成本和环境成本，并对公众健康产生较明显的损害。国内外研究机构成果显示，大气污染造成的经济损失占我国GDP的3%—7%。[③]

4. 能源技术相对落后，能源利用效率低下

---

① 高辉清：《中国能源战略发展报告》，载《财经界》2005年第12期。

② 李伟安、柳文：《中国能源发展备忘录》，载《决策与信息》2006年第5期。

③ 付瑶：《我国能源安全现状与对策（上）》，载《合作经济与科技》2007年第4期。

我国能源技术虽然已经取得较大进步，但与经济发展的要求相比还有较大差距。可再生能源、清洁能源、替代能源等技术的开发相对滞后，节能降耗、污染治理等技术的应用还不广泛，一些重大能源技术装备自主设计制造水平还不高。与发达国家相比，我国能源利用效率很低。据测算，我国每创造 1 美元 GDP 所消耗的能源分别是美国的 4.3 倍，日本的 11.5 倍，意大利的 8.6 倍，法国和德国的 7.7 倍。能源利用率仅为美国的 26.9%，日本的 11.5%。①能源利用效率的低下，一方面增加了能源消费的总量；另一方面带来能源环境污染问题，影响能源安全。

（二）我国能源储备的现状与问题

能源储备与应急是能源供应安全的重要保障，完善的能源储备体系是有效应对能源紧急事态的重要前提。虽然能源储备包括能源产品储备和能源资源储备，能源产品储备包括石油、天然气、天然铀产品等的储备，但实际上世界各国能源储备都是以石油储备为核心，我国也不例外。建立石油储备是应对能源紧急事态，防范石油供给风险，保障国家能源安全的重要手段。

1993 年，我国从石油净出口国转变为净进口国，石油储备工作也从这年开始酝酿。1994 年有专家提出我国要建立起自己的石油储备体系。从 2003 年起，我国开始筹建石油储备基地。2004 年 3 月，国家石油储备基地第一期镇海、舟山、黄岛、大连四个项目开始建设，它们由中石油、中石化和中海油负责工程总体建设。②2006 年 10 月，浙江镇海石油基地的 52 台储罐交付使用，其设计储备量为 520 万立方米，合 3270 万桶，首批注入的原油来自俄罗斯乌拉尔。2007 年 4 月，继镇海、舟山之后，山东黄岛战略石油储备基地一期工程顺利竣工。2007 年 12 月 19 日，镇海国家石油储备基地经过一年的试运行，通过了国家验收。第一期石油储备基地计

① 雷仲敏：《能源形式与能源战略》，载《资源与发展》2005 年第 3 期。
② 《中国第一个国家石油储备基地项目通过国家验收》，载中国新闻网 http：//www.chinanews.com.cn/cj/kong/news/2007/12-19/1108614.shtml，2013 年 4 月 13 日访问。

划 2008 年建成，四大基地建成后，总共能形成约 10 余天消费量的
石油战略储备能力，再加上全国石油系统内部的商用石油储备能
力，中国总的石油储备能力将超过 30 天。继首批战略石油储备基
地陆续建成后，我国已经开始第二批基地的筹建工作。2007 年 11
月，四川万州市被确定为第二期石油储备基地之一，甘肃兰州、新
疆鄯善也进入第二期石油储备基地的备选之列。① 目前，中国的战
略石油储备状况并不乐观。以中石油、中石化两大石油公司为主进
行的商用储备，总数量不超过 21 天的消费量。在二期石油储备基
地建设完成后可增加为 30 天左右。② 厦门大学中国能源经济研究
中心主任林伯强在举行的第十一届中国石油贸易大会期间表示：
中国石油战略储备第二期工程选址建设完工并投产之后，将可满
足 100 天的原油需求量。继第一期石油战略储备的四个基地全部
投产之后，第二批战略储备基地已经陆续开工建设。目前，在建
及规划中的第二批战略储备基地包括辽宁锦州、山东青岛、江苏
金坛、浙江舟山、广东惠州、新疆独山子和甘肃兰州等，总储能
预计将达到 2550 万立方米。第三期石油战略储备基地的选址正
在进行，甘肃省已被列入其中。③ 据 IEA 的统计，截至 2008 年 11
月，已经建立石油储备体系的美、日、德、法等发达国家，政府储
备加上民间储备，可分别满足其 120 天、155 天、121 天和 104 天
的石油消费。④

　　2007 年 5 月，中石化率先宣布组建一家商业石油储备子公司，
专门负责公司商业石油储备。中石化内部人士表示，目前中石化的

---

　　①　于晶波：《国家石油储备中心正式成立》，载《中国矿业报》2007 年 12
月 20 日，第 A01 版。

　　②　林威：《国家石油储备中心酝酿成立》，载《中国证券报》2006 年 7 月
20 日第 A05 版。

　　③　新华网 2010 年 3 月 24 日报道：《中国石油战略储备二期工程将可满足
100 天需求量》，载新华网 http：//news. xinhuanet. com/fortune/2010-03/24/content
_13238325. htm，2013 年 4 月 10 日访问。

　　④　IEA，*Closing Oil Stock Levels in Days of Net Imports*，available at http：//
www. iea. org/explanationstocks. asp？ country_name＝Total％20IEA。

商业储备正在运行中，其基地包括大连、林源、兰州和鄯善，4 家基地的一期原油储备能力将超过 800 万吨。2008 年 3 月初中石油新疆鄯善 100 万立方米原油商业储备库开工建设。中石油集团相关负责人表示，该储备库的建立将有效调配油源和市场的供需关系，保障国家和企业的原油储备安全。石油公司做商业石油储备主要是保障企业的商业运行安全，同时也可以对国家的整个战略石油安全起到辅助作用。[①]

2007 年 12 月 18 日，中国国家石油储备中心正式成立。国家发改委表示，储备中心的成立，拉开了我国石油储备向专业化、正规化发展的帷幕。据悉，成立之后的国家石油储备中心独立于国家发改委能源局，属国家发改委下设的正局级直属机构。国家发改委称，该中心的成立增强了我国石油储备管理力量，理顺了我国石油储备管理层级关系，将对建立和完善中国特色的石油储备管理体系，加快战略石油储备建设，规范石油储备运作，起到不可替代的重要作用。

总的来说，目前我国石油储备能力十分有限，战略石油储备规模非常小。无论是从资金的投入、基础设施的建设、储备主体的确定，还是从管理机构设立、相关法律规范的完善来看，我国的能源储备体系还处在建设的初期。

三、我国有关能源储备的战略、规划、立法及其存在的问题

（一）能源储备战略与规划

我国有关能源储备与应急的战略与规划，体现在国民经济与社会发展计划（规划）中是从"九五"计划开始的。从"九五"计划中的"加强石油储备"、"努力增加矿产资源储备"，到"十五"规划纲要提出的"建立国家战略石油储备，维护国家能源安全"，

---

① 钟晶晶：《中石油启动商业石油储备》，载《新京报》2008 年 3 月 7 日，第 B05 版。

再到"十一五"规划中明确提出"扩建和新建国家石油储备基地",① "十二五"规划中提出"合理规划建设能源储备设施,完善石油储备体系,加强天然气和煤炭储备与调峰应急能力建设",国家对石油储备的重视程度不断提高。

有关能源储备与应急的战略与规划在专门的能源规划中也有所体现。《国民经济和社会发展第十个五年计划能源发展重点专项规划》强调:为保证石油安全供应、提高政府调控国内石油市场的能力,要加快建立国家石油储备制度,逐步形成我国完备的石油储备体系。"十五"期间要争取建成一定规模的国家战略储备能力,同时,鼓励企业扩大储备。另外,油气进口要做到方式多样化、地域多元化,提高抗风险能力。2004 年 6 月通过的《能源中长期发展规划纲要(2004~2020 年)》,强调要高度重视能源安全,搞好能源供应多元化,加快石油战略储备建设,健全能源安全预警应急体系。2007 年的《能源发展"十一五"规划》更是把能源基地建设工程、能源储运工程作为建设的重点,将能源基地的建设与能源输送管网的建设有机结合起来。2007 年 12 月,国务院新闻办发布的《中国的能源状况与政策》再次指出,"我国将按照统一规划、分步实施的原则,建设国家石油储备基地,扩大石油储备能力。逐步建立石油和天然气供应应急保障体系,确保供应安全"。

就石油储备基地建设来说,我国从 2003 年起开始筹建石油储备基地。根据初步规划,我国准备用 15 年时间分三期完成油库等硬件设施建设,储备油投入也将到位,预计总投资将超过 1000 亿元。三期的储量安排大致是:第一期石油储备基地储量为 1000 万吨至 1200 万吨;第二期和第三期分别为 2800 万吨。第一期 4 个国家战略石油储备基地,分别是位于浙江宁波市的镇海、浙江省舟山市的岱山、山东青岛市的黄岛及辽宁大连市。总的来说,政府对能源安全及能源储备与应急日益重视,有关能源储备的战略与规划从无到有,从寥寥数语到分段阐述,从强调能源储备基地建设到能源

---

① 林昭:《完善我国能源储备制度》,载《民营经济报》2007 年 12 月 4 日,第 A03 版。

储备基地与能源输送管网建设相结合，从单纯的能源储备到能源储备与预警应急相结合。当然，目前我国有关能源储备与应急的政策和规划也还存在有待完善的地方：能源储备包括能源产品储备和能源资源储备两大方面，而目前的政策与规划对能源资源储备的重视不够；有关能源产品储备的政策和规划主要限于石油，忽略了对其他能源产品的储备；有关发挥企业在能源储备中的作用，将国家能源储备与企业能源储备体系相结合的政策和规划几乎没有；现有的能源政策与规划对能源储备的重视程度远高于对能源安全预警与应急的重视，有关能源安全预警与应急体系建设的政策和规划非常模糊。

（二）我国有关能源储备与应急的立法及其存在的问题

能源战略与规划决定能源储备与应急发展的大方向，而法律规范则是反映能源战略与规划，规范政府、企业及公民具体能源储备与应急行为的准则。能源战略与规划的落实，能源储备与应急体系的建立离不开法律的保障。

我国目前有关能源方面的法律规范主要有《电力法》（1995）、《煤炭法》（1996）、《矿产资源法》（1996年修订）、《可再生能源法》（2005）和《节约能源法》（2007年修订）。与能源储备和应急相关的其他法律规范主要有《宪法》（2004年修订）和《突发事件应对法》（2007）。虽然《电力法》（1995）第一条规定了其立法目的之一是"保障电力安全运行"，第十八条规定"电力生产与电网运行应当遵循安全、优质、经济的原则。电网运行应当连续、稳定，保证供电可靠性"，但《电力法》（1995）没有涉及能源储备与应急方面的实质内容。《煤炭法》（1996）旨在合理开发利用和保护煤炭资源，规范煤炭生产、经营活动，确保煤炭的安全生产，对与能源安全与应急有关的煤炭产品和煤矿资源的储备未有规定。《矿产资源法》（1996年修订）强调对矿产资源勘查、开发利用的管理，没有能源矿产品和能源资源储备的规定。《可再生能源法》（2005）以"促进可再生能源的开发利用，增加能源供应，改善能源结构，保障能源安全，保护环境，实现经济社会的可持续发展"为立法目的,其从能源供应多元化和清洁能源的角度,而非能源储备角度来保障我国的能源安全。《节约能源法》(2007 年修订)规定了煤炭、石油、天然气、生物质能等能源的节能安排,涉及节能管理、合理使用与节约能源,以及节能技术进步和激励措施等方面的内容,其从节约能源的角度、非能源储备的角度来保障我国的能源安全。可以说我国现有的能源法律规范对能源储备方面的规定基本处于空白的状态。

从上述的简单分析可以看出,我国现有法律规范对能源安全重视不够,对能源危机的应对和能源储备与应急的规定基本处于空白状态。这种局面持续下去,必将阻碍我国能源安全战略的实现。因此,完善现有立法,加强能源储备与应急的管理,以提高我国应对能源危机的能力势在必行。

四、外国能源储备法律制度比较研究的意义和目标

比较研究国外能源储备与应急法律制度的目标是为我国能源立法和能源储备法律制度的建立提供理论和实践的指导。比较研究中涉及的内容非常广泛,包括能源储备的模式,能源储备中政府和企业各自的义务;能源储备与应急的管理体制;能源产品储备与能源资源储备的部署,能源储备的量化;能源储备与应急政策、规划和立法的现状;能源紧急事态的分级管理,能源安全的预警与应急准备、能源应急处置与事后处理等方面的内容。

第二节　外国能源储备法律制度及比较

由 1973 年第四次中东战争和 1979 年伊朗伊斯兰革命引发的两次石油危机,使主要能源消费国家意识到保障石油供应,确保本国"能源安全"的重要性。以石油为基础的能源储备制度随之成为各国应对能源危机、确保能源安全的重要措施。美、日、德、法等国家通过国内的相关政策和立法,以及作为 IEA 成员国在《国际能

源计划协议（IEP）》框架下建立起各自的石油储备与应急法律制度。[1]

一、美国的能源储备法律制度

在美国的能源消费中化石燃料占84%，它以世界5%的人口消耗了世界26%的石油，却只占世界3%的已探明石油储量。美国对外石油依存度从1970年的10%增长到2006年的59%。以目前的增长速度，到2015年美国对外石油依存度将达到70%—75%。[2]能源储备，尤其是石油储备对于美国的国家安全至关重要。

（一）能源储备的建立与发展

1944年，美国内政部长哈罗德建议建立紧急原油储备；1952年，杜鲁门总统的矿业政策委员会提出美国应该建立战略石油供给制；1956年，艾森豪威尔总统在苏伊士运河危机爆发后也曾建议建立石油储备。但由于并未发生真正的能源危机，因此建立战略石油储备的建议并未付诸实施。直到1973—1974年的石油禁运，美国政府才开始真正建立战略石油储备。1975年12月，福特总统签署《能源政策与储备法》，美国战略石油储备（SPR）建设正式启动。1977年2月16日，美国能源部正式提出了SPR计划，当年4月18日生效，于同年6月开始在墨西哥湾沿岸建立第一个盐腔，之后建成5个石油储备基地。美国政府从1977年7月正式储备石油，最高目标是10亿桶，计划储量是7亿桶。1977年7月，第一

---

[1]　目前 IEA 有 28 个成员国，它们是：美国、日本、英国、奥地利、比利时、加拿大、丹麦、德国、爱尔兰、卢森堡、荷兰、西班牙、瑞典、瑞士、希腊、新西兰、意大利、澳大利亚、土耳其、葡萄牙、芬兰、法国、匈牙利、韩国、捷克、挪威、斯洛伐克和波兰。欧洲委员会也是 IEA 的参与者。

[2]　See Mortimer B. Zuckerman, The Energy Emergency, available at http://www.usnews.com/usnews/opinion/articles/070902/10edit.htm. EIA, Energy Information card-United States（Oct 2006），available at http://www.eia.doe.gov/kids/infocardnew.html.

批大约41.2万桶沙特阿拉伯轻质原油入库。① 1979年，伊朗伊斯兰革命引发第二次石油危机，美国的战略石油储备迅速增长。1980年，美国战略石油储备量突破1亿桶，1981年迅速增加到2.3亿桶，1982年和1983年分别达到2.94亿桶和3.79亿桶，1985年接近5亿桶。此后增长速度放缓，1990年达到5.86亿桶，1994年达到5.92亿桶。1995年，由于石油储备基地设备更新暂停石油入库，再加上克林顿政府几次动用战略石油储备调控石油市场和平抑油价，到2000年，美国战略石油储备降到5.41亿桶。"9.11"事件之后，布什总统下令迅速增加战略石油储备，2001年底即增加到5.5亿桶，2005年储备量达6.845亿桶。截至2007年底，美国的战略石油储备量为6.969亿桶，大约相当于国内2个月的消费需求。由于美国国内原油生产能力较强，即使国外进口原油完全中断，其国内自产原油加上战略石油储备和商业石油库存，美国可以维持175天左右的基本石油产品供应。2005年8月，布什总统签署新的能源政策法，要求能源部把美国的战略石油储备提高到被授权的10亿桶水平。根据该法的规定，美国能源部必须在它生效一年内完成新的选址，以使其战略石油储备能力达到10亿桶。2007年2月，能源部完成选址程序，确定位于密西西比州Richton的盐腔作为最佳选址。② 截至2008年11月，美国的石油储备为120天的净进口量，其中战略储备54天，商业储备66天。③

美国战略石油资源储备有两种方式，一是石油产地的储备，在阿拉斯加北坡划出大片含油土地储备起来，只探不采，以备急需；二是战略石油储备，即由能源部负责购买并储备原油。美国的石油战略储备集中在德克萨斯州和路易斯安那州，原油深藏于墨西哥湾海岸附近巨大的地下盐腔里。该地区有500多个地下盐腔用于储

---

① See U. S. Department of Energy: *Strategic Petroleum Reserve - Profile*, available at http://www. fossil. energy. gov/programs/reserves/spr/index. html.

② See U. S. Department of Energy: *Strategic Petroleum Reserve Annual Report for Calendar Year* 2007, p. 36.

③ IEA, *Closing Oil Stock Levels in Days of Net Imports-United States*, available at http://www. iea. org/explanationstocks. asp? country_name = United States.

油,每个可储藏 600 万至 3500 万桶原油,由于盐腔上下几千英尺的落差所形成的自然温差,使得原油在洞内不停地缓慢流动,从而使原油能始终保持良好的质量而不会沉淀变质。此外,该地区靠近油港并拥有炼油中心、油库及输油管线设施。得天独厚的条件使这种储备方式具有安全性高、储存成本低、运输便利以及加工方便等优点。①

(二)相关立法

1. 相关立法的演变

1975 年 12 月 22 日,福特总统签署《能源政策与储备法》(EPCA)。该法旨在授权联邦政府建立战略石油储备以减少能源供应中断带来的影响,并执行美国在国际能源计划(IEP)中所承担的义务。1977 年的《能源部组织法》规定设立能源部,由其协调并集中全国能源方面的能力应对石油禁运引起的石油危机。1980 年 6 月颁布的《能源安全法》对《能源政策与储备法》(EPCA)进行了修正,确立了 10 万桶/天的最小日均填充量,并禁止销售海军石油储备 1 号的原油。1982 年的《能源紧急事态应对法》(EEPA)要求美国总统以最少 20 万桶/天的量向战略石油储备购买、运输和注入石油产品,直到战略石油储备量达到 7.5 亿桶。为此,国会拨款 58 亿美元,并允许以拨款的 10% 在中间设施中存储石油产品。该法还要求美国能源部分析在可用的石油产品实质性减少时对国内经济和石油价格的影响,并向国会报告。1990 年的 EPCA 修正案,延长战略石油储备的授权至 1994 年 9 月 30 日,要求修正战略石油储备计划以实现 10 亿桶的储备能力,授权进行战略石油释放和分配的测试,并规定优化的石油产品储存测试程序。1992 年 10 月,美国总统克林顿签署《能源政策法》(1992)。该法与能源储备相关的规定有:(1)增加紧急事态下释放美国战略石油储备(SPR)的新条件——石油供应大范围长时间减少,并且石油价格迅速增长可能对国内经济造成严重负面影响;(2)允许将

---

① See U. S. Department of Energy: *Strategic Petroleum Reserve - Profile*, available at http://www.fossil. energy. gov/programs/reserves/spr/index. html.

美国战略石油储备（SPR）扩大到 10 亿桶；（3）允许能源部长向为美国战略石油储备（SPR）或非 SPR 储油设施供给石油产品的国有或非国有机构提前付款；（4）赋予总统裁量权以具有竞争力的价格购买国内油井的石油；（5）修订地区石油储备（Regional Petroleum Reserve）的合格标准。2000 年 11 月，布什总统签署《能源法》，授权能源部长建立、维护和运行东北部家庭采暖石油储备（Northeast Home Heating Oil Reserve，NHHOR）。NHHOR 储备在美国东北部，储备量不超过 2 百万桶。该法确认东北部家庭采暖石油储备（NHHOR）不是 SPR 的组成部分，并规定了 NHHOR 的释放条件，以及要求财政部设立 NHHOR 账户。2005 年 8 月，布什总统签署《能源政策法》（2005），该法修正了《能源政策与储备法》（EPCA），授权永久运行 SPR 和参与 IEA 的紧急能源分享活动。该法要求能源部在不产生过度成本和过于影响石油产品价格的情况下尽可能快地购买石油注入 SPR，以使 SPR 达到 10 亿桶；要求能源部公布购买石油注入美国战略石油储备（SPR）的程序和在一年内完成新的选址，以使战略石油储备能力达到 10 亿桶。此外，国会通过不断修正《综合预算调节法》和《内政部和相关机构拨款法》持续为战略石油储备的运行拨款。①

2. 《能源政策与储备法》的主要内容

《能源政策与储备法》及其修订案是美国规范石油储备的主要法律，它授权能源部建设和管理战略石油储备，并明确了战略石油储备的目标、管理和运作机制；决定美国加入国际能源署（IEA），并授权政府建立 10 亿桶的战略石油储备，以应付可能发生的严重石油供应中断，并满足 IEA 成员国至少 90 天石油进口量的储备要求。《能源政策与储备法》赋予总统释放战略石油储备的权限，并规定只有在发生严重能源供应中断或履行国际能源计划的义务时才能动用战略石油储备。根据《能源政策与储备法》联邦政府向市场投放战略储备的方式主要有三种：一是全面动用。当石油进口中

---

① See U. S. Department of Energy： *Strategic Petroleum Reserve Annual Report for Calendar Year* 2007，pp. 3-6.

断和国内石油产品供应中断，以及遭遇破坏或者不可抗逆的原因造成的"严重能源供应中断"，导致相当范围和时间内石油产品供应大幅减少，价格上涨，对国民经济产生严重负面影响时，可以全面动用战略储备。二是有限动用。当出现大范围和较长时间的石油中断供应时，可以部分动用战略石油储备。但动用总量不能超过3000万桶，动用时间不能超过60天，储备石油低于5亿桶时不能动用。三是测试性动用。主要是为了防止在紧急动用时发生故障，测试储备设施系统是否能够正常运行，测试动用总量不得超过500万桶。全面动用和有限动用都需要总统决定，测试性动用和分配授权能源部部长决策。还有一种轮库形式的动用。通常轮库是指因油品品质或短期内区域性能源短缺造成的石油供应企业交货问题，用联邦储备与企业储备进行临时交换。① 一般而言，在战略储备石油动用的方式上，美国《能源政策与储备法》规定的主要是依靠市场采取竞价，以招标购买的方式把石油卖给出价最高的购买者。但是为了市场分配可能出现的弊端，同时赋予了能源部长有权决定10%销售量的买主，同时规定销售的价格为市场价格的平均值。就石油战略储备量最多的美国而言，真正动用石油储备的只有两次且都是在非常时期：一次是在海湾战争期间，另一次是在卡特里娜飓风发生之后。

此外，1976年4月5日美国国会通过了《海军油储生产法》，将位于阿拉斯加的海军油储4号更名为阿拉斯加国家油储。并由海军部交由内政部土地管理局负责管理，地调所负责勘查，只探不采。同时，美国政府有意识地将国内蕴藏的石油资源的一部分保留下来待以后开发，作为国家战略石油储备的一部分，这部分储备就属于资源储备。②

（三）储备模式

美国的石油储备分为政府战略石油储备和企业商业石油储备。

---

① 吕薇：《高度集中的美国战略储备》，载《中国石油石化》2003年第3期，第71页。

② 陈守海、邵文丽：《美国战略石油储备时机选择及启示》，载《商业时代》2007年第11期。

战略石油储备主要是为应付政治对抗、军事对抗以及随时可能发生的石油危机；而商业石油储备主要是为了增强对国内原油供应的调节能力，降低国际油价波动给国内企业带来的风险，稳定国内油品市场。

美国战略石油储备运行模式可以概括为：政府所有，政府决策，市场化运作。战略石油储备为联邦政府所有，具体由美国能源部负责管理。从建设储备库、采购石油到日常运行管理费用，均由联邦财政支付。联邦财政设有专门的石油储备基金预算和账户，基金的数量由国会批准，只有总统才有权下令启动石油战略储备。石油储备启用的决策程序是：由能源部、财政部和白宫预算办公室共同商议，向总统提出方案，经总统同意后，再向国会提出建议，由国会批准，才能生效。增加石油储备的预算是由财政部门一次性拨给石油储备办公室的，而销售石油回收的资金的使用不必经国会批准，可以用来补充石油储备。如果扩大储备规模，追加资金需经过国会讨论批准。

由于美国战略石油储备量很大，其采购和投放可能对石油市场价格产生较大的影响。为了避免对市场价格的冲击，战略石油的采购和投放基本上采取市场招标机制。储备石油的一部分来自于政府招标采购，另一部是以联邦石油资源的租金征收而来。招标采购中的40%来自与墨西哥国家石油公司签订的长期供应合同，其余是通过市场现货招标采购。通常选择油价低迷时采购，既要避免引起市场价格剧烈波动，又要防止造成石油储备资金的损失。战略石油储备的投放也采取招标机制，政府向石油公司招标，再由石油公司按市场价格销售，回收资金交财政部的石油储备基金专门账户，用来补充石油储备。

尽管美国政府战略石油储备规模居世界首位，但企业石油储备的数量超过政府储备。根据 IEA 的统计，到 2008 年 11 月，美国石油储备相当于 120 天的进口量，其中政府储备为 54 天进口量。美国的企业石油储备的建立和运行完全是市场行为，法律没有规定企业储备石油的义务，政府也不干预企业的储备和投放活动，企业根据市场供求和实力自主决定石油储备量和投放时机。政府主要通过公布石油供求信息来引导企业，有时也通过免除石油进口关税和进口许可费等政策来鼓励企业增加石油储备。①

另外，建立石油战略储备是一个长期的过程，期间成本的投入巨大。据统计，从1976年建立石油储备至1999年底，美国政府已为石油储备拨款212亿美元，仅每年经营与维护费用就需2亿美元。石油储备投资的分配比例是：74.5%用于购买石油，22.9%用于储存设施建设与维护，1.7%为管理费。②现实中，世界各国石油战略储备机制的资金来源具有多元化的特征。由于美国的石油战略储备基本上是由政府储备组成，因而基本上美国政府的战略石油储备的投入主要来自于财政拨款，巨额的储备费用已成为美国政府一项沉重的财政负担。为了减轻石油储备财政负担，美国开始探索战略石油储备商业化的道路。美国政府在实践中依照不同的情况开始出租尚未充分利用的储备设施，在石油战略储备基地开辟外贸分区，为境外石油消费国和生产国提供储备石油的服务，并利用战略和私有储备基地过剩的能力为商业储备提供有偿的储存空间，以此来降低储备成本。③

（四）管理体制

1. 总统与国会

美国战略石油储备的动用必须由总统签字。储备目标、预算等均需总统提出，由国会批准。国会批准动用财政资金，设专门账户建立石油储备。美国国会按照《能源政策和储备法》授权能源部建设和管理战略石油储备系统。

2. 能源部（DOE）

美国能源部成立于1977年，由原来50个有关政府机构合并而成，是美国最重要的联邦政府机构之一。美国能源部负责管理战略

---

① 吕薇：《高度集中的美国战略储备》，载《中国石油石化》2003年第3期，第71页。

② 叶辛、张璐：《国外石油储备立法对中国的启示》，载《中国环境科学学会学术年会优秀论文集》（2008），第1729页。

③ 郝弘毅主编：《"后危机时代"的石油战略》，中国时代经济出版社2009年版，第269页。

储备石油，储备的日常管理由能源部专设的战略石油储备办公室负责。该办公室的首要任务是保证按总统指示，迅速将储备油抛售出去，在美国有相对固定的承包商。能源部还负责定期审查储备情况，并就相关问题直接向总统提出意见和建议；能源部有权对石油储备进行必要的更换，包括将品质不合适的原油置换成高质量原油；也可以临时性借调有限数量的原油帮助石油公司解决因运输等造成的暂时困难。

3. 美国战略石油储备（SPR）的具体管理机构

战略石油储备系统的管理方式是，政府制定规划和政策，委托民间机构管理站点日常运行。战略石油储备由能源部一名副部长主管，副部长助理直接负责，在具体操作上分三个管理层次：项目办公室（设于华盛顿，由负责石油储备的副部长助理主管），该办公室负责具体项目的实施、运行管理，设 4 个部门：（1）规划和工程；（2）运营和准备；（3）财务和政策；（4）管理和行政。项目管理办公室（设于新奥尔良，由项目经理负责），该办公室负责战略石油储备办公室与民间公司签订管理和运行合同，设 4 个部门：（1）维护和营运；（2）系统和项目；（3）技术保障；（4）管理和行政。储存站点办公室，负责储存站点的日常运行、维护和安全保护，分 4 个场所：（1）Bayou Choctaw；（2）Bryan Mound；（3）Big Hill；（4）West Hackberry。①

4. 国家石油委员会（NPC）

国家石油委员会是一个专责为联邦政府提供建议的组织。1946 年，应杜鲁门总统的请求，内政部部长成立了这一联邦政府特许的由私人资助的咨询组织。1977 年能源部成立，国家石油委员会（NPC）的功能被转移到能源部。目前，NPC 的任务成为代表石油和天然气工业向能源部长提供咨询、情报和建议。根据 1972 年联邦顾问委员会修正案，国家石油委员会隶属于美国能源部。国家石油委员会由约 175 名委员组成，他们由能源部长挑选和任命，来自

---

① See U. S. Department of Energy：*Strategic Petroleum Reserve Annual Report for Calendar Year* 2007，p. 8.

于石油和天然气行业的各个部门、全国各阶层及大小公司。在不断
变化的世界，国家石油委员会提供了一个对话论坛，讨论有关能
源、安全、经济和环境事宜。①

（五）国际合作

美国是国际能源署（International Energy Agency, IEA）②的成
员国，《能源政策与储备法》授权联邦政府履行其在《国际能源计划
协议（IEP）》所承担的义务。根据《国际能源计划协议（IEP）》
的规定，美国应建立石油供应紧急自足体系，制定紧急事态下限制
需求的措施，并在燃料发生短缺时与其他 IEA 成员国进行调配。
2005 年以来，美国在动用战略石油储备方面，加强了与西方国家
的协调，主要是同 IEA 其他成员国协调一致，采取"集体行动"，
通过调控力争更好地改善石油供应情况。此外，美国还注重同加拿
大和墨西哥两个邻国的合作，使阿拉斯加的石油不断地运往美国西
海岸，墨西哥的石油不断补充战略石油储备。

二、欧盟的能源储备法律制度

欧盟是世界上最大的经济实体，但其区域内能源资源短缺，能
源对外依赖程度很高。在 2007 年，欧盟石油、天然气进口份额和
对外能源依存度分别为 82%、57% 和 50%，2030 年这一比例预测
将分别达到 93%、84% 和 65%。③ 加强能源储备，完善能源基础

① See National Petroleum Council: *National Petroleum Council Origin and Operations*, available at http://www.npc.org/background.html#officer.

② 国际能源署是一个自治机构，创立于 1974 年 11 月。其在过去和现在都
具有两重使命：通过对石油供应的实际中断做出集体响应来促进其成员国的能源
安全；为其 28 个成员国及其他国家提供确保可靠、廉价的清洁能源供应方法的
权威研究和分析。国际能源署在其成员国之间开展全面的能源合作计划，每个成
员国都有义务持有相当于其 90 天净进口的石油库存。参见《世界能源展望
（World Energy Outlook 2012）执行摘要中文版》，availbale at http://www.iea.org/
media/weowebsite/2012/exsum/Chinese.pdf.

③ See EU, *An Energy Policy for Europe* (2007), available at http://
europa.eu/scadplus/leg/en/lvb/l27067.htm.

设施，对欧盟的未来发展非常关键。

（一）能源储备的建立与发展

早在 1968 年，欧共体 68/414/EEC 指令就要求成员国建立和维持原油和/或石油产品最低储量。这一指令的颁布，标志着欧共体开始为保障能源供应安全采取集体战略。但这种战略仅限于防范国际石油供应中断和价格上涨，其手段仅限于建立应急储备，是一种消极防范的能源安全战略。1973 年，欧共体 73/238/EEC 指令表示，在原油和/或石油产品供应发生困难时，赋予各成员国职能部门实施限制消费的措施的权力，并通过"石油供应组（Oil Supply Group）"来协调各成员国根据指令采取的措施。1974 年，以欧共体成员和美国为核心的经济合作与发展组织成员国签署《国际能源计划协议》（IEP），并成立协调落实该计划的国际能源机构（IEA）。根据 IEP、IEA 成员国不仅应建立战略石油储备这一短期应急机制，并且应提高能效和开发石油替代能源，以防范石油危机和保障能源长期安全。1998 年 7 月，欧盟颁布 98/93/EC 指令，要求成员国建立相当于上一年度 90 天消费量的石油储备。为了及时制定政策、法规和指令性文件以指导各成员国的能源安全措施，从 2000 年《欧盟能源供应安全绿皮书》开始，欧盟逐年发表能源政策绿皮书，提出了欧盟关于能源需求的对内能源战略和关于能源供给的对外能源战略。2002 年 9 月，欧盟委员会通过了一项旨在改善欧盟石油供应安全的新建议。该建议要求欧盟成员国将石油储备水平从90 天的消费储备量提高到 120 天，并建立一种公共石油股份持有机构，使得没有炼油能力的运营商能够通过公平的费用支付来履行其储备义务。[①] 2006 年 7 月，欧盟颁布 2006/67/EC 指令，废除了68/414/EEC，并要求欧盟委员定期向欧洲理事会报告区域内能源储备状况。2008 年 11 月，欧盟委员会公布"欧盟能源安全与合作行动计划"，提出通过加强成员国之间、及与供应国之间的关系，增加可用储备的可靠性和透明度，完善石油与天然气储备与危机应

---

① 龚向前：《欧盟能源市场化进程中供应安全的法律保障及启示》，载《德国研究》2007 年第 2 期。

对机制。①

在加强天然气供给安全方面，欧盟也要求各成员国确定一项共同政策和安全供应规范，以便在能源危机出现时，立即启动协调机制。考虑到天然气的运输和储备特点，在 2002 年以前欧盟对天然气储备量没有做出具体限定，但要求各成员国对储备、供应等制定各自的标准，保证满足市场对天然气安全供应的最低需求。欧盟委员会还对各国的执行情况进行监督。② 2004 年 4 月，为保障天然气供应的安全，欧盟颁布 2004/67/EC 指令，要求成员国采取包括建立天然气储备、报告天然气相关信息的措施，以保障天然气供应安全。

（二）相关立法

1. 有关石油储备立法的演变

20 世纪 60 年代末，欧共体就意识到需要防止潜在的石油供应短缺。为应对石油及天然气的供应短缺以保障能源安全，欧共体及欧盟进行了一系列的立法。1968 年 12 月，欧共体 68/414/EEC 指令，规定成员国应当建立和维持最低战略原油和/或石油产品储备。1972 年，欧共体 72/425/EEC 指令提高了成员国的储备义务，要求成员国储备相当于 65—90 天消费量的石油储备。1973 年，欧共体颁布"减缓原油和石油产品供应困难所带来影响的措施"的 73/238/EEC 指令。该指令规定了成员国释放石油储备的条件和具体措施；要求成员国做好行动准备，以便将石油储备投放市场、限制消费、确保优先消费者的供应和规制价格。在出现危机时，委员会召集由成员国石油专家组成的"石油供应组"以协调采取措施。"石油供应组"在供应危机中，分析石油市场状况及短期内的发展趋势，并讨论可以采取的措施。1977 年 11 月，欧共体颁布"在原油和石油产品供应困难时，设定共同体减少初次能源消费目标"的

———————————

①　Commission of the European Communities, *An EU Energy Security and Solidarity Action Plan*, p. 10.

②　梁晓华：《欧盟协调能源储备，确保能源供给安全》，载《光明日报》2002 年 11 月 7 日第 6 版。

77/706/EEC 指令。根据该指令，在原油和石油产品供应困难时，成员国有义务减少消费，委员会可以设定减少最高为 10% 的石油消费目标。1998 年 7 月，欧盟颁布"强制成员国承担维持最低原油和/或石油产品储备义务" 98/93/EC 指令，该指令旨在发展和强化 68/414/EEC 指令有关最低石油储备的规定。为了更加清楚和有效，2006 年 7 月，欧盟颁布了新的"强制成员国承担维持最低原油和/或石油产品储备义务" 2006/67/EC 指令，该指令废除了 68/414/EEC 指令。①

　　2. 2006/67/EC 指令的主要内容

　　2006/67/EC 指令，是目前欧盟关于石油储备的最主要的法律文件。其内容有：（1）储备要求。成员国有义务建立和维持最少相当于上一年度 90 天平均消费量的石油产品。（2）储备安排。储备安排应确保储备为成员国所控制，以便在发生供应危机时可以作出迅速的反应，并能将储备分配到最需要的部门。成员国应确保储备安排的透明性，以使储备安排的条件是公正的和非歧视性的。一成员国的储备可以保存在其他成员国内，储备所在国应该能够控制储备并确保其实际上的可用性，但是它不能将该储备计入本国的储备。成员国有义务控制和监视储备，违反这些义务将受到处罚。成员国应该在每个月末向委员会提交有关储备的统计，说明它相当于上一年度多少天的平均消费量。（3）协作。在供应危机中，委员会可以自己或根据成员国的请求，在成员国间组织谘商，以使储备协作运行。在谘商前，除非情况特别紧急成员国一般不能将储备释放到最低储备要求以下。因此，成员国必须向委员会提交有关任何储备释放的信息，包括低于最低储备要求的日期、释放的原因、恢复储备的步骤等。②

---

　　①　Commission of the European Communities, *Proposal for a Council Directive* "*Imposing an obligation on Member States to maintain minimum stocks of crude oil and/or petroleum products*", p. 3.

　　②　EU, Summaries of legislation—*Strategic oil stocks*, available at http：// europa. eu/scadplus/leg/en/lvb/l27071. htm.

2008 年 11 月 13 日，欧盟委员会公布了新的"强制成员国承担维持最低原油和/或石油产品储备义务"的立法建议，如果获得通过它将取代 2006/67/EC。①

3. 有关天然气供应安全的立法

2003 年 6 月，欧盟颁布"关于内部天然气市场的共同规则"的 2003/55/EC 指令。该指令承认关注作为公共服务义务的天然气供应安全是成员国的权利；建立欧盟内部天然气市场的共同规则，以使成员国在能源危机中采取必要措施确保天然气供应。2004 年 4 月，欧盟颁布"关于保障天然气供应安全的措施"的 2004/67/EC 指令，要求成员国采取包括建立天然气储备、成立欧盟天然气协调小组等措施在内的安全措施。具体内容包括（1）施加给各公司的供应安全义务不应阻碍内部市场的健康运行，不应给燃气市场主体（包括新入市场的与小型的主体）强加不合理和不相称的负担；（2）燃气储存的最低指标可在国家层面确立或由产业确立，而不应创设任何附加的投资义务；（3）委员会应基于成员国报告监督燃气市场的发展和供应安全措施；（4）在国内燃气供应部分中断或天气严寒时，各成员国必须确保家庭和中小型企业顾客的燃气供应；（5）长期合同继续在确保欧洲燃气供应上扮演重要角色；（6）建立"天然气协调小组"，促进在发生重大供应中断时在共同体层面的供应安全措施协调；（7）各成员应制定和颁布相关的国家紧急状态条款，并通知委员会；（8）应对重大供应中断的"三步机制"：第一步涉及产业对供应中断的反应；如果不充分，成员国应采取解决供应中断的措施；只有当在第一和第二阶段失败后，才应在共同体层面上采取适当措施。②

（三）储备模式

欧盟的储备模式实际上是欧盟各成员国的储备模式，但根据欧

---

① Commission of the European Communities, *Proposal for a Council Directive "Imposing an obligation on Member States to maintain minimum stocks of crude oil and/or petroleum products"*, p. 3.

② 龚向前：《欧盟能源市场化进程中供应安全的法律保障及启示》，载《德国研究》2007 年第 2 期。

盟的要求欧盟成员国的储备还是有一些自己的特征。欧盟实行的是一种机构储备与企业储备相结合、以机构储备为主导的模式。所谓机构储备，就是政府或企业在有效控制整体储备的前提下，由大型代理机构具体组织企业实施储备和运转的一种储备方式。[①] 此外，欧盟的储备天数以上年度日平均消费量为计量标准，有别于 IEA 以进口量为计量标准；欧盟要求成员国的石油储备中成品油储备量不少于储备总量的1/3，而 IEA 对油品种类没有要求；欧盟多数成员国实行战略储备凭证制度。所谓战略储备凭证制度是指，一些实际储备量超过规定的储备义务的储备实体，可以在"欧洲战略储备公开市场"上公开销售储备凭证；而一些具有储备义务的企业、机构或者国家，可以在公开市场上购买储备凭证以充作自己的储备。[②]

（四）管理体制

欧盟并不直接管理石油或天然气储备，而由各个成员国根据欧盟的要求进行管理。就能源的整体监管而言，欧盟委员会制定能源战略和能源政策规则，欧盟能源委员会负责监督执行。各成员国政府根据欧盟能源政策法规和方针政策的总体框架，确定本国的基本能源政策和法规。欧盟委员会下设能源和发展总司，作为能源监管机构和欧盟委员会能源方面的参谋部。欧盟能源监管机构定期或不定期对成员国的能源企业进行突击检查，发现违规行为，便立刻予以纠正。[③]

（五）国际合作

由于高度的对外能源依存度，欧盟非常重视对外能源合作。欧盟在能源储备与安全方面的国际合作可以说是全方位的。（1）与相邻国家的合作。作为能源的供应或过境国家，土耳其、克罗的亚

---

① 李北陵：《欧盟战略石油储备模式管窥》，载《中国石化》2007 年第 9 期。

② 姜润宇：《石油战略储备——欧盟的储备体制及其借鉴意义》，中国市场出版社 2007 年版，第 8-11 页。

③ 徐建华：《欧盟能源一体化战略探析》，载《特区经济》2008 年第 7 期。

和其他西巴尔干国家对于欧盟的能源安全至关重要。根据《欧洲睦邻关系政策（ENP)》及其行动计划，欧盟把它的能源市场进一步扩大到邻国，使之逐步与欧盟内部的能源市场一致；2005 年 10 月，欧盟与所有巴尔干国家签订《建立能源共同体条约》，并鼓励土耳其和乌克兰加入这一条约。（2）与能源供应国、过境国和消费国的双边合作。通过（ENP）行动计划和其他方式，加强与俄罗斯、挪威、乌克兰、欧佩克（Organization of the Petroleum Exporting Countries，OPEC)[①] 和埃及等的对话，推动在能源基础设施建设和能源贸易等方面的合作。欧盟通过《欧洲睦邻关系政策》（ENP）行动计划，建立欧盟-中国对话机制、欧盟-印度专家论坛等方式，加强与美国、中国、印度和日本等能源消费大国的对话与合作，以了解国际能源需求推动节能技术在全球的应用。（3）区域能源合作。欧盟通过一系列的区域能源对话与合作计划，提高其来自外部的能源供应安全。如 1999 年 10 月，欧盟与波罗的海国家决定建立"波罗的海地区能源合作机制"（Baltic Sea Region Energy Co-operation)，以协调环波罗的海地区的能源政策和行动；2004 年 11 月，欧盟与黑海和里海地区国家召开部长级会议，旨在推动上述地区国家的能源市场与欧盟的能源市场整合；建设从里海、北非和中东输往欧盟中心地带的新天然气管道；建立经乌克兰、罗马尼亚和保加利亚三国的中欧石油管道，以便为里海的石油输往欧盟提供便利等。（4）多边合作。欧盟还在国际能源机构（IEA)、八国集团（Group 8，G8)、世界经济合作与发展组织（Organization for Economic Cooperation and Development，OECD）和联合国（United Nations，UN）等国际组织框架下通过信息共享、政策协调等方式，

---

①　世界主要石油生产国在 1960 年 9 月 10 日成立的国际组织，成立的目的是协调和统一成员国石油政策和价格，组织的宗旨在于：为界保证向消费者有效率地、经济地和常规地供应石油而维护市场的稳定，且维护石油生产者的稳定收入及投资者的合理的投资回报。参见欧佩克组织网站 http：//www. opec. org/opec_web/en/17. htm，2013 年 4 月 10 日访问。

加强能源安全方面的多边合作。①

三、日本的能源储备法律制度

日本国内能源资源非常匮乏，能源消费几乎全部依赖于进口。日本是仅次于美国和中国的第三大能源消费国，是仅次于美国的第二大能源进口国。2007 年，日本的原油产量仅为 6000 桶/天，而石油消费量却高达 5 百万桶/天，石油供给几乎全部来自于进口，并且石油进口量的将近 90% 来源于中东地区。日本的液化天然气（LNG）消费同样几乎全依赖于进口，日本是目前世界上最大的液化天然气（LNG）进口国，占世界进口量的 40%。② 严重依赖进口的能源消费状况，使日本极易受到能源价格上涨和供应中断的冲击。为防止国际能源市场价格波动和能源供应中断对本国经济和社会造成的不利影响，保障国家安全，日本把加强能源储备，提高应对能源危机的能力作为一项基本国策。

（一）能源储备的建立与发展

1. 起步阶段

1962—1975 年，日本的石油储备规模从 45 天扩大到 60 天。20 世纪 60 年代初，日本已经建立以石油为中心的能源体系，石油在一次能源消费结构中所占的比例接近 60%。为了维持正常生产和消费，必须建立起一定的生产储备。根据当时国内的炼油能力，日本的炼油商提出，45 天的石油储备是炼油厂为了维持平稳生产所必须建立的储备量。于是，石油公司开始了炼油能力为 45 天的石油储备，其中原油和石油制品各占一半左右。60 年代中期以后，石油在能源消费结构中的比重进一步攀升，很快超过 65%，而进口地又高度集中在中东。1967 年的中东战争给日本敲响必须进一

① Commission of the European Communities, *Annex to the Green Paper: A European Strategy for Sustainable, Competitive and Secure Energy What is at stake - Background document*, pp. 37 ~ 42.

② U. S. A Energy Information Administration (EIA), *Japan Energy Data, Statistics and Analysis*, available at http://www.eia.doe.gov/emeu/cabs/ Japan / Background. html.

步增加石油储备的警钟。从 1968 年起，由日本政府支持的增加石油储备的计划开始启动，随后在 1972 年，日本政府提出在今后 3 年内，石油储备每年增加 5 天，达到 60 天的石油储备量，1975 年如期实现。

2. 与国际同步阶段

1975—1979 年，日本的石油储备规模从 60 天扩大到 90 天。国际能源机构在第一次石油危机后的 1974 年对各成员国提出了保有相当于上一年 90 天净进口量的石油储备的义务。根据这一规定，日本政府在原来 60 天储备规模的基础上，制定了每年继续增加 5 天的储备量来扩大其储备规模计划，到 1979 年底达到了 90 天的储备目标。为了实施国家为主的石油储备战略，日本政府于 1978 年修改了《石油开发公团法》和《石油公团法》，调整了石油公团的职能。石油公团除了原来承担的"促进石油和液化石油气的自主开发"和"促进石油和液化石油气开发技术的研究"两大职能之外，还承担起国家石油和液化石油气储备的责任。从 1978 年开始，石油公团正式承担国家石油储备和国家石油储备基地的建设任务。

3. 建立国家储备阶段

1980—1989 年，国家石油储备从无达到 3000 万千升。第二次石油危机期间，日本政府认识到只有 90 天的企业石油储备是远远不够的，但私营公司进一步扩大石油储备又面临资金匮乏等困难，于是通产省决定由日本国家石油公团建立国家石油储备。国家石油储备体系包括临时性租借储油船进行石油储备和永久性国家石油储备基地的规划设计和建设工作。目标是到 1989 年实现国家原油储备 3000 万立方米的目标。

4. 国家储备和企业储备并举阶段

1989 年日本通产省进一步提出国家储备达到 5000 万立方米的计划；同时有计划地降低企业储备的规模，最终将企业储备降低到 70 天的水平。1996 年随着最后一个国家石油储备基地的竣工，日本已全面实现国家新的储备目标。1999 年，国家原油储备已达到 5000 万立方米，即 85 天的消费量水平；企业储备达到 4256 万立方米的消费水平，即 76 天的消费量，国家储备超过了企业储备，两者合计达到了 161 天的消费量水平，远远超过国际能源机构所规定的目标，同时也建立了具有日本特色的官民一体的石油储备体系。日本在国家储备目标中规定了除原油储备外的石油气（LPG）储备。① 到 1996 年，日本在沿海地区相继建成 10 个永久性国家石油储备基地，储备方式根据地理位置的不同，分别采用了地上储罐、地下储罐、海上储罐和地下岩洞储油等多种多样的石油储备形式。②

5. 国家储备份额逐渐提高阶段

进入 21 世纪，为进一步确保本国石油的安全稳定供应以及减少企业负担，日本政府逐渐缩减企业的储备份额，而加大国家石油储备所占比例。到 2003 年，日本的 10 个永久性国家石油储备基地石油储备容量占全国的 51%—52%。除此之外，日本政府还向企业租用了 21 个石油储备设施，所储备石油保存在各石油加工厂和销售网点。日本的国家储备全部是原油形式，企业储备中原油和成品油各占一半。2004 年 4 月，日本的石油储备为 8899 万立方米，可用 169 天，其中国家储备 4844 万立方米，可用 92 天，企业储备 4055 万立方米，可用 77 天。③ 2006 年 5 月，日本经济产业省提出将国家石油储备增加 40%，从 5100 万立方米增加到 7000 万立方米，以保证维持足够 4 个月的国内消费量。这项计划预计将花费 90 亿美元，历时 10 年才能最终完成。④ 截至 2008 年 11 月，日本的石油储备为 155 天的净进口量，其中战略储备 81 天，商业储备

---

① 冯春萍：《日本石油储备模式研究》，载《现代日本经济》2004 年第 1 期。

② 安丰全、吴辉、郑景花：《日本战略石油储备研究》，载《当代石油石化》2002 年第 12 期。

③ 吴志忠：《日本能源安全的政策、法律及其对中国的启示》，载《法学评论》2008 年第 3 期。

④ 《日本正在考虑将其国家石油储备量增加 40%》，载中国化工网 http://cn.chemnet.com/news/2006/05/19/244553.html，2010 年 9 月 3 日访问。

74 天。① 经过 30 多年的建设，日本石油战略储备制度已逐步完善，成为国内经济安全和石油消费安全的有效保障。

与此同时，日本还加强液化石油气的储备。1981 年，日本按照《石油储备法》的规定，启动了民间液化石油气储备，并在 1998 年成立了"日本液化石油气储备公团"，专门从事国家液化石油气储备基地的建设和管理工作。到 2010 年，日本液化石油气的国家储备要达到 150 万吨，相当于 80 天的进口量，其中 30 天为国家储备，50 天为企业储备。②

（二）相关立法

1. 相关立法的演变

1962 年日本制定《基本石油法》，该法规定通产省负责日本石油储备事务。1967 年 7 月，日本颁布《石油公团法》，规定石油公团主要是提供石油天然气勘探开发时所需要的资金，目的是促进石油天然气的勘探、开发和储备，以确保石油等的安全低廉供应。1968 年日本颁布《石油工业法》，规定私营石油公司承担建立石油储备的义务，政府对此给予投资贷款优惠和税收优惠。1973 年 12 月，日本颁布《石油供需优化法》，规定在石油供应严重不足时，保障供应和限制需求。1975 年 12 月，日本颁布有关石油战略储备的专项法律——《石油储备法》，以法律形式明确了民间石油储备的责任和义务，如对具有储备义务的石油经营者的界定、义务储备者的最低储备量、储备油的种类、石油储备的主管机关等事项都做了详尽的说明。1978 年日本颁布《石油公团法》，将原有的石油开发公团改制为石油公团，并规定由兼有政府职能和国家石油公司特点的石油公团承担国家石油储备的责任和国家石油储备基地的建设任务。与此同时，日本政府还吸收具有建设储备设施和经营原油技术和经验的石油经销企业，合资设立国家石油储备公司，专门从事

---

① IEA, *Closing Oil Stock Levels in Days of Net Imports-Japan*, available at http：//www. iea. org/explanationstocks. asp？country_name＝Japan.

② 日本石油公团：《日本的石油储备》，载《国土资源情报》2002 年第 1 期。

相关设施的建设和运营。1981 年日本对《石油储备法》做了修改，增加了进口液化石油气的储备义务，规定所有石油进口商都有石油储备的义务。随着国家石油储备的增加，1989 年日本又修改了《石油储备法》，明确石油储备以国家储备为主，并规定逐步降低民间企业法定的石油储备量。① 随着能源形式的变化和石油政策的调整，日本政府对《石油公团法》、《石油储备法》等有关石油储备的法律不断修改。2002 年 7 月，日本国会通过《独立行政法人石油、天然气和金属矿产国家机构法》，并废止了《石油公团法》。2004 年 2 月 29 日，日本石油、天然气和金属矿产国家机构（JOGMEC）成立，从石油公团手中接管了国家石油储备的全部管理职责。石油公团的石油开发业务委托于民间，石油储备转为国家事业。2005 年日本政府解散了积累了大量不良资产的石油公团，重建石油开发业。② 在不断修改、废止和新的立法之中，日本能源储备制度日益完善，为日本能源的稳定供应和经济社会的安全提供了有力保障。

2. 《石油储备法》的主要内容

1975 年 12 月 27 日公布，1976 年 4 月 26 日实施的《石油储备法》是日本有关能源储备的主要能源法律规范，该法在三十多年的时间里经历了多次修改。《石油储备法》共五章 18 条。第 1 条明确了立法目的：为确保石油储备而采取措施，以使我国在石油供给出现不足的情况下，能保证石油的稳定供给，并且有助于国民生活的稳定和国民经济的顺利发展。第 2 条对"石油"、"石油气"、"炼油业者"和"石油进口业者"等概念进行了界定。第 3 条阐述了日本进行石油储备的国家政策。第 4 条规定了石油储备的目标，由通商产业省负责目标的制订和调整。第 5 条规定炼油业者、石油销售者及石油进口业者等都必须根据通商产业省的要求制订储备计

---

① 陈德胜、雷家骕：《法、德、美、日四国的战略石油储备制度比较与中国借鉴》，载《太平洋学报》2006 年第 2 期。

② 吴志忠：《日本能源安全的政策、法律及其对中国的启示》，载《法学评论》2008 年第 3 期。

划。第 6 条规定了炼油业者、石油销售者等向通产省申报生产量、销售量等信息的义务。第 7 条规定了炼油业者、石油销售者等储备相当于前一年 70—90 天石油消费量的石油或石油制品储备的义务。第 8 条、第 9 条规定了在特殊情况下炼油业者、石油销售者等可以适当减少基础储备量。第 10 条规定了通产省具体监督炼油业者、石油销售者等履行储备义务。第 11 条规定了炼油业者、石油气进口业者等主体发生变更时的地位继承问题。第 12 条规定了炼油业者、石油销售者等的账簿记录和保管事项。第 13 条规定了通产省为实施本法对炼油业者、石油销售者等进行检查的权利和程序。第 14 条规定日本开发银行、冲绳振兴开发金融公库和石油公团，在为确保石油储备而增加石油储存设施和其他设施等需要进行贷款时，政府可在预算范围内向日本开发银行等支付利息补贴金。第 15 条到 18 条是罚则。①

（三）储备模式

日本的石油储备体系可分三个部分：国家石油储备、企业法定储备和企业商业储备。1974 年日本加入 IEA，随后制定《石油储备法》积极建立国家石油储备。1978 年日本正式实施国家石油储备，由石油公团承担国家石油储备的责任和国家石油储备基地的建设任务。为此，政府建立了石油专门账户，并通过征收石油税来筹集储备资金。修改后的《石油储备法》规定，所有规模以上炼油业者、石油进口商和石油销售者等，必须储备相当于前一年 70—90 天石油消费量的石油或石油制品，并定期向政府部门报告储备情况。企业向市场投放储备石油时，要通过经济产业省（原通产省）批准。企业承担石油储备成本，但这些成本包括在油品价格中，实际上由用户承担。政府在资金等方面给予企业法定储备以支持，如提供低息贷款、加速折旧等优惠措施。经济产业省不定期抽查石油储备情况，对达不到法律规定的企业，将发出通告，命令限期将储备量增加到法律规定的最低标准，否则将严格制裁。法律规定以外的企业商业储备完全由企业自主建立和使用。日本法律对企

① 杨朝红：《日本国石油储备法》，载《国际石油经济》1998 年第 6 期。

业法定储备和商业储备的具体储存方式并未做出强制规定，企业往往混合储存，但必须保证法定储备量。目前，也有一些企业联合成立储备公司，对参股企业的法定储备进行集中管理。① 总的来讲，日本战略石油储备模式可概括为：政府主导，企业分散储备。

（四）管理体制与资金预算

1. 管理体制

日本石油储备的管理体制可分为三个层次：（1）经济产业省资源能源厅。它是主管石油产业的最高领导部门，负责制定有关石油储备的政策法规，监督石油燃气和金属矿产国家机构（JOGMEC）的运作。（2）日本石油燃气和金属矿产国家机构（JOGMEC）。2004 年成立的日本石油燃气和金属矿产国家机构（JOGMEC），从 1968 年成立的石油公团（JONC）手中接管了国家石油储备的全部管理职责。其具体职责为：全权管理经济产业省拥有的原油储备以及储备基地及其设施。（3）国家储备公司。它是进行实际运作的基层组织（每个基地都成立一个独立的储备公司）。它的具体职责包括：储备基地的工程建设；储备基地的运营管理。2004 年后，国家储备公司的功能逐渐为私有的储备运营公司取代。②

2. 资金预算

随着石油储备规模的不断扩大，其储备与运营所需资金也不断增长。为保障石油储备事业的顺利发展，日本政府通过各种途径筹措资金给予石油储备财政和资金支持。为此，日本政府采取了以下措施：（1）设立石油专门账户。从 1978 年起，日本开始征收石油税，对原油、各种石油产品、石油气以及液化天然气征税，此项收入几乎全部作为石油储备基金，用于国家石油储备建设和援助企业

---

① 陈久行：《石油安全与石油储备》，载《中国石油和化工经济分析》2007年第 14 期。

② Naoaki Kurumada, *Outline of Petroleum Stockpiling and Emergency Response in Japan*, P6, Proceedings of Seminar on Oil Stocks and Emergency Response At Beijing 2002.

的石油储备。（2）国家财政政策支持。除了设立石油专门账户外，政府还通过国家信托署名债券、财政信托资金和邮政保险基金组成的公共基金，对石油储备给予财政投资和贷款支持，以保证石油储备计划的落实。（3）对各类从事石油储备的公司，提供低息或贴息贷款、允许石油储备设施加快折旧、支付储备设施使用费等优惠措施。此外，日本政府还编制了国家石油储备特别预算，作为战略石油储备和液化石油气储备的专项资金使用。①

（五）国际合作

一方面，日本作为国际能源署（IEA）的成员国，履行根据《国际能源计划协定》规定的义务，参与国际能源署（IEA）框架下的能源储备与应急的合作；另一方面，日本积极推行能源多元化战略，开拓海外能源市场，以确保本国石油和天然气供给，保证能源储备目标和政策的实现。近些年来，日本具体的海外能源措施如下：

1. 调整中东地区进口来源

原本海湾地区占据了日本石油进口的近90%，对海湾国家如此高的石油依存度使日本的能源结构十分脆弱。当2003年2月日本在沙特的油田权益受到威胁时，日本调整了从该国进口石油的战略，先后与阿联酋、伊朗等多个中东国家陆续签订了长期稳定的供给协议，以确保一旦发生石油危机，日本能以优惠的价格进口石油。

2. 谋求俄罗斯的石油资源

俄罗斯的天然气储量占世界的35%。石油储量占12%。其中大部分集中在远东地区。铺设通往俄罗斯的石油与天然气管道对于日本有着至关重要的战略意义。无论是萨哈林岛的天然气还是西伯利亚的石油，都是日本实现能源进口多元化战略的重要途径。因此，加大同俄罗斯的能源合作，从其进口更多的油气资源是日本"能源外交"的重点。对于日本来说，与中东相比，从俄罗斯进口

---

①　陈德胜、雷家骕：《法、德、美、日四国的战略石油储备制度比较与中国借鉴》，载《太平洋学报》2006年第2期。

石油，距离大幅缩短，可以增加石油运输的安全性，大大降低成本。

3. 插足非洲石油

非洲石油的储量不足中东地区的1/6，但石油含硫量低，很适合加工成汽车燃油。且非洲油田大多位于大西洋海底或中西非沿海，远离大陆，可免受争端的影响。目前西非各国企业基本实现了直接投资的对外开放，而且除非洲最大的产油国尼日利亚外，其余的产油国都不是石油输出国组织的成员，不会受到同业联盟的产量限制。正是基于这些因素，日本十分看重非洲未被开发的石油资源。为了从非洲国家获取更多的石油资源，日本通过淡化政治、突出经济、提供财经援助、发展经贸关系等手段，发展与非洲国家的关系。早在2000年，日本就启动了"石油非洲战略"，把非洲提升到战略利益的高度来认识。在2003年于东京举行的"第三届非洲开发会议"上，日本表示将在今后5年无偿向非洲提供总额10亿美元的经济援助，同时放弃对非洲重债务贫困国家总额约30亿美元的债权。日本在非洲苦心经营的石油战略获得了令其满意的回报，如在2005年10月利比亚第三次发放石油开采权证中，在与多家国际石油公司进行激烈的竞争后，5家日本企业最终中标。

4. 拓展中亚油气资源

中亚地区成为日本近年来能源进口多样化战略的重点目标之一。该地区富含石油天然气等战略资源，不论其产量还是探明储量都占据重要地位。当前中亚油气的西出海口多受制于国际石油资本，且靠近中东动荡地区，这不仅不利于中亚实现独立的石油战略，也不符合日本的中亚石油战略利益。为此，寻求新的出海口，实现"油气东送"，成为日本和中亚结成"联盟"的共同利益契合点。2004年8月，日本外相访问中亚发表演讲时称，实现能源供应渠道的多元化是日本面临的重要课题，日本将努力推进与中亚国家在能源领域的合作，并向中亚国家提供能源技术支持。此外，为拥有和掌握更多的石油资源，日本重视从组织上、技术上和经济上鼓励日本公司大力进行海外石油勘探开发。日本公司以多种方式参与国外油气合作，如以购买股份、签订产量分成协议、签订各种转让协议、直接投资开发油田等方式大规模参与海外石油勘探开发，执行"变他国资源为自己资源"的战略。①

四、德国的能源储备法律制度

德国是继美国、中国、俄罗斯和日本之后的第五大能源消费国，但德国能源资源紧缺，能源对外依存度高达60%，石油和天然气对外依存度更是分别超过90%和83%。② 为确保能源安全，德国在20世纪60年代就开始通过法律规定能源储备。经过40多年的发展，德国建立了既经济又高效的能源储备与应急制度。

（一）能源储备的建立与发展

1. 起步阶段

1965年西德政府颁布《石油产品最低储量法》规定，炼油商和石油进口商在1970年1月前必须分别保持至少65天和45天消费量的石油储备数量，并且它们自己负责采购所需储备油和修建设备，政府不予补贴。该法自1966年实施后，西德开始实行有法律约束力的应急石油储备制度。从事炼油和进口的石油公司认为这一储备义务扭曲了公司间的竞争关系，储备的义务实际上对大公司和小公司不均等。由此，小石油公司上诉到宪法法院，宪法法院认为《石油产品最低储量法》未考虑小型石油进口商的利益，违反了宪法的公平处理原则，宣布该法违宪。为此，西德修改了1966年石油储备法，规定大型炼油公司必须储备相当于90天消费量的规模，小型贸易商则可以储备相当于45天的量。

2. 与国际同步阶段

1974年西德政府确定联邦经济技术部作为能源供应的主管部门，开始在北德平原的地下岩洞建立400万吨规模的国家石油储备

---

① 黄进：《中国能源安全问题研究——法律与政策分析》，武汉大学出版社2008年版，第252-253页。

② U. S. A Energy Information Administration（EIA），*Germany Energy Data, Statistics and Analysis*，available at http：//www. eia. doe. gov/emeu/cabs/ Germany / Background. html.

基地。1975 年 6 月，西德根据欧共体的要求，提高了炼油商和石油进口商的储备义务，并要求小进口商也建立石油储备，但因遭到所有厂商的一致反对而未能实现。作为 IEA 成员国，1976 年西德开始根据 IEA 的规定，储备相当于上一年 90 天石油净进口量的石油。为此，西德政府提高了石油公司的义务储备量，要求炼油商和进口商分别储备相当于 90 天和 70 天的净进口量。

3. 石油储备联盟建立与发展阶段

1978 年 7 月，西德颁布《石油及石油制品储备法》，决定建立石油储备联盟（EBV）。从性质上来看，EBV 是一个公法实体，它负责建立和管理应急石油储备。根据该法，所有的炼油商、石油进口商、石油销售公司和以石油发电的电力公司都必须加入石油储备联盟（EBV）并缴纳会费，由 EBV 部分代替公司进行储备，储备量为 65 天。同时，石油公司的义务储备相应降低（炼油商为 25 天，进口商无要求）。此后的 1987 年和 1998 年，《石油及石油制品储备法》被修改，石油储备联盟（EBV）的储备量分别增加到 80 天和 90 天，炼油商的义务储备量分别下降到 15 天和 0 天。[1]

4. 政府退出石油储备阶段

1998 年到 2000 年间，德国的石油储备体系可以概括为，以 EVB 石油储备为主，政府战略储备和企业商业储备为辅的多层次储备体系，但该储备体系到 2000 年被打破。2000 年的时候，德国政府认为 EVB 已承担起国家石油储备任务，决定不再保留政府石油储备，并将其储备的 700 万吨石油售出。随着 EVB 储备的完善，在德国的战略石油储备中，企业和政府先后退出，不再承担战略储备义务。截至 2008 年 11 月，德国的石油储备为 121 天的净进口量，其中战略储备 91 天，商业储备 30 天。[2]

德国的石油储备制度经过 40 多年的发展形成以下局面：（1）

---

[1]   马冰、刘伟：《德国的石油需求与石油储备简介》，载《国土资源情报》2002 年第 1 期。

[2]   IEA, *Closing Oil Stock Levels in Days of Net Imports-Germany*, available at http://www.iea.org/explanationstocks.asp? country_name = Germany.

德国石油储备联盟承担国家法定石油储备任务，并以占德国石油储备总额四分之三的储备成为德国石油储备的主力。（2）企业根据自身需要和能力，建立生产和商业性石油储备。特别是未参加石油储备联盟（EBV）的石化企业和燃油发电厂普遍拥有自己的原油和成品油库存。（3）政府不直接进行石油储备，而是通过立法和制定政策对全国的石油储备进行调控。①

（二）相关立法

1965 年，西德颁布《石油制品最低储量法》。该法按照市场调节为主、政府干预为辅的原则，要求所有从事石油及石油制品进口和生产的企业，必须拥有"应对石油供应短期中断"的储备。1970 年，德政府决定建立一千万吨"政府石油储备"，委托德工业管理公司管理。1974 年 12 月德国制定《能源安全保障法》，规定石油危机期间政府和石油工业之间应加强合作，并规定了具体的合作规则，还规定危机期间政府有权对石油生产、运输、储备、贸易和分配等进行干预。1978 年，德国颁布《石油及石油制品储备法》，决定成立具有法人地位的"石油储备联盟（EVB）"，并责其建立可满足德 65 天成品油（汽油、中间馏分油及燃料油）消费的储备。法律同时规定德国所有石油及成品油进口贸易公司和炼油厂，均须成为 EVB 的会员，并在完成联盟义务的同时，建立相当于 25 天进口或加工数量的企业储备。1981 年，德国颁布《发电厂储备规定》，要求各燃油发电厂必须拥有能满足 30 天正常发电的燃油储备。1987 年，德国修改《石油及石油制品储备法》，将石油储备联盟（EBV）的义务储备标准由 65 天提高到 80 天，并将石油及成品油进口贸易公司和炼油厂的义务储备标准由 25 天降至 15 天。1998 年，德国再次修改《石油及石油制品储备法》，决定由石油储备联盟（EBV）承担国家法定石油储备，并将其义务储备标准由 80 天提高到 90 天，同时取消企业的法定储备义务。2000 年，德国政府鉴于 EVB 已承担国家石油储备任务，将其储备的 700 万吨石

---

① 中华人民共和国驻德国大使馆：《德国如何进行石油储备》，http：// www. mfa. gov. cn/chn/ziliao/wzzt/jjywj/t169212. htm，2010 年 9 月 3 日访问。

油售出，不再保留政府石油储备。①

（三）储备规模和模式

2000 年以前，德国的石油储备体系由政府战略储备、石油储备联盟储备和企业储备三部分组成，三者的储备比例为 57 ∶ 17 ∶ 26。政府战略储备由联邦财政支付，承担 17 天的储量，由 20 世纪 90 年代成立的 IVG 公司负责管理。石油储备联盟（EBV）由大型炼油企业、石油进口、销售公司和使用石油发电厂组成，承担国家法定的石油储备义务，其储备量为前 3 年（或上一年）日平均进口和炼油量的 90 倍，即保证德国 90 天的成品油供应需求。储备品种为汽油、中间馏分油和重油（燃油）。其中成品油和原油各占一半。另外，按照 1981 年生效的《发电厂储备规定》，各燃油发电厂必须拥有能满足 30 天正常发电的燃油储备。1998 年，德国再次修改《石油及石油制品储备法》，取消企业的法定储备义务——各石油及成品油进口贸易公司和炼油厂的法定储备义务（15 天）的规定。但炼油企业、石化公司根据自身需要和实力，均建立了各自生产性和商业性石油储备，这些储备不属于德国石油战略储备范畴，企业可以根据经营需要自行动用。② 2000 年，德国政府将其储备的 700 万吨石油售出，企业和政府先后退出战略石油储备体系。

目前，德国的石油储备体系已成为石油储备联盟（EVB）主导、企业商业储备为辅助的储备模式。EVB 根据联邦政府的指令投放石油，运营资金主要来源于银行贷款和联盟会员缴纳的会费。

（四）石油储备联盟（EBV）的管理和运营

1. 组织机构

石油储备联盟（EBV）组织机构为会员大会、监事会、理事会和常设委员会。（1）会员大会。根据《石油及石油制品储备法》的规定，所有炼油商、石油进口商、石油销售公司和以石油发电的

---

① 陈德胜、雷家骕：《法、德、美、日四国的战略石油储备制度比较与中国借鉴》，载《太平洋学报》2006 年第 2 期。

② 田晓耕：《借鉴国际经验建立我国石油储备体系研究》，载《辽宁工学院学报》2007 年第 4 期。

电力公司是 EBV 的法定会员。2003 年，EBV 拥有会员企业 115 个。会员大会的法定任务是，制定和修改联盟章程，推举监事会中的企业界代表，确定理事会成员，制定和修改会费，选举审计人员。大会每年举行一次全会。如有超过 10 名会员或 15 张表决票请求，也可随时举行特别会议。（2）监事会。监事会由 9 名成员组成，其中，官方代表 3 名，分别由联邦经济技术部长、联邦财政部长和联邦参议院指派；炼油厂和进口贸易公司代表各 3 名，由会员大会选举产生。监事会以多数通过方式从 6 名企业界代表中选出监事会主席、副主席。监事会的法定任务是，确定储备的采购和签约，确定会费和预算，决定超额油出售收入的使用，任命和解除理事会成员，监督理事会工作并在理事会出现意见分歧时进行裁决，任命常设委员会成员，商议有关联盟的重大问题。监事会会议由主席召集，如有两名以上成员或理事会要求须及时开会。（3）理事会。理事会的法定任务是负责联盟的日常工作及其他没有明确分工的重要事务。理事会由 2 名地位平等的理事组成，任期 5 年。理事会下辖储备部、质量与技术部、财务部、法规与会费部、监察部和经营部，现有 30 名专职工作人员。（4）常设委员会。石油储备联盟（EBV）设有储备、条法、贷款和预算与会费 4 个常设委员会，负责向监事会和理事会提供咨询。其成员由监事会从会员中选拔任命。官方代表可参加委员会会议。①

2. 资金来源

石油储备联盟（EBV）的资金来源主要由银行贷款、会费和超额油出售收入组成。（1）银行贷款。银行贷款主要用于购买原油、成品油和建造储备设施。1978 年石油储备联盟（EBV）成立时获 25 亿欧元银行贷款，迄今累计银行贷款 36.8 亿欧元。石油储备联盟（EBV）不需偿还这些银行贷款，但需支付贷款利息。在 EBV 因国家法律修改而解散的情况下，其债务由政府承担。（2）会费。联盟的流动资金主要依靠会员交纳的会费。会员须在每月底

---

① 中华人民共和国驻德国大使馆：《德国如何进行石油储备》，http://www.mfa.gov.cn/chn/ziliao/wzzt/jjywj/t169212.htm，2010 年 9 月 3 日访问。

前向协会申报本月进口或生产的数量和品种，并于下月底前缴纳相应的会费。会费标准的制定和修改由会员大会决定后经联邦经济技术部长与财政部长批准。德国法律允许石油储备联盟（EBV）会员将其缴纳的会费纳入石油商品售价转由消费者承担。现行会费收费标准平均每升 5 欧分，具体为：每吨汽油 6.13 欧元；每吨中间馏分油 4.62 欧元；每吨重油 4.1 欧元。逾期交费需支付比欧洲央行借贷利率高 3％的滞纳金。石油储备联盟（EBV）现有会员企业115 个，年会费收入约 5 亿欧元，主要用于支付银行贷款利息、委托储备费用和 EBV 日常开支。德国法律允许石油储备联盟（EBV）会员将其缴纳的会费纳入石油商品售价，只需在发票上注明"此价格含法定储备费用"，并列出具体数目，各销售环节均按此开具发票。因此，石油储备联盟（EBV）会员缴纳的会费实际上由最终消费者承担。（3）超额油出售收入。虽然德国法律禁止石油储备联盟（EBV）从事石油投机买卖活动，但允许其出售超过储备义务标准 105％以上部分，出售收入归其支配。前提是不能干扰石油市场，可以市场价但不能低于平均进货价出售。此外，石油储备联盟（EBV）在购买储备油和出售超额油时可免交"石油税"和"增值税"。

3. 储备投放

德国战略石油储备投放须由联邦经济技术部下达指令，投放的前提是：能源供应受到直接威胁；国内出现能源供应短缺；履行欧盟和国际能源署（IEA）的义务。如果投放期超过半年，须经联邦参议院批准。石油储备联盟（EBV）投放的战略储备根据会员缴纳会费比例进行分配，不竞价销售。[①]

五、法国的能源储备法律制度

在法国的能源结构中，尽管石油的比重从 1973 年的 71％下降到 2004 年的 36％，但 2006 年法国日均消费石油 197 万桶，其中进

---

① 中国驻德国汉堡总领事馆经商室：《德国能源政策和石油战略储备机制》，载《中国贸易报》2005 年 4 月 5 日第 8 版。

口 157 万桶，约 80% 的石油来自于进口。2004 年法国消费 1.6 兆立方英尺（Tcf）的天然气，其中 95% 以上来自进口。① 因此，能源储备法律制度对于保障法国的能源供应安全和经济社会发展非常重要。

（一）能源储备的建立与发展

法国是最早建立石油储备的国家，其石油储备以成品油为主、原油为辅。第一次世界大战大大消耗了法国的财力，同时也使法国政府认识到石油作为战略物资的重要性。1923 年，法国政府发布政令要求经营石油产品的企业必须拥有最低限额的石油储备。石油储备的概念，以及国家依靠法律手段建立起来的石油储备制度也由此产生。1925 年 1 月 10 日，法国议会通过法案，成立"国家液体燃料署"，管理石油储备。最初，其目的是满足军队燃料需求。但随着石油储备应用范围不断扩大，储备石油目的随之发生变化，由应付战争变成避免能源短缺冲击经济发展。20 世纪 60 年代，法国率先实行的石油储备政策逐渐被欧洲乃至世界其他国家仿效。1968年，欧共体通过指令开始建立强制性集体石油储备体系。1988 年"安全储备管理有限责任公司"（SAGESS）成立，它负责维持和管理大部分法国战略石油储备。1992 年法国加入国际能源署，开始履行作为 IEA 的成员国的石油储备义务。1992 年 12 月 31 日，法国政府颁布 92-1443 法令，要求在政府的监管下按照市场规则建立低价高效的新储备体系。1993 年 1 月，法国政府颁布法令，决定建立法国"石油战略储备行业委员会"（CPSSP），由其代表政府负责制定储备政策以及战略石油储备的运作。CPSSP 并不具体运行和管理石油储备站点，而是委托 SAGESS 和石油公司运作管理。1998 年 CPSSP 管理和支配 950 万吨战略石油储备，占全国储备义务的 58%。据 IEA 统计，到 2004 年法国的石油储备为 2227.1 万

① U. S. A Energy Information Administration（EIA）: France Energy Data, Statistics and Analysis, available at http: //www. eia. doe. gov/emeu/cabs/ France / Background. html.

吨，其中成品油储备为 1325.2 万吨，原油 901.9 万吨。① 截至 2008 年 11 月，法国的石油储备为 104 天的净进口量，其中战略储备 62 天，商业储备 42 天。②

（二）相关立法

1925 年 1 月 10 日法国议会通过《石油法》，该法明确规定，所有持有进口原油、石油副产品和渣油批发经营许可证的经营者都有义务建立相当于最近 12 个月消费量 1/4 的储备。1975 年，法国又要求所有的进口商维持相当于上一年国内销售量 25% 的储备量，这就是被广泛参照的 "90 天要求"。③ 1992 年 12 月 31 日，法国政府颁布 92-1443 法令，要求在政府的监管下按照市场规则建立以石油运营公司为基础的低价高效的新储备体系。1993 年 1 月 29 日，法国政府颁布第 93-132 号法令，决定建立石油战略储备行业委员会（CPSSP），由其代表政府负责制定储备政策以及战略石油储备的运作，向石油公司征收建立和维护石油储备的费用等，并代理一部分企业的石油储备任务。该法令明确规定在法国本土的石油战略储备数量为前一年销售总量的 27%，约相当于全国 98 天的消费量；海外省、海外领地和地方行政区，战略储备的数量为前一年销售总量的 20%，约相当于 73 天的石油消费量。1993 年 3 月和 12 月，法国又颁布新的法令，规定经营者必须建立和保持相当于上年原油和成品油销售量 26% 的石油储备，约合 95 天的消费量。在法国，有关战略石油储备数量不是以法律的形式而是通过法令的形式加以规定，目的是使规定具有一定的灵活性。④

---

① 中华人民共和国外交部欧洲司：《法国的石油战略储备》，http://www.mfa.gov.cn/chn/ziliao/wzzt/jjywj/t169212.htm，2013 年 4 月 10 日访问。

② IEA, *Closing Oil Stock Levels in Days of Net Imports-France*, available at http://www.iea.org/explanationstocks.asp? country_name=France.

③ 张绍飞、瞿国华、吴有君：《石油储备需立法护航》，载《中国石油》2001 年第 11 期。

④ 陈德胜、雷家骕：《法、德、美、日四国的战略石油储备制度比较与中国借鉴》，载《太平洋学报》2006 年第 2 期。

（三）储备模式

与美、日两国的战略储备以原油为主不同，法国以储备成品油为主、原油为辅。成品油主要包括车用汽油和航空煤油、柴油、家用燃油及照明煤油、喷气发动机燃油和重油。在法属圭亚那和留尼汪岛，法国则储备液化石油气。

法国的石油战略储备由国家、专门机构和石油生产经营者三家共同参与管理并承担费用。石油战略储备行业委员会（CPSSP），负责制定石油储备的各项具体政策，确定安全储备管理有限责任公司（SAGESS）的采购和销售计划。建立石油储备库和购买储备的经费由国家财政负担并绝对控制。SAGESS是特许经营机构，是行业委员会的服务商，其主要任务是根据法律承担战略储备义务。几乎所有的石油生产和经营企业都是其股东。安全储备管理有限责任公司（SAGESS）按照行业委员会的要求购入原油或成品油用作储备，其储备的数量约占法国全国石油战略储备的60%。根据企业的选择，行业委员会承担油价的54%或80%，并向有关用油企业收取存储费用，其余部分由石油生产和经营企业承担。每年年底，SAGESS须向"燃料存储部际委员会"（CIDH）提交其下一年度战略储备布点计划，由委员会负责审批。负责储备的公司免征石油产品内部消费税。战略储备的数量（成品油）为前一年销售总量的27%。对于海外省、海外领地和地方行政区，战略储备的数量为前一年销售总量的20%。① 事实上，法国一半以上（56%或81%）的石油储备由CPSSP通过特许经营承担。其余的储备为石油经营者进行的所有权储备或使用权储备，其中一部分（10%）储备可在法国本土以外，通过政府间协议的方式进行。代表石油经营者的石油战略储备行业委员会（CPSSP）将部分石油储备的义务委托给安全储备管理有限责任公司（SAGESS）完成，其余的由经营者以票据储备的形式完成。

---

① 中华人民共和国外交部欧洲司：《法国的石油战略储备》，http://www.mfa.gov.cn/chn/ziliao/wzzt/jjywj/t169212.htm，2013年4月10日访问。

（四）运作机制

1988 年成立的 SAGESS，起初是一个联合储备公司，它的唯一任务就是维护和管理国家的部分战略石油储备。它所扮演的角色被 1993 年成立的石油战略储备行业委员会（CPSSP）所取代。目前，安全储备管理有限责任公司（SAGESS）是一个在政府和石油战略储备行业委员会（CPSSP）的严格监管下，负责完成公共任务的私有有限责任公司，它持有和维护法国的部分战略石油储备。建立安全储备管理有限责任公司（SAGESS）的主要目的是推动市场的公平竞争，减轻经营者资产负债表中强制性储备的负担，改善紧急状况下的供应安全和储备的区域分布。

1993 年成立的石油战略储备行业委员会（CPSSP）是一个为国家经济发展服务的行业委员会，它通过 SAGESS 的活动建立和维持国家的战略石油储备。根据法律，石油战略储备行业委员会（CPSSP）的主要任务是：确定 SAGESS 的采购计划；决定支付给经营者的票据费用；决定经营者需要支付的其他费用；管理储备的释放程序和决定安全储备管理有限责任公司（SAGESS）储备的销售计划。石油战略储备行业委员会（CPSSP）将部分石油储备的义务委托给 SAGESS 完成，其余的由经营者以票据储备的形式完成。①

SAGESS 在石油战略储备行业委员会（CPSSP）的批准下完成管理国家储备的任务，国家和石油战略储备行业委员会（CPSSP）对安全储备管理有限责任公司（SAGESS）实行严格监督和控制。SAGESS 代表 CPSSP 负责每天的管理和经营任务，在 CPSSP 的要求下购买储备石油，并且只能在石油战略储备行业委员会（CPSSP）允许或国家的要求下卖出石油。SAGESS 的任务是：执行 CPSSP 的决定，决定石油购买的期限和时间，制定公司的存储政策（支付租金等），制定公司的财政政策和建立公司的预算等。安全储备管

---

① Didier Houssin, *Emergency Stock Holding and Oil Stocks in France*, pp. 12-13, Proceedings of Seminar on Oil Stocks and Emergency Response At Beijing 2002.

理有限责任公司（SAGESS）的运营费和管理费等全部由石油战略储备行业委员会（CPSSP）向法国石油经营者征收的费用支付。

在法国，生态、可持续发展和城乡规划部（MESTCP）负责能源相关事务，MESTCP下属的工业与原材料总局（DGEMP）负责制定和执行政府在能源与原材料方面的政策，DGEMP下属的能源与矿产资源局（DIREM）负责能源供应安全，监管战略储备和处理供应危机。为了保证石油储备在法国领土上的平衡分布，法律规定行政管理部门在征得石油战略储备行业委员会（CPSSP）的同意后，负责批准石油储备的具体位置。石油储备必须在保持总量不变的条件下进行永久保存，能源与矿产资源局（DIREM）决定总量的改变，以及储备的分配和允许的储备金额。战略储备石油可以储备在专用仓库里，也可以使用分配石油的仓库或炼油厂所属的仓库等，以便于质量循环。

（五）监管措施

法国政府根据法令对战略储备石油实行永久监控，主要监管措施包括两个方面的内容：一方面是对有关文件资料（经营者每月需向能源与矿产资源局和石油战略储备行业委员会递交储备申报材料和海关申报等）进行审查；另一方面是通过能源与矿产资源局和海关委派的工作人员进行实地监控。能源与矿产资源局（DIREM）确定需要进行监控的公司名单，并将名单连同获准进行战略储备的仓库名单一并转送海关。然后，海关工作人员在不做预先通知的情况下（因为储备应该是永久性的），选择某一天对公司的账目和拥有的储备进行检查。最后，海关工作人员向能源与矿产资源局（DIREM）递交储备清单。能源与矿产资源局（DIREM）指定人员起草每个被检查公司的情况备忘录。如果在监控过程中发现违规情况，无论是在月度申报中发现违规，还是实地监控时发现违规，主管燃料的部长将向有关公司发出正式的违规通知。违规公司可以在1个月内对自己的违规行为提交书面理由，主管部长在了解了违规公司的证据，并征询燃料存储部际委员会（CIDH）的意见后，建议经济处罚的水平，并勒令违规公司向海关交付罚款。

欧盟68/414/CEE号法令修正案指出：对于违规的处罚应该有

效、按比例并具有威慑力。这与法国法律的规定是一致的。根据法国法律，处罚因具有切实的威慑作用，处罚的最高额相当于短缺储备金额的 50 倍，具体处罚金额的高低视违规的严重程度（储备短缺的多少、申报错误或再次违规等）而定。此外，1992 年 1443 号法律明确规定，当前法律条款不适用于国防部长负责执行的行动，也就是说，军队的储备和监控不在 1992 年法律的管辖之内。①

　　法国对于石油战略储备的立法和有效的管理方式，以及法国境内战略储备的平衡分布，增强了储备的有效性，不仅为法国消除因传统的供应管道缺乏或堵塞所造成的、并日趋严重的地区紧张做出了很大的贡献，同时也大大增强了法国应对国际能源变化的能力。

六、澳大利亚的能源储备法律制度

　　澳大利亚煤炭和天然气资源丰富，是亚太地区重要的能源生产和出口国。2004 年澳大利亚煤炭出口量占全球出口总量的 29%，是世界上最大的煤炭净出口国；2005 年澳大利亚成为世界上第五大天然气出口国。相对于煤炭和天然气，澳大利亚的石油储量并不丰富。2006 年，澳大利亚石油消费的 42% 来自进口。2010 年其石油进口依赖度达 80%。② 随着石油消费的增长和石油产量的降低，澳大利亚面临着越来越依赖石油进口的趋势。

　　考虑到能源对外依存度比较低和战略能源储备的高额成本，澳大利亚政府目前还没有建立战略石油储备，它一般也不直接干预能源供应的短缺。澳大利亚政府注重通过提高能源效率、鼓励能源开发、发展和使用替代性交通能源和可再生能源来减少石油的依赖。不过，随着澳大利亚对外石油依赖程度的提高，国内要求建立国家

---

　　① 中华人民共和国驻法兰西共和国大使馆经济商务参赞处：《法国的石油市场和战略储备概况》，http：//fr. mofcom. gov. cn/aarticle/ztdy/200402/20040200176565. html，2013 年 4 月 10 日访问。

　　② U. S. A Energy Information Administration（EIA），*Australia Energy Data, Statistics and Analysis*，available at http：//www. eia. doe. gov/emeu/cabs/ Australia / Background. html.

战略石油储备的呼声越来越高。① 目前，澳大利亚既没有政府储
备，也不给石油公司设定最低储备标准。澳大利亚政府依靠国内石
油工业通常的储备习惯，来履行作为 IEA 成员国 90 天净进口量的
储备义务。② 根据《液体燃料紧急事态法》的规定，石油公司必须
每月向澳大利亚石油统计办公室报告储备水平，如有必要还需更频
繁的报告，否则将受到处罚。2000 年、2005 年、2006 年、2008
年，澳大利亚石油储备分别相当于 209 天、109 天、107 天、102 天
的净进口量。③

七、巴西的能源储备法律制度

增加石油产量、实现能源利用的多元化、加强地区间能源合
作，确保国家能源的安全，是巴西政府一直以来的能源战略。巴西
《石油法》对国家能源储备和安全问题做出了安排。该法规定国家
能源政策委员会维护国家能源安全的职责有：（1）根据已经制定
的能源政策原则，促进合理使用国家能源资源；（2）根据各地的
特征向国会提交建立补贴的特别措施，以保证偏远地区的能源供
给。（3）定期检查对全国各地区能源供应情况，重视常规能源和
替代能源及必要技术；（4）制定进出口指令（directives），以满足
地方对石油天然气及其产品的需要和确保国家燃料储备系统
（SINEC，the National System for Fuel Reserves）的正常运行，并履
行年度战略燃料储备计划；（5）建议采纳各种措施确保国家电力
供应等。

巴西《石油法》规定国家石油管理局维护国家能源安全的职
责有：（1）采取有效的措施保存和合理利用石油天然气及其成品，

---

① 中华人民共和国外交部驻墨尔本总领事馆经商室：《澳建立国家石油战
略储备的呼声再起》，http：//melbourne. mofcom. gov. cn/aarticle/ztdy/200708/
20070805010235. html，2013 年 4 月 10 日访问。

② IEA, *Closing Oil Stock Levels in Days of Net Imports – Australia*, available at
http：//www. iea. org/explanationstocks. asp? country_name＝Australia，2010 年 9 月 3
日访问。

③ IEA, *Oil Supply Security-Emergency Response of IEA Countries*, pp. 55-60.

保护环境；（2）整理和收集有关国内石油天然气的数据；（3）按
1991年2月8日第8176号法令，对全国燃料油储备系统的运转情
况和执行燃料油年度战略储备计划情况进行监督检查；（4）与其
他能源管理部门加强相互沟通协作，特别是加强对全国能源委员会
的技术支持等。

大力发展生物能源，增加天然气的使用，加快核电的发展，是
巴西实现能源利用多元化，确保能源安全的具体措施。加强同世界
各国在能源勘探开放和能源技术方面的交流与合作，重视地区内在
石油、天然气和水电方面的合作，是巴西政府保障本国能源安全的
另一途径。

八、能源储备法律制度比较分析

经过几十年的建设和发展，美、欧、日、德、法等发达国家和
地区已建立起比较完善的能源储备法律制度，其能源储备制度的发
展和完善既有共性又各具特色。

（一）能源储备制度及其建立和发展上的共性

1. 能源对外依存度高

美、欧、日、德、法的能源对外依存度都超过50%，日本和
德国的石油对外依存度更是超过90%。过高的能源对外依存度使
这些国家的经济社会极易受能源供应中断的冲击，两次石油危机就
是很好的例证。能源储备制度是缓解能源供应中断最有效的方法，
因此，在能源危机后这些国家的能源储备制度迅速发展和完善。与
此相反，澳大利亚因为对外能源依存度低，政府对建立战略能源储
备不是很积极，目前仍然没有战略能源储备制度。澳大利亚政府主
要通过市场的手段调节能源的供需平衡，企业自愿进行能源储备，
政府很少直接干预能源市场。

2. 应对能源供应中断为主，调节能源市场为辅

上述国家和地区建立能源储备制度最初的出发点是为了防范能
源供应中断、确保能源供应安全，但随着能源储备制度的发展，其
具备了调节能源市场价格的功能。不过各国政府都严格限制动用战
略能源储备影响能源价格。

3. 能源储备以石油产品储备为主

能源储备包括能源产品储备和能源资源储备。上述国家和地区无论是能源产品的储备，还是能源资源的储备都是以石油为主，而石油的储备又以石油产品为主。这是因为石油产品储备相对于石油资源储备能够及时地投放到能源市场上去，在应对突发的能源供应中断具有时间和效率上的优势；而石油产品储备相对于石油气和天然气的储备则储存和维护的费用要低很多（燃气储备的成本是石油储备的五倍），具有成本上的优势。①

4. 在法律的规范下建立和发展

纵观上述国家和地区能源储备制度，无不是在法律的推动和规范下建立和发展，而且一般都有能源储备方面的专门立法，如美国的《能源政策与储备法》、欧盟的"强制成员国承担维持最低原油和/或石油产品储备义务"、日本的《石油储备法》和德国的《石油及石油制品储备法》等。无论是储备主体和储备模式的确定，还是储备目标和储备品种的设定，还是储备资金的筹措和储备机制的运行，都是在相关法律的规范下一步步地发展和完善起来的。可以说，法律的规范和指导作用，贯穿于上述国家和地区能源储备制度建立和发展的各个阶段，涵盖能源储备制度建立和运转的各个方面。

5. 注重国际合作与协调

能源储备制度本是一国的内部制度，但能源储备制度的建立和运行无不受国际因素的影响；且对于对外能源依存度很高的国家来说，单独应对能源危机的力量往往有限。IEA 即是出于这样的原因建立。上述国家的能源储备制度是在 IEA 的框架下建立起来的，IEA 已成为它们应对能源危机的国际合作的基础。作为欧盟成员国的德国和法国，还必须按照欧盟的规定履行相应的能源储备、信息沟通和措施协调等义务。此外，上述国家和地区，还通过加强与能源过境国和供给国的合作，确保本国和本地区能源储备制度的正常

---

① Commission of the European Communities，*An EU Energy Security and Solidarity Action Plan*，p. 11.

运转。

（二）能源储备制度及其建立和发展上的差异

由于美、日、德、法等国在能源资源禀赋、能源市场环境和能源运输加工能力等方面的不同国情，其能源储备制度的发展和完善具有不同的特点。

1. 储备模式各异

各国能源储备的主体一般包括政府、机构和企业三类，根据这三类主体在能源储备中所起作用的不同可以划分不同的能源储备模式。美国采取战略储备与商业储备相分离的模式，企业没有强制性的储备义务。美国的战略储备采取政府决策、政府所有和市场化运作的模式，在整个储备体系中政府起主导作用。日本的石油储备体系由政府石油储备、企业法定储备和企业商业储备三部分组成，但法律并不要求企业的法定储备和商业储备分开储存。日本战略石油储备模式可概括为政府主导，企业分散储备，在整个储备体系中政府起主导作用。目前，德国政府已退出了石油储备体系，企业也没有强制性的储备义务，石油储备体系已成为专门机构主导、企业商业储备为辅助的储备模式。法国的石油储备体系由政府储备、专门机构储备和企业储备三部分组成，政府全部和企业大部分的战略储备义务委托给专门机构——SAGESS履行。可以说，法国的石油储备体系也是机构储备主导、企业商业储备为辅助的储备模式。

2. 管理体制各具特色

石油储备管理机构的设置对于石油储备体系的有效运行至关重要，各国都建立了符合自身特点的储备管理体制。美国的战略储备管理体制分为三个层次：能源部，负责战略石油储备整体的监管（具体由战略石油储备办公室负责）；项目管理办公室，负责战略石油储备办公室与民间公司签订管理和运行合同；储存站点办公室，负责四个储备场所的监管（具体委托民间机构管理四个储备场所的日常运行）。日本的战略石油储备管理体制也分为三个层次：经济产业省资源能源厅，是日本战略石油储备的决策和监管层；日本石油燃气和金属矿产国家机构（JOGMEC），是日本战略石油储备的执行层；私有储备运营公司，具体运营管理石油储备基地。德国的战略石油储备管理体制比较有特色，只有二个层级：联邦经济技术部和石油储备联盟（EVB）。德国联邦经济技术部负责决策和对 EVB 的监管；EVB 则承担了德国全部的战略石油储备义务，包括：资金筹措，储备石油的购买，储备设施的建设、租赁和运行。法国的战略石油储备管理体制可以分为三个层次：生态、可持续发展和城乡规划部（MESTCP）下属的能源与矿产资源局，负责储备总量的改变以及储备的分配和允许的储备金额；石油战略储备行业委员会（CPSSP），它根据授权负责制定石油储备的各项具体政策，确定安全储备管理有限责任公司（SAGESS）的采购和销售计划；SAGESS 根据 CPSSP 的委托维护和管理国家的部分战略石油储备（其他部分的战略石油储备由企业负责）。可见，各国战略石油管理体制一般分为三个层级，即决策管理层、执行层和操作层（德国实际上是 EVB 扮演了执行层和操作层的双重角色）。

3. 储备的种类、规模和布局各不相同

美国拥有世界上最大规模的战略石油储备，储备的都是原油，且集中在墨西哥湾的地下盐腔里。这与美国巨大的石油进口量、墨西哥湾地区靠近油港并拥有炼油中心、输油管线及众多的盐腔密切相关。日本的战略石油储备量仅次于美国，政府储备都是原油，企业储备中原油和成品油各占一半，分散储存在沿海的地面油罐、半地下油库、海上油船和油罐、地下岩洞油库里。德国 EVB 的储备包括 45% 的原油和 55% 的成品油，且 60% 集中于北部平原的地下盐腔内，另外 40% 则分散储备在全国各地的储油罐里。① 法国的战略石油储备以成品油为主、原油为辅，储备分散在境内 7 个防务区内，每个区内的汽油和中间分馏油分别不能低于 10 天和 15 天的消费量。② 虽然上述各国战略石油储备的种类、规模和布局各不相同，但都注重因地制宜，与本国的炼油能力、地理地质条件和石油

---

① IEA, *Closing Oil Stock Levels in Days of Net Imports-Germany*, available at http：//www. iea. org/explanationstocks. asp？country_name = Germany.

② IEA, *Closing Oil Stock Levels in Days of Net Imports-France*, available at http：//www. iea. org/explanationstocks. asp？country_name = France.

工业布局紧密联系；都遵循储备费用最低、储备安全可靠和储存分配运输条件最方便的原则。

　　4. 资金筹措渠道各异

　　美国的战略石油储备，从储备库建设、石油采购到日常运行管理费用均由联邦财政支付。企业的商业石油储备费用由自己解决，政府有时也通过免除石油进口关税和进口许可费等政策来鼓励企业增加石油储备。巨额的储备费用已成为美国政府一项沉重的财政负担。为减轻石油储备财政负担，美国政府正在探索战略石油储备商业化道路。日本石油储备体系的资金筹措方式是：设立石油专门账户征收石油税，主要用于政府储备；通过政府和信贷部门筹集公共基金，对企业石油储备给予财政投资和贷款支持；由国家石油储备的实施与管理机构对企业石油储备提供低息贷款、资本投资或建设投资；编制国家石油储备特别预算。EVB 承担了德国全部的战略石油储备义务，其资金来源主要由银行贷款、会费和超额油出售收入组成。法国政府石油储备的经费由国家财政负担，SAGESS 的运营费和管理费等全部由 CPSSP 向法国石油经营者征收的费用支付，企业自己承担履行法定储备义务的费用。由于石油储备的巨额费用，各国政府资金筹措渠道都多样化。资金筹措的基本原则是：一方面不能让政府背上过重的财政负担；另一方面又不能让企业承担过多的费用。如何优化政府资金和企业资金在石油储备费用上的比例，以提高企业储备的积极性，是各国政府一直在探索解决的问题。

第三节　外国能源储备法律制度对中国的启示

　　比较外国能源储备法律制度的目的，是为完善我国能源储备法律制度提供参考和借鉴。从分析我国能源储备法律制度的现状出发，在比较分析美国、欧盟、日本、德国、法国和澳大利亚等国家和地区能源储备法律制度的基础上，我们认为可以从完善能源战略与规划、加强能源储备立法、构建高效的能源储备管理体制、选择合适的能源储备模式、开拓多元化的资金筹集渠道和拓展全方位的能源国际合作等方面，完善我国的能源储备与应急法律制度。

一、完善能源战略与规划

能源战略从宏观上明确一国能源发展的总体方向，能源规划则是实施一国能源战略的阶段性行动方案。能源战略与规划是否科学合理，直接关系到一国未来能源发展的好坏和社会经济发展的成败。因此，各国和地区都非常重视能源战略与规划的制定。

美国《能源政策法》（2005）开篇就将"安全、价优（affordable）和稳定"作为其能源发展战略。2006 年欧盟《可持续、竞争和安全的欧洲能源战略》绿皮书，将确保能源供给安全，提高能源国际竞争力和发展可持续能源作为其能源战略。2006 年日本《新国家能源战略》提出了日本今后 25 年的能源战略目标：确立国民可以信赖的能源安全保障；为经济的可持续发展奠定基础，一体化解决能源问题和环境问题；为解决亚洲和世界能源问题做出积极贡献。2001 年 11 月德国发布《满足未来需求的可持续能源政策》报告，该报告明确提出德国的"3E"能源战略，即"能源安全"（energy security）、"经济效率"（economic efficiency）和"环境可持续"（environmental sustainability）。[1] 2003 年法国发布能源政策白皮书，规定其今后 30 年的新能源政策，并逐渐形成以保证能源供应安全、保证能源价格具有竞争力、促进可再生能源发展为基本目标的能源政策。2005 年法国颁布的《能源政策法》确定了其能源政策的三个重点：保障法国能源供应安全，限制国家能源消耗；保障能源价格竞争力，确保全民能源供应源；在治理气候变化中保护人的健康和良好的环境。2004 年 6 月澳大利亚政府公布了题为"保障澳大利亚能源之未来"的能源政策白皮书。该白皮书将"繁荣、安全和永续"作为澳大利亚能源政策的三大目标。[2] 此外，为

---

[1]　Energy Policies of IEA Countries：Germany 2007 Review，IEA／OECD Pairs，2007.

[2]　Australia Government：Securing Australia's Energy Future（the energy white paper），Preface，available at www. ap6. gov. au／assets／documents／ap6internet／Securing_Australias_Energy_Future20061121204111. pdf.

实现已确立的能源战略，上述国家和地区还制订了与之相应的行动计划（规划），如《欧盟的能源安全与合作行动计划》（2008）、日本的《源基本计划修改案》（2007）等。可见，美、欧、德、日等国家和地区都把"能源安全"放在能源战略的首要位置，并通过相应的行动计划（规划）保障能源战略的实施。

我国 2006 年制定的《国民经济和社会发展第十一个五年规划纲要》未提及"能源安全"，仅有一句（扩建和新建国家石油储备基地）与能源安全直接相关。2007 年的《能源发展"十一五"规划》把"贯彻落实节约优先、立足国内、多元发展、保护环境，加强国际互利合作的能源战略，努力构筑稳定、经济、清洁的能源体系，以能源的可持续发展支持我国经济社会可持续发展"作为我国能源工作的指导方针。2007 年 12 月，国务院新闻办发布的《中国的能源状况与政策》可以说是我国的能源政策白皮书。它明确了我国"节约发展、清洁发展和安全发展"的能源战略，并阐述了我国能源战略的基本内容：坚持节约优先、立足国内、多元发展、依靠科技、保护环境、加强国际互利合作，努力构筑稳定、经济、清洁、安全的能源供应体系，以能源的可持续发展支持经济社会的可持续发展。

国务院 2013 年 1 月 1 日正式发布的《能源发展"十二五"规划》提出能源发展的基本原则之一是"坚持立足国内。立足国内资源优势和发展基础，着力增强能源供给保障能力，完善能源储备应急体系，合理控制对外依存度，提高能源安全保障水平"。另外在"加强能源储运设施建设"中提出"加强能源储备和调峰设施建设，全面提升能源应急保障能力"。并提出"建立健全国际能源信息平台，开展国际能源储备和应急互助合作"。① 迅速增长的能源需求和不断提高的对外能源依存度，要求我国必须将能源安全作为未来能源战略的重点。因此，凸显能源安全战略的重要地位，并制定可行的保障措施和实施计划已成为完善我国能源战略与规划的必然要求。

---

① 国务院：《能源发展"十二五"规划》，2013 年 1 月 1 日发布。

根据国外的相关经验和我国的实际，可以从以下几个方面完善我国的能源战略与规划。首先，明确"能源安全"战略在整个能源战略中的首要位置。其次，通过能源规划明确"能源安全"战略的保障措施和实施计划。再次，将能源储备与应急作为"能源安全"保障措施和实施计划的重点。最后，能源储备与应急计划的制订，应将能源产品储备与能源资源储备相结合，以能源产品储备为主；石油产品储备与其他燃料产品储备相结合，以石油产品储备为主；能源储备与应急由政府、企业和公众共同参与，以政府为主导；能源储备同能源安全预警与应急相结合，以能源储备为基础。

此外，能源战略与规划的制定与落实，要与我国经济和社会发展需要及国内外能源发展趋势相结合，要与我国经济和社会发展的其他战略与规划相衔接，并定期进行评估与修订。

二、加强能源储备立法

能源储备制度化、法律化是实施能源战略与规划的保障。美、欧、日、德、法、澳等国家和地区，无不以各类法律规范保障其能源安全战略的落实，无不通过法律的手段推动其能源储备与应急制度的建立和发展。

美国涉及能源储备的法律主要有：1975年的《能源政策与储备法》、1977年的《能源部组织法》、1980年的《能源安全法》、2005年的《能源政策法》、1990年的《综合预算调节法》和1993年的《内政部和相关机构拨款法》等。欧盟（欧共体）涉及能源储备与应急的立法主要有：2006年的"强制成员国承担维持最低原油和/或石油产品储备义务"的2006/67/EC指令、2003年的"关于内部天燃气市场的共同规则"的2003/55/EC指令、2004年的"关于保障天然气供应安全的措施"的2004/67/EC指令等。日本涉及能源储备的法律主要有：1962年的《基本石油法》（已废止）、1967年的《石油公团法》（已废止）、1968年的《石油工业法》（已废止）、1973年的《石油供需优化法》和《稳定国民生活应急法》、1975年的《石油储备法》、2002年的《石油燃气和金属矿产国家机构法》和《日本能源政策基本法》等。德国涉及能源储备的法律主要有：1965 年的《石油制品最低储量法》、1974 年的《能源安全保障法》、1978 年的《石油及石油制品储备法》、1982 年的《电力供应保障法令》和《燃气供应保障法令》、2005 年修订的《能源工业法》等。法国涉及能源储备的法律主要有：1925 年的《石油法》和 1992 年颁布的 92-1443 法令、1993 年颁布的第 93-132 号法令、2005 年的《确定能源政策定位的能源政策法》等。澳大利亚有关能源储备的法律主要有：2006 年的《近海石油法》、2007 年修订的《液体燃料紧急事态法》等。上述国家和地区涉及能源储备与应急的法律、法令和指令，既有基本性的能源法、能源政策法，又有专门性的石油法、石油储备法、燃气工业保障法、能源紧急事态法，还有辅助性的预算法、组织法等。这些法律规范共同构成能源储备的法律体系，使上述国家和地区能源储备的各个方面都有相应的法律予以规范。

目前，我国既没有基本性的能源法，又没有专门性的能源储备法，更谈不上辅助性的配套法律规范。我国目前的能源安全形势和能源储备立法滞后的现状，决定了加强能源储备立法已势在必行。首先，应尽快推出能源基本法，在能源基本法中对能源储备做一般性的规定。规定的内容应当包括：能源储备管理体制、能源储备的动用程序、政府和企业在能源储备与应急当中各自的责任等。其次，在制定能源基本法的同时，应抓紧制定能源储备与应急方面的专门性法律。专门性的法律可以是能源安全法，也可以是能源储备法，专门性的能源储备立法对储备的目标、各管理机构的权责、储备的模式、权属、规模和布局、资金的来源与使用、企业和公众的义务等进行详细的规定。再次，根据能源储备的专门立法，制定相应的实施细则，以确保能源储备制度更具可行性和操作性。最后，在制定专门的石油天然气法和修订已有的能源法律过程中，要注意与能源储备立法的相互协调。

三、构建高效的能源储备管理体制

能源储备管理体制是能源储备制度的组织基础，无论是能源储备政策的制定、能源储备规划的实施，还是储备基地的建设、储备的补充和动用，都需相应机构履行其职责或进行监督管理。层级合理、分工明确、权责一致的能源储备管理体制，是能源储备制度有效运转，充分发挥能源安全阀作用的关键。

美、日、德、法等国家的能源储备管理体制一般分为三个层次，即决策管理层、执行层和操作层。在美国能源储备管理体制中，能源部为决策管理层（具体由战略石油储备办公室负责），项目管理办公室和储存站点办公室为执行层，运营储备场所的民间机构为操作层。日本的战略石油储备管理体制也分为三个层次：经济产业省为决策管理层（具体由资源能源厅负责石油战略储备事务），石油燃气和金属矿产国家机构（JOGMEC）为执行层，私有储备运营公司为操作层。法国的生态、可持续发展和城乡规划部（MESTCP）为决策管理层（具体由能源与矿产资源局负责石油战略储备事务），石油战略储备行业委员会（CPSSP）为执行层，安全储备管理有限责任公司（SAGESS）为操作层。德国的战略石油储备管理体制只有二个层级：联邦经济技术部为决策管理层，石油储备联盟（EVB）承担着执行层和操作层的双重职责。在能源储备管理体制中，决策管理层负责能源储备政策的制定，协调相关部门之间的关系，监管能源储备活动等；执行层负责能源储备基地建设和管理；操作层负责能源储备基地的日常运作。

在我国的能源管理体制中，发改委能源局及其石油储备办公室承担了能源储备决策管理层的职责；新成立的国家石油储备中心负责我国石油储备基地建设和管理，承担战略石油储备收储、轮换和动用任务，是我国石油储备管理体系中的执行层；已经建好或正在建设的镇海、舟山、黄岛、大连等石油储备基地或将成为我国能源储备管理体制中的操作层。可见，我国的能源储备管理体制的发展方向与美、日、法等国家能源储备管理体制类似。

在完善我国能源储备管理体制过程中，还需要注意以下事项：协调与财政部和国资委的关系，理顺战略储备出资人和管理人之间的关系；协调与国土资源部的关系，加强能源资源的储备；明确动用战略储备的决定权由谁掌握；能源储备基地从建设到运营完全由国有资本和公司负责，还是可以借鉴美、日等国家的经验引入私有资本和运营公司；地方政府能否建立自己的能源储备，其与国家能源储备关系如何。

四、选择合适的能源储备模式

合适的能源储备模式（包括储备的参与主体、储备种类、数量和布局等）一方面可以提高能源储备运转的效率，另一方面也可以节省政府在能源储备上投入的资金。美、日、德、法等国家都根据自身的能源资源禀赋、能源市场环境、能源运输加工能力和政府财政实力等因素，选择了适合本国的能源储备模式。

美国雄厚的经济实力使政府有能力承担全部的战略石油储备义务，能源企业和交通部门强大的精炼能力和运输能力使美国政府选择原油作为战略储备资源，美国墨西哥湾沿岸便利的储存和加工运输条件使美国的战略石油储备集中在该地区。日本的储备模式与美国类似。基于雄厚的经济实力和强大的精炼能力，日本政府承担绝大部分的战略石油储备义务，并且政府的石油储备都是原油。只不过，由于日本没有像美国墨西哥沿岸那样便利的储存条件，而将石油储备分散储存在沿海的地面油罐、半地下油库、海上油船和油罐、地下岩洞油库里。由于企业对强制性储备的反对和 EVB 的迅速发展，德国政府和企业逐渐不再承担战略储备的义务。EVB 石油储备的 45% 为原油、55% 为成品油，且 60% 集中于北部平原的地下盐腔内，另外 40% 则分散储备在全国各地的储油罐里。这样的储备种类和布局同样与德国的石油加工能力和地质地理条件紧密相关。法国的石油储备模式则介于日美模式和德国模式之间。法国政府承担战略储备义务，支付建立石油储备库和购买储备的经费，但其通过 CPSSP 将石油储备义务委托给 SAGESS 完成。法国企业的强制性储备义务通过支付储存费的方式委托 SAGESS 完成。法国的战略石油储备以成品油为主、原油为辅，储备分散在境内 7 个防务区内，这与法国的石油加工能力和地质地理条件相适应。

可以说，美国和日本是政府主导，市场化运作的储备模式；而德国和法国则是机构储备主导、企业储备为辅的储备模式。虽然美、日、德、法在战略石油储备的种类、规模和布局各不相同，但都注重因地制宜，与本国的炼油能力、地理地质条件和石油工业布局紧密联系；都遵循储备费用最低、储备安全可靠和储存分配运输条件最方便的原则。由于庞大战略石油储备所需巨额费用带来的财政压力，美国正试图减少政府的储备义务，进一步推进战略储备的市场化运作；日本则基于强烈的忧患意识和严重匮乏的国内能源资源，正试图增加其对战略石油储备的控制力。由于机构储备模式具有反应快、投资省等特点，德国的石油储备模式为欧盟所推崇。机构储备为主、企业储备为辅的储备模式，将成为未来各国石油储备模式的选择方向。

美、日、德、法四国建立和发展能源储备考虑的因素、遵循的原则和发展的趋势值得我国参考和借鉴。基于我国能源储备建设处于初步阶段，国家和能源企业的经济实力有限，地域辽阔、能源资源分布不均等因素，我们目前应采取政府主导，政府和企业共储的战略能源储备模式，将中央、地方和企业的储备权利和义务有机地结合起来，在中央统一监管下，实施谁储备谁优先使用的原则。我国能源企业精炼能力不强的现状，决定我国战略石油储备应采取成品油为主、原油为辅的储备比例。能源储备体系的建立是一个由小到大、循序渐进的过程，在补充能源储备的过程中要考虑政府和企业的财力、国际石油市场价格变动等因素。因此，我国能源储备体系的建设既要制订阶段性的发展目标，又要根据国内外能源形势的变化及时进行调整。我国的能源矿产主要分布在北方，而能源进口和消费主要集中在东南沿海和环渤海地区。能源资源的储备当然应当集中在能源产地，山西、东北和新疆应作为主要的能源资源储备基地。能源产品的储备则应当靠近能源消费地，东南沿海省份和环渤海地区应作为能源产品储备基地的所在地。能源储备基地的选址要考虑地质条件、能源基础设施和靠近能源加工中心等因素，采用地面罐储、地下洞储等灵活方式因地制宜地储备能源产品。

五、开拓多元化的资金筹集渠道

能源储备体系的建立和维护需要大量的资金，通过各种途径筹集足够的资金是能源储备制度正常运转的财力保证。美、日、德、法等国家根据各自的经济实力和能源储备模式采取不同的资金筹集方式。

美国的战略石油储备，从储备库建设、石油采购到日常运行管理费用均由联邦财政支付。企业的商业石油储备费用由自己解决，政府有时也通过免除石油进口关税和进口许可费等政策来鼓励企业增加石油储备。日本石油储备体系的资金筹措方式有：征收石油税用于政府储备；通过政府和信贷部门筹集公共基金，对企业石油储备给予财政投资和贷款支持；由国家石油储备的实施与管理机构对企业石油储备提供低息贷款、资本投资或建设投资等。德国战略石油储备的资金来源主要由银行贷款、EVB 的会费和超额油出售收入组成。法国政府石油储备的经费由国家财政负担，SAGESS 的运营费和管理费等全部由 CPSSP 向法国石油经营者征收的费用支付，企业自己承担履行法定储备义务的费用。由于石油储备的巨额费用，各国政府资金筹措渠道都多样化。

美国政府包揽战略石油储备费用的做法，使之面临巨大的财政压力，不利于能源储备的进一步发展。美国这种做法，我国不宜仿效。能源储备的目的在于维护能源安全，造福于全社会，其建设和维护费用由政府与企业、公众分担亦顺理成章。因此，我国应借鉴日本、德国和法国多元化资金筹措渠道的做法。结合我国的能源储备模式，我国战略储备资金应该以政府拨款为主，通过建立特别预算、从矿产资源税费和燃油税中提取一定比例、发行债券和向国际金融机构贷款等方式筹集。企业义务储备资金以企业出资为主，企业可将其费用的一定比例转嫁给消费者，同时政府给予低息贷款与加快折旧等优惠。企业的商业储备费用由自己负责，并不得转嫁给消费者。

六、拓展全方位的国际能源合作

能源安全问题是全球性问题，能源储备制度发挥能源安全阀作用需要国际合作。美、欧、日、德、法、澳等国家和地区都非常重视能源储备方面的合作。

美、日、德、法、澳都是 IEA 的成员国，欧洲委员会也是 IEA
的参与者。美国重视同加拿大和墨西哥两个邻国的合作，使阿拉斯
加的石油不断地运往美国西海岸，墨西哥的石油不断补充战略石油
储备。欧盟通过《欧洲睦邻关系政策》（ENP）及其行动计划、
《建立能源共同体条约》等方式，加强同周边国家、能源供应国、
能源过境国以及 IEA、OECD 和 UN 等国际组织的合作。日本则通
过参与 IEA 框架下的能源储备合作、积极推行能源多元化战略、
开拓海外能源市场等方式，确保本国的能源安全。德、法作为 EU
和 IEA 的成员国，既要根据 EU 的要求加强欧盟内部的能源储备合
作，又要履行作为 IEA 成员国的能源储备合作义务。澳大利亚也
通过 IEA 和 APEC 能源工作组等平台加强同主要能源消费国和亚太
地区国家的能源合作。

日益增大的对外能源依存度和正在建立能源储备制度的现状，
要求我国应当积极拓展全方位的国际能源合作，以提高在国际能源
领域的发言权。首先，应加强同俄罗斯、哈萨克斯坦等周边能源供
应国以及沙特阿拉伯、伊朗和安哥拉等能源进口来源国在能源管道
建设、能源投资和能源贸易等方面的双边合作，以保障能源的稳定
供应。其次，要处理好与能源过境国家的双边或多边关系，防止出
现能源运输中断。我国原油进口运输严重依赖马六甲海峡，而马六
甲海峡是国际政治中的敏感地区。因此，开拓新的能源运输通道，
降低对马六甲海峡的依赖应成为我国对外能源合作的重点之一。再
次，要加强与美、欧、日等主要能源消费国家和地区的国际协调。
在能源政策、信息数据等方面开展广泛的沟通与交流，避免能源竞
争关系的政治化，特别要注意避免直接冲突。

第 十 三 章

能源应急法律制度比较

第一节　能源应急法律制度概述

一、能源应急的概念

"应急"一般是指需要立即采取某些超出正常工作程序的行动,以避免事故发生或减轻事故后果的状态,有时也称为紧急状态;同时也泛指立即采取超出正常工作程序的行动。而依据我国《能源法》征求意见稿第 69 条的规定,能源应急则是国家为应对能源供应严重短缺、供应中断、价格剧烈波动以及其他能源应急事件,维护基本能源供应和消费秩序,保障经济平稳运行而建立的一系列制度的总称,具体涉及应急预案的编制、应急事件分级、应急事件认定、应急处置原则、应急措施授权条件和约束应急保障重点、应急相关主体责任和义务、应急善后等方面。

能源储备与应急是能源供应安全的重要保障。合理的能源储备和高效的能源应急机制是应对能源供应中断的最有效措施,是能源供应的安全阀。实践中，能源应急与能源储备紧密联系，从大的方面来说能源储备是能源应急的一个组成部分。能源应急是指国家为应对能源供应严重短缺、供应中断、价格剧烈波动等能源紧急事态，采取各种措施确保社会生产和生活的基本能源供应，以保障经济平稳和社会稳定的一种制度。能源应急涉及应急预案的编制、应急预案的启动、应急处置和善后处理，以及应急过程中相关主体的权责和义务等内容。

二、我国能源应急的现状与问题

目前，我国还未建立起专门的能源应急体系。从近几年的油荒、电荒以及 2008 年初的雪灾导致的大面积停电，可以看出我国能源应急能力还非常有限。以应对大规模电网事故和石油、天然气供应中断为核心的能源安全预警与应急机制急待完善。煤矿生产安全欠账比较多，电网结构不够合理，石油储备能力不足，有效应对能源供应中断和重大紧急事态的预警应急体系有待进一步完善和加强，这可以说是我国能源应急的现状与问题之所在。[①] 具体来说我国能源应急的问题表现在以下几个方面：

1. 能源应急体制有待进一步完善

2005 年 6 月，我国成立了由国务院总理任组长的国家能源领导小组，其作为国家能源工作的高层次议事协调机构，实际上是国家最高能源决策机构。[②] 2008 年 8 月 8 日国家能源局正式挂牌成立。其职责包括负责煤炭、石油、天然气、电力（含核电）、新能源和可再生能源等能源的行业管理，组织制定能源行业标准，监测能源发展情况，衔接能源生产建设和供需平衡，指导协调农村能源发展工作；负责能源预测预警，发布能源信息，参与能源运行调节和应急保障等。国家能源领导小组和国家能源局的成立在一定程度

[①] 参见中华人民共和国国务院新闻办公室 2007 年 12 月发布：《中国的能源状况与政策》。

[②] 魏和：《寄望国家能源领导小组》，http：//www. cpechina. com/houtai/info_view. asp? id=1338，2013 年 4 月 10 日访问。

上改变了我国能源管理体制混乱的局面，改善了我国能源应急体制。但能源应急还涉及交通运输、国土资源、公安和军队等部门，如何明确这些部门在能源应急中的职责，由那个机构在能源应急中统领和协调这些部门是我国能源应急体制需要进一步完善的地方。

2. 重要的能源应急制度急待建立

我国先后出台了《国家通信保障应急预案》、《国家突发环境事件应急预案》和《国家突发公共卫生事件应急预案》等专门应急预案，但国家能源应急预案却迟迟未能出台。能源应急预案制度是能源应急领域的关键性制度，它是能源安全预警制度、能源信息沟通制度、能源应急保障制度等制度的基础。这些制度是否建立、运转是否有效直接关系到我国能源应急能力的强弱，直接关系到我国的能源安全，因此，加快建立这些制度是我国能源应急必须解决的问题。

三、我国有关能源应急的立法及存在的问题

我国目前有关能源方面的法律规范主要有《电力法》（1995）、《煤炭法》（1996）、《矿产资源法》（1996 年修订）、《可再生能源法》（2005）和《节约能源法》（2007 年修订）。与能源应急相关的其他法律规范主要有《宪法》（2004 年修订）和《突发事件应对法》（2007）。可以说我国现有的能源法律规范对能源应急方面的规定基本处于空白的状态。

我国《宪法》（2004 年修订）虽然为以进入紧急状态的方式应对非常态的能源风险和危机事件提供了宪法依据，但现行宪法对包括能源风险和危机等紧急事态关心不够；对紧急状态下应急权力的分配和底线没有明确规定。《突发事件应对法》（2007）从突发事件的预防与应急准备、监测与预警、应急处置与救援、事后恢复与重建等方面详细地规定如何应对突发事件，为应对能源风险，加强能源储备与应急管理提供了指导，但从该法对突发事件的界定来看似乎并没有将能源安全事件的应对纳入其中。

四、外国能源应急法律制度比较研究的意义和目标

能源是人类生存发展及一切社会经济活动的重要物质基础，是实现工业现代化的前提条件。随着经济的快速发展，发达国家的能源需求不断增大，能源安全也成为关乎国家安全和国家经济安全的重要战略。因此，从20世纪两次石油危机后，主要发达国家都非常注重能源应急管理，加强能源应急管理的立法，制定能源应急管理政策。

美国建立了完善的能源应急管理体制；欧盟健全了能源应急管理法规体系和战略目标；加拿大强化能源应急管理法制化，加强能源应急管理合作；日本经过多年努力，制定了完备的能源法律制度，构建起了石油储备制度，并于2006年颁布了《日本新国家能源战略》，从而建立了国家能源应急战略；澳大利亚制定了应急法律，建立了澳大利亚应急管理中心。这些都表明能源应急管理越来越重要。

能源短缺问题是目前乃至今后相当长时期内制约我国经济可持续发展的"瓶颈"之一。如何科学合理地解决这一问题，是我国面临的一个重大课题。对这一问题进行深入系统的研究，具有重大的理论意义和实践意义。我们以全球的视野，以宏观扫描和微观个案研究的方式，纵览主要发达国家能源应急管理方面的立法和政策，研究和借鉴发达国家能源应急管理立法和政策方面的经验，以期促进我国的能源应急管理法制和政策的完善。能源应急制度是国家能源安全的重要保障，而能源应急制度的法制化则是其有效建立和实施的重要保障。我国能源安全、能源应急的现状，以及我国有关能源储备与安全政策、规划和立法存在的问题，都表明完善我国能源应急立法已刻不容缓。不少国家在能源应急立法和制度构建方面已有很多实践，了解、分析和借鉴国外能源应急法律制度，对于完善我国相关立法，尽快建立能源应急法律制度体系无疑具有重要的指导意义。

第二节　外国能源应急法律制度

能源储备是能源应急的前提，各国以石油为基础的能源储备体系，决定其能源应急法律制度亦围绕石油构建。美、日、德、法等发达国家在《国际能源计划协议》（IEP）框架下，通过国内的相关政策和立法，建立起各自的能源应急法律制度。

一、美国

美国的能源应急法律制度由紧密联系的国际和国内两大部分组成。国际部分是根据《能源政策与储备法》的授权，在《国际能源计划协议》（IEP）框架下，履行其作为国际能源组织（IEA）成员国的义务而建立起来的；国内部分是在《国家应对计划》（NRP）框架下，根据《紧急支持功能 12—能源附件》（Emergency Support Function #12—Energy Annex）建立起来的。

（一）《国际能源计划协议(IEP)》框架下的能源应急法律制度

根据国际能源计划协议的规定，美国作为国际能源组织成员国应当建立不低于 90 天净进口量的石油储备；在国际能源计划协议某个或某些成员国的石油供应量短缺 7% 或以上时，根据 IEA 理事会的决定执行"紧急石油分享计划"，采取分享石油库存、限制原油消耗、向市场抛售库存等措施；向国际能源组织秘书处报告其管辖范围内石油公司的财务、资本投资和原油成本等信息；以及实施有关节约能源、发展新能源和新技术等内容的"长期能源合作计划"等。

由于"卡特里娜"飓风对美国墨西哥湾原油生产和炼油设施造成巨大破坏，导致国际成品油供应危机，2005 年 9 月，应国际能源组织的要求，布什总统曾下令释放 3000 万桶的国家石油储备（SPR）的石油。

（二）《国家应对计划》（NRP）框架下的能源应急制度

根据布什总统的指令，美国国土安全部制定了《国家应对计划》（NRP），该计划 2004 年 12 月为内阁各部门签署。国家应对计划旨在整合美国联邦各类机构、能力和资源，以形成一个统一的全方位的国内危机管理方式。这种管理方式独一无二影响深远，首次将美国处理恐怖主义、自然灾害和其他突发事件的预防、预警、应对和恢复行动紧密结合起来。它大大加强了联邦、州和部落组织之间的合作，通过危机管理速度、效力和效率的提高，来拯救生命和保护美国社区。①

《紧急支持功能12-能源附件》（ESF#12）是国家应对计划危机分类应对体系的组成部分之一，它旨在恢复受损害的能源系统及其组成部分，也是能源部通过预防和恢复措施履行确保美国持续、可靠能源供应义务的重要组成部分。以下介绍《紧急支持功能12-能源附件》（ESF#12）的组织和运行体系。

1. 组织结构

尽管恢复能源设施的正常营运的主要责任在于这些设施的所有者，但是《紧急支持功能12-能源附件》（ESF#12）规定联邦提供适当的协助和资源以使受损的设施能及时恢复。

（1）政府机构。政府机构包括三个层级：指挥中心、区域机构、州和地方政府。指挥中心由国土安全部国土安全运行中心（HSOC）、跨部门事故管理组（IIMG）、国家应对合作中心（NRCC）、地区应对合作中心（RRCC）以及联合现场办公室（JFO）的代表组成。目前能源部还没有设立区域应对机构，由其位于华盛顿的总部应对能源紧急事态。州和地方政府有责任确认恢复能源设施的优先次序，全程参与《紧急支持功能12-能源附件》（ESF#12）的运行。

（2）私人部门。私人部门拥有和营运国家主要的能源基础设施，他们在事故发生后快速恢复相关基础设施的服务中起主要作用。合格的私人部门参与《紧急支持功能12-能源附件》（ESF#12）的规划和决策过程。

2. 行动

《紧急支持功能12-能源附件》（ESF#12）的行动由事前、事

---

① National Response Plan（2004），Preface.

中和事后三大方面的内容组成。事前的行动包括：与能源部门合作，制定和实施能源工业物理、运行和网络安全标准，资助能源工业发展网络安全软件，指导能源紧急事态演习；能源部协助各州制订能源紧急事态应对计划，监管能源基础设施，并与联邦、州和行业官员分享信息。事中的行动包括：能源部建立紧急事态管理组，并启动其危机应对程序；评估能源短缺的范围和持续时间及其影响；根据需要向能源部紧急事态运行中心、跨部门事故管理组IIMG、国家应对合作中心以及联合现场办公室报告；必要的话，组织好地区级的交通运输。事后的行动包括：进行事后危害减缓的研究以减少将来灾害的负面影响；根据需要协助国土安全部与美国联邦应急管理署确认能源工业请求的与应对危机有关的补偿费用。

3. 参与机构及其职责

能源部是《紧急支持功能12-能源附件》（ESF#12）中的主导机构，它的职责包括：作为能源危机应对事务和政策决策的中心；监督能源系统损坏的修复工作；收集、评估和提供有关能源供应、需求和价格的信息，编写应对情况和事后报告；确认恢复能源系统所需的资源；根据需要部署能源部应对小组到受影响地区协助应对和恢复工作等。《紧急支持功能12-能源附件》（ESF#12）的支持机构包括：农业部、商业部、国防部、国土安全部、内政部、劳工部、国务院、交通部、环保署、核能管理委员会和田纳西流域管理局。这些支持机构在各自领域内，承担与应对能源危机有关的职责。①

美国联邦应急管理署在美国的能源应急体系中也扮演着重要角色。它是美国专司灾害应急的独立机构，它直接向总统报告，负责包括能源危机在内的大型灾害的预防、监测、救援和恢复工作。

二、加拿大能源应急管理制度

能源应急如同其他公共领域的应急工作，必须整合不同政府部

①　National Response Plan Emergency Support Function #12—Energy Annex.

门的力量共同完成。加拿大的能源应急框架就体现出国家能源委员会、公共安全部、自然资源部、紧急分配供应委员会等多个政府部门的合作。同时，无论是国家层面的法律条例（国家能源委员会危机管理计划、国家关键基础设施保障计划），还是专门能源领域的计划条例，从加拿大的能源立法框架来看，对不同部门资源的利用，加强政府、企业、社会之间的合作，已成为多数能源法律的要求。基于地理位置的特殊性，加拿大政府与美国政府在能源应急领域也有诸多合作，尤其是在石油和电力领域。

应急管理的有效性要通过体制设计的合理性和机制运作的畅通性表现出来。应急职责分配到各级政府部门的职能体系中去有助于明确职能，有利于工作效率的提高。应急步骤的统一为开展应急管理工作指明了方向。从加拿大的情况来看，在多项法律政策中得到了体现和明确，构成了统一领导、分工协调的能源应急管理体制和机制。

加拿大的能源应急法律中实行能源应急管理的分级处理，一般法与专项法并行。能源危机事件的分级是开展能源应急管理工作的重要参照标准。这种划分和标准的确定既有利于迅速组织动员应急工作，也避免了资源的浪费。一般法具有宏观指导的作用，专项法律更有针对性和实用意义。二者的结合保证了能源应急法律体系的完备性和适用性。

（一）能源应急管理机构

加拿大政府是 1867 年英属北美法案的产物，其政治体制兼有美国联邦制和英国君主立宪制双重特点，但其中央政府权力远远大于各省政府权力。对能源事务的管理，加拿大也分联邦政府和省政府两级管理。一般分工为：联邦政府为能源部门提出一个总体发展框架，但不具体制定各种能源政策，其政策重点集中于常规能源供应、气候变化和空气质量以及核能源三个领域；各省政府则负责各种不同能源的开发、管理及政策制定，比如电力市场改革方针，天然气工业改革政策等。

1. 国家能源委员会

加拿大的能源应急工作由该国的国家能源委员会（National

Energy Board）即 NEB 担任领衔角色，该委员会成立于 1959 年，是由加拿大议会组织成立的一个具有独立性质的联邦部门。尽管它隶属国家自然资源部，但不受自然资源部的行政领导，自然资源部的各个职能司局不干预委员会的工作。组建该部门的目的在于使决策和执行分开，以便归口管理，提高效率。自其成立以来，能源应急管理一直是其主要工作职责之一。①

国家能源委员会负责加拿大全国的能源供应安全、能源基础设施维护、能源进出口贸易、能源生产与环境的关系等工作，它直接管辖着数百家下属能源公司，这些公司的主营业务集中在石油、天然气和电力方面。国家能源委员会在能源应急管理工作上与多个政府机构和多个国家有紧密的合作关系。譬如它与加拿大运输安全委员会、人力资源部、自然资源部、育空地区政府、阿尔伯达省能源和公共设施委员会、不列颠省就业和投资部、安大略省能源委员会、萨斯喀彻温省能源部等 10 多个部门和机构签订谅解备忘录或协议，以明确分工，沟通信息，互相支持，共同构成加拿大的能源监管和能源应急的组织体系。该委员会还通过刊物、网站等每月发布油气进出口、市场供求等能源信息；每季发布行业听证会、安全、环保等监管动态。每年发布年报向政府和公众汇报委员会工作和行业生产、供应、建设、安全、环保等情况。

2. 公共安全部②

加拿大公共安全部（Public Safety Canada）于 2003 年成立，主要职责是协调国内各联邦部门确保国家稳定和民众生命财产安全，涉及应急管理、国家安全、打击犯罪和执法等职能。该部门在全国有 5 万多名员工，与各省的所有应急组织都有紧密联系。

该部门负责设计全国性的应急政策、体系和标准，负责维护国内重要的基础设施，在危机状态下进行预警，向应急人员提供资金、培训等。其主要工作内容有：基础设施维护，网络安全，灾害

---

① http：//www. neb. gc. ca/clf-nsi/rthnb/whwrndrgvrnnc/whwrndrgvrnnc-eng. html.

② http：//www. publicsafety. gc. ca/index-eng. aspx.

舒缓，应急准备，应急响应与恢复。从近些年的部门工作报告来看，能源应急逐渐成为该部门的重要应急内容。①

3. 自然资源部②

加拿大政府的能源主管部门是自然资源部（Natural Resources Canada）。自然资源部正式成立于 1994 年，其职责涉及能源、矿产资源、森林资源的使用以及可持续发展等。在自然资源部内部设有能源政策司和能源技术与计划司；政策司下设电力处、能源研究发展处、石油处，技术与计划司设有能源技术中心和能源效率办公室。能源安全与能源应急是该部门的专项工作之一。

在此值得一提的是加拿大政府开展的能源研究与发展项目（Program for Energy Research and Development，PERD），该项目旨在促进加拿大发展更为洁净、环保和安全的能源资源，提高能源的利用率，发展可再生能源与替代能源技术。加拿大自然资源部负责该项目的运行，并在 12 个联邦部门和机构中运作，每年预算约为5700 万美元。③

4. 国家关键基础设施保护与危机准备局④

2001 年 2 月 5 日，加拿大总理克雷蒂安宣布成立关键基础设施保护与危机准备局（The Office of Critical Infrastructure Protection and Emergency Preparedness，简称 OCIPEP）。OCIPEP 隶属于公共安全部，它是一个在国家层面上进行统筹协调的组织，主要职责是保障国民的安全、健康与福利。该局在成立之日的通告中指出，保护加拿大的关键性基础设施，使其免于失灵和瘫痪，对于保障全体国民的健康、安全和经济福利以及政府的稳定来说是极为必要的。

由于能源设施是关系到国计民生、社会经济可持续发展和国家安全的核心基础设施，因此保证能源安全和开展能源应急是该局的重要任务之一。后面将要提到的"国家关键基础设施保障计划"

---

① http：//www. publicsafety. gc. ca/res/index-eng. aspx.
② http：//www. nrcan-rncan. gc. ca/com/.
③ http：//www2. nrcan. gc. ca/ES/OERD/english.
④ http：//www. ocipep. gc. ca/whoweare/index-e. asp.

就是由该局启动的。

具体来说，该局主要负责以下事项：与全国各省、地区和城市的行政机关、私人部门以及重要的国际合作伙伴（尤其是美国）之间建立起良好的伙伴关系；促进加拿大关键基础设施使用者和所有者之间开展对话，促进信息共享（尤其是关键基础设施所存在的威胁和缺陷）；发挥枢纽作用，推动政府部门保护信息技术系统与网络；促进其他领域的合作，如提高危机意识，加强教育和训练；促使全国性的国民危机准备达到适当的水平等。

（二）加拿大能源应急管理的国际合作

在跨国合作开展应急管理方面有美加电力系统中断特别行动（US-Canada Power System Outage Task Force）。

合作背景是：2003 年 8 月美国的俄亥俄州、密歇根州、宾夕法尼亚州、纽约州、佛蒙特州、马萨诸塞、康涅狄格州、新泽西州和加拿大的安大略省暴发大面积停电事故，造成巨额经济损失。基于此，两国决定进行合作，共同开展上述行动，合作行动由美国能源部和加拿大自然资源部共同负责。

加拿大自然资源部和美国的能源部在 2004 年 4 月发布了《大停电事故原因与建议》（U. S. -Canada Power System Outage Task Force—August 14th Blackout：Causes and Recommendations），[1] 文件中指出：这次停电事故暴露出电网系统的脆弱性，美加政府经过研究和反思关于电力应急做出了一些建议和结论，如确保电网有足够的备用容量和加强电网的总体规划等。

在 2006 年 9 月，两部门又共同发布《特别行动建议实施情况最终报告》（U. S. -Canada Power System Outage Task Force：Final Report on the Implementation of the Task Force Recommendations）。[2] 报告中对通过双方合作的实践得出的操作经验以及各自法律政策相

---

① U. S. -Canada Power System Outage Task Force August 14th Blackout：Causes and Recommendations.

② U. S. -Canada Power System Outage Task Force：Final Report on the Implementation of the Task Force Recommendations. 2006. 9.

应进行的修订和完善提出了建议。

（三）一般性的立法与政策

就能源立法来说，加拿大联邦和各省都有各自的与能源相关的法律法规，以规范能源相关的勘探、开发、输送、配售以及相应设施的保护工作，同时为能源的管理和监管提供法律层面上的根据。

在加拿大，联邦制定的有关能源监管的法律主要有：《加拿大国家能源委员会法》、《能源管理法》、《石油和天然气操作法》、《环境评价法》、《石油资源法》、《竞争法》、《竞争委员会法》、《国家能源理事会法案》、《加拿大资源法》、《加拿大石油天然气经营法案》、《加拿大管道法》等国家级能源大法和能源行业性法规。除此之外，政府能源监管部门还制定了一些监管规章。例如国家能源委员会就制定了 70 多项具有法律效力、并与国家级的相关大法相配套的能源监管规章。

加拿大能源应急管理的政策和立法对全国应急管理工作具有综合指导性，在国家层面的主要包括以下几类。

1. 国家能源委员会危机管理计划

国家能源委员会（NEB）在 2006 年颁布了"国家能源委员会危机管理计划"（National Energy Board Emergency Management Program），该计划是对加拿大自然资源部（Natural Resources Canada）过去曾经颁布的民用应急计划（Civil Emergency Plan）的补充（民用应急计划是指国民用来处理危机，或者军队用来处理危机的计划、措施或安排），① 旨在对能源的开发、生产、加工、输送、储存、出售、分配和进出口贸易进行控制和管制，确保国家的能源安全。

该计划是国家能源委员会响应中央政府的要求，开展能源应急管理工作的一份指南手册和纲领性文件。从内容上看，该计划明确了应急管理的范围、目标、组织结构、流程、各部门的角色和职责等，对能源危机事件进行了分级，现将该计划的有关内容摘录如

---

① 韩大元、莫于川：《应急法制论——突发事件应对机制的法律问题研究》，法律出版社 2005 年版，第 2 页。

下：①

（1）能源应急管理阶段。包括如下四个阶段。

阶段一：疏缓和预防（mitigation/prevention），这一阶段的所有工作旨在减少能源危机事件发生的可能性和影响。

阶段二：准备（preparedness），包括在危机发生之前作决策和采取措施，为有效应对作准备。譬如，准备应急资源、培训、演习等。

阶段三：回应（response），这个阶段的活动要在危机事件爆发之前、之中和之后迅速进行，从而确保 NEB 管辖下的所有能源类企业和公司减少其行为对生命、财产和环境的负面影响。危机事件波及范围广的话，回应工作可能还需要某种程度的协调和沟通。

阶段四：限制政策、恢复与清扫（recovery and clean-up），对企业之前的能源安保政策和能源防泄做法进行审视评估，为今后提出指导。

（2）分级。该计划对能源紧急事件进行了分级，分级以对人、环境的影响后果、响应程度和事件升级的潜力等因素为标准；同时指出应当根据事件的等级决定是否要启动 EOC（应急工作中心）。另外，启动流程、回应框架、组成人员、区域和部门合作等在计划中也有明确表述，参见表 13-1 能源紧急事件分级。

表 13-1   加拿大能源紧急事件分级

影响因素	一 级	二 级	三 级
对人的威胁	无直接威胁	部分威胁	威胁严重且将持续，具有引发死伤的可能性
能源生产企业内部能否化解	对企业内部设施和外部社会均无威胁	威胁仅存于企业内部，无外部直接威胁，但有扩散的可能性	扩散，给基础设施带来明显而持续的危险

---

① National Energy Board Emergency Management Program. 2006.

续表

影响因素	一 级	二 级	三 级
对泄漏产品的控制	完全控制或已经得到迅速控制	有希望将事态迅速控制，但目前尚未实现	无法控制
环境影响	极小	适中	严重
媒体关注度	基本不关注或无关注	区域性的媒体关注	全国范围的关注
回应	企业自己就控制住了事态	需要政府干预	政府要迅速、下大力气干预、参与
事态恶化的潜在可能性	可能性低	适中	高

（3）流程。流程如图13-1所示：

（4）应急职责。尽管计划中明确提出，能源事故和能源设施受损后，能源企业有义务迅速开展应急管理工作，但是计划从第15页到第31页对国家能源委员会内部人员的能源应急责任作了明确的表述和列举。这些人包括国家能源委员会的主席、首席运营官、业务经营小组组长、石油、天然气和电力小组组长、健康安全官、检查官、国家能源委员会专家、首席安全官、危机管理小组组长、危机管理专家、待命应急人员、应急操作中心指挥官、应急小组、信息传播官、行政助理等人各自的职责。

计划还将不同部门的主要应急负责人和联系方式公布出来以供工作需要。

（5）法律政策框架。该计划在第三部分对全国的能源应急法律政策框架作了大致的描述，具体包括：国家能源委员会法案（National Energy Board Act）；陆上石油管道管理条例（Onshore Pipeline Regulations）；石油加工企业管理条例；加拿大油气经营法案（Canada Oil and Gas Operations Act）；加拿大油气生产与保护条例（Canada Oil and Gas Production and Conservation Regulations）；加

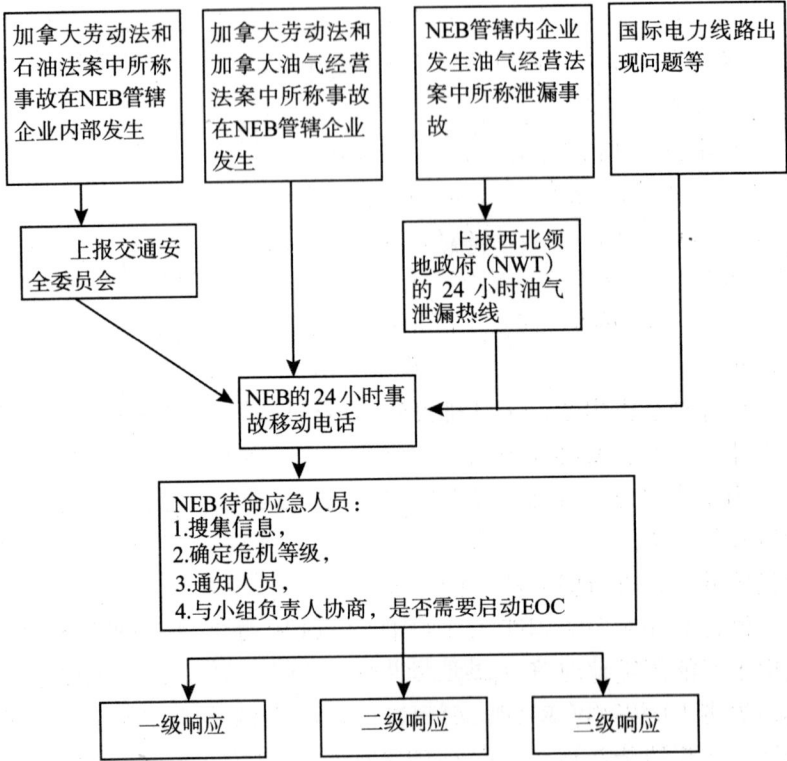

图 13-1 加拿大能源应急响应流程

拿大油气地球物理经营条例（Canada Oil and Gas Geophysical Operations Regulations）。

（6）其他。除此之外，该计划还强调了能源系统应急培训与演练的重要性。另外，这一计划将加拿大的主要石油和天然气管道、各大行政区等在地图上标示出来，给人以直观印象，便于理解。

2. 国家关键基础设施保障计划

鉴于公共基础设施对于国家安全的重要保障作用，加拿大公共安全部（Public Safety Canada）建立了国家关键基础设施保障计划

（National Critical Infrastructure Assurance Program），简称"NCIAP"①。该计划所称"关键基础设施"由十部分组成，排第一位的就是能源设施。该计划所称能源主要包括电力、天然气、石油、煤炭和通信系统。

该计划就如何保护基础设施正常运营包括能源安全提出以下指导原则：推动广泛参与（promote broad participation），全民行动（Build on activities within Canada），国际合作（international relationships），采取全面灾害工作方法（adopt all-hazard approach），增进责任（promote accountability），信息共享（enable information sharing）。

该计划还提出了保护基础设施的最佳做法，认为进行应急风险管理非常重要，有必要识别减灾要求和进行风险管理。这些最佳做法适用于能源应急管理：以大局安全为重；高层支持；充分认识风险以及舒缓措施、损失评估、回应和恢复；物质基础设施和网络安保设施并重；进行脆弱性评估等。

该计划还参照美国能源部对中小型能源设施制定的保护清单，提出了对能源进行应急风险管理的6个步骤：明确重要能源设施及其损失带来的影响；明确保护和支持基础能源设施的一系列因素，包括安全系统能源设施、基础能源设施之间的互赖性，敏感信息等；明确风险，进行特征描述；进行脆弱性分析；评估和确定能源设施保护的优先顺序；确定舒缓方案及其成本，进行权衡，如确定减轻损失、控制影响、加快恢复和降低脆弱性的方针等。

3. 能源供应应急法案（Energy Supplies Emergency Act）②

该法案于1985年颁布实施，目的如下：一旦产生会影响国家能源安全情况的能源短缺和市场波动等因素，通过实施本法所要求的相关条款来确保能源供给，确保国家安全和经济稳定。

该法案规定要建立一个能源供应分配委员会（Energy Supplies Allocation Board），并明确了该委员会的职责权限等。法案在第一

---

① http：//www. publicsafety. gc. ca/prg/em/nciap/index-eng. aspx.

② http：//laws. justice. gc. ca/en/E-9/index. html.

部分概述了能源供应紧急分配，说明在紧急状态出现时能源和可替代能源分配的原则和做法等。在第二部分说明了能源产品的配给。第三部分提出了一些能源管理的原则。最后的其他条款对法案作了一些补充。

4. 能源管理法案（Energy Administration Act）①

该法案是1985年通过的，其主要内容是关于对石油、天然气的开采生产运输使用等进行管制和违法处罚的相关条例，并没有明确表述与能源应急有关的内容。

（三）单项性的能源法律与政策

1. 石油

作为工业生产和国民生活的基础性能源，在石油方面加拿大通过了多项法律来保护这一行业的安全稳定，包括《加拿大石油法》（Canada Petroleum Resources Act）（该法律于1986年通过）、《内陆管道条例》（Onshore Pipeline Regulations，1999）、《加拿大油气生产与保护条例》（Canada Oil and Gas Production and Conservation Regulations）、《加拿大油气经营条例》（Canada Oil and Gas Operations Regulations）、《加拿大油气经营法》（Canada Oil and Gas Operations Act）等。

以《内陆管道条例》为例，该条例有一部分题为"应急程序手册"，对能源企业的生产和管理作出要求，譬如要求能源企业必须制定能源应急程序手册，并定期修订和更新，还要将其向国家能源委员会提交；要求企业与相关部门（需要参与到应急响应中来的部门）建立和保持联系，并且在制定应急手册过程中听取他们的意见等。

而在《加拿大油气经营法》中有关应急的内容有较多的表述，就《危机状态的声明》来说（Declaration of Emergency），声明要明确指出受危机影响的地理区域、人员、工作和活动，并要求宣布机构给出一个危机时间表。另外，法案中还给出了一些建议在能源危机事件发生后采取的应急行动，包括：强化领导、分工负责、应急

---

① http：//www.canlii.org/ca/sta/e-6/whole.html.

补偿等。在《加拿大油气生产与保护条例》中还提出了建立应急沟通系统（emergency communication system）的必要性。

除了上述这些国家层面的法律，有的省也有自己的法律条例对石油应急做出规定。譬如英属哥伦比亚省的《海洋石油泄漏应急计划》（Btitish Colummbia Marine Oil Spill Response Plan）与《内陆石油泄漏应急计划》（British Columbia Inland Oil Spill Response Plan）等。

2. 电力

《北美电力市场的一体化：北美电力市场能源安全》（The Integrated North American Electricity Market：Energy Security：A North American Concern）是加拿大电力协会于 2007 年 3 月公布的，该文件提出了加强北美电力市场安全的相关措施，如运用新技术来增强电力输送能力等。

另外，由于 2003 年在加拿大安大略省爆发的电力危机对该省损失巨大，危机过后，2005 年安省开始颁布实施《安大略省电力应急计划》（Ontario Electricity Emergency Plan）。在该计划中，该省政府明确了电力应急准备计划的标准，应急工作优先顺序，制定了电力系统恢复计划（Ontario Power System Restoration Plan），并指出应该对电力危机事件进行状态分级，进行风险分析，明确相关人员的职责等，使电力应急工作有章可循。

3. 核能

作为一种不可或缺的替代能源，核能利用的安全性已成为加拿大能源应急工作的关注重点。早在 1985 年，加拿大就通过了核能法案（Nuclear Energy Act），尽管法案中并没有明确提出核能应急或核能危机的规定，但对于核物质产品的生产和使用作了严格详细的规定。

1997 年又通过了核能安全控制法案（Nuclear Safety And Control Act），根据这一法案成立了加拿大核安全委员会，对核能的开发、生产和使用以及核物质的生产、加工和使用进行管制。法案中还有惩罚条款规定。

另外，在 2000 年颁布了《核安全条例》（ Nuclear Security Regulation)①，这些条例和法案里面都渗透出危机意识和应急管理的理念。

目前，在核能应急领域，有一个《联邦核应急计划》（Federal Nuclear Emergency Plan），该计划非常灵活，可根据需要做临时改动。

三、欧盟和主要欧洲国家的能源应急法律制度

（一）欧盟

在能源应急方面，目前欧盟主要是在"强制成员国承担维持最低原油和/或石油产品储备义务"的 2006/67/EC 指令、"关于保障天然气供应安全的措施"的 2004/67/EC 指令和《国际能源计划协议（IEP)》等法律文件框架下，起着信息沟通、行动协调以及监督实施等方面的作用，其能源应急法律制度并不完善。

1. 信息通报

欧盟的很多指令都要求其成员国保持石油储备的透明度。在通常的情况下，成员国应定期向欧盟委员会提交有关机构储备的统计，包括储备的数量、地点和品种等信息；在紧急事态下，成员国应向欧盟委员会提交有关任何储备释放的信息，包括低于最低储备要求的日期、释放的原因、恢复储备的步骤等。

2. 应急机构

1973 年，欧共体颁布的 73/238/EEC 指令规定，在出现石油危机时，委员会召集由成员国石油专家组成的"石油供应组"以协调采取的应对措施。"石油供应组"在供应危机中，分析石油市场状况及短期内的发展趋势，并讨论可以采取的措施。2004 年 4 月，欧盟颁布的 2004/67/EC 指令规定成立欧盟"燃气协调小组"。该小组旨在促进在发生重大供应中断时，在共同体层面协调供应安全措施，它也协助成员国在国家层面采取协调措施。协调小组在欧盟

---

① http：//laws. justice. gc. ca/en/ShowFullDoc/cr/sor-2000-209///en.

委员会的领导下，由各成员国、相关产业和消费者的代表组成。①
2004/67/EC 指令还要求各成员应制定和颁布相关的国家紧急状态
条款，并通知委员会；规定了应对重大燃气供应中断的"三步机
制"：相关产业对供应中断的反应；如果不充分，成员国应采取解
决供应中断的措施；只有当前两阶段的努力都失败后，才应在共同
体层面上采取适当措施。②

3. 应急法律制度的完善

针对欧盟能源应急法律制度不完善的现状，2006 年欧盟《可
持续、竞争和安全的欧洲能源战略》绿皮书建议：（1）增进内部
能源市场的供应安全。为此，要尽快建立"欧洲能源供应监视机
构"，以监测欧盟能源市场的需求和供应模式；要通过促进能源输
送系统经营者之间的信息交换与合作提高供应网络安全，最终推动
"欧洲能源网络中心"的建立，使之有权收集、分析和出版相关信
息，并执行有关权威机构批准的计划；建立一种快速反应机制和采
取共同措施，以保障能源基础设施的安全。（2）重新审视欧盟紧
急石油和天然气储备的方法和预防供应中断的措施。欧盟应对石油
供应中断的措施应从全球着眼，特别是应在更加规范和透明的基础
上公布欧盟的石油储备情况，以提高石油市场的透明度。此外，为
了应对潜在的石油和天然气供应中断问题，目前天然气和电力供应
安全的指令有必要重新进行审查，以考虑鼓励在未来几年增加欧洲
天然气和电力市场的投资，以及提出关于天然气储备的新立法建
议。③

2008 年 11 月 13 日，欧盟委员会公布了旨在取代 2006/67/EC
指令的新的"强制成员国承担维持最低原油和/或石油产品储备义
务"的立法建议。该立法建议中的立法草案规定：成员国应定期

---

①　Europa, *Summaries of legislation*: *Security of supply of natural gas*, available
at http://europa. eu/scadplus/leg/en/lvb/l27047. htm.

②　龚向前：《欧盟能源市场化进程中供应安全的法律保障及启示》，载《德
国研究》2007 年第 2 期。

③　Commission of the European Communities, *Green Paper*: *A European Strategy
for Sustainable, Competitive and Secure Energy*, pp. 8-9.

向欧盟委员会报送有关储备的详细信息，委员会建立相应的信息系统收集和处理这些信息；建立石油和石油产品"协调组"，分析共同体内与石油供应安全有关的状况，促进这一领域内措施的协调和执行；委员会可以随时检查成员国的石油储备，并可向"协调组"咨询，成员国应配合委员会的检查。立法草案的第21条详细规定了应急程序：（1）成员国应采取必要措施，确保其在重大供应中断中有权释放部分或全部储备，以及采取普遍或特别的消费限制。（2）成员国应制订紧急应对计划，以便在重大供应中断中能够实施，并且有实施应对计划的有序措施。在委员会的要求下，成员国应立即报送应对计划及实施措施。（3）成员国根据相关国际组织的决定，可以释放储备以履行其国际义务，但应及时通告委员会以便其召开"协调小组"会议或谘商成员国评价释放储备的影响。（4）当石油或石油产品供应困难不断加剧时，应成员国的要求或委员会自身的动议，委员会应召开"协调小组"会议来评估情况，并由委员会确定发生重大供应中断。一旦确认即将发生重大供应中断，委员会可以授权相关成员国释放储备。（5）根据国际组织的有效决议，委员会有权要求成员国释放部分或全部储备，但这一权利只有在根据"协调小组"的程序召开会议后才能行使。（6）为执行"（3）、（4）、（5）"，成员国的储备可能暂时低于本指令中的要求。此时，在考虑国际石油和石油产品市场形式下，委员会应决定成员国恢复最低储备水平的时间表。（7）委员会根据本条作出的决定不应对相关成员国的其他国际义务构成歧视。①

（二）德国

目前，德国的能源储备以石油为主体，而石油储备体系又以石油储备联盟（EVB）的储备为主体，因此，德国以 EVB 为核心建立起能源应急法律制度。

1. 应急机构

---

① Commission of the European Communities, *Proposal for a Councile Directive "Imposing an obligation on Member States to maintain minimum stocks of crude oil and/or petroleum products"*, pp. 19-22.

德国是 IEA 的成员国，必须履行相应的能源储备与应急义务。按照 IEA 的要求，德国成立了国家能源应急组织（NESO），NESO 由联邦经济技术部、联邦经济与出口管制局、EBV 的代表和石油经济供应专家组成，其秘书处设在 EBV 内。NESO 的任务和目标是：参与实施 IEA 制定的各项措施，履行本国的国际供应平衡义务，在维护传统石油供应渠道和供应结构基础上确保对消费者的安全供应。德国石油经济界主要通过供应协调委员会（KGV）和危机供应理事会（KVR）参与能源应急机制的构建和运行。KGV 由 7 名石油采购专家和石油加工及分配专家组成，其中工业界代表 5 人，贸易界代表 2 人。KGV 的任务是：评估当前和今后的石油供应形势；分析与判断石油危机的数据和条件，提出克服能源供应短缺的建议；为联邦经济与出口管制局确定行政性供应平衡方案出谋划策。KVR 由 EBV 监事会主席、副主席和 KGV 主席组成，其任务是：为联邦经济技术部制定克服能源供应危机的决策，特别是制定限制消费措施、投放石油储备的方式和数量时献计献策；在限制消费、减少储备、调整生产结构等方面给德国石油经济行业协会提出建议；与德国石油经济行业协会协商解决在供应平衡框架内出现的问题。①

2. 应急措施

在 IEA 框架下，德国采取的能源应急措施包括：共享信息、抑制需求、投放储备、相互融通、能源替代和放开石油生产等。这些措施中最有效的应急措施是投放石油储备。

由于目前德国已经没有政府石油储备和企业义务石油储备，在应急过程中石油储备的投放实际上只有两个部分，即 EVB 战略石油储备的投放和企业商业储备的投放。EBV 战略石油储备的投放，由联邦经济技术部在能源供应受到直接威胁、国内出现能源供应短缺、履行欧盟或国际能源署义务时发布紧急投放令，规定投放量及投放原油或油品品种。EBV 收到紧急投放令后，就向 EBV 会员投

① 中国驻德国汉堡总领事馆经商室：《德国能源政策和石油战略储备机制》，载《中国贸易报》2005 年 4 月 5 日第 8 版。

放储备。在 EBV 向会员发出的投放令与通知书中，确定投放时间、投放量及投放地点，向各会员的投放量按各会员交纳给 EBV 的会费比例决定，投放价格一般采用当时市价而不是储备油购入时的价格。紧急投放令发布一个月后，国际能源机构将进行检查，并确定是否需要继续投放。如果出现特殊情况，如个别地区的人民生活或公共机构的工作因能源供应受到严重干扰，也可根据联邦经济技术部长的指令向特定对象实行优先分配。储备油的投放价格按当时的市价确定，但不得低于储备的平均进货价格。储备的出库费用由购买储备油的会员承担。① 企业的石油储备在紧急时期，由各企业自行决定动用，但动用后必须迅速补足原定的储备量以应不时之需。②

（三）法国

法国的能源应急法律制度，以履行作为欧盟和国际能源署成员国的义务为基础，并由国内相关立法予以落实。

1. 国际义务

法国作为欧盟和国际能源署的成员国，有关能源应急制度的安排必须符合两个国际组织的双重标准。根据欧盟有关能源储备与应急的指令，法国应定期向欧盟委员会提交有关储备的详细信息，包括储备的数量、地点和品种等；在紧急事态下释放储备，应当向欧盟委员会及时提交有关储备释放的信息，包括低于最低储备要求的日期、释放的原因、恢复储备的步骤等；制订应急计划及其具体实施措施，并报送欧盟委；根据欧盟委员会的动议进行储备释放。作为 IEA 的成员，根据《国际能源计划协定》，法国应当以适当的方式及时收集和发布相关信息；当总体石油供应中断达到相应的比例时，采取包括抑制需求、释放储备、相互融通、燃料转换和放开石油生产等在内的一整套应急措施。

---

① 中华人民共和国驻德国大使馆：《德国如何进行石油储备》，http://www.mfa.gov.cn/chn/ziliao/wzzt/jjywj/t169212.htm，2013 年 4 月 10 日访问。

② 吴建藩：《德国石油储备的建设与管理》，载《石油化工技术经济》2002年第 2 期。

2. 国内安排

在法国，工业与原材料总局（DGEMP）下属的能源与矿产资源局（DIREM）负责能源供应安全，监管战略储备和处理供应危机。具体来说，能源与矿产资源局负责维护石油生产经营者的紧急反应计划，是法国国家能源应急组织（NESO）的核心，是政府其他部门和经营者联系的枢纽。在能源危机中，新的人员将被任命到 NESO 中，这些人员来自于石油工业和分销部门的 100 名专家。在供应受到影响的早期，释放储备可能是最初的应急措施，但供应受影响的程度将最终决定所采取的应急措施。这些措施包括需求抑制、增加生产以提高供应等。

根据 92-1443 法令的规定，石油储备必须在保持总量不变的条件下进行永久保存，总量的改变须由能源与矿产资源局决定；当国内某地区的石油市场出现明显短缺时，能源与矿产资源局有权要求"石油战略储备行业委员会"（CPSSP）和"安全储备管理有限责任公司"（SAGESS）动用特定的石油储备，但法国其他地区的石油储备仓库要相应增加储备量，以维持全国石油战略储备总量不变。当一个地区的石油储备被动用后，有关机构必须保证在 30 天内恢复该地区的石油储备。此外，在动用战略石油储备时，还必须与欧盟以及国际能源署进行协调行动。[①]

四、日本

日本的能源应急法律制度同样是在 IEA 的框架下，结合本国石油储备的实际建立起来的。

（一）法律依据

1973 年 12 月，日本针对紧急状态时石油需求、石油价格等问题制定并通过《石油供需优化法》和《稳定国民生活应急法》。具体来说，日本政府制定了三部与石油应急相关法律：一是《石油储备法》，规定依法建立政府和企业石油储备，在紧急

---

① 李北陵：《欧盟战略石油储备模式管窥》，载《中国石化》2007 年第 9 期。

事态下释放储备；二是《石油供需优化法》，规定在石油供应严重不足时，保障供应和限制需求；三是《稳定国民生活应急法》，规定在发生严重通货膨胀时，实施应急价格措施并调整重要日需物资的供需。①

（二）主要参与机构

日本的主要能源应急参与机构可分为三个层次：一是由经济产业省及其资源能源厅负责人组成的决策层。经济产业省负责石油供应中断应急处理，代表政府对石油储备行使决策权；负责制定石油储备政策，决定政府储备的收储、动用，审定石油储备预算等；协调政府部门之间的工作关系，并代表政府监管石油储备。二是由日本石油公团承担的管理层。日本石油公团是根据1967年颁布的《石油公团法》成立的，由政府全额出资成立，是具有独立法人资格的特别法人，带有半官方性质。石油公团作为国家石油储备的主体，是在经济产业省的管理和指导下具体管理和操作国家石油储备的协调、指挥机构。它负责具体的国家石油储备项目的管理，对国家石油储备基地公司进行管理、投资，支付石油储备的管理费用以及石油资源的开发等。三是由10个国家石油储备基地组成的执行层。每个国家石油储备基地即为一个国家石油储备公司，是具体承担储备基地建设和负责储存储备石油的基层组织单位。石油公团为每个储备基地提供70%的资本金，其余30%的资本金由私营石油公司等企业筹集。②

2004年成立的日本石油、天然气和金属矿产国家机构（JOGMEC）从石油公团手中接管了国家石油储备的全部管理职责。JOGMEC是一个独立行政法人，而不是过去的特别法人，既不属于政府部门，也不是企业，类似于我国的事业单位。目前日本新的能源应急管理框架同样划分为三个层级：一是经济产业省，它负责规

① 冯春艳：《发达国家的石油供应应急机制》，载《中国石化》2007年第1期。

② 陈德胜、雷家骕：《法、德、美、日四国的战略石油储备制度比较与中国借鉴》，载《太平洋学报》2006年第2期。

划与政策的制定、监督新设立的机构、决定储备的释放、拥有原油储备以及储备基地及其设施；二是独立的监管机构（JOGMEC），它全权管理经济产业省拥有的原油储备以及储备基地及其设施；三是私有运营公司，它负责经营储备基地。[①]

（三）应急措施和程序

1. 应急措施

日本采取应急措施的基本政策是 IEA 框架下的国际合作：以适当的方式及时收集和发布相关信息、释放石油储备、采取措施促使石油生产国增加产量、能源替代和需求限制。1998 年 8 月通产省石油委员会制定《应急反应导则》。该导则规定紧急事态下政府储备应该被作为"最后选择"，但在紧急事态的早期，当 IEA "协调应急反应措施程序"实施时，政府储备应该及时有效地投放到市场，以给市场宣示效应。

2. 应急程序

1999 年 12 月，基于《应急反应导则》，经济产业省和石油公团联合制定了《协调应急反应措施手册》，并建立协调应急反应措施体系。《协调应急反应措施手册》规定了在应急反应早期向市场释放储备的数量和程序：（1）释放数量。释放数量为 2000 万立方米。（2）释放过程。分为三个阶段：根据 IEA "协调应急反应措施程序"释放政府储备和/或减少企业义务储备；释放企业商业储备；释放政府储备。（3）释放基地。考虑到储备基地从运营状态向释放状态的转换需要必要的时间以及释放数量等因素，5 个政府储备基地和 6 个私人储备场所被选为在应急反应早期释放储备的基地。（4）销售程序。石油的主要分配方式是销售给最高竞价者，并且竞价销售必须在经济产业省做出释放命令后 2 个星期内完成。（5）投标者。根据石油储备法的规定石油公司和石油贸易公司允

---

① Naoaki Kurumada, *Outline of Petroleum Stockpiling and Emergency Response in Japan*, p6, Proceedings of Seminar on Oil Stocks and Emergency Response At Beijing 2002.

许通过申请参加竞标。①

此外，日本政府非常重视石油储备信息管理网络的建设，并不时进行应急储备释放的演练，以确保应急时的信息沟通和提高政府、企业和公众共同应对石油危机的能力。②

五、澳大利亚

澳大利亚政府虽然没有建立战略石油储备制度，但这并不意味着其不重视能源安全。澳大利亚政府以《液体燃料紧急事态法》（1984）和"国家液体燃料紧急事态应对计划"为基础建立了液体燃料的应急法律制度；以"国家燃气紧急事态应对协议谅解备忘录"等文件积极推动气体燃料应急法律机制的建立。

（一）应急管理体制

1. 能源部长理事会

能源部长理事会（Ministerial Council on Energy，MCE）由澳大利亚政府委员会（Council of Australian Governments（COAG））于2001年设立，设立它的目的是为处理澳大利亚面对的能源机遇与挑战，监督国家能源政策的持续发展提供有效的领导。MCE在COAG的能源政策框架下，是澳大利亚能源市场国家政策制定和实施的主体，负责为澳大利亚带来经济和环境的利益。MCE由来自澳大利亚所有州和领地的负责能源事务的部长组成。

2. 资源、能源和旅游部

澳大利亚能源、资源和旅游部（The Department of Resources，Energy and Tourism，DRET）负责发展和维持资源、能源与旅游产业的政府政策和规划，其主要目标包括：实现经济有力增长；确保能源系统安全；公平分配能源、资源和旅游产业的利益；积极参与

---

① Naoaki Kurumada, *Outline of Petroleum Stockpiling and Emergency Response in Japan*, Proceedings of Seminar on Oil Stocks and Emergency Response At Beijing 2002.

② 日本石油公团：《日本的石油储备》，载《国土资源情报》2002年第1期。

联邦国内外环境政策的制定。就确保能源安全来说，DRET 的具体责任包括：通过适当的法律和规则框架确保稳定、价优的能源供应；通过国家能源安全评估规划未来 5—15 年电力、燃气和液体燃料的供需；制定能源白皮书应对长期的能源挑战，确保澳大利亚资源与能源安全。

3. 国家石油紧急事态委员会

国家石油紧急事态委员会（The National Oil Supplies Emergency Committee，NOSEC）下属 MCE，是澳大利亚联邦和各州政府液体燃料紧急事态管理的主要机构。国家石油紧急事态委员会的职责包括：确保能源部长及 MCE 收到有关应对石油供应问题的信息和建议；作为政府与能源行业沟通的桥梁；监督石油市场的供需情况并做出评估；协助澳大利亚履行作为 IEA 成员国的义务；组织应急演习和评估《液体燃料紧急事态法》。国家石油紧急事态委员会由来自联邦、州、领地和石油产业的人员组成。

4. 国家燃气紧急事态顾问委员会

2005 年 5 月，MCE 签署"国家燃气紧急事态应对协议谅解备忘录"，建立了国家燃气紧急事态顾问委员会（National Gas Emergency Response Advisory Committee，NGERAC）。NGERAC 由政府和燃气工业及用户的代表组成，为 MCE 和各辖区提供有效的应对天然气供应短缺的建议，以维持燃气供应系统的完整和全体公众的健康与安全。自建立以来，为发挥其功能，NGERAC 从事了以下工作：运用其专业能力协助发展专门的应急反应措施；制定了通信协议，为政府官员和行业人员在紧急事态中提供更详细的指导；制定了程序手册，确定了 NGERAC 各行业和辖区成员的角色和职责，以确保所有成员都能协助跨辖区的燃气紧急事态处理。国家石油紧急事态委员会与 NGERAC 的秘书处都设在 DRET。①

5. 国家电力市场管理公司

国家电力市场管理公司（National Electricity Market Management

---

① Department of Resources, Energy and Tourism, *Our Portfolio*, available at http：//www. ret. gov. au/Department/about/Pages/OurDepartment. aspx.

Company，NEMMCO）是澳大利亚电力市场和国家电网的运营者，其主要职责是确保电力系统的稳定与安全。国家电力市场管理公司的职责包括与各辖区进行沟通；在电力紧急事态中提供领导和决策，以确保行业内部以及各辖区政府之间的合作。①

（二）相关规范性文件

1. 《液体燃料紧急事态法》（1984）

《液体燃料紧急事态法》（1984）是澳大利亚政府处理重大液体燃料紧急事态的基本依据，该法于2007年进行了修订。在液体燃料短缺非常严重的情况下，澳大利亚政府可以根据《液体燃料紧急事态法》宣布国家液体燃料紧急状态。该法规定澳大利亚政府在与地方政府磋商后，有权在全国范围内调整燃料的生产与分配；有权指令燃料公司生产燃料的数量和分送的地区；有权命令将出口的原油转为内销；有权通过控制市场需求的水平，来确保关键用户的能源供给。此外，该法还对由于紧急权力的行使而直接受到影响的各方的赔偿问题做出了规定。

2. 国家液体燃料紧急事态应对计划

为了完善《液体燃料紧急事态法》，澳大利亚政府制定了"国家液体燃料紧急事态应对计划"。在长期广泛的燃料供应短缺中，该计划的目标是：确保关键用户的燃料供给；在可能的情况下，保证其他用户的燃料供给；确保燃料在澳大利亚各州和地区公平有效的分配；最小化燃料短缺对工业和商业的影响；确保澳大利亚履行其作为IEA成员国的义务；指明澳大利亚液体燃料供应管理的战略方向。该计划管理液体燃料紧急事态的措施包括：控制石油在澳大利亚境内的销售与流动，与此同时允许市场通过价格机制减少能源的需求；采取鼓励自愿减少需求的措施；直接的数量配额控制。

澳大利亚政府意识到直接的配额控制方法所带来的额外成本，

---

① Department of Resources, Energy and Tourism, *Emergency Response*, available at http：//www. ret. gov. au/energy/energy _ security/emergency _ response/Pages/EmergencyResponse. aspx.

又建立起"零售配额计划"以协助其管理能源需求。"零售配额计划"在能源管理的四个阶段，根据不同的用户分类细分了不同的燃料供给数量。①

3. 国家燃气紧急事态应对协议谅解备忘录

2004 年 12 月，澳大利亚联邦和各州、领地签署了国家燃气紧急事态应对协议谅解备忘录（Memorandum of Understanding on the National Gas Emergency Response Protocol，MoU），为应对跨辖区燃气供应短缺的紧急权力的使用设定了目标和原则。MoU 的主体内容分为四个部分：第一部分"释义"，对"相关部门"、"紧急权力"、"辖区"等做出了界定；第二部分"备忘录的性质"，涵盖了备忘录的目标、不具法律约束力和相关部门保持沟通等内容；第三部分"紧急权力的磋商与行使"，规定了在任何燃气供应短缺、紧急权力使用中相互联系和影响的各方通过合理的方式相互磋商；第四部分"一般规定"，规定了备忘录的生效、执行、变更、评估和退出等内容。②

（三）应急反应

澳大利亚政府一般不直接运用行政手段干预能源紧急事态，而是通过市场进行调节。当市场调节失败时政府才进行干预，干预的手段包括限制燃料购买、指挥燃料分配和价格控制等。

1. 液体燃料紧急状态的宣告

做出液体燃料紧急状态宣告前，有关部门应向国家石油紧急事态委员会沟通和咨询，以确保信息的准确与及时。各州、领地能源部长协商后，认为宣告液体燃料紧急状态对于保护公共利益是必需时，由澳大利亚总督宣告进入国家液体燃料紧急状态，紧急状态不能超过 3 个月。各州、领地能源部长认为紧急状态不再符合公众利

---

① See Marie Taylor, *Australia's Approach to Managing an Oil Emergency*, pp. 18-20.

② Department of Resources, Energy and Tourism, *Memorandum of Understanding on the National Gas Emergency Response Protocol*, available at http：//www. ret. gov. au/Documents/mce/security/ngerp/default. html.

益时，可以在紧急状态的任何时间，通过总督提前结束紧急状态。液体燃料紧急状态宣告的内容包括：持续的时间、授予的紧急状态权力、采取的措施以及确定关键用户等内容。

2. 液体燃料紧急状态权力的行使

在紧急状态期间，能源部长可以以书面指令的形式要求相关公司或个人：在特定的地点维持特定数量和种类的液体燃料供应；将特定数量和种类的液体燃料在特定时间内运到特定地点；在贸易或商业活动中采取必要措施，确保特定用户可以购买到特定数量和种类的液体燃料；生产或精炼特定数量和种类的液体燃料；调节或禁止在贸易或商业活动中向一般或特定的用户供应液体燃料。没有正当理由，违反指令的公司或个人将被罚款。为了实施这些权力，能源部长可以以书面的形式任命一些人员，受任命的人员在行使权力的时候必须携带和出示身份证件。受任命人员可以要求有关人员提供特定的信息和文件；可以为确定有关人员是否违反或正在违反紧急权力行使的相关规定而进行检查，有关人员必须给予便利和协助。

3. 液体燃料紧急状态的结束

联邦和州、领地都可以要求结束紧急状态，结束紧急状态的一般步骤为：向国家石油紧急事态委员会提出结束紧急状态的非正式咨询；如果有理由结束紧急状态，联邦和/或各州、领地进行磋商；磋商后，联系执行委员会办公室建议结束紧急状态，并确定总督签署结束紧急状态宣言和执行委员会同意签署的可行性；与总督办公室联系，起草执行委员会会议记录、宣言和备忘录；总督签署结束紧急状态宣言；通过联邦公报和新闻媒体予以发布。①

此外，为测试和完善"国家液体燃料紧急事态应对计划"，澳大利亚分别于2003年6月和2008年6月举行了全国性的液体燃料紧急事态演习。

---

① See Liquid Fuel Emergency Act 1984 and National Liquid Fuel Emergency Response Plan.

第三节　外国能源应急法律制度比较分析

能源储备要考虑效益与公平，而能源应急重在效率和效力。因此，相对于各具特色的能源储备法律制度，各国能源应急法律制度有着更多的相似之处。

一、全面的应急法律规范和计划

明确应对能源紧急事态的组织体系、各参与主体的权责和应急程序，是迅速而有效地应对能源紧急事态的前提；而应急法律和计划的详细规定又是明确上述事项最有效的方式。美国通过《能源紧急事态应对法》和《国家应对计划》（NRP）中专门的能源紧急事态应对计划，以及《能源政策与储备法》建立起自己的能源应急法律制度；欧盟涉及能源应急的规范性文件有"强制成员国承担维持最低原油和/或石油产品储备义务"的 2006/67/EC 指令、"关于保障天然气供应安全的措施"的 2004/67/EC 指令；日本涉及能源应急的规范性文件有《石油储备法》、《石油供需优化法》和《稳定国民生活应急法》等；德国涉及能源应急的规范性文件有《石油及石油制品储备法》和《能源安全保障法》；法国政府通过颁布的一系列法令应对能源紧急事态；澳大利亚的《液体燃料紧急事态法》（1984）和"国家液体燃料紧急事态应对计划"为基础建立了液体燃料的应急法律制度；以"国家燃气紧急事态应对协议谅解备忘录"等。

上述国家和地区通过专门的应急法律、相关法律法令和应急计划等规范性文件，全面而详细地明确本国、本地区应对能源紧急事态的组织体系、各参与主体的权责和参与程序等事项。

二、完善的应急组织体系

应对能源紧急事态的组织体系是能源应急法律制度贯彻实施的基础，是应对能源紧急事态的人力保证。美国的能源应急组织体系包括三个层级：指挥中心、区域机构、州和地方政府。能源部在应对能源紧急事态中发挥主导作用，其他相关机构在各自的领域内支持能源部的应对行动。欧盟委员会负责欧盟内的能源紧急事态应对事务，在能源紧急事态发生时通过"协调小组"监督和协调各国的应对行动。日本能源应急组织体系分为三个层级：经济产业省、JOGMEC 和私有运营公司。经济产业省是日本应对能源紧急事态的领导决策机构，JOGMEC 是管理和执行机构，私有运营公司则具体负责石油储备的加工和输送。联邦经济技术部是德国能源应急组织体系的决策层，国家能源应急组织（NESO）负责应对能源紧急事态的日常事务，EBV 则是德国能源应急组织体系的执行层。生态、可持续发展和城乡规划部（MESTCP）负责法国的能源紧急事态应对相关事务，具体事务由其下属的能源与矿产资源局（DIREM）负责。能源与矿产资源局（DIREM）是法国国家能源应急组织（NESO）的核心，是政府其他部门和经营者联系的枢纽。"石油战略储备行业委员会"（CPSSP）和"安全储备管理有限责任公司"（SAGESS）则是法国能源应急组织体系的执行部门。能源部长理事会是澳大利亚应对能源紧急事态的最高决策机构，资源、能源和旅游部是澳大利亚具体负责应对能源紧急事态的政府部门，国家石油紧急事态委员会、国家燃气紧急事态顾问委员会、国家电力市场管理公司则在各自的领域内履行应对能源紧急事态的职责。

各国能源应急组织体系一般分为决策层和执行层，决策层的日常事务一般由能源主管部门承担。在能源紧急事态中，能源主管部门起主导作用，其他相关部门分工合作共同支持能源主管部门的应对行动。

三、严格的应急程序

能源紧急事态有一个发生发展的过程，其负面影响有大小之分。美、欧、日、德、法和澳等国家和地区的能源应急法律制度都对应急反应程序的启动、应急中不同应对措施的采取以及事后的恢复和总结都做了相应的规定。美国能源应急程序的启动由总统宣告，将应对能源紧急事态分为事前、事中和事后三个阶段，每个阶段各个部门的职责都不一样。欧盟最新的"强制成员国承担维持最低原油和/或石油产品储备义务"立法建议规定：欧盟委员会确定是否发生重大供应中断；一旦确认即将发生重大供应中断，委员会可以授权相关成员国释放储备。日本经济产业省能源资源厅全权负责能源应急程序，《协调应急反应措施手册》详细规定了在石油紧急事态中石油储备释放的数量和程序。联邦经济技术部决定德国石油储备的释放、抑制需求措施的采取，供应协调委员会（KGV）和危机供应理事会（KVR）为经济技术部提供建议。澳大利亚政府首先通过市场调节能源紧急事态，当市场调节失败时政府才进行干预；总督根据能源部长的建议宣告进入能源紧急事态，从而启动能源应急程序；进入能源紧急事态后，政府就享有了紧急状态下的权力，可以采取一系列的应对措施。

四、多样化的应对措施

根据能源紧急事态的不同情况，采取不同的应对措施或措施组合，是美、欧、日、德、法和澳等国家和地区能源应急法律制度的共同特征。它们应对能源紧急事态的措施包括：信息的收集与处理、能源需求限制、能源储备释放、能源转换、增加能源生产、能源价格控制、能源出口限制、确保特定用户的优先供应以及实行能源配额供给等。违反政府采取的应对措施的公司或个人将受到罚款或限制人身自由的处罚。

五、广泛的社会参与

在美、欧、日、德、法和澳等国家和地区能源应急法律制度中，虽然政府起着主导作用，但其同时或强制或鼓励企业和公众广泛参与能源应急行动。美国的能源紧急事态应对计划认为私人部门拥有和运营国家主要的能源基础设施，他们在快速恢复相关基础设施的服务中起主要作用，并吸纳合格的私人部门实体参与规划和决策过程。欧盟的能源紧急事"协调小组"由各成员国、相关产业和消费者的代表组成。日本的能源应急组织体系中既有政府部门，又有半官方性质的 JOGMEC，还有负责储备基地运营的私有公司等。德国的 EVB 和 KGV 等机构都有来自于政府、石油采购加工和分配专家、石油工业界和贸易界的代表。在能源紧急事态中，法国的国家能源应急组织（NESO）广泛吸收来自于石油工业和分销部门的专家代表。澳大利亚的国家石油紧急事态委员会由来自联邦、州、领地和石油产业的人员组成。

上述国家和地区的能源应急组织的常设机构一般人不多，但一旦发生紧急事态就迅速吸纳来自其他政府部门、能源产业、能源贸易、科研等各领域的人员参与。在具体实施应对措施时，往往要求或鼓励企业和公众给予配合和协助。

六、动态的信息收集与处理

掌握全面准确的信息是做出正确决策的前提，相关能源信息的收集和处理对整个能源应急体系的有效运转非常关键。美、欧、日、德、法和澳等国家和地区，无不通过法律、指令等规范性文件，规定企业和相关机构报送有关能源生产、加工、销售和进出口等各类信息。为此，这些国家和地区还建立了专门的信息收集、传输和处理系统，并组织有关工作人员和专家定期或不定期地提供分析报告，为决策部门提供参考和建立。如美国能源部收集、评估和提供有关能源供需和价格的信息，编写紧急事态中和事后报告；欧盟委员会要求成员国应定期向其提交有关能源储备数量、地点和品种等信息，并积极筹建"欧洲能源供应监视机构"和"欧洲能源网络中心"；日本政府非常重视石油储备信息管理网络的建设，以提高政府、企业和公众之间能源相关信息的沟通；德国的 KGV 分析与判断石油危机的数据和条件，提出克服能源供应短缺的建议；法国的石油经营者每月需向能源与矿产资源局和 CPSSP 递交储备申报材料和海关申报等，能源与矿产资源局和海关还不定期进行现场核查；澳大利亚的国家石油紧急事态委员会作为政府与能源行业沟通的桥梁，确保能源部长及 MCE 收到有关应对石油供应问题的信息和建议，并监督石油市场的供需情况并做出评估。

七、定期或不定期的应急演练

为保证能源应急系统在能源紧急事态中能够及时、有效地做出

反应，发挥应有的作用，美、欧、日、德、法和澳等国家经常开展
能源紧急事态的应急演练。如美国能源部对战略石油储备进行测试
性动用；日本从 1987 年开始，每年都要进行紧急事态释放石油储
备的演练；EVB 负责德国两年一次的石油紧急事态演习；澳大利亚
在 2003 年 6 月和 2008 年 6 月举行了全国性的液体燃料紧急事态演
习等。此外，这些国家还在 IEA 的组织下进行石油供应中断应急
模拟演习。

八、全方位的国际合作

美、日、德、法和澳都是 IEA 的成员国，须履行 IEA 框架下
的能源紧急事态反应义务。IEA 能源紧急事态应对体系的基石是维
持石油储备和协调采取应对措施。IEA 成员国须定期向 IEA 秘书处
提及供辖区内石油公司的运营情况，以及本国石油供应、消费、运
输、储备等信息；在发生能源紧急事态时，各成员国须根据 IEA
理事会决议按规定采取抑制石油消费、释放储备、燃料转换、增加
石油生产和分享石油储备等措施共同应对石油危机。为应对 1991
年海湾战争和 2005 年墨西哥湾飓风带来的能源紧急事态，IEA 成
员国曾通过协调行动向市场释放石油储备，起到了稳定石油市场的
作用。德国和法国作为欧盟的成员国，还须根据欧盟相关规定加强
欧盟内部的合作。美国、日本和澳大利亚也通过 APEC 能源工作组
能源安全动议（The APEC Energy Working Group Energy Security
Initiative，ESI）等平台加强亚太地区的能源合作。

第四节 我国能源供应安全应急机制的立法完善

能源供给安全所涉及的外部（地缘政治）、内部（运转和投
资）以及时间（短期、中期和长期）要素，要求以一种多维度的
政策进路来保护能源体系免于崩溃。[①] 因此，国家还要建立起能源

---

① 秦天宝、廖建凯：《中国能源安全预警与应急机制的构建》，载《2007
年中国能源与安全问题研究法律与政策分析国际会议论文集》，第 207 页。

供应安全预警与应急的机制，关注能源供应过程中各种相关因素的影响，对能源的供应过程做出动态的持续监测，当出现非正常的情形如能源供应市场的严重短缺、供应非正常的中断、能源市场价格的剧烈波动时，能够及时地发出预警信息并采取积极的应对措施，把能源供给的风险予以压制，保障能源供应的市场与社会消费秩序，保障社会经济的稳定发展。这种具有检测、预警与应对功能的能源供应风险防范机制对保障现实中充满不确定性的国内能源安全的供给非常重要，但是我国相关机制的缺乏使得我国的能源供给安全风险问题加大，完善我国的能源供应风险防范机制具有现实性和急迫性。未来我国能源供应安全应急机制立法的完善需要注重以下几个方面：

一、能源供应安全预防准备制度

（一）能源供应安全预警机制的设立

它主要是在能源安全评价的基础上，通过建立国家能源安全监测预警模型，对国家能源安全系统进行实时监测以及对安全系统未来的演化趋势进行预警，以发现系统运行的非正常状态及其成因，分析系统的优势与限制，为国家能源安全战略决策提供科学依据和指导。① 能源供应安全预警机制建立与完善可以有效防止能源供给领域各种非正常情况的发生，化解能源安全隐患。现实中能源供给安全应急机制的建设也得到了世界各国的普遍重视。比如美国已经建立了系统性的能源安全预警机制，为了防范石油在海上运输中油轮相撞所带来的海岸线污染问题，美国制定了针对石油运输所造成的污染的应急措施；为了防止出现核电发展中的核泄露问题，美国制定了核电厂的安全应急措施；在 2005 年的《国家能源政策法》中还针对电力供应中的突发问题制定了相关应急条款。不仅在国内，目前国际之间为了保障彼此之间能源的有效、稳定供应，也加强了彼此之间能源安全预警机制的建设。欧盟委员会在 2006 年首

---

① 清华大学环境资源与能源法研究中心课题组：《中国能源法（草案）专家建议稿与说明》，清华大学出版社 2008 年版，第 166 页。

次提出了建立能源安全预警机制的倡议，2007 年能源安全预警机制开始启动。欧盟国家之间预警机制建立的一个重要措施是建立欧盟国家之间能源通讯员网络，各国设立的能源通讯代表将负责收集和整理有关地缘政治和能源领域的重要信息，目的是针对能源供给安全风险问题及早发出预警风险，从而在风险发生前及时采取有效对策。

（二）能源安全预案的编制

能源安全预案的编制是能源应急预防准备阶段的一项基础性工作制度。能源安全预案的编制可以确保在危机发生后，涉及的各应急主体能够根据事先的预案安排有条不紊地各司其职、迅速采取协调统一的应对危机的对策。在我国，能源安全预案的编制程序是：国务院能源主管部门应当组织编制国家能源应急总体预案和主要能源品种的专项应急预案，报国务院批准；县级以上地方人民政府应当根据国家能源应急预案编制本行政区的能源应急预案，报省级人民政府批准；能源企业和重点用能单位应当编制相应的能源应急预案；能源应急能力建设，应当纳入能源应急预案。① 能源安全预案的一个重要内容是能源应急事件的分级管理，按照实际或者合理预计的可控性、严重程度、影响范围和持续时间，一般可以将能源供应危机分为特别重大、重大、较大和一般四级。② 目前我国对于能源安全防范机制缺乏立法的规范，对于现实中能源供应危机程度的判断可以参考国际上通行的经验，如国际能源署通常依照上年度石油消费量的 7% 作为是否启动紧急对策的参数。以此为基础，按照短缺量占上年消费量的 3%、5%、7%、10% 和 15% 五个级别来划分能源供应危机程度。③

（三）能源安全应急组织的完善

能源应急事件的应急处置原则是实行统一领导、分级负责、分

---

① 参见《中国能源法意见稿》第 70 条。
② 参见《中国能源法意见稿》第 71 条。
③ 张抗：《建立石油安全预警系统势在必行》，载《国际石油经济》2004年第 1 期。

类实施、协同配合。① 这就需要一个完善能源安全应急组织，为了保障一个完善能源安全应急组织的产生，首先需要一个有效的应急处理机构。如美国的能源应急应对机制由一系列多领域、多层次的协同机制组成。美国在联邦层面有美国联邦应急管理局、各地区也设有专门的应急机构如加州政府应急服务办公室、洛杉矶市应急准备局等。在能源领域出现危机时，1977 年根据《能源部组织法》和《联邦能源管理法》成立的能源部是美国的能源应急领导机构。能源部和联邦应急管理局会联合对危机做积极应对，能源部下属的能源安全与应急办公室负责国内能源应急协调与应急处理中心的运作，国际事务办公室则负责各机构与各部门之间的协调。② 此外，能源部下设的各部门、各地区的应急机构在联邦机构的统一领导下共同对能源危机采取措施。

　　为了保障能源安全应急组织功能的积极发挥，需要完善以下两个方面：首先，对应急处理机构进行合法且合理的授权。在能源应急期间，各级人民政府应当根据维护能源供给秩序和保护公共利益的需要，按照必要、合理、适度的原则，采取能源生产、运输、供应紧急调度，储备动用，价格干预和法律规定的其他应急措施。③ 其次，完善应急事件应对的信息系统，帮助社会主体行为的协调一致。完善的信息系统可以帮助人们对能源危机的状况做出准确的预测、判断和识别、决策，也可以帮助实现人们之间行为的有效协调，使得整个社会形成应付危机的共同合力。国际能源署在各成员国之间建立了统一的信息汇总和分析系统。在该系统中各国的公司和石油行业协会将原油生产、炼制、原油和油品运输、销售、需求、进出口和储备等数据汇总于国家指定的机构或统计办公室，而后集中于国际能源署信息中心和负责应急决策的董事局。④ 从而使

---

① 参见《中国能源法意见稿》第 7 条。
② 王晓冬：《可持续能源法律问题研究》，武汉大学 2009 年博士论文。
③ 参见《中国能源法意见稿》第 74 条。
④ 张抗：《建立石油安全预警系统势在必行》，载《国际石油经济》2004 年第 1 期。

得各国可以清晰地了解各国的能源形势，做出正确的决策。德国的
"紧急预防信息系统"在平常的社会生活中向人们提供了一个开放
的互联网平台，它集中向人们提供各种危急情况下如何采取防护措
施的信息。该系统网络平台有2000多个相关链接，人们从中可以
很方便地找到有关民众保护和灾难救助的背景信息，也可以了解危
险情况下如何采取预防措施等信息。现实中"紧急预防信息系统"
是德国有效协调社会主体行为、应对国内公共危机的重要措施。目
前，我国能源应急机制上的建设还存在着诸多缺陷，主要反映在应
急机构之间职责不清晰、各地应急机构的设置标准不一、职责不统
一、信息公开机制不完善等方面，我国能源应急组织体系的完善应
围绕着上述缺陷进行。

二、能源安全应急响应制度

在能源应急预案被启动后，能源应急预案中规定的各主体的应
对措施应该得到积极的响应。在我国，首先应急处理各机关应该根
据各自的授权采取能源生产、运输、供应紧急调度，储备动用，价
格干预和法律规定的其他应急措施。实施能源应急措施应当向社会
公告，在应急事件的威胁和危害得到控制或者消除后，能源应急措
施应当及时中止或者取消，并向社会公告。① 其他的能源应急相关
单位和个人应当执行能源应急预案和政府能源应急指令，承担相关
应急任务。同时，各级人民政府在采取能源应急措施的同时，应当
确定基本能源供应顺序，维持重要国家机关、国防设施、应急指挥
机构、交通通信枢纽、医疗急救等要害部门运转，保障必要的居民
生活和生产用能。② 另外，完善的能源安全应急响应手段机制是有
效解决能源供应危机的有效应对手段，现实中多种应急响应手段的
协同配合、发挥整个应急机制的总体性综合效用则是美国能源应急
机制的重要特点。从美国能源应急响应手段的构成上看，主要包括
战略石油储备建设与投放、以国际能源机构为核心的能源集体安全

---

①　参见《中国能源法意见稿》第74条。
②　参见《中国能源法意见稿》第75条。

体系、燃料转换、需求限制和国内紧急增产等单元和具体应对措施。① 现实中，在上述美国能源应急的各种手段中，石油战略储备制度是核心，战略石油的动用和在能源市场上的抛售是主要的手段，燃料转换、需求限制和国内紧急增产等其他措施也是重要的辅助应急响应手段。根据不同的情况采取不同的应急手段是有效应对能源危机的重要保证。因此，我国应该探索能源应急手段的完善，在我国国内构建完善、系统的应急措施体系，为未来有效、从容地应对能源供应中断的风险奠定良好的制度环境。

三、能源安全应急善后制度

能源领域的应急还要考虑到能源应急过后的救济补偿制度。因此，有关人民政府应当及时退还因能源应急依法征收征用的物资、设备和设施，并对损耗、消耗部分给予补偿；对承担能源应急任务的单位和个人，可以给予适当奖励或者补偿；各级人民政府处置能源应急事件所发生的相关合理费用由本级政府按照国家有关规定负责解决。②

---

① 参见刘恩东：《美国石油应急机制的特点》，载新华网 http：//news. xinhuanet. com/theory/2009-07/26/content_11765654. html，2010 年 2 月 26 日访问。
② 参见《中国能源法意见稿》第 77 条。

第十四章

节约能源和提高能效法律制度比较

第一节 概 述

一、节约能源和提高能效的内涵

（一）我国《节约能源法》中关于节约能源的含义

我国《节约能源法》所称节约能源，是指加强用能管理，采取技术上可行、经济上合理以及环境和社会可以承受的措施，从能源生产到消费的各个环节，降低消耗、减少损失和污染物排放，制止浪费，有效、合理地利用能源。节约能源的含义可以从以下几个方面来理解：（1）节能应当采取加强用能管理以及其他措施。其中，加强用能管理可以在不减少人们的生产、生活需求的情况下，以较少的投入取得较好的节能效果，这是节能的基础性工作。（2）加强用能管理和采取其他节能措施，应当符合技术上可行、经济上合理以及环境和社会可以承受的原则。技术上可行是指符合现代科学技术要求和发展水平；经济上合理是指经过经济可行性研究论证，节能投入和产出比合理；环境和社会可以承受是指符合环境保护规定，节能措施安全、实用、经济，不超过社会承受能力。（3）节能应当体现在从能源生产到消费的各环节，即能源的生产、加工、转换、输送、储存、使用等各环节，降低消耗，减少损失和污染物排放，制止浪费。（4）节能要达到的目的是有效合理地利用能源，即符合经济效益原则和环保要求的情况下，使用相同数量的能源，满足更大的社会需求。①

（二）国际上关于节约能源和能源效率的定义

按照世界能源委员会 1979 年提出的定义，"节能"是指采取技术上可行、经济上合理、环境和社会可接受的一切措施，来提高能源资源的利用效率。国际上的节约能源，主要有两个方面的意义。首先是可以通过减少消费来节约能源。其次是通过更有效的能源生产和利用节省能源。②

世界能源委员会 1995 年提出的"能源效率"定义为减少提供同等能源服务的能源投入。这是一个单位能源所带来的经济效益多少的问题，带来的多说明能源效率高，所以说也就是能源利用效率的问题。能源效率不仅仅包括能源的勘探、采掘和开发中的能效，还包括能源深加工、利用和消费过程中的能效。

（三）节约能源和提高能效的关系

能源是人类赖以生存和发展的重要物质基础，我们所推动的节约能源，不是要抑制和减少人类的生产、生活消费，而是通过加强用能管理，采取技术上可行、经济上合理以及环境和社会可以承受的措施，提高能源利用效率。由此我们可以发现实现能源节约，一方面通过调整产业结构，淘汰落后的耗能设备和生产工艺，减少能源使用；另一方面是通过加强用能管理，采取先进的设备努力提高能源利用效率。因此，提高能源利用效率是能源节约的重要手段。

---

① 安建：《中华人民共和国节约能源法释义》，法律出版社 2007 年版，第 5-6 页。

② ［美］约瑟夫·P. 托梅因，理查德·D. 卡达希著：《美国能源法》，万少廷译，法律出版社 2008 年版，第 306 页。

提高能效既包括提高能源的勘探、采掘和开发中的能效，也包括能源深加工、利用和消费过程中的能效。[①] 我们可以看到在提高能效的过程中实现了能源的节约，所以说节约能源是提高能效的实施效果。

二、我国节约能源和提高能效的现状与问题

（一）能源结构现状及问题

从中国能源资源的现状分析，其特点可以概括为：总量较丰富，人均占有少，分布不均衡，开发难度大。我国已经初步形成了煤炭为主体、电力为中心、石油天然气和可再生能源全面发展的能源供应格局，基本建立了较为完善的能源供应体系。其中，煤炭占主导地位，其他能源种类齐全，资源丰富，分布广泛。但是由于我国人口基数比较大，所以造成我国人均资源占有量较低的现象。我国的资源分布不均，例如煤炭资源主要分布在华北、西北地区，水力资源主要分布在西南地区，石油、天然气资源主要分布在东、中、西部地区和海域。而我国主要能源消费区集中在东南沿海经济发达地区，资源分布与能源消费地域存在着明显的不对应。从而给我国的能源开发和利用造成了更大的困难。

（二）能源技术效率现状及问题

随着能源技术的发展，我国能源节约效果有了显著提高。能源科技水平为能源工业发展提供了重要支撑。能源发展的市场环境也正在逐步完善，各项改革稳步推进，立法步伐明显加快。通过能源市场化的完善，我国能源技术效率也得到了不断提高。

中国能源在加快发展过程中，也存在一些突出问题。如能源技术相较于发达国家尚有差距，从而造成能源效率偏低；能源结构的不够合理，也不利于我国能源技术的提高；市场体系不够完善、安全应急体系不够健全等。但中国政府清醒地认识到，目前能源发展中存在的问题是发展中的问题，前进中的问题，中国政府有信心、

---

① 叶荣泗，吴钟瑚：《中国能源法律体系研究》，中国电力出版社 2006 年版，第 39 页。

有能力解决好这些问题。

（三）各领域节约能源和提高能效现状及问题

1. 工业节能现状与问题

工业在我国能源消耗中所占的比例相当的大，其中电力、钢铁、有色金属、建材、石油加工、化工、煤炭等主要耗能行业是工业能源消耗的大户，其耗能量约占全国工业能耗总量的一半。在推动工业节能方面，我国制定了煤炭、石油、天然气、煤层气等主要能源资源总体开发方案，优化煤、石油、天然气和水电资源的配置，统筹规划能源开发、运输、储存、加工、转换和燃料替换等。另外，我国大力推进有利于节能的行业结构调整，优化用能结构和企业布局。一是控制高耗能、高污染行业过快增长，严格控制新建高耗能、高污染项目。二是加快淘汰落后生产能力，加大淘汰电力、钢铁、建材、电解铝、铁合金、电石等行业落后产能的力度。三是完善促进行业结构调整的政策措施，鼓励发展低能耗、低污染的先进生产力。①

在我国工业节能的过程中，存在着一些工业节能问题。第一，能源利用结构不合理。例如在我国电力工业中，火电装机比重超过75%，火力发电所占比重超过80%。在发达国家，一般采用水电站或燃油、燃气机组承担尖峰负荷，燃煤发电厂承担基荷，使燃煤电厂在负荷平稳区段运行，启停少，热效高。而在中国，水电、油电和气电不仅比重小，而且大多集中在局部地区，燃煤电厂不但要承担调峰、调频任务，还要承担备用等任务，由此导致热效率偏低，煤耗偏高。第二，能源利用方式相对落后。我国钢铁行业、有色金属行业、水泥行业等在能源利用上与外国同类行业相比，存在着技术落后，效率水平低的问题。第三，我国节能行业发展滞后。中国节能行业的发展与许多国家先进水平相比相差甚远，无论是节能技术还是节能产品，都远远落后了近20年的水平。相对落后的节能设备和技术往往造成我国节能法规政策无法得到最佳的执行，

_____

① 安建：《中华人民共和国节约能源法释义》，法律出版社2007年版，第45-46页。

给我国节约能源造成了十分大的压力。

2. 民用/商用节能现状与问题

随着工业化和城市化加速，居民消费结构升级，市场规模扩大，能源消费保持着持续上升的势头，人们物质生活需求与资源环境之间的矛盾越显激化。我国拥有13亿人口，动员全民参与节能，从衣食住行等方面入手，从生活的点滴做起，将产生显著的经济、社会和环境多重效益。目前根据对日常生活全民节能设想潜力推算，全国年节能可达7700万吨标准煤，可用来创造GDP约6400亿元，减少大量的二氧化硫排放，将极大地推动我国节能政策。①民用及商用节能推进的过程中，仍然存在着许多实践中的困难。第一，人民节能意识不足。许多民众在日常生活中无法认识到节约能源的重要性和严峻性，对日常生活中许多节能细节上不在意，无法积极参与到政府提倡的节能活动中。第二，在实施民用及商用节能上的科学技术水平有待提高。我国民用及商用节能开展的时间比较晚，在这些方面的科学技术无法跟上当前人民生活消费水平，所以造成了民用及商用节能项目的推进十分困难。第三，民用及商用节能相关法律法规不完善。我国关于民用及商用节能法律法规更多的是推荐型或者是鼓励型，缺少实施的强制性和统一性，从而造成民用及商用节能在推行阶段困难重重。

3. 交通工具节能现状与问题

依据国家统计局的统计，交通行业包括铁路、民航、公路、水运、港口以及邮政、仓储，每年消耗的能源约合一亿七千万吨标准煤，占全社会耗能的7%—8%，其中主要是油品消耗。道路运输消耗量又占交通行业能耗的52%，其中水运占19%。其余的相对比例就小一些。所以说交通部门的节能任务也是十分繁重的。② 交通部门发布了《中华人民共和国航运公司安全与防污染管理规

---

① 钱伯章：《节能减排——可持续发展的必由之路》，科学出版社2008年版，第163页。

② 钱伯章：《节能减排——可持续发展的必由之路》，科学出版社2008年版，第268页。

定》，进一步规范并严格实施了港口新、改、扩建项目节能评估和审查工作，修订了水运行业部分节能标准规范，发布了《水运工程节能设计规范》。在道路运输方面，交通部修订了《营运车辆综合性能要求和检测方法》，把能耗作为营运车辆准入和退出的重要指标。在水运方面，交通部制定发布了《关于港口节能减排工作的指导意见》，推行集装箱货场轮胎式起重机"油改电"技术，完成了我国主要港口企业节能新技术、新方法应用及生产耗能考核调研。此外，交通部公布了"十一五"第一批全国重点推广在用车船节能产品技术目录，组织开展了交通运输行业能源消耗统计及分析方法研究。

中国交通运输行业节能潜力巨大，但是我国的铁路、公路、水运、城市交通等行业的节能在现今政策体系、体制机制、技术、资金、信息、能力建设等方面都普遍存在问题。第一，管理者、经营者甚至是社会公众普遍的节能意识不高。长期以来，中国幅员辽阔，资源丰富，使得资源的有限性和能源安全等问题没有得到社会各界的重视，经济发展基本上走上了一条粗放型增长道路，经济高速增长实际上是以资源的高消耗作为代价的。第二，有关能效、节能和环保方面的指标体系不完善，统计渠道缺失，有关信息传播工作不到位。因为长期以来交通行业的能效和节能意识不足，有关交通能效和节能的基础研究相当薄弱，交通节能工作在一些行业内仅仅是一种生产活动中可有可无的附属工作。第三，有关节能领域的政策法规不完善，节能标准化工作之后，现在管理体制不适应交通行业综合节能工作的需要。中国虽然已经颁布了《节约能源法》，但在交通领域与之相配套的实施细则并不全面，往往造成机构配套执法力度不够，实施难度较大，或者由于不同管理部门的职责交叉，一些规章覆盖不全，操作困难。第四，缺乏适应市场经济环境要求的节能管理、监测和服务机制。由于政府管理体制的改革，原有的节能管理机制能力在削弱，新的管理体制和服务机制没有建立起来，直接影响交通节能工作的开展。第五，各交通运输领域普遍存在节能技术研发能力薄弱和成熟节能技术推广应用步伐缓慢的情况。[①] 一方面，我国交通各领域的节能技术的研究开发机构经费困难、研发能力薄弱；另一方面，大量的节能技术或工艺被闲置，没有转化为现实的生产力，造成技术浪费。

4. 建筑节能现状与问题

近几年，我国城乡每年新增建筑面积 15 亿—20 亿平方米，从建材生产到竣工投入使用，其耗能约占全社会总能耗的 45%；民用建筑使用的日常能耗，约占全社会能耗的 27.6%，所以建筑节能是十分重要的。

目前，我国建筑能耗水平是世界同类能耗平均数值的 3—5 倍，公共建筑能耗是普通居住建筑的 10 倍。根据统计数据分析，目前我国建筑能耗达总能耗的 27.6%。建筑能耗特点是，建筑能耗总量大，建筑能源利用效率低，建筑用能增长速度快。如与气候条件相似的欧美国家相比，我国住宅的单位采暖建筑面积一般要多消耗 2 到 3 倍，而且舒适性较差。建设部明确要求加强对工程建设的标准的实施监督力度，以提高建筑节能水平。并确定了到 2010 年，城镇建筑实现节能 50% 的目标；到 2020 年，达到建筑节能 3.51 亿吨标准煤的目标。建设部主要采取了五个方面的措施。第一，加强新建建筑节能工作。第二，深化供热体系改革，对北方采暖地区已有建筑实施热计量及节能改造。第三，加强国家机关办公建筑和大型公共建筑节能运行管理和改造，主要包括能耗监督，能耗统计，能耗审计，能效公示和制度建设。第四，推进可再生能源在建筑中规模化应用，具体措施包括实施可再生能源建筑应用示范推广项目，扩大示范效应；在农村地区大力推广太阳能，风能等能源的利用；制定可再生能源建筑应用关键技术设计指南、施工关键技术指南、关键设备可靠适用性评估标准等。第五，推广绿色建筑及低能耗示范。通过"双百工程"（"十一五"期间启动"一百项绿色建筑示范工程与一百项低能耗建筑示范工程"）的建设，形成一批以

---

① 钱伯章：《节能减排——可持续发展的必由之路》，科学出版社 2008 年版，第 272 页。

科技为先导、节能为重点、功能完善、特色鲜明、具有辐射带动作用的绿色建筑示范工程和低能耗建筑示范工程。①

在建筑节能中存在着下列三个主要问题：第一，建筑节能意识薄弱。人们没有充分认识建筑节能工作的重要性和紧迫性，同时对建筑节能的基本知识也缺乏深刻的了解。第二，缺乏行之有效的新技术、新材料和新管理模式的推广交流平台。近年来，我国建设规模和总量增长比较快，但科技投入没能同步跟进，建筑的科技进步是滞后的，对建筑发展的贡献率一直不高。第三，法律、法规、政策措施不完善。建筑节能涉及国家和政府多个部门，也涉及自然科学和应用科学的各个领域，如设计标准、建筑材料、供水供电等。单靠哪一个部门都很难实施，应有相应的职能部门牵头，加大协调力度，制定行之有效的强制各方利益主体必须积极参与节能的法律法规和行政监管体系，并组成强有力的政府权威的综合监管机构。

三、我国节约能源与提高能效法律制度的现状及问题

（一）我国节约能源和提高能效立法体系

1. 《节约能源法》

《节约能源法》属于能源综合性法律，其目的是推动全社会节约能源，提高能源利用效率，保护和改善环境，促进经济社会全面协调可持续发展。该法明确了节约资源这一基本国策，强调了节约与开发并举，把节约放在首位的能源发展战略。在节能管理、合理使用与节约能源、节能技术进步、激励措施和法律责任承担等方面做出了相关规定，为我国节约能源提供了法律保障。《节约能源法》第二章对节能管理进行了规范，建立了多项节能管理制度，其中包括节能标准体系、固定资产投资项目节能评估和审查制度，对落后的耗能过高的用能产品、设备和生产工艺实行淘汰制度，能源效率标识制度等。《节约能源法》强调工业节能、建筑节能、交

---

① 钱伯章：《节能减排——可持续发展的必由之路》，科学出版社 2008 年版，第 256-258 页。

通运输节能、商业和民用节能、农村节能和政府机构节能等重点领域的节能工作，并大力推进节能技术进步。此外，《节约能源法》还规定了节能监督管理制度、节能激励机制、节能保障制度等。

《节约能源法》基本符合我国市场经济体制发展，但是尚存在着一些问题。这些问题主要是：第一，现行节能法对节能市场机制缺少保障性的规范和措施，从而造成一些适应市场机制的节能方法和措施没有在节能法中被规定，例如合同能源管理，自愿节能协议等。第二，节能法的实施效力不足，节能过程中政府功能和作用定位模糊，各级节能管理机构权力弱化，出现了执法主体和权责模糊，执法主体缺位或者多头管理的局面。第三，节能管理方式缺乏多样性和灵活性，未能把财税、价格、金融等多种激励方式引入法律之中，造成节能管理方式的可行性大大降低。第四，监督管理机构的缺失，虽然存在着节能监督中心，但是其只能对违法行为下达整改通知而无权对其惩罚，从而造成监督管理机构存在变得无实际作用。第五，现行节能法调整的范围过于狭窄，其仅仅集中调整工业和重点耗能企业，对于生活中交通运输，节能建筑，政府机构和公共机构的节能规定太少，无法真正确保节约型社会的构建。[1]

2.《电力法》

《电力法》是我国能源领域制定的第一部专门性法律，是中国能源法制发展的里程碑。该法从 1996 年 4 月 1 日开始实施，其对促进电力产业持续健康发展，保障电网安全稳定，保护电力投资者、经营者的合法权益发挥着巨大效用。《电力法》确立了电力建设规划制度，对电力发展规划，城市电网的建设和改造规划等做了相应的规定。电力建设过程中，强调贯彻切实保护耕地、节约利用土地的原则。该法规定电力生产和电网运营应当遵循安全、优质、经济的原则。电力企业及相关企业应当加强安全管理，确保电力生产、电网运行连续、稳定，保证供电安全。本法还规定了电力管理体制和运营机制、电价形成机制、电力设施保护制度以及电力监督

---

① 叶荣泗、吴钟瑚：《中国能源法律体系研究》，中国电力出版社 2006 年版，第 258 页。

检查制度。

我国电力法律体系建设整体上已经取得了很大的进步，促进了我国电力发展和改革，但是现今仍存在着一些问题。第一，现行电力法律体系存在着许多需要修改和更新的地方。随着我国经济的快速发展，对电力供应的要求也越来越高，由此对电力法律体系的要求也在不断提高，所以现行电力法律尚需完善。第二，电力法律的相关细则和配套法律法规比较欠缺。只有通过一系列的实施细则和配套措施才能保证电力法律的实施，所以在这方面尚需努力。第三，《电力法》的某些规定与其他部门相关规定存在冲突，不利于电力法的实施。

3.《煤炭法》

《煤炭法》对我国合理开发利用和保护煤炭资源，规范煤炭开发、生产、经营活动，有效地促进和保护了煤炭行业的快速发展。《煤炭法》规定的保护管理措施主要有以下三方面。第一，对煤炭开发实行统一规划，合理布局，综合利用。通过法律保护煤炭资源，禁止乱采、滥挖等破坏煤炭资源的行为。国家通过政策鼓励在开发利用煤炭资源过程中优先采用先进的科学生产技术和管理方法。第二，强调在开发利用煤炭资源过程中，必须遵守相关环境保护法律法规，保护生态环境。《煤炭法》中规定煤矿建设应当贯彻保护耕地，合理利用土地等原则，在煤炭开发中注重环境治理。煤炭建设项目要求严格执行三同时制度。第三，鼓励和支持煤矿企业和相关企业发展煤电联产，炼焦，煤化工等，进行煤炭深加工和精加工。国家提倡煤矿企业发展煤炭洗选加工，实现综合开发利用，推广洁净煤技术等。但是，由于我国经济发展较快，煤炭法律中许多规定都已经落后了。例如对煤炭开采市场准入的规定就不符合当前市场的发展要求。煤炭法律法规的规定过于原则化，不利于实施执行。煤炭法律法规对煤炭开采、管理、安全等方面都存在需要改进的地方。

4.《政府采购法》

《政府采购法》的制定主要是为了规范政府采购行为，提高政府采购资金的使用效益，维护国家利益和社会公共利益，保护政府采购当事人的合法权益，促进廉政建设。在节约能源方面，《政府采购法》可以指导和推进节能技术和节能产品的使用。《政府采购法》中对采购当事人、采购方式和采购程序都已经做了详尽的规定，对采购目录和权限也有相关的限定，有利于推进节能产品和技术的使用。但是，其中关于节能产品的规定仅仅占一小部分，所以今后应该加强利用该法来促进节约能源，使该法可以发挥更大的效用。

（二）我国节约能源和提高能效制度存在的问题

1. 节能市场机制

我国节能法律制度主要包括节能标准与限额管理制度、节能质量认证制度、高耗能产品与设备淘汰制度、重点用能单位管理制度、能源消费统计和能源利用状况分析制度、国家推行和鼓励开发节能技术制度、合理用能评价制度、节能激励制度、节能目标责任制和节能考核评价制度以及节能法律责任制度等。从上述现行制度的构架来看，我国现行节能法律制度基本上采用"命令—控制"模式，即使采用了一定的经济刺激，其规定也是原则性的并且依赖于行政实施。技能市场机制的不足主要表现在以下几个方面：第一，价格机制失灵。目前，我国的能源定价机制，是能源价格严重偏离其真实价值，从而使企业模式能源的稀缺性和环境产生负效应，鼓励了浪费资源和污染环境的行为。第二，缺少节能交易市场。通过节能配额交易机制，可以利用产权市场激励节能。我国目前还没有建立节能交易市场，难以有效地调动节能的积极性。第三，缺少发挥市场力量推动节能的机制，如合同能源管理、节能专项计划等。

2. 节能管理机构及管理方式

节能管理机构及管理方式主要存在以下问题：第一，缺乏协调能力强、管理职能相对集中的综合性节能管理机构。第二，节能管理机构人员配置较少，与能源方的战略性地位、日趋严峻的能源供应形势以及管理覆盖的领域不成比例。第三，长期以来一直没有专业的节能监管部门，导致多家政府部门同时行使管理职能，职能过于分散、监管主体不明、监管效率低下。第四，节能管理基本表现为行政强制实施的特征，没有充分发挥社会和市场力量的作用。

3. 节能激励制度

节能激励制度存在以下几方面的不足：第一，缺乏有效统一的激励管理体制。节能激励涉及财政、税收、金融等多个职能部门，由于不同职能部门之间缺乏有效的协调机制，加之职能交叉、重叠、划分不清等因素，造成节能激励实施效果不佳，甚至有些制度设计完全流于形式。第二，节能激励财政工具不健全。我国目前仅对资源综合利用企业和治污企业实行财政补贴，且仅限于少数几项间接补贴，如利润留成、先征后返等，对相关企业的支持效果甚微。① 尽管我国制定了一系列融资支持政策，但由于缺乏相应的运作条件，并未落到实处。第三，对节能产业的投入严重不足。对节能的投入不能仅仅表现为政府出资建设几个节能示范项目以及完成若干节能技改，或者对某些节能项目进行某种税收优惠。节能是一个动态发展的概念，应当将其视为一个产业。要通过政府节能的优化管理和政策引导，不断提高社会各界的节能意识，引导低耗能经济的发展。到目前为止，在国家一级尚没有建立节能专项基金；地方一级用于支持节能的资金有限，并且节能基金的使用和管理不规范。第四，节能的财税政策手段单一。在财政支出方面，除了预算内的财政资金直接支持节能项目研发和技改外，缺少其他政策手段；在税收优惠政策上，目前节能政策与资源可持续利用以及环境保护政策混在一起，基本上只采用税收减免这个单一措施，没有采用投资减免、加速折旧、延期纳税等其他政策手段。

4. 能效标准和标识

能效标准和标识制度存在以下不足：第一，能效标准限定值和节能评价指标偏低，不利于能源的合理高效利用。第二，能效标准和标识体系不健全，覆盖产品范围较小。目前，仅局限于部分家用电器、照明设施以及部分工业设备，还没有形成一整套完整的标准和标识体系。第三，能效标准修订周期较长，不能动态适应经济和

---

① 郑云虹：《发展中国循环经济的财税政策》，载《东北大学学报》2004年第4期。

科技的发展。第四，缺乏能效标准和标识有效实施、监督与评估措施。尤其是管理手段落后，使各项管理办法与措施的实施受到严重影响，制约了管理水平的提高。第五，信息不对称问题突出，降低了节能标准和标识制度制定或修订的有效性。例如，能效标签中的耗能等级，只是表明用能设备的能耗级别，并没有标明耗能量，消费者不清楚能效等级之间的差别有多大，从而不能在节能和高耗能产品之间通过比较价格和使用过程中因节能而节约的费用做出合理选择，这也不利于提高节能产品的消费意识。

5. 重点领域节能

高耗能行业属于节能关注的重点，其中包括石油和化工行业、有色金属行业、水泥行业、钢铁行业等。由于这些行业对能源的需求十分大，而且都是我国经济建设的支柱产业，所以节能工作更加严峻。这些重点领域的节能制度主要存在以下问题。第一，相关重点领域节能技术开发和推广速度无法跟上我国经济发展的步伐，往往造成企业节能心有余而力不足的现象。第二，重点领域企业的节能意识不强，没有形成绿色生产的模式，在管理上也对节能不予重视。第三，相关重点领域节能制度不够全面，很多内容都没有纳入到节能制度中。

6. 节能执法

节能执法薄弱主要体现在执法手段不足、执法力度不够、执法主体不明等。第一，执法手段不足、力度不够。目前，我国节能法律法规赋予节能管理部门的执法权力仅限于限期治理和罚款，而且仅有的这两种手段在执法过程中软弱无力。其一，执法部门缺乏必要的强制执行权。目前，执法部门只能通过申请人民法院强制执行的方式迫使不履行环保法律义务的相对人履行义务。实际工作中，执法部门普遍感到缺乏必要的直接强制执行权力来保证执法的权威性、严肃性。其二，执法部门缺乏限期治理决定权等刚性的执法权力。从理论与实际的需要看，执法部门应拥有限期治理决定权，以及由此衍生的责令停业、关闭的权力，以加强执法的权威性与严肃性。目前我国环保法律除《环境噪声污染防治法》规定"对小型企业事业单位的限期治理，可以由县级以上人民政府在国务院规定的权限内授权其环境保护行政主管部门决定"外，其他法律均将这些权力赋予地方政府。然而地方政府往往偏重于考虑产值、效益、职工收入、失业率、社会稳定等因素，并未以节约能源为其考虑问题的真实出发点和立足点，故往往难以"狠"下决心做出这方面的决定。

第二，执法主体林立、多头执法、权责不清。《节约能源法》第八条规定："国务院管理节能工作的部门主管全国的节能监督管理工作。国务院有关部门在各自的职责范围内负责节能监督管理工作。县级以上地方人民政府管理节能工作的部门主管本行政区域内的节能监督管理工作。县级以上地方人民政府有关部门在各自的职责范围内负责节能监督管理工作。"由此可见，我国节能领域实行的是统管与分类相结合的多部门、分层次的执法体制，即国务院和地方各级人民政府的节能主管部门对节能实行统一监督管理，其他有关部门实行专项监督管理。但在节能执法中，节能主管部门没能真正地对节能实行统一监督管理，其他相关部门在执法中以本部门利益为出发点，在对部门本身有利益时便多头执法，造成执法冲突，在对部门本身无利益时便相互扯皮，造成执法权力真空。

四、国外能源节约和能效提高法律制度比较研究的目的和意义

我国关于能源节约和能效提高的法律法规尚不完善，存在着缺乏操作性、稳定性等一系列问题。通过介绍国外能源节约和能效提高法律制度，能为我国制定能源节约和能效提高的相关法律法规提供参考和借鉴，从而有利于解决我国相关立法上的困难。

本章对国外能源节约和能效提高法律制度比较研究，力求达到以下三个目的。首先，是介绍和认识不同国家关于节约能源和能效提高的法律制度，把握当今世界节约能源法律制度的发展趋势。我们将分析研究美国、欧盟、日本、加拿大、印度等国家的节约能源方面的法律政策，探讨不同国家制定相关节能法律政策的立法背景、法律政策实施情况等。其次，通过对国外节能法律制度的比较研究加深对我国节能法律制度的认识和理解。我国节能法律制度的构建要求我们对本国节能现状和节能法律制度现状都要有一个全面

的把握，从而使节能与经济、社会和谐发展。对国外节能法律制度的比较研究可以更好地发现我国节能法律制度的缺失和不足，推进我国节能法律制度的完善。最后，我国节能法律制度可以借鉴国外先进的节能法律政策，推动我国节约能源，提高能源利用效率，保护和改善环境。例如借鉴美国《能源政策法 2005》的立法经验，有利于在制定我国能源法、修订煤炭法时注重法律的可操作性。

国外能源节约和能效提高法律制度的比较研究，关系到我国节能法律制度构建和完善。通过对国外节能法律制度的分析和比较，我们能够更好地认识到我国节能法律法规中存在的缺陷，从而加快对法律法规的立法和修订，并制定详细的配套实施细则。

第二节　节约能源和提高能效法律制度比较

一、美国节约能源和提高能效法律制度

（一）美国的产业结构和能源消费结构、能源效率水平

南北战争之后，美国重工业飞速发展，能源结构也发生重大变化，进入以煤和石油为主的时代，20 世纪 30 年代以来开始向以天然气为主的转变，随着科技的发展，水能、核能、风能、太阳能也得到广泛的利用。美国是第一能源消费大国，占世界能源消费总量的 22.8%。在过去十年中，美国能源消耗量占世界能源总消耗量的 24%。1970 年—2004 年美国经济呈稳步上升趋势，GDP 从 30.37 千亿美元增至 87.85 千亿美元。能源消费由 16.5 亿吨油当量增至 23.3 亿吨油当量，年均增长率分别为 3.2% 和 1.0%。① 总的来说，一次性能源消费量上升趋势缓慢，但仍然高于前 10 年平均值，核能、水电等能源比重逐步加大，但石油、天然气在能源格局中仍处于主体地位。从 20 世纪 80 年代开始，里根、老布什、克林顿等各界政府采取宽松的宏观调控政策，尤其放宽对能源产业的限

---

① ［美］约瑟夫·P. 托梅因，理查德·D. 卡达希著：《美国能源法》，万少廷译，法律出版社 2008 年版，第 150 页。

制，强调市场机制的作用，重点提高能源使用效率和节约能源，扩大天然气的利用，促进可再生能源的开发。美国的能源向多元化、低碳化、清洁化（例如：洁净煤技术、沼气技术、生物柴油技术）、高效化（主要强调利用效率和能源强度）、全球化和市场化的方向发展，并在经济全球化更注重环境保护的今天，又一次走在国际前列，占据了经济竞争的有利地位。

（二）美国有关节约能源和提高能效的法律规范体系

《能源政策法 2005》（Energy Policy Act 2005）。该法第一章规定了能源效率。该章分为四节：联邦项目、能源补贴和州项目、能效产品和公共住房。第一部分规定了国会建筑节能和节水措施、能源管理要求、能源利用方式和责任、能源节约绩效合同、降低工业能源强度的自愿协议、建筑物能源效率示范、建筑材料的政府采购、联邦建筑能效标准、日间节能和通过联邦土地管理提高能效。第二部分规定了低收入家庭能源补贴项目、冬季补贴、州能源项目、能效家用电器折扣项目、公共建筑能源效率、低收入社区能源效率示范项目、州技术促进合作项目、州建筑能源效率激励项目。第三部分规定了能源之星项目、消费者培训项目、公共能源教育项目、附加产品的节能标准、商业设备的节能标准、能源标识、间歇性自动扶梯研究、电力和天然气设备能效研究、能源效率示范项目。第四部分规定了公共住房投资基金。

《节约能源法 2007》（Energy Savings Act 2007）。该法一共分为三章：生物质能源、能源效率和碳捕捉与储存。其中，第二章规定了能源效率的促进，该章共分五部分：照明技术促进，新能效标准，交通工具、电池和能源储存效率促进，能效目标，能效和可再生能源联邦促进以及协助各州和地方政府促进能效提高。第一部分规定了能效照明系统的政府采购、白炽灯反射灯能效标准、美好明天照明奖。第二部分包括加热和制冷设备地区能效标准，炉风机规则制定，消费产品能效标识、民用锅炉能效标准，电力机动车能效标准，家用电器能效标准，寒冷气候家用电器和建筑物能效标准，高能效消费产品的技术应用，工业能效项目。第三部分包括高能效汽车制造厂商贷款担保、高科技汽车制造激励项目、先进交通技术项目。第四部分包括交通领域国家节能目标、国家能效提高目标、国家媒体行动、电网的现代化。第五部分包括联邦车辆节能要求、联邦可再生能源电力购买要求、节能绩效合同、联邦建筑能源管理要求、热电联产和社区能源设备、联邦建筑能效标准、国际节能规则对公共及资助房屋的适用、商业建筑能效行动。第六部分包括低收入人群越冬补贴、州能源节约计划、公用事业能源效率项目、能源效率和需求应对项目补贴、能源和环境社区基金、高等教育设备能源可持续和能效基金、劳动力培训、减少校车空运行的补贴。

（三）美国节约能源和提高能效的制度①

1. 能源市场机制

合同能源管理是美国联邦推进节能工作的一种有效的市场机制，主要是指专业化的节能服务公司（ESCO）与愿意进行节能改造的客户签订节能服务合同，通过利用专业服务公司的专业技术、系统管理、资金筹措等优势来与客户分享实施后产生的节能效益。能源管理公司以"合同能源管理"方式为其客户提供节能服务②，与愿意进行节能改造的企业或机构签订节能服务合同，向客户提供能源审计、可行性研究、项目设计、项目融资、设备和材料采购、工程施工、人员培训、节能量检测、系统的运行、维护和管理等服务，并通过与客户分享项目实施后产生的节能效益，或承诺节能项目的节能效益，或承包整体能源费用的方式为客户提供节能服务，并获得利润，共同发展。节能公司已经广泛发展起来，效果十分显著，平均节能在20%—30%。节能公司的客户已经由企业扩大到机关、学校甚至私人住宅等各种领域，节能也成为一种新型产业。美国是节能服务公司（ESCO）的发源地，是节能服务产业最发达的国家。美国政府对节能服务公司（ESCO）有利的政策包括：政府制定了有关建筑物节能标准和法规；环境保护法规、能源审计法规等。据统计，美国已经有专业节能公司近2100多家，有的甚至

---

① See http：//www. energy. gov/energyefficiency/index. htm.
② 王安建、王高尚等：《能源与国家经济发展》，地质出版社2008年版，第619页。

已经成为跨国集团。

合同能源管理本身是一种新型的市场化节能机制。其实质就是以减少的能源费用来支付节能项目全部成本的节能投资方式。合同能源管理的融资渠道多样，除了银行贷款，还有一些专项基金，如能源效率计划（Energy Efficiency Program）等专项基金。融资方对合同能源管理的投资放款相对宽松，且由于法律允许长达10年甚至以上的长期贷款。美国政府大力提倡合同能源管理。1985年以后，联邦政府曾以25亿美元的财政预算支持政府机构的节能项目，其目的是使政府在节能和环境保护方面起带头示范作用，其效果是很明显的。凡是实施节能项目的政府楼宇，平均用能下降15%，而且工作环境得到了改善。1992年，美国联邦政府通过一个议案，要求政府机构与节能服务公司合作进行合同能源管理，达到既不需要增加政府预算，又能取得节能效果的目的。该议案要求联邦政府的所有办公楼宇到2005年比1985年节能30%。

2. 建筑节能

美国的建筑节能是在20世纪70年代经济危机以及21世纪全球气候变暖、生态危机日益严重的背景下产生和发展的。美国的建筑和建筑业消费了全国48%的能源，76%的电力，50%的原材料，并且产生27%的碳排放，40%的废弃物。[1] 由此政府、企业及公众大力推广并参与节能建筑技术，美国政府的建筑节能主要有三个方面的有效措施：（1）制定强制性的能效标准。政府以立法的形式在相关能耗产品、设备方面制定强制性最低能耗标准。联邦政府和州政府都可以制定相关的能源消耗标准，并且，一些发达的州制定的能耗标准往往严格于联邦政府制定的标准，比如加州，加州能源委员会作为加州的最主要节能工作政府管理机构制定和实施了美国最为严格的建筑物和家电的节能标准和标识体系，这些标识每隔几年（一般是3至5年）就更新一次，以充分考虑新技术的不断发展。自从这些标准开始实施以来，加州已经节约了158亿美元的电

---

① 胡建文：《可持续发展的战略选择——美国建筑节能与绿色建筑考察研究报告》，http://www.jskj.org.cn/html/202162.htm，2013年4月10日访问。

费和天然气成本。估计到 2011 年，将增加到 430 亿美元。（2）自愿性的能效标准。在美国，能效标准和标识的实施是一个混合体，既有生产厂家的自我执行，也有行业支持的第三方认证机制和竞争者之间的市场政策（即：竞争者如果发现对手的产品没有达到要求，将向政府进行报告）。自愿性认证制度，即"能源之星"，它所覆盖的产品包括计算机、打印机、复印机等办公设备以及电视机、音响设备和 DVD 播放器等家电产品。凡是粘贴能源之星的产品都具有较低的待机能耗。在下文将详细介绍。（3）多种激励措施：经济激励手段对建筑节能产生了直接的经济效益和社会效益。最主要是减免税收。对于新建节能住宅，可以获得税收减免。2001 年 1 月 1 日至 2003 年 12 月 31 日期间建成的住宅，比国际节能规范（International Energy Conservation Code，IECC）标准节能 30% 以上的，每幢减免税收 1000 美元；2001 年 1 月 1 日至 2005 年 12 月 31 日期间建成的住宅，比 IECC 标准节能 50% 以上的，每幢减免税收 2000 美元。美国既注重建筑物本身的节能水平，也注重节能建筑在建筑产业链条中的发展，注重上游环节的发展，并以之推动节能技术的发展。因此，节能建筑设备也可获得税收减免的优惠。各种节能型设备根据所判定的能效指标不同，减税额度分别为 10% 或 20%，比如，地热采暖、太阳能热水和采暖系统最多可减免 1500 美元。①

另外，美国绿色建筑认证（Leadership in Energy and Environmental Design，LEED）评估系统尤为值得关注。这是企业以及公众广泛参与建筑节能的主要途径。LEED 是美国绿色建筑委员会所组织的，对美国现有建筑进行生态评估的体系。其会员来自于行业中各种类型公司的领袖企业，包括建筑设计事务所、建筑单位、物业公司、房屋中介、施工承包单位、环保团体、工程公司、财务和保险公司、政府部门、市政公司、设备制造商、规划师、专

①　《美国建筑节能措施》，载中华人民共和国住房和城乡建设部网站 http：//www. mohurd. gov. cn/hydt/200811/t20081128_182195. htm，2013 年 4 月 10 日访问。

业团体、大学和技术研究机构、出版机构等，目前有超过 6300 个
会员企业。

3. 政府节能

美国公众的民主意识很强，美国政府享有了较大一部分税收支
配权，往往使得公众要求政府实质地透明。而政府的高耗能既是对
财政的不负责任，又与环保意识强烈的美国公众在提高生活品质的
要求上背道而驰。特别是联邦政府是美国的第一大能源用户，统计
表明联邦政府的建筑物中每年耗用的价值达 35 亿美元的各种能源
至少可以节约 25%，同时不影响它们的工作效率和舒适性。美国
能源部是所有民用联邦机构中的第二大能源消费客户。能源部所有
机构占地约 1.1 亿平方英尺，有 14000 多辆汽车。在过去 10 余年
间，美国共出台了《21 世纪清洁能源的能效效率与可再生能源办
公室战略计划》、《国家能源政策》等 10 多个政策或计划、13 项总
统行政令和 2 份总统备忘录，对政府节能目标、职责、管理、采购
等内容做出了具体规定。自 1973 年开始实行的联邦政府能源管理
计划（FEMP）使得政府节能有了具体有效的机制。联邦政府能源
管理计划（FEMP）的内容之一就是通过新技术认证程序向政府机
构介绍新型节能技术，使得政府机构能够对新技术做出恰当的评
估，并在合适的时候加以应用来实现节能目的。这种新技术认证程
序促进了政府、产品制造商、销售商、公共事业公司以及国家实验
室等多方合作，实现了共赢。具体来说就是政府提供目的在于降低
能耗和维护成本的现场技术评价，制造商提供设备，建立政府使用
记录，并通过性能分析改善技术；销售商传播技术信息，与广大用
户交流以促进该项技术的发展；国家实验室技术人员进行技术性能
分析，为这项技术认证提供完整的技术报告。自 2001 年以来，节
能绩效计划帮助联邦机构改善能源使用节省下 8.51 多亿美元。①

4. 绿色营销

绿色营销是指企业为实现自身利益、消费利益和环境利益的统

① 原国家经贸委资源节约与综合利用司赴美节能培训班：《美国的"能源
之星"项目》，载《节能与环保》2003 年第 10 期。

一，消除或减少其生产经营活动对地球生态环境的破坏，而展开的一系列市场营销管理活动。美国是第二大重要的绿色营销市场，仅次于法国，占全球77%的市场份额。美国的市场化程度很高，国家对于市场的干预往往不是通过宏观调控来完成的，而是从产业政策入手，重视运用贸易政策和科技政策。因此美国的市场对于全球的资本、技术、人才都具有强大的聚敛力，市场的各种机能能够得到较大的自由和正常发展，这无疑是应和了绿色营销所要求的市场根基，并且能够进一步优化绿色营销所需要的市场功能。全球知名企业纷纷入住和抢占美国市场，企图在其中分得一块蛋糕，激烈的竞争本来就是企业自我调整的动力，再加上绿色营销方式符合当下的环保主流，绿色营销成为一种经营模式，一种品牌实力，一种市场佼佼者的标签，一种变相的市场准入。

5. 能效标识

美国通过国家立法的方式确定了能效标识的法律地位和作用。1980年，美国开始实施强制性能效信息标识，其主要行政负责机构是美国联邦贸易委员会，同时，电力公司对购买节能型产品的消费者进行补贴，1980年5月以来，已对家用电冰箱、房间空气调节器、洗衣机、荧光灯、水龙头等14种产品实施了强制性能效标识。而自愿性保证标识主要由美国环保局组织实施，启动时间相对较晚，于1992年正式开始。美国联邦贸易委员会（FTC）和能源部（DOE）负责能效标识的实施，并建立了"符合性监督机制（CMS）"以确保标识信息的符合性。它要求制造商必须对标识所涉及的所有产品的每一基本型号进行测试，确定产品的能效值，并向能源部（DOE）报告其产品的能效特性。如果标识声明被证实具有欺诈性，就可能导致高额罚款。处罚按每个产品每天为一次违规，每次违规的处罚金额可达100美元。另外FTC和DOE还对企业不提交能效报告以及相关记录和资料的违法行为进行处罚。

6. 节能自愿协议

美国政府开展了能源之星计划，实行长期性的节能自愿协议。能源之星（Energy Star），是一项由美国政府所主导，主要针对消费性电子产品的能源节约计划。能源之星计划于1992年由美国环

保署（EPA）所启动，目的是为了降低能源消耗及减少发电厂所排
放的温室效应气体。此计划并不具强迫性，由公司或公众自愿参
加，自发配合此计划的厂商，就可以在其合格产品上贴上能源之星
的标签。① 最早配合此计划的产品主要是电脑等资讯电器，之后逐
渐延伸到电机、办公室设备、照明、家电等。后来还扩展到建筑
上，美国环保署于 1996 年起积极推动能源之星建筑物计划，由环
保署协助自愿参与业者评估其建筑物能源使用状况（包括照明、
空调、办公室设备等）、规划该建筑物之能源效率改善行动计划以
及后续追踪作业，所以有些导入环保新概念的住家或工商大楼中也
能发现能源之星的标志。全球计有七个国家与地区参与美国环保署
推动的能源之星计划，分别为美国、加拿大、日本、中国台湾、澳
大利亚、新西兰、欧盟，并自 2001 年起每年一度召开国际能源之
星计划会议。

　　"能源之星"目前已经成为美国能源部、环保局、生产商、
零售商、消费者和地方政府在全国形成的一种共识，已成为一种
节能环保的标志。事实证明，美国政府采取的这种"能源之星"
标识措施改变了消费者的消费习惯，提高了消费者及厂商的能效
观念，有效地实现了对市场的引导。美国能源开发署的调查显
示，43% 的消费者表示在选购商品时他们会选择"能源之星"；
如今，"能源之星"认证覆盖了美国 3400 多种商品，已有 1200
多家制造商生产"能源之星"产品；2004 年美国新建住宅中有
近 35 万套（约占总数的 10%）符合"能源之星"标准，每年可
节约能源开支 2 亿美元，减少近 2000 吨温室气体排放，相当于
15 万辆机动车的废气排放量。② 近年来，联邦环保局还推行了一
套创新能源绩效评价体系（innovative energy performance estimating
system），对公私机构的用能管理进行评估，达到一定标准的授予

---

① 北京市发展和改革委员会：《节能管理与新机制篇》，中国环境科学出版
社 2008 年版，第 291 页。

② 参见《美国"能源之星"计划促节能》，载太阳能商务网：http：//
www. cnsolar. net/Info/20884. aspx，2009 年 12 月 12 日访问。

"能源之星"标识。"能源之星"项目还侧重于引导家庭进行低碳消费和低碳行动，如激励家庭选择获得"能源之星"标识的产品，指导家庭在不影响舒适度的情况下如何节约能源、减少温室气体排放等。此外，"能源之星"项目对于提高人们的节能环保意识具有重要作用。

7. 能效规章和标准

20世纪70年代的能源危机是促使美国政府和民间开始关注能源利用效率的主要原因，并且也开始了能效标准和节能标识的研究。80年代逐步对能效标准进行修订更新，应用范围大幅度扩大，并继续扩大研究投入，2000年能效标准再次修改更新，并进一步扩大应用范围。在美国，根据法律，美国能源部负责测试和制定标准，美国联邦贸易委员会负责制定产品标签（商用和工业用的产品的标签由美国能源部负责）；受法律监管的清单则由美国能源部确定；建筑能效由各州进行规范。在标准的制定过程中，能源部与制造商和其他相关方进行互动，吸引制造商和其他相关方的积极参与。比如美国空调制冷协会（American Air-Conditioning and Refrigeration Institute，ARI）就在空调和制冷器具的节能标准的起草过程中代表制造商与能源部（DOE）谈判，最终使DOE制定出了各方都能接受的12SEER的最低能效标准。美国各州未获允许不得实行比联邦政府更加严格的能效法律。

8. 节能融资机制

美国能源管理项目融资机制（ESPC）有着重要的现实意义。美国能源管理项目融资机制（ESPC）合约使联邦机构无需先期投入资金成本就能够为其国内外的机构完成能源项目实施。美国的中小企业尤其是科技型企业是节能产业的重要组成部分，它们数量大，市场活跃度高，但是在融资方面先天不足。因此，美国对这一类型企业实施的政策倾斜有利于需要资本密集的节能产业的发展。美国政府设有小企业管理局（SBA），在全国50个州设有96个区域和地区性直属办公室/小企业管理局经国会授权拨款，可通过直接贷款、协调贷款和担保贷款三种方式为中小企业给予资金帮助。从1980—1998年，小企业管理局工提供担保贷款总额达到 410 亿美元。保证企业获得政府采购，规定在联邦政府采购合同中，小企业要获得 23% 的份额，并要求大企业获得的政府采购份额也必须将其中的 20% 转包给中小企业。

9. 节能激励机制

资金补贴政策。补贴政策一般有三种形式：一是投资补贴，即对投资者进行补贴；二是产出补贴，即根据可再生能源设备的产品产量进行补贴；三是对消费者进行补贴。实践证明，现阶段的补贴政策是促进可再生能源发展的一项行之有效的措施。

税收优惠政策。税收优惠是一个重要的鼓励发展可再生能源的手段，美国实行的可再生能源（包括风电）生产税收优惠表现为价格补贴的形式，其本意是对可再生能源税收的返还。2003 年 7 月 31 日，美国决定在之后 10 年对能源效率、替代燃料和可再生燃料等领域实施减免能源税政策，对新建建筑和各种节能型设备根据所判定的能效指标实施减税改革，减税额度分别为 10% 和 20%。①

低息（贴息）贷款政策。低息（或贴息）贷款可以减轻企业还本期利息的负担，有利于降低生产成本，但政府需要筹集一定的资金以支持贴息或减息的补贴。贷款数量越大，贴息量越大，需要筹集的资金也越多。因此，资金供应状况是影响这一政策持续进行的关键性因素。一些贷款机构还提供能源之星抵押贷款服务。居民在购买获"能源之星"标识的建筑物时均可向这些银行申请抵押贷款。此外，这些贷款机构还采取措施刺激居民购买经"能源之星"认证的住宅，申请住宅按揭抵押贷款。抵押贷款项目的实施，不仅有效地促进了节能建筑的建设和开发，降低了建筑物的能耗和维护运行管理费用，还带动了墙体、屋面保温隔热技术的发挥，刺激了建材市场，促进了美国社会经济的发展。

---

① 《美国建筑节能措施》，载中华人民共和国住房和城乡建设部网站 http：//www. mohurd. gov. cn/hydt/200811/t20081128_182195. htm，2013 年 4 月 10 日访问。

二、欧盟及欧盟国家节约能源和提高能效的法律制度

（一）欧盟及欧盟国家的产业结构和能源消费结构、能源效率

欧盟成员国多为发达工业化国家，各产业所占比重多半以服务业为主，工业次之，而农业所占比重最小。具体到诸如煤炭、石油、天然气、水电与核电这几类主要能源来看，煤炭所占比重日益减少，从 1950 年的 83% 下降到 2004 年的 18%；石油作为主要能源的地位没有太大变化，仅仅在 20 世纪 70 年代占到 50%—61% 的比例，之后一直保持在 40% 左右的水平；天然气所占比例日益提升，但到 2004 年仍然只占 25%；水电与核电比例也在日益提升，不过与天然气一样所占比例也并不多，到 2004 年为 17%。[①]

从欧盟能源消费结构来看，欧盟对于石油的依赖与美国相当，对于天然气的依赖超过美国。[②] 在欧盟，能源消耗中工业占 22%，交通占 24%。此外，依照目前的趋势看来，欧盟 90% 的石油和 80% 的天然气需求量需要靠进口满足。而不仅是欧盟，可以说全球对能源的需求是有增无减，尤其是发展中国家由于实力增长而导致的能源需求量呈爆炸式增长更加激化了能源供应的问题。[③] 这一系列问题引发了欧盟对能源效率问题的关注。2006 年 3 月，欧盟委员会对外正式公布了"获得可持续发展，有竞争力和安全能源的欧洲战略"的能源政策绿皮书，绿皮书从欧洲能源投资需求迫切、进口依存度上升、资源分布集中、全球能源需求持续增长、油气价格攀升、气候变暖等方面进行分析，呼吁欧盟各国政府和国民对能源引起重视，共同快速行动实现可持续、有竞争力和供应安全的目标。其中绿皮书提出到 2020 年欧盟要实现节约能源 20% 的目标。2006 年 10 月 19 日，在芬兰拉赫蒂欧盟非正式首脑会议前夕，欧盟

[①]　齐绍洲，李萌：《欧盟能源效率与"欧洲理智能源计划"评析》，载《法国研究》2007 年第 2 期。

[②]　周弘：　《欧盟的对外能源战略》，http://theory.people.com.cn/GB/49150/49152/3960459.html，2010 年 9 月 3 日访问。

[③]　Commission Green Paper on Energy Efficiency, "Doing More with Less", COM (2005) 265 final, p4.

委员会公布了《能源效率行动计划：实现潜力》（简称《能源效率行动计划》），在这份能源领域的正式文件中，欧盟重申了到 2020 年前减少总能源消耗 20% 的宏伟目标。据欧委会预测，如果目前能源需求上升的趋势得不到有效抑制，未来 15 年欧盟的能源消耗将增加 10%，需求上升带来的价格上涨不足以抑制能源需求的增加，推广可行性的节能计划势在必行。欧委会的《能源效率行动计划》提出了覆盖建筑、运输和制造等行业 75 项具体措施，特别是明确十项应当优先启动的措施，以提高能源效率，抑制能源消耗，减少对外能源依赖。①

（二）欧盟节约能源和能效提高的法律制度

1. 建筑节能

在建筑节能上，欧盟是当今世界仅次于美国的能源消耗大户，其中建筑能耗占有相当大的比重。欧盟建筑能源的最大消耗是采暖空调，其能耗占到居住建筑能耗的 70%、公共建筑能耗的 50%，近年来，欧盟颁布了一系列有关建筑物节能的指令。

2002 年，欧盟理事会通过了《欧盟建筑能源性能指令》（2002/91/EC），规定欧盟成员国最晚在 2006 年 1 月 4 日开始实施建筑节能新措施②。该指令确立了"确保经济可持续发展、确保能源产业竞争力以及确保能源供应安全"的三个核心目标，建立了与建筑节能相关的制度体系，这些制度主要包括：建筑最低能效标准制度、建筑能效标识制度、建筑运行管理制度、建筑节能监管制度、建筑节能信息服务制度等。

欧盟理事会 93/76/EEC 指令③的目的在于使各成员国通过提高能源效率以达到减少二氧化碳排放的目的。主要的手段是在以下领域内起草和实施相关计划，其中有关建筑节能的有：（1）楼宇

---

① 赵浩君：《欧盟〈能源效率行动计划〉探析》，载《华北电力大学学报》，2007 年第 4 期。

② 呼静、武涌：《〈欧盟建筑能源性能指令〉对建立我国建筑节能法律法规体系的启示》，载《建筑经济》2006 年第 10 期。

③ Council Directive 93/76/EEC of 13 September 1993 to limit carbon dioxide emissions by improving energy efficiency.

能源认证，指令指出通过提供有关楼宇的能源特征的客观信息，能源的认证将有助于改善物业市场的透明度和鼓励节约能源的投资，因此要求成员国制定并实施建筑物的能源认证方案，并制作成证书，能源证书应包括对能量特征的描述，必须提供有关建筑物的能源效益潜在用户信息。（2）以实际耗费为基础，对供暖、空调和热水进行收费，在该指令的第三条对这一计划做出了规定，要求成员国应制订和实施关于供暖、空调、热水的计费方案，以适当的比例和实际消费为基础来计算。（3）第三方在公共领域内进行提高能源效率的投资，该指令的这一计划是允许第三方在公共部门以改善能源效率进行投资。（4）新楼宇安装热绝缘。鉴于建筑物长期消耗能源，要根据当地的气候安装有效的热绝缘。①

按照《欧盟建筑能效指令》（EPBD）的规定，为了降低建筑能耗，各成员国应该建立定期锅炉和空调系统检查制度，定期检查的内容包括：对于不可再生固体燃料、容量在 20kW—100kW（千瓦）的锅炉，应进行定期检查，但是《欧盟建筑能效指令》（EPBD）没有规定定期检查的时间间隔；对于容量大于 100kW 的锅炉，定期检查的时间间隔不能超过 2a；对于燃气锅炉，可不超过 4a；对于使用年限已经超过 15a 并且锅炉容量超过 20kW 的供暖系统，应对其进行一次性的检查，检查内容应包括锅炉的效率、锅炉的实际产热量，并将锅炉的产热量与建筑物的热负荷进行比较，得出它们是否匹配的结论。专家还应给用户提出合理的建议，比如是否需要更换锅炉或供热系统，以及其他一些相应的减少建筑能耗的措施等。定期检查制度适用于容量大于 12kW 的空调系统。

《欧盟建筑能效指令》（EPBD）还规定各成员国应当保证，不管是建筑能耗证书、建筑最小能耗要求、锅炉和空调系统的定期检查以及提供建议等都应当由相对独立的专家和有一定资质的专业人员操作和执行，以达到公平、公正的目的。

2. 家用电器能效标识

（1）能量标签。1992 年，欧盟理事会颁布了《用标识和标准

---

① Council Directive 93/76/EEC.

产品信息表示家用电器消耗能源和其他资源的理事会指令》（92/75/EEC）。该指令的目的是使公布出来的国家措施能够协调化，特别是通过标识和产品信息、耗用能源和其他基础资源的信息，以及有关确定类型家用电器的附加信息等措施，使得最终用户能够选择更高能量效率的电器。该指令要求，家用电器必须有胶片（fiche）和标签提供其电能（或其他能源）以及其他基础资源的耗费信息；标签必须是活动的，可随附在产品的适当位置并且是恰当的语言版本；胶片（fiche）必须包含在产品手册里或随产品的其他文件里；购买时无论能否展现实物，都必须确保消费者在购买前已经获得了包含在胶片（fiche）和标签里的信息；空气噪声以及有关该产品和依欧共体立法提供的其他信息，也必须包含在胶片（fiche）和标签里。该指令适用于以下家用电器：电冰箱、冰柜及其组合产品，洗衣机、干衣机及其组合产品，洗碗机，烤箱，热水器和热水储存电器，照明设备和空气调节器①。该指令颁布后，自 1994 年至 2003 年，欧盟又陆续颁布了一系列有关各类家用电器的能效标识实施指令。例如，《家用电冰箱、冰柜及其组合产品能效标识实施理事会指令（92/75/EEC）的委员会指令（94/2/EC）》、《家用洗衣机能效标识实施理事会指令（92/75/EEC）的委员会指令（95/12/EC）》、《家用电烤箱能效标识实施理事会指令（92/75/EEC）的委员会指令（2002/40/EC）》等。

能源标签产品的能效分为 A++ 到 G 9 个等级，A++ 级在最上方，表示能效最高，G 级在最下面，表示能效最低，并给出了产品的年能耗量。欧盟推行强制能效标识以来，欧盟市场家用电器的能源效率显著提高。

（2）最低能效要求。欧盟实施强制性最低能效要求以鼓励制造商改进产品使用的最低能耗，目前主要对以下三类产品提出了最低能耗要求：荧光灯，冰箱、冷冻机和它们的组合，热水锅炉，并且符合要求的产品必须有 CE 标志。

---

① 黄冠胜：《欧盟家用电器能效标识指令汇编》，中国标准出版社 2005 年版，第 2-3 页。

（3）能源之星标志。能源之星计划于 1992 年由美国环保署（EPA）所启动，目的是为了降低能源消耗及减少发电厂所排放的温室效应气体。欧盟与美国在 2006 年 12 月签订了新的能源之星协定，表明美国与欧盟在对办公设备节能标识上的协作。此计划并不具强迫性，自发配合此计划的厂商，就可以在其合格产品上贴上能源之星的标签。消费者通过能源之星标识就能轻易认准低耗能产品。这些产品是：计算机、监视器、复印机、打印机、数字式复制器、传真机、邮资机、多功能机和扫描仪。

（4）耗能器具的生态设计。生态设计（Eco-design）是一个新概念，旨在减少家用电器等所有耗费能源的器具的耗能。据估计，80% 的用能产品的环境影响都是在设计阶段决定的。生态设计的目标就是通过在产品设计的早期阶段系统综合环境影响来提高用能产品整个生命循环过程的能效。欧盟对能源使用产品实施能源生态设计要求指令（2005/32/EC）规定要求用能产品的设计的早期阶段就实施能效要求。另外，照明物能效要求指令（2000/55/EC）、家用电冰箱、冷藏设备和其他类似设备能效要求指令（96/57/EC）、使用液体和气体燃料新热水器能效要求指令（92/42/EEC）等指令也要求照明物、冰箱等耗能产品实施能源要求。

（5）废弃电子电器设备。家用电器还需符合欧盟废弃电子电器设备（WEEE）指令（2002/96/EC）和电子电器设备的有害物质（RoHS）指令（2002/95/EC）的有关标识的要求。有专门的电子电器设备分类收集的标志，印制必须是明显、清晰和不可磨灭的。

3.《能源效率行动计划》

（1）提出背景

为了应付经济全球化的挑战和日渐暴露出的欧盟能源供应安全隐患问题，以及面对欧洲一体化所遭遇的挫折，欧盟重新审视自身能源政策，决定从内部市场整合到外部市场的能源供应，从扩大能源进口渠道到立足发展可再生能源，提倡节能，紧锣密鼓地全方位构建自己的能源安全政策。2006 年欧委会出台了《新能源政策》和《能源绿皮书》，欧盟非正式首脑会议又通过了《能源效率行动计划》。①

（2）《能源效率行动计划》主要内容和思想

根据《能源效率行动计划》，目前欧洲每年浪费了能源消耗总量的20%以上，这相当于600亿欧元，是德国和芬兰一年能源消耗的总额。到2020年前，如果不能提高能源效率，节约能源，每年的成本将达到1000亿欧元。因此必须制定并执行相应的政策和措施，加快能源效率提高的速度。

《能源效率行动计划》重申了欧盟在2020年节约一次能源20%以上的目标，为了实现这一目标，《能源效率行动计划》认为必须按照全面而具有现实操作性的具体计划，转变能源消费模式，转变社会行为模式，充分利用现有技术，鼓励技术创新，培养能效产品的市场，激励能效产品的生产、购买和理性消费。到2020年，如果能够实现节能20%的目标，每年能少排放7.8亿吨二氧化碳，这就大大有助于欧盟积极实现《京都议定书》中的义务。②

《能源效率绿皮书》中曾指出，依靠先进的能源效率设备和发达的能源供应服务这两个优势，不仅能为欧盟的竞争力和效率做出巨大贡献，而且能够让欧盟在世界上成为能效领域领先者，并掌握贸易机会（绿皮书导论）。在此基础上，《能源效率计划书》提出了覆盖建筑、运输、制造、金融和教育等行业共计75项具体措施，拟在未来6年，围绕更新电力产品节能商标、减少汽车排放量、鼓励能源效率投资、提高发电站能效和建立刺激节能的税收制度等10大优先领域，力争在2020年前实现节能20%的目标。

《能源效率行动计划》提出后，欧盟舆论普遍对其表示欢迎，并认为比起《欧盟能源政策》与《能源绿皮书》提出的建立"统一能源市场"和"能源供应安全共同外交政策"等目标相比，行动计划更为现实。

---

① Action Plan for Energy Efficiency: Realizing the Potential, COM（2006）545 final.

② 《欧盟计划2020年将节能20%》，载《中国经济导报》2006年10月24日，第A04版。

4. 欧洲理智能源计划

欧洲理智能源计划是在 2003 年正式启动的，有效期直至 2006 年底，这个计划包括五个子计划，分别是 SAVE 计划、ALTENER 计划、STEER 计划、COOPENER 计划和 HORIZONTAL 计划，该计划的核心就是节约能源和推广替代能源。也就是其中的 SAVE 计划和 ALTENER 计划。SAVE 计划重点是节约能源以提高能源使用的效率，是围绕建筑、居民、工业和设备与产品四大领域来提高能源使用效率的。而 ALTENER 计划则主要是促进替代能源的使用，因为欧盟能源消费量十分巨大，而其本身的资源短缺，强烈依赖进口，在这种环境下，欧盟不得不大力发展风能、生物能、太阳能和水能等清洁可再生能源的利用。这个计划由四个领域组成：电力产品、热能产品、石油燃料代用品和小规模应用。其中的电力产品主要是可再生能源供电；热能产品主要是可再生能源供热；石油燃料替代品包括 8 个项目以促进石油燃料替代品的开发与推广；小规模应用包括 17 个项目以在更加广泛的范围内推广可替代能源的使用。[1]

5. 白色证书机制（White Certificate Scheme）

白色证书机制的提出，主要是由于能源的终端用户缺乏足够的激励因素来采取提高能效的节能举措，即单纯的能源价格无法推动节能技术的最优化投资，而白色证书交易市场的创建为实现社会总体节能目标提供了一个可行的机制。

白色证书旨在通过限定能源供应商在一段时期内的目标能效提高量来提升全社会的能源使用效率。它既是一种能效政策，又是一种交易体系。一方面，白色证书可以度量能源供应商在规定时间内获得目标能效提高量的情况；另一方面，白色证书实现了完全市场化运作，能源供应商可以在一定市场规则的条件下，通过双边交易或交易市场进行证书的买卖。白色证书的实施对象主要是能源供应商，包括电力企业（主要是发电商和配电商）、燃气公司等。目前

① 齐绍洲，李萌：《欧盟能源效率与"欧洲理智能源计划"评析》，载《法国研究》2007 年第 2 期。

已经开始实施白色证书体系的国家主要有英国、法国和意大利。

（三）欧盟主要国家的节能和能效制度

1. 德国

德国历来注重通过制定法律法规来实现节能目标。1976 年，德国首次颁布《建筑物节能法》，以法律形式规定新建筑必须采取节能措施，对于新建房屋的采暖、通风、供水设备的安装和使用均提出了节能要求。在此基础上，德国于 1977 年制定了《建筑物热保护条例》，对于新老建筑的节能措施提出了更加详细的要求，特别是对建筑墙壁和窗户的热传递系数规定了具体的指标。此外，德国还相继颁布了《供暖设备条例》和《供暖成本条例》等相关法规。以上法律法规都进行过多次修改，每次修改节能指标都有所提高。

德国 2002 年的《节约能源条例》在原来规定的基础上，将节能要求进一步提高到 30%。德国政府在对该条例的解释中指出，由于在建筑领域存在巨大的节能潜力，所以制定该条例是政府大气保护计划中的一个重要组成部分，必须严格控制建筑物的能源消耗量。该条例的主要内容①有：（1）对建筑采暖和供水进行严格限制。新条例将原来的《建筑物热保护条例》和《供暖设备条例》合并在一起，既保证了原有两个条例中条款的规定，也简化了法律文本。（2）鼓励利用可再生能源。如果能源消耗总量中可再生能源的比例超过 70%，则建筑物总能耗可以不受到限制。同时，如果总能耗的 70% 来自热电联产的电厂，总能耗也不受限制。（3）对旧建筑的改造提出明确规定。例如，必须在 2005 年前更换老式的、效率明显低于当前技术水平的锅炉；屋顶和未加隔热层的供水管道等必须在 2005 年前加装隔热层等；（4）不仅对建筑物墙壁的热传导系数作出规定，还对整个建筑的热平衡提出要求；（5）规定任何新建筑必须提供能耗证明，包括建筑物能源利用方面的详细信息。

----

① 孙颖、吕蓬、李祝华：《德国建筑节能法规及节能技术》，载《中国能源》2003 年第 4 期。

2006 年，《节约能源条例》进行了修改。新的条例是充分考虑到各种实际因素而制定的，例如考虑到不同地区及不同气候条件下的建筑特点，不同建筑对室内气候环境的不同需求，经济技术条件等，强调改善建筑整体能源利用效率和可实施性：（1）在建筑的建设、改造、销售、租赁市场方面，全面推行建筑能源证书制度（ENERGIEAUSWEIS），保证新建建筑以及既有建筑在改造后达到新规范的要求，推动整个社会的建筑能耗降低。（2）对新建居住建筑，除了强调保温、隔热措施节约生活热水能耗等外，还要求通过合理的整体设计，进一步有效节能。（3）对非居住建筑（公共建筑、工业建筑等）的空调、人工照明能耗进行了更准确的控制要求，建筑面积超过 $1000m^2$ 的新建筑，必须全面、整体地对建筑能耗进行评估，符合标准后才能建造。整套评估体系包括对可再生性能源、热电联产、热泵技术应用的可行性论证等。（4）对建筑中所使用的不同能源种类使用进行量化细分，准确控制一次性能源需求量，促进可再生能源的利用。（5）对不同类别的建筑的最高允许原始能耗做出量化限制。（6）强调定期对建筑的采暖锅炉和空调系统能耗的检查，保证这两种重要耗能设备系统在低能耗水平运行。（7）为实现较高可操作性，制定了新旧条例过渡时期的政策。在管理体制上，德国节能工作的主管机构是德国能源事务公司（Deutsche Energie—Agentur，简称 dena）。该机构于 2001 年成立，政府控股 50%（主要涉及联邦经济与技术部），德国复兴银行控股 50%。其工作领域在能源的生产和能源的利用两个方面，对象包括：电网、交通、商业、工业、新型燃料的开发和普通消费者等。能源节约是该机构的主管工作之一。①

　　节能制度中的"建筑能源证书"制度是德国比较具有特色的制度。该制度是按照欧盟的相关节能要求而建立的。根据欧盟制定的 2006—2012 年两个强制性节能目标：各成员国总体上每年要节约 1% 的能源消费量（以 2005 年之前的 5 年平均值作为计算基

---

　　① 卢求：《德国 2006 建筑节能规范及能源证书体系》，载《建筑学报》2006 年第 11 期。

准）；其中公共部门要比一般单位每年多节约 1.5%。到 2012 年，各成员国全年总能耗量将比 2006 年减少 6%。由于欧盟建筑能耗在总能耗中的比例达到 41%（产业只占 28%，交通占 31%），所以，住宅和公共建筑的节能潜力的挖掘和节能力度将会直接影响这两项强制性节能目标的完成。在此前提下，制定相应的措施和方法来鼓励和规范节能建筑的建设和既有建筑的节能改造，已成为欧盟各国共同关注的一个话题。欧盟委员会在 2003 年发布了《建筑能效指令 2002/91/EC》。该指令已于 2006 年 1 月转化为 25 个欧盟成员国的国家立法。根据建筑能效指令中关于建筑能效证书的相关规定，从 2006 年起，所有建筑在出售或出租前必须提供建筑能效证书。①

德国是欧盟各国中执行能效证书制度比较早也是比较成功的国家之一。2002 年德国能源事务公司（dena）受德国建设部和住房部的委托，开始研究开发建筑节能证书，德国最大的电力公司和最大的保温材料公司及节能产业协会也参加了节能证书的创建工作。经过最初的市场调研与分析，形成了原始的证书雏形，接着研究者确定了各指标的边界条件，明晰证书所需要的不同研究方向，并在德国不同的州进行试点及大量试验。经过对试验结果进行评估、系统研究后，才逐渐形成了原始证书的几种形式。2005 年，在进行了一系列准备和修改后，dena 正式启动建筑能源证书的市场推广，并开始在全联邦签发建筑能源证书。2006 年 1 月 4 日，德国率先对新建建筑颁发了建筑能源证书。2006 年修订的《节约能源条例》中，对这一制度进行了确认。

根据规定，建筑能源证书适用于新建建筑和既有建筑，能量控制方面分为新建建筑的"能源需求体系"和既有建筑的"能源消耗体系"。既有建筑的能源证书体系，以连续 3 年实测数据来确定。主要内容包括：

（1）该制度基本要求：新建建筑审批时必须出具建筑能源证

---

① 吴筠、龙惟定：《德国的建筑能源护照制度》，载《暖通空调》2006 年第 8 期。

书；既有建筑改造过程中，建筑体积超过 100m³ 的加建建筑必须出具建筑能源证书；既有建筑的较大规模改造必须出具建筑能源证书；建筑物买卖时，必须出具建筑能源证书；公共建筑的能源证书必须在该建筑的公共位置悬挂以方便监督；证书有效期 10 年，超过 10 年需根据实际情况重新办理。

（2）建筑能源证书的内容。节能证书总共有 5 页。第 1 页，说明建筑的位置、建筑时间、改建时间、栋号和实景照片；第 2 页，采用类似光谱的示意图，标明建筑物的能耗状况；第 3 页，说明具体能耗的各个方面；第 4 页，备注及情况补充；第 5 页，针对建筑现状提出进一步提高节能效果的方法和建议。

德国在节能证书的认定和表示的方法上存在着两种意见：一种建议采用需求证书，即按建筑实际耗能，用准确的数字直观地显示在能源证书的"纵向光谱标尺"上。另一种建议采用消费者证书，即将建筑能耗由低（A 级）到高（I 级），分为 9 级。消费者可根据级别选择购房，在能源证书上是用一个"光谱竖轴"表现的。[1]

建筑能源证书制度建立以来，上述两种意见尚未得到统一。因此，两种证书都可以认定发放，选择一种即可。但对于小于 4 户的住宅，只能发消费者证书。

（3）建筑节能证书的签发。[2] 通过 dena 在互联网上的数据库，业主可以找到他所在地区的有资质的建筑能源证书签发人。业主首先委托有资质的建筑师、工程师或专业技工对建筑物进行评估。评估过程非常简单便利。受委托人员对需进行评估的建筑分项进行测试评估，并最终签发建筑能源证书。能源证书可以直接交给委托方或邮寄给业主。被委托的对象必须具备以下资格证书中的一项：a. 根据联邦州建筑法规获得的建筑技术人员资格证书；b. 得到建筑

---

① 孙克放、王新、朱青：《将节能从"被动态"转为"需求态"——德国建筑节能证书的推广与欧洲能源管理师培训的启示》，载《住宅产业》2007 年第 6 期。

② 吴筠、龙惟定：《德国的建筑能源护照制度》，载《暖通空调》2006 年第 8 期。

节能法规认可的能源证书签发人的资格证书；c. 联邦经济与出口管制局目录里的当地咨询顾问；d. 同时具有建筑技工和建筑能源顾问的资格证书。

一般情况下获得一份建筑能源证书的成本大约是 150—300 欧元，视建筑物所在地和建筑物的特征而定。建筑能源证书适用范围为整个建筑。每幢建筑物所需费用一次结清。每份建筑能源证书的有效期为 10 年。

德国能源事务公司为了推行节能证书认定制度，在全国设立了143 个示范项目，总住宅套数 2230 套，总建筑面积 13800 平方米，改建后的住房比 1983 年执行的标准平均节能 87%，比 2002 年新标准低 10%，取得了明显的节能效果。这些示范项目为德国既有建筑改造提供了成功的经验，同时提高了节能证书可信度和知名度，被许多行业和企业接受。[①] 从总体上看，德国的建筑节能证书制度通过简单的方法使建筑能耗透明化，用户不需要有专业技术知识就能判断建筑物的能耗等级。因此在购买或租用房屋时就能及时判断并作出决定，也方便了公众的监督。同时，建筑能源证书制度促使业主同时主动采取建筑节能措施，推动既有建筑的节能改造，使许多建筑节能技术和可再生能源利用项目能够得以实施，促进了德国建筑节能事业的发展。

2. 法国

（1）节能标签和证书制度。1992 年的政府法令使许多日常消费品都以标签方式显示能耗，如冰箱、洗衣机等。法国政府要求能源销售企业，如法国电力公司、法国燃气公司等（电、燃气、暖气、冷气、燃料油）实施节能措施。政府根据能源销售企业实施的节能措施以及所取得的实际效果规定其生产与销售千瓦时的额度，并颁发节能证书。如果能源销售企业的节能措施被证明是有效的，则生产销售商可以从地方政府或其他能源销售企业购买余额。

---

① 孙克放、王新、朱青：《将节能从"被动态"转为"需求态"——德国建筑节能证书的推广与欧洲能源管理师培训的启示》，载《住宅产业》2007 年第6 期。

这些措施简便易行，又非强制性，使各个层面的节能措施都能落实到位，不增加政府的财政负担。

（2）清洁车标志制度。法国政府实施清洁车标志制度，以图形标识将 CO_2 排放量分成 7 个等级，从 2006 年 5 月起，所有车辆销售商都必须将这些标识贴在销售车辆上。

（3）"能效证书"制度。2004 年 12 月 9 日颁布的法令规定自 2006 年 7 月 1 日起销售的住房，或者 2007 年 7 月 1 日起出租的住房必须具备"能效证书"。这使住房消费有了节能的参照，并使消费者了解怎样以最好的价格降低能源消耗。能效证书主要包括能耗和温室气体排放两个方面。评估要根据不同类型的建筑而不同。对温室气体排放采用两种评估体系：对居住建筑（单体建筑、公寓）一般采用计算的办法；对非居住建筑一般依据运行情况。能效证书有效期为 10 年。

（4）能源税制度。在法国，对能源产品课以重税也是抑制能源消耗的重要手段。法国政府规定，石油公司在法国每出售 1 升石油产品（如汽油、柴油等，天然气除外），就必须向国家交纳 0.5892 欧元的石油产品国内税，这使得法国成为全球高油价国家之一。目前，石油产品国内税已成为法国政府第四大收入来源，仅次于增值税、个人所得税和公司税。

（5）节能优惠制度。法国政府大力鼓励民众降低住宅能耗，因为法国普通住宅消耗的能源占法国能源总消耗的 40%。为实现这一目的，法国政府规定，如果房主住房消耗的能源比法国平均标准少 8% 到 15%，其房屋地皮税就可减征 50%。在住房方面，凡使用节能型或可再生能源设备的可享受更高的减税优惠幅度。2005 年颁布的财政修正法规定：购买一辆新的清洁车的减税优惠为 2000 欧元，销毁一辆使用 10 年以上旧车的减税优惠为 2300 欧元。同时，享受减税优惠的车辆从混合燃料车、天然气动力车（GPL）、液化气动力车（GNV）扩大到电力车。

（6）"能源信息站"制度。为鼓励"低能耗住宅"，法国政府积极为民众提供咨询服务。法国环境及能源管理局从 2003 年开始在各社区设立能源信息站，已为约 100 万人提供了有关信息和建议，其中四分之一的人对自己的住房进行了节能改造。此外，法国政府不久前还推出"能源效率诊断"证书，要求所有房屋出售时提供有关能耗水平数据。

（7）示范工程建设（HQE）制度。法国设备部开展高环境质量住宅的示范工程建设，并颁发 HQE 证书，分为 4 个部分、14 项指标：选址与建造、运行管理、舒适度、健康。该概念 1994 年引入法国，1996 年成立协会，1997 年获得商标注册。2001 年出版了细化的框架，目前也正在修改。HQE 的颁发区分为三类：非居住建筑、公寓、单体居住建筑（分别由 CSTB、QUALITEL 和 CEQUAMI 颁发）。目前已有 50 个项目获得 CSTB 的 HQE 公共建筑的认证。TROYER 工程技术学院的示范就是范例。该示范考虑到了利用通风与热惰性保温；在朝向上考虑到自然采光，减少照明；采用外遮阳减少太阳的热辐射；外墙采用少维护的材料；整个建筑物大多采用自然材料，如木材；收集雨水用于冲厕用水；水箱采用 4 升等。HQE 实际上是利用可持续发展理念的建筑。

三、日本节约能源和能效提高法律制度

日本是一个能源匮乏的国家，几乎所有的石油、天然气和煤炭等能源都依赖进口。为此，日本政府一直十分重视节约能源，并通过立法促使企业提高能源使用效率。战后能源工业经历了三个时期：战后初期以煤炭为主的时期；20 世纪 50 年代至 60 年代以进口石油为主的时期；石油危机以后，实施多元化、多边能源的时期。目前，日本拥有最先进的节能技术，能源利用效率处于国际领先水平。

日本 1979 年通过了《合理用能法》。随后，又在 1983 年、1993 年、1997 年、1998 年、1999 年、2002 年、2005 年先后 7 次进行了修订。日本《合理用能法》共计八章 99 条，主要内容是：总则、基本方针、涉及工厂的措施、涉及运输的措施、涉及建筑物的措施、涉及机械器具的措施、杂则和罚则。

日本于 1993 年将《合理用能法》的修订追加了关于能源管理指定工厂建立定期报告义务以及提交中长期节能计划报告等规定；

增加了新能源及产业技术综合开发机构。

1997 年在日本京都举行气候变化框架公约第三次缔约方大会，在《京都议定书》中相关条款的制约下，1998 年通过了《节约能源法》，新法确立了每年能源消耗下降 1% 的目标，规定对工厂、事业场所（包括制造业、学校、医院、酒店等）、交通、建筑领域全面实施分类能效管理，增加了第 H 类能源管理指定工厂，建立了重点用能单位的管理者制度和定期向政府提交能源消耗报告及中长期（3—5 年）节能规划的制度；并引入了汽车燃油标准以及电气机器等节能的最高标准，规定大规模消费能源的工厂有义务制定并提交中长期节能规划，中等规模的工厂则需要配备能源管理员等条款，规定对汽车和耗能设备等 13 种产品实施能效基准制度（即"领跑者"标准）；制定鼓励节能的财政、金融、税收政策等。

进入 21 世纪后，民生部门能源消费增长显著，为强化其有效节能，2002 年 6 月，日本进一步修订了《节约能源法》，将第 L 类能源管理指定工厂的对象范围扩大到所有行业，也包括了 2000 平方米以上的建筑物（住宅除外）；规定大型办公楼须与大规模工厂等承担相同的义务，须定期提交节能措施报告等。

2005 年 2 月《京都议定书》生效，受其影响，为推动运输部门的节能，于 2005 年 8 月再一次修订了《节约能源法》，2006 年 4 月开始实施。此次修订的主要内容有：推动工厂及事业场所"热点"一体化管理，大规模的运输业者及货主有义务定期提交节能规划报告，扩大了对建筑物实行强制检测的范围，增加了向消费者提供信息的义务等。

日本的节约能源和提高能效的制度有以下方面：

（一）节能管理体制

日本有健全的节能管理体制，形成了经济产业省——新能源、产业技术综合开发机构（NEDO）——节能中心的组织架构。经济产业省根据国家总体要求，制定完善法规、条例，制定经济、产业政策，对企业的节能提出要求和奖惩措施。2001 年小泉政府实行机构改革，节能管理机构由原来的资源能源厅所属的煤炭部的节能课升级为节能新能源部。国家机构中与节能工作直接相关的部门还有环境省、国土交通省等，它们从不同角度对节能工作进行职能管理。

在经济产业省下，组建了作为独立法人的 NEDO，既组织、管理研究开发项目，也负责提供研究经费。对重大科技项目初期给予全部资金支持，随后按照技术进展和市场化程度给予不同的资金支持。节能中心则是一个民间组织，实质上属于准政府机构，具体负责节能措施的实施，总部设在东京，全国有 8 个分支机构。节能中心在政府与企业之间发挥中介机构的作用，一方面接受政府委托开展节能调查，另一方面通过会员制度，发挥其产、学、研的优势，为中小企业提供能源诊断，给出节能技术改造的建议。节能中心每隔半年向社会公布一次节能产品排行榜，是日本推进节能工作的重要力量。

（二）用能单位分类管理和"能源管理师"制度

《节约能源法》根据能源消耗的多少，对能源使用单位进行分类管理，促使企业不断提高能源使用效率。具体措施有：第一，根据上年度企业能耗大小，将超过一定能耗量的企业划分成两类进行管理，即指定年能源消耗折合原油 3000 公升以上或耗电 1200 万千瓦时以上的单位为第一类能源管理单位，年能源消耗折合原油 1500 公升以上或耗电 600 万千瓦时以上的单位为第二类能源管理单位。上述单位必须每年减少 1% 的能源消耗，建立节能管理机制，任命节能管理负责人（能源管理人员），定期报告能源的使用情况。第一类能源管理单位还必须向国家提交节能中长期计划。第二，每年对被管理的企业实施现场检查，并依据经济产业大臣制定的判断标准进行评分。第三，对评分不及格的第一类企业采取通报、责令改正或罚款等措施，对评分不及格的第二类企业进行劝告。对于节能达标的单位，政府在一定期限给予减免税的优惠。

同时，企业的节能管理人员实行"能源管理师"制度，由国家统一认定能源管理人员的从业资格，并加强能源管理人员的培训。

按照日本《节约能源法》的规定，在节能工作中必须推行能源管理师制度。所谓"能源管理师"，是专门的能源管理人员。具体分为能源管理师和能源管理员两类。如前所述，日本《节约能源法》将超过一定能耗量的企业划分成两类进行管理。根据该法及其《实施令》的规定，具体措施是：（1）焦炭制造业、供电企业、供气企业、供热企业中的第一类能源管理单位，如果年能源消耗量在3000—100000公升原油，需配备1名能源管理人员（具备能源管理师资格）；年能源消耗量在100000公升原油以上的，需配备2名能源管理人员（具备能源管理师资格）。（2）第一类能源管理单位中除焦炭制造业、供电企业、供气企业、供热企业以外的单位（热能工厂），年能源消耗量在3000—20000公升原油，需配备1名能源管理人员（具备能源管理师或能源管理员资格，以下同）；年能源消耗量在20000—50000公升原油，需配备2名能源管理人员；年能源消耗量在50000—100000公升原油，需配备3名能源管理人员；年能源消耗量在100000公升原油以上的，需配备4名能源管理人员。（3）第一类能源管理单位中的电力工厂，年能源消耗量不满2亿千瓦时，需配备1名能源管理人员（具备能源管理师或能源管理员资格，以下同）；年能源消耗量在2亿—5亿千瓦时，需配备2名能源管理人员；年能源消耗量在5亿千瓦时以上，需配备3名能源管理人员。（3）第二类能源管理单位，应选任1名能源管理人员（具备能源管理员资格即可）。

按照规定，由国家统一认定相关人员的从业资格：（1）能源管理师的资格取得有两种渠道。其一为全国统一考试，每年一次，每次合格率不到30%。无先期条件要求，考试通过发给能源管理师执照；其二为能源管理师进修，要求具备3年实际工作经验，考试合格发给能源管理师执照。（2）能源管理员在资格取得上，需通过能源管理员培训，并取得能源管理员培训结业证，无先期条件要求。被选任后，每3年必须参加一次提高资质的培训。

能源管理人员应维护消费能源的设备，提出改进和监视使用能源的方法，还可指挥和监督其他与节能有关的所有业务。业主必须尊重能源管理者的意见，工厂的员工必须遵循能源管理者的指示。该制度的实施，有效地监督和促进了重点用能企业的能源使用情况，达到了较好的效果。

（三）"领跑者"标准和强制标准制度

1998 年，日本在修改《节约能源法》时加入了"领跑者"制度，这是日本独创的一项节能法律制度。所谓的领跑者（Top Runner），是指汽车、电器等产品生产领域能源消耗最低的行业标兵。"领跑者"制度意味着，该种商品均必须超过现有商品化的同类产品中节能性能最好的产品。领跑者制度就是通过确立行业标杆，要求其他企业向其看齐，即确定家电产品、汽车的现有最高节能标准，从而使汽车的油耗标准、电器产品等的节能标准高于目前商品化机电产品中最佳产品性能。日本政府往往会根据形势的变化（如：技术进步程度、老百姓需求的提高），对该制度的使用对象予以扩大。例如：在 2006 年 4 月修订的《节约能源法》中，液晶、等离子电视机、DVD 录像机、保温电饭锅、微波炉、卡车、巴士等产品就被追加为"领跑者"对象。

因此，领跑者制度即为节能标准更新制度。节能指导性标准按当时最先进的水平——领跑者制定，五年后这个指导性标准就变成强制性标准，达不到标准的产品不允许在市场上销售，而新的指导性标准又同时出台。该制度的适用范围，往往是随着形势的变化而不断扩大。目前，日本已在汽车、空调、冰箱、热水器等 21 种产品中实行了节能产品领跑者制度。

因此，"领跑者"标准，一开始并不是强制性的，但有一系列的规定来迫使企业去追赶"领跑者"，包括设定基准目标、不断改进的幅度要求、达标年度。在规定的时间内未达到该标准的制造商，政府可采取警告、公告、命令、罚款（100 万日元以下）等措施，原产品也不许继续销售。同时，在出售时，每类产品均与领跑者的水平进行比较并贴放星级标签，以标示与领跑者的差距及使用一年所需的电费（检测结果由日本节能中心出具），标签由零售商加贴。

"领跑者"制度可以说很好地推进了日本企业及产品的技术更新，形成了以技术为导向的市场竞争，鼓励和激发了企业不断创新的内在动力，取得很好的成效。该制度实施以来，日本各种电器都实现了超出当初预想的节能效率改善。比如汽车行业，通过实施领跑者制度，2004 年度比 1995 年度能源消费效率提高了 22%，而按原定目标，到 2010 年提高 23%。

（四）建筑物用能管理制度

《节约能源法》对办公楼、住宅等建筑物提出了明确的节能要求，并制定了建筑物的隔热、隔冷标准。新建或改建项目必须向政府有关部门提交节约能源的具体措施。用能超过限额的建筑物必须配备能源管理员，负责向政府有关部门提交节能中长期计划、年度计划及落实的成效。

（五）能效标识制度

根据《节约能源法》，日本从 1999 年开始对汽车、商用和家用电器设备等实行强制性能效标识制度。其标识设计的指导思想是，有利于消费者将该产品的能源效率与其他产品比较；采用简单的符号或标记，便于消费者理解和查询；提供产品的相关性能指标。标识的格式由日本经济产业省统一规定。日本还与美国联合实施了办公设备的能效标识计划。电脑、显示器、打印机、传真机、复印机、扫描仪和多功能驱动器等，达到了美国能效标准的就贴上"能源之星"标志，并相互承认。标识制度的实施，极大地推动了日本用能产品能效水平的提高。

（六）节能市场机制

完善的中介机构是日本节能市场机制的中坚力量。日本的中介机构十分健全和完善，既有从事研究开发的机构，又有实施推广的机构，还有介于两者之间的不但从事研究开发而且也从事宣传推广的机构。这里主要介绍日本节能中心和日本新能源与产业技术综合开发机构（NEDO）。日本节能中心设立于 1978 年，由总务部（下设 10 个支部）、计划部、能源环境技术部、国际能源环境部和能源管理培训中心等部门以及 3000 多个会员单位组成，固定资产 2 亿日元，流动资产 16 亿日元。日本节能中心主要从事推进生活节能（涉及衣、食、住和教育等各个领域）、产业节能（工厂节能诊断、节能管理服务 ESCO 事业的推广、技能技术的普及和能源管理人员的培训等）、调查研究（各种节能信息的收集分析提供、新的技能技术的开发等）和国际援助（例如对发展中国家）等。日本的新能源和产业技术综合开发结构（NEDO）成立于 1980 年，由总部（下设管理部、开发部、矿业管理部）和九州支部、北海道支部、关西支部、矿山灾害支部和海外支部等组成，资金共计 4702 亿日元，职员达 2000 多人。通过新能源和产业技术综合开发结构（NEDO）将政府主管部门（经济产业省、海外政府机构等）、研究机构（国内外大学和研究所）、地方团体、民间（企业、技术研究实体等）联系起来，主要从事新能源、节能的开发实施及普及，产业技术研究与开发，煤炭矿业机构组建与调整，煤炭灾害赔偿等。

（七）节能技术研究开发和推广计划

月光计划是日本从 1978 年开始实施的大型节能技术研究开发计划，截至 1992 年底共投入 1400 亿日元，并在很多项目上取得明显成果，这些成果已在推广应用中。月光计划资助的项目主要有余热回收利用技术、燃料电池发电技术、电力调峰用电池系统、超导电力应用技术等。

"最佳运行计划"是针对家用、办公室电器的节能标准和汽车燃料效率标准于 1998 年制订的。总计包括 21 种设备，如客车（汽油、柴油、液化石油气）、空调（冷、暖）、电视机、录像机、荧光灯、复印机、计算机、磁盘、电冰箱、冷冻机、煤气炊具和贩卖机等。最佳运行计划在激励市场竞争和创新、推广现有技术和增强行业竞争等方面发挥了重要作用①。

（八）节能教育和培训

在日本，能源教育无处不在，能源教育已经被提高到民族新文化的高度，形成特殊的"节能文化"。对于日本长期面临的能源危机，日本政府制订了长期的节能宣传计划，通过各种形式向其国民宣传本国的能源国情，以增强其民族忧患感和节能意识。每年 2 月为特定的"节能月"，每月第一天设立为节能日，在全国范围内开展节能技术普及和推广，举办形式多样的宣传和教育活动，同时每

---

① 坂本敏幸：《日本节能政策和措施》，载《倡导气候技术/产业联合研讨会论文集》（2005 年 2 月 24-25 日），第 13-14 页。

年的 8 月 1 日和12 月 1 日为节能检查日，检查评估节能活动以及国民的生活习惯，将节能为主的能源教育融入到国民生活的点点滴滴之中去。

政府部门在节能教育中发挥了重要作用。"节能共和国"是为防止地球变暖而在节能、环境、再循环等领域推行教育活动的团体。日本"节能共和国"活动已经成为国内非正式组织进行能源教育的重要活动之一，"把日本诞生的节能共和国推广到全亚洲、全世界"就是其宣传口号。在日本的"节能共和国"中，有不少是小学校。为了适应孩子的需要，学校设立了"节能教室"和"节能课"。为做好学校能源资源节约教育，组织专家为需要的学校提供指导，为担任能源资源节约教学的老师进行培训。并且，还依托相关的工厂企业建立了许多节约资源的教学基地，以此增加学生的节约和保护环境的意识，教育学生要使用能重复用的布袋、竹篮等容器。

四、加拿大节约能源和能效提高法律制度

在加拿大，传统的产业结构中，农业位居首位，其产值占全国总产值的 37.1%；其次是服务业，占 36%；制造业的产值占 22.4%；自然资源产业产值比例最小，约 4.1%。但是，随着科学技术的发展，加拿大从传统结构过度到了现代的新型的产业结构，其中，服务业转而成为产值比重最高的行业，自然资源行业产值比重有所提高，而农业则降为最后，从事农业的劳动者人数也剧减。

加拿大的能源消费活动中，能源消费主要发生在以下四个方面：居民住房、商业、工业、运输。在加拿大，居民住房领域消费的能源大约占到17%的比例，其中，家庭取暖所使用的能源量占到61%；另外，还有家用电器的使用，如电磁炉、冰柜、洗碗机、洗衣机、电动烘干机等。商业领域，能源的消耗量约占14%，其中，取暖所占比例达到50%以上；在一些商业活动中，使用计算机、空调等一些辅助电器设备和汽车、摩托等交通工具而产生的能源消耗也占到32%的比例。本章所指的工业领域，包括制造业、

矿业、林业和建筑业，不包括电力行业，工业中能源的消耗量大约占38%。运输行业，能耗量大约为28%，包括公路运输、铁路运输、航空运输和海河运输四个方面。其中，公路运输活动消费的能源量最多，占到整个交通运输能源消耗量的79%，其中59%的能源消费于旅客的运输方面。

加拿大各部门的能源效率。在居民住房部分，1990年—2005年期间，取暖的能源效率提升了18%，每平方米取暖消耗的能量从0.65千兆焦耳减少至0.53千兆焦耳。家用热水方面，每一住户消费的能源量从1990年的24千兆焦耳减至2005年的20千兆焦耳，能源效率提高了18%。家用电器的能耗量也降低了，洗碗机的能源效率提高得最多。1990年至2005年期间的商业领域，其能源消耗量增加了33%，同期GDP增加了57%。工业领域，能源消耗量增加了18%，同期GDP增加了44%。从1990年起，工业行业每年的能源强度呈1.3%的递减趋势，至2005年，能源效率大约提高了13%。运输行业，因为能源的消耗主要是在旅客运输方面，所以旅客运输部分的能源效率提升了13%。

加拿大节能法律和法规主要有：（1）《加拿大能源效率法》（Canada Energy Efficiency Act）

《加拿大能源效率法》是一部专门的有关能源使用效率的法律，该法分为三部分，第一部分规定了耗能产品的市场准入制度、检测制度；第二部分规定了提高能源使用效率和促进替代能源的利用事项；第三部分是一般性规定。其中，第21条规定，部长为了达到保护环境的目标，有权实施以下行为：（a）单独或是与他人合作以完成有关能源效率的研究、测验、执行等具体工作；（b）在法定刊物上刊登研究成果、能源效率、节能信息等；（c）可以与任何人，包括联邦政府、省级政府以及其政府部门，一同协商、合作有关项目，甚至达成相关协议；（d）设置激励措施和奖励方案；（e）根据部长的意见，为促进上述目标的实现，可以实施各种工程和项目活动①。（2）《加拿大能源效率法规》（Canada

---

① Canada Energy Efficiency Act 1992.

Energy Efficiency Regulation）。《加拿大能源效率法规》是为贯彻《能源效率法》的相关能源效率的规定，而制定的具体的产品耗能标准。

加拿大的能源节约和能效提高制度有如下内容：

（一）产业结构和能源消费结构的调整机制

虽然加拿大自然资源丰富，但联邦政府 20 世纪 80 年代即开始关注节约能源的方法，努力提高能源使用效率，研发新型能源，减少不可再生能源的使用，减少温室气体的排放，保护自然环境的可持续发展。联邦政府的能源政策以国际能源市场为导向，提高本国的经济竞争力和国际地位；同时，尊重省级政府对本省自然资源的自主权利。设立一些执行、加强能源政策的机构，如：自然资源部、国家能源管理局、加拿大核能安全理事会等，并为这些机构提供资金，支持、推广提高能源使用效率的工程。其中，自然资源部下设的能源效率办公室是专门的实施机构，它的主要工程——"ECO-ENERGY ACTION"，致力于对社会生活的各个方面进行高能效的改造，包括对居民住房和商业楼房的改建，新建符合能效标准的建筑物，推广使用替代能源、清洁能源等项目，并为项目建立激励机制，直接提供财政奖励和税收优惠，推动各项节能工程的顺利实行。

各省级能源部门则结合本地区的实际情况，制定相关的能源方案，提高能源的使用效率，节约能源的使用数量，促进清洁能源的研发与使用。如不列颠哥伦比亚能源部制订实施了"能源方案"，即节约能源、提高能效的方案。能源方案包括九个部分的内容：（a）制订 2010 年的能源节约目标；（b）对提高能源效率与节约能源方案的执行给予同等的关注；（c）在能源需求市场，提高能源的有效利用率以促进形成能源产品的价格机制，提升市场竞争力；（d）利用需求市场的其他有效机制，以鼓励提高能源效率和节约能源；（e）到 2010 年，省级"建筑物能源效率标准"将完全得到执行；（f）与当地政府、联邦政府、工业企业等一同进行建筑物能源标识的试点方案；（g）新建公共建筑物应考虑环境保护的需要，符合温室气体排放、水资源的节约等标准的最高要求；（h）为解决省工业领域面临的能源方面的挑战，制定实施工业领域的提高能效的方案；（i）在实施"高能效社区"的工程时，加强与当地政府的合作，同时，推进"清洁能源社区"计划的实施。

（二）节能管理机构

在加拿大，联邦政府的组成部门自然资源部统筹管理国内的自然资源，推进能源的保护措施，提高能源的使用效率，增进替代能源的使用等，以保护国内生态环境，加强加拿大的经济竞争力。为了更有效地贯彻实施《能源效率法》，自然资源部设了两个机构：国家能源使用数据库（National Energy Use Database）（简称NEUD）和能源效率办公室（The Office of Energy Efficiency）（简称OEE）。NEUD 成立于 1991 年，其宗旨是协助其他政府部门提高有关加拿大各能源消费阶层能源使用的效率和能源消费数量的认识；为自然资源部提供专业的能源使用效率方面的数据分析资料；搜集有关能耗电器和建筑物特征的信息。从而，NEUD 成为加拿大一个安全的可信度高的数据资源库，各能源消费体都可以从中获取相关资料。

加拿大省级政府可以制定具体的、符合本省实际情况的环境保护法规，在省级政府内设立了能源资源局，统一负责执行联邦政府的能源政策和能源规划，并制订实施本省的能源方案。各省级政府都致力于提高能源使用效率，促进替代型能源的使用，以节省能源资源，减少温室气体的排放。

（三）节能激励机制

加拿大政府较早就致力于提高能效、节约能源，从 1978 年开始启动强制性的能耗指南标识（EnerGuide）计划，它是加拿大政府对具体产品的能源消耗或能源效率予以标明的一种制度，由自然资源部负责监督实施。《能源效率法》规定某些特定产品应该有"能耗指南（EnerGuide）"标识，否则将不能进口或是跨省运输。又于 2001 年引进美国的能源之星计划，这属于自愿性的能源标识，此标识可以标示于"能耗指南（EnerGuide）"标识上。产品上的能源标识向消费者提供该产品的能效数据和节能情况，便于个体消费者选购环境友好型产品，对企业也能起到改善其生产设备的作用。

"家居能耗指南（EnerGuide for House）"标识是能源效率办公室设立的一个咨询机构，主要是向房主提供高能效住房的设计图，介绍高能效住房的优点和优惠政策，以及节能带来的实惠，引导其购买高能效住房或是改建其原有住房。在居民住房领域，由于家庭取暖的能源使用量占绝对的比例，因而，对于住房的改建是节约能源的一个重要途径。2003年的"能源节约型住房改建激励政策"，意在鼓励房主通过改建住房，达到有效利用能源的目的。政府将会补贴改建房屋中支出的提高能源使用效率费用的10%—20%。

在商业领域，通过对商业建筑物进行改建以使其提高能源使用效率，从而达到节约能源的目的。自1992年起，《既有建筑能耗指南》（EnerGuide for Existing Buildings，EEB）在全国范围内改建了大约2000栋商业建筑物，是有待改建商业建筑的30%。社会团体可以依《既有建筑能耗指南》（EEB）参与合作改建项目，基于节能改建的支出，其可以获得支出的25%的财政补贴，但最高额不超过2.5万美元。另外，商业建筑刺激方案（Commercial Building Incentive Program，CBIP）实施后，已有多项工程正式启动，主要是建设符合高能效、节约能源要求的新式商业建筑和商业—居住混合建筑物。数据表明：商业建筑刺激方案（CBIP）实施后，新式建筑物的能源有效利用率比普通建筑物高35%。CBIP设有财政奖励：如果新建的商业建筑物或是商业—居住混合建筑物的能源有效利用率比《国家建筑节能标准规范》（Model National Energy Code for Buildings）规定的建筑物的能源有效利用率高25%，建筑物的所有者将获得最高额为6万美元的奖金。

从1990年到2003年，加拿大工业规模扩大了45%，能源的使用量增加了19%。加拿大节能工业计划（Canadian Industry Program for Energy Conservation，CIPEC）与多家企业合作，在2003年，合作企业利用CIPEC提供的提高能源使用效率的技术和方法，节省了大量的资金。能源效率办公室（OEE）和加拿大节能工业计划（CIPEC）致力于通过执行、追踪报道加拿大工业领域的提高能源使用效率的项目，促使工业领域内部的能源调整。关键要素包括设立并跟进能效提高项目的计划，持续提高能源的有效利用率。

针对运输领域的节约能源措施，可以归纳为以下几方面：设计能源利用率高的轻型汽车；通过宣传，鼓励私人和企业购买轻型汽车；提倡使用替代燃料；注意对车辆的保养等。对私家车而言，通过教育和培训的方式，提高其能源有效利用率的意识，从而引导车主的购车决定、行车习惯、车辆保养习惯。公交系统方面，主要是提高燃料的有效利用率和使用可再生能源。并且，政府提供资金，对零折扣的高能效工艺的购买者给予补贴。

（四）节能信息公开制度

《加拿大能源效率法》第21条规定：为实现提高能源使用效率和促进替代能源广泛使用的目的，自然资源部应该公布相关资料，包括能源产品的检测结果，研发的新型能源产品的种类、性能，高能效的工艺和使用方法等。

联邦政府和各省级政府在实施提高能源使用效率计划和节约能源计划时，成立专门的能源咨询机构，为居民、商业、建筑业等部门提供专业的节能评估意见，指导其选择高能效产品、应用节约能源的工艺，为其设计最佳节能方案。

联邦和省级能源部门的官方网站上，建立了能源资源信息库，方便各地能源消费者查阅各种能源使用效率的数据；在各级政府的法定刊物上，刊登各种节约能源的技巧与方法；制作各种有关提高能效、节约资源的宣传手册；制定了符合《加拿大能源效率规则》的产品的能效标识——"能耗指南（EnerGuide）"标识，并且，节约能源的高能效产品还有"能源之星"的标识，向消费者公示产品的耗能量、能源效率等。

（五）能效标准和标识

《能源效率法》对能效标准和标识的管理进行了严格的规定。该法第4条规定，任何商品如果没有符合法定的能效标准，并且按照法定的形式和内容加贴能源标识，该商品不得出售、出租或者跨州交易。任何人在耗能产品首次售出或者租用之前，不得撕毁、模糊或者变造能效标识。运输或者进口耗能产品的厂商，应当向执法人员提交该产品符合能效标准并且标明能耗信息。执法人员有权对该类产品进行能耗测试。

五、印度节约能源和能效提高法律制度

印度的能源消耗，主要涉及两个部门：电力生产和交通运输。印度的发电装机容量大约是 12 万兆瓦，占世界总量的 3%。2030年，印度人口有可能达到 14 亿，能源需求的预测显示，其对电力的需求将从目前的 12 万兆瓦增加到 40 万兆瓦左右，这要求能源的年均增长率须达到 5%。印度交通部门对能源的消耗增长速度最快，每年消耗石油近 1.12 亿吨。印度对石油的依赖达到了每年1.14 亿吨，其中 75% 需要进口，几乎完全用于交通运输部门。①印度采用 4 种基本能源进行电力生产：一是矿物质燃料，包括石油、煤炭、天然气等；二是水力发电；三是核能；四是可再生能源，如太阳能、风能、生物燃料、生物质能和海洋能等。目前印度用于发电的能源有 89% 产自本土，其中煤炭占 56%、水电占 25%、核电占 3%、可再生能源占 5%。太阳能只占能源产量的 0.2%。印度11% 的电力生产依赖石油和天然气资源，这些石油天然气资源大部分要花费巨资从国外进口。每年只有 1% 的石油（大约 200 万至300 万吨）用于发电。发电所需能源的 10% 要依赖高价的天然气供应。②

印度的节能立法形成了以《节约能源法》为核心，《电力法》、《石油法》、《天然气法》、《管道法》和《石油储备法》等为专项内容的法律规范体系。

为了节约能源和提高能源效率，印度于 2001 年 9 月 29 日颁布了《节约能源法》（Energy Conservation Act 2001），除了查谟和克什米尔，该法适用于印度的所有领域。该法规定了能源效率局的设立、职责和权力；规定了各级政府在能源有效利用和保护方

①　赵凡：《从能源安全迈向能源独立——印度能源战略简析》，载《资源导刊》2007 年第 5 期。

②　赵凡：《从能源安全迈向能源独立——印度能源战略简析》，载《资源导刊》2007 年第 5 期。

面的职责、权力和法律责任；为了促进节能和能效提高，该法规定中央政府要设立节能基金；该法专门设立了节能上诉法庭（appellate tribunal for energy conservation），受理因节能执法而产生的纠纷。①

在专项制度方面，除了制定专门的《电力法》，并引入竞争机制，建立起购买电力企业和销售电力企业多元化外，印度还特别重视油气资源方面的法律制度建设和节能方面的工作。制定了《石油法》、《天然气法》、《管道法》和《石油储备法》等相关法律法规，将油气能源勘探开发、加工、运输、储备等环节纳入规范的法制化管理轨道，加强执法监管，把节约能源，提高能源使用效率，作为保障国家能源安全的一项基本国策。

印度的节约能源和提高能效制度的内容主要如下：

（一）节能管理机构

能源效率局是印度的节能和能效提高管理机构。能源效率局根据《节约能源法2001》第3条的授权设立。能源效率局接受中央政府任命的领导小组（governing council）的监督、指导和管理，该领导小组由电力部部长以及各职能部门（如电力、煤炭、石油和天然气、非常规能源、原子能、消费者事务、国家标准局）的秘书、各研究机构（如中央电力研究中心、汽油节约研究协会、中央矿业设计中心）的主任或主席，以及电力区域的代表和工业、制造业和消费者代表组成，成员人数不少于20人，但不超过26人。能源效率局的职责主要有：制定能效标准；制定节能建筑指导规则；组织节能培训；提供节能咨询服务；促进节能技术研发；制定节能产品的测试和认证程序、规则；实施节能示范项目；促进节能管理、设备和产品的应用；能源效率项目的融资；资助节能和能效提高研究机构；对节能和能效提高服务征收费用；能源审计等。

（二）强制能效分级制度

印度的产品能效分级制度于2005年12月14日出台。最初这

① Indian Energy Conversation Act 2001。

个分级系统仅适用于电冰箱、显像管以及变压器产品，试点期间厂商自愿参与。之后国家又出台了针对电视、空调、微波炉及 DVD 播放器等产品的类似系统。此系统是由印度能源效率局（BEE）与联合国际节能协会（IIEC）开发，以企业自我证明为形式。这项分级制度将电子电器产品根据能效情况进行分级，共分为 5 级。能效最低的定为一星级，最高的定为五星级。该能效分级制度已在 2007 年中期强制实施。

（三）节能激励机制

印度陆续出台一系列法律法规，用法律规范能源保护、开发利用和节约。2001 年制定《能源保护法》，在联邦政府设立能源效能局，专门负责能源政策的制定和能源法律的起草，执行联邦政府的能源政策。随后又颁布《能源节约法》，禁止使用高耗能设备和技术，要求企业、政府部门、公用设施提高能源使用效率，降低能源消耗，并对能源消耗标准做出严格规定，其条文详细具体，具有较强的可操作性。2008 年 12 月，印度政府通过新的一体化能源政策，强调节约、效率和更多地使用可再生能源，以维护能源安全和使能源获得可持续发展。该能源政策主要是通过市场来决定能源价格和资源分配，最终使能源市场更具竞争力。同时，印度还采取多样化财政优惠政策，促进能源节约和能效提高，鼓励可再生能源的开发使用，推动先进技术的引进、开发和应用，包括非常规能源开发项目，可以减免货物税、关税、销售税及附加税，享受免税期、软贷款和设备加速折旧待遇，减少外资办理手续等。

（四）节能执法

随着经济快速增长，印度政府对能源部门加强领导，不断通过政策措施规范油气工业的运行。为了统一规划国家能源发展，有效调整国内能源结构，印度政府于 2005 年成立了一个由电力部、煤炭部、石油天然气部、原子能部和计划委员会等部委组成的最高能源委员会，协调国家能源的总体供需，并使国家能源政策得以有效贯彻和执行。在节能执法方面，印度政府也采取了诸多措施，例如：各个政府部门、国有工业用电如果每年超过了 1 兆瓦，就会被列入电力消耗大户"黑名单",自动执行能源强制审计制度①。

（五）节能监督机制

在电力部门，印度专门设置了能源效率局，目的在于研发和推广节能型电力设备，设定能源消耗的标准和规则，不允许从国外进口能耗超标的机械设备，同时，在中央所属各部门大楼，均推广和安装节能设备②；在油气部门，为了避免行业垄断行为以及价格危机，印度政府完善石油监管体制，公布市场准入条件，并计划成立两个监管部门，分别监管上游勘探生产和下游炼油、储运、销售业务，引导印度油气工业迈向"国际化、市场化和标准化"。2008 年12 月印度政府通过了新能源政策，要求在内阁秘书下设专门的监督委员会以监督计划的实施。

第三节　节约能源和提高能效制度的比较分析

一、节能和能效管理的市场机制

比较美国、日本等国家的节能法律制度，可以发现，政府充分认识到企业是实施节能活动的主体，并且通过推进合同能源管理、节能技术研发等方式培育和支持节能市场，充分发挥市场力量在促进节能和能效提高中的重要作用。这主要基于以下两方面因素：

第一，政府重视节能市场的培育和支持。市场经济条件下，企业有自主选择能源利用行为的权利。也就是说，企业只要在符合国家强制性最低能耗标准的前提下，可以自由选择高耗能或者低耗能的能源利用方式。从某种意义上讲，企业的节能活动具有正外部性，如节能有利于国家能源安全和环境保护目标的实现。尽管企业的节能行为有利于提高企业自身的经济效益和市场竞争力，但是往往因为节能融资、技术和管理等方面的因素，阻碍企

---

① 参见牟雪江：《看印度能源做法》，载《中国石油企业》2008 年第 1 期。

② 参见张利军：《试析印度能源战略》，载《国际问题研究》2006 年第 5 期。

业实施节能活动。政府在不能以"命令——控制"方式强制企业实施节能的情况下，可以通过财政、金融、税收等方式培育节能市场，进而利用市场机制推动经济向低耗能方向发展。如美国在节能服务公司刚刚起步时，首先出台政策规定由政府机构与节能服务公司签订节能合同，从而扶持和带动节能服务产业的发展。20世纪70年代，日本政府实施的月光计划，由政府出资补贴节能技术的开发和利用，这对于日本节能技术在世界中具有先进地位起了关键作用。

第二，节能产业迅速成长。随着能源价格的提高，以及能源的稀缺性和环境问题的凸显，节约能源和提高能效成为经济和社会可持续发展的必然选择。对于耗能企业来讲，节约能源和提高能效可以降低其生产成本，提高其市场竞争力。对于节能技术的研发企业或机构以及节能管理等服务机构来讲，市场对于节能技术和节能管理服务的需求促成了节能产业（如合同能源管理、节能技术开发等）的迅速发展。例如，美国的节能服务公司将"合同能源管理"用于技术和财务可行的节能项目中，使节能项目对客户和节能服务公司都有经济上的吸引力，这种双赢的机制形成了客户和节能服务公司双方实施节能项目的内在动力。同时，节能服务公司具有专业技术、系统管理、资金筹措等多方面的优势，不仅可以有效地减少节能项目成本，还可以降低节能项目的风险，这也更加激励耗能企业实施节能改造项目，并且带动了节能技术的发展和应用，使整个经济实现良性循环。

二、节能和能效管理的强制与激励机制

（一）节能和能效管理的强制机制

从各国的立法来看，节能和能效管理的强制机制主要包括强制性最低能效标准和能效标识。

能效标准是确定能源节约与浪费的法律尺度，是减少终端用能产品能源消耗的重要政策工具之一。能效标准的作用在于保证耗能设备符合最低耗能限值，以避免在现有经济、社会和科技条件下产生能源的浪费。能效标准的实施，在减缓电器、工业设备

等的能源消耗增长势头，减少国家对能源供应基础设施的投资，改善消费者福利，引导市场转换、加强市场竞争和扩大贸易，减少环境污染和温室气体排放等方面，取得了显著的经济、社会和环境效益。能效标准一般包括最低能效标准和能效分级制度。最低能效标准具有市场准入的作用，达不到最低能效标准的产品或设备不得生产和流通，并且已经投入使用的不符合最低能效标准的产品或设备要在限定期间内淘汰。能效分级制度是根据耗能量和能效水平将耗能产品或设备由高到低分为几个等级（一般是5个），1级表示能效水平最高，5级表示产品或设备仅仅达到最低能效标准。能效等级通常在能效标识中标出，作为能效标识的一部分。能效标准覆盖的范围非常广泛，几乎包括所有的耗能产品和设备，包括建筑物。

强制性能效标识的作用主要在于耗能信息公开，并且引导消费者在不同耗能等级的产品间做出理性选择，有利于提高低耗能产品的市场竞争力。能效标识的适用对象非常广泛，几乎包括所有的耗能产品。强制性的能效标识有利于解决耗能产品市场中的信息不对称问题。同时，能效标准的强制性也促使生产厂商提高其产品能效。例如，英国市场上冷冻冷藏冰箱的能效水平1994年到1996年期间提高了7.3%[1]。

各国对于能效标准的规定都是针对耗能产品或设备，没有针对企业的生产过程制定能效标准。为了从源头上避免能源浪费，促使企业在生产过程中采取措施提高能源利用效率，有必要针对生产单位产品所消耗的能量制定标准。单位产品耗能标准与能效标准有重要区别：能效标准仅仅是对于生产设备或者耗能产品的能量投入与输出之比进行的规定，决定能效标准的是生产设备或耗能产品自身的能源效率；而单位产品耗能标准是一项综合性标准，决定单位产品耗能标准的因素除了生产设备的能源效率之外，还包括用能管理、生产过程管理等多方面因素。因此，制定单位产品耗能标准，更加有利于促进企业在生产过程中采取多种

---

[1]   王文革：《中国节能法律制度研究》，法律出版社2008年版，第68页。

措施提高能源效率。

（二）节能与能效管理的激励机制

节能和能效管理的激励机制，主要是依靠利益驱动，利用市场经济手段，通过调节影响被管理者需要而促进节能目标的实现。从各国的实践来看，这些手段主要包括价格、税收、财政、金融、基金、能源之星标识、节能认证等。这些手段都具有利益驱动性，如果企业的节能达到一定水平，就可以获得税收优惠、财政补贴、信贷支持、良好的声誉等奖励。税收、财政、金融、基金等激励措施，一般用于支持和鼓励节能设备推广和使用、节能示范项目、节能投资等。

美国、日本等国家一般通过公私合作项目推行节能和能效提高激励机制，收到了非常好的效果。如由美国联邦环保局于 2001 年开始实施热电联产合作项目（Combined Heat and Power Partnership）①，目的是为了激励成本效益性的热电联产项目。通过推广高效率的热电联产技术，降低了低效和大规模的热电企业造成的污染。热电联产项目通过塑造热电联产行业与各州和地方政府以及其他利益相关者之间的合作关系，促进热电联产行业的发展。联邦环保局与部门参与者（包括工业、商业、居民和机构部门以及项目开发人和设备供应者）、各州和地方政府（包括州、地方和部落能源、环境和经济发展机构）以及其他利益相关者（包括热电联产技术的利用者、金融机构、公用事业和其他分散式发电的组织）一起合作，通过提供支持政策和服务（如基金、认证、商标等）促进热电联产的经济、环境和能源效益。据统计，自 2001 年至 2008 年，联邦环保局已经协助实施了 410 个热电联产项目，增加了 4604 兆瓦热电联产容量。这些项目平均每年可以减少 1250 万吨二氧化碳当量的温室气体排放。这些温室气体减排量相当于 280 万亩松树或杉树一年的碳存储量，或者 230 万辆客车的温室气体排放量。

---

①　Combined Heat and Power Partnership，http：//www.epa.gov/chp/.

三、节能和能效的管理体制和管理方式

（一）管理机构

节约能源和能效提高是一项系统工程，建立专门的监督管理机构成为各国通行的做法。在美国，联邦和地方各州政府都设立了节能管理机构。美国能源部和环保署是联邦政府的节能和能效管理机构。能源部是联邦政府最主要的节能管理部门，每年财政预算经费约 210 亿美元，拥有 11.5 万名员工，分布在 35 个州。美国环保署负责制定和实施水、空气、废物利用等其他与环境保护相关的全国性政策，并从环境保护角度配合能源部开展清洁能源、节能、能效提高等领域的工作。① 日本中央节能工作由经济产业省主管，具体负责部门是其下属的节能和新能源部。地方节能工作主要由地方 9 个经济工业局负责。另外，节能中心作为日本经济产业省管辖下的公益法人，是推动日本节能工作的核心机构②。日本节能中心成为连接政府和企业法人的中间桥梁，对于政府节能政策的推行以及企业节能行动的促进发挥了重要的作用。日本充分发挥节能组织对于政府节能管理的辅助作用，值得肯定和借鉴。

（二）管理方式

节能和能效提高的管理方式主要有两种，即传统的"命令—控制"模式和基于市场的管理模式。从各国的实践来看，"命令—控制"模式的节能和能效管理主要包括强制性的最低能效标准和能效标识制度，这主要是为了矫正市场在遏制能源浪费、环境负外部性以及信息不对称方面的失灵。基于市场的管理方式是政府通过设计市场性的政策工具，利用市场机制的作用激励或约束企业的用能行为。此类管理方式主要包括税收、财政、金融、绿色采购、能源之星标识、节能自愿协议、能源效率行动计划等。总体来看，各

---

① 翟青、康艳兵、牛波：《美国节能管理工作特点及对我国的启示》，载《中国能源》2003 年第 7 期。

② 沈国平：《对日本节能与管理的学习与思考》，载《资源与发展》2008 年第 1 期。

国比较侧重于选择基于市场的管理方式，利用价格杠杆和竞争机制引导企业和消费者的合理用能行为。另外，公共部门和私人部门的合作伙伴关系，也是推动节能的新的管理方式，此种管理方式充分发挥了社会个体在节能中的主动性和积极性。如由美国联邦环保局于 2005 年秋季开始实施的国家能源效率行动方案①（National Action Plan for Energy Efficiency），其目的是通过电力和天然气公用事业、公用事业管理机构以及其他合作组织的共同努力促进能源效率的提高。该方案充分利用家庭、建筑物和学校减少能源的潜力，节省消费者的能源开支并且减少电力需求。

四、节能和能效管理的执法和监督

纵览各国的实践，节能和能效管理的执法和监督除了设置专门的执法和监督机构外，一个重要的特色和趋势是充分发挥社会力量在节能和能效管理执法及监督中的作用。社会力量在节能和能效管理执法及监督中的作用，主要表现在两方面：一方面，通过节能宣传和培训，提高社会主体的节能意识和能力，从而有利于节能和能效提高法律制度在社会层面的实施；另一方面，政府可以授予企业、社会组织等执法权力，以降低行政执法的成本，例如日本的节能中心作为一个企业法人，承担能源审计和评价的职能。信息公开是社会参与节能和能效管理执法和监督的前提条件。信息公开的主体不仅包括政府，还包括企业、事业单位等社会组织；信息公开的内容不仅包括相关的节能和能效提高法律法规，还包括耗能产品的检测结果、企业的用能统计、节能技术和方法等。

此外，节能教育和培训是提高公众节能意识，使节约型消费方式成为每个公民的良好习惯和自觉行动的重要方式。各个国家都非常重视节能教育和培训，将节能教育纳入到国民教育体系。节能教育和培训的内容非常广泛，主要包括节能意识的培养、日常生活的节能技巧、节能技术、节能管理和服务等多方面的内容。第三部门

① National Action Plan for Energy Efficiency，http：//www. epa. gov/cleanenergy/energy-programs/napee/index. html.

通过网络、报纸以及举行各种行动等多种方式，在节能教育和培训
中发挥了重要的作用。

第四节　外国节约能源和能效制度对我国的启示

我国现行节能法律制度基本上采取"命令—控制"模式，注
重自上而下的节能管理，缺乏利用市场和调动全社会参与的法律机
制。深化我国节约能源和能效提高法律制度的改革，要在能源、经
济、环境综合决策的理念下，将节能政府管制制度、市场调控制度
和社会参与制度有机结合起来，构建可以使政府、市场和社会三者
联动的节约能源和能效提高的法律制度。

一、节能和能效管理制度的完善

现代政府管制体系是市场经济环境下政府对企业经济行为进行
管理的制度安排，是政府实现有效的市场监管的体制保证。政府要
在遵循市场规律的前提下，适度干预用能主体的行为，推进节能管
理体制的改革。

（一）建立与市场化改革相适应的节能和能效管理制度

第一，要建立专门的节能管理机构。我国尚没有建立全国统一
的节能和能效管理机构，许多省市节能工作只是某个部门众多职能
中的一项职能，建议将来我国从中央到地方建立统一的专门负责节
能和能效的机构体系，并且借鉴日本经验，发挥节能组织对于政府
节能管理的辅助作用。

第二，转变政府职能，放宽政府管制，推进政府与市场相结合
的节能和能效管理制度。要明确政府管制的定位，不该管的就应坚
决放权，该管的必须管到位。改革的目标是"放松经济性管制，
加强社会性管制"，以此推动管制革命和职能转变。所谓社会性管
制，是指依据国家能源中长期发展战略和目标，对资源的持续利
用、环境保护、能源安全等社会性目标进行管制。① 经济性管制是

① 王文革：《中国节能法律制度研究》，法律出版社 2008 年版，第 48 页。

指通过行政审批、命令等方式对经济主体的市场准入、生产、经营、投资、融资等事项进行干预。市场经济条件下，应当充分利用市场竞争机制达到节能的目标，逐步减少经济性管制，充分调动国有、民间、外资各类投资者的积极性；同时，通过加强社会性管制，实现能源安全、能源效率和环境保护等社会目标。

第三，完善节能和能效管理的强制机制。首先，扩大强制性能效标准和标识的覆盖范围，在包含重点耗能领域的产品和设备基础上，进一步制定其他耗能产品和设备的能效标准和标识制度。其次，根据经济、社会和科技的发展水平，及时修订相关能效标准。再次，制定超前性能效标准，并与自愿性能效标识项目（如能源之星）相结合，引导企业提高能效。当超前性能效标准的实施具有一定的普及程度时，将超前性能效标准转换为强制性能效标准。

第四，完善经济刺激机制。经济刺激机制是替代传统命令管制模式的最佳选择。一方面，节能的实施主体是理性的市场主体，经济刺激措施直接影响其经济利益或者市场竞争力，可以有效地激励或约束他们的行为。另一方面，经济刺激机制通过市场实现对节能主体行为的宏观调控，避免了传统行政命令带来的抑制市场主体积极性以及政策不对路导致的消极抵制等弊端。经济刺激机制因其市场化的优势普遍得到世界各国的重视。如美国实行的节能公益基金、能源之星，日本在家电和汽车行业推行的领跑者制度等。这些措施利用市场的利益驱动机制，充分调动了市场主体的节能积极性。我国节能法律法规规定了能效标识、节能专项资金等措施，但是由于机制不健全而流于形式。今后，我国应当借鉴国外先进经验，充分利用利益驱动机制，制定和完善相应的经济刺激措施，使社会中每一个群体都在节能工作中有合理的定位，最终做到"每个环节的责、权、利都很明晰，哪个环节有利于节能哪个环节就能够获益，哪个环节不利于节能哪个环节就要受到惩罚"，这是推动节能工作的核心问题之一。

（二）完善相关配套法规

我国节能政策和法律规定的有关制度，如合理用能评价制度、能源效率标准制度等，由于缺乏相关配套法规而形同虚设。制定相应的配套法规，明确权利、义务和责任的配置，对于切实执行节能政策和法律具有重要的作用。今后，我国还需制定或修订以下法规：《合理用能评价条例》、《节能监督条例》、《高耗能设备（产品）淘汰管理办法》、《节能中介机构管理办法》、《节能管理机构及职责规定》、《节能资金渠道和管理办法》、《能源审计和信息披露管理办法》、《鼓励节能的财税和金融政策的暂行规定》、《节能技术进步条例》、《产品能耗限额管理办法》和《节能宣传、教育和奖励办法》等。

（三）建立多元的节能监督体制

第一，建立组织上独立、运行上专业、责任主体明确的监管机构。按照现代监管体系的原则和理念，完善节能监管体系，改组和完善监管机构。加强不同监管机构之间的分工协调。特别要加强电力、天然气产业的经济性监管同健康、安全、环境保护的社会性监管的协调。积极探索健康、安全、环境保护等社会性监管指标的市场化，实现外部效应内部化，提高监管效率。第二，要建立节能环保组织、媒体等社会监督体系。通过法律法规的形式明确保障社会监督主体的监督权力和激励机制。

二、市场调节机制的完善

（一）建立合理的价格机制

价格机制是指在竞争过程中，与供求相互联系、相互制约的市场价格的形成和运行机制。价格机制是市场机制的核心。合理的价格机制不仅要反映商品的供需关系、稀缺程度，还要合理地体现商品生产和利用的外部成本以及产品之间的替代性和互补性。利用价格机制调整节能行为，就必须逐步建立起能够反映能源的稀缺性、能源替代关系、环境成本和供求关系的价格形成机制，通过市场竞争的作用，淘汰能耗高、成本高的企业，从而建立起节能环保型的产业结构。推定价格机制改革要注重能源的环境价值和环境成本以及环境的资源价值。一方面，能源作为生态系统因子，其本身具有生态价值，过渡的能源开发会造成生态破坏，并且化石能源的利用具有环境负外部效应；另一方面，环境容量也具有稀缺性，是有商品价值的。因此，能源和环境价格的形成要体现能源的环境价值、环境成本以及环境的资源价值。促进节能的价格改革基本思路是引入竞争机制、再造监管体系，充分挖掘市场机制在节能方面的调节能力。要将政府对能源价格的干预限定在保障能源安全、保护环境等公益目的上，放开能源市场的市场准入，发挥市场在资源配置中的基础性作用。此外，推进价格改革要兼顾对弱势群体的保护，避免因为价格的提高而影响贫困群体的基本生存权。

（二）大力推行合同能源管理，培育新的市场主体

合同能源管理是节能服务领域的一种特殊商业模式。起源于 20 世纪 70 年代的西方发达国家，是由一种基于市场的节能服务公司逐步发展起来，这种公司在国外称为能源服务公司（energy service companies，ESCO），在我国简称能源管理公司（energy management companies，EMC）。这类公司以合同能源管理方式为其客户提供节能服务：根据客户的实际情况，分析客户的节能能力，提出节能改造方案，然后与客户签订合同，为客户提供节能项目，项目融资、设备选购、安装、维护、运行和管理等一系列的服务，最终向客户保证节能效果。在合同期间，能源管理公司与客户分享节能效益，在能源管理公司收回投资并获得合理的利润后，合同终止，全部节能效益和节能设备归客户所有。合同能源管理的实质是一种以减少的能源费用来支付节能项目全部成本的节能投资方式。这种节能投资方式允许用户使用未来的节能收益为工厂和设备升级，以及降低目前的运行成本。节能服务合同在实施节能项目的企业与专门的节能服务公司之间签订，它有助于推动节能项目的开展。

1996 年，中国首批示范能源服务公司成立于北京、辽宁和山东三地。从 1997 年到 2006 年 6 月底，这三家示范能源服务公司累计为客户实施了 453 个节能项目，投资总额达 12.6 亿元。据估计，通过实施这些项目，能源服务公司获得净收益 4.2 亿元，而客户的净收益是能源服务公司收益的 8—10 倍。这些项目产生了良好的节

能和环境效益，节约能源达 137 万吨标准煤/年①。近年来，节能服务公司发展步伐加快，中国节能服务产业委员会是能源服务公司的行业组织，目前已有会员超过 300 家。但是，我国节能服务产业的发展仍处于初步阶段，进一步发展还有诸多不利的环境和障碍需要克服。当前主要存在的问题是：节能服务合同的性质不明以及由此导致的节能服务公司税负过高；节能服务公司资金筹措困难；缺失节能服务的评价标准和规范。建议通过立法明确节能服务合同的性质为服务合同，通过银行信贷、税收优惠以及节能基金等多种渠道支持节能服务公司的融资，建立节能服务质量的评价标准体系，规范节能服务行业的运行。

（三）推行综合资源规划

综合资源规划，又称最小费用电力规划，是指综合考虑电力供应方和需求方的各种资源，通过高效、经济、合理地利用供应方和需求方资源，在保持能源服务水平的前提下，使整个规划系统的社会总成本最低②。综合资源规划是将供应侧和需求侧各种资源作为一个整体进行资源规划，形成资源措施组合以"最小成本"来满足预测的用户需求。这个"最小成本"还包括环境成本和社会成本，即整个规划系统的资源总成本最小。我国《节约能源法》虽然对电力需求方管理（demand side management，DSM）做了规定，但是进一步推广电力需求管理仍然存在一些障碍。例如，尚不具备健全有效的需求方管理体系、组织体系和运作机制；无稳定规范的需求方管理资金来源，无规范的需求方管理资金使用和监督程序；政府和相关部门尚未建立明确、规范的需求方激励机制。将来立法要对电力需求方管理的管理体系、监督机制以及激励机制等做出明确的规定。另外，强调需求方管理的同时，也要加强煤炭、电力、天然气等能源的供应方管理，促进供应方的能效提高。

---

① 林伯强：《合同能源管理：节能减排的市场化模式》，载《环境经济》2008 年第 5 期。

② 方阳生：《城市电力规划新思维——综合资源规划方法的应用探讨》，载《规划师》2006 年第 22 期。

（四）充分利用市场交易机制促进节能

节能市场交易机制是一种以市场为基础的经济政策和经济刺激手段，其目的是鼓励企业通过技术进步最大限度地节能。目前的市场交易机制主要有节能配额交易制度和排污权交易制度。

节能配额交易制度，是指在地区能耗总量控制的前提下，由政府通过行政分配或者拍卖的方式将能耗配额分派给各企业，企业节约下来的能耗配额（节能配额）将成为一种可以用于交易的有价资源和无形财产（配额权），既可在企业与企业间进行商业交易，也可以储存起来以备自身扩大发展之需。节能配额交易首先需要政府分派并确认配额权，然后核定节能配额并在节能配额交易市场上由配额供求双方进行配额交易。建立节能配额交易制度，以建立用能总量控制制度为前提，之后要制定节能配额的分配、交易、核定等相关法律法规。

排污权交易制度是通过市场机制激励企业减少污染物排放、保护环境。建立排污权交易市场之后，采取有效措施减少污染的企业可以同那些污染排放较多的企业进行交易，从而获得资金。通过排污权交易市场，企业实行节能不仅可以收回成本还可以获得更多的收益，从而增加了企业节能的积极性。我国已经在一些地区进行了排污权交易试点工作。其中，江苏省电力行业以及嘉兴市和绍兴市都已经颁布了排污权交易办法。2008年8月6日，上海环境交易所和北京环境交易所同日成立，这为我国排污权交易提供了广阔的发展空间。但是，我国的排污权交易制度仅仅处于起步阶段，对于排污权的界定、分配以及交易规则等问题还没有形成统一的规定。今后，排污权交易的立法重点是制定统一的《排污权交易办法》，并且完善相关配套制度，如污染物总量排放控制制度等。此外，我国的排污权交易对象仅限于二氧化硫和化学需氧量两种主要污染物，并不包括二氧化碳等温室气体。中国正在为应对气候变化做出积极的努力，制定了一系列应对气候变化的国家政策，特别是《中国应对气候变化国家方案》、《中华人民共和国国民经济和社会发展第十一个五年规划纲要》（"十一五规划"）以及《中国应对气候变化的政策与行动（白皮书）（2008）》。《中国应对气候变化国家方案》确立了应对气候变化的指导思想：全面贯彻落实科学发展观，推动构建社会主义和谐社会，坚持节约资源和保护环境的基本国策，以控制温室气体排放、增强可持续发展能力为目标，以保障经济发展为核心，以节约能源、优化能源结构、加强生态保护和建设为重点，以科学技术进步为支撑，不断提高应对气候变化的能力，为保护全球气候做出新的贡献。中国应当执行更严格的大气污染排放标准，将二氧化碳等温室气体纳入大气污染的控制范围，在经济较发达地区开展温室气体排放权交易的试点工作。

三、社会参与机制的完善

要调动全社会参与节能的积极性，需要完善节能信息公开制度、引导绿色消费、大力发展民间节能组织。

（一）完善信息公开制度

完善信息公开制度既是对公众知情权的保护，也是公众了解如何实现节能的重要制度保障。一方面，要完善能效标识制度，以公众容易理解的形式和内容强制公开耗能设备和产品的能效信息。另一方面，要充分利用各种大众传播媒体宣传节能知识，公布节能信息。节能信息的内容要保证真实而且详细，信息公开的主体既包括政府也包括企业，而且要保证公众能够便捷地查询和获取节能相关信息。

（二）引导公众绿色消费

绿色消费，也叫生态消费，是一种生态化的消费模式，是既符合社会生产力的发展水平，又符合人与自然的和谐、协调，既能满足人的消费需求，又不对生态环境造成危害的消费行为①。要建立各种引导民间生产和消费行为的制度和机制，通过民间各种自愿行动，引导市场供求向着有利于节能的方向发展。

（三）大力发展民间节能组织

我国民间节能组织无论是规模还是实力都与发达国家有很大的差距，而且它在节能工作中所能起到的作用也没有得到充分的发

---

① 秦鹏：《生态消费法研究》，法律出版社 2007 年版，第 30 页。

挥。这主要是由于民间组织开展公益活动所需要的政策环境和激励机制不完善，民间组织的生活空间狭小。国家应该制定专门的法律或政策，在资金、技术等方面激励和支持节能环保团体的发展，发挥第三部门在节约能源和能效提高中的重要作用。

第十五章

促进可再生能源发展制度

第一节 概 述

　　可再生能源泛指多种取之不竭的能源，是人类不会耗尽的能源。可再生能源不包含现时有限的能源，其具有可再生、可持续等特点，有些如太阳能、风能、水力、地热能等还是清洁能源。具体范畴包括风能、太阳能、地热能、海潮海浪能、水力发电、动植物油及其产生的沼气、水电解氢、氢燃料电池、超长寿命的固体电池等。我国科学技术名词审定委员会将可再生能源定义为在自然界中可以不断再生并有规律地得到补充或重复利用的能源，例如太阳能、风能、水能、生物质能、潮汐能等，是新能源的重要组成部分。① 我国《可再生能源法》所称可再生能源，是指风能、太阳能、水能、生物质能、地热能、海洋能等非化石能源。

---

　　① 参见全国科学技术名词审定委员会，术语定义：可再生能源，引自http：//www.cnctst.gov.cn.

2005 年第十届全国人大常委会第十四次会议正式通过了《中华人民共和国可再生能源法》，将可再生能源的开发利用列为能源发展的优先领域，从而奠定了我国可再生能源事业规划与发展的法律基础。2006 年颁布的国家中长期科技发展纲要和"十一五"科技发展计划，也明确提出了国家能源研究和发展战略，重点扶持可再生能源项目的建设。

可再生能源具有非耗竭性和低碳性的特点，我国和世界许多国家将发展可再生能源作为保障能源安全和应对气候变化的重要途径。在大力发展可再生能源的进程中，许多国家走在了世界前列，这固然与该国的能源资源赋存和能源经济需求与技术能力等因素密切相关，但都与该国强调以法律促进可再生能源发展有着重大关系。

在保障能源安全和应对气候变化的背景下，比较分析外国的可再生能源法及实施绩效，对完善我国可再生能源立法、促进我国可再生能源和新能源的发展具有重要的意义。

第二节　外国促进可再生能源制度比较

为了实现能源安全和能源供应多元化，减少温室气体排放，减少化石燃料引起的城市环境污染，寻找代替核能的新能源，世界各国纷纷推动可再生能源发展。据统计，2001 年全世界消费的可再生能源为 19.3 亿吨标准煤，约相当于全球一次能源消费总量的 13.5%。其中，传统利用可再生能源约占 80%，新的可再生能源利用约占 20%。可再生能源发电量占总发电量的 18.1%，低于煤电 38.7% 和气电 18.3% 的水平，略高于核电 17.1% 的水平。[①] 而发达国家在可再生能源的利用上远高于发展中国家，特别是欧盟国家、日本和美国的相关法律制度在促进可再生能源的发展中别具特色。

---

① 齐澍晗、刘雯：《可再生能源制度的法律思考》，载《2006 年环境资源法年会论文集》。

　　由于较早意识到可再生能源的重要性，丹麦、德国、日本等地通过联合企业、政府补贴新能源开发企业、发布新能源利用计划等积极政策，多渠道、重扶持，较早起步利用新能源，因此走在了世界其他国家前面，其中，丹麦的秸秆热电技术较具代表性。同时，德国、日本、荷兰等地很早就有购机补贴、强制性购买绿电等政策，并对可再生能源企业实行政府补贴，同时由国家投资示范区和生产厂；欧洲、美国等地对新能源开发企业的生产、经营、破产等也有比较明确的法律规定。日本、美国、德国也先后发布了"百万屋顶和百万小电站计划"，广泛利用可再生能源。许多国家的知识产权法、破产法等行业法日趋完备，保护进入市场的新能源产品，打击假冒伪劣产品，保护和壮大市场化运作和有实力的企业，为可再生能源开发市场化运作提供良好的市场环境，保证了可再生能源开发的规模和持续发展。①

一、外国的可再生能源立法和制度

（一）德国

　　考虑到可再生能源主要应用在发电、供热和交通三大领域，德国的可再生能源立法即构建在这三大领域之上。

　　1. 电力领域的可再生能源立法

　　在德国，可再生能源发电领域的立法主要是《电力输送法》和《可再生能源优先法》。为确保可再生能源电力能够顺利入网，德国1991年制定了《电力输送法》。该法规定：运营公共电网的公用事业机构有义务溢价购买可再生能源电力；溢价额按上一年度平均电价的一定比例计算，最终由电力供应商和他们的消费者承担。《电力输送法》有关强制入网和溢价购买的规定，既没有增加公共财政开支，又保证了可再生能源发电企业的合理利润，为德国可再生能源的发展提供了法律制度前提。

　　但是，《电力输送法》给一些公用事业机构（尤其是在风力发电机集中的沿海地区的机构）带来了过重且不平等的经济负担，

---

① 《国外新能源产业发展情况》，载《科技信息》2005年第2期。

这是该法 1998 年进行修订的主要原因。修订后的《电力输送法》引入了"双限额"规定，即电力供应商和初级电力供应商购买可再生能源电力的最高比例均为其总供电量的 5%，以限制特定地区受到溢价补偿的可再生能源电力的量。这样可再生能源电力占总供电量的比例就不超过 10%，减轻了特定地区公用事业机构及其消费者的负担。到 2000 年，德国北部的一些地区可再生能源电力比例几乎达到 10%，"双限额"规定成为风力发电和风电技术进一步发展的法律障碍。为消除这一障碍、同时促进太阳能和生物质能的发展，2000 年德国颁布了《可再生能源优先法》取代了《电力输送法》，据此可再生能源电力的比例得以进一步提高。①

《可再生能源优先法》是德国关于可再生能源电力的主要立法。该法于 2000 年 2 月颁布，并分别于 2004 年和 2008 年进行了大的修订，最新修订的《可再生能源优先法》（2008）于 2009 年 1 月 1 日生效。《可再生能源优先法》（2008）的主要内容包括：（1）将促进能源供应的可持续发展，特别是将保护气候和环境作为立法目的。（2）明确了德国到 2020 年的可再生能源电力发展目标，即其在总电力供应中的比例至少是 30%。（3）规定了电网营运商和发电商在可再生能源电力生产和入网中各自的权利和义务，包括：离可再生能源发电设施直线距离最近的电网运营商有义务优先全额收购可再生能源电力；发电商有义务保障可再生能源电力符合特定要求；发电商有权要求电网运营商将可再生能源接入电网；在经济技术合理的前提下，电网运营商有义务优化、提高和扩展其电网及其附属设施以确保收购、传输和配送可再生能源电力，否则就要赔偿发电商由于电力不能入网而产生的损失；将可再生能源发电设施链接到电网连接点的费用由发电商承担；电网优化、提高和扩展的费用由电网运营商承担。（4）对可再生能源电力的价格和成本负担进行了规定，如：根据可再生能源发电设施的地点、装机容量和

---

① IEA, Electricity Feed-In Law of Germany, available at http：//www. iea. org/textbase/pm/？ mode = re&id = 31&action = detail, last visited on December 18，2010.

所采用的技术，不同的可再生能源电力适用不同的且逐年递减的电价；可再生能源电力和电价款应在各电网运营商间平衡和均摊；高耗电制造企业和轨道交通企业可以申请可再生能源电力使用限额。（5）规定了知情义务，发电商、电网运营商和公用事业公司等负有提交和公布相关信息的义务。（6）规定了鼓励采用新技术和新作物的奖励制度，对采用新技术和使用能源作物等符合特定要求的发电商给予奖励，等等。①

德国的《可再生能源优先法》实际上是"可再生能源电力法"，它所确立的可再生能源电力优先全额收购、分类递减电价、电力电价平衡分摊、特殊行业可再生能源电力使用限额、信息公开和新技术特别奖励等一系列的可再生能源电力促进制度，有力地促进了德国可再生能源电力的发展。

2. 供热领域的可再生能源立法

供热所耗费的能源占德国最终能源消费的一半，但到 2005 年仅有不到6%的供热能源来自于可再生能源。② 为提高供热领域可再生能源的使用比例，2008 年德国制定了《可再生能源供热促进法》，该法于 2009 年 1 月 1 日正式生效。③《可再生能源供热促进法》（2008）的主要内容包括：（1）明确了该法的立法目的是促进能源供应的可持续发展、保护气候和降低能源对外依存度。（2）规定了可再生供热用能的发展目标，即到 2020 年可再生能源在供

---

① German Bundestag, Act Revising the Legislation on Renewable Energy Sources in the Electricity Sector and Amending Related Provisions of 2008, available at http: // www. erneuerbare-energien. de/files/pdfs/allgemein/application/pdf/eeg_2009_en. pdf, last visited on December 18, 2010.

② Federal ministry for the Environment, Nature Conservation and Nuclear Safety, The Renewable Energies Heat Act in brief, at P1, available at http: // www. bmu. de/files/pdfs/allgemein/application/pdf/ee_waermegesetz_fragen_en. pdf, last visited on December 18, 2010.

③ 根据《可再生能源供热促进法（2008）》第 1 条第 2 项，"Renewable Energies Heat Act"，中 "Heat" 的含义不仅限于供热，它实际上包括取暖、降温、加热和热水。

热用能的比例至少达到14%。(3)确立了建筑供热用能可再生能源比例配额制度和替代履行制度。要求有效使用面积50平方米以上的新建建筑供热必须使用一定比例的可再生能源(包括各类可再生能源或其混合),各州可以将这一义务扩展到已有建筑;不想使用可再生能源的可以采取其他替代措施,例如50%以上的供热用能来自于余热发电或者热电联产、将房屋的隔热效果提高15%或者使用主要利用可再生能源的本地供热系统。(4)规定了政府财政支持制度,要求政府在2009—2012年间每年提供5亿欧元的资金支持可再生能源供热的发展,等等。①这些法律制度有效地促进了可再生能源在供热领域的发展。

3. 交通领域的可再生能源立法

可再生能源在交通领域的利用主要是向化石燃料中添加生物质燃料。德国促进生物质燃料发展的相关立法主要有《引入生态税改革法》(1999)、《进一步发展生态税改革法》(2003)和《生物燃料配额法》(2006)。

根据《引入生态税改革法》(1999),德国政府多次提高石油、天然气和电力的生态税,而生物质燃料则免收生态税,这从反向刺激了生物质燃料的发展。为持续推进生态税改革,《进一步发展生态税改革法》(2003)将生态税改革扩展至"生态财政",规定了各种能源的生态税税率和对高耗能企业、公共交通企业和低收入家庭所采取的补偿措施。为不使生物质燃料受到过度补贴,德国逐渐减少对生物质燃料的税收减免,将促进生物质燃料发展的手段从税收减免调整为比例配额。2007年1月1日生效的《生物燃料配额法》(2006)进一步取消了生物质燃料的税收减免,规定化石燃料必须添加或者混合一定比例的生物质燃料,规定了生物质燃料占整

① German Bundestag, Act on the Promotion of Renewable Energies in the Heat Sector of 2008, available at http://www.umwelt-und-energie.de/files/pdfs/allgemein/application/pdf/ee_waermeg_en.pdf, last visited on December 18, 2010.

个燃料市场的份额比例，2010 年和 2015 年分别是 6.75% 和 8.0%。①

此外，为了保证更多的生物质燃气通过燃气供应网被应用于发电、供热和交通领域，2007 年 12 月德国修改了《燃气供应网准入条例》、《燃气供应网支付条例》和《激励措施条例》。这些条例设定了到 2020 年和 2030 年生物甲烷在德国燃气需求中的比例分别是 6% 和 10% 的发展目标。②

综观德国的可再生能源立法及其规定，它既强调了经济效率——主要通过优先全额收购和比例配额等强制性制度确保可再生能源的发展，又重视了社会公平——主要通过电力电价均衡分摊、限额使用和补贴等制度确保能源市场的公平竞争，并保障特定行业和弱势群体的负担合理。在成本收益方面，德国充分发挥价格和税收等宏观财政手段的杠杆作用，一方面在发展初始阶段利用分类电价、税收减免和财政支持等优惠制度，保证电力供应商能够享受适当利润而积极参与可再生能源领域的发展；另一方面在发展到一定水平时，又通过减免、补贴的逐年减少甚至取消，刺激电力供应商不断更新可再生能源技术、降低成本，带动可再生能源向更成熟的阶段发展。

（二）英国

英国的可再生能源法以可再生能源义务制度为核心，可再生能源的法律主要有《电力法》（1989）、《可再生能源义务法令》和《交通可再生能源义务法令》等。

1.《电力法》（1989）

1989 年 7 月颁布的《电力法》是英国电力可再生能源立法的源头。该法第 32 条规定：国务大臣可以以法令的形式要求公共电力供应商在特定的日期之前，证明它供应了特定数量的非化石能源

---

① German Bundestag, Biofuel Quota Act 2006, available at http://www.ufop.de/downloads/BiokraftQuG_engl.pdf, last visited on December 18, 2010.

② 桑东莉：《德国可再生能源立法新取向及其对中国的启示》，载《河南省政法管理干部学院学报》2010 年第 2 期。

电力；违反该项法令的电力供应商将受到处罚；公共电力供应商可以通过合同向电力生产者购买非化石能源电力，也可以自己经营非化石能源电厂作为其非化石电力供应的来源。此项授权性规定为英国建立可再生能源义务制度奠定了法律基础。①

2. 《可再生能源义务法令》

在转化《欧盟可再生能源电力指令》（2001/77/EC）的外部推动下，为了进一步完善电力可再生能源义务制度，2002年3月英国颁布了《可再生能源义务法令》。该法令成为英国促进可再生能源电力发展的主要法律文件，并随着英国国内可再生能源发展和欧盟可再生能源政策法律的演进而不断得到修订和更新。② 《可再生能源义务法令》随后经过了2006年和2009年两次重新制定。

现行的《可再生能源义务法令》于2009年4月1日生效，主要内容包括：电力供应商有义务供应一定比例的可再生能源电力，③ 电力供应商可以通过提交可再生能源（电力）义务证书或者向燃气和电力市场办公室购买可再生能源（电力）义务证书履行其义务；燃气和电力市场办公室根据可再生能源发电商所发的可再生能源电力向其签发可再生能源（电力）义务证书，可再生能源（电力）义务证书可以在市场上交易；国务大臣确定特定时期内可再生能源（电力）义务证书的数量和可再生能源电力的比例；可再生能源（电力）义务证书所要确认的内容、不能签发可再生能

---

① UK Parliament, Electricity Act 1989, available at http：//www. statutelaw. gov. uk，last visited on December 21，2010.

② 此部分所论及的《可再生能源义务法令》仅适用于英格兰和威尔士，苏格兰和北爱尔兰也制定了类似的《可再生能源义务法令》，但苏格兰和北爱尔兰电力可再生能源的具体比例规定在适用于英格兰和威尔士的《可再生能源义务法令》中。

③ 在大不列颠地区，这一比例2009财政年度为9.7%，2010财政年度为10.4%，以后每年提高1个百分点，当2015年这一比例达到15.4%以后就不再变化，直至2027财政年度结束；在北爱尔兰地区，这一比例2009财政年度为3.5%、2010财政年度为4.0%、2011财政年度为4.5%，此后直至2027财政年度为6.3%。英国的财政年度从本年的4月1日到次年的3月31日，如2009财政年度为2009年4月1日到2010年3月31日。

源（电力）义务证书的情形；合格的可再生能源的计算方法；每一份可再生能源（电力）义务证书代表 1 兆瓦/时的可再生能源电力，对于相同数量的可再生能源电力来说，技术难度越大的可再生能源电力获得的可再生能源（电力）义务证书数量会越高；可再生能源（电力）义务证书签发和取消的程序；电力供应商为履行可再生能源义务而购买可再生能源（电力）义务证书的价格，以及购买费用的使用；供应商须向燃气和电力市场办公室提交的信息以及其他必须公开的信息等。[1]

2010 年 3 月，英国对《可再生能源义务法令》（2009）进行了修订，修订的内容主要有：进一步完善了特定时期内可再生能源（电力）义务证书的估算方法；将可再生能源义务的结束年份从 2027 财政年度延长至 2037 财政年度；取消可再生能源电力最高比例为 20% 的限制；从 2011 财政年度开始，可再生能源（电力）义务证书的供需比例差额从 8% 提高到 10% 以确保可再生能源（电力）义务证书的价格；从 2010 年 4 月起，对 5 兆瓦以下的可再生能源机组适用"固定电价"制度，等等。[2]

3.《可再生交通燃料义务法令》

2004 年 7 月颁布的《能源法》（2004）第 124 条规定：国务大臣可以以法令的形式要求交通燃料供应商在一定的时期内供应或者交付特定数量的可再生交通燃料。根据第 124 条的授权，2007 年 10 月英国颁布了《可再生交通燃料义务法令》（2007），主要内容有二。首先，规定供应比例。年供应交通燃料 45 万升以上的供应商，有义务供应一定比例的可再生交通燃料，这一比例 2008 年 4 月 15 日后为 2.5641%、2009 年 4 月 15 日后为 3.8961%、2010 年 4 月 15 日以后为 5.2632%。其次，设立主管机构——可再生燃料署

---

[1]　The Department of Energy and Climate Change, The Renewables Obligation Order 2009, available at http: //www. statutelaw. gov. uk, last visited on December 21, 2010.

[2]　The Department of Energy and Climate Change, The Renewables Obligation (Amendment) Order 2010, available at http: //www. statutelaw. gov. uk, last visited on December 21, 2010.

办公室，职责为：建立和维护可再生交通燃料账户；受理可再生交通燃料账户的申请、发放、转让和撤销等事项，记录可再生交通燃料的收支情况；签发可再生交通燃料证书（Renewable Transport Fuel Certificate，以下简称 RTFC），① 管理 RTFC 在市场上的交易；就法令的执行情况及其对温室气体减排和可再生能源发展的影响，向国务大臣提交年度报告并予以公布；执行违反法令的惩处措施等。②

2009 年 4 月，英国对《可再生交通燃料义务法令》（2007）进行了修订，主要内容包括：进一步明确了可再生柴油、轻油等术语的含义；修改了供应可再生交通燃料的比例，即 2009 年 4 月 15 日后为 3.3592%、2010 年 4 月 15 日后为 3.6269%、2011 年 4 月 15 日以后为 4.1667%、2012 年 4 月 15 日以后为 4.7120% 和 2013 年 4 月 15 日以后为 5.2632%。③

综观英国的可再生能源立法，它的特征可以归纳为：（1）以可再生能源义务制度为核心，以比例配额为手段渐进地推动可再生能源的发展；（2）综合运用政府机制和市场机制，例如在政府设定可再生能源比例配额的前提下，实施了可再生能源（电力）义务证书和 RTFC 的市场交易制度；（3）可再生能源立法集中在电力和交通领域，可再生能源义务法律制度从电力领域扩展至交通领域，但没有扩展到供热用能领域。（4）可再生能源（电力）义务证书分类权重制度有效促进了可再生能源的多元化发展。

（三）日　本

日本是一个能源资源极度缺乏的国家。针对本国能源匮乏和能

---

① 每一升生物乙醇和生物柴油，以及每一千克生物甲烷可以签发一份 RTFC。

② The Secretary of State for Transport, The Renewable Transport Fuel Obligations Order 2007, available at http://www.statutelaw.gov.uk, last visited on December 21, 2010.

③ The Secretary of State for Transport, The Renewable Transport Fuel Obligations Order 2007, available at http://www.statutelaw.gov.uk, last visited on December 21, 2010.

源需求较高的现状，日本逐渐将目光转移至可再生能源。日本于 1997 年施行《促进新能源利用特别措施法》，开始推行新能源政策。该法第二条就明确将可再生能源纳入新能源的范畴。① 此外，日本于 1979 年 6 月 22 日制定了《节约能源法》，该法分别于 1993 年、1997 年、1998 年、1999 年、2002 年、2005 年和 2006 年等得到多次修改，成为日本能源核心法律。②

通过以上两部能源法律，日本逐步确立了为促进可再生能源创新及推广的相关制度，比较突出的有能源标准制度、能源附属义务制度和环境资源制约制度。

1. 能源标准制度。污染和建筑物标准、设备和交通工具效率标准，在促进可更新能源和提高能源效率方面非常有效。《节约能源法》严格规定能源标准，提高了建筑、汽车、家电、电子等产品的节能标准，不达标产品禁止上市。同时，日本还制定了"阳光项目"，根据该项目，政府补贴公用事业公司购买太阳能电池，并规定供应商须提供与日本法律所规定的标准一致的设备。

2. 能源附属义务制度。该制度通过相关立法间接规定政府应在财政、金融和税制领域采取相应手段，研究开发推进及普及能源合理化使用的相关措施，通过教育获得、广告活动等加强国民对能源合理化使用的理解，寻求国民的广泛参与；并详细规定地方公共团体关于通过教育获得、广告活动等增进地方居民对能源合理化使用的理解等义务；同时明确了一般消费者关于提供相关促进合理化

---

① 该法第二条规定：新能源是指"在研制或利用促进石油替代能源开发引进第 2 条中规定的石油替代能源，以及通过变电得到的动力（只限于对减少石油依赖有特别作用的）利用过程中，由于经济方面的制约而未得到充分普及的，但在政令中规定促进其普及是谋求石油替代能源的应用所特别需要的"能源。主要包括太阳光发电、风力发电、太阳热利用、温度差能源、废弃物发电、废弃物、热利用、废弃物燃料制造、清洁能源汽车、天然气发电所获得的热量送热水供暖房冷气房等、燃料电池发电、动植物的有机物发电、动植物的有机物热利用、动植物的有机物燃料制造以及利用冰或雪为热源发电等。

② 罗丽：《日本能源政策动向及能源法研究》，载《法学论坛》2007 年第 1 期。

使用能源的情报的义务等。

3. 环境资源制约制度。在《再生资源有效利用促进法》基础上修订的《资源有效利用促进法》明确规定了环境资源制约制度，即以对最终处分的制约、对资源利用的制约为内容的环境资源制约制度包括如下内容：（1）对继存回收对策追加了事业者的制品回收、强化回收实施等强行措施；（2）规定了抑制废品产生的对策；（3）重新构建从回收的制品之中对其零件等的再利用的新对策，以试图构筑循环型经济结构。①

（四）美国

美国是世界上第一能源生产国和消费国，本土石油储量有限，但煤炭资源和天然气资源十分丰富，其中能源消费以石油、煤炭和天然气为主，对可再生能源和核能的利用相对较少。自"二战"以来，美国的石油进口量逐年增加，其石油消费对外依存度高达67%，由于美国的能源消费基数大，常规能源自给不足，能源供需的矛盾将长期存在。② 受20世纪70年代石油危机的影响，美国自20世纪70年代后期开始加强可再生能源和节能工作。就有利于新能源发展的部门和组织而言，首先应该强调美国能源部和环保署的组织作用。两者都是美国联邦政府重要的政府管理部门，但是两者在能源领域的确有不同的职能分工。美国能源部是联邦政府在能源技术基础科学研究方面最主要的管理和资助机构，主要负责核武器的研制、生产、运行、维护和管理以及联邦政府能源政策制定、行业管理、相关技术研发等工作。美国环保署是美国政府重要的能源管理部门，可再生能源和节能技术的推广是其重要职责之一，它更侧重于可再生能源和节能的产业建设和市场开发。另外，美国除了联邦政府和州政府能源主管部门之外，还有大量的行业协会、科研机构和非政府组织，如可再生能源实验室、全美太阳能产业协会、

① 罗丽：《日本能源政策动向及能源法研究》，载《法学论坛》2007年第1期。

② Energy Information Administration（EIA）：The Internation-al Energy Outlook 2006（IEO2006），http：//www. eia. doe. gov/oiaf/ieo/index. html.

全美节能联盟与全美生物柴油理事会等，这些机构拥有世界上一流的科研能力和行业管理经验，对各州乃至联邦政府的可再生能源和节能发展联盟与政策的制定发挥着重要的作用。

就有利于新能源发展的政策体系而言，美国为了使可再生能源和节能产品能够与常规能源技术相竞争并形成经济规模，联邦政府和州政府对有关法律法规进行了调整，制定了许多经济激励政策，从而降低了可再生能源和节能产品以及相关服务的成本和价格，培育和扩大了可再生能源和节能产品的市场需求，促进了可再生能源和节能技术的推广应用和技术发展。美国对于新能源的发展技术研发的鼓励措施主要有：制定国家和州政府层面的研究发展计划，并为研究开发计划提供资金。在新能源发展的强制政策方面，1978年美国联邦政府颁布《公共事业管理政策法案》，规定供电商对可再生能源发电的入网与收购义务。在新能源发展的激励政策方面，美国1978年《能源税收法》规定购买太阳能发电和风力发电设备的房屋主人，其投资的30%可从当年需缴纳的所得税中扣除；太阳能发电、风力发电和地热发电投资总额的25%可以从当年的联邦所得税中抵扣；1992年的《能源政策法》又规定了生产抵税和生产补助两项优惠。生产抵税规定，风力发电和生物质能发电企业自投产之日起10年内，每生产1千瓦小时的电量可享受从当年的个人或企业所得税中免交1.9美分的待遇。生产补助规定，通过国会年度拨款给免税公共事业单位、地方政府和农村经营的可再生能源发电企业，即每生产1千瓦小时的电量补助1.5美分。此外，1992年《能源政策法》还规定，企业用太阳能发电和地热发电的投资可以永久享用10%的抵税优惠。因此，凭借着先进的生产技术和不断调整产业结构，美国的能源利用效率一直居于世界领先水平，从1970年到2004年，全美GDP能耗下降了50%。

随着日益加剧的能源矛盾及环境压力，美国继1975年《能源保护法》和1992年《能源法》之后，正式签署了《国家能源政策法》，从而进一步完善了能源的生产、节约、能源技术、税收管理、传统能源管制、清洁能源和可再生能源等相关制度，并将开发新能源和提高能源效率作为应对能源压力的重要措施。至此，美国逐渐形成了以《国家能源政策法》为基础的一系列新能源创新与推广制度①，主要包括：（1）可再生能源配额制度。在美国至少有20个州适用该制度，这是对售电商的一种特殊要求政策，其要求电力公用公司在其销售的电力中，必须有一定比例来源于可更新能源资源。如2005年，德克萨斯州要求最低风力发电70万千瓦，明尼苏达州14.5万千瓦，加利福尼亚州6万千瓦等。同时，该制度通常与"可交易的可更新能源证书（TREC）"制度一并适用，通过TERC，可以进一步确保售电商出卖给客户的电力中含有一定比例的可更新能源性质。②（2）联邦政府自身节能机制。所有政府都是主要的能源消费者，规定政府购买清洁能源产品，可以在很大程度上促进可更新能源的推广和能源效率的提高。同时政府购买"绿色产品"也会产生巨大的市场推动力，影响其他能源消费者的消费选择。美国联邦政府办公耗能约占全美能耗量的1.6%，按照规定，联邦政府负责能源使用的员工应进行严格培训，对政府的每一个部门实行能源合同管理。同时，还要求联邦政府在2010年的可再生能源使用量不得少于3%，到2015年不少于7.5%。③（3）公用事业公司激励制度与系统受益金制度。在美国，许多州的管理委员会要求公用事业公司为它们的客户提供购买更新能源产品或工艺的激励，以及为住宅、商业和工业用户提供免费和低收费的能源审计，而且这一激励机制在受到管制的环境中非常有效。然而，在某些开放管制的州，基于成本的考虑，这一机制受到一定限制，为

---

①　以《国家能源政策法》为基础的相关新能源制度，并非仅"可再生能源配额制度、联邦政府自身节能机制和公用事业公司激励机制"三种，只是唯此三种制度更有代表性。

②　所谓"可交易的可更新能源证书（TREC）"，是一种通过将绿色电力的环境利益与能源本身分开销售，以促进可更新能源使用的特别制度。该证书确保客户得到销售商（电力销售商）的承诺：他们所购买的电力具有可更新能源的性质。见［澳］艾德里安·J. 布拉德鲁克（Adrian J. Bradbrook）、［美］理查德·L. 奥汀格（Richard L. Ottinger）《能源法与可持续发展》，曹明德、邵方、王圣礼译，法律出版社2005年版，第147页。

③　董治堂：《中美能源政策对比研究》，载《经济经纬》2007年第1期。

此，政府实行了"系统受益金"制度，对配电公司征收系统受益金，用以资助节能技术和可更新能源资源以及其他公益投资。

此外，2005 年美国《国家能源政策法》通过提供消费税优惠，促进提高家庭用能效率；设定新的最低能效标准，提高商用和家用电器效率；通过税收优惠，废止过时的不利于基础设施投资的规定，加强电网等能源基础设施建设；通过减税等措施促进可再生能源的开发和利用；支持高能效汽车生产等。

2005 年《国家能源政策法》还规定，在依靠化石能源的同时，积极研究开发可再生能源，如氢能、太阳能、地热能以及风能等，重新考虑对开发资源方面的土地使用限制和优惠税收政策，以促进可再生能源的应用。该法案规定了计划未来 5 年内为可再生能源项目提供超过 30 亿美元的资金；重新批准可再生能源生产激励计划；拨款 1000 万美元发展水电等措施。

另外，美国地方政府也采用立法的手段积极促进新能源的利用与推广，马里兰州在 2000 年专门颁布《清洁能源激励法案》，为马里兰州的居民和企业积极参与提高能源效率和应用可再生能源产品与服务的实践专门提供了一系列的激励措施。①

（五）丹麦

丹麦只有 500 多万人口、4.3 万平方公里面积，工农业高度发达。20 世纪 70 年代的世界石油危机促使一直依赖石油作为唯一能源的丹麦推行能源多样化政策，自 1974 年开始，丹麦率先实施开发和节约并重的能源方针，大力开发北海石油和天然气资源，积极开发本土的风能和生物质能，大力提倡节能和提高能源效率，到 2005 年，在过去 30 多年时间里，以能源消费零增长，保证了经济持续快速发展。在此期间，按可比价格计算的 GDP 增长了 4 倍多，1990 年与 2005 年相比，GDP 增长了 75%，能源消费增长几乎为零。通过大力开发本国石油和天然气资源，丹麦成为欧盟 25 个国家中三个石油净出口国（英国、挪威）之一，能源自给率达到了

---

① Rosemary Lyster, Adrian Bradbrook, *Energy Law and the Environment*, Cambridge University Press, 2006, p. 191.

156%，其中石油自给率接近250%。1992年和1997年联合国气候变化框架公约及京都议定书出台前后，丹麦就开始为建立清洁发展机制、减少温室气体排放，进一步加大了生物质能和其他清洁可再生能源的研发利用力度。由于丹麦大幅度调整能源结构，近30年来能源消费所引发的温室气体排放不仅没有增加，还下降了30%。

丹麦在可再生能源的开发和利用中首推风能，在其制订的最新能源计划中，明确提出到2030年能源构成将是风能占50%，太阳能占15%，生物能和其他可再生能源占35%。其中，风能在2025年还将占到电力供应总量的75%。届时，丹麦将成为靠风"驱动"的国家。丹麦的风力发电研究始于1891年，是世界上最早开始进行风力发电研究和应用的少数国家之一。近年来丹麦风能发展的一个重要趋势是向海上发展，截至2007年，丹麦海上风力发电场已达11个，其中，世界上最大的霍恩礁风力发电场可以满足15万个家庭的电力需求。在丹麦推广风能的过程中，私人投资和风机合作社起到了非常重要的作用，有15万个家庭是风机合作社的成员，私人投资者安装了丹麦86%的风机。同时丹麦政府还按照地区就近的原则进行风能推广。风机合作社的股份大多被当地投资者持有，这样做增加了装机容量，提高了公众对风能推广的认可度，减少了输电线路损耗，可谓一举多得。

归纳起来，丹麦促进可再生能源发展制度主要有以下几个方面的内容：[1]

1. 大力开发优质资源，利用价格和税收杠杆引导能源消费方式及结构调整。自20世纪石油危机以来，丹麦逐渐改变以石油为主的能源消费结构，特别是在石油供应充足的条件下，提出了能源来源多元化的战略，利用价格杠杆，鼓励企业利用价格低廉的煤炭、天然气替代石油。丹麦率先征收了能源税和碳税，鼓励发展低碳的可再生能源，鼓励企业和个人节约能源和提高能源效率。在这里需要说明的是：第一，能源结构的调整为之后丹麦走可更新能源

---

[1]　《丹麦能源发展及对我国的启示》，载国家发展和改革委员会网站，http：//www.sdpc.gov.cn/zjgx/t20070620_142275.htm，2013年4月10日访问。

之路奠定了基础，特别是通过在石油供应充足的环境下的改革，使得其新的能源战略与经济社会同步发展；第二，丹麦实现可更新能源大规模发展，依靠的是相对温和的手段，即市场化手段，以价格和税收机制引导能源消费方式和能源结构。丹麦通过 30 年的努力，彻底改变了能源结构，而我国提出调整能源结构也已近 30 年，至今煤炭的消费比例仍在 70% 左右徘徊。

2. 大力发展可再生能源，引领风电发展的世界潮流。可再生能源在丹麦能源供应中具有举足轻重的地位。2005 年，可再生能源占全部能源生产量的 15% 以上，超过 280 万吨油当量。风电已经成为丹麦出口的能源品种之一。此外，丹麦鼓动欧盟大力发展海上风电，通过德国、波兰等与欧洲北部电网相连，试图将海上风电输送到欧洲。这一计划得到欧盟支持，并已经列入欧盟支持海上风电发展的示范项目。为此，丹麦争取在 2020 年将海上风电发展目标从目前的 30 万千瓦左右，提高到 300 万千瓦。2009 年计划达到 90 万千瓦，并开始向北欧电网大量供应风电。

3. 以地理文化为前提，高度重视分布式能源发展。丹麦相当多的风电、生物质发电和热电联产都是以分布式供能方式开发建设的。许多地方的风机一台独立、两三台或三五台成群，屹立在田野和丘陵地带，生物质发电站规模大多为几千千瓦，并不追求大型化和规模化，而是鼓励发展分布式能源技术。采取这种方式，使得小型、分散、有效、清洁的可再生能源资源得到充分利用。

4. 积极推行"绿色证书"制度、可再生能源行政审批特殊程序制度、方便可再生能源入网制度和定期检查与评估制度。其中"绿色证书"制度作为对旧体制的替代性方案，用来补贴可更新能源的开发使用，在欧洲受到大量关注。[1] 丹麦已经通过了建立"绿色证书"（或可更新能源证书）制度的法律，并为瑞典、荷兰提供了示范。

---

[1] S·Grenaa Jensen：《自由电力市场背景下的绿色证书和排污许可证》，载《国际原子能机构业务通讯》2002 年第 1 季度。

（六）法国

为了有效防止能源利用带来的环境污染和生态破坏，法国多年来一直致力于探索发展可再生能源。

风能被法国列为优先发展的可再生能源。2003 年，风电总装机仅为 239 兆瓦，按规划 2007 年将达到 2000 兆瓦—6000 兆瓦，其中海上风电装机为 500 兆瓦—1500 兆瓦。风电可以产生双重效应，一是可以减少从国外购买能源，节约外汇支出，二是不造成环境污染，也减少了火力发电的冷却用水。尽管一些地区的居民担心风电建设会破坏当地的景观，一些议员还为此提出诉讼，但政府利用各种媒体和研讨会等形式向公众开展宣传，取得了成效。伴随着风力发电发展的同时，法国也逐渐重视太阳能的利用。1996 年，法国发起了"太阳行动"，使太阳能热水器在 5 年内达到 2 万个，相当于每年节约 1 万吨油当量的能源。这不仅增加了就业机会，也使热水价格下降了 1/3。2000 年 7 月，法国又制定了到 2006 年将太阳能热水器再增加 3 万个的目标，其市场走向成熟，更具竞争力。这项计划从法国南部开始，再逐步向全国延伸。此外，法国还同步开展生物质能、地热能的推广与普及。2004 年，法国利用生物能源生产出 1220 万吨油当量的能源，相当于本国可再生能源总量的 2/3。同时还制订了生物质能发展目标，计划 2007 年发电装机将达到 2561 兆瓦—7810 兆瓦；2010 年可再生能源电力在电力总消费中的比例将提高到 21%。法国经过多年的努力，在利用地热能方面也取得了明显的进展，进入了实用和推广阶段。

法国在石油危机之后，以节能和发展替代能源为立足点，制定了完善的能源法律和政策，出来了一系列建筑业、汽车制造业等行业的能耗标准。2005 年 7 月，法国颁布实施了《能源政策法》，确定了四项长期目标，明确了促进能源供应渠道的多元化，提出创新发展新的能源产业，计划到 2050 年将二氧化碳的排放量削减为 75%，可再生能源产量达到能源需求量的 10%。另外，在《2002 年欧洲能源指令》和《2004 年气候计划》的基础上，法国相应颁布了《简化法》和《能源法》，建立了"能效证书制度"。2005 年 1 月，法国颁布了农业指导性法令，确定了加快实施生物燃料能源的计划，并制订了新的量化目标。在这些能源法律及政策的基础上，法国逐步确立了以下可再生能源法律制度：风能开发区制度、鼓励发展小型风电站制度、能源税制度和能源信息站制度。

（1）风能开发区制度。2005 年 7 月，法国政府颁布第 2005-781 号法令，确立了风能开发作为法国能源开发策略的组成部分，明确了国家对发展风能发电的扶持措施，同时，宣布将成立风能开发区（ZDE）。随即 2006 年初，法国政府正式批准建立 ZDE 风能开发区。

根据现行法规，新建风能开发区（ZDE），首先须由市镇一级的地方政府提出申请，由上级省政府予以批准。同时规定，建立 ZDE，必须进行充分的项目论证，包括对本地区风力资源，以及本地区自然风貌景观，历史建筑的保护等方面，进行充分调研评估。此外，还必须考虑到 ZDE 电力进入国家电网的可行性。

为了确保风能电力市场有序发展，2006 年 7 月，法国政府制定了风电进入国家供电网的条例。根据该条例，从 2007 年 7 月 14 日起，凡属法国 ZDE 生产的风电，法国电力公司（EDF）有购买义务，并负责将 ZDE 风电纳入 EDF 的供电网络。法国政府的这一措施，不仅有利于风能发电大型项目的开发，也能促进小型风能发电站的发展。

（2）鼓励发展小型风电站制度。法国鼓励家庭参与风能发电事业，甚至，鼓励有条件的居民，在庭院里安装家用风能发电设备。根据现行法规，凡高度低于或等于 12 米的风车属家用小型风车，均不受制于政府对风车的各项管理。也就是说，居民可以拥有无需纳入供电网的家用小型风车，家用小型风车可安装在私人领地内的任何地方。然而，高度超过 12 米的大型风车，必须获得所在地省政府或市镇政府的安装许可证。如果安装的大型风车不在法国 ZDE 区域内的，则其所产生的风能电力，不能进入 EDF 供电网络，也不能享受政府的财政援助。虽然目前在法国，购买小型家用风能发电设备的居民为数还不多，但据法国媒体报道，近年来，家用风能发电设备市场在法国已悄然兴起。

（七）印度

印度在 20 世纪 90 年代建立了非常规能源部和可再生能源开发机构，管理和推动可再生能源的发展，目前印度在风电和太阳能利用规模上已居世界前列。同时还采取了一些专门的政策措施推动可再生能源的商业化发展，例如 100% 折旧制度等。这些措施使印度的可再生能源产业有了明显的进步，到 2000 年，印度已经具备 10 兆瓦的光伏发电和 600 千瓦以上风力发电设备的制造能力，光伏发电安装量超过 100 兆瓦，风力发电装机超过 1000 兆瓦，均为我国的 3 倍左右。① 此外，印度计划制定出全新的能源政策，通过利用太阳能、水电和其他类型的能源，保障印度在 2030 年前实现能源独立。

据印度政府近来提议的第 11 届新能源和可再生能源五年计划，从 2008 到 2012 年，印度再生能源市场总值预计将达到 190 亿美元，投资额将达 150 亿美元以增加约 15000 兆瓦的再生能源产能。印度政府已经计划拿出 10 亿美元政府财政用于可再生能源津贴补助金。印度政府也设立了一个再生能源目标：到 2012 年，再生能源产能占到总电力产能的 10%，这意味着其再生能源产能增速要高于常规电力才可能达此目标。

为了推广可再生能源的应用，印度也积极推进可再生能源法律及政策的制定。

（八）澳大利亚

澳大利亚 2000 年制定了《可再生能源（电力）法》，以可再生能源证书制度促进可再生能源的发展。

可再生能源证书是一种电子货币，每一份代表着 1 兆瓦时的可再生能源电力。可再生能源证书有两种来源：一是电站用合格的可再生能源发电；二是被认可的输出系统。用合格的可再生能源发电的电厂可以申请创设可再生能源证书。合格的可再生能源包括水

---

① 《借鉴国外经验通过立法手段促进我国可再生能源发展》，载中国新能源网，http://www.newenergy.org.cn/html/0068/200689_11377_2.html，2013 年 4 月 10 日访问。

能、波浪能、潮汐能、风能、太阳能、地热能、生物能等。符合条件的电站将确定"1997 合格可再生能源基线",这样的电站在基线以上,每生产 1 兆瓦时的可再生能源电力就可以创设一份可再生能源证书。

替代非可再生能源电力的太阳能热水器和小发电单位也可以创设可再生能源证书。这种方式创设的可再生能源证书数量由法律直接规定而非直接测算,因此有时被称为"被认可的输出系统"。太阳能热水器可创设的可再生能源证书数量由法规根据太阳能热水器的地点、品牌和制式确定。小发电单位是指用水或风发电功率分别不超过 6.4 千瓦和 10 千瓦,且年发电量不超过 25 兆瓦时的发电装置;用太阳能发电功率不超过 100 千瓦,且年发电量不超过 250 兆瓦时的发电装置。小发电单位创设的可再生能源证书数量由它被认可的规模和发电时间,而非实际的可再生能源发电力确定。"被认可输出单位"的所有者,可以自己也可以授权他人或"代理人"创设可再生能源证书。

想创设可再生能源证书的人首先必须注册,注册后将分配一个有用户名和密码的注册账户。然后已注册的人可以提交创设可再生能源证书的电子请求。为了保证注册系统的真实性,每一份可再生能源证书都有自己的编号、创设者的电子签名以及创设日期。每一份可再生能源证书只有经可再生能源管理办公室审查和登记后才有效。一旦被登记,可再生能源证书可在任何人之间交易,直到被"责任主体"作为履行强制性可再生能源目标计划的义务而提交。

根据强制性可再生能源目标计划,每一个"义务主体"每年都有购买特定比例的可再生能源电力的义务。"义务主体"每年"被要求的可再生能源义务"由其当年电力的需求总量乘以特定的比例确定。例如,一个"义务主体"2006 年购买了 100000 兆瓦时的电量,而可再生能源的比例是 2.1%,那么它就需要提交 2170份的可再生能源证书作为履行它当年"被要求的可再生能源义务"。如果一个"义务主体"不是通过提交相应可再生能源证书的方式履行它的义务,那么它每少提交一份可再生能源证书就要缴纳40 美元的可再生能源短缺费。

如果一个"义务主体"当年未履行"被要求的可再生能源义务"低于10%，那么它当年可以不缴纳可再生能源短缺费，而把未完成的义务顺延到下一年；如果当年有富余，"义务主体"可以把富余往后顺延。

一个"义务主体"只能提交当年年末前由已注册的人创设的可再生能源证书。这就促使"义务主体"为避免缴纳可再生能源短缺费而到市场上购买可再生能源证书。可再生能源证书通过REC注册系统在线交易，可再生能源证书创设者的详细信息都对外公开。

"义务主体"必须在每年的1月1日到2月14日间提交一份上年的能源需求报告。报告必须说明上年需求的电量、提交的可再生能源证书数量，以及顺延的可再生能源证书短缺量或富余量。如果"义务主体"少提交了可再生能源证书，那么它还必须提交一份可再生能源短缺报告。这些信息可以使管理机构评估"义务主体"与任何可再生能源短缺有关的责任。①

二、典型国家——德国和英国的可再生能源立法和法律实施比较

德国与英国的可再生能源法既有相同点也有不同之处，在各自可再生能源立法的促进下两国可再生能源也因此表现出个性化的发展状况。

（一）可再生能源立法比较

德国和英国的可再生能源立法有共性也有差异。

1. 立法目的的共性

两国都将发展可再生能源放在保障能源供应安全、应对气候变化和促进经济低碳转型的国家战略高度，充分认识到可再生能源在经济、社会和环境方面的多重价值。当然，对这一立法目的的立法宣示，两国通过不同法律形式予以表达。德国将其明确规定在专门

---

① See Sharon Mascher: Right on Target? Australia's Mandatory Renewable Energy Target, pp. 5-11.

的可再生能源法律之中，而英国则规定在《气候变化与可持续能源法》等上位能源法中。① 另外，可再生能源施行法的渊源和位阶不同。德国以议会通过的成文法为施行法的主体，而英国以相关部门依据议会通过的法律的授权而制定的法令为施行法的主体；相形之下，德国施行法的法律位阶比英国的要正式。不过，两国的施行法都有一个共同的特点，就是立法内容具体，目标明确，操作性和可执行性强。

2. 可再生能源立法领域有所差异

尽管德国和英国都重视可再生能源在电力、供热和交通领域的全面发展，但德国的立法无疑更加全面，涉及电力、供热和交通领域且独立制定专门的可再生能源法律。英国在供热领域的可再生能源立法相对欠缺。

3. 所采行的可再生能源法律制度大同而小异

所谓"大同"，是指两国都设定了可再生能源及其在各个领域的具体的发展目标；都注意明确可再生能源生产商和供应商各自的权利义务范围；都采用比例配额制促进交通可再生燃料的发展；都强调相关信息的公开和各项制度的可执行性。所谓"小异"，是指在实现具体发展目标的方式上，两国采用的策略性措施有所不同。例如，德国采取可再生能源电力优先全额收购制度和分类递减电价制度，而英国则主要依赖电力可再生能源义务制度。在促进可再生能源的多元化发展上，德国实行分类递减电价制度，英国则运用可再生能源（电力）义务证书分类权重制度。此外，德国不仅规定了电网运营商接入可再生能源电力的义务，还规定了燃气管网运营商接入可再生燃气的义务。

（二）可再生能源法律实施绩效比较

德国和英国的可再生能源立法和相应法律制度有力地促进了两

---

① 2006 年 6 月 21 日英国通过的《气候变化与可持续能源法》，第一条"目的"规定：本法的主要目的是增强英国应对气候变化的能力，国务大臣和任何公共机构在履行职务时应当考虑应对气候变化、减少用能贫困、确保多样和稳定的长期能源供应。

国可再生能源的发展。这种发展——作为可再生能源立法的绩效表现，由于两国在此方面立法力度和立法针对的领域有所不同、法律制度设计存在差异而表现出各自的特点。

2005—2009 年的统计数据表明（参见表 15-1），德国的可再生能源供应量不断增加，可再生能源在最终能源消费中的比重也不断提高；可再生能源在电力中的使用比例最高，在供热领域的使用量最大；电力、供热和燃料领域的发展越来越均衡。

表 15-1　　　　　**2005—2009 年德国可再生能源供应量及**
在最终能源消费中所占比例①

（数量单位：百万千瓦·时）

年份	2005		2006		2007		2008		2009	
项目	数量	比例	数量	比例	数量	比例	数量	比例	数量	比例
电力	62112	10.1%	71487	11.6%	87597	14.2%	93269	15.2%	93543	16.1%
供热	88950	5.9%	93084	6.1%	100973	7.6%	105870	7.4%	110491	8.4%
交通	22291	3.7%	40276	6.3%	45154	7.2%	36694	5.9%	33765	5.5%
总量	173353	6.8%	204847	7.9%	233724	9.5%	235833	9.3%	237799	10.1%

而在同一时期的英国，同类统计数据表明（参见表 15-2），可再生能源电力和供热也呈稳步增长态势，尤以交通可再生能源增长相对迅速，但可再生能源在整个能源消费中所占的比例较小；可再生能源在电力中的使用比例最高且使用量最大，可再生能源在供热领域的使用比例和使用量都比较小。

---

① 根据 Federal Ministry for the Environment, Nature Conservation and Nuclear Safety, Development of Renewable Energy Sources in Germany 2009 整理，available at http：//www. erneuerbare-energien. de/files/pdfs/allgemein/application/pdf/ee ＿ in ＿ deutschland_graf_tab_2009_en. pdf，last visited on December 23，2010.

表 15-2　　　　　**2005—2009 年英国可再生能源供应量及**
在最终能源消费中所占比例①

（数量单位：千吨油当量）

年份	2005		2006		2007		2008		2009	
项目	数量	比例	数量	比例	数量	比例	数量	比例	数量	比例
电力	1419	4.1%	1545	4.5%	1636	4.8%	1825	5.4%	2141	6.6%
供热	569	0.9%	608	1.0%	693	1.2%	851	1.4%	899	1.6%
交通	69	0.2%	180	0.5%	349	0.9%	798	2.0%	978	2.5%
总量	2057	1.4%	2334	1.6%	2679	1.8%	3474	2.4%	4018	3.0%

从立法和法律制度层面考察德国和英国可再生能源发展差异的
原因，可能会获得不少比较法意义上的启示。

从可再生能源的整体发展不难看出，德国比英国发展得更加全
面、发展水平更高。这一方面或许是因为与英国相比德国的能源资
源比较匮乏、能源对外依存度较高。另一方面，这一现实需求也促
使德国更早重视促进可再生能源发展的立法，并形成了更加全面、
法律位阶更高、可执行性更强的可再生能源法律体系。

德国在可再生能源电力供应方面比英国发展快、势头好的法律
原因，可能不得不归功于德国实施的强制入网（优先全额收购）
和固定电价（分类递减电价）制度。② 这项制度比英国实行的比例
配额和可再生能源（电力）义务证书制度具有更多的优势。德国
的强制入网（优先全额收购）和固定电价（分类递减电价）制度，
保障了可再生能源电力的顺利入网且其在价格上要高于常规能源电
力，减少了发电商的投资风险，保障了其合理利润，能够不断吸引

---

① Department of Energy and Climate Change, Digest of United Kingdom Energy
Statistics 2010, at P209, available at http://www.decc.gov.uk/assets/decc/
statistics/publications/dukes/316-dukes-2010-ann-c.pdf, last visited on December 23,
2010.

② 德国最早在可再生能源电力领域实施强制入网和固定电价制度，后来发
展为优先全额收购和分类递减电价制度。

投资从而促进可再生能源电力的持续发展。英国的比例配额和可再生能源（电力）义务证书制度，虽然从比例上确保了可再生能源电力的发展规模，但由于可再生能源电力的价格一般高于常规能源电力的价格，电力供应商在达到规定比例后往往不愿继续购买可再生能源电力。此外，常规能源电力的价格和可再生能源（电力）义务证书的价格是根据市场供需情况而不断发生变化的，可再生能源电力的价格也会随之波动，这就使可再生能源发电商在发电量和电价上都面临投资风险，不利于吸引更多的投资，从而影响可再生能源电力的持续发展。

再看可再生能源供热领域，德国的利用比例远远高于英国。德国有非常丰富的森林木材资源和使用更为广泛的生物质能利用技术，这固然是可再生能源呈现良好发展状态的一个重要原因。但是，更为重要的是，德国发展并实施了较英国更为全面和完善的生物质能利用和可再生能源供热立法。① 德国的《燃气供应网准入条例》、《燃气供应网支付条例》和《激励措施条例》便利了生物质燃气的入网，设定了燃气中生物质燃气的比例配额，确保了生物质燃料的适度发展。德国《可再生能源供热促进法》（2008）规定了可再生供热用能的发展目标，确立了建筑供热用能可再生能源比例制度、替代履行制度和政府财政支持制度，有力地推动着可再生能源在供热领域的发展。反观英国，目前缺少专门针对可再生能源供热的立法，在供热领域也没有引入比例配额制，这不能不说是英国可再生能源在供热领域发展最为缓慢的制度原因。

从可再生交通燃料来看，德国和英国的发展差距在逐渐缩小。在《生物燃料配额法》（2006）生效以前，德国就通过《生态税改革法》（1999）和《进一步深化生态税改革法》（2003）规定的税收减免和财政补贴等措施，促进可再生能源交通燃料的发展。而英国此时《交通可再生燃料义务法令》（2007）尚未生效，可再生交

---

① 2009 年德国 91.2% 的可再生能源供热用能源自于生物质能，而其中主要是林木。参见 Federal Ministry for the Environment, Nature Conservation and Nuclear Safety, Development of Renewable Energy Sources in Germany 2009, at p23.

通燃料相关立法也欠缺，因此其可再生交通燃料的整体发展远远落后于德国。此后，德国《生物燃料配额法》（2006）改革了促进可再生能源发展的措施，由税收减免调整为比例配额，并规定到2010年德国必须实现6.75%的生物质燃料市场份额。英国《交通可再生燃料义务法令》（2007）同样引入了比例配额制，规定了到2010年英国的交通燃料中可再生能源比例须达到5.2632%。该法令生效之后英国的可再生交通燃料市场份额迅速发展，与德国的差距逐渐缩小。将这一发展绩效归功于英国采用了与德国相似的配额制和相近的发展目标，似乎并不为过。

第三节 对我国的启示和借鉴

可再生能源发展状况的国别差异和变化，是国家可再生能源立法差异和制度运行的一个重要反映；反过来，可再生能源立法和法律实施对可再生能源发展起着举足轻重的作用。在将可再生能源和新能源作为我国保障能源安全和应对气候变化的重要战略的时代背景下，参考和借鉴外国可再生能源立法和法律制度建设，对完善我国可再生能源和新能源立法、促进我国可再生能源和新能源的发展具有重要意义。

一、对我国的启示

从世界能源发展的历史和可再生能源的利用程度上，可以发现发达国家可再生能源的发展在如下方面给予我国有益的启示：

首先，在缓解能源供应压力的目标下，环境保护成为推动可再生能源推广的动力之一。

其次，各国可再生能源的开发利用仍然以国情为基础，具有较强的差异性和多样性。各国在开发利用可再生能源中，普遍遵循因地制宜的原则，根据国内的能源需求制定相应的可再生能源发展战略。基于此，丹麦、德国积极推进风能的开发应用，美国、日本着力研发和推广太阳能技术，在水能的利用上，发达国家都达到相当高的水平。在推进可再生能源发展的法律制度建设时，也坚持从本国法律体系和文化背景出发，如美国施行"联邦政府自身节能机制"，通过联邦率先节能引导全社会节能，这与其联邦制国家结构的特点不无关系；德国在对可再生能源的管理政策上，以本国行政管理体制为基础，建立了一个包括政府、厂商及第三方中介机构在内的管理机制，以有效组织可再生能源和节能产业的各参与方，并协调各方复杂的关系；日本通过立法确立能源标准制度，提高了建筑、汽车、家电、电子等产品的节能标准，不达标产品禁止上市，严格以市场为基础，充分体现了日本在进行法律制度改革时对市场的认同和尊重，这对我国可再生能源法律制度的建构具有一定的借鉴价值。

再次，国外可再生能源法律政策涉及包括战略规划、法律法规、管理体系的完整体系，工业发达国家在可再生能源法律政策的制定方面起领先作用。随着新能源战略地位的提高，许多国家将规模化、深度化和持续化利用新能源提到了议事日程，如日本的"新能源产业化远景构想"，欧美国家将新能源和节能均作为其能源战略的重点之一。此外，常规能源的地理分布不均和有限性、经济发展对能源的强大需求以及日益恶化的环境问题，促使工业发达国家对其能源战略做出调整，开发新能源和提高能效必然是其政策考虑的重点。从政策的演化、发展的角度看，工业发达国家在有关新能源和节能的各类政策制定方面，均走在前列，起到示范作用，引发了世界不可再生能源产业的观念变革，从而使其他国家积极加入到新能源和节能产业的开发中来。

最后，大多数国家可再生能源法律制度的选择都是在市场失灵的情况下进行的，但仍然以市场规律为基础，以经济刺激手段为主体。先进的工业化国家崇尚市场的力量，但是在可再生发展的过程中，也面临市场的局限性问题，因此与此相关的政策便应运而生，如20世纪70年代新能源开发起步阶段，各国的政策侧重于研发和示范的鼓励；鉴于电力网的自然垄断的特性，德国、法国等国在可再生能源政策方面颁布了可再生能源发电站与电力网连接以及新能源发电定价保障法，以此为新能源发电站的发展奠定基础，并且吸引风险投资促进新能源产业的发展；针对新能源开发初始成本高的特点，诸多国家制定了相应的财政政策鼓励新能源产业发展，如欧洲、美国、日本以及印度等国家和地区以税收抵免、折扣和支付形式的市场补偿补贴了对新能源技术或者发电量的投资。我国在能源领域长期奉行政府管制的模式，最为迫切的改革呼声似乎都定位于能源市场化，然而，工业国家的经验给我们指出一点：即无论是进行能源市场化配置，还是进行国家宏观调控，都必须坚持以市场规律为基础，特别是在当前转型时期，应当将能源市场规律与国家的宏观调控有机结合起来。

二、我国可再生能源制度发展的现状和不足

目前，我国已建立起以《可再生能源法》为核心，其他法律、法规和规章为补充的可再生能源法律体系。2005 年制定《可再生能源法》是我国发展可再生能源的基本法律，确定了开发利用可再生能源的一系列重要法律制度，主要包括：（1）可再生能源总量目标制度；（2）可再生能源并网发电审批和全额收购制度；（3）可再生能源上网电价与费用分摊制度；（4）可再生能源专项资金和税收、信贷鼓励措施。然而，囿于立法的框架性质过浓，导致了实施上的困难，其有效推行还依赖于具体的相关配套法律规范、技术标准等。2009 年，修订后的《可再生能源法》规定了全额保障性收购制度、可再生能源电价附加补偿制度和可再生能源发展基金制度等一系列促进可再生能源发展的法律制度，但其还存在着可再生能源生产者和管网经营者权利义务分配不均、各领域可再生能源发展重视程度差别过大等缺陷。

国家有关部门和一些地方人大也制定了不少关于可再生能源发展的部门规章和地方性法规。例如，2006 年 1 月，国家发展和改革委员会发布了《可再生能源发电价格和费用分摊管理试行办法》和《可再生能源发电有关管理规定》；2006 年 5 月，财政部发布了《可再生能源发展专项资金管理暂行办法》；2007 年 1 月，国家发改委发布了《可再生能源电价附加收入调配暂行办法》。湖南、山东和黑龙江等省份根据本地区农村能源建设和可再生能源开发利用

的实际情况制定了《农村可再生能源条例》。① 此外，在 1995 年制定的《电力法》、2002 年制定的《清洁生产促进法》、2007 年修订的《节约能源法》和 2008 年制定的《循环经济促进法》等法律中也有促进可再生能源和新能源发展的相关条文。

综观我国现行可再生能源法，其不足主要表现在以下几个方面：（1）在立法理念上，没有充分认识到发展可再生能源在应对气候变化、确保能源安全和促进经济低碳转型上的多重价值。（2）在立法目的上，《可再生能源法》没有明确将应对气候变化作为发展可再生能源的一个重要立法目的。（3）各个领域的可再生能源立法发展不平衡。目前我国的可再生能源立法以电力为主，供热和交通领域的可再生能源立法欠缺。《可再生能源法》实际上是"可再生能源电力法"，仅有第 16 条和 23 条直接涉及供热和交通领域生物质能源的发展。（4）在法律体系上，《可再生能源法》过于原则化，可操作性和实施性差，该法仅有 33 条，为框架性法律，其有效实施需要国务院及有关部门适时出台配套性的行政法规和部门规章。而可再生能源施行法的形式多为部门规章、法令和规范性文件，法律位阶较低。只有少数省份对发展可再生能源进行了专门立法；地方立法还普遍存在未能将国家立法的普适性要求与本行政区域的可再生能源资源特色相衔接的不足。（5）在立法内容上，现行可再生能源法还存在诸多不足。电网企业和发电企业的责任分配不均、不明，处于垄断地位的电网企业常处于供需关系的有利地位，其所承担的责任与其所掌握的资源不相称，而处于弱势地位的发电企业则相应承担过多的义务；有关可再生能源接入城市燃气管网和热力管网的规定很少且缺乏可操作性；有关可再生能源的激励措施主要针对风能和太阳能，对生物质能和海洋能发展重视不够。此外，有关可再生能源发展的经济激励措施，覆盖范围有限、激励力度不够。

---

① 参见李艳芳、岳小花：《论我国可再生能源法律体系的构建》，载《甘肃社会科学》2010 年第 2 期。

三、我国对外国发展可再生法律制度经验的借鉴

外国以法律促进可再生能源发展展示出多方面的经验。结合我国可再生能源发展现状和法律促进的不足，我们认为应当在以下方面借鉴国外的先进经验。

1. 完善我国可再生能源法律体系。主要有以下方面的内容：（1）在立法理念上，明确立法的多重价值。应当将能源利用、气候保护和经济发展结合起来，以充分发挥可再生能源法在保障能源供应安全、应对气候变化和促进经济低碳转型中的多重价值。（2）在立法目的上，强调防止气候变化。应当明确将应对气候变化作为可再生能源法的立法目的之一，将发展可再生能源作为应对气候变化的重要手段。（3）在法律体系构建上，完善专项立法和可操作的实施法。应当加强供热和交通领域的可再生能源立法，促进可再生能源在供热和交通领域的快速发展，突破作为基本法的《可再生能源法》目前停留于"可再生能源电力法"的局限。应当适时推出"可再生能源供热法"和"交通可再生能源法"；尽快出台《可再生能源法》的实施细则以及更新相关的部门规章，同时注意可再生能源立法与其他相关立法的协调，以及完善地方可再生能源立法，以保障可再生能源法的可操作性和可执行性。（4）提升现行规范的法律位阶。应当提高现有可再生能源法律规范的效力层级，改善可再生能源法律规范多而无力的尴尬境况，保障可再生能源法律的权威性、稳定性和有效性。同时完善可再生能源法的监督实施机制。（5）完善立法内容和法律制度。进一步明确可再生能源电力生产者与电网经营者的责任范围，确保可再生能源电力能够及时地入网和销售；完善可再生能源接入燃气管网、热力管网和进入交通燃料销售渠道的相关规定，明确燃气管网经营者、热力管网经营者和交通燃料销售者的可再生能源接入和销售义务。继续完善分类固定电价制度，通过价格差异促进各类可再生能源，特别是海上风电和生物质能的发展。根据经济技术发展水平，适时推出供热和交通可再生能源配额制度，促进可再生能源在供热和交通领域的发展和应用。进一步完善可再生能源发展激励政策和保障措施，加

大政府对可再生能源技术基础研究和服务平台建设的财政投入，提高可再生能源技术的自主创新能力。在对可再生能源给予正面经济激励的同时，加强对化石能源的负面经济约束，提高可再生能源的竞争力。

2. 将可再生能源开发利用纳入国家长远发展规划。我国不乏规制可再生能源的法律法规，但大多散见于其他能源法律之中，中央和地方的能源政策中也有可再生能源的内容，但并未将其作为一项整体规划对待。因此，必须将可再生能源的开发利用纳入国家远期发展规划当中，一来是为了使之更好地融入整个国民经济发展规划，二来是以远期规划的方式克服短期计划的不足。而且，从立法合理性角度来讲，远期可再生能源规划可以作为今后可再生能源立法的合理性依据，并体现我国努力实现可持续能源发展观的态势。此外，应当逐步建立可再生能源评估规划制度，为调整和修订能源政策提供依据，使可再生能源的国家规划本身更具有合理性。

3. 完善经济立法，为可再生能源生产企业、消费者提供法律保障。法律保障主要从政策优惠与立法稳定两个方面予以考虑。优惠政策补贴制度应包括供给环节的优惠政策和需求环节的优惠政策。在供给方面，应根据实地情况，采取投资补贴、支付津贴、税收减免制度或优惠贷款制度，用于确保投资者一定程度上的利益，鼓励投资。在需求环节上，应对其他化石能源征收"化石燃料税"，并针对购买可再生能源设备予以补贴或津贴，促进消费者购买、使用"绿色能源"，鼓励可再生能源的消费。此外，对于可再生能源开发及利用的各项制度，在经过充分论证的基础上，用法律予以确定，为企业和个人提供确定可行的依据，特别是各种市场化制度，应当尽可能地进行法律规制，对于能源市场化所亟须的制度还需通过法律修订的方式逐步完善。如我国《可再生能源法》，虽然规定了旨在尽量促进可再生能源电价制度，但主要以政府定价为主，市场竞价无从体现，而适当的竞争机制将有效促进可再生能源产业内部的竞争，提高可再生能源产品质量，使其更具竞争力更具替代性，也更容易被消费者所接受。因此，应贯彻和推行电价招标制度，建立类似于国外的"绿色证书交易市场"，使清洁能源在市场磨炼中获得活力。

　　4. 以经济刺激手段推进可再生能源的市场化。能源市场化要求反映能源市场价格，虽然国家的宏观调控在一定程度上有重要影响，但从根本上而言，还是市场起决定作用，因此，作为一种比较温和的手段——经济激励在一定程度上更有利于实现可再生能源的合理配置。经济激励政策多种多样，但从使用的频率和广泛性来看，主要有以下几种：补贴政策、税收政策、价格政策和低息（贴息）贷款政策。补贴政策主要是通过政府以经济补贴的形式对特定产业或企业、消费者进行支持，一般而言有三种形式：投资补贴、产出补贴和对消费者（用户）的补贴。① 所谓产出补贴，即根据可再生能源设备的产品产量进行补贴，我国目前尚无这种补贴政策。税收政策也是一种比较常见的手段，通常表现为以下两种方式：一种是对可再生能源实施税收优惠政策，如减免关税、减免形成固定资产税；另一种是对非可再生能源实施强制性税收政策，如碳税政策等。各国的实践证明，碳税政策，尤其是高标准、高强度的收费政策，不仅能起到鼓励开发利用清洁能源的作用，还能促使企业采用先进技术、提高技术水平，因而也是一种不可或缺的刺激措施。由于可再生能源产品成本一般高于常规能源产品，世界上许多国家都采取了对可再生能源产品价格实行优惠的政策。实践证明，价格优惠是一项非常有效的激励措施，只要应用得当，可以起到促进技术进步和降低成本的作用。而低息（贴息）贷款政策，作为一种金融手段，其作用同样不可低估，除了可以减轻企业还本期利息的负担，还有利于降低生产成本。另外，政府采购政策在一定程度上也能有效地激励可再生能源的创新与推广，如德日的"屋顶计划"，实际上就是通过政府采购或政府支持采购等手段，扶持尚未成熟的光伏发电产业。

---

　　① 时璟丽、李俊峰：《借鉴国外经验通过立法手段促进我国可再生能源发展》，载《国际电力》2005 年第 2 期。

第十六章

新能源及能源技术创新与推广制度

第一节　概　　述

一、新能源和能源技术概念

（一）新能源概念

新能源是相对于传统能源（主要是化石类常规能源）而提出的。相较于传统能源，新能源普遍具有污染少、储量大的特点，对于解决当今世界严重的环境污染问题和资源枯竭问题具有重要意义。同时，由于很多新能源分布均匀，对于能源安全也有着重要意义。因此，对新能源的研究逐渐由个别推广发展到抽象分析，对新能源的定性显得尤为迫切。

理论上，对新能源的概念和范畴有不同的认识。有人认为，"所谓新能源，一般是指在新技术基础上加以开发利用的可再生能源，包括太阳能、生物质能、水能、风能、地热能、波浪能、洋流能和潮汐能，以及海洋表面与深层之间的热循环等；此外，还有氢能、沼气、酒精、甲醇等。而已经广泛利用的煤炭、石油、天然气、水能、核电等能源，称为常规能源"。① 这种认识将新能源与常规能源相对应，强调新能源以新技术为基础，将新能源的外延局限在可再生能源之内。

有人认为，"新能源是指以新技术为基础、系统开发利用的能源，即人类新近才开发利用的能源，包括太阳能、潮汐能、波浪能、海流能、风能、地热能、生物能、氢能、核聚变能等，是一种已经开发但尚未大规模使用，或正在研究试验，尚需进一步开发的能源"。② 这种认识同样强调新能源以新技术为基础，但将核聚变能纳入新能源的外延之中。

有人认为，"新能源是指传统能源之外的各种能源形式，又称非常规能源，如太阳能、地热能、风能、海洋能、生物质能和核能等"，"相对于常规能源而言，在不同历史时期和科技水平情况下，新能源有不同的内容。当前，新能源通常指核能、太阳能、风能、地热能等。新能源包括各种可再生能源和核能。相对于常规能源，新能源普遍具有污染少、储量大的特点，对于解决当今世界严重的环境污染问题和资源（特别是化石能源）枯竭问题具有重要意义"。③ 这种认识也将新能源与常规能源相对应，强调新能源的初生性和清洁性，将新能源的外延扩展至可再生能源和核能。

还有人认为："新能源可以有两类定义，狭义的新能源包括风能太阳能、潮汐能、地热能、生物燃料等以前没有广泛利用的能源；广义的新能源还包括核能、水能甚至还包括清洁煤技术。"④ 从广义的角度来看，这种认识将新能源的外延扩展至可再生能源、核能和清洁煤技术。

武汉大学法学院杨泽伟教授认为："新能源是一个广义的概

① 陈晖：《世界新能源与节能产业发展概况》，载《上海电力》2007年第5期。

② 杨解君、蔺耀昌：《新能源及可再生能源开发利用与环境资源保护的关系及其立法协调》，载《行政法学研究》2008年第1期。

③ 赵新一：《新能源发展展望》，载《电力技术》2009年第10期。

④ 成思危：《新能源与低碳经济》，载《经济界》2010年第3期。

念，不但包括风能、太阳能、地热能和生物质燃料等新型可再生能源，而且包括水能、核能等清洁能源，还包括许多通过新技术和新材料的开发对传统能源甚至化石能源的再利用，如从化石能源中提取氢、二甲醚和甲醇等。此外，能源资源的高效、综合利用以及节能等（如分布式能源、智能电网），也被视为新能源体系不可缺少的一个组成部分。"[①]

可见，新能源与常规能源相对应，从内涵来看，新能源以新技术为基础、具有清洁性是它的重要特征；从外延来看，对新能源的认识有广义与狭义之分，狭义的认识将新能源局限于可再生能源范畴之内，广义的认识将新能源的外延扩展至可再生能源、核能和常规能源的清洁高效利用。

而在实务界，联合国开发计划署（UNDP）把新能源分为以下三大类：大中型水电；新可再生能源，包括小水电、太阳能、风能、现代生物质能、地热能、海洋能；穿透生物质能。日本于1997 年施行《促进新能源利用特别措施法》规定，新能源是指"在研制或利用促进石油替代能源开发引进第 2 条中规定的石油替代能源，以及通过变电得到的动力（只限于对减少石油依赖有特别作用的）利用过程中，由于经济方面的制约而未得到充分普及的，但在政令中规定促进其普及是谋求石油替代能源的应用所特别需要的"能源。主要包括太阳光发电、风力发电、太阳热利用、温度差能源、废弃物发电、废弃物、热利用、废弃物燃料制造、清洁能源汽车、天然气发电所获得的热量送热水供暖房冷气房等，燃料电池发电、动植物的有机物发电、动植物的有机物热利用、动植物的有机物燃料制造以及利用冰或雪为热源发电等。[②]

我们认为，认识新能源不仅要考虑它的新兴性，更要突出它的低碳性；新能源在保障能源供应安全的同时，还应具有减少温室气

---

① 杨泽伟：《发达国家新能源法律与政策研究》，武汉大学出版社 2011 年版，第 4 页。

② 罗丽：《日本能源政策动向及能源法研究》，载《法学论坛》2007 年第 1 期。

体排放和促进经济低碳转型的功用。因此，新能源是指在新技术基础上开发利用的能源以及具有清洁性和低碳性的能源，包括可再生能源、核能和常规能源的清洁高效利用。目前，可再生性的新能源包括水能、风能、太阳能、生物质能、地热能。

在能源领域中，人们往往将新能源与可再生能源并称，其实并不完全恰当。二者有区别也有重合。我们可以对二者的范围作出如下界定：首先，可再生能源属于新能源的范畴，如风能、水能等；其次，作为新能源的太阳能、风能、水能、地热能和海洋能等，属于典型的可再生能源；再次，新能源的范畴不仅止于上述可再生性的新能源，还包括低碳性的新能源（如氢能和核能等），常规能源的清洁高效利用形式（通过洁净煤技术和智能电网技术），以及其他体现清洁性和低碳性的新型能源利用形式（如新能源汽车、燃料电池、垃圾发电、建筑节能、地热能、二甲醚、可燃冰等）。

基于可再生能源的特殊性，本书对其进行单项制度比较，因此本章所谓的"新能源"仅探讨可再生能源之外的新能源，重点包括：核能、废弃物转化能（如废弃物发电；废弃物、热利用；废弃物燃料制造等）和建筑物节能等。

（二）能源技术

能源技术是指在开发新能源或者清洁、低碳和高效地利用常规能源的过程中所涉及的各种科学技术。无论是新能源还是长期广泛使用的在技术上较为成熟的常规能源（如煤、石油、天然气），都需要能源技术的支持，换言之，能源技术泛指新能源的开发利用技术（新能源技术）和常规能源的创新性利用技术（常规能源新技术）。目前，在世界上得到不同程度应用的新能源技术主要包括：太阳能的光热转换、光电转换、地热直接应用、生物发酵及热分解以制取沼气和气体燃料、潮汐发电技术等。

能源技术的发展，是提高能源利用效率的根本手段。常规能源的有限性要求能源利用必须从开源和节流两方面同时入手，前者推动着新能源的开发利用，后者不断促进着能源利用效率的提高，这使得对能源技术的依赖程度越来越高。从技术类别看，能源技术分为新能源技术和常规能源技术；从技术内容来看，能源技术不仅包括研发新能源的技术和提高能效的技术，还包括减少有害气体排放的技术；从技术成熟角度看，能源技术还可以分为可利用技术、正在研发的技术和尚未研究的技术。

二、我国新能源及能源技术发展的现状与问题

我国具有丰富的新能源资源，但是我国对新能源的开发利用起步较晚。20 世纪 70 年代末新能源与可再生能源才作为农村能源建设的一部分逐步发展起来。近年来，新能源与可再生能源的消费约占能源消费总量（全部水能和生物质能）的 22%，成为能源供应系统中的重要组成部分。总体而言，我国新能源与可再生能源的现状及发展具有以下特点：（1）总体上，我国新能源开发利用程度低，能源利用效率不高，能源技术水平滞后，优质能源不足；（2）有关可再生能源的利用程度和利用效率逐步提高，其中以风力发电的发展最快；（3）新能源的研究与开发利用的范围逐步扩大，如氢能和燃料电池的研发正在兴起；（4）新能源与可再生能源的产业规模逐步扩大，如风电产业、太阳能光伏产业和热水器产业。[1]

然而，新能源和能源技术发展存在许多不足。（1）多元化发展问题。由于新能源具有技术难度大和开发利用成本高等特点，多数新能源在现行市场规则下缺乏竞争力，需要政府"有形之手"的规划引导和激励扶持。水能和核能在政府的规划和投资下发展较为有序。具有很大温室气体减排潜力的常规能源清洁高效利用技术，由于政府投入和政策激励不足发展相对缓慢，洁净煤技术和智能电网技术离大规模、广泛利用还有很长的路要走。（2）市场投资环境问题。新能源的发展既需要发电设备的制造和技术的更新，更需要发电设备的安装运行和新技术的推广应用。由于发电领域运营资金和准入门槛高，且发电项目的运营权主要集中在国有大型能源企业，发电领域基本处于国有资本垄断状态。民营和外商企业很难进入发电领域，而新能源发电设备制造领域却有很多民营和外商

---

[1] 杨解君：《我国新能源与可再生能源立法之新思维》，载《法商研究》2008 年第 1 期。

企业进入，这就形成了新能源发电设备制造领域和发电领域的脱节，增加了新能源设备制造商的市场风险。目前，法律法规对新能源项目的审批、专项资金的安排、价格形成和上网电价等的协调机制没有明确规定，新能源项目难以实现有序的市场化运作。此外，新能源设备的技术标准和检测认证的缺失以及市场监管的缺位，不利于新能源设备的推广应用，并容易导致新能源设备存在质量隐患，从而影响整个新能源产业的健康发展。① 如何通过政策和法律完善新能源各级市场的投资环境，使更多的社会资本进入可再生能源发电和常规能源清洁高效利用领域，已成为新能源健康发展亟待解决的问题。（3）技术自主创新问题。新能源的新兴性决定了技术创新在其发展过程中的重要作用。但这些领域的核心技术仍然掌握在国外厂商手中。国内新能源设备制造商的多数技术和设备都是依靠进口，一直跟在发达国家后面，虽然交纳了昂贵的"学费"，但产品的技术水平普遍只有二、三流。光伏电池中的多晶硅核心技术同样为国外企业所掌控，我国光伏电池企业扮演的仅仅是一个通过组装获取"加工费"的角色。② 20世纪90年代我国就开始发展洁净煤技术，在煤炭洗选加工和先进煤化工转化领域也取得了一定的成绩，但在整体煤气化联合循环发电技术等先进洁净煤技术的发展上还比较落后，整体煤气化联合循环电站的关键设备都要从国外购买。③ 我国智能电网的建设刚刚起步，不少核心技术还未取得突破。（4）高成本问题。尽管洁净煤技术和智能电网技术能给传统能源带来能源的清洁高效利用，但其研发和推广应用需要大量的资金投入，从而增加成本。综合来看，导致新能源使用成本普遍较高的原因主要有：技术成本高，且受制于国外厂商；投资周期长、投资风险大，而投资希望短期内收回成本并获得高回报；电网、电站

---

① 王晓宁：《中国新能源产业发展回顾与展望》，载《高科技与产业化》2010年第7期。

② 柳士双：《中国新能源发展的战略思考》，载《经济与管理》2010年第6期。

③ 屈伟平：《洁净煤发电的 CCS 和 IGCC 联产技术》，载《上海电器技术》2010年第1期。

等配套设施建设周期长、建设成本高；现有的粗放式经营模式难以有效降低成本；还没形成规模化生产。

三、我国有关新能源及能源技术的立法及实施和存在的问题

受经济社会发展状况和科学技术发展水平的制约，目前我国有关新能源的立法及其问题主要表现在以下几个方面：（1）在立法理念上，没有充分认识到发展新能源在应对气候变化、确保能源安全和促进经济低碳转型上的多重价值。没有将应对气候变化作为新能源立法的目的之一。（2）对新能源的内涵和外延理解不够全面，将新能源与可再生能源相提并论。实际上，可再生能源只是新能源的一个组成部分，核能和常规能源的清洁高效利用在减少温室气体排放上具有更大的潜力。正确认识新能源的内涵和外延对新能源法律体系的完善起着重要的作用。（3）在法律体系上，很多重要的能源法律空缺，相关配套法律规范衔接不够紧密。综合性的《能源法》至今仍未能出台，新能源发展缺少能源根本法的有力支持。我国已经提出了"积极发展核电"的方针，并且制定了《核电中长期发展规划》，但核能的发展以政府的指令为主，核能领域的基本法《原子能法》仍然空缺。常规能源领域的重要法律《石油法》和《天然气法》至今空缺，这些法律应该有常规能源清洁高效利用的相关规定。（4）在法律效力上，新能源相关立法效力普遍较低。新能源法律规范体系效力层次较低直接影响到其稳定性和执行力，不利于新能源的发展。目前我国的新能源专门立法中仅有《可再生能源法》为法律，许多促进新能源发展的措施和制度规定在部门规章、法令，甚至红头文件中。（5）在立法内容上，还存在诸多不足。如《电力法》强调电力的生产建设和电网管理，忽视对洁净煤和智能电网等新能源电力技术的发展和激励；《煤炭法》偏重煤炭资源的勘探开采和煤炭企业的监督管理，忽视对煤产品的清洁高效利用；有关新能源接入城市燃气和热力管网的规定太过简略，难以保障其入网；有关新能源的激励措施主要针对风能、太阳能和生物质能等可再生能源，对核能和常规能源清洁高效利用的重视程度不够；有关增值税和企业所得税减免等经济激励措

施仅限于少数新能源和少数项目，新能源发展经济激励力度不
够。①

四、比较研究外国新能源法律制度的意义和目标

基于我国能源结构与可持续发展要求的紧张关系和国际上面临
的承担国际环境保护责任、履行国际环境保护义务等挑战，我国能
源问题不仅表现为能源供应的巨大压力，更为重要的是如何寻求新
能源发展观下的突破口，即实现可持续能源发展观所要求的提高能
源效率、节约能源和用可再生能源替代化石能源。

然而传统能源治理模式无法适应新能源发展的原因却是多方面
的，其中有社会体制上的原因、法律体系上的缺陷以及地理文化上
的限制。在我国《能源法》制定之际，问题的关键是如何在逐步
完善的能源法体系中，寻求新能源及能源技术创新推广的制度建构
及协调，而在转型时期追求可持续发展的压力下，以比较的视野探
索可行之路是非常必要的，即通过对国内外能源状况，特别是能源
立法和具体制度的比较研究，寻求符合可持续能源发展观、契合中
国实际的新的能源治理之路。在这里，采取理性的比较分析方法，
尤其是将功能主义与结构主义方法应用于比较项之中的方法②，也
是必须重视的。前者要求我们将比较的范围限定在新能源与能源技
术的研究目的预期可达到的必要且有益的结果之处；后者则强调审
慎对待中外能源法律结构，在各自法律秩序的框架之内，进行中外
新能源与能源技术的法律比较。

第二节　外国新能源和能源技术法律制度比较

相比我国能源的发展现状，国外许多国家，特别是发达国家，
不论是在能源发展理念还是实施机制上，均取得了长足的发展。虽

---

① 徐孟洲、胡林林：《发展新能源与可再生能源的税收激励机制研究》，载
《中州学刊》2010 年第 2 期。

② ［日］大木雅夫：《比较法》，法律出版社 2006 年版，第 85 页。

然这些国家法律体系不一，能源结构差异巨大，但它们寻求能源的可持续发展和有效缓解环境、资源压力的目标却是一致的，正如那些致力于能源可持续发展的专家所一致肯定的那样：可更新能源和能源效率应该扮演主要角色。① 因此，各国在发展能源行业时一直都秉承着新能源和能源技术创新与推广的理念。虽然发达国家和发展中国家对资源的利用在迅速增长，但是，他们的利用远没有达到其技术和经济潜力所能够支撑的程度。在这一语境下，各种可更新能源如风能、现代生物质能、水电和地热等得到相当广泛的开发利用，并取得了现实的环境利益；能源技术也通常作为创新新能源和提高能源效率的重要手段，在世界范围内取得了一定的发展。然而，在肯定发展的同时，我们也不得不承认仍然有许多经济和法律障碍阻滞了新能源和能源技术的进一步创新与推广，使可更新能源和能源效率无法发挥其应有潜力，而理性的立法和行政手段可以逐步取消这些障碍，给出正确的价格信号，为这些资源提供各种有效机制。无疑发达国家的经验与此有很大联系，因为它们往往为发展中国家提供了可行的模式选择，而发展中国家也一般依赖于从工业化国家引进相关技术和专业知识。②

一、外国新能源和能源技术法律制度

（一）日本

1997 年施行《促进新能源利用特别措施法》，开始推行新能源政策。该法的基本立足点是"投入能源事业的任何人都有责任和义务全力促进新能源和再生能源推广工作"。该法第 2 条规定，新能源是指"在研制或利用促进石油替代能源开发引进第 2 条中规定的石油替代能源，以及通过变电得到的动力（只限于对减少石

---

① ［澳］艾德里安·J. 布拉德鲁克（Adrian J. Bradbrook）、［美］理查德·L. 奥汀格（Richard L. Ottinger）：《能源法与可持续发展》，曹明德、邵方、王圣礼译，法律出版社 2005 年版，第 121 页。
② ［澳］艾德里安·J. 布拉德鲁克（Adrian J. Bradbrook）、［美］理查德·L. 奥汀格（Richard L. Ottinger）：《能源法与可持续发展》，曹明德、邵方、王圣礼译，法律出版社 2005 年版，第 123 页。

油依赖有特别作用的）利用过程中，由于经济方面的制约而未得到充分普及的，但在政令中规定促进其普及是谋求石油替代能源的应用所特别需要的"能源。主要包括太阳光发电、风力发电、太阳热利用、温度差能源、废弃物发电、废弃物、热利用、废弃物燃料制造、清洁能源汽车、天然气发电所获得的热量送热水供暖房、冷气房等、燃料电池发电、动植物的有机物发电、动植物的有机物热利用、动植物的有机物燃料制造以及利用冰或雪为热源发电等。这一定义将新能源范畴法定化，为之后的新能源立法奠定了基础。该法要求政府制定一套完整的促进新能源利用的必要措施，包括为促进新能源利用，政府要有计划地采取一体化的综合措施、促进能源消费者、项目开发商努力开发利用新能源、促进能源供应商采用新能源实现能源供给和促进地方公共团体应用新能源。

　　该法规定，由经济产业大臣制定促进新能源利用的基本原则，并予以公布。该基本原则包括：（1）新能源利用中的能源使用者应采取的相关基本事项；（2）为促进新能源利用而进行能源供给的企业（能源供给企业）和从事新能源利用中的机械工具制造和进口的企业（制造企业）应采取措施的相关基本事项；（3）促进新能源利用措施的相关基本事项；（4）其他与新能源利用相关的基本事项。能源使用者、能源供给企业、制造企业均须注意基本原则的规定，努力促进新能源的使用。

　　在具体措施上，该法从能源使用者、能源企业等不同方面入手，规定：（1）经济产业大臣应为能源使用者制定方针，包括应予推进利用的新能源种类和方法等，并可在必要时就制定新能源使用者予以指导和建议。（2）在企业活动中欲使用新能源的，须制订与该新能源利用相关的计划（利用计划），并向主管大臣提交，方可获得对此利用计划适当性主旨的认定。如变更该利用计划，必须得到主管大臣的承认。如果该企业未按照该计划进行新能源利用，可取消该认定。（3）在促进新能源技术的利用方面，除了要求政府给予财政补贴之外，还要求政府部门、地方公共团体、公司企业等对于利用新能源予以充分理解，必要时给以协助。

　　2003年，日本制定并实施《电力事业者新能源利用特别措施法》，简称 RPS 法。该法主要对可再生能源配额进行了规定，即以配额的形式通过法律对电力事业者利用新能源的义务进行规定。其中规定电力事业者应当在每年按照经济产业省令的规定，利用超过基准利用量的新能源电力（包括风能、太阳能、地热能、水能、生物质能等）。"基准利用量"以前一年度该电力事业者的电力供给量为基础进行测算。电力事业者有义务向经济产业省报告新能源的利用情况。如果所利用的新能源电力未达到基准利用量，并且没有正当理由时，经济产业大臣可以进行劝告。如果未达到经济产业省所规定的基准，经济产业大臣可以命令该电力事业者在一定期限内必须进行改正。不服从改进命令，最高罚款可达 100 万日元。RPS 制度推行后，有效地提高了可再生能源在发电量中的比例，通过强制措施促进能源多样化战略，对日本开发利用新能源产生了积极的推进作用。

2006 年 5 月 31 日，日本经济产业省编制了以保障能源安全为核心的《新国家能源战略》，日本的能源政策迎来一个转折期。新战略在分析总结世界能源供需状况基础上，从建立世界上最先进的能源供求结构、强化资源外交及能源、环境国际合作、充实能源紧急应对措施等方面，提出了今后 25 年日本能源八大战略及有关配套政策，使日本能源发展战略目标更为清晰。其中有关新能源的战略及政策措施包括：①

1. 未来运输用能开发计划

该项计划旨在降低汽车燃油消耗，促进生物燃料、天然气液化合成油等新型燃料的应用，推动燃料电池汽车的开发普及，使运输对石油的依存度从目前98%减少到80%左右。

主要实施以下政策措施：制定车辆新油耗标准，修定车辆用油质量性能标准。进一步开展对乙基叔丁基醚的应用风险评价以及燃料乙醇的应用实验，建设必要的基础设施促进其推广使用。支持生物燃料、天然气液化合成油等新型燃料及添加剂的开发和利用。促

---

① 《日本〈新国家能源战略〉出台》，载国家发展与改革委网站，http://www.sdpc.gov.cn/nyjt/gjdt/t20060728_78143.htm，2013 年 4 月 10 日访问。

进天然气液化合成油制造技术的应用，加快生物质基和煤基合成油等未来液体燃料的技术开发。加大柴油车普及力度，将电动汽车、燃料电池汽车作为未来重点进行开发。

2. 新能源创新计划

该计划旨在提出支持新能源产业自立发展的政策措施，支持以新一代蓄电池为重点的能源技术开发，促进未来能源（科技产业）园区的形成。2030 年前使太阳能发电成本与火力发电相当，生物质能发电等区域自产自销性能源得到有效发展，区域能源自给率得以提高。

主要实施以下政策措施：扩大太阳光能、风力和生物质能发电等进入普及期的新能源市场份额。支持尚在研究、普及阶段新能源技术的中长期发展，培育未来需求和供给的增长点。推进海洋能、宇宙太阳能利用的基础研究。促进太阳光能发电、燃料电池及蓄电池关联产业群的形成。支持新能源风险投资事业发展。

3. 核能立国计划

该计划旨在确保安全前提下，继续推进供应稳定、基本不产生温室气体的核电建设，2030 年核电比例从目前的 29% 提高到 30%—40%。

主要实施以下政策措施：把核电作为未来基础电源，在电力消费需求增长低迷的情况下，建设新核电站替代退役核电站，维持核电比例稳中有升。积极推进核燃料循环利用，促进快中子增殖反应堆恢复运作，培育核能人才，推进核能技术开发。

（二）美国

美国是世界上最大的能源消费国，随着美国能源扩张政策的受限及国际格局的多元化发展，美国政府也在逐渐转变其能源政策。

1. 能源技术

在《国家能源政策法》中，美国积极推动新能源的开发以及节能技术的推广应用，在各州施行一系列旨在推进能源技术创新与推广的措施：①（1）大力发展石油替代品。目前，美国每天使用

---

① 董治堂：《中美能源政策对比研究》，载《经济经纬》2007 年第 1 期。

1920 万桶石油，其中约 12600 桶是用乙醇替代的。汽车用油中大约掺入 10% 的乙醇。按照新能源法的要求，政府将继续提供在节能技术及可再生能源的研究开发方面的贷款和补贴。此外，在《1980 年能源安全法》中，联邦政府补贴私人企业进行合成燃料提取技术的研发及应用，特别是对"煤气化技术"进行支持。然而，即便是合成燃料在技术上可行，但由于经济上仍然不如传统的石油和天然气有竞争力，以至于资助合成燃料技术的预算一再缩减，最终导致美国合成燃料公司于 1985 年 12 月 12 日被解散。（2）积极推进风力发电技术的研发，通过税收机制鼓励研发。1992 年美国修订后的《能源法》，由鼓励装机到鼓励多发电，由投资抵税变为风力发电量抵税。同时美国能源部每年拨出专款，支持科研机构和制造商进行风力发电的相关研发。（3）大力支持太阳能技术开发。布什政府提出了阳光计划，其主要内容是在能源部增加 22% 的资金用于清洁能源技术的研究，计划从 2007 年至 2009 年投资 1.7 亿美元，与有关企业共同合作开发太阳能技术。随着技术的提升，美国太阳能发电成本将不断下降，预计到 2005 年太阳能电价可降到每千瓦时 6 美分，低于常规电价。另外，美国新能源法对购买和使用太阳能设备给予银行贷款和免税等激励措施。（4）推动生物质能技术的研究，成立专门机构进行监督管理。美国能源部成立了生物质能研发技术咨询委员会和生物质能项目管理办公室，并研究制定了《生物质能技术路线图——2002》。同时美国还积极推动生物柴油的应用，联邦政府补贴新技术研发。（5）立法推进建筑物节能和分布式发电技术的研发及推广。《国家能源政策法》第五部分关于联邦能源计划中，责成能源部部长制订在联邦建筑物上展示太阳能制热和制冷技术的计划，并制定相关评审标准。如前所述，分布式发电，可以有效地解决输电和电力存储的限制问题，能有效降低输电费用和对输电网的依赖，现实中也广泛采用太阳能光伏电源技术、微型汽轮机技术和燃料电池技术，并且，政府和电力行业均预测该技术的应用将持续增长。（6）推广清洁煤技术和计划。洁净煤技术（Clean Coal Technology，CCT），是指在煤炭开发和加工利用全过程中，旨在减少污染与提高利用效率而加工、燃烧、转换及污染控制等技术的总称，是使煤作为一种能源达到最大限度潜能的利用而释放的污染应控制的最低水平。① 洁净煤技术计划是能源计划，是涉及整个国民经济中包括生产和用户等多个部门的一项庞大的系统工程。美国是最先提出洁净煤技术计划且组织最严密、成效最大的国家。1985 年，美国和加拿大就两国之间跨国界酸雨问题的解决途径进行了谈判，于 1986 年 1 月正式提出建议，拟在美国耗资 50 亿美元用 5 年的时间进行商业规模的洁净煤技术示范，以解决燃烧引起的环境污染问题。1986 年 3 月，里根政府批准谈判代表的建议，开始推行并制定出洁净煤开发研究和示范的综合计划。该计划是美国政府提出，由政府和工业企业界共同投资，能源部组织实施，参与的有私人企业、政府研究部门、高等院校、民间技术开发机构，是一项跨部门、多学科的煤炭利用新技术的巨大系统工程。它的提出与实施，有助于扩大美国煤炭的生产和利用，减少石油进口，解决环境污染问题，增强美国在高科技领域的国际竞争力。洁净煤技术的研究开发在美国能源战略与政策中占有举足轻重的地位。美国洁净煤技术示范计划的基本目标是：（1）保障能源稳定供应，降低对石油的依赖；（2）提高能源供应与消费效率；（3）以提高效率及使用清洁能源为前提，实现减少污染，保护和改善环境。美国洁净煤技术示范计划自 1986 年 3 月推出到 1997 年，共优选出 45 个商业性示范项目，总投资达 71.4 亿美元。② 美国由于使用了清洁煤燃烧技术，自 1972 年以来，美国人口增长了22%，经济总量增长了 58%，但向空气中排放的二氧化碳减少了25%，粉尘减少了 59%。③

---

① 杜晓峰等：《净煤燃烧技术的新动态》，载《污染防治技术》2008 年第 2 期。

② 参见《"洁净煤技术计划"给煤炭工业带来发展契机》，载煤炭网，http：//www. coal. com. cn/CoalNews/ArticleDisplay_21695. html，2013 年 4 月 20 日访问。

③ 参见《洁净煤技术，环境友好经济的必然选择》，紫英论坛网，http：//bbs. csteelnews. com/bbs_topic. do? forumID=11&postID=4512，2010 年 2 月 21 日访问。

2. 合理利用核能

核能在"二战"后有了新的发展，主要以《1946 年原子能源法》、《1956 年原子能法》为转变标志，特别是《1956 年原子能法》颁布后，允许原子能设施私有化，"在国防和国家安全，以及公众健康和安全允许的范围内鼓励广泛地参与核能的公平开发和利用"，① 商业化核电站在 20 世纪 70 年代出现突然停滞之前获得了长足发展。1969 年，美国国会通过了《全国环境政策法》，以及之后的能源法判例②，确定了原子能署及核能监管署的政策必须满足《全国环境政策法》。20 世纪 70 年代后，公众对核能的态度发生了转变，人们逐渐对其安全性产生了怀疑。1974 年，国会通过了《能源重组法》，对能源监管问题进行了重新配置。1982 年通过了《1982 年核废料政策法》，并于 1987 年进行了修订。《1992 年能源政策法》就改进许可过程、支持对新的反应堆技术进行研究和解决废料储存等将影响核电未来的事项做出了规定。然而，由于核电资金运转周期、回收成本及核电安全等问题，目前美国对核能的态度并没有当初那么热衷，但是主张绝对抛弃核电的做法也是不现实的，总的来说，美国并没有抛弃核电，但在核电崛起前，亟须处理好核电的经济性、环境保护、公众和国家安全等问题。③

3. 发展替代性能源

在 20 世纪 70 年代的能源危机期间，联邦通过了三个促进能源节约的成文法，鼓励节约能源，发展替代性能源，分别是《能源政策和节约法》、《能源节约和生产法》和《国家能源节约政策法》，在《国家能源节约政策法》的第二部分，鼓励居民节能，在各州设立监管机构，第三部分详细规定了学校、医院和当地政府的

---

① ［美］（Joseph P. Tomain）约瑟夫·P. 托梅因，（Richard D . Cudahy）理查德·D. 卡达希：《美国能源法》，万少廷译，张利宾审校，法律出版社 2008 年版，第 254 页。

② "利默里克生态行动公司诉美国核能监管署"案。

③ ［美］（Joseph P. Tomain）约瑟夫·P. 托梅因，（Richard D . Cudahy）理查德·D. 卡达希：《美国能源法》，万少廷译，张利宾审校，法律出版社 2008 年版，第 276 页。

建筑物的节能，第五部分是关于联邦能源计划对《能源政策和节约法》的修订，制订了一些新能源计划，推广建筑物节能。

在替代性能源中，分布式发电和合成燃料是主体。目前，美国进行电力行业结构重整的主要障碍是输电，现在大型发电厂虽然可以有效地生产电力，但因为电力不能存储，限制了广泛进行电力的当地生产。而分布式发电可以有效解决输电和电力存储的限制问题，特别是采用新技术的分布式发电的应用具有较大的优势，采用的技术主要包括太阳能光伏电源、微型汽轮机、燃料电池和其他方式。应《1980 年能源安全法》的要求，政府成立了美国合成燃料公司，该法将合成燃料定义为："通过对生产自美国的煤、油页岩、焦油砂和水进行物理和化学转化生产的、可用于替代石油或天然气的任何固体、液体或气体燃料。"① 联邦政府通过贷款、贷款担保、价格保证、采购协议、合营等方式，对从事煤、油页岩和焦油砂中提取液体和气体燃料的私人企业提供补贴，甚至不排除联邦政府直接投资从事此类业务。

近年来，美国不断地通过立法手段对新能源进行规范。2005年 8 月公布的能源新法案（EPACT，2005）除了鼓励美国本土的能源生产之外，从立法上提出了促进消费者节约能源，使用清洁能源的可行措施。新能源法案的重点是鼓励企业使用可再生能源和无污染能源，并以减税等措施，鼓励企业、家庭和个人更多地使用节能和清洁能源产品。该法案提出，在未来 10 年内，美国联邦政府将向全美能源企业提供 146 亿美元的减税额度，以鼓励石油、天然气、煤气和电力企业等采取清洁能源和节能措施；为提高能效和开发可再生能源，将给予相关企业总额不超过 50 亿美元的补助；对新型核能电站提供免税优惠和贷款担保，并拨款开发清洁煤炭技术。按照该法案的要求，到 2012 年，美国炼油厂的乙醇生产能力将达到 75 亿加仑，车用乙醇的使用比例将比目前上升一倍。对于

————————
① ［美］（Joseph P. Tomain）约瑟夫·P. 托梅因，（Richard D. Cudahy）理查德·D. 卡达希:《美国能源法》，万少廷译，张利宾审校，法律出版社 2008 年版，第 310 页。

消费者，政府将对购买汽油-电力混合动力汽车（HEV）的消费者、在住宅中使用节能玻璃和节能电器的居民减免税收，甚至居民在住宅中更新室内温度调控设备、换节能窗户、通过维修制止室内制冷制热设施的泄漏等，也可获得全部开支10%的减免税收优惠。

（三）法国

法国是一个缺乏一次性能源的国家，20世纪70年代两次全球性石油危机的冲击，使严重依赖进口能源的法国经济遭受了沉重的打击。为保持和提高能源的自给能力和独立性，法国政府全面调整能源政策，制订了完备的核电发展计划。近30年来，法国核电迅猛发展，成为世界核电业三强之一。法国目前建有19座核电站，在役核电机组59台，总装机容量为6304万千瓦，占法国装机容量的62.3%；现均仅次于美国列世界第二位，分别占到了全球总数的14%及全球总量的17.6%，2003年法国总发电量4909亿千瓦时，其中全国近85%的电量来自核电。法国目前的二氧化碳排放水平是相对较低的，发展核电每年使法国少排放3.45亿吨二氧化碳，而这一成绩的取得应主要归功于核电。与此同时，法国核电工业不仅为保持法国商业平衡和发展外贸发挥了重大作用，而且也造就了法国核电强大的竞争力。①

早在20世纪60年代初期，法国政府就成立了核管理局，主要负责制定核安全原则，并监督核设施运行安全。随着核电工业的发展，放射性废料增多，法国政府于1991年，根据法令组建了放射性废弃物管理局，完全独立于废物生产单位，负责对法国的放射性废物进行长期管理。2002年，又根据法令重组了法国核安全与辐射防护总局，负责政府在这方面政策法规的制定和相关工作的具体实施。至2004年《能源法草案》的公布，法国进一步加强对核电的开发利用和管理。

法国在核能开发利用上的成功，主要归因于以下几个方面：

第一，科技为先，合理布局。发展核电关键在于技术，其技术

① 常晟：《法国核电启示录》，载新浪网，http://news.sina.com.cn/w/2005-08-16/11057510876.shtml，2013年4月10日访问。

水平主要体现在核电机组上，目前世界上新一代核电中容量最大、技术最先进的核电机组在法国，而不是在美国。核电布局合理也是法国核电的一大特点。法国核电不仅分布在西部沿海，大量的核电机组还建在内陆濒河地区，基本靠近负荷中心。在 55 万平方公里土地上，从东到西、从南到北依次布点建设了 19 座核电站。核电站所发电量直接输送各大用户，减少了电能的损耗，也避免了长距离、大功率输送的弊端，为地区经济发展及居民生活用电提供了有效的能源保障。同时，全国形成相互连接的大电网，确保电力供应的稳定及安全。

　　第二，建立完善的安全管理体制。法国首先建立了完善的核安全管理机构，该机构具有五大基本职能：制定法规、审批执照、监督执行、应急组织和信息发布。其次，法国的原子能法规比较健全，在核工业实践中形成了大量的法律性规定和文件，构成了行之有效的原子能法规体系。覆盖范围广泛而全面，涉及放射性防护、核设施监督、放射性材料管理、放射性医疗、核辐照加工、核贸易出口、第三方核责任、核废物管理、核矿资源开采、核事故应急等各方面。这些法规，既满足了法国庞大核工业体系管理的需要，又与国际惯例和跨国经营接轨。另外，作为法国唯一的核电运营商，法国核电公司通过自身的宣传运作，逐步消除民众对核电的神秘感，建立"及时事故报告制度"，加强核能在民众中的影响力。①

　　第三，建立"一体化"运作模式。法国在长期的核电工业发展过程中建立并形成了一套高效的核电运作机制：法电电力（EDF）专门负责以核能为主的全国电力企业营运；法国原子能机构（CEA）负责核能发展战略、技术研究开发和行业管理；法玛通（FRAMATOM）负责核电站设备的研究设计、制造、销售、维修；科可马（COGEMA）负责核燃料循环的前端生产、元件制造、后处理，以及核设施运输等；安得瑞（ANDRA）负责核废物和核

---

　　① 所谓"及时事故报告制度"是指，无论哪个环节哪个人出何种程度的安全事故，绝不追究责任，而是鼓励及时报告，再由管理者向政府主管部门和公众通报，绝不隐瞒。

电环保等研究和核废物储存。①

第四，技术标准化与核电垄断运营。所谓核电垄断运营，就是法国政府只授权法国电力公司为唯一的法国核电站的业主、运营商以及法国核电计划的总体工程管理单位（AE）。AE 主要负责核电站的整体设计、工程和设备采购、总结经验并反馈。法国电力公司作为业主及运营商，由其直接组织管理核电设备供应商体系，这样就可以保证将建设、运行中的经验不折不扣地反馈给设计部门、制造部门，促进设计工作不断改进，推动提高设备质量，从而保证核电站的安全性。正是基于法国这种垄断性核电运营机制，使得法国核电技术标准化成为可能。相反，许多国家奉行自由化模式，核电厂的建设及运营分别由不同的公司承担，在许多技术、管理上的经验无法共享，无形中增加了核电成本。

在其他新能源开发方面，法国制定相应的法规，重点实施加速发展生物能源的各项措施，逐步推进"废弃物转化能源"、"清洁汽车"等。如法国推出多项措施鼓励家庭垃圾分类处理，以利于政府回收。在民众的自觉参与下，每年 80% 的废弃包装类垃圾都得到了循环处理，63% 的废弃包装类垃圾经再处理后被制成了纸板、金属、玻璃瓶和塑料等初级材料，17% 被转化成了石油、热力等能源。为应对国际原油价格不断攀升给法国经济带来的严重影响，政府出台多项"减油耗举措"。例如，推出"清洁汽车免税政策"，即凡购买低能耗、低污染的"清洁汽车"的法国公民可享受免税 1525—2000 欧元的优惠。政府还将在 5 年内投资 1 亿欧元研发新一代清洁汽车。与此同时，为减少污染，法国政府将对一些高污染的大型车辆征收双倍的行车执照费。

（四）丹麦

丹麦是常规能源匮乏的国家，在新的能源环境与经济环境下，丹麦主要依靠石油进口和新能源开发，其中以风能、秸秆发电、太阳能和建筑物节能为重点。在政府的关注和支持下，丹麦由 BWE

① 常晟：《法国核电启示录》，载新浪网，http：//news. sina. com. cn/w/
2005-08-16/11057510876. shtml，2013 年 4 月 10 日访问。

公司率先研发秸秆生物燃烧发电技术。目前，秸秆发电等可再生能源占了全国能源消费量的 24% 以上。秸秆发电技术也从丹麦走向了世界，被联合国列为重点推广项目。为了鼓励秸秆发电以及风能和太阳能等可再生能源的发展，丹麦政府制定了财税扶持政策。对于秸秆发电、风力发电等新型能源，丹麦政府免征能源税、二氧化碳税等环境税，并且优先调用秸秆产生的电和热，由政府保证它们的最低上网价格。政府还对各发电运营商提出明确要求，各发电公司必须有一定比例的可再生能源容量。① 同时，针对新能源技术的推广，丹麦政府通过财政支持、税收优惠等形式，鼓励民间团体进行新能源技术的研发。

在建筑物节能上，丹麦主要以集中供热为重点，发展建筑节能技术。丹麦地处北欧，采暖期长，很多建筑一年四季需要供热。根据这一特点，丹麦积极发展以热电联产和集中供热为核心的建筑节能技术。到 2006 年底，丹麦 60% 以上的建筑采用集中供热技术，通过发展分布式能源技术，大量采用可再生能源技术进行集中供热，包括沼气集中供热、秸秆及混合燃烧集中供热等。即使对不适合使用集中供热的分散独立建筑，丹麦也尽可能利用可再生能源技术采用独立建筑物集中供热系统，到 2005 年，可再生能源在丹麦的热力供应中的比重突出，稳居首位，超过了天然气和煤炭，约占 45%。

另外，丹麦在工业节能、交通运输节能方面也取得了显著成效，2005 年与 1990 年相比，能源消耗降低了 13%，单位 GDP 的能耗指标优于北欧其他国家，更优于英国、美国，仅次于日本。

总体而言，丹麦在能源技术的创新与推广上，有以下成功之处：

1. 立足国情，努力发展可再生能源技术，通过技术优势弥补传统能源的匮乏。早在 70 年代，丹麦就认识到其今后能源发展的趋势必然是以新能源为主，因此，在其国家长远规划中，早就将新

---

① 《丹麦目前大力推广秸秆生物发电厂》，载中国新能源网，http://www.newenergy.org.cn/html/0068/200683_11285.html，2013 年 4 月 10 日访问。

能源及能源技术创新与推广作为发展目标。而且，丹麦充分发挥其地理优势，推广适宜其本国国情的新能源，如大规模推广海上风电项目，研发海上风力发电技术。曾依赖石油进口的丹麦，在经济持续增长的当前，石油年消费量比 1973 年下降了 50%。同样，在节能上，丹麦也是不遗余力地研发新的节能技术。在集中推广建筑物节能的同时，兼顾工业节能、交通节能，并取得了显著成效。

2. 将建筑物节能技术与建筑设计相结合，通过大力推广建筑节能技术和对建筑设施能耗实行分类管理，大大降低了建筑能耗。与 1972 年相比，丹麦的建筑供热面积增长了 50%，而相应的能源消耗却减少了 20%，相当于单位面积的建筑能耗降低了 70%。

3. 将温室气体减排作为推动节能和可再生能源技术发展的重要动力。丹麦发展节能和可再生能源技术的另一个动因是气候变化和温室气体减排。全球范围内的气候变化和应对气候变化的呼声，给丹麦企业界和研究界提供了商机，丹麦政府也高度重视这一问题。把提高能源效率和发展可再生能源作为减排温室气体最有效手段。通过 10 多年努力，丹麦已经掌握许多与减排温室气体相关的节能和可再生能源技术，每千瓦时发电量排放的二氧化碳由 1990 年的 940 克减少到 510 克，二氧化碳的排放总量相应地从 1990 年的 6000 多万吨减少到 5100 万吨。

4. 在创新推广能源技术的同时，逐步建立"能源技术输出制度"，反哺能源技术的研发。丹麦发展海上风电，一方面是为了应对本国能源危机，另一方面则是为了大量向海外输出海上风电技术。目前，维斯塔斯和 DONG 能源公司是世界少数真正掌握了海上风电装备制造和拥有运行经验的企业。他们在开发丹麦西岛海上风电场时就已经联手，维斯塔斯为其提供价格低廉的海上风机，但前提是拥有全部运行数据。通过近 5 年的实践，他们在海上风电装备制造和运行经验方面，取得了长足的进步，足以保证其世界领先的地位。一旦海上风电市场形成，丹麦将是最大的受益方。

（五）澳大利亚

澳大利亚传统能源非常丰富，其发展能源技术的目的主要不是为了实施能源多元化战略、保障能源供给的安全；而是为了减少温室气体排放，减少能源使用对生态环境的不利影响，以提高能源使用的安全。为了减少温室气体的排放，澳大利亚特别重视发展清洁煤电技术、大力发展光电和风电等零排放能源。

澳大利亚38%的温室气体排放来自于煤电。2003年澳大利亚政府推出了一个名为"煤21（COAL21）"的合作计划，在煤炭工业与电力工业，联邦与州政府，以及研究团体间展开合作。该计划的正式目标是：在保持低电价的同时，通过发展运用低排放技术减少温室气体的排放；便利相关技术的孵化、展示和商业化；推动澳大利亚相关技术的研发以为国际研发做贡献；增强公众对煤与低排放煤电的认识；提供一个与国际零排放煤技术有效交流与互动的机制。为了支持这一计划，澳大利亚政府于2004年任命了一个由澳大利亚首要的矿业、能源和制造公司组成的产业领导团队，以开发低排放技术。这个低排放技术领导团由13名执行官组成，它将调查澳大利亚利用清洁能源的可能选择以及采纳的时间框架，澳大利亚研究的现状以及减少工业排放的短到中期选择。①

2004年4月澳大利亚联邦议会颁布了《能源补助（grants）（清洁燃料）计划法》（2003）和《能源补助（grants）（清洁燃料）计划（后续修正）法》（2003）。它们的颁布是为了清洁燃料（包括乙醇、生物柴油、压缩天然气、液化天然气、液化石油气和甲醇）产业的长期安全。考虑到相关产业部门开始缴税前需要一个较长的调整期，该法为这些替代性燃料规定了更长的免税期限，免税期到2011年，并且将帮助相关产业部门2010年达到3亿5千万升的生物燃料产量。②

认识到能源对于实现经济和社会发展目标的重要性，澳大利亚政府给予能源技术创新以实质性支持，包括建立各种基金、给予税收上的优惠措施。例如2001—2002年澳大利亚政府在能源创新领

---

① Rosemary Lyster and Adrian Bradbrook：*Energy Law and the Environment*，Cambridge University Press 2006，p109.

② Rosemary Lyster and Adrian Bradbrook：*Energy Law and the Environment*，Cambridge University Press 2006，p105.

域花费了 2.23 亿美元，占国家科学与创新研预算的 5%；对替代性交通燃料免税 8 亿美元。①

此外，澳大利亚政府还建立了一个特别支持机制完善创新制度，以作为应对气候变化长期战略的组成部分。为此，澳大利亚政府建立了一个 5 亿美元的基金会，以带动超过 10 亿美元的私人投资发展和试用低排放技术；为市区太阳城实验提供 7500 万美元，以展示新能源的前景；提供 1.34 亿美元以消除可再生能源技术商业化发展中的障碍；提供 3.4 千万美元以攻克发展可再生能源过程中的技术障碍。②

（六）巴西

巴西是一个发展中国家，整体科学技术水平并不是很高，但其新能源，尤其是生物能源的发展非常迅速，居于世界领先的位置。这一方面与巴西有利于发展生物能源的气候和农业基础有关；另一方面更是由于巴西政府重视新能源和新技术发展与推广。

巴西政府把发展清洁能源、以科技推动能源发展作为国家的能源战略。早在 70 年代，巴西政府就推出了"乙醇汽油计划"，它通过改进汽车发动机、生产活性燃料汽车和进行财政补贴、扩大对外出口等方式推动生物乙醇的生产和使用。2004 年 12 月，巴西政府提出"国家生物柴油生产和使用计划"，并为此专门成立部际执行委员会。随后，政府又通过法令的形式强制规定燃料油必须添加一定比例的生物柴油，并规定了以各种油料作物为原料的生物柴油的免税和减税比例，以及给予种植生物柴油原料作物的家庭农业生产者免税待遇，以促进生物柴油的生产。③ 此外，巴西政府还注重

---

① Australia Government：Securing Australia's Energy Future（the energy white paper）p168，from http：//www. ap6. gov. au/assets/documents/ap6internet/Securing_Australias_Energy_Future20061121204111. pdf.

② Australia Government：Securing Australia's Energy Future（the energy white paper）p172，p2，from http：//www. ap6. gov. au/assets/documents/ap6internet/Securing_Australias_Energy_Future20061121204111. pdf.

③ 资源网："巴西三位一体的生物柴油战略"，引自 http：//www. lrn. cn/bookscollection/reports/200710/t20071023_160334. htm。

同美国、日本等发达国家在新能源和新技术领域的交流与合作。

二、外国新能源法律制度比较分析

从上述外国新能源法律制度的考察可以看出外国在新能源和能源技术法律规制方面的特点和趋势。

首先，各国利用新能源普遍坚持因地制宜与技术依托相结合的原则。新能源的开发利用最主要的两大障碍是地理条件和技术条件——前者是前提因素，后者是支撑条件。如丹麦从其高寒的特点出发，以集中供热为重点，大力发展建筑节能；而在一次能源相对匮乏的法国，则以技术为依托，构建庞大的核能开发利用网络。然而，相对于技术而言，地理条件更趋稳定，特定的地理资源优势和能源需求严重制约着一国的新能源策略，在这种情况下，技术只能担当辅助性角色。但从另一个角度看，国际上大力推进新能源开发应用的国家主要集中于经济发达者，这也就合理解释了新能源创新推广过程中庞大的经济与技术成分。

其次，新能源法律制度以行政强制与经济刺激为主，经济刺激将是发展趋势。由于新能源的利用关乎环保节能，属于公益层面的重要内容，在推行过程中必然会受到各种利益因素的影响，因此，政府在推进新能源的开发利用时，不可避免地需要运用其行政权力来保障实施。然而，在现代社会里，过多运用行政权力势必会导致市场经济的不健康发展，特别是能源市场领域的高度竞争促使行政权力的行使必须局限在合理的限度内，而经济刺激的手段则更容易实现预期的目标。在未来新能源的发展过程中，经济刺激手段将大大超过行政指导、法律强制手段的运用。

再次，可再生能源之外的新能源的利用规模，在总体上仍然不及可再生能源，大多处于探索阶段，其发展表现出国家参与为主，民间介入不足的特点。如前所述，可再生能源是新能源中的典型，唯其在技术与材料运用层面上与其他新能源有所区别。从某种角度上讲，可再生能源仍然是主流（相对于其他新能源），对其他新能源的利用主要是基于常规能源缺乏和可再生能源开发条件不足的考虑。因此，在美国、德国、丹麦等风能、水能和太阳能资源丰富的

国家，可再生能源的开发利用始终占据着主体地位，其他新能源的
应用大多出于对环保的补充，其应用范围也仅仅局限于特定领域和
特定主体。当然，作为新能源的核能，由于特殊的应用背景和技术
条件，其开发利用程度、参与方式有别于一般的新能源，国家在核
能领域拥有一定的介入权。如法国在全国范围内利用核电，由政府
授权法国电力公司为唯一的法国核电站的业主、运营商以及法国核
电计划的总体工程管理单位（AE）。美国政府对民用核电也进行着
特殊的管制。

最后，实现节能、低碳和清洁等环保目标成为能源技术创新与
推广的内在动力。长期以来，能源发展的经济目标占据着重要地
位，环保理念深入不足，随着环境压力的日益严峻，各国逐渐由单
一发展节能技术或减少温室气体排放的技术，转变至二者综合发展
的模式。再者，在某种程度上，能源技术已经成为新能源的一种形
式，或者成为推进新能源开发与节约能耗的核心手段，并因此成为
经济交往中的重要产业，如丹麦建立的"能源技术输出制度"，以
海上风电技术为经济手段，在市场竞争中占据一席之地。

第三节　对我国的启示

单纯从理论而言，国外新能源及能源技术的发展现状和相关制
度，开阔了我们的能源视野，拓宽了我国能源研究及应用的渠道，
换言之，国外的相关立法及制度在某些特定领域可被视为中外新能
源与能源技术发展的比较项。① 然而，在进行二者的比较时，并非
完全吸收，亦非全盘否定，一种较为理性的方法就是：功能主义方
法，即将比较的范围限定在新能源与能源技术的研究目的预期可达
到的必要且有益的结果之处。同时，在功能主义之外，还需审慎对
待中外能源法律结构，在各自法律秩序的框架之内，进行比较项的
比较，而这也是出于对中外新能源与能源技术发展的内生基础的考

---

① 在比较中，最初必须做的是从全部外国法律秩序中发现比较项。参见
［日］大木雅夫：《比较法》，法律出版社 2006 年版，第 92 页。

虑，换言之，如果没有对国内外法律秩序、文化背景及地理结构的应有关注，即便是经过了功能主义的选择，新的制度或机制未必就能融合到我国的社会秩序中来。

上述国家在新能源与能源技术发展上的成功，在一定程度上给我们提供了发展的经验，然而，从法律移植的角度看，比较的研究仅仅是开始，更深层次的问题还会伴随在体系化的建构和制度安排之中。但我们不能忽视这些错误：如资本发展的趋势对新参与者和技术的抵制，成本无法同价格联系起来，未能明确的能源资源的价值信号。① 而这些在发达国家犯过的错误，我们正犯着。理性的选择就是在构建合理的能源法律体系的同时，借鉴国外成熟的能源法律制度经验，即规范市场环境，有效设计市场导向的具体制度。深入到我国社会环境中，就是完善现有能源法律体系，建构新能源利用与能源技术创新和推广的法律制度。

一、完善能源法律体系

当前我国能源立法体系中，关于新能源与能源技术方面的立法，基本上是空白状态。建议当前的重点放在新能源与能源技术的相关立法上，应当在国家发改委发布的《可再生能源中长期发展计划》，以及《可再生能源法》的基础上，制定《新能源利用促进法》和《新能源促进法实施条例》，以填补我国新能源立法的空白。有关能源技术方面的立法，可以不单独制定专门法，宜制定配套的能源技术推广实施细则。此外，宜借鉴国外做法，建立包括战略规划、法律法规、管理体系在内的完整新能源和能源技术政策体系，将规模化、深度化和持续化利用新能源作为今后的发展方向。

除新能源之外，我国对核能的利用初具规模，对氢能、废弃物转化能、建筑物节能以及小水电等都有一定的发展，并逐步产业化。与此形成反差的是，产业的发展与政策的制度保障方面存在一

---

① ［澳］艾德里安·J. 布拉德鲁克（Adrian J. Bradbrook），［美］理查德·L. 奥汀格（Richard L. Ottinger）：《能源法与可持续发展》，曹明德、邵方、王圣礼译，法律出版社 2005 年版，第 359 页。

定的差距，相关的政策相对滞后。因此，借鉴国外的政策经验，首先，应当建立完善的新能源法律体系，确保新能源法律政策的有效实施。我国制定了《1996～2010年新能源和可再生能源发展纲要》等战略规划，2005年制定了《可再生能源法》，但要使得这些战略和法规得以有效地实施，必须进一步促进新能源和节能产业管理体系的发展，并且进一步完善其他新能源法律，如完善核能、废弃物转化能、建筑物节能等相关法律，立足国情，兼顾环保。其次，随着市场条件的变化，应及时修订现有的新能源法律政策，做到与市场同步或适当超前。最后，完善的新能源法律政策还需得到妥善的实施。此外，在新能源法律政策制定的具体操作中，要发挥后发优势，使得政策对新能源产业的制度保障具有前瞻性、综合性和战略性。

二、安全、有序地发展核电

应坚持核电技术标准化与国家垄断运营，进一步完善核能安全管理体制。基于核能的特殊性，我国对核电产业的运营应坚持国家垄断，由政府企业统一经营，以克服核电发展的高成本、长周期、辐射大、牵连广等问题。同时，为了更好地配合政府一体化管理，还需进一步完善相关核电技术标准，以促进核电技术的创新发展。此外，在核能安全监管方面，宜在现有的监管机构上，进一步明确监管职能，做到权责分明。

三、新能源发展注重开发废弃物转化能和小水电

基于我国水能丰富，河流分布较广的特点，可以借鉴美国的"分布式发电"，充分利用我国的地理优势，大范围地发展小水电，以解决输电与电力存贮的问题。在废弃物处理方面，应引进新的垃圾转化技术，加大国家投资力度，发展废弃物转化能，推进实现新能源利用与环保的双重目标。

四、建立新能源与能源技术创新推广的法律机制

大多数机制取决于立法和行政手段，发达国家的经验与此有很

大关系，因为它们往往为发展中国家设定利用的模式，而发展中国家一般也依赖于工业化国家引进相关技术和专业知识。因此，必要且有效的方式就是借鉴国外的相关制度，包括创设特定的法律机制，在充分的成本效益分析下，以政府、企业及个人的协商为基础，进行理性的机制选择。基于上述对能源市场化要求的分析，可以得出这样的结论：任何行之有效的新能源与能源技术创新推广促进机制，必须能满足新型市场的要求，即必须使机制能充分实现能源压力下的市场定价、外部性成本合理转嫁和契合新的市场理念，或者至少是为了达致这些目标而努力。

第一，完善行政强制推进机制。长期以来，我国奉行能源行政管制的体制，政府在能源的开发、利用和消费等各方面扮演着主要角色，但随着市场化的要求，这种行政模式似乎饱受质疑。然而，在我们进行争论的时候，西方国家却逐步转向或者已经转向政府的合理干预的模式。至此，我们可以肯定，推进能源与能源技术的创新及推广，必须遵循市场化的要求，但同时要保证合理有效的政府调控。我们国家从来不缺少政府的宏观调控，但问题的关键是如何将国家的能源宏观调控与市场紧密结合。因此，当前亟须的不是完全的能源市场化，毕竟这是一个逐渐转变的过程，相反，完善现有的行政主导模式同样重要。结合国外新能源与能源技术的相关制度，不难发现许多重要的制度、机制都是在政府的牵引下进行的，一方面是基于政府公共资源的优势，另一方面则是由具体制度本身决定的，而这种模式可以统称为行政强制推进模式，如"环境标准"制度、"可再生能源总量目标制度"、"教育培训机制"等都属于行政强制推进的范畴。

其中，环境标准制度包含"污染物排放标准"、"绿色标准"、"建筑物节能标准"和"汽车节能标准"等，这些标准的确定需要国家的强制推进，通过行政手段将新能源与能源技术的相关具体目标落实到生活生产中来。在完善"环境标准"制度的时候，重点应当关注现实的能源技术水平和经济需要，以当前及今后的一段时间的现实情况作为各类标准的制定依据，绝不可盲目抬高标准要求。同时，在各类强制性标准制定过程中，必须依照法定程序，进行充分的听证、论证。此外，各种强制性标准也并非一成不变，还须适时地做出调整。所谓"可再生能源总目标制度"就是在一定时期内，通过法律的形式将可再生能源推广利用的目标明确化、固定化，关键是要设定合理可行的目标以及切实有效的落实机制，运用行政手段从宏观上更好地创新及推广可再生能源。

第二，强化政策诱导机制。政策诱导是指通过方针、政策（甚至法律条文）的形式，以利益导向为内容，引导市场主体的活动，在新能源与能源技术创新领域，则表现为国家以利益机制引导新能源与能源技术的创新和推广。这种诱导主要包含以下几种具体机制：化石燃料补贴替代机制、税收优惠机制以及合理的成本计算机制。

化石燃料替代补贴机制从本质上讲是一种过渡性机制。从长远目标来看，制定法律废止、取消生产和使用化石燃料补贴是最直接的促进清洁能源、市场配置能源及提高能源效率的法律措施。然而直接立法废止会带来政治、社会问题，相对可行的方式就是创设一种化石燃料补贴的替代机制，或者通过局部到整体的方式先取消部分化石燃料补贴，再延伸至整体。如我国已经取消了煤炭补贴，减少了煤炭产量，建立了重要的可更新能源工业和引进了能耗较低的技术。当然，在生产化石燃料的国家，我们很难将取消补贴后产生的政治困难和社会问题予以消弭或者降至最小，但巴西、英国、俄罗斯等国的实践早已证明成功减少或取消化石燃料补贴不是没有可能。

合理的成本计算机制是正确反映能源市场信号的重要手段。传统能源消费在与清洁能源消费相比较时，人们极易忽视其外部性成本，通常将该成本视为零，同时对此类成本的忽视，往往导致人们放弃价格偏高的低能耗技术，而选择看似相对廉价的化石燃料。这种误区使得环境学者倍感失望。此外，在比较节能技术、可更新能源的使用成本与传统化石燃料的使用成本的时候，鲜有人去考虑这些能源的使用周期成本，节能技术与可更新能源前期的巨额投入已经让人们不自觉地去选择前期投资较少，而后期需要高昂的材料费用和养护费用的化石燃料。因此，合理的成本计算机制应当涵盖具体的外部性成本测算机制和能源使用周期成本预测机制。

　　税收优惠机制以政府税收的形式鼓励和抑制不同的能源活动。对能源效率的促进，除了自觉遵循市场的规律，还需要借助政府的优势进行经济上的刺激。政府通过设置污染税、取消特定的投资和进口限制以及提供技术和税收优惠等方式，可以有效地刺激国内行业采用能耗较低的技术设备和减少能源消费的负外部性成本。在我国，不乏特定能源领域的税收优惠政策，但是还未从整体上形成完整的机制，还需要从优惠领域、受惠主体、优惠条件上做出更为具体的规定，特别是在新能源与能源技术创新推广的过程中，应当逐步完善税收优惠的新能源项目、节能条件、优惠税率等规定。

　　第三，完善政府服务机制。无论是奉行积极行政理念的中国、美国，还是以消极行政著称的欧洲国家，都在推进"秩序行政"向"服务行政"的转型。① 在新能源与能源技术创新推广过程中，传统的行政强制手段越来越与自由市场理念相冲突，而实践中也大多通过行政指导、利益诱导等相对缓和的手段，激励市场主体自觉节能减排和应用新能源及新的能源技术。如美国采取"系统受益金"的方式，平衡新旧能源成本，以"公用事业公司激励"制度，鼓励能源消费者消费购买新能源和新能源设备。近年来，我国也逐渐推行农村可再生能源的各类培训指导，引导农村居民使用更经济更环保的沼气能、生物质能，并给予各类农村新型能源补贴。总体而言，作为公共利益代表的政府，在新能源与能源技术推广活动中，指导性和服务性手段广泛受到青睐，而国家对政府的服务意识要求也越来越高，公民对服务行政的理念的推崇在新能源与能源发展中日渐明显。其中，"教育培训"和"信息服务"是重要内容。

　　教育和培训对于政府、能源决策者、非政府组织及私有部门，获取新能源与能源技术创新推广方面的信息至关重要。在新能源设备与新技术的操作过程中，基于对维护和运行已安装的一些节能系统的要求，技术人员得到充分的培训也十分必要。在市场化环境中，新能源与能源技术方面的教育培训机制应当建立在政府与企业

---

① 张书克：《服务行政理论批判》，载《行政法学研究》2002年第2期。

充分合作的基础上，即政府当以积极的态度投身到新能源与能源技术培训中来，企业则必须定期进行人员培训，通过政府与企业签订合同或者由政府来实施培训项目。而整个教育培训机制的核心就是要以利益激励与政府介入的方式，满足市场对能源相关人员的素质要求。

随着《政府信息公开条例》的颁行，对公众知情权的保障逐渐上升到法律层面，这在能源领域尤为重要。在新能源与能源技术的推广过程中，市场主体对能源储量、分布以及发展方向都是十分模糊的，单纯依靠对开发新能源和发展能源技术的政策指导，并不足以确保其具备充分的市场信心，如果政府能够保证提供丰富、可靠的能源信息以及政策信息，可以有效地促进新能源与能源技术的创新及推广。

此外，"政府自身节能机制"、"绿色营销机制"、"政府融资机制"以及"外部融资机制"等，在推进新能源与能源技术创新推广中都具有一定价值，新的能源立法宜适当体现这些机制的某些内容。同时，基于我国农村能源利用的特点，还应当重视"农村新能源推广机制"。

第四，促进技术开发投资。投资是可再生能源技术开发的基础，也是促进可再生能源市场化和产业化的重要推动力。政府既要促进新的可再生能源技术的开发，也要促进已经成熟的技术能迅速市场化，投入运作参与竞争。因此，政府应作为中间人，应鼓励提供成熟和可竞争技术给相关投资者，也应通过开发基金或计划项目等手段，促进及时开发的研究机关、产业技术研究组织，大学及有技术开发能力者开发研究新的急需的可再生能源技术。

第 十 七 章
外国能源环保的碳标识制度比较

第一节　碳标识制度概述和发展背景

低碳经济是以低能耗、低污染、低排放为基础的经济发展模式，其实质是要建立新的产业结构模式和能源消费模式，实现的核心是能源技术和减排技术创新、产业结构和制度创新，以及人类生存发展观念的根本性转变。作为一种新的经济发展模式，低碳经济要求在发展经济时不仅要减少温室气体排放，而且要求不能影响经济发展和国家的福利水平，因此必须通过技术和制度的创新，降低能源和资源消耗，以最少的温室气体排放，实现社会产出的最大化，促进人类的可持续发展。

低碳经济之所以能够形成和兴起，原因大概有四。其一，全球气候变化是提出低碳经济的最直接原因。随着全球经济的不断发展，人类利用化石燃料的不断增加，排放出来的二氧化碳等温室气体引起全球气候变暖，这已经影响到人类自身的生存和发展。其二，由于人类长期过多、过滥、粗放式地使用，煤炭、石油等不可再生资源进一步枯竭。人类对能源的需求急剧增加，在现有的开采强度下，煤炭、石油等不可再生资源的可开采量日趋减少，开采成本和开采技术要求越来越高，因此研究开发和利用可再生能源成为发达国家加大投入的优先考虑。其三，欧美等发达国家已经迈过了以使用高碳能源为主要动力的发展阶段。发达国家已经完成了工业化和城市化，在不影响国家现有福利水平的前提下，发展低碳经济不会给本国经济发展带来严重的影响。其四，全球金融危机的爆发成为促进低碳经济发展的催化剂。全球爆发金融危机之后，各国纷纷将摆脱危机、刺激经济复苏作为第一要务，而以发展新能源和鼓励技术创新为主要特征的"低碳经济"，不仅能减缓气候变化，而且还能产生强大的生产需求，因此发达国家纷纷将低碳经济作为经济复苏的突破口。

在此背景下，许多国家纷纷将发展低碳经济上升成为国家战略。第一是英国，英国是全球低碳经济的积极倡导者和践行者，先后发布了一系列的政策法规。2003 年"低碳经济"首先出现在英国的政府文件——《我们能源的未来：创建低碳经济》中，该政府文件正式提出了低碳经济的概念，并将实现低碳经济作为英国能源战略的首要目标，把低碳经济置于国家的战略高度。2006 年，英国政府发布了《气候变化的经济学：斯特恩报告》，该报告呼吁全球向低碳经济转型，主要措施为提高能源效率和建立强有力的价格机制等。2008 年，英国颁布了《气候变化法案》，成为世界上第一个为温室气体减排目标立法的国家。2009 年，英国成为世界上第一个立法约束"碳预算"的国家，并且发布了《英国低碳转型计划》国家战略白皮书及一系列配套方案（如《英国低碳工业战略》、《英国可再生能源战略》和《低碳交通：更环保的未来》等），率先迈出了低碳经济实质性的一步。通过上述政策法规，英国国民对低碳技术的研发和推广有良好的认知，最终英国初步形成了以市场为基础、以政府为主导，以企业、公共部门和居民为主体的"低碳经济"互动体系。第二是美国，低碳经济正成为美国未来发展的重要战略选择。美国虽然没有加入《京都议定书》，但奥巴马上台后通过了《低碳经济法案》，强调发展新能源和减少温室气体排放。并且美国国会在考虑"美国清洁能源和安全法案",计划加大对国内发展低碳经济的补贴和投资,建立碳排放和交易市场等。第三是日本,日本作为一个资源稀缺的国家,一直都非常重视节能减碳。2004年,日本环境省发起了"面向2050年的日本低碳社会情景"研究计划,其目标是为2050年实现低碳社会目标提出具体的对策。2008年6月,日本首相福田康夫以政府的名义提出了日本新的防止全球气候变暖的对策,即著名的"福田蓝图",这是日本低碳战略形成的正式标志。同年7月,日本内阁会议通过了"低碳社会行动计划"。日本低碳经济模式的核心是技术创新、行为改变和制度保障。所谓技术创新,不但要求通过政策鼓励研发最前沿的低碳技术,而且要求将实用的技术予以普及;行为改变,是通过消费者行为的改变,减少碳的排放,例如日本通过碳标识等宣传认证手段,配合可视化技术,将日常低碳教育与低碳消费识别结合起来;制度保障,是通过制度为低碳产业提供具体的政策供给,鼓励低碳经济的发展。2009年4月日本公布了《绿色经济与社会变革的政策草案》,目的是通过消减温室气体排放的措施,强化日本低碳经济的发展。第四是德国,德国政府提出了实施气候保护高技术战略,先后出台了5期能源研究计划,以能源效率和可再生能源为重点,为"高技术战略"提供资金支持。德国希望在2020年,其国内的低碳产业要超过汽车产业。第五是欧盟,为了促进低碳技术研究和开发,在协调和平衡成员国的基础之上,2007年欧盟委员会通过了欧盟战略能源计划;2008年12月,欧盟就欧盟能源气候一揽子计划①达成一致。欧盟成员国丹麦已经建成了绿色能源模式,形成了由政府、企业、科研、市场关联、互动的绿色能源技术开发社会支撑体系,因此丹麦成为世界低碳经济发展的典范。此外,意大利、澳大利亚等国家也纷纷提出了低碳发展的政策。联合国环境规划署将2008年"世界环境日"的主题确定为"转变传

———————

①   欧盟能源气候一揽子计划包括,欧盟排放权交易机制修正案、欧盟成员国配套措施任务分配的决定、碳捕获和储存的法律框架、可再生能源指令、汽车二氧化碳排放法规和燃料质量指令等6项内容。

统观念，推行低碳经济"，希望国际社会能够重视并采取措施使低碳经济的共识纳入到决策中。可见，低碳经济无疑会成为世界经济未来发展的必然趋势，将引领全球生产和生活模式、价值观念和国家权益的深刻变革。

目前，我国正在积极探索符合本国国情的低碳经济发展政策。一方面，我国温室气体排放量居于世界前列，控制温室气体排放任务十分艰巨；另一方面，我国区域发展和行业发展不均衡，技术水平参差不齐，总体发展状况落后，并且又不能走"先污染后治理"的老路，所以我国发展低碳经济同样具有紧迫性和重要性。2006年以来，我国政府先后发布了《气候变化国家评估报告》、《中国应对气候变化国家方案》和《国家环境保护"十一五"规划》等政策文件，鼓励发展新能源、提出节能减排的具体目标等。2007年胡锦涛主席在亚太经合组织第十五次领导人会议上，首次明确提出了"发展低碳经济"、研究和推广"低碳能源技术"。2009年，国家开始制定"推进低碳经济发展的指导意见"。可以说我国目前积极实施的节能减排和循环经济是走向低碳经济的第一步，同时为探索低碳经济的发展模式开展了低碳社区、低碳经济实践区和低碳城市等试点工作，但是与发达国家以市场手段为主促进节能减排相比，我国多是通过行政手段实现节能减排目标。行政手段有利于短期内使行业和区域实现节能减排目标，但是不利于调动整个社会共同参与节能减排。所以，我国应当借鉴国外的做法，即国家通过市场引导消费者低碳消费，促使企业创新和采用低碳技术。在国外，碳标识制度已经成为改变消费者消费模式的具体法律制度，促进了国外低碳经济的发展。

第二节　外国碳标识制度的发展和实践

碳标识，是指产品（本文所说产品都包括服务）的碳足迹标志，即基于产品生命周期分析（Life Cycle Assessment，LCA）和产品碳足迹（Product Carbon Footprint，PCF）的计算方法学，将产品在生产、使用和弃置各个阶段所排放的二氧化碳及其他温室气体的总量以标签的形式予以表述，是对产品导致气候变化的环境性能的声明。碳标识的形式，除了碳足迹标志，还包括了碳消减标识和碳等级标识，前者是证明该产品比其他产品所节约的一定比例的碳含量，后者是按照产品的碳含量划分为不同等级，证明产品对气候影响的不同程度。

碳标识可以将产品各个阶段的碳排放量明白地告诉消费者，通过引导消费者选择低碳产品，达到鼓励企业研发低碳技术和减少温室气体排放的目的。因此，近年来许多国家正在加紧研究并实施碳标识制度。

一、英国碳标识制度的实施

英国是研究和实施碳标识比较早的国家，其实施的碳标识制度从全球范围看具有领先性和完善性。英国碳标识包括碳足迹标识和碳消减标识，前者是向消费者告知产品的碳足迹或碳排放量，后者是指那些参与了产品碳足迹标识实践且成功减少排放温室气体的企业，由英国碳信托公司（Carbon Trust）① 授权在商品包装上标明其已消减温室气体的一种标志。② 2007 年 3 月英国碳信托公司和英国的食品、服装和洗涤剂生产商合作，最先引入碳标识，③ 如当时的沃尔克薯片（Walkers Crisps）、特易购超市（Tesco）、哈里法克斯银行 HBOS 公司银行（Halifax（HBOS）Bank）和大陆服装公司开始在自己的产品和服务上进行碳披露，沃尔克薯片是第一个成功减少自己碳足迹的企业，并获得了碳信托公司颁发的碳消减认证书。

1. 英国碳标识管理服务机构

英国的碳标识管理服务的机构主要是英国碳信托公司。碳信托

---

① 参见：http://www.carbon-label.com/business/about.htm.

② 冯相昭，赖晓涛，田春秀：《关注低碳标准发展新动向——英国 PAS2050 碳足迹标准》，载《环境保护》2010 年第 3 期。

③ Carbon Footprint，http://www.wikipesia.org/wiki/carbon_footprint.，2010 年 4 月 20 日访问。

公司是由英国政府设立的独立公司，其职责是通过与其他企业和机构合作减少碳排放和培育商业性低碳技术的发展，加速英国低碳经济的发展。2007 年英国碳信托公司成立了碳标识公司（Carbon Label Company），2009 年为了与公司的服务范围相称，碳标识公司被改制为碳信托足迹公司，还成立一个附属的碳信托足迹认证公司。碳信托足迹公司的主要业务是：协助公司测量、消减和通报产品和服务（包括食品和饮品）生命周期内温室气体的排放；协助消费者通过碳足迹标识做出低碳消费的选择，教育消费者以低碳消费方式使用产品，从而降低产品生命周期的碳排放。此外，碳信托足迹公司还提供有关碳足迹的咨询、项目的管理以及通过碳标识的形式对外通报温室气体的排放和消减情况的业务。碳信托足迹认证公司则为产品碳足迹提供独立和中立的认证服务。①

2. 碳标识评估标准和规范

英国碳标识制度的主要规范依据是 2008 年颁布的一项公众可获得性规范（Publicly Available Specification，PAS），《商品和服务在生命周期内的温室气体排放评价规范（PAS2050：2008）》（以下简称 PAS2050）。它由英国标准协会（BSI）、碳信托（Carbon Trust）和英国环境、食品与农村事务部（Defra）联合制定和发布，是英国第一部较权威的、② 适用于产品和服务的统一的碳足迹测量的标准。PAS2050 的主要内容如下。

（1）提供了一套统一的碳足迹的方法体系，用于评估各种商品和服务在其生命周期内温室气体的排放。这里，产品和服务生命周期的温室气体的排放是指各种商品和服务在建立、改进、运输、储存、使用、供应、再利用或处置等过程中产生的温室气体的排放情况。

---

① 有关英国碳信托碳足迹公司（Carbon Trust Footprinting Company）的信息，参见：http://www.carbon-label.com/business/about.htm.

② （PAS2050：2008）不被视为一项英国标准、欧洲标准或国际标准，但是本规范支持的商品和服务在生命周期内温室气体排放的结果可在评估后向其股东（包括消费者）报告和通报。

（2）规定了各种商品和服务在生命周期内温室气体排放的评价要求。这些评价要求进一步澄清了与商品和服务在生命周期内温室气体排放评价有关的上述标准的实施方法，并制定了阐明温室气体评价基本要素及其附属原则和技术手段。例如，设计了评价产品温室气体的基本要素，包括以下八个方面：整个商品和服务温室气体排放评价中部分温室气体排放评价数据的商业到商业以及商业到客户的使用；应当包括的温室气体的范围；全球增温潜势数据的标准；因土地利用变化、源于生物的以及化石碳源产生的各种排放的处理方法；产品中碳储存的影响的处理方法和抵消；特定工艺中产生的温室气体排放的各项处置要求；可再生能源产生排放的数据要求和核算；符合性声明。①

（3）将产品碳足迹评价活动按照评估边界的不同进行分类。分为两类：一类是针对从商业到消费者（即"从摇篮-到-坟墓"）的评价，包括在整个生命周期内产品所产生的温室气体排放；另一类是针对从商业到商业（"从摇篮到大门"）的评价，包括直到输入到达一个新的社会主体之前所释放的温室气体（包括所有上游排放）。

（4）碳足迹的计算方法，建立在现有的生命周期评价即英国标准、欧盟标准和国际标准组织 14040 和 14044 标准之上，其主要分为四个基本步骤：建立商品全生命周期流程图、建立评估边界及重要性水平、收集数据信息和计算碳足迹。

（5）设定了产品每一功能单位温室气体排放的具体计算方法。它包括如下步骤：（a）应用活动水平数据乘以该活动的排放因子，将初级活动水平数据和次级数据换算为温室气体排放量，并以产品每功能单位温室气体排放量的形式记录。（b）应用所得具体温室气体排放值乘以相应的全球增温潜势，将温室气体数据换算为二氧化碳当量的排放。（c）计算产品中的碳存储，并以二氧化碳当量表示，然后从前式计算出的总量中扣除。（d）各计算结果相加以

---

① 参见：英国标准协会：《商品和服务在生命周期内的温室气体排放评价规范》（2008）"前言"，http://www.pinggu.org/bbs/a-575580.html.

获得每个功能单位的二氧化碳当量的温室气体排放量。值得注意的是，这一结果应当属于"从摇篮到坟墓"或"从摇篮到大门"的评价情形。（e）温室气体排放应按比例放大，以计算任何次要原材料或次要活动，而在用估算的排放量除以预期生命周期温室气体排放量比例的计算分析中并未包括这次要的材料和活动。[①]

（6）作为技术规范，PAS2050 规范的适用具有广泛意义。首先，对提供商品和服务的机构来说，允许内部评估各种商品和服务在现有生命周期内的温室气体排放；有助于以商品和服务在生命周期内的温室气体排放为基准来评价替代性产品的配置、来源和生产方法、原材料的选择和对供货方的选择；为正在进行中的、旨在减少温室气体排放的项目提供一项基准；允许利用一种共同的、公认的和标准化的生命周期内的温室气体排放评价方法比较各类商品和服务；支持企业的责任报告。对于商品和服务的消费者来说，为报告和通报那些有助于开展上述比较和统一生命周期内的温室气体排放评价结果提供了一个共同的基础；为消费者在做出购买决策时以及使用商品和服务时提供了一个更好地理解在生命周期内的温室气体排放的机会。

（7）PAS2050 仅阐明了全球变暖这一单独的环境影响，不涉及提供产品过程中产生的其他潜在的社会、经济和环境影响，并且基于条件有限性评价规则不按照商品和服务的具体产品类别设定。

（8）PAS2050 没有提出关于信息通报或通报方法标准化的要求，但是它从技术上将商品和服务在生命周期内的温室气体排放的评价结果在评估之后向股东（包括消费者）报告和通报成为可行。

3. 碳排放和减排信息交流

为了促进 PAS2050 的实施，英国还颁布了一项以传递碳足迹信息和温室气体排放量的减少情况信息为目标的条例，即《商品温室气体排放和减排声明践行条例》。该条例由英国信托有限公司和节能信托有限公司联合颁布。它为完成依照 PAS2050 进行测量和

[①] 英国标准协会（BSI），《商品和服务在生命周期内的温室气体排放评价规范》（2008）第 9 部分，参见：http：//www.pinggu.org/bbs/a-575580.html.。

计算商品碳足迹后如何交流和传递碳足迹信息提供了管理机制。①

4. 碳标识制度的实施

PAS2050 正逐步获得国际社会的认可和接受，最初只有 12 个组织接受该规范，如百安居、英国国际发展部、泰晤士水务局和三棱镜报业集团等；但到 2009 年 5 月，已经有 70 个组织认可该标准，包括英国电信集团、京瓷、惠普、理光和曼彻斯特大学等。② 英国最大的零售商 Tesco 是实施碳标识比较积极的公司，2007 年初宣布其目标是对所经营的 7000 种商品进行碳标识，2008 年 4 月开始选择自有商标的四类产品如橙汁、灯泡、洗涤剂和土豆等试行碳标识制度，到 2009 年 2 月特易购超市（Tesco）试行碳标识的商品范围扩大到 100 种，随后特易购超市（Tesco）扩大在卫生间和厨房用纸上实施碳标识。③ 此外，为了让消费者理解这个新的标识，特易购超市（Tesco）与碳信托和节能基金联合进行碳标识宣传，向公众散发了 100 万份关于如何消减碳足迹的手册。④ 英国不仅有相对完善的碳标识标准规范（PAS2050）和管理机构（碳标识公司），而且有企业积极实施碳标识制度。

二、其他欧美国家和地区的碳标识制度发展状况

1. 美国。尚无有关碳标识的联邦立法。美国的气候法案，包括了一项关于产品碳披露计划的规定，不过由于各利益方在温室气体限额和贸易体系方面存在分歧，所以该法案在 2010 年可能不会

---

① 参见冯相昭，赖晓涛，田春秀：《关注低碳标准发展新动向——英国 PAS2050 碳足迹标准》，载《环境保护》2010 年第 3 期。

② The Carbon Trust, http://cn. bing. com/reference/semhtml/The _ Carbon _ Trust, 2013 年 4 月 10 日访问。

③ Isobel Drake, Tesco expands use of carbon label on grocery products, http://www. ausfoodnews. com. au/2009/05/04/tesco-expands-use-of-carbon-label-on-grocery-products. html, 2013 年 4 月 10 日访问。

④ Carbon Labeling, http://www. tescoplc. com/plc/corporate _ responsibility _ 09/environment/climate_change/leading_a_revolution/carbon_labelling/, 2013 年 4 月 10 日访问。

得到通过。① 在州立法上，美国加州已经开始实施 2009 碳标识法案，该法案制订了一个资源消费产品的碳足迹方案，并规定该方案由州空气资源委员会进行管理。② 还有一些州开始要求某些产品如汽车披露碳排放量。③ 在立法之外，一些机构和公司也在积极研究和实施碳标识方案。总部位于华盛顿的碳基金（一家独立的非盈利性碳抵消供应商）与爱丁堡碳管理中心，以国际标准化组织的生命周期标准、温室气体议定书和英国碳信托公司的碳足迹计算方法为基础开发了"无碳标识"（Certified Carbon Free Label），用以表明该产品的碳足迹已经得到计算、监督和报告，并且说明其中的碳在被抵消，美国的少数产品已经开始使用这种标签。总部位于加州的气候保护机构（一家从斯坦福大学分离出来的组织）开发了"气候意识标签"（Climate Conscious label），依据生命周期的计算方法，该标签并不标明具体的碳含量，而是根据产品的碳含量多少，将碳标签分为金、银、铜三个不同的等级，新比利时酿酒公司正在试用这种评价的方法。④ 一些大型销售企业如家得宝（Home Depot）从 2007 年开始了一项被称为"生态选择"（Eco Options）的标识制度，对其经营的约 3000 种产品实施包括披露碳排放量的标识。⑤ 此外，英国碳信托公司也在美国成立了机构，为实施碳消减标识与可口可乐、百事可乐和其他公司开展了关于产品生命周期分析的合作。

① *International Development in Product Carbon Footprinting and Carbon Labelling*，http：//www.pcf-world-forum.org/wp.../pcf-world-forum-news2 _ march-2010.pdf，2010 年 9 月 3 日访问。
② ASSEMBLY BILL NO.19，http：//www.leginfo..ca.gov/pub/09-10/bill/asm/ab_0001-0050/ab_19_bill_20090504_amended_asm_v98.pdf。
③ 边永民：《贸易措施在减排温室气体制度安排中的作用》，载《南京大学学报》（哲学·人文科学·社会科学）2009 年第 1 期。
④ *Lindsay Hogan and Sally Thorpe*，*Issues in food miles and carbon labeling* ［R］. ABARE research report. 2009（18），p22.
⑤ *Barbaro，M.，Home Depot to Display an Environmental Label* ［N］，New York Times，2007- 4-17. http：//www.nytimes.com/2007/04/17/business/17depot.html? _ r = 1&em&amp；ex=1176955200&amp；en=fb85404f124e9eed&amp；ei=5087%0A。

2. 法国。法国企业开展了自愿性的碳标识方案，不过政府试图开展通过实施强制性碳标识的立法。目前，法国企业实施的碳标识都是自愿性的，但都得到了政府环境和能源机构的支持，并且其适用不需要得到官方的授权。法国国内超市卡西诺（Casino）采用了一家叫做"生态智力服务"（Bio Intelligence Service）的环境咨询机构在 2006 年初基于产品生命周期分析方法而开发的测算产品碳足迹的方案，即以"碳指数标签"（Indice Carbon Label）的形式标明产品的碳含量，卡西诺已经在 26 种自有品牌的产品上实施碳标识，最终要覆盖所有 3000 种产品。另一家连锁超市来客来（E. Leclerc）的碳标识方案是由总部位于巴黎的咨询机构绿色埃克斯特（Greenext）研发的，该方案于 2008 年 4 月在其两个分店开始实施，适用范围包括了 2 万种产品。法国期望卡西诺采用的碳足迹计算方式稍作修改能与英国的 PAS2050 合并。①

法国政府希望将碳标识制度纳入立法。2009 年法国参议院通过了《格勒诺儿 2 环境法案》（Grenelle 2），包括了一个拟从 2011 年实施世界上第一个强制性碳标识制度的方案，但该法案在 2010 年法国国民议会的通过之前还未生效。目前法国的环境管理机构和标准化研究所负责碳标识标准化的进程。②

3. 加拿大。加拿大推出了基于 III 型环境标志③的碳足迹标志。由总部在多伦多的公益性碳计算组织开发了一种碳计算方案，即由

① *Rikki Stancich*, *Summary of global carbon labels*, http：//www. climatechangecorp. com/content. asp？ ContentID＝5828

② First standards published for mandatory environmental labeling, http：// affichage-environnemental. afnor. org/。

③ 环境标志一般分为三类，第Ⅰ类称为批准印记型标志，其特点是：自愿参加，以有关规则和标准为基础，包含生命周期的考虑，须经第三方认证；第Ⅱ类称为自我声明型标志，其特点是：产品获益者自我声明，声明以文字、图形、图表等形式表示，无需第三方认证；第Ⅲ类称为单项性能认证型标志，其特点是第三方检验和确认，仅提供一方面的参数和信息，不对产品进行价值判断。参见马可、秦鹏：《产品环境标志制度研究》，载《重庆大学学报》（社会科学版）2006 年第 6 期，第 98 页。

公司通过碳链接申请进入在线碳数据库，依据已有的标准计算产品的碳足迹，一旦公司的碳来源获得碳计算组织的证明，就可以使用"碳计算"开发的标签，用以标明产品的碳内容。目前大约 40 家公司，包括渣打银行和瑞士联合银行使用了这种标识。

4. 德国。德国 2008 年 4 月开始实施政府支持的产品碳足迹标识试行方案，世界自然基金会、奥科学院、波茨坦气候影响研究所和西马 1（THEMA1）① 合作实施该方案。该方案选取了德巴斯夫（BASF）集团、药品零售集团（dm-drogerie markt）、帝斯曼集团（DSM）、冷冻食品集团（FRoSTA）、汉高公司（Henkel）、欧洲零售和食品集团（REWE Group）、诗国集团（Tchibo）、廷格尔曼集团（The Tengelmann Group）、食品包装提供商（Tetra Pak）以及德国最大的电信公司（Deutsche Telekom）等十个公司，作为方案试行的合作伙伴。该方案的目标包括：根据最新的技术发展寻求产品碳足迹评估的实用经验，促进普通技术方法的发展，与其他国际行动合作，建立具有针对性的利益相关者对话的共同平台，评估如何与消费者沟通才能使碳标识具有可信性和针对性，并因此服务于低碳消费。② 此外，德国蓝天使标志于 2008 年推出了基于 I 型环境标志的气候标志。

5. 瑞士。瑞士实施了气候拓普（Climatop）公司开发的碳标识方案，其碳标识不表明产品的碳内容，主要是证明该产品比同类产品节约特定程度（如 20%）的碳。③ 瑞士零售巨头麦格若斯（Migros）集团，已经开始在一些自己商标上的产品实施碳标识，已经有 5 种自有品牌的产品适用碳标识，随后还会增加 10 到 12 种产品。我的气候（Myclimate）是一家提供碳抵消服务的公司，主要负责执行麦格若斯（Migros）集团产品的碳计算，其计算的方法

---

① THEMA1 是一家总部位于柏林的低碳经济智囊库，参见该机构官方网站：http：//dev. thema1. de/.

② Product Carbon Footprint Pilot Project, www. twanetwerk. nl/upl_documents/Product_carbon_footprinting. pdf.

③ The climatop label for your climate-friendly products, http：//www. myclimate. org/en/carbon-management-services/the-climatop-label. html.

运用了评价产品特殊方面和一般方面在生命周期中有关温室气体排放的数据库。①

6. 瑞典。瑞典发布了第一个产品的气候认证标准，其国内的两个标准化机构（KRAV 和 Svenskt Sigill）是食品气候认证方案的主要推动者，从 2007 年开始，该方案已经发布了气候认证的几个标准，这些标准主要关注的是一些普遍性问题，如农作物生产、牛奶生产和渔业等。这些标准为碳标识设立了基本的条件，其主要是为了满足监督和管理的需要，而不是为了设置一个精准的临界值。该认证方案的工作组还出台了几个决定支持简化认证过程的文件，每一个文件分别指出了农业特定范围（如牛奶、牛肉，或者是饲料生产）的相关生产阶段或者关键场所。该标志的特征之一是附属性，但最终会和现存的标志融为一体（如为了适应新的气候相关类标准，KRAV 的有机食品标志已经被重新修订）。瑞典的气候认证方案计划 2012 年完成，到时生产过程和包装的新标准也会公布。

7. 西班牙。西班牙安达鲁西亚开始试行产品碳足迹项目，安达鲁西亚是一个自治性政府，非盈利性组织——鼓励环境保护协会在其地方内发起了有关食品碳足迹和碳标识的项目。目前，该协会依据英国 PAS2050 制定了产品碳足迹测算的 2010 方法，并对橄榄油、酒和西红柿三种产品进行了评估。其评估的范围主要集中在种植、加工和运输几个环节。但是该标志最终的设计还没有决定。

8. 欧盟。欧盟没有碳标识的具体概念，但是开始了碳标识方案的研究和实施。运输业是欧盟第二大温室气体排放来源，为了通过使用生物柴油和低碳燃料来减少欧盟委员会运输系统的碳排放，欧盟委员会在欧洲智力能源规划下与德国可再生能源机构合作实施碳标识项目。碳标识项目包括了八个方面的内容：碳生命周期评估、燃料碳标识、运输服务碳标识、润滑剂碳标识、欧洲小型国家的综合行动、农民和产品处理者的生态信息网络建设、消费者调查

---

① 杜群、王兆平：《国外碳标识制度及其对我国的启示》，载《中国政法大学学报》2011 年第 1 期。

和传播行动。这些工作主要由在德国、英国、新西兰、波兰和马耳他开展的项目予以实施。欧盟委员会正在考虑如何能用系统化的标准方法使碳足迹变得实际和有效，欧盟也没有碳标识的正式概念。但是欧盟已经委托意大利生命周期工程咨询公司和瑞士环境管理委员会开发一种碳足迹的测算方法。据瑞士环境管理委员会所说，为了便于生态标识董事会和委员会的管理，这种测量工具只能由具有欧盟生态标识的企业申请并使用。此外，虽然欧盟没有统一的碳标识，但是欧洲消费者的低碳意识很高，调查显示绝大多数的欧洲人在购买商品时会注意标明产品整个生命周期排放温室气体的标签。[1]

三、亚洲国家碳标识制度的实施状况

1. 日本。日本形成政府引导和企业积极参与实施碳标识的格局。为了引导公司和消费者减少温室气体排放，日本以英国（包括特易购和其他公司）的试行碳标识规划为蓝本，同时结合本国环保产品标识和生命周期分析的执行经验，实施本国碳标识制度。起初在食品、饮料、洗涤剂和电器上标识碳足迹，然后逐步扩大适用的范围，最终做到碳标识广泛适用。其具体做法是由生产企业申请，并通过政府认可的第三方碳核算和标识认证体系后，以标签形式向消费者提供产品详细的碳足迹。2008 年 8 月，经济产业省决定在 2009 年度试行"碳足迹"制度，该计划一经推出就得到了日本许多大公司的支持。[2] 如 2008 年 12 月有 30 个公司在东京一家生态产品机构展示了他们碳标识的内容，2009 年 4 月第一批带有碳标识的产品出现在商店，著名的札幌酿酒厂表示在其最受欢迎的黑啤罐上标识碳足迹，便利连锁店罗森（Lawson）和 7-11（Seven-Eleven）以及电器制造商松下也开始实施碳标识。特别是日本国内

---

[1] Carbon labeling finds favour with Europeans, http: // www. euractiv. com/en/sustainability/carbon-labelling-finds-favour-europeans/article-18

[2] 陈志恒：《日本构建低碳社会行动及其主要进展》，载《现代日本经济》2009 年第 5 期，第 4 页。

最大的超市万古（Aeon），开始在 7 种产品上试用碳标识，包括了大米、胡萝卜和洋葱等，经过在 10 个店试行后，已经扩大到 43 种农产品和消费用品，并且已经涉及进口商品。① 可见，日本碳标识制度虽然是自愿性的，但是很少有公司愿意落在市场竞争者的后面。② 最近，日本政府基于公司的试行结果发布了测试技术规范 TS0010 的第二个草案，同时还对公司的碳标识意识和消费者的接受程度进行了调查。

2. 韩国。韩国积极推动以国际标准实施碳足迹标识制度。韩国环境工业与技术研究机构负责碳标识制度的实施。2008 年 7 月，韩国选择了 10 种产品试行碳标识方案，包括航空运输、燃气锅炉、洗衣机、洗发水、可口可乐、水净化器、衣柜、豆腐、碗、电子液晶板等。经过 9 个月的试用后，于 2009 年开始要求产品标注碳标识，已经有 24 个国内公司开始了该项工作。韩国产品碳足迹的计算参考了三种方式：一是 ISO 系列标准，如 ISO14040s（环境管理、生命周期评估、原则和框架）、ISO14025（环境标志和声明（III 类标志）指导原则和程序）和 ISO14064s（温室气体排放报告标准）；二是产品生命周期标准，如英国 PAS2050 和韩国 EDP（电子数据处理）的通用标准；三是温室气体标准，如温室气体议定书、气候变化专门委员会（IPCC）报告等。并将产品分为两类，一类是工业产品、非能耗耐用品、非耐用品和服务；另一类是能耗耐用品和能耗产品目录中的产品，依据这种产品的类型划分作为数据采集边界。③ 但为了保证出口货物具有全球标准衡量时的"绿色"品质，韩国计划 2011 年前采取上述国际标准进行碳标识，成为继澳大利亚后采取英国碳信托公司标准的第二个亚太国家。采取

---

① Yuichi Hayashi and Stephen Wixom, Japan Begins Voluntary Carbon Footprint Labeling Scheme. http：//www. fas. usda. gov/gainfiles/200901/146327006. pdf.

② Japan to launch carbon footprint labelling scheme, http：//www. guardian. co. uk/environment/2008/aug/20/carbonfootprints. carbonemissions.

③ Korea Eco-products Institute , Carbon Footprint Label Activities in Korea , http：//www. greengrowth. org/. . . /%5B7-3%5DCarbon_label_activities_UNESCAP_Kim%20IK%5B7%5D. pdf

国际标准开发碳标识方案可以吸引海外消费者的兴趣，并获得具有生态意识购买者的认同，每年91亿美元消费产品的出口对于韩国非常重要，因此环境工业与技术研究机构和英国碳信托正在研究如何协调韩国已有的碳足迹方案与碳消减标识体系的衔接。最近，韩国为了促进自己的产品出口到英国，与英国碳信托公司签署了关于在2010年内实施其碳消减标识的备忘录。①

3. 泰国。泰国积极推出了碳消减标识方案。泰国温室气体管理组织与环境研究所合作确立了碳消减标识方案，该标识用于证明产品在生产过程中降低了碳排放，包括证明生产商碳排放在2002年的标准上降低了10%，或证明企业拥有充分利用从原料到废物资源体系，或证明企业在生产的每一个阶段都采取了高效率的能源利用技术。泰国温室气体管理组织期望通过这种证明，为消费者提供一个有效选择的过程，进而达到促进生产者减少排放温室气体的目的。事实上，泰国碳消减标识获得了许多生产者的注意，到2009年3月34个生产者申请登记他们的产品，已经有9类产品中的25种商品获得这种证明，如脱水食品、水泥、人造木材、大米袋、地砖、陶瓷地砖、烹调油、牛奶盒等。②

四、其他国家碳标识制度的实施现状

1. 澳大利亚。澳大利亚零售商霍弗已经开始实施碳标识方案。2009年5月连锁超市霍弗（Hofer，是一家属于德国零售商阿尔迪的超市）引入了碳标识，用以表明有机食品生产和传统农业相比二氧化碳浓度排放是不同的。该超市使用的碳标识是由澳大利亚有机农业研究所开发的，并由绿色和平组织发起的"气候保护行动"主导进行。接受其评估的74种有机产品与传统的产品相比，二氧

---

① Carbon labelling programme expanded，http：//www. carbontrust. co. uk/news/press-centre/2009/pages/carbon-trust-work-with-korea. aspx.

② Thailand Greenhouse Gas Management Organization（Public Organization）- Carbon Reduction Label，http：//www. tgo. or. th/english/index. php？option＝com_content&task＝view&id＝26&Itemid＝33。

化碳排放要少。假定大多数评估的有机产品和传统产品在运输、包装和储存方面是一样的，总共温室气体排放的不同主要是由于生产方式的不同，如使用肥料的数量和用于动物食物的黄豆进口量与农作物的产量。此外，澳大利亚还使用英国碳信托公司实施的碳消减标识，由碳信托公司和领导澳大利亚环保的组织——星球方舟协会签署了澳大利亚建立碳消减标识方案的协议。澳大利亚称 2010 年第一个带有碳标识的产品将出现，并且在未来 5 年内，超市 5% 到 10% 的货物将使用碳标识。

2. 智利。2009 年，智利农业部开始实施了食品碳足迹方案。由农业研究所负责开发基本的碳足迹方法，研究的重点是出口农业食品，如葡萄酒和牛奶制品。由农业创新基金会和 15 个主要出口行业的协会研究决定扩大碳标识的适用范围。智利期望能在 2010 年开始具体实施碳标识制度，其矿业部门也在准备参与到碳足迹的进程中。

第三节　外国碳标识制度实施的经验总结

综合归纳上述国家碳标识制度的研究和实施，可以获得如下经验：

一、实施碳标识制度的重要社会因素是消费者不断提升的环保意识

碳标识制度，为低碳生产和消费提供了前提。碳标识一目了然地告诉消费者，产品从原料到成品的整个过程中二氧化碳排放的数量，为消费者提供了对称性的、量化的产品碳排放的市场信息。但是要使消费者自愿选择碳排放低的产品，需要消费者具有较高的低碳消费责任和意识以及良好的低碳消费的生活方式和习惯。只有消费者自愿选择低碳产品和低碳服务，才能促进环保产品的市场需求结构，激发企业走低碳经济之路。因此消费者具有较高的环保意识是碳标识制度实施能否成功的重要的社会因素。

二、各国均采取企业自愿标识碳足迹的原则

作为生态标志制度的一个新形态，碳标识制度可以像生态标志制度一样成为强制规范，① 如前文所述法国所制定的强制性碳标识的法案。但是有鉴于实际情况，目前各国所采取的碳标识制度都是基于企业的自愿遵守，即由企业根据自身的技术和产品的环保性能，自主申请核算产品的碳足迹，自主决定是否用标签的形式予以说明。具有实力的企业，不仅仅将碳标识制度作为打造或提升企业的环保形象的举措，而且作为培养企业核心竞争力的具有实质意义的行动；而实力弱的企业，客观上不具备实施碳标识的条件，如果强制其遵守，可能会造成企业抵制或滥用碳标识的现象，扰乱消费者的选择和市场的秩序。所以，在碳标识制度实施的初始阶段，各国都是针对技术和能力强的企业或行业作为合作方，由企业自愿参与碳标识制度的实施。

三、政府通过具体措施引导企业积极实施碳标识制度

企业实施碳标识制度，需要投入碳足迹检测、认证以及管理费等额外成本，这些费用在低碳产品市场发育不充分的情况下，会一定程度地损伤企业的市场竞争力。所以，在碳标识度实施的初期，各国都采取了相应的措施鼓励、引导企业实施碳标识制度，具体的措施有：国家成立专门的碳标识服务或管理的非营利性组织机构，如英国的碳信托、美国的碳基金、加拿大的碳计算等公司；国家制定并出台适合国情的权威性碳足迹测算标准和碳标识管理制度；国家通过财政、税收和其他优惠政策减低企业的成本；国家通过政府绿色采购，将低碳产品纳入政府采购范围，同时采取各种途径提高公众对低碳产品的认知，积极培育低碳产品市场；等等。

---

① 鄢达昆，李应振：《环境标志制度与技术性贸易壁垒载》，载《现代管理科学》2004 年第 2 期。

四、提高国际贸易竞争力是企业实施碳标识制度的内在动力

从前文可知，大型零售商是实施碳标识制度的重要企业，未来碳标识制度的深入开展将直接意味着没有碳标识的产品无法进入其市场销售网络，即不进行产品碳标识标注的企业将无法在国际市场立足。可以说，保持和保证企业良好的国际竞争力是碳标识制度行之有效的企业内生驱动力。

第四节　我国实施碳标识制度的现状及策略选择

一、我国实施碳标识制度的现状

我国台湾地区已经着手碳标识工作，其他地区还没有开始实施碳标识制度。台湾地区基于节能减排和扩大贸易出口的目的已经实施了碳标识制度。① 在台湾，碳标识作为减少温室气体的一种努力措施由台湾环境保护部负责。作为一个经济高度依赖贸易出口的地区，全球任何一个行动都可能成为推动台湾工业发展的动力，因此，台湾电子工业协会经过两年的研发，采取国际标准测算产品的碳足迹，于 2009 年 11 月在电子行业实施行业性的碳标识制度。② 台湾环境保护部门于 2010 年 3 月宣布正式实施碳标识制度，这是继英国和瑞典之后又一个计划在普通货物包装上实施碳标识的地区。台湾首先在聚酯瓶装饮料、蜡烛、光盘和饼干类产品使用碳标识，然后逐步扩大使用范围。它要求标明产品从原材料到处置整个生命周期的碳排放信息，测算的标准则参考了 PAS2050 和 ISO14067 的草案，同时借鉴日本、韩国和英国的碳标识制度的做

---

① EPA working on carbon labeling system，http：//www. taipeitimes. com/News/taiwan/archives/2010/19/2003463881.

② Two Carbon Footprint labels to reach the Taiwanese market soon，http：//www. pcf-world-forum. org/wp. . . /pcf-world-forum-news2_march-2010. pdf.

法。① 台湾积极实施碳标识的目的是希望能加速世界范围内对碳标识的接受，同时可以使台湾获得更多的贸易机会，加快产品的出口。

我国有关环境标志认证工作和低碳产品认证的工作为我国碳标识制度的实施提供了宝贵的技术和经验。截至 2009 年，我国开展环境标志认证工作已经 15 年，先后修订 70 多项环境标志产品技术要求，环境标志认证种类达 72 类，共有 1600 多家的 3500 多种规格和型号的产品获得了环境标志，有近亿个环境标志标识贴在产品上，进入千家万户。环境标志已经成为我国宣传绿色的使者。同时，我国环境保护部门的环境认证中心在分析国外低碳产品认证发展趋势的基础上，结合我国国情制订了《环境认证中心开展低碳产品认证》的发展规划，该规划将低碳产品认证工作分为三个阶段："中国环境标志——低碳产品"阶段、产品碳足迹标志阶段和产品碳等级标志阶段。② 该规划将成为我国研究、开发和实施碳标识制度的重要的指导性文件。

此外，我国广泛开展碳标识制度领域的国际合作，积极借鉴国外经验筹措和准备我国碳标识制度的建立工作。在已有环境标志认证的基础上，我国节能投资公司已经和英国碳信托公司合作开展了关于服务和产品碳足迹的计算的研究，2009 年 6 月，在第十一次

---

① Two Carbon Footprint labels to reach the Taiwanese market soon，http：//www. pcf-world-forum. org/wp. . . /pcf-world-forum-news2_march-2010. pdf.

② "中国环境标志——低碳产品"阶段，主要是对中国环境标志现有的 74 个产品种类进行分类，把产品生产或者使用过程中产生较大温室气体排放的产品归入到"中国环境标志——低碳产品"，并且要求对纳入到"中国环境标志——低碳产品"类的产品技术增加碳排放的限值，并按照原有中国环境标志认证体系，对通过认证的该类产品授予"中国环境标志——低碳产品"，以表示该类产品对保护气候方面的积极作用；产品碳足迹标志阶段，主要是在"Ⅲ型环境标志——环境产品"声明框架下，基于声明周期分析和产品碳足迹计算方法学，将产品整个生命周期过程中的温室气体转化为二氧化碳当量（即产品的碳足迹），将其在碳足迹标志中予以表述；碳足迹登记标志阶段，主要是在收集和调研产品行业碳足迹基础上，研究设置产品的行业碳排放等级，对产品进行"碳登记标志"认证，碳等级标志是对产品碳足迹所处行业等级信息进行的声明。

中日韩环境部长会议上，低碳产品认证被确定为中日韩未来五年的十个优先合作方向之一。2009 年 10 月环境部环境发展中心与德国技术合作公司在北京共同签署了"中德低碳产品认证合作项目"，该项目开始了我国开展低碳产品认证合作的先河。2010 年 3 月环境保护部环境发展中心与英国标准协会在中国北京签署了关于低碳产品认证合作备忘录。2010 年 1 月，沃尔玛（中国）明确表示了在其商品上标注碳足迹的计划。

二、我国实施碳标识制度的策略选择

国外和国内的种种方面表明，我国开展碳标识制度已经势在必行。那么如何以国情为基础，借鉴国外的实践经验，建立中国自己的碳标识制度？从策略上看，建立中国碳标识制度应当采取以下对策。

1. 从战略上应当将碳标识制度作为我国发展低碳经济的重要制度保证。

我国的二氧化碳排放总量 2007 年已经超过美国跃居第一位，2009 年中国政府承诺到 2020 年单位国内生产总值二氧化碳排放比 2005 年下降 40%—45%，我国节能减排任务的形势非常严峻，发展低碳经济已经成为必然的国家战略选择。但是要完成向低碳经济模式转型的任务，不是国家单方面的义务，而是整个社会——政府、企业和公众的共同利益和责任。碳标识制度是一个调动上述各方能动性和优势，通过市场纽带将政府、企业和公众的生产和消费的行为有机调动起来发展低碳经济的有效措施。它的实施，有助于淘汰产能落后技术、扶持环保产业，推动低碳经济的整体发展，以此实现节能减排的目标。

2. 依托国内现有标准，借鉴国际标准，积极开展我国碳标识制度的研究和开发。

碳标识是一个技术性很强的环境标志制度，涉及产品和服务的碳足迹的计算方式、计算标准和测算。目前比较成熟的碳足迹核算规范都是欧美国家研发的。我国发展碳标识制度，一方面要充分学习国外先期实施的经验，吸收可兹借鉴的规范和技术，关注国际前

沿动态，同时，还不能不加思考地照搬。应当以我国现有环境标志认证的标准和制度为基础，有鉴别地移植外国经验，研发我国碳足迹标准体系和制度内容，使碳标识作为一种新的产品生态标志形式，与已有相关认证的法律和管理制度相衔接。

3. 要采取分类、分级、逐步扩大适用范围的渐进方式实施、推广碳标识制度。

所有的产品在原料、生产、使用、消费和处置过程中都会产生碳足迹，因此，理论上说所有的产品和服务都可以纳入碳标识的范围。但是受制于我国技术能力、管理水平、行业自律、市场成熟度和消费者的环保意识等分布不均衡的现实条件，推广碳标识制度要采取渐进方式。[①] 这也是外国碳标识制度的重要经验，如英国和日本以日常消费品为主，泰国以食品和建筑材料为主，韩国和中国台湾以电子产品为主，其适用范围均没有遍及所有产品。就我国而言，实施碳标识制度，要根据产品对气候变化影响的程度进行分级，依据国内产品在国际和国内市场的竞争力以及其与人们生活的密切度和技术改进难度等进行分类，对气候变化影响大、国际市场竞争力强、技术容易实现、与人们消费密切的产品率先实施碳标识制度，然后依据市场成熟情况，逐步扩大碳标识适用的产品范围。

4. 国家要积极鼓励开展碳标识，提升企业和产品的国际竞争力。

市场需求引导产业和技术创新的走向，国家政策则能决定产品的市场容量。同样，有效的国家政策能够对低碳企业和低碳产品的市场份额发展起着举足轻重的调控作用。我国目前出口产品能耗较高、增加值较低，在国际贸易中越来越广泛地适用碳标识制度的趋势中将完全失去市场优势，或者使国际市场形成对我国产品的新贸易壁垒。国家应当运用法律、法规和技术标准，采取税收优惠、财政补贴、排污权交易、技术支持、生态补偿和政府绿色采购等制度积极培育低碳产品市场，对出口型企业和行业实施低碳扶持政策，

---

① 邢冀：《关于在我国开展低碳标志工作的探讨》，载《中国环境管理》2009 年第 3 期。

提升出口产品的国际竞争力。

综上所述，碳标识制度利用市场诱导机制将国家、企业和个人三者的经济、环保责任和利益有机联系起来，并发挥正向引导作用，已经成为许多经济发达国家促进低碳经济发展的重要的新型制度。我国在经济、技术、公众环保意识等方面，与国外尚存差距，为了发展低碳经济、实现节能减排目标和保持产品的国际市场竞争力，应当借鉴外国经验、结合国情，积极地开展我国碳标识制度的研发和实施工作。

第十八章

能源法的功能比较

现实中，虽然法的功能具有客观性，但是立法者可以依据维护自身根本利益和社会公共利益的需要而选择其中一种或几种功能，有时还可以通过改变法律的形式来改变法律的功能。社会实践中法律的作用有时候呈现出消极性，一个重要的原因就是立法者对于法的功能选择的不恰当，所以法的价值的实现有赖于立法者对于法的功能组合的合理选择。还要看到，即使是法律主体选择出了合适的法律功能组合，还面临着一个如何选择保障法律功能发挥作用的策略问题，因为保障策略本身的科学程度及落实状况常常因为众多客观因素的阻碍而不能够达到维护法律功能的理想状态。因此，法的价值的实现有赖于立法者对于法的功能组合的合理选择及其有效的保障策略。本章提出了能源法功能维护的基本目标；分析了能源法基本功能（经济功能、社会功能与环境保护功能）产生的必然性、相关性以及对于维护能源安全目标的不可或缺性；评价了我国制定中的《能源法》征求意见稿关于能源法功能的建构状况并建言完善对策，以此深化能源法的理论认识。

第一节　能源法功能维护的目标：能源安全

一、理论视角：能源安全已经成为法功能维护之目标

法的价值追求是多元的，也即法的价值表现在多个方面，其原因在于：首先，法的价值是由法作为客体而产生的价值所体现出来的。在人类的价值视野中，不同的客体有不同的价值，因而价值的追求是多元的，一切美好而有意义的准则与观念都可能是价值的体现。其次，法的价值是由社会一般认可的价值。法的价值主体包括个人、群体与社会，不同的主体对于价值有不同的认识。另外，还要看到，价值也是客观存在的，并可以依据主体需要结合现实、符合规律地予以创建的意识形态。在不同的现实背景下，人们可以依据不同的现实状况创造、完善、突出或强调某种急需的价值。但是法的价值追求也不是随心所欲的，其价值体系的构建也必须遵循价值的科学法则及循序渐进的历史过程，最基本的要求就是价值追求中的每一个具体价值应该是法可能具有的价值，要有一定的社会的认可程度与实现可能性。

就安全而言，也应该是法的价值追求的重要目标之一。因为，安全是人类生存与发展的基本需求。无论是原始社会，还是古代社会和现代社会，人的生存与社会的发展所必需的就是有一个和平稳定的社会环境。历史一再证明，人类的任何发展都离不开人类社会生活的稳定与发展，在一个弱肉强食、人人自危、战乱与生活混乱的状态下，人们是无法顾及发展的。安全也是国家行为的出发点，安全是人类一切可预期的行为得以实施的前提条件。人类保证自身的存在，就是要构建一个相对比较安全的生存与生活的环境，只有在这种环境下，任何个体或群体才能对未来的发展做出安排。因而，导致法律产生的原因很多，保障安全是法律产生的重要推动力之一。法律是追求公平正义的，但也是追求维护人们安全的，如果

人类的自身安全在法律之下无法保障，法律本身的公正性就会受到质疑，人们只有在自身安全的基本保障之下才有可能去追求社会公正。"历史表明，凡是在人类建立了政治或社会组织单位的地方，他们都曾力图防止出现不可控制的混乱现象，也曾试图建立某种适于生存的秩序形式。这种要求确立社会生活有序模式的倾向，绝不是人类所做的一种任意专断或'违背自然'的努力。"① 这是因为"安全是主体对现有利益所存的能够持久、稳定、完整存在的心理期盼。法律具有满足人、社会和国家的这种心理期盼，所以，法律具有安全价值"。② 同时，安全价值也是法的其他价值实现所必需的重要价值，"安全有助于使人们享有诸如生命、财产、自由和平等等等其他价值并保持其状况稳定化。法律的目的是力图保护人的生命与肢体，预防家庭关系遭到来自外部的摧毁性破坏并对侵犯财产权规定了救济手段。再者，法律在创立防止国内混乱的措施和预防外国入侵的措施方面也都发挥着重要的作用"。③

现实中，能源安全已经成为安全价值的当然内容，维护能源安全就成为能源立法追求的当然价值目标。人类生存环境的变化会导致人的基本需求的变化，人的思想、观念和文化等也会随之变化，相应的法的价值追求就会发生变化。既有的法律保障，也会在社会的发展中逐步地显得落后。因此，法律需要针对不断变化的客观形势而做出自身的改变，从而产生新的价值追求。安全领域也是如此，针对现实中的能源安全形势，只有法律自身得到改变才能适应能源安全保障的需要。从这个意义上讲，法律的不断更新也意味着人们保障安全的手段或措施在不断更新。④ 法律的修改、完善或者制定新的法律，都是保障新的安全需要的反映。当前，由于石油、煤炭、天然气等化石能源濒临枯竭，以及人类社会的科技进步、制

---

① ［美］博登海默：《法理学：法律哲学与法律方法》，邓正来译，法律出版社 1999 年版，第 220 页。

② 杨震：《法价值哲学导论》，中国社会科学出版社 2004 年版，第 219 页。

③ ［美］博登海默：《法理学：法律哲学与法律方法》，邓正来译，法律出版社 1999 年版，第 293 页。

④ 卓泽渊：《法的价值论》，法律出版社 2006 年版，第 255 页。

度创新、环境约束等变革因素的存在，现实社会中的能源需求与供给时常呈现出一种不确定的动态变化特征，这也决定了能源安全不仅是一个短期的供给安全问题，而且还是一个具有全局性、长远性和前瞻性的可持续安全问题。① 显然，维护能源安全也成为人们的紧迫现实需要，能源安全的维护也就当然成为能源立法的重要价值追求，而作为能源法价值体现的能源法诸多具体功能维护的目标也只能是能源安全。

二、实践视角：立法保障能源安全已经成为各国普遍的实践

现实中，能源安全的保障机制的构建需要多方面的因素，它涉及经济政策、资金机制、科技与教育、人口与社会保障、环境保护与自然资源保护等诸多方面的综合战略。同时，也是人类发展模式的一次历史性转变，它涉及人类生产方式、消费方式乃至思维方式和处世方式的重大突破。② 但是，如果"没有明确的思想观念和价值观念为这场运动指明方向，这一运动将不能持久统一地开展；没有可靠的行为规范和行动准则为这场运动提供保证，这一运动将不能有效地开展；而法律因其自身具有的规范性和强制性的特点，很自然地为这场运动提供了导向和支撑"。③ 企图通过法律进行社会变革是现代世界的一个基本特点，1992 年《联合国 21 世纪议程》明确指出："为了有效地将环境与发展纳入每个国家的政策和实践中，必须发展和执行综合的、可实施的、有效的并且是建立在周全的社会、生活、经济和科学原理基础上的法律和法规。"④ 显然，考虑到法律特有的规范性与强制性对于社会主体行为的重要影响，法律已经成为现代社会经济、政治、文化发展和社会全面进步所必

① 柯坚：《我国能源法安全价值刍议》，中国环境法网，http://www.riel.whu.edu.cn/，2009 年 12 月 18 日访问。
② 王利：《谈我国可持续发展意识完善的必要性及策略》，载《公民与法》2009 年第 5 期。
③ 尹继左：《可持续发展战略》，上海人民出版社 1998 年版，第 186 页。
④ 联合国环境与发展大会：《21 世纪议程》，中国环境科学出版社 1993 年版，第 61 页。

不可少的因素。因此，作为规范能源经济关系和社会关系的基础性
行为准则，能源安全立法保障制度的构建有助于明确国家能源发展
的总体战略，有助于确立能源产业发展的方针、目标和措施，有助
于明确能源市场的准入、价格、储备、投资等基本行为规范，在各
国能源安全保障策略实践中能源立法的基础保障作用一直都被强
调，并已经得到国际层面上的公认。

第二节　能源法功能的表现

法的功能与法的作用、价值一样，都是法的不同层面的要素，
也是实现法的价值的活动中不可缺少的环节。为了全面实现能源立
法的价值，能源法应该具有经济、社会与环境保护三种基本功能。

一、经济功能

能源安全在很大程度上可以说就是能源的供给安全，保障能源
供给安全的基本目的就是满足社会经济的稳定发展。因此，经济功
能是能源法最基本也是最重要的功能，保证一国经济发展所需要的
能源供给安全是能源立法制定与实施的基本目的所在。现实中，能
源是人类社会发展的最基本的推动力，它提供了社会经济发展所必
需的基本物质基础，能源的开发与利用活动也是推动经济领域科学
技术进步的重要激励因素。同时，能源活动领域除本身组成了国民
经济中重要的产业领域之外，也带动了诸多的新产业部门与产业发
展，这些部门几乎涉及社会经济发展所必需的所有产业领域。因
此，一个国家或地方能源的供应状况直接影响着其社会、特别是经
济发展的进程。从能源法产生的时代背景看，维护经济稳定发展所
必需的能源供给安全也是能源法的重要使命。世界各国能源立法的
实践开始于世界能源持续供应短缺危机的产生，以 1973 年、1979
年和 1990 年三次世界公认的石油危机为代表的能源危机的爆发对
世界及各国经济发展带来严重损害的同时也使得人们日益认识到稳
定、安全的能源供应是社会经济稳定发展的基本需求。围绕着能源
稳定、安全的能源供应目标，各国开始采取积极的措施来保障这一

目标的实现,其中作为调整人们之间行为关系的法律手段必不可少,能源的供应安全保障立法问题开始成为世界各国经济社会发展战略中的重点组成部分。还要看到,在可持续发展已经成为世界各国经济社会发展指导思想的情况下,注重经济功能也是可持续发展对于法律、特别是能源活动领域立法的基本要求。事实证明,经济的持续发展是实现可持续发展目标的重要条件和物质基础,没有经济的发展就不可能有可持续发展,贫穷不可能达到可持续发展的目标。现实中,由于经济领域涉及范围的广泛性,能源法的经济功能所涉及的领域也相应广泛。从国内层面上看,有效保障国内能源供给安全的领域涉及传统能源与新能源的开发领域、能源节约领域以及供应安全的风险防范领域。从国际能源市场的充分运用来保障能源供给安全的策略来看,还涉及国际能源供应与消费领域中的合作问题,涉及通过加强能源公司在能源国际贸易领域的竞争、国外能源投资的安全保障等措施支持国内企业在国际能源贸易领域中的竞争等问题。

二、社会功能

现实中,社会公正问题的解决更多是依靠人类的社会制度这种非经济因素。如果制度良好且保证运行良好,就会吸引、促进社会中人们之间实现信任合作,从而形成社会发展和公正实现所需要的社会合力。然而,如果社会制度软弱无力或者内容不合理,结果就会疑云重重、扑朔迷离,这将会鼓励人们只图"索取",而不是去"创造",从而使人类社会共同的潜力遭到破坏。现实中,维护社会公正是能源法功能的衍生功能,毕竟能源法的产生主要是为了能源供给安全保障的使命而产生的。但是维护社会公正是人类社会发展中的基本价值追求,也是任何法律的基本使命,因此社会功能也是能源法功能的应有之义。从实践因素上看,能源的供给状况也直接决定着社会个体生存与发展的状况,因而关注社会公正问题的能源法功能在一定程度上也直接关系着人权领域状况的改善。能源领域社会公正问题的提出在理论上来源于可持续发展思想所蕴含的生态伦理、代内及代际伦理、经济伦理等内含的公正思想,在实践上则源于能源不公现象的推动。现实中，能源领域权益的分享与相关责任的公正分担状况、能源市场中的公平竞争状况、能源领域职业公平及职业健康的维护状况等直接影响着社会公正领域实现的过程与程度。

就我国国内的实际情况来看，强调并完善能源法的社会功能也存在着必要性。一方面，科学发展观已经成为了我国社会发展的主要战略及社会实践，科学发展观以人为本的思想已经成为了社会思想的主流意识形态，如何在经济保持稳定发展的同时促进人的全面发展、促进社会公正的进一步实现已经成为我国社会发展战略及法制建设的重要使命。另外，建设一个和谐社会已经成为我国经济社会发展的目标，一个和谐的社会必然会注重激发全社会的活力，促进社会公平与正义的实现。社会公平在不同的视角下具有不同的内涵，一般而言，它主要是指人们享有同等的竞争机会和权利及利益分配上的公平，但是从政治学的角度看，它主要涉及保障社会主体的多元化及人们基本权利的维护；从社会学的视角看，它主要涉及社会成员之间利益的平衡与调节，贫富差距的不断缩小；从经济学的角度看，它主要涉及公平与效率、经济增长与资源环境之间的协调与平衡问题。因此，社会公平的实现需要多方面因素的促进与协调，能源领域存在的诸多不公正现象必将影响我国整体社会公平的实现。所以，完善我国能源领域立法的社会功能，促进社会公正问题的实现在我国和谐社会的建设过程中具有重要的意义。

三、环境保护功能

长期以来，人们的经济社会发展是建立在生态环境损害的代价之上，当环境与污染日益严重而威胁到人类的生存与发展的时候，环境保护也就成为了人们的追求目标。因此，在生态危机开始成为世界性的问题之后，1972 年斯德哥尔摩《人类环境宣言》第 3 条呼吁，人类有权在一种能够过尊严的和福利的生活环境中，享有自由、平等和充足的生活条件的基本权利，并且负有保证和改善这一代和世世代代的环境的庄严责任。从此，环境保护开始成为世界各国关注的焦点。现实中，相比于其他立法对于环境保护的功能而言，能源法的环境保护功能应该得到进一步的强化，原因就在于现实中人类社会经济的发展大多是建立在大量化石能源的消耗的基础之上的，生态环境的恶化在很大程度上是与能源有关的活动造成的。另外，从理论上看，由于任何一种生态环境要素特别是能源资源都具有经济价值与生态价值，而且这两种价值在现实中是不可兼得的，人们对于经济价值的追求必然带来生态价值的损害。为了有效维护生态环境基础以满足人类生存与发展的需要，人们在经济社会的发展中，特别是能源资源的开发利用中必须协调人类对于资源的无限追求与资源有限性之间的矛盾。因此，作为调整人们在能源活动中行为的基本规范，保护能源生态环境应该是能源法的重要功能。但是，受盲目追求经济价值观的影响下，长期以来的能源立法偏重于能源法的经济功能，追求经济社会发展所需要的能源供给安全，能源法的环境保护功能一直被忽略、甚至被抛弃。现实中，虽然可持续发展在几十年前已经成为了世界发展的共识，但是与能源开发、利用有关的领域中生态环境不断恶化的事实显示，能源法的环境保护功能并没有得到有效的重视。在生态环境日益严重的今天，完善能源法在环境保护领域中的功能并制定完善的保障策略是解决能源生态环境恶化的关键措施。

四、能源法功能的相关性

如前所述，一个法律通常应该具有调节、控制、管理、确认、限制、约束、禁止、惩罚、引导等功能。但是，在实践中，作为具体的法律通常只是表现出上述功能中的一项或几项，这是因为人们为了满足自己的需要对法的功能进行选择的结果。法的功能是法律内在的，在产生之初就具备的，所以对于法的功能而言只存在着一个功能能否实现及实现的好与坏的问题，但是却并不会影响法的功能的质与量的问题。就一个已经制定出来的法而言，我们所做的目的就是更好地发挥出制定法的功能。

就能源法上述的促进经济发展、维护社会公正、加强环境保护三个具体功能而言，显然也是人们为了在能源领域满足社会各主体及社会经济的发展的需要对于能源法的众多功能中进行选择的结果。从理论上看，经济发展、社会公正、环境保护三个具体的能源法功能彼此之间存在着相互补充、不可分割的关系。能源法的经济功能突出了社会经济发展所必需的能源供给保障作用，现实中没有一定的经济发展，国家的社会生产力与综合国力也就不可能提高，社会中人们所追求的缩小分配的彼此差距、生活水平提高也就缺乏物质保障，在一个经济落后的国家追求保护资源环境基础及实现社会公正也只能是奢求。生态环境是人类生存与发展的根本基础，生态环境的良好及可持续性可以为经济社会的发展提供持续发展所必需的物质基础，经济社会得到稳定的发展，加上良好的生活环境，显然有利于社会公正的实现。如果公众不能充分享有相关能源利益、积极参与能源活动实践，整个社会就无法形成落实能源安全立法宗旨的稳定信念，从而导致众多的、分散的、不稳定的个体存在，最终也不可能形成维护能源安全所需要的社会整体合力。而在能源领域向着保障社会公平和可持续的方向引导社会主体的能源需求、实施有利于能源惠益分享与责任分担的措施也有利于本国能源领域可持续发展目标的实现，同时也是维护和改善能源生态环境的重要手段。另外还要看到，经济、社会、环境之间的彼此协调与相互促进本身也是可持续发展思想的应有之义。

五、对我国的启示

自 20 世纪 90 年代特别是进入 21 世纪以来，能源安全的内涵已经被赋予了更多内容，仅仅强调能源供应安全的传统能源安全观已经不能适应人们对综合安全的要求。随着全球气候变暖和大气环境质量的进一步下降，环境保护问题已经成为可持续发展进程中的重大障碍，能源环境安全也成为能源安全保障目标中一个重要组成部分。除此之外，能源领域中的不公正现象也日益突出，诸如能源与贫困之间的密切联系、全球气温上升导致的海平面上升迫使很多岛国举国搬迁的事件等也迫使人们重新思考能源领域中的社会公正问题。但是，在能源立法活动中，传统能源法常常突出了能源法对保障能源供给安全的经济功能，但是环境保护功能、特别是社会公正的促进功能常常被弱化，甚至被忽略，这也是现实中能源活动领域生态环境日益恶化、能源不公现象日益严重的重要原因所在。因而，在能源活动领域综合考虑能源的供给安全、环境安全及关注能源领域社会公正的改善必将成为当今世界各国制定能源立法和制定能源战略的一个必然趋势和重要任务。

第三节　我国能源立法的功能评介

当前我国经济的发展还处于正从粗放型到集约型转变的时期，采取合理的措施来促进能源与经济、社会的协调发展就成为了国家和社会可持续发展实践中的重要任务之一。国外一些国家在此时常常依靠能源的综合性立法——能源基本法律，而不是依靠单行能源法律来赋予国家及政府相关的职能，规范和协调全社会开发、利用能源的行为。因为，实践表明，如果采用单行法律的模式，不仅效力太低，而且立法及其实施的效益也非常有限。因此，在目前中国特色社会主义法律体系里，能源法律体系的建立与完善将是保障能源安全的基础，而综合性《能源法》则应当是我国能源安全保障法律体系中的基础。

我国现行的能源立法从法律体系的要求看还存在诸多问题，其中突出的问题就是能源基本法律缺位，制度的协调性不够。从实践的层面上看，我们既需要能源单行法，也需要能源基础性法律。单行法更多地体现行业管理特征，专业性较强，且局限于特定的法律调整范围；涉及整个能源领域的综合性、全局性的法律关系，则需要一部综合性、基础性的法律来调整。我国《能源法》应该成为在我国能源法律体系中具有"龙头"作用、协调作用和核心地位与基础地位的综合性法律。能源法的调整对象、范围应涵盖各种能源资源的勘探、研究、开发、生产、运输、贸易、消费、利用、节约、对外合作、监督管理等诸多环节；应该着重调整能源领域中的共通的、原则性的、长远性的关系，解决能源领域中的战略性、全局性、根本性的问题；明确我国能源立法的指导思想、基本原则和基本制度等。通过能源基本法律的形式既可以突显能源基本政策及其法律制度的地位、作用，也可以改变目前仅靠能源单行法律创设制度所导致的制度重复、不协调以至冲突的现状，还可以提高能源立法的效率。从这个意义上讲，尽管目前有若干单行的能源法律，但制定作为能源基本法律的《中华人民共和国能源法》的必要性是显而易见的。

我国综合性《能源法》的起草工作自 2006 年初正式启动以来，经过将近两年的研究和起草及反复修改，已经于 2007 年 12 月公布了共分 15 章 140 条的征求意见稿。就像前面文中所指出来的，法的价值的实现有赖于立法者对于法的功能组合的合理选择及其有效的保障策略。作为未来我国能源基本法的雏形——《能源法》征求意见稿（以下简称"征求意见稿"）中对于能源法的功能的确定、选择及相应的保障策略规定，显然对于我国能源法价值的实现起着至关重要的作用。在此，结合着法的功能理论对我国征求意见稿相关内容中所体现出来的能源法的功能选择及其保障策略进行分析和评介。

一、我国能源立法的经济功能

因为能源是世界各国社会经济发展的主要推动力和物质基础，能源法的经济功能一直被各国立法者所强调。在我国的相关能源立法中，发挥能源法的经济功能，促进对于矿产资源的开发与利用及相关行业的发展以保证充足的能源供应来满足我国经济社会的发展需要历来都是突出的立法重点。相比较于我国目前《矿产资源法》及各能源单行法的规定，我国征求意见稿中能源法的经济功能更加突出，围绕着能源供给安全的保障策略也更加全面、完善。

其一，强调了政府、企业与公民在能源供给安全保障中的共同责任。我国目前的能源立法中，一般通过强调对能源企业行为、行业行为的规范及政府的有效监管来实现能源的供给安全，我国的征求意见稿则体现了能源供给安全保障的全民参与原则。在政府责任方面，在强调政府对于能源活动的监管职责的同时，规定了各级政府建立节能目标责任制和评价考核制度、制定并实施节能保障措施的职责要求；规定了政府采购制度及能源领域政府投资制度对节能、替代能源发展的引导责任；规定了各级人民政府应当建立和完善节能市场机制，培育节能咨询和服务体系，推行能源效率标识、合同能源管理、自愿节能协议和能源需求侧管理等措施的职责。对于上述行为的违反还规定了政府的国家赔偿与补偿责任、违法主要责任人的行政责任及刑事责任。在企业责任方面，在保持对其一般能源活动行为规范的基础上，还规定了一般能源企业的信息资料报告义务、在国家能源产品储备中的企业义务、高耗能企业用能信息情况的强制公开义务。在普通能源消费方面，征求意见稿强调了能源用户的义务，要求能源用户应当安全、节约和有效使用能源；应当依法配合能源供应企业的供应服务，遵守相关技术管理规范，按照国家有关规定和当事人的约定支付相应的费用，维护正常的能源供应秩序。

其二，进一步突出了能源科技在保障能源经济功能发挥中的重要作用。相比较于目前有关能源立法中只是简单地倡导能源领域技术创新的规定不同，征求意见稿不仅在原则条款中规定了国家坚持依靠科技进步促进能源发展，加强能源科技研究开发与应用，支持能源科技自主创新的基本原则，在具体的条款中更是强化了技术创新机制的构建和实施保障。在能源节约章节中强调了各级人民政府、用能单位在技术节能中的职责与义务。突出的是专门设立了能源科技章节，对能源科技发展方针、能源科技投入、能源科技发展机制、能源科技重点领域、能源科技成果推广应用、能源科技奖励、能源教育与人才培养及能源科普等保障措施进行了全方位的规范，同时在国际能源合作章节中也规定了能源科技与教育合作的要求，对于完善我国能源科技创新机制、促进与加快我国能源技术的发展显然具有重要的意义。

其三，突出了能源供给中断的风险防范策略。征求意见稿首次通过立法的形式规定了我国的能源储备与应急法律制度，对于我国能源法经济功能的发挥具有重要的保障作用。征求意见稿的第七章专门规定了我国的能源储备制度，并规定了能源储备管理、能源储备分类及管理办法、能源产品储备、石油储备建设及管理、能源资源储备、国家能源储备的动用、地方能源产品储备等具体的规范措施。征求意见稿第八章专门规定了能源应急法律制度，针对能源应急的范围与阶段、应急预案、应急事件分级、应急事件认定、应急处置原则、应急措施授权条件和约束、应急保障重点、应急相关主体责任和义务、应急善后等进行了详细的规定。能源储备及应急制度的建立健全在我国能源供给、特别是石油供给对外依存度日渐加大，国际能源市场上依然充满风险、不确定性的时代背景下，对于应对能源供应严重短缺、供应中断、价格剧烈波动以及其他能源应急事件，维护基本能源供应和消费秩序，保障经济平稳运行，保障我国经济社会稳定发展目标的实现具有突出的现实意义。

其四，突出了能源领域安全应对的国际合作策略。征求意见稿专门规定了能源合作章节，对国际合作方针与方式、境外能源合作、境内能源合作、能源贸易合作、能源运输合作、能源科技与教育合作、能源安全合作等进行了详细的规范。如今，能源安全已经是世界性的问题，单纯的国家能源安全已经不再存在，利用国内外两个能源市场来实现本国的能源供给安全是世界各国能源战略的现实和必要选择。即使如此，但是我国目前在能源领域中的国际合作实践基本上是在我国的政策主导下进行的，在能源立法领域中并不能找到立法的依据支持，征求意见稿以基本法的形式进行规定凸显了能源安全领域国际合作策略的重要性。在现实中，由于国际合作实践领域有法可依，对于更好地促进我国与其他国家之间的能源合作、贸易往来、技术交流、吸引更多的国外能源投资及更好地参与国际能源活动实践等奠定了基础。

二、我国能源立法的社会功能

从能源法的社会功能角度看，社会公正的思想得到了更进一步的体现。就像前文中分析的，针对我国目前能源领域不公的一些现象，我国目前的能源法应对的主要不足体现在执行依据不足、激励动力不足及参与途径不足三个方面，征求意见稿中对于这三个方面的不足都进行了有效的弥补。

其一，更有效地促进了能源利益的分享。能源利益的分享是能源公正的最直接体现，征求意见稿规定了保障能源普遍服务的原则条款，要求国家建立和完善能源普遍服务机制，保障公民获得基本的能源供应与服务。同时，在能源供应与服务章节中，针对能源企业规定了能源普遍服务的行为要求，规定从事民用燃气、热力和电力等供应业务的企业应当依法履行普遍服务义务，保障公民获得无歧视、价格合理的基本能源供应服务，接受能源主管部门和有关部门及社会公众监督；国家建立能源普遍服务补偿机制，对因承担普遍服务义务造成亏损的企业给予合理补偿或者政策优惠。

其二，更好地规范了能源市场的公平竞争秩序。征求意见稿在我国能源的综合管理章节中规定了能源投资产权制度，在能源领域将实行多元化投资产权制度，在关系国家安全和国民经济命脉的能源领域，实行国有资本控股为主体的投资产权制度。关于多元化产权的描述，虽然只有短短的一句话，但是对于我国未来能源市场公平秩序的维护将起到重要的作用。目前，能源行业中对于民营资本的歧视和排斥现象依然严重，这条规定为民营资本、外资进入一般性能源行业扫清了障碍，有利于打破能源行业的垄断局面，进而促进整个行业的健康发展。在能源开发与加工转换章节的原则性规定中，要求国家鼓励单位和个人依法投资能源开发与加工转换项目，平等保护投资者的合法权益。同时，在能源的供应与服务章节中突出了对于能源自然垄断环节的监管，要求国务院能源主管部门会同有关部门依法对具有自然垄断特征的电力、石油、燃气等能源输送管网的公平开放、普遍服务、消费者权益保护等实行专业性监管。

其三，更进一步地保障了能源事务决策权的分享。能源资源是全体人民的共同财富，能源问题上也面临着广泛的利益冲突，能源事务决策权的分享可以有效地协调各方主体的利益需求，更好地体现社会公正。征求意见稿在能源综合管理章节中，要求能源管理者应当发挥能源行业协会等社会中介组织的作用，要求能源有关行业协会应当反映行业和企业发展要求，在行业统计、行业标准、技术服务、市场开发、信息咨询等方面为企业提供服务，为政府提供决策咨询。更重要的是，规定了保障公众参与能源的决策权，要求各级人民政府及有关部门进行涉及公共利益和安全的重大能源决策时，应当听取有关行业协会、企业和社会公众的意见，增强能源决策的民主性、科学性和透明度。

其四，更多地满足了农村能源发展对于社会公正的需求。与城市居民相比，农村居民生活用能的结构极不合理、用能方式较差、能源效率较低，而且落后的用能方式不仅严重地污染了农村室内外空气质量，危害了人们的健康，而且过度依赖秸秆、薪柴还造成森林等生态林草植被资源的破坏，严重危害生态环境，农村能源发展的状况直接影响着我国社会公正理念的落实。但是我国对于加快农村的能源发展主要还是体现在国家相关政策中，目前的能源立法中对于农村的能源发展并没有特别的关注，只是散见于一些立法条款中，如《电力法》第 8 条要求国家帮助和扶持少数民族地区、边远地区和贫困地区发展电力事业；《可再生能源法》第 18 条规定，国家鼓励和支持农村地区的可再生能源开发利用；第 24 条规定，在可再生能源发展基金的实践中要关注农村、牧区生活用能的可再生能源利用项目。从总体上看，很不系统，也缺乏具体的实施保障条款，从而不能满足农村能源发展的需要。征求意见稿中专章规定了农村能源发展的问题，对农村能源发展原则、农村能源规划实施、优惠政策、农村能源保障、农村能源消费结构优化、边远农村电力扶持、农村生物质能源发展、农村节能、农村能源技术推广与服务等问题进行了全面规定，对于我国农村能源的发展具有重要的指导与推动作用。

三、我国能源立法的环境保护功能

从能源法的环境保护功能视角上看，能源环境保护的有关制度得到了进一步的完善。我国能源环境保护领域状况不能得到根本改善的原因，除了有法不依、执法不严、环保意识不强等之外，环境保护制度不能适应环境保护的需要也是个重要方面。征求意见稿结合能源环境保护的现实需要，通过国内外环保实践经验的借鉴，进一步完善了能源环境保护所必需的相关制度。

其一，在能源立法目的中，明确了能源环境保护的重要性。征求意见稿首先规定立法的目的是为了规范能源开发利用和管理行为，构建稳定、经济、清洁、可持续的能源供应及服务体系，提高能源效率，保障能源安全，推动资源节约型和环境友好型社会建设，促进能源与经济社会的协调发展。而且在意见稿其他具体规定中也凸显了能源环境保护的要求，在能源开发与加工转换的章节中，要求能源开发与加工转换应当遵循合理布局、优化结构、节约高效和保护环境的原则；强调企业的安全环保义务，要求能源开发和加工转换企业应当依照有关法律法规，坚持节约生产、清洁生产、安全生产，降低资源消耗，控制和防治污染，保护生态环境；在加快清洁能源开发规定中，要求国家鼓励在保护生态环境的基础上发展水电、核能、天然气、煤层气、风电、生物质能、太阳能、地热能、海洋能等清洁、低碳能源，提高清洁能源在能源结构中的比例，从而对将来我国具体能源立法的制定与完善中加强环境的保护奠定了立法基础。

其二，更加注重了市场机制在能源发展中的作用，从而有利于能源资源的优化配置，也有利于能源环境保护的改善。能源的价格形成机制主要由政府主导，能源价格结构中不能体现生态环境的破坏成本，这是我国能源资源浪费、能源环境破坏的根本原因。注重市场机制在能源资源价格调节中的作用，使能源价格能够反映出能源资源的稀缺程度、能源产品的供求状况及生态恢复成本、能源消费后的环境损害成本，这是能源生态环境得到改善的关键。征求意见稿中依据我国的国情对不同能源产品的定价进行了区分对待，在能源价格形成机制方面，要求国家按照有利于反映能源市场供求关系、资源稀缺程度、环境损害成本的原则，建立市场调节与政府调控相结合、以市场调节为主导的能源价格形成机制；对具备市场竞争条件的能源产品和服务价格，实行市场调节价；自然垄断经营的能源输送管网的输送价格及关系公共利益的重要能源产品和服务价格，实行政府定价或者政府指导价，并逐步推行有利于降低成本、提高效率、节约资源和减少环境损害的价格管制制度；同时，对于国家鼓励发展的风能、太阳能、生物质能等可再生能源和新能源，依法实行激励型的价格政策。对国家限制发展的高耗能、高污染的企业、产品和服务，依法实行约束型的能源价格政策。另外，征求意见稿还注重了利用经济手段的激励来调节和引导能源产品的消费，塑造有利于促进能源节约和环保的社会氛围。为此，意见稿要求国家根据能源战略、能源规划的要求和能源发展的需要，按照公共财政的要求和财力状况，综合运用财税激励与约束政策促进能源合理开发利用；设立节能、新能源与可再生能源、农村能源等能源发展专项资金；同时，围绕着能源税收激励、能源税收限制、能源资源税费、能源消费税等也进行了具体规定。诸多经济手段的运用对于能源开发领域中的生态环境保护、能源消费中的可持续需求引导提供了积极的动力支持。

其三，在能源的开发利用活动中明确要求建立能源生态环境补偿机制，要求能源开发和加工转换项目所在地人民政府应当制定污染治理和生态恢复规划，能源开发和加工转换企业应当承担污染治理和生态保护的责任。虽然规定相对简单，但是考虑到能源基本法在能源法律体系中的重要作用及能源生态补偿制度的重要意义，必将对我国的能源环境保护事业产生深远影响。

总之，相比较于我国目前的有关能源立法，征求意见稿中能源法的经济功能、社会功能及环境保护功能得到了重要的体现，而且围绕着各自的功能还规定了比较完善的保障策略，对于我国能源法价值的实现具有重要的保障意义。虽然在征求意见稿中某些能源法功能并没有得到全面的体现，有些功能的保障策略还不完善，比如在目前矿产资源领域矿难不断涌现的情况下，能源法社会功能领域的职业安全与健康维护问题并没有得到突出的关注；能源法经济功能领域中还有些规定并没有完全适应市场经济体制的需要，如要求企业在转让能源资源探矿权、采矿权时应当经原项目审批部门批准，开发水能、海洋能的企业转让能源开发权或者变更实际控制人时须经原项目审批部门批准等相关规定。但是，还要看到，征求意见稿中的相关规定已经在很大程度上借鉴了国内外能源立法的经验，体现了能源立法的趋势。随着我国能源立法的日趋完善，必将有利于促进我国能源、环境与社会领域的协调，最终有利于我国可持续发展战略目标的实现。

第 十 九 章

能源法的正义价值比较
—— 以美国能源立法为借鉴

随着社会经济的进一步发展，能源已成为困扰人类至关重要的问题，因为能源与资源的消耗、生态环境的破坏问题密切相关；能源的应用及需求、能源服务的数量及质量、能源服务与消除贫困、人口增长、城镇化、参与机会的缺少等一系列的社会问题也存在密切联系。① 在各国的能源立法中，能源问题与经济发展、社会公正、环境保护问题已经普遍地结合在一起，能源由注重经济领域转向可持续发展领域的趋势日益明显。

美国是世界上最大的能源消费国。美国有着追求自由、公正的法律传统，美国在对能源的开发利用进行立法规范的过程中也一如既往地发扬着实现社会公正理念的法治精神。本章以考察美国能源立法为视角分析美国能源立法在维护能源利益分配正义上的价值追求和制度实践，以资为我国能源立法之借鉴。

---

① Richard L. Ottinger, Nicholas Robinson, Victor Tafur, *Compendium of Sustainable Energy Laws*, Cambridge University Press, 2005, p. 7.

一、美国能源立法目的的公正性审视

法的目的的合理定位对具体规范的制定提供基本的指导作用，从而可以有效支撑和保障法的价值的实现。作为环境领域的基本法，1969 年美国《国家环境政策法》在第一部分"政策与目标"中宣布，联邦政府将与各州、地方政府以及有关公共和私人团体合作采取一切切实可行的手段和措施，包括财政和技术上的援助，发展和增进一般福利，创造和保持人类与自然和谐共处的各种条件，满足当代国民以及子孙对于社会、经济以及其他方面的要求。[①] 显然，美国环境领域的基本法把关注的视野扩充到了经济、社会和环境发展的每个领域，并认为关注社会公正是应有之义。在能源立法领域，环境基本法的立法目的也得到了具体贯彻。美国 1975 年《能源政策与保护法》中第 2 部分"政府能源保护计划"规定：政府制定和执行法律、政策、项目和规范，在能量使用中，保存能量和提高其有效利用率，降低能量需求增长率，减少能量消耗增多造成的不利于社会、经济、政治与环境的影响；政府制定和执行能量保护项目能够最有效地将能量使用所产生的不利于经济与就业的影响最小化，并达到每一个州当地经济、气候、地理和其他的特殊条件和要求。[②] 1974 年美国《地热能源研究、开发与示范法》的原则条款宣称，国家正面临着能源种类的严重短缺；国家有义务为大众谋福利，为商业提供帮助，促进人与环境的生产和谐，保护公共利益，联邦政府与私人企业合作，开发利用对地热资源生产有用的先进技术等。

二、美国能源立法内容的公正性审视

（一）能源利益的分享

1. 保障公民能源供应安全

----

① 毛如柏：《世界环境法汇编——美国卷》（卷一），中国档案出版社 2007 年版，第 1 页。

② 毛如柏：《世界环境法汇编——美国卷》（卷三），中国档案出版社 2007 年版，第 1919 页。

保障公民的能源供给安全是国家能源安全内涵的扩展。美国1975 年《能源政策与保护法》第一分章"保障国内能源供应有效性"中的第四部分标题为"东北部家庭取暖用油储备",其目的是为了保障能源供应存在着中断风险的一些地域的家庭用能安全而建立专门的东北家庭取暖用油储备,并围绕着这一民用取暖用油储备计划进行了详细的规定:授权能源部部长可以部分或全部地购买、承买、租赁或以其他方式获得该计划有关的储备和相关设施以及储备服务;可以通过购买、交换(包括从国家本身的战略石油储备或作为联邦土地使用费所获得的石油产品的交换)、租借或其他方式获得石油馏出物,作为该计划的储存;当东北部取暖油市场发生混乱时,能源部部长可以出售储备中的石油产品。同时,美国政府还依据该法授权财政部部长在美国国库中建立"东北家庭取暖用油储备账目",并规定能源部的部长可以不经进一步的审批就可以对需要执行该储备的相关活动进行拨款,并且该储备账目将一直保持充足状态而不受财政年度限制。① 美国 1975 年《能源政策与保护法》第 6283 条还曾规定了"夏季供给和燃料预算计划",为保障能源消费者利益,该条规定了两种强制性的能源销售商与消费者之间的两种合同要求,其一是固定价格合同,它是指能源销售商与消费者之间,无论市场价格如何波动,销售商都要按照预定的价格销售丙烷、煤油和民用燃料油;其二是价格封顶合同,它是指能源的销售商按照一定的价格销售甲烷、煤油或民用燃料油,即使甲烷、煤油或民用燃料油的商家的开销可能会超过合同中的最高价格;并且,规定能源部长应当给各州优先权来分配公共基金或私人基金,以发展州的夏季供给和燃油预算计划。②

2. 保障公民对于新能源设备的使用

国家采取各种措施有效保障公民对于新能源设备的使用,保障

---

① 毛如柏:《世界环境法汇编——美国卷》(卷三),中国档案出版社 2007 年版,第 1868 页。

② 毛如柏:《世界环境法汇编——美国卷》(卷三),中国档案出版社 2007 年版,第 1878 页。

公民对于新能源技术的利益分享，也是社会公正的一种体现。1954年美国《原子能法》第四分章"特殊核材料的生产"中第2064条对相关能源的分配与管理进行了规定：如果在委员会的生产设施中或者实验利用设施中生产出来的是电力能源，其价格应受适当的有管辖权的机构管理；在依合同出售能源的时候，委员会应给予没有受到公共机构或集体组织服务的高成本区域中的公共、集体或者私人机构优先权。① 除了享有一定的新能源技术利益获取保障权之外，美国还注重对公民进行相关的新能源设备义务性的培训和提供物质援助。美国1975年《能源政策与保护法》第6276条"国内可再生的能源工业和相关的服务工业"第4款规定，政府与工业代表团、非营利性组织和其他联邦政府机构协商后，建立跨部门的有关可再生能源和高效能源应用的工作小组，该工作小组应当致力于为国际开发人员和在自己国家的当地用户提供能源技术培训和教育；为非营利性组织提供财政与技术援助；跨部门工作组应当开展对于可再生能源技术和高效能源技术和产品的出口而使用的津贴、奖金和鼓励策略研究。②

（二）能源领域的公众参与

1. 能源信息的公布

能源信息的享有是保障能源领域公正理念实现的重要前提，如果公众不能充分享有相关能源信息的知情权，整个社会就无法形成落实能源安全立法宗旨的稳定信念，从而导致众多的、分散的、不稳定的个体存在，最终也不可能形成维护能源安全所需要的社会整体合力。③ 美国《信息自由法》对能源领域信息的分享做了基本规定，其第552条第1款规定，美国每一个机构应当按照以下方式向公众公布信息：每个机构应当在《联邦公报》中及时发布公司中

① 毛如柏：《世界环境法汇编——美国卷》（卷三），中国档案出版社2007年版，第2217页。

② 毛如柏：《世界环境法汇编——美国卷》（卷三），中国档案出版社2007年版，第1877页。

③ 王利：《后〈京都议定书〉时代的前景探析》，载《武汉科技大学学报》（社会科学版）2009年第3期。

心机构和所从事领域的介绍、公司所在的固定地点、公众获取信息或获得决议的方法；介绍所得到的书面文件或书面材料签发地、报告或检查的范围和内容的说明；法律规定采用的具有的普遍适用性的实际条例、机构制定和采用的具有普遍适用性的一般策略或释义的阐述。① 除了原则性的规定，在具体的能源立法中，围绕着能源信息的分享，美国能源立法还规定了有效的保障制度：

首先，强化能源部门领导的能源信息公开责任。1974 年美国《能源重组法》第 5813 条"部长职责"中规定，要创造并鼓励大众关于能源保护技术的总体信息的发展，以及能源充分被利用的信息发展，能源研究与发展部门的部长应与联邦能源部部长一起，从实际角度出发，通过与大众交流来分享该实用信息。② 第 5817 条"部长权力"第 5 款规定，部长应该通过信息项目和其他适当方式来传播所获关于本分章的科学、技术和实用信息，以此来增加信息量，为科学与工业发展进步及促进公共理解提供至关重要的内部观点和评论的交换。③

其次，强化能源部门的具体机构责任。美国 1975 年《能源政策与保护法》第 6276 条"国内可再生的能源工业和相关的服务工业"第 3 款规定，对于国内可再生能源信息工业和相关服务工业的技术信息，应当提供给合适的公众和从事商业活动的专署官员及潜在的最终用户，包括在外国的其他工业部门，例如卫生保健、农村发展、通信和其他。④ 该法第 6307 条"消费者教育"中规定，通过与委员会、相应的工贸联合组织和工业成员（包括零售商、相关消费者和环境组织）的合作，部长必须采取措施告知消费者：

---

① 毛如柏：《世界环境法汇编——美国卷》（卷一），中国档案出版社 2007 年版，第 247 页。

② 毛如柏：《世界环境法汇编——美国卷》（卷三），中国档案出版社 2007 年版，第 1967 页。

③ 毛如柏：《世界环境法汇编——美国卷》（卷三），中国档案出版社 2007 年版，第 1970 页。

④ 毛如柏：《世界环境法汇编——美国卷》（卷三），中国档案出版社 2007 年版，第 1876 页。

为国家节约能源消费者节省资金的方法以及部长认为其他在消费品使用时，鼓励节约能源的事情。①

2. 能源决策的公众参与

现实中，保障和完善能源领域社会主体经济参与的机会可以有效地帮助各主体公正地分享与能源有关的经济发展所带来的有关利益。人类贫困是指多方面的贫困——健康生活的被剥夺、知识的匮乏、体面生活的丧失以及缺少参与机会等。② 美国的能源立法充分重视了能源决策的公众参与制度建设。

首先，完善公众参与能源决策的法律依据。美国能源立法中普遍要求、鼓励给予公众参与能源领域决策的机会。美国 1975 年《能源政策与保护法》第 6325 条第 7 款规定，要求建立州能源顾问团，其顾问团内至少 8 名成员应为州机构或其分支的主管人员；至少 4 名成员应为州或地方低收入保护援助项目的主管人员；其他成员应该从对能量有效利用或可更新能源项目中的有经验的人员及私有部门、消费者权益组织、教育机构、当地政府能源项目或研究机构中指定。③

其次，美国能源立法在保障能源公众决策参与时要求禁止性别歧视。1974 年美国《能源重组法》第 4 分章"性别歧视"中第 5891 条规定，任何人都不能因性别而被拒绝参加任何项目与活动，遭受利益受损，或是遭到歧视，或是无法领取联邦补助。④

再次，美国能源立法还要求保证能源小企业参与决策。1974 年美国《能源重组法》原则条款第 5801 条第 4 款规定，国会宣布根据公众利益和国会政策，给予小企业合理的参与机会，尽可能地在让渡、购买及其他联邦针对能源高效使用的研究、发展和示范，

---

① 毛如柏：《世界环境法汇编——美国卷》（卷三），中国档案出版社 2007 年版，第 1908 页。

② 唐代兴：《公正伦理与制度道德》，人民出版社 2003 年版，第 4 页。

③ 毛如柏：《世界环境法汇编——美国卷》（卷三），中国档案出版社 2007 年版，第 1924 页。

④ 毛如柏：《世界环境法汇编——美国卷》（卷三），中国档案出版社 2007 年版，第 1983 页。

在能源的利用和节约的相关活动中，实现公正、公平；分则中第
5878 条又要求，能源部部长提交的有关报告中应包括开发和示范
项目建立的小型企业和非营利性组织的详细信息，以及能源部部长
对涉及的遵照第 5801 条第 4 款的小型企业的鼓励程度。① 1980 年
美国《风能系统法》第 9211 条规定，部长应该采取一定的步骤在
最大可能的程度上确保相关的小型企业能够具有现实以及足够的机
会参与在本法中所建立的项目。②

（三）能源市场的公平竞争

本部分内容参照第二编第十一章能源行业监管中美国对能源市
场公平竞争的监管部分介绍。

（四）能源责任的公正分担

1. 能源责任规定的细化

能源责任的公正分担是保障能源公正的重要手段，它与能源利
益的公正分享共同构成了能源公正维护的基本范畴。美国的能源立
法在能源责任的公正分担方面首先保障了能源责任的细化，保障了
可操作性。1978 年美国《天然气政策法》在第 3414 条第 3 款规定
了刑事处罚条款，非常细致：其一，违反本章规定，除第 3 项规定
涉及的违法行为外，任何故意违反本章规定的单位需受到：不超过
5000 美元的罚款或两年及两年以下的有期徒刑或者并罚。其二，
对于违反规章或指令的一般情况：除第 3 项规定涉及的违法行为
外，任何故意违反根据本章规定制定的规章或指令的单位（不包
括委员会根据本条第 2 款第 4 项第（5）小节规定裁定的民事处
罚），对其每一项违法行为，均需处以不超过 500 美元的罚款。其
三，故意违反紧急情况指令的：任何单位若故意违反根据本卷第
3362 条规定指定的指令或根据第 3363 条规定指定的补充指令，对
其每一项违法行为，将处以不超过 500000 美元的罚款。其四，违

---

① 毛如柏：《世界环境法汇编——美国卷》（卷三），中国档案出版社 2007
年版，第 1983 页。

② 毛如柏：《世界环境法汇编——美国卷》（卷三），中国档案出版社 2007
年版，第 2064 页。

法行为日计制：每日发生的违法行为，将构成一项独立的违法行为。其五，故意的定义为：该单位实际知情或推定该单位作为理性个体在类似情况中行为时应当知晓。①

2. 能源利益分享与责任承担的协调

美国的能源立法在能源责任的分担方面，注重了能源利益的分享与能源责任承担的协调。美国 1975 年《能源政策与保护法》第 6323 条规定，联邦政府为州能量有效利用提高提供激励资金的同时，在 6342 条规定了州能源有效利用目标，要求 1991 年 1 月 1 日起或之后，每个州的能量保护计划，应该含有一个目标，包括：与 1990 年相比，2000 年的州能量使用有效利用至少有 10% 的提高，也可以包含短期目标。② 美国 1975 年《能源政策与保护法》第 6391 条第 2 款规定，任何对于能源使用的限制应当按照可行的最大限度，被设计成能以公平的方式实施，使之在经济的所有部门间合理地分配该限制负担，而不是在某一工业、商业或贸易企业阶层，或在其中的某一部门之上，强加一个不合理、不成比例的负担份额。在规定此类限制时，应当适当考虑商业、零售业和服务机构的需要。③

3. 多样的能源责任实现方式

美国的能源立法在能源责任承担方式上规定了多样的责任实现方式，区分不同情况，对民事与行政、刑事手段进行综合运用。美国 1975 年《能源政策与保护法》第 6395 条规定了执行条款。对于违反被列举的禁止行为的民事处罚，一般的违反会受到不超过 5000 美元的民事处罚，对于故意违反的将受到每次不超过 10000 美元的罚款；对于由于违反而受到民事处罚之后又违反的处罚，规定任何人若因在产品或商品贸易中的销售、采购，或推销方面违反

---

① 毛如柏：《世界环境法汇编——美国卷》（卷三），中国档案出版社 2007 年版，第 2099 页。

② 毛如柏：《世界环境法汇编——美国卷》（卷三），中国档案出版社 2007 年版，第 1922—1923 页。

③ 毛如柏：《世界环境法汇编——美国卷》（卷三），中国档案出版社 2007 年版，第 1946 页。

禁止条款受到民事处罚之后，仍然知情、故意违反相关禁止条款的，则其将受到不超过 50000 美元的罚款或不超过 6 个月的监禁，或以上二者并罚。① 1974 年美国《能源供给与环境协调法》第 797 条执行条款中规定，依据第 792 条第 4 款的规定，任何人违反规定销售或倒卖煤炭牟取商业利益的行为都将视为非法行为。任何事前就因违反第 792 条第 4 款被罚且明知规定，但是仍然故意违反规定者，将被处罚不超过 5000 美元的罚款，或不超过 6 个月的拘留，或两罪并罚。②

4. 完善的处罚程序

美国的能源立法在能源责任承担方式上还规定了完善的救济程序。为保障处罚方式公平，1980 年美国《海洋热能转换法》第 3 分章规定的执行条款中，第 9151 条第 3 款规定，在民事处罚中，任何个人经署长根据第 5 卷第 554 条发布通知和举行听证后认定已违反本卷第 9151 条的任何规定都将被依法处以 25000 美元以下的罚款，持续违规将另行处罚。署长及其指定代理人有权决定民事罚款额度，并做出书面通知。为公正起见，署长在决定处罚额度时，应考虑该项违规的性质、结果、程度和严肃性，同时考虑违规人的认罪程度、有无前科、支付能力和其他相应事物。③ 该法第 9151 条第 4 款规定了刑事处罚的情形：根据第 9151 条，故意违反该条的任一条款，将被视为有罪；除第 9113 条中做出规定的违法行为外，任何其他违法行为在其违法行为存续期间，将被处以每天 75000 美元以下的罚款；在第 9151 条第 2、第 3、第 4、第 5 项中列出的任何违法行为，将被处以罚金或 6 个月以下的监禁，或同时执

---

① 毛如柏：《世界环境法汇编——美国卷》（卷三），中国档案出版社 2007 年版，第 1947 页。

② 毛如柏：《世界环境法汇编——美国卷》（卷三），中国档案出版社 2007 年版，第 1988 页。

③ 毛如柏：《世界环境法汇编——美国卷》（卷三），中国档案出版社 2007 年版，第 2011 页。

行上述两种处罚方式。①

（五）能源职业公平与健康的维护

1. 注重公众健康利益

1974 年美国《能源供给与环境协调法》第 793 条第 1 款规定
了低硫燃料的配置：任何符合第 792 条规定的分配计划或符合
《1973 年紧急石油分配法》规定的，应该在最大可行范围之内，采
取措施保证有足够的低硫燃料优先分配给那些联邦境内国家环保署
署长认为使用低硫燃料可以防止或减少污染，即能对公众减少不利
影响的地区。②

2. 能源管理部门员工利益保障

鉴于能源部门在国民社会经济发展中的重要作用，同时考虑到
边远地区能源管理部门职工艰苦性，美国的能源立法注重了对于某
些特殊地区能源管理部门员工利益的保障。1974 年美国《能源重
组法》第 5813 条"部长职责"中第 3 款规定，要保障为在边远地
区雇员提供的服务：其一，无论何时只要有必要，部长有权为其在
偏远地区的雇员及其家属提供、构建并保持以下服务：紧急医疗服
务和提供；食物及其他物质提供；伙食设施；视听器材、各种附
件，娱乐和训练设施；短期减轻贫困人口的紧急事件中为雇员提供
的食物、衣物和其他设施的报销；生活和工作的住所和设施；雇员
的就学年龄家属就近接受适当教育提供交通便利等。其二，上述措
施所需费用，由部长储存或取出于财政部，用于直接支付以上工作
或服务的费用，用以偿还或增加所需的或其中一部分的费用。③
1980 年美国《海洋热能转换法》第 3 分章规定的执行条款中，根
据第 9151 条规定，任何个人如手持凶器对美国官员或工作人员造
成身体伤害或有可能造成身体伤害，将被处于 100000 美元以下的

---

① 毛如柏：《世界环境法汇编——美国卷》（卷三），中国档案出版社 2007
年版，第 2011 页。

② 毛如柏：《世界环境法汇编——美国卷》（卷三），中国档案出版社 2007
年版，第 1985 页。

③ 毛如柏：《世界环境法汇编——美国卷》（卷三），中国档案出版社 2007
年版，第 1960—1961 页。

罚款或 10 年以下的监禁，或两者并罚。

　　3. 能源企业员工利益保护

　　能源企业员工的利益保护有利于维护其职业安全与健康，有利于能源活动的开展。1974 年美国《能源重组法》第 5851 条专门规定了员工保护条款，其第 1 款首先要求不能进行员工歧视，要求任何雇主不得任意解雇员工或者在报酬、工作关系、工作环境以及权利方面歧视员工；员工一旦确定了雇主有违反本章或《1954 年原子能法》的不法行为应拒绝加入该企业。其第 2 款规定了被歧视与员工的维权措施或手段，任何员工若认为雇主违反上述诸不法行为对自己进行排挤和歧视，本人或者委托他人应在此事件发生的 180 天内向劳动部部长提交诉讼，申诉这种不公平待遇。一旦受理诉讼，劳动部部长将通知被申诉人、委员会和能源部。如果经过调查，劳动部部长确认了在第 1 款中提及的违反规定的事件的发生，劳动部部长应该命令违反人员：立即停止违反规定的行为，并且恢复控诉人员原职、补偿费（包括退补费）、工作关系、工作环境以及员工权利、赔偿损失。如果本项中提及的命令一旦下达，劳动部部长将应控诉人要求对案件所花费的合理总开销（包括律师费、专家、证人费）进行估算，并估算出被控诉人该支付的同等金额的费用。①

三、对我国应对社会公正问题的能源立法的未来展望

　　现实中，维护社会公正是能源法功能的衍生功能，毕竟能源法的产生主要是为了能源供给安全保障的使命而产生的。但是维护社会公正是人类社会发展中的基本价值追求，也是任何法律的基本使命。而对社会而言，最基本的规则就是制度；制度是否适度，是其他社会规则是否适度的前提；制度是否道德，决定了社会是否道德

---

　　① 毛如柏：《世界环境法汇编——美国卷》（卷三），中国档案出版社 2007 年版，第 1978 页。

和人的生活是否道德。① 因此，追求公平也是可持续发展的应有之义，公正的社会制度对于保障一个可持续并且又公平的和谐社会的建设是必不可少的。还要看到，能源法的经济、环保及社会公正的促进功能之间本身也存在着密切的联系，在能源领域向着保障社会公平和可持续的方向引导社会主体的能源需求、实施有利于能源惠益分享与责任分担的措施也是维护和改善能源生态环境的重要手段。

目前，能源不公问题日益严重的现实正在阻碍着社会公正问题的进一步实现，能源不公与贫富差距、就业压力、土地拆迁等其他社会问题一起成为了我国严峻的社会问题，解决能源领域中的社会公正问题已经成为现实社会中的紧迫任务。从前述能源消费量最大、能源立法经验较为丰富与前沿的美国能源立法内容来看，一个普遍的真理就是：社会公正问题在社会中主要体现为经济现象，但是决定的因素却不仅仅是经济基础因素，很多非经济的因素如社会结构、政治体制、制度安排、价值观念、道德规范等也是决定、维持和保持社会公正制度实现的重要因素。为此，如果想真正实现能源领域的社会公正问题，我国政府与整个社会仍然需要进行更多努力的工作，其行动范围应该涉及以下几个方面：

首先，应该保证能源法律制度的公正，以此来解除能源领域社会公正实现的实践障碍。公正社会制度的存在虽然不能改变人们所占有的自然资源禀赋状况，但在现实中可以把个人的努力程度与回报相结合，在个人精神层面形成激励机制，激发个人目标和社会目标相联系、激发个人的自然禀赋与社会禀赋的充分结合，从而增加资源的利用效率，促进自身福利和社会快速发展的协调并进。显然，能源领域公正问题解决的前提只能是人们生活于其中的国家或地区的公正的社会机制和制度环境。总体上看，能源领域制度特别是法律制度的完善应该包括以下几个方面：第一，完善能源事务决策参与机制。通过分享能源领域中的决策权，对能源领域相关问题

---

① 世界银行：《2003年世界发展报告：变革世界中的可持续发展——改进制度、增长模式与生活质量》，中国财政经济出版社2003年版，第37页。

进行共同协商和决策，可以有效协调能源领域各种主体之间的利益，从而为一个公正的能源社会秩序的出现创造积极的条件；第二，完善能源信息共享机制。市场上的主体总是在谈判时希望对方提供有关交易的全面而准确的信息，并且希望保证对方在签约后能够以诚信的方式履约，这是市场机制正常运作的前提。普通的公民也希望政府提供社会上的各种信息，并期望这种信息是全面且符合公正理念的，这也是社会行为秩序稳定的基础。在促进社会公正的能源事务决策公共参与机制建设中，应突出强调公正的能源信息共享机制的建设。它可以有效保证社会中的人们在能源领域参与各种活动的信息需要，满足人们在彼此交往中所需要的信用保证。公正的能源信息共享机制的完善主要取决于保障能源活动领域过程的公开性、对能源信息发布及信息准确性的保证。第三，完善能源领域社会防护性机制。能源领域的社会公正的维护需要的是一个完整的社会制度体系的完善，不仅仅是需要规定公众参与决策、保证平等的竞争机遇和条件等，还需要完善一些配套制度来促进公众本身潜力的不断开发及在特殊情况下给予公民提供一定的救济。除了需要一般性的社会保障机制，如通过社会教育、医疗保健以及其他方面所实行的合理制度安排，除应帮助公众在实现更好的生活质量的完善、工作效率的提高等方面外，还需要构建一些特殊性的社会保障机制，主要体现为能源企业失业救济和法定的贫困者收入补助，为能源领域中的生活苦难者提供可增加他们收入的紧急公共就业项目，增加边远地区能源管理机构及能源企业员工的收入补贴以及临时需要而定的安排等。

其次，应该注重公众精神伦理层面的励新，以解除能源领域实现社会公正的主观障碍。在社会制度不可能尽善尽美的情况下，在追求能源领域社会公正的时候，我们还要考虑通过完善人们精神层面的因素特别是对人的行为具有重要指导作用的伦理因素来实现社会公正。围绕着能源领域在全社会树立一个完善的、有利于能源公正的伦理思想对于实现能源领域中的社会公正也是至关重要的，因为公正伦理思想本身就是公正意识的重要体现。现实中，实现能源领域社会公正的伦理励新的一个重要手段就是环境正义思想的普及和推广。"环境正义"又称为"环境公正",在广义上是指人类与自然之间实施正义的可能性问题,狭义上包括两层含义:一是指所有主体都应拥有平等享用环境资源、清洁环境而不遭受资源限制和不利环境伤害的权利;二是享有环境权利与承担环境保护义务的统一性,即环境利益上的社会公正。① 如果上述这些有利于能源公正的有关的伦理思想能被人们接受,成为世人广泛认同的社会伦理意识,许多不良能源利用行为和能源不公的状态就会得到有效改善。

最后,还要注重能源经济领域的正义,以完善能源领域实现社会公正的支持手段。处于经济社会快速转型时期的我国,随着利益结构的加速调整,经济领域中公平问题也日益凸显,已经成为我国和谐社会建设中的重大障碍。我国十七大报告指出,在初次分配和再分配中都要处理好效率和公平的关系,再分配要更加注重公平。当前,在经济领域(包括与能源有关的经济领域)如何"更加注重社会公平"是我们在追求社会经济进一步发展进程中不得不面临的重要难题。如今,能源不公现象正在加剧着我国社会不公平的现状,而且很多的能源不公现象主要就表现在与能源有关的经济领域,如区域之间、城乡之间在分享能源利益与责任负担的不公平、能源品种消费结构在地区、阶层之间的差异性等等。此类问题的解决是应对我国能源领域公正问题的重点所在。

就我国实际情况来看,强调并完善能源法的社会功能也存在着必要性。一方面,科学发展观已经成为社会发展的主要战略及社会实践,科学发展观以人为本的思想已经成为了社会思想的主流意识形态,如何在经济保持稳定发展的同时促进人的全面发展、促进社会公正的进一步实现已经成为我国社会发展战略及法制建设的重要使命。另外,建设一个和谐社会已经成为我国经济社会发展的目标,一个和谐的社会必然会注重激发全社会的活力,注重促进社会公平与正义的实现。在我国未来的能源立法中,如何结合我国国情并借鉴先进国家的立法经验,通过加强公众参与、加强能源惠益的分享、完善能源公共服务义务、加强弱者权益保护、加大能源企业

① 朱贻庭:《伦理学大辞典》,上海辞书出版社2002年版,第161页。

社会责任等权利导向的法律保障机制来推进能源领域社会公正理念的实现，从而解决能源领域中的社会公正问题显然已经成为现实社会发展中的紧迫任务及我国未来能源立法的重要使命！

参 考 文 献

一、中文文献

（一）专著

安建：《中华人民共和国节约能源法释义》，法律出版社2007年版。

白中红：《〈能源宪章条约〉争端解决机制研究》，武汉大学出版社2012年版。

北京市发展和改革委员会：《节能管理与新机制篇》，中国环境科学出版社2008年版。

财政部税收制度国际比较课题组：《美国税制》，中国财政经济出版社2000年版。

财政部税收制度国际比较课题组：《日本税制》，中国财政经济出版社2000年版。

曹雪琴：《税收制度国际比较》，学林出版社1998年版。

程荃：《欧盟新能源法律与政策研究》，武汉大学出版社2012年版。

崔民选：《2006 中国能源发展报告》，社科文献出版社 2006 年版。

丁佩华：《俄罗斯石油地位的博弈——基于 21 世纪初的分析》，上海人民出版社 2009 年版。

鄂勇、伞成立：《能源与环境效益》，化学工业出版社 2006 年版。

韩大元、莫于川：《应急法制论—突发事件应对机制的法律问题研究》，法律出版社 2005 年版。

郝弘毅：《"后危机时代"的石油战略》，中国时代经济出版社 2009 年版。

何建坤：《国外可再生能源法律译编》，人民法院出版社 2004 年版。

何勤华：《外国法制史》，法律出版社 1997 年版。

黄冠胜：《欧盟家用电器能效标识指令汇编》，中国标准出版社 2005 年版。

黄进：《中国能源安全问题研究——法律与政策分析》，武汉大学出版社 2008 年版。

李晓辉：《保障我国能源安全的经济法律制度研究》，厦门大学出版社 2011 年版。

李英、曾宇：《合同能源管理法律与实践》，光明日报出版社 2011 年版。

联合国环境与发展大会：《21 世纪议程》，中国环境科学出版社 1993 年版。

吕江：《英国新能源法律与政策研究》，武汉大学出版社 2012 年版。

吕振勇：《能源法简论》，中国电力出版社 2008 年版。

马迅：《〈能源宪章条约〉投资规则研究》，武汉大学出版社 2012 年版。

毛如柏：《世界环境法汇编——美国卷》（卷三），中国档案出版社 2007 年版。

钱伯章：《节能减排—可持续发展的必由之路》，科学出版社

2008 年版。

秦鹏：《生态消费法研究》，法律出版社 2007 年版。

清华大学环境资源与能源法研究中心课题组：《中国能源法（草案）专家建议稿与说明》，清华大学出版社 2008 年版。

曲云鹏：《澳大利亚能源规制：法律、政策及启示》，知识产权出版社 2011 年版。

润宇：《石油战略储备-欧盟的储备体制及其借鉴意义》，中国市场出版社 2007 年版。

世界银行：《2003 年世界发展报告：变革世界中的可持续发展——改进制度、增长模式与生活质量》，中国财政经济出版社 2003 年版。

宋景义：《转轨时期俄罗斯石油天然气工业及其对外经济联系研究》，中国经济出版社 2008 年版。

唐代兴：《公正伦理与制度道德》，人民出版社 2003 年版。

王安建、王高尚等：《能源与国家经济发展》，地质出版社 2008 年版。

王树义：《俄罗斯生态法》，武汉大学出版社 2001 年版。

王文革：《中国节能法律制度研究》，法律出版社 2008 年版。

王元忠、李雪宇：《合同能源管理及相关节能服务法律实务》，中国法制出版社 2012 年版。

王正立：《世界部分国家能源管理机构简介》，中国大地出版社 2005 年版。

肖乾刚、肖国兴：《能源法》，法律出版社 1996 年版。

肖兴利：《国际能源机构能源安全法律制度研究》，中国政法大学出版社 2009 年版。

薛澜等：《危机管理》，清华大学出版社 2003 年版。

阎政：《美国核法律与国家能源政策》，北京大学出版社 2006 年版。

杨翠柏：《国际能源法与国别能源法》（下），四川出版集团巴蜀书社 2009 年版。

杨泽伟：《发达国家新能源法律与政策研究》，武汉大学出版社 2011 年版。

杨震:《法价值哲学导论》,中国社会科学出版社 2004 年版。

叶荣泗、吴钟瑚:《中国能源法律体系研究》,中国电力出版社 2006 年版。

尹继左:《可持续发展战略》,上海人民出版社 1998 年版。

于春苓:《俄罗斯能源外交政策研究》,中国社会科学出版社 2012 年版。

袁新华:《俄罗斯的能源战略与外交》,上海人民出版社 2007 年版。

张剑虹:《中国能源法律体系研究》,知识产权出版社 2012 年版。

赵爽:《能源变革与法律制度创新研究》,厦门大学出版社 2012 年版。

赵爽:《能源法律制度生态化研究》,法律出版社 2010 年版。

中国环境与发展国际合作委员会:《给中国政府的环境与发展政策建议》,中国环境科学出版社 2005 年版。

卓泽渊:《法的价值论》,法律出版社 2006 年版。

卓泽渊:《法理学》,法律出版社 2004 年版。

[美] 斯科特·L. 蒙哥马利著:《全球能源大趋势》,宋阳、姜文波译,机械工业出版社 2012 年版。

[美] 劳伦斯·M. 弗里德曼著:《法律制度:从社会科学角度观察》,李琼英、林欣译,中国政法大学出版社 1994 年版。

[美] 约瑟夫·P. 托梅因、理查德·D. 卡达希:《美国能源法》,万少廷译,法律出版社 2008 年版。

[美] 巴拉克·奥巴马著、孟宪波译:《我们相信变革——巴拉克·奥巴马重塑美国未来希望之路》,中信出版社 2009 年版。

[美] 博登海默著,邓正来译:《法理学:法律哲学与法律方法》,法律出版社 1999 年版。

[俄] C. 3. 日兹宁著:《俄罗斯能源外交》,王海运、石泽译审,人民出版社 2006 年版。

[俄] E. A. 科兹洛夫斯基著,鄢泰宁、王达译:《俄罗斯矿产

资源政策与民族安全》，地质出版社 2007 年版。

〔英〕詹宁斯·瓦茨：《奥本海国际法》，王铁崖等译，中国大百科全书出版社 1995 年版。

〔日〕大木雅夫著：《比较法》，法律出版社 2006 年版。

〔澳〕艾德里安·J. 布拉德鲁克（Adrian J. Bradbrook），〔美〕理查德·L. 奥汀格（Richard L. Ottinger）主编：《能源法与可持续发展》，曹明德、邵方、王圣礼译，法律出版社 2005 年版。

（二）期刊论文

安丰全、吴辉、郑景花：《日本战略石油储备研究》，载《当代石油石化》2002 年第 12 期。

白晶：《两大电力巨头削减投资，德国可再生能源发展陷危机》，载《中国能源报》2013 年 4 月 8 日，第 7 版。

边永民：《贸易措施在减排温室气体制度安排中的作用》，载《南京大学学报》（哲学·人文科学·社会科学）2009 年第 1 期。

曹明德：《气候变化的法律应对》，载《政法论坛》2009 年第 4 期。

曹明德、刘明明：《节能减排的法律对策思考》，载《清华法治论衡》2010 年第 1 期。

陈德胜、雷家骕：《法、德、美、日四国的战略石油储备制度比较与中国借鉴》，载《太平洋学报》2006 年第 2 期。

陈海嵩：《德国能源供需政策及能源法研究》，载《法治研究》2009 年第 4 期。

陈海嵩：《德国能源问题及能源政策探析》，载《德国研究》2009 年第 1 期第 24 卷（总第 89 期）。

陈海嵩：《日本的能源立法与执行情况》，载《外国问题研究》2009 年第 2 期。

陈海嵩：《日本能源法律制度及其对我国的启示》，载《金陵科技学院学报》（社会科学版）第 23 卷第 1 期。

陈海嵩：《日本能源法律制度探析》，载《安徽警官职业学院学报》2009 年第 2 期第 8 卷（总第 41 期）。

陈海嵩：《日本能源供需现状及结构演变分析》，载《现代日本经济》2009 年第 5 期（总第 167 期）。

陈海嵩：《日本能源立法及能源法律制度探析》，载《河南司法警官职业学院学报》2009 年第 7 卷第 1 期。

陈海嵩：《日本能源立法执行情况及对我国的启示》载《华北电力大学学报》（社会科学版）2009 年第 2 期。

陈海嵩：《日本新能源开发政策及立法探析》，载《淮海工学院学报》（社会科学版）2009 年第 7 卷第 4 期。

陈海嵩 任世丹：《德国能源立法及其对我国的启示》，载《政法学刊》2009 年第 26 卷第 1 期。

陈海嵩：《德国能源法律制度及其对我国的启示》，载《河南科技大学学报》（社会科学版）2009 年第 27 卷第 3 期。

陈海嵩：《德国能源供需现状与问题分析》，载《兰州商学院学报》2009 年第 2 期。

陈海嵩：《日本的节能立法及制度体系》，载《节能与环保》2010 年第 1 期。

陈海嵩：《日本的能源管理及启示》，载《中国科技论坛》2009 年第 11 期。

陈晖：《世界新能源与节能产业发展概况》，载《上海电力》2007 年第 5 期。

陈久行：《石油安全与石油储备》，载《中国石油和化工经济分析》2007 年第 14 期。

陈守海、邵文丽：《美国战略石油储备时机选择及启示》，载《商业时代》2007 年第 11 期。

陈小沁：《俄罗斯能源战略演进的历史脉络》，载《教学与研究》，2006 年第 10 期。

陈小沁：《解析〈2030 年前俄罗斯能源战略〉》，载《国际石油经济》2010 年第 10 期。

成思危：《新能源与低碳经济》，载《经济界》2010 年第 3 期。

程雪源：《巴西水电开发状况》，载《中国三峡建设》2007 年第 2 期，第 73 页。

邓江波：《德国的能源战略及煤炭产业的基本走势》，载《江苏煤炭》2004 年第 1 期。

董治堂：《中美能源政策对比研究》，载《经济经纬》2007 年第 1 期。

杜群、陈海嵩：《德国能源立法和法律制度借鉴》，载《国际观察》2009 年第 4 期。

杜群、廖建凯：《澳大利亚的能源法律制度及其借鉴》，载《时代法学》2009 年第 7 卷第 3 期。

杜群、廖建凯：《德国与英国可再生能源法之比较及对我国的启示》，载《法学评论》（双月刊）2011 年第 6 期（总第 170 期）。

杜群、王兆平：《国外碳标识制度及其对我国的启示》，载《中国政法大学学报》2011 年第 1 期。

杜晓峰等：《净煤燃烧技术的新动态》，载《污染防治技术》2008 年 2 月刊。

樊柳言、曲德林：《福岛核事故后的日本能源政策转变及影响》，载《东北亚学刊》2012 年第 2 期。

樊柳言、曲德林、汪海波、王衍行：《福岛核危机后日本新能源格局的转变及其影响与启示》，载《中外能源》2011 年第 8 期，第 29-34 页。

范纯：《风险社会视角下的俄罗斯核电安全》，载《俄罗斯中亚东欧研究》2012 年第 6 期。

范纯：《日本福岛核泄漏事故的法律省思》，载《法学杂志》2012 年第 5 期。

方阳生：《城市电力规划新思维——综合资源规划方法的应用探讨》，载《规划师》2006 年第 22 期。

冯春萍：《日本石油储备模式研究》，载《现代日本经济》2004 年第 1 期。

冯春艳：《发达国家的石油供应应急机制》，载《中国石化》2007 年第 1 期。

冯相昭、赖晓涛、田春秀：《关注低碳标准发展新动向——英国 PAS2050 碳足迹标准》，载《环境保护》2010 年第 3 期。

冯玉军、丁晓星、李东编译，《2020 年前俄罗斯能源战略

（上）》，载《国际石油经济》2003 年第 9 期。

冯玉军、丁晓星、李 东编译，《2020 年前俄罗斯能源战略（下）》，载《国际石油经济》2003 年第 10 期。

付瑶：《我国能源安全现状与对策》，载《合作经济与科技》2007 年 4 月号上。

高辉清编写：《中国能源战略发展报告》，载《财经界》2005 年第 12 期。

龚向前：《欧盟能源市场化进程中供应安全的法律保障及启示》，载《德国研究》2007 年第 2 期。

国家发改委资源节约和环境保护司：《德国推动节能的主要做法与经验》，载《资源与环境》2008 年第 1 期。

呼静、武涌：《〈欧盟建筑能源性能指令〉对建立我国建筑节能法律法规体系的启示》，载《建筑经济》2006 年第 10 期。

黄杰：《法国的能源问题与政府的能源政策》，载《世界经济》，1988 年第 8 期。

黄庆业、马卫华：《澳大利亚能源监管新机制及其借鉴意义》，载《华北电力大学学报》（社会科学版）2007 年第 2 期。

蒯茗：《国外部分国家可再生能源政策及对我们的启示》，载《中国能源》2000 年第 6 期。

雷仲敏：《能源形式与能源战略》，载《资源与发展》2005 年第 3 期。

李北陵：《欧盟战略石油储备模式管窥》，载《中国石化》2007 年第 9 期。

李宏勋、赵玺玉：《日本政府促进天然气消费的政策措施及其启示》，载《天然气工业》2002 年第 6 期。

李化：《澳大利亚能源安全的法律政策保障及其借鉴》，载《中国地质大学学报》（社会科学版）2010 年第 6 期。

李静云，别涛：《清洁发展机制及其在中国实施的法律保障》，载《中国地质大学学报》（哲学社会科学版）2008 年第 1 期。

李军：《法的功能、作用和价值比较研究》，载《山东医科大学学报》（社会科学版）1998 年第 1 期。

李伟安、柳文：《中国能源发展备忘录》，载《决策与信息》2006年第5期。

李晓东：《德国天然气行业发展现状及对我国的启示》，载《国际石油经济》2005年第3期。

李艳芳、岳小花：《论我国可再生能源法律体系的构建》，载《甘肃社会科学》2010年第2期。

廖建凯：《我国能源储备与应急法律制度及其完善》，载《西部法学评论》2010年第2期。

林伯强：《合同能源管理：节能减排的市场化模式》，载《环境经济》2008年第5期。

刘红：《2005年国内外能源政策综述》，载《国际石油经济》2006年2月底专稿。

刘宏兵：《对日本煤炭工业消亡的思考》，载《经济问题》2004年第12期。

刘丽君：《油价高企背景下美日德法能源政策概况》，载《中国能源》2006年第5期。

刘宁：《论美国国会在中国国有企业并购美国企业过程中的影响——以中海油收购优尼科案为例》，载《长白学刊》2006年第6期。

柳士双：《中国新能源发展的战略思考》，载《经济与管理》2010年第6期。

卢求：《德国2006建筑节能规范及能源证书体系》，载《建筑学报》2006年第11期。

吕薇：《高度集中的美国战略储备》，载《中国石油石化》2003年第3期，第71页。

栾春玉：《日本节能环保法律、政策的经验与启示》，载《税务与经济》2012年第6期。

罗超：《美国核能监管法律制度与政策及其对中国的启示》，载《东南大学学报》（哲学社会科学版）2012年12月增刊。

罗黛琛：《利比亚局势和日本核泄漏危机对法国能源政策的影响》，载《观察与思考》2011年第5期。

罗丽：《日本能源政策动向及能源法研究》，载《法学论坛》2007 年第 1 期。

马冰、刘伟：《德国的石油需求与石油储备简介》，载《国土资源情报》2002 年第 1 期。

马成辉：《美国核能政策的分析与借鉴》，载《核安全》2007 年第 3 期。

马与雄：《法国欲调整能源政策，国家和地方代表及社会团体等将如何实现"能源过渡"等问题展开讨论》，载《中国工商时报》2012 年 12 月 4 日第 4 版。

牟雪江：《看印度能源做法》，载《中国石油企业》2008 年第 Z1 期。

齐绍洲、李萌：《欧盟能源效率与"欧洲理智能源计划"评析》，载《法国研究》2007 年第 2 期。

齐澍晗、刘雯：《可再生能源制度的法律思考》，2006 年环境资源法年会论文。

秦静、何英：《我国能源储备法律制度体系研究》，载《时代经贸》2007 年第 1 期。

屈伟平：《洁净煤发电的 CCS 和 IGCC 联产技术》，载《上海电器技术》2010 年第 1 期。

日本石油公团：《日本的石油储备》，载《国土资源情报》2002 年第 1 期。

桑东莉：《德国可再生能源立法新取向及其对中国的启示》，载《河南省政法管理干部学院学报》2010 年第 2 期。

沈国平：《对日本节能与管理的学习与思考》，载《资源与发展》2008 年第 1 期。

沈素红，邢来顺：《20 世纪 80 年代以来德国绿党对德国政治的影响析论》，载《长江论坛》2006 年第 4 期。

石元春：《生物质能源主导论》，载《科学时报》2010 年 12 月 9 日第 1 版。

史丹：《澳大利亚能源工业及其市场化》，载《经济管理》1998 年第 8 期。

孙克放、王新、朱青：《将节能从"被动态"转为"需求态"——德国建筑节能证书的推广与欧洲能源管理师培训的启示》，载《住宅产业》2007 年第 6 期。

孙颖、吕蓬、李祝华：《德国建筑节能法规及节能技术》，载《中国能源》2003 年第 4 期。

田晓耕：《借鉴国际经验建立我国石油储备体系研究》，载《辽宁工学院学报》2007 年第 4 期。

王冰：《日本的资源进口战略》，载《中国外资》2005 年第 8 期。

王丹辉：《俄罗斯油气资源开发及出口贸易进展述评》，载《中外能源》2010 年第 8 期。

王海燕：《德国可再生能源的新发展及对我国的启示》，载《科学对社会的影响》2007 年第 2 期。

王利：《后〈京都议定书〉时代的前景探析》，载《武汉科技大学学报》（社会科学版）2009 年第 3 期。

王利：《美国能源立法应对社会公正问题的经验及其启示》，载《广西社会科学》2012 年第 2 期。

王利：《谈我国可持续发展意识完善的必要性及策略》，载《公民与法》2009 年第 5 期。

王利：《影响能源法功能选择的若干动因分析》，载《生态经济》2011 年第 9 期。

王利：《中国新能源法律政策的缺陷与完善》，载《北方论丛》2011 年第 6 期。

王晓宁：《中国新能源产业发展回顾与展望》，载《高科技与产业化》2010 年第 7 期。

王正立、曹庭语：《日本的能源与能源政策》，载《国际动态与参考》2004 年第 20 期。

乌森（法国经济金融工业部）：《法国的能源安全政策》，载《国际石油经济》1999 年第 4 期。

吴光伟、程俐骢、王松华：《能源储备：解决城市发展瓶颈的一项对策》，载《城市规划汇刊》2004 年第 4 期。

吴建藩：《德国石油储备的建设与管理》，载《石油化工技术经济》2002 年第 2 期。

吴筠、龙惟定：《德国的建筑能源护照制度》，载《暖通空调》2006 年第 8 期。

吴志忠：《日本能源安全的政策、法律及其对中国的启示》，载《法学评论》2008 年第 3 期。

吴志忠：《日本新能源政策与法律及其对我国的借鉴》，载《法学杂志》2013 年第 1 期。

邢冀：《关于在我国开展低碳标志工作的探讨》，载《中国环境管理》2009 年第 3 期。

徐贝妮、张舒婷、王征、曲海潮：《美国天然气行业发展与中国企业的投资机遇》，载《国际石油经济》2012 年第 11 期。

徐纪贵：《德国能源政策浅析》，载《德国研究》2003 年第 3 期。

徐建华：《欧盟能源一体化战略探析》，载《特区经济》2008 年第 7 期。

徐孟洲、胡林林：《发展新能源与可再生能源的税收激励机制研究》，载《中州学刊》2010 年第 2 期。

徐薇：《我国能源消费变动趋势及对策研究》，载《煤炭经济研究》2006 年第 1 期。

许英杰：《德国能源领域市场化改革的路径选择——以监管机构的变迁为视角》，载邵建东、方小敏主编：《中德法学论坛》（第 9 辑），法律出版社 2011 年版。

鄂达昆、李应振：《环境标志制度与技术性贸易壁垒》，载《现代管理科学》2004 年第 2 期。

杨朝红：《日本国石油储备法》，载《国际石油经济》1998 年第 6 期。

杨解君：《我国新能源与可再生能源立法之新思维》，载《法商研究》2008 年第 1 期。

杨解君、蔺耀昌：《新能源及可再生能源开发利用与环境资源保护的关系及其立法协调》，载《行政法学研究》2008 年第 1 期。

叶荣泗:《我国能源安全的法律保障》,载《中国发展观察》2008 年第 1 期。

原国家经贸委资源节约与综合利用司赴美节能培训班:《美国的"能源之星"项目》,载《节能与环保》2003 年第 10 期。

翟青、康艳兵、牛波:《美国节能管理工作特点及对我国的启示》,载《中国能源》2003 年第 7 期。

张芳:《美国风电现状观察》,载《国家电网》2013 年第 3 期。

张焕芬编译:《世界地热发电和直接利用状况》,载《太阳能》2011 年第 22 期。

张抗:《建立石油安全预警系统势在必行》,载《国际石油经济》2004 年第 1 期。

张利军:《试析印度能源战略》,载《国际问题研究》2006 年第 5 期。

张绍飞、瞿国华、吴有君:《石油储备需立法护航》,载《中国石油》2001 年 11 月刊。

张书克:《服务行政理论批判》,载《行政法学研究》2002 年第 2 期。

张曜:《上海合作组织能源合作及其对中国的积极影响》,载《山东工商学院学报》2012 年第 6 期。

张勇:《浅析巴西的电力体制改革》,载《拉丁美洲研究》2004 年第 6 期。

赵凡:《从能源安全迈向能源独立——印度能源战略简析》,载《资源导刊》2007 年第 5 期。

赵浩君:《欧盟〈能源效率行动计划〉探析》,载《华北电力大学学报》2007 年第 4 期。

赵新一:《新能源发展展望》,载《电力技术》2009 年第 10 期。

周军英等:《美国大气污染物排放标准体系综述》,载《农村生态环境》1999 年第 1 期(15 卷)。

周晓梦:《澳大利亚发布〈能源白皮书〉》,载《中国能源报》2012 年 11 月 12 日第 8 版。

朱南平：《俄联邦矿产资源法述评》，载《俄罗斯中亚东欧市场》2006 年第 3 期，第 17 页。

Mischa Bechberger，Danyel Reich：《德国推进可再生能源良治研究》，载《环境科学研究》2006 年专刊。

［美］斯科特．L. 蒙哥马利：《法国为什么对核电站情有独钟?》，载《中国机电工业》2012 年第 10 期。

《法国 2020 年海上风电装机容量目标为 600 万千瓦》，载《风能》2013 年第 2 期。

［法］古·戴卡尔梦，徐建国译：《法国的能源政策》，世界石油问题 1984-04-30。

（三）会议论文

坂本敏幸：《日本节能政策和措施》，倡导气候技术/产业联合研讨会，2005 年 2 月 24-25 日。

崔晓静：《欧盟能源税指令及其对我国的借鉴》，2006 年中国青年国际法学者暨博士生论坛论文集（国际经济法卷），2006-10-01。

房伟：《资源节约型、环境友好型社会建设与环境资源法的热点问题研究》，2006 年全国环境资源法学研讨会论文集（二）2006-08-01。

景东升、丁锋、郝江帆：《国家战略石油经济储备政策研究》，第一届中国能源战略国际论坛论文集 2006-10-01。

吴少平：《构建煤电价格联动机制的理性思考》，第二届中国能源战略国际论坛论文集 2007-10-01。

杨泽伟：《欧盟能源法律与政策及其对中国的启示》，中国欧洲学会欧洲法律研究会 2008 年年会论文集 2008-11-01。

叶辛、张璐：《国外石油储备立法对中国的启示》，中国环境科学学会学术年会优秀论文集（2008）。

叶辛、张璐：《浅析我国的石油战略储备制度》，2008 中国环境科学学会学术年会优秀论文集（下卷）2008-05-01。

甄冠楠：《资源节约型、环境友好型社会建设与环境资源法的热点问题研究》，2006 年全国环境资源法学研讨会论文集（二）

2006-08-01。

（四）报刊文献

陈支农：《美国能源战略演进及影响》，载《中国石油报》。

丁敏：《日本的能源战略及其调整》，载《中国社会科学院院报》2004 年 5 月 12 日。

付庆云：《美、德、英、日等国能源结构变化和发展方向》，载《国土资源情报》2005 年第 7 期。

付庆云、兰月：《美国能源政策转向影响美国和世界能源走势》，载《国土资源情报》2008 年第 6 期。

何晓明：《澳大利亚海上石油天然气开发监管模式及启示》，载《中国经济时报》2005 年 8 月 4 日。

家源：《中美关系：奥巴马的最好财富》，载《中国经营报》2009-02-02。

贾琇明、王翠芝：《巴西矿产资源和矿业管理概况》，载《国土资源情报》2005 年第 8 期。

姜新民、周大地：《美国：能源消耗巨无霸》，载《瞭望新闻周刊》2004 年第 15 期。

梁晓华：《欧盟协调能源储备　确保能源供给安全》，载《光明日报》2002 年 11 月 7 日。

林威：《国家石油储备中心酝酿成立》，载《中国证券报》2006 年 7 月 20 日。

林昭：《完善我国能源储备制度》，载《民营经济报》2007 年 12 月 4 日，第 A03 版。

刘增洁：《2007 年美国石油资源及供需形势分析》，载《国土资源情报》2008 年第四期。

马冰、刘伟：《德国的石油需求与石油储备简介》，载《国土资源情报》2002 年第 1 期。

日本石油公团：《日本的石油储备》，载《国土资源情报》2002 年第 1 期。

汪陵：《法律体系：美国能源保障一大"法宝"》，载《中国石化报》2006-11-09。

王海滨：《解读俄罗斯"双头鹰"能源政策》，载《中国石化报》2006-11-02。

王莉、李新民：《我国能源管理：存在体制性缺陷》，载《经济参考报》2008-01-29。

王威：《2006年全球矿业政策和管理概述》，载《国土资源情报》2007-02-05。

王威：《再生能源战略的成功典范之巴西乙醇发展战略》，载《国土资源情报》2007年第7期。

王振华：《美大力调整能源政策》，载《中华工商时报》2004-05-24。

韦玉芳：《关注美国能源政策》，载《中国国土资源报》2003-07-22。

叶荣泗：《美国适用能源的主要法律概述》，载《中国电力报》。

叶荣泗：《美国新的能源政策法及对制定我国能源法的启示》，载《中国经济时报》2005-09-01。

于晶波：《国家石油储备中心正式成立》，载《中国矿业报》2007年12月20日。

张川杜：《巴西清洁能源成为国家发展战略》，载《人民日报》2007-11-20。

中国驻德国汉堡总领事馆经商室：《德国能源政策和石油战略储备机制》，载《中国贸易报》2005年4月5日。

中华人民共和国国务院新闻办公室：《中国的能源状况与政策》，载《人民日报》2007-12-27。

钟晶晶：《中石油启动商业石油储备》，载《新京报》2008年3月7日。

（五）硕博士论文

迟远英：《基于低碳经济视角的中国风电产业发展研究》吉林大学博士论文2008-10-01。

丁一：《生物质液体燃料对我国石油安全的贡献》河南农业大学博士论文2007-02-01。

井志忠：《电力市场化改革：国际比较与中国的推进》吉林大

学博士论文 2005-04-01。

李少民：《国际石油价格与中国石油政策研究》华中科技大学博士论文 2007-11-01。

刘功文：《气候领域的国际合作机制——京都机制研究》武汉大学法学博士论文 2010-5-29。

刘建：《国际油价波动冲击的缓冲机制研究》南开大学博士论文 2010-05-01。

刘卫星：《可持续发展的上海能源战略研究》上海大学博士论文 2008-02-01。

刘欣：《物权法背景下的矿业权法律制度探析》中国人民大学博士论文 2008-04-01。

孟杨：《我国一次能源缺乏型城市煤炭战略储备系统研究》同济大学博士论文 2005-12-01。

齐澍晗：《可再生能源法律与政策比较研究》武汉大学法学硕士论文 2007-05-20。

秦青林：《城市能源战略储备系统研究》中国地质大学（北京）博士论文 2010-11-01。

宋俊荣：《应对气候变化的贸易措施与 WTO 规则：冲突与协调》华东政法大学博士论文 2010-10-20。

王利：《能源法的功能及其保障策略研究》武汉大学法学博士论文 2010-05-29。

王晓冬：《可持续能源法律问题研究》，武汉大学 2009 年博士论文论文。

王亚栋：《能源与国际政治》中共中央党校博士论文 2002-05-01。

吴巧生：《中国可持续发展油气资源安全系统研究》中国地质大学博士论文 2003-10-01。

徐文文：《绿色电力发展的法律机制》华东政法大学博士论文 2011-05-16。

张磊：《中国石油安全分析与对策研究》天津大学博士论文 2007-05-01。

章鸣平：《我国能源管理体制的研究》武汉大学法学硕士论文 2011-05-26。

朱丽：《欧盟能源法律政策及对中国的启示》武汉大学法学硕士论文 2008-06-03。

（六）网络资源

冯飞：《加快能源管理体制改革，建立现代监管制度》，国家电力监管委员会网，http：//www. serc. gov. cn/jgyj/zcyj/200802/t20080220_5857. htm。

冯飞等：《中国能源产业市场改革研究（上）》，http：//www. lrn. cn/economic/Industry Economy/200607/t20060705_81791. htm。

付庆云：《国外能源矿产资源法律体系》，载 http：//www. lrn. cn/zjtg/academicpaper/200909/t20090923_415274. htm。

高凌江等：《完善我国石油天然气资源税费制度的建议》，中华会计网校网，http：//www. chinaacc. com/new/287％2F292％2F333％2F2008％2F7％2Fhu18663143961780023354-0. htm。

宏子木："巴西惊现超大型油田"，引自 http：//www. china5e. com/news/oil/200711/200711300293. html。

胡建文：《可持续发展的战略选择——美国建筑节能与绿色建筑考察研究报告》，http：//www. jskj. org. cn/html/202162. htm。

柯坚：《我国能源法安全价值刍议》，中国环境法网：http：//www. riel. whu. edu. cn/。

李宪文、刘仁芙：《赴美国土地复垦考察报告》，http：//www. zgtdxh. org. cn/pub/clss/exch ange/ t20050419_67185. htm。

廖玫：《世界石油天然气生产业监管体制的演变和发展》，中国经济网，http：//www. ce. cn/cysc/ny/hgny/200803/18/t20080318_14876627_1. shtml。

刘恩东：《美国石油应急机制的特点》，新华网，http：//news. xinhuanet. com/theory/2009-07/26/content_11765654. htm。

欧阳晓光：《巴西生物质能源发展情况概览及启示》，引自 http：//www. china5e. com/www/dev/newsinfo/newsview/viewnews-200801070115. html。

钱铮：《日本决定扩大节能法适用范围》，http：//www. china5e. com/news/newpower/200708/200708310259. html。

苏苗罕：《美国联邦能源监管委员会简介》，中国能源法律网：http：//www. energylaw. org. cn/html/news/2008/6/20/20086202331169116. html。

王贵国：《经济全球化中的主权原则》，法律与全球化学术论讨会论文集，http：//www. jus. cn/ShowArticle. asp？ ArticleID=127。

肖江平、张希良：《建立务实、公正、健全的中国能源法律体系》，http：//finance. jrj. com. cn/news/2006-08-17/000001592096_002. html。

谢永胜：《南非、巴西、阿根廷电力市场运行考察报告》，引自 www. cqep. com. cn/uploadpic/20055191015261. pdf。

张川杜："巴西：清洁能源成为国家发展战略"，引自 http：//www. china5e. com/www/dev/newsinfo/newsview/viewnews-200711200029. html。

周弘：《欧盟的对外能源战略》，http：//theory. people. com. cn/GB/49150/49152/3960459. html。

周志伟："能源结构合理化　巴西成为'绿色能源国'"，引自 http：//ilas. cass. cn/u/zhouzhiwei/3B0D68B2-B75A-446B-A970-8199B702A08D｝. pdf。

中华人民共和国住房和城乡建设部："美国建筑节能措施"，http：//www. mohurd. gov. cn/hydt/200811/t20081128_182195. htm.

中华人民共和国驻德国大使馆：《德国如何进行石油储备》，引自 http：//www. mfa. gov. cn/chn/ziliao/wzzt/jjywj/t169212. htm。

中华人民共和国外交部欧洲司：《法国的石油战略储备》，引自 http：//www. mfa. gov. cn/chn/ziliao/wzzt/jjywj/t169212. htm。

中华人民共和国驻法兰西共和国大使馆经济商务参赞处：《法国的石油市场和战略储备概况》，引自 http：//fr. mofcom. gov. cn/aarticle/ztdy/200402/20040200176565. html。

中华人民共和国外交部驻墨尔本总领事馆经商室：《澳建立国家石油战略储备的呼声再起》，引自 http：//melbourne.

mofcom. gov. cn/aarticle/ztdy/200708/20070805010235. html。

中华人民共和国商务部对外经济合作子站：《澳大利亚能源资源管理体制和投资政策》，http：//fec. mofcom. gov. cn/column/print. shtml？/duzpb/cf/z/200507/20050700371319。

中华人民共和国外交部欧洲司：《法国的石油战略储备》，引自http：//www. mfa. gov. cn/chn/ziliao/wzzt/jjywj/t169212. htm。

中华人民共和国外交部网站："巴西国家概况"，引自http：//www. fmprc. gov. cn/chn/wjb/zzjg/ldmzs/gjlb/2013/2013x0/default. htm。

中华人民共和国驻墨尔本总领事馆经济商务室："澳铀矿业现状"，引自http：//melbourne. mofcom. gov. cn/aarticle/ztdy/200608/20060802766359. html。

中国机电企业网：《法国核电启示录》，http：//www. eecce. com。

中国新能源网：《借鉴国外经验通过立法手段促进我国可再生能源发展》，http：//www. newenergy. org. cn/html/0068/200689_11377_2. html。

中国农村电气化信息网：《现代电力监管制度的基本特征》，http：//www. chinarein. com/library/detail. asp？id=999&ArticlePage=3。

中国新闻网：《中国第一个国家石油储备基地项目通过国家验收》，引自http：//www. chinanews. com. cn/cj/kong/news/2007/12-19/1108614. shtml。

中国化工网：《日本正在考虑将其国家石油储备量增加40%》，http：//cn. chemnet. com/news/2006/05/19/244553. html。

英国标准协会：《商品和服务在生命周期内的温室气体排放评价规范》（2008）"前言"，http：//www. pinggu. org/bbs/a-575580. html。

英国标准协会（BSI）：《商品和服务在生命周期内的温室气体排放评价规范》（2008）第9部分，http：//www. pinggu. org/bbs/a-575580. html。

世界新能源网：《2007年美国天然气供需形势概况分析》，http：//www. 86ne. com/Energy/200808/Energy_151829. html。

新华网：《经济观察：日本能源消费增速远低于经济增长》，

http：//news. xinhuanet. com/world/2005-08/31/content _ 3425514. htm。

腾讯网：《我国加快矿产资源有偿使用制度改革步伐》，http：//finance. qq. com/a/20060908/000666. htm。

新浪网：《解决电荒，国外怎么做》，http：//news. sina. com. cn/c/2004-07-06/13013005129s. shtml。

煤炭网：《"洁净煤技术计划"给煤炭工业带来发展契机"，http：//www. coal. com. cn/CoalNews/ArticleDisplay_21695. html。

紫英论坛网：《洁净煤技术，环境友好经济的必然选择》，http：//bbs. csteelnews. com/bbs _ topic. do？forumID = 11&postID = 4512。

资源网：《我国能源管理体制的三次改革》，http：//www. lrn. cn/invest/energyView/200801/t20080130_194387. htm。

资源网：《巴西三位一体的生物柴油战略》，引自 http：//www. lrn. cn/bookscollection/reports/200710/t20071023_160334. htm。

二、外文文献

（一）著作

Hanns. W. Maull, *Raw Material, Energy and Western Security,* London, The Macmillan Press Ltd, 1984.

David Deese and Joseph Nye, *Energy and Security.* Cambridge：Ballinger Publishing Co. , 1988.

Richard L. Ottinger, Nicholas Robinson, Victor Tafur, *Compendium of Sustainable Energy Laws,* Cambridge University Press, 2005.

Hardach. D, *The Political Economy of Germany in the Twentieth Century,* University of California Press, 1980.

Barry Barton, Catherine Redgwell, Anita Ronne, and Donald N. Zillman, *Energy Security.* London：Oxford University Press, 2004.

Rosemary Lyster, Adrian Bradbrook, *Energy Law and the Environment,* Cambridge University Press, 2006.

（二）期刊论文、研究报告

Marianne L. Wiesebron：*Brazilian Energy Security Brazil's strategies in the regional context*，and João Lizardo Rodrigues：*Brazilian Energy Policy：Changing Course?*

Naoaki Kurumada，*Outline of Petroleum Stockpiling and Emergency Response in Japan*，Proceedings of Seminar on Oil Stocks and Emergency Response At Beijing 2002.

Carsten Corinne，*Energy Law in Germany：and its Foundations in International and European Law*，Verla C. H. Beck Munchen，2003.

Commission of the European Communities，*Proposal for a Councile Directive "Imposing an obligation on Member States to maintain minimum stocks of crude oil and/or petroleum products".*

Stefan Nicola，*Germany Now Has Two Energy Plans*，Berlin（UPI）Jun 30，2006.

Willian Martin，Ryukichi Imai，Helga Steeg，*Maintaining Energy Security in a Global Context*，1996 Report to the Trilateral Commission.

World Energy Council 2008，*Europe's Vulnerability to Energy Crises* Commission of the European Communities，*An EU Energy Security and Solidarity Action Plan.*

Commission of the European Communities，*Proposal for a Council Directive "Imposing an obligation on Member States to maintain minimum stocks of crude oil and/or petroleum products".*

Commission of the European Communities，*Annex to the Green Paper：A European Strategy for Sustainable，Competitive and Secure Energy What is at stake - Background document.*

Commission of the European Communities，*Green Paper：A European Strategy for Sustainable，Competitive and Secure Energy.*

Lindsay Hogan and Sally Thorpe，Issues in food miles and carbon labeling，ABARE research report. 2009（18）.

（三）网络资源

IEA，*Closing Oil Stock Levels in Days of Net Imports-Germany*， available at http: //www. iea. org/explanationstocks. asp? country _ name = Germany.

Energy Information Administration (EIA): *The Internation-al Energy Outlook* 2006 (*IEO2006*), http: //www. eia. doe. gov/oiaf/ ieo/index. html.

IEA, *Electricity Feed-In Law of Germany*, available at http: // www. iea. org/textbase/pm/? mode = re&id = 31&action = detail, last visited on December 18, 2010.

IEA, *Closing Oil Stock Levels in Days of Net Imports - Australia*, available at http: //www. iea. org/explanationstocks. asp? country _ name = Australia.

IEA, *Closing Oil Stock Levels in Days of Net Imports-Germany*, available at http: //www. iea. org/explanationstocks. asp? country _ name = Germany.

IEA, *Closing Oil Stock Levels in Days of Net Imports-France*, available at http: //www. iea. org/explanationstocks. asp? country _ name = France.

IEA, *Closing Oil Stock Levels in Days of Net Imports-United States*, available at http: //www. iea. org/explanationstocks. asp? country _ name = United States.

IEA, *Closing Oil Stock Levels in Days of Net Imports-Japan*, available at http: //www. iea. org/explanationstocks. asp? country _ name = Japan.

IAEA: *Country Nuclear Power Profiles*, from U. S. A Energy Information Administration (EIA): France Energy Data, Statistics and Analysis, available at http: //www. eia. doe. gov/emeu/cabs/ France / Background. html.

Energy Policies of IEA Countries: *Germany* 2007 *Review*, IEA / OECD Pairs, 2007.

U. S. A Energy Information Administration (EIA), *Australia Energy Data, Statistics and Analysis*, available at http: //

www. eia. doe. gov/emeu/cabs/ Australia /Background. html.

EIA, *Energy Information card-United States* (Oct 2006), available at http: // www. eia. doe. gov/kids/infocardnew. html.

Energy Information Administration USA (EIA): *Brazil Energy Data*, *Statistics and Analysis*, from http: //www. eia. doe. gov/emeu/cabs/Brazil/Background. html.

U. S. A Energy Information Administration (EIA), *Germany Energy Data*, *Statistics and Analysis*, available at http: // www. eia. doe. gov/emeu/cabs/ Germany /Background. html.

Energy Information Administration USA (EIA): *Australia Energy Data*, *Statistics and Analysis*, from http: //www. eia. doe. gov/emeu/cabs/ Australia /Background. html.

U. S. A Energy Information Administration (EIA), *Japan Energy Data*, *Statistics and Analysis*, available at http: //www. eia. doe. gov/emeu/cabs/ Japan /Background. html.

Energy Information Administration USA: *Brazil Energy Data*, *Statistics and Analysis*, http: //www. eia. doe. gov/emeu/cabs/Brazil/Background. html.

The Department of Energy and Climate Change, *The Renewables Obligation* (*Amendment*) *Order 2010*, available at http: // www. statutelaw. gov. uk, last visited on December 21, 2010.

The Secretary of State for Transport, *The Renewable Transport Fuel Obligations Order 2007*, available at http: //www. statutelaw. gov. uk, last visited on December 21, 2010.

German Bundestag, *Act Revising the Legislation on Renewable Energy Sources in the Electricity Sector and Amending Related Provisions of 2008*, available at http: //www. erneuerbare-energien. de/files/pdfs/allgemein/application/pdf/eeg _ 2009 _ en. pdf, last visited on December 18, 2010.

German Bundestag, *Act on the Promotion of Renewable Energies in the Heat Sector of 2008*, available at http: //www. umwelt-und-energie. de/files/pdfs/allgemein/application/pdf/ee _ waermeg _ en. pdf, last visited on December 18, 2010.

German Bundestag, *Biofuel Quota Act 2006*, available at http: // www. ufop. de/downloads/BiokraftQuG _ engl. pdf, last visited on December 18, 2010.

Federal ministry for the Environment, *Nature Conservation and Nuclear Safety*, *The Renewable Energies Heat Act in brief*, at P1, available at http: //www. bmu. de/files/pdfs/allgemein/application/ pdf/ee _ waermegesetz _ fragen _ en. pdf, last visited on December 18, 2010.

International Development in Product Carbon Footprinting and Carbon Labelling, www. pcf-world-forum. org/wp .../pcf-world-forum-news2_march-2010. pdf.

Mortimer B. Zuckerman, *The Energy Emergency*, available at http: //www. usnews. com/usnews/opinion/articles/070902/10edit. htm.

U. S. Department of Energy: *Strategic Petroleum Reserve - Profile*, available at http: //www. fossil. energy. gov/programs/reserves/spr/ index. html.

National Petroleum Council: *National Petroleum Council Origin and Operations*, available at http: //www. npc. org/background. html # officer.

EU, *An Energy Policy for Europe* (2007), available at http: // europa. eu/scadplus/leg/en/lvb/l27067. htm.

Australia Government: *Securing Australia's Energy Future* (the energy white paper), from http: //www. ap6. gov. au/assets/documents/ ap6internet/Securing_Australias_Energy_Future20061121204111. pdf.

Australian Bureau of Statistics, *Reports of the Commission of Enquiry into Electricity Generation Planning in NEW*, 4 vols, Sydney 1985.

Australia Government: *Securing Australia's Energy Future* (the energy white paper), from http: //www. ap6. gov. au/assets/documents/

ap6internet/Securing_Australias_Energy_Future20061121204111. pdf.

Australia Petroleum Products & Exploration Association: *Policy & Industry Issues: Energy Policy*, from http: //www. appea. com. au/ index. php? option = com_content&task = blogcategory&id = 144&Itemid = 176.

Baker Institute Study: *Critical Issues in Brazil's Energy Sector*, from http: //www. rice. edu/energy/publications/studies/study _ 24. pdf.

Department of Resources, Energy and Tourism, *Memorandum of Understanding on the National Gas Emergency Response Protocol*, available at http: //www. ret. gov. au/Documents/mce/security/ngerp/ default. html.

Department of Energy and Climate Change, *Digest of United Kingdom Energy Statistics 2010*, at P209, available at http: // www. decc. gov. uk/assets/decc/statistics/publications/dukes/316-dukes-2010-ann-c. pdf, last visited on December 23, 2010.

Europa, *Summaries of legislation: Security of supply of natural gas*, available at http: //europa. eu/scadplus/leg/en/lvb/l27047. htm.

IEA (International Energy Agency): *Key World Energy Statistics* (2012) available at http: //www. iea. org/stats/index. asp.

Japan Agency for Natural Resources and Energy: *Japan Energy Report 2010*, available at http: //www. enecho. meti. go. jp/topics/ energy-in-japan/english2010. pdf.

Australian Energy White Paper 2012, available at http: // www. ret. gov. au/energy/facts/white _ paper/Pages/energy _ white _ paper. aspx.

U. S. Energy Information Administration: *Annual Energy Review* (2011), September 2012, available at: http: //www. eia. gov.

Heinrich Bll Foundation: *Energy Transition: The German Energiewende*, available at http: //energytransition. de/wp-content/

themes/boell/pdf/German-Energy-Transition. pdf.

Federal Ministry for the Environment, Nature Conservation and Nuclear Safety (Bundesministerium für Umwelt, Naturschutz und Reaktorsicherheit): *Nature Conservation and Nuclear Safety: Renewable Energy Sources in Figures: National and International Development*, July 2012, available at https: //secure. bmu. de/en/service/publications/# c8386.

OECD (2013), "Energy intensity", *in OECD Factbook* 2013: *Economic, Environmental and Social Statistics*, OECD Publishing. http: //www. oecd-ilibrary. org/economics/oecd-factbook_18147364.

Nuclear energy: Key tables from OECD, http: //www. oecd-ilibrary. org/nuclear-energy/nuclear-energy-key-tables-from-oecd_20758413.

OECD (2013), "Renewable Energy", *in OECD Factbook* 2013: *Economic, Environmental and Social Statistics*, OECD Publishing. http: //www. oecd-ilibrary. org/economics/oecd-factbook_18147364.

BP 公司：《BP 世界能源统计年鉴 (2012)》，2012 年 6 月发布。http: //bp. com/statisticalreview.

后　记

　　能源是特殊的自然资源、战略资源和国计民生必备资源，能源问题综合而复杂，涉及经济、社会、地缘政治和环境保护等多个领域。同样，能源法是自然资源法的一个部分，但它显然超越了自然资源法和环境保护法的边界，带着独有的特征形成了与环境资源法、经济法、国际法等法学学科交叉并重叠的法域。涉足这个领域，在若干年前，对我和我的团队来说是一个巨大的挑战。

　　我和我的团队对能源法律政策问题研究起始于2006年申报教育部人文社会科学研究基地重大招标项目《中外能源法律制度比较研究》。而促使我去申报的推手是时任武汉大学环境法研究所的所长王树义教授和教育部人文社会科学重点研究基地环境法基地学术委员会主任肖乾刚教授。他们以命令般的坚决要求我领衔投标，其目的有二：一是服务于当时国家正在开展的制定《能源法》的活动（此项活动仍在继续中），二是拓展武汉大学环境法研究所在能源法方面的研究专长。受着这番使命的激励，我着手以首席专家身份组建科研团队开始了招标项目的申报，并有幸中标。

　　若干年后的今天，回望来路，我感到欣慰的是我们的确向着所奔赴的使命方向前行了——本书的完成见证了这个前进的过程。从2006年以来，依托基地重大项目《中外能源法律制度比较研究》，环境法研究所通过博士论文和硕士论文的创作连续培养了诸多能源法和气候变化法研究方向的研究生人才。其中，我指导的武汉大学法学博士论文就有王利的《能源法的功能及其保障策略研究》（2010-5-29）、刘功文的《气候领域的国际合作机制——京都机制研究》（2010-5-29）和廖建凯的《气候变化立法研究》（2011-5-30），硕士论文则有齐澍晗的《可再生能源法律与政策比较研究》（2007-5-20）、朱丽的《欧盟能源法律政策及对中国的启示》（2008-6-3）和章鸣平的《我国能源管理体制的研究》（2011-5-26）。从人才培养上看，当年课题参与者的研究生都已经毕业，他们中的大多数构成本书的作者群，他们中的很多人目前已经工作在高等院校法学专业的教师岗位上、工作在大学法学本科教学的第一线，并且正在能源法、气候变化法领域继续耕耘、开拓。从2006年以来，我们也多次向国家能源主管部门和环境保护主管部门等有关部门递交了咨询报告和意见、参与了《能源法》征求意见稿的讨论，为国家制定《能源法》和能源政策出力。

而作为能源和气候变化法学新人成长证物的本书，其自身的完成经历了两个阶段的锤炼：完成基地重大项目最终成果并通过验收的过程，以及此后申报"武汉大学学术丛书"出版资格的评审、修改和臻善的过程。每个过程，我和我的团队都收获了迄今我们不知晓姓名的、令人尊敬的评审专家对我们研究成果的肯定，更获取了他们提出的对书稿之不足方面如何修改的宝贵意见。我们尽我们的最大能力根据评委意见对稿进行多次修改、补充和资料更新，形成了本书现在的品质。在此，我要感谢武汉大学人文社科研究院和武汉大学出版社，它们的验收、评审和资助不仅使本书的出版成为现实，更使本书以更好的质量呈现在读者面前。

借本书付梓之机，我要衷心感谢多年来给予我和我的团队成长正能量的众多前辈和学者们。感谢王树义教授！如果没有他的"命令"，我和我的团队就不会被赶上能源法基地重大课题这个"鸭架"，也就可能不去深耕本书所涉的主题。感谢肖乾刚教授！

作为第一代能源法资深学者，肖老在能源法和自然资源法领域的学术影响力迄今仍无人可及，他对我们团队的成长和我们的课题研究都倾注了殷切的希望，他更不顾高龄亲自悉心指导，从他的支持中我们汲取了跋涉学术新领域的能量。感谢黄进教授和杨泽伟教授！他们主持的教育部能源法重大攻关课题极大地启发了我的学术视野。感谢若干年来紧密合作的国外的学者朋友们！他们是：美国 PACE 大学能源法研究中心主任 Richard Ottinger 教授和环境法研究中心主任 Nick Robinson 教授，美国纽约大学的 Shakeel Kazmi 博士，德国莱比锡大学的 Koeck Wolfgang 教授，澳大利亚新英格兰大学农业与法研究中心主任 Paul Martin 教授等，他们不仅为我们的能源法比较研究提供了良好的国外信息和他们已有的科研成果，而且通过在武汉大学环境法研究所举办讲座、研讨会和讲授气候变化法短期课程等多种研讨形式毫无保留地与我们分享了他们的睿智的见解。感谢国内能源和气候变化法的知名学者——曹明德、肖国兴、李艳芳、张梓太等教授，以及武大环境法研究所与我并肩工作的同事们！他们的才智奉献，尤其众多学者的亲自加盟，是本书得以完成和能源法学科得以壮大发展不可或缺的动力！

本书是集体创作的凝聚。本书作者依次为：杜群（武汉大学环境法研究所教授、博士生导师，国家 2011 计划司法文明协同创新中心成员），王利（河南大学法学院讲师），廖建凯（西南政法大学应用法学院讲师），柯坚（武汉大学环境法研究所副教授、博士生导师，国家 2011 计划司法文明协同创新中心成员），曹明德（中国政法大学教授、博士生导师），罗吉（武汉大学环境法研究所副教授，国家 2011 计划司法文明协同创新中心成员），尤明清（中南财经政法大学副教授），王兆平（西北政法大学国际法研究所讲师），陈海嵩（浙江农林大学副教授），朱丽（武汉大学环境法研究所博士研究生），章鸣平（武汉大学环境法研究所硕士），张宇庆（湖北光华学院讲师、武汉大学环境法研究所博士），黄智宇（武汉大学环境法研究所博士研究生），周迪（武汉大学环境法研究所博士研究生）。

本书的分工为：（1）本书的研究策划、逻辑设计、篇章架构、整体内容编辑和统稿由杜群完成；（2）本书各章写作分工为：导论（杜群），第一章（王兆平），第二章（陈海嵩），第三章、第十五章（杜群、廖建凯），第四章、第八章、第十九章（王利），第五章（杜群、陈海嵩），第七章、第十二章、第十三章（廖建凯），第六章（朱丽、周迪），第九章（杜群、尤明清），第十章（罗吉、杜群），第十一章（杜群、章鸣平），第十四章（曹明德），第十六章（柯坚），第十七章（杜群、王兆平），第十八章（杜群、王利）。（3）本书的后期工作（数据资料更新、编辑修改等）由杜群、王利、张宇庆、黄智宇完成。

　　作为团队的领队和本书的第一作者，我还要感谢我们整个科研团队，感谢他们每一个人的辛勤付出！我为这个年轻的团队所表现出来的孜孜不倦和坚持不懈的学习能力和科研开拓能力喝彩。在这里我想对他们说，让我们继续走下去，在能源和气候变化法的学术天地里集结更多的学人继续前行！

　　由于才学所限，本书一定存在很多不足，敬请读者诸君明鉴斧正。

杜　群

2014 年 9 月 23 日，武昌银海雅苑